EVA M. REUSSNER

Publikumsforschung für Museen

Internationale Erfolgsbeispiele

Eva M. Reussner (Dr. phil.), Kulturwissenschaftlerin, befasst sich als Referentin für internationale Forschungsförderung am Karlsruher Institut für Technologie mit Wissenschaftsmanagement in europäischer Perspektive.

Eva M. Reussner

Publikumsforschung für Museen

Internationale Erfolgsbeispiele

[transcript]

Bibliografische Information der Deutschen Nationalbibliothek
Die Deutsche Nationalbibliothek verzeichnet diese Publikation in der Deutschen Nationalbibliografie; detaillierte bibliografische Daten sind im Internet über http://dnb.d-nb.de abrufbar.

transcript Verlag | Hermannstraße 26 | D-33602 Bielefeld | live@transcript-verlag.de

Umschlaggestaltung: Kordula Röckenhaus, Bielefeld
Umschlagabbildung: Simon Mourret: Intérieur Musée Guggenheim, New York; Simon Mourret – Fotolia.com
Lektorat & Satz: Eva M. Reussner
Druck: Majuskel Medienproduktion GmbH, Wetzlar
ISBN 978-3-8376-1347-6

Gedruckt auf alterungsbeständigem Papier mit chlorfrei gebleichtem Zellstoff.

Besuchen Sie uns im Internet: *http://www.transcript-verlag.de*

Bitte fordern Sie unser Gesamtverzeichnis und andere Broschüren an unter: *info@transcript-verlag.de*

Inhaltsverzeichnis

Vorwort

Mit dem Bedeutungszuwachs der Publikumsorientierung als Maxime der Museumsarbeit wird auch die Relevanz der Publikumsforschung zunehmend erkannt. Die Publikumsforschung birgt großes Potential als Instrument zur Realisierung und Verbesserung publikumsorientierter Museumsarbeit. Zugleich sind mit ihr aber auch diverse Herausforderungen verbunden. Dazu gehört, dass die Durchführung von Publikumsstudien nicht ohne Weiteres zu publikumsorientierter Museumsarbeit führt. Das Problem einer unzureichenden Nutzung von Ergebnissen der Publikumsforschung in der Museumsarbeit war Ausgangspunkt der vorliegenden Studie.

Das wesentliche Ziel dieser explorativen Untersuchung war es, Erfolgsfaktoren im Sinne von ›best practices‹ für den Einsatz von Publikumsforschung für Museen empirisch zu identifizieren Wie können Museen dazu befähigt werden, die Erkenntnisse aus Publikumsstudien zum Nutzen publikumsorientierter Museumsarbeit anzuwenden? Welchen Beitrag leistet die Publikumsforschung zu publikumsorientierter Museumsarbeit? Wie verändert sich die Museumsarbeit aufgrund von Publikumsstudien? Und vor allem: Unter welchen Voraussetzungen ist der Einsatz von Publikumsforschung wirksam? Diesen Fragen ging die vorliegende Untersuchung empirisch nach.

Fallstudien internationaler Museen bilden die Grundlage einer Bestandsaufnahme, wie die Publikumsforschung in Museen verschiedener Art zum Einsatz kommt, unter welchen Rahmenbedingungen dies geschieht und welche Auswirkungen sie auf die Museumsarbeit hat. Davon ausgehend wurden Einflussfaktoren identifiziert, die entscheidend sind für eine wirksame Anwendung von Publikumsforschung. Mit dieser Studie soll das Verständnis für wichtige Bedingungen des Einsatzes von Publikumsforschung für Museen gefördert und Möglichkeiten aufgezeigt werden, wie der Einsatz von Publikumsforschung durch Berücksichtigung wesentlicher Erfolgsfaktoren verbessert werden kann, um sie zu einem besonders wirksamen Instrument publikumsorientierter Museumsarbeit zu machen.

Eva M. Reussner

eva@reussner.net

1 Einführung

»For over thirty years now, museum workers in North America have been using scientific methods in the study of museum audiences. Unknowing visitors have been tracked through galleries by observers armed with stop-watch and clip-board. Thousands have been accosted by interviewers at the turnstiles, in the exhibit halls and in the street. Yet in spite of these many and varied endeavors, the useful knowledge accumulated is slight, and the value of such investigations remains a matter of diverse opinion in the museum profession.«

So blicken Cameron & Abbey (1961: 34) in einem Artikel in *Museums News* Anfang der 1960er Jahre zurück auf dreißig Jahre Besucherforschung in den USA. Die in diesem Zitat angesprochenen Zweifel an Beitrag und Wert von Publikumsstudien für Museen werden auch gegenwärtig noch häufig formuliert. Die Beschreibung der damaligen Situation erweist sich als erstaunlich aktuell, wenn man sie mit Kritikerstimmen jüngerer Zeit vergleicht. In Großbritannien fragt man sich: »What is the value of evaluation if nobody pays any attention?« (Gammon & Graham 1997: 6) oder stellt fest: »Reports sit on shelves when they could be triggering creative ideas and cementing the relationship with the visitor« (Fisher 2002: 35). Die deutsche Situation der Publikumsforschung beschreiben Blahut & Klein (2003) folgendermaßen:

»Der Nutzen einer durch Anwendung dieser Methoden besser wissensbasierten Projektbearbeitung wird auch prinzipiell kaum in Frage gestellt. Woran es in den 90er Jahren in Deutschland – und nicht nur hier – ›gehapert‹ hat, war die nachhaltige Implementation dieser Arbeitsmittel und -möglichkeiten in die berufliche Praxis der Museumsszene und in die Denkweisen der meisten ihrer etablierten Exponenten« (Blahut & Klein 2003: 21f).

Im Zuge des Bedeutungszuwachses der Publikumsorientierung für Museen wird auch der Publikumsforschung zunehmend Relevanz zuerkannt. Doch wie die Kritik an ihr deutlich macht, stellt sie nach wie vor eine Herausforderung für Museen dar. Daraus ergibt sich die Frage: Unter welchen Voraussetzungen wird die Publikumsforschung zu einem fruchtbaren Beitrag zur Museumsarbeit? Diese Arbeit stellt die Publikumsforschung als Instrument publikumsorientierter Museumsarbeit auf den Prüfstand. Die vorliegende Studie adressiert die Bedingungen eines effektiven Praxistransfers von Ergebnissen der Publikumsforschung vor dem Hintergrund eines Wandels im Selbstverständnis von Museen hin zum Paradigma publikumsorientierter Museumsarbeit.

1.1 Publikumsorientierung als Maxime der Museumsarbeit

Im Laufe seiner Entwicklungsgeschichte haben sich Selbstverständnis und Aufgaben des Museums tiefgreifend verändert. Der Museumswandel im 20. Jahrhundert ist vor allem ein Wandel im Verhältnis von Museen und Publikum (Benhamou & Moureau 2006, Black 2005, Davallon 1992, Hooper-Greenhill 1994, Lang et al. 2006, Weil 2002). Die primäre Verantwortlichkeit von Museen, die bisher der Sammlung galt, richtet sich nun auf das Publikum. So schreibt Hudson: »the most fundamental change that has affected museums [...] is the now almost universal conviction that they exist in order to serve the public« (Hudson 1998: 43). Dies findet seinen Ausdruck in einer zunehmenden Ausrichtung der Museumsaufgaben auf das Publikum und einer verstärkten Aufmerksamkeit für Besucherbelange. Eine genauere Betrachtung der gewandelten Beziehung zwischen Museen und Publikum setzt eine nähere Bestimmung der beiden verwendeten Termini voraus, die mit vielfältigen Konnotationen behaftet sind.

Hinsichtlich des Begriffs *Museum* formuliert der internationale Museumsrat ICOM (*International Council of Museums*) die weltweit anerkannten Grundzüge des Selbstverständnisses und der Aufgaben von Museen. Insbesondere nach dem Ende des Zweiten Weltkriegs hat sich die internationale Museumslandschaft sowohl quantitativ erweitert als auch zunehmend ausdifferenziert, so dass sich heute unter dem Dach des Terminus *Museum* eine Vielzahl unterschiedlicher Einrichtungen versammeln. Dazu kommt, dass verschiedene Länder aus ihrer jeweiligen Geschichte begründet ein eigenes Verständnis des Museumsbegriffs mit unterschiedlichen Schwerpunkten geprägt haben. Diese Vielfalt in einer international anwendbaren, ausreichend umfassenden und zugleich differenzierten Standard-Definition zu fassen, hat sich ICOM seit 1946 zur Aufgabe gemacht. Die Begriffsbestimmung wird regelmäßig aktualisiert.[1] Die jüngste offizielle Definition aus dem Jahr 2001 legt fest:

1 | Ein Überblick über die Entwicklung und Diversität der Museumsdefinitionen ist zu finden in: International Council of Museums 2005, Boylan 2002. Derzeit wird die Definition erneut überarbeitet.

»Ein Museum ist eine gemeinnützige, ständige, der Öffentlichkeit zugängliche Einrichtung im Dienste der Gesellschaft und ihrer Entwicklung, die zu Studien-, Bildungs- und Unterhaltungszwecken materielle Zeugnisse von Menschen und ihrer Umwelt sammelt, bewahrt, erforscht, bekannt macht und ausstellt.«[2] (International Council of Museums 2003)

Diese historisch gewachsene Erklärung liefert Leitlinien, die Orientierung für die Museumsarbeit geben und formuliert Ziele, die durch Ausübung der aufgezählten Museumsaufgaben erreicht werden sollen. Ein wesentliches Merkmal ist der Dienst an der Öffentlichkeit. Der Öffentlichkeitsbegriff ist eng mit dem des *Publikums* verbunden. Etymologisch geht das Wort *Publikum* zurück auf das mittellateinische *publicum*: *das gemeine Volk*. In der weiteren Entwicklung ergibt sich eine enge Verknüpfung mit dem Begriff *öffentlich*, der sich seit dem 16. Jahrhundert durchsetzt. *Publikum* und *Öffentlichkeit* markieren ab dem 17. Jahrhundert den der privaten Sphäre entgegengesetzten Bereich, auch im Sinne von *staatlich*; das 18. Jahrhundert reichert dies mit der Verwendung im Sinne von *allgemein zugänglich* an (vgl. Hohendahl 2000: 5f). *Publikum* meint aber auch im engeren Sinne »eine Aggregation versammelter Privatleute« (Hohendahl 2000: 6), oder in kommunikationswissenschaftlicher Begrifflichkeit »die Gesamtheit aller Personen, die sich einer bestimmten Aussage zuwenden« (Maletzke 1998: 55). Diese diversen Bedeutungselemente sind im heutigen Sprachgebrauch enthalten, wie die Brockhaus-Definition von *Publikum* (2003) zeigt:

»Öffentlichkeit, Allgemeinheit; Gesamtheit aller Adressaten, auf die sich eine Darbietung bezieht, bzw. Gesamtheit der Rezipienten, die diese Information empfängt (Zuhörer-, Leser-, Besucherschaft); alle (auch zufällig) bei einem Geschehen Anwesenden.«

Hier werden anhand der Reichweite drei Begriffsebenen unterschieden:

- die allgemeine Öffentlichkeit,
- die Gruppe der Adressaten (ob anwesend oder nicht), und
- die anwesenden Besucher respektive Rezipienten.

Bei Museen als öffentlich finanzierten Einrichtungen fallen Öffentlichkeit und Adressaten prinzipiell zusammen. Die tatsächlich *erreichten* Besucher

2 | Diese Definition wird in den ICOM-Statuten ergänzt um eine Liste weiterer Einrichtungen, die inzwischen ebenfalls zu den Museen zählen, wie z.B. historische Monumente und Stätten, Aquarien, botanische und zoologische Gärten, Wissenschaftszentren (Science Centres) und Planetarien sowie Naturparks.

machen jedoch nur einen Teil davon aus. In ähnlicher Weise unterscheidet Le Marec (1997: 168) im Französischen zwischen *public-collectif* und *public-audience*. Der Wandel im Verhältnis von Museen und Publikum ist damit ein Wandel sowohl in der Definition der Rolle von Museen gegenüber der allgemeinen Öffentlichkeit als kollektiver Adressat ebenso wie in der Gestaltung der Beziehungen und Interaktionen mit potentiellen und anwesenden Besuchern.

Den Dienst an der Allgemeinheit erweisen Museen auf zweifache Weise: Erstens üben sie eine Funktion als Sachwalter des kulturellen Erbes als Gemeineigentum aus, und indem sie zweitens diese kulturellen Zeugnisse präsentieren und jedermann den Zugang zu ihnen ermöglichen, stellen sie Öffentlichkeit her. Insbesondere in den letzten vier Jahrzehnten rückte der Dienst am Publikum gegenüber der Betreuung von materiellen Zeugnissen der Kultur immer stärker in den Fokus der Museumsarbeit. Der Schwerpunkt verschiebt sich von den auf die Sammlung bezogenen Funktionen der Museen auf die Kommunikationsfunktionen (vgl. Hooper-Greenhill 1994: 1), oder in den Worten Weils: »From Being *about* Something to Being *for* Somebody« (Weil 2002: 28). Die zuvor für Museen konstitutiven Aufgaben Sammeln, Bewahren und Forschen werden nun als notwendige, aber nicht hinreichende Zweckbestimmung von Museen aufgefasst: Sie sind Grundlage für die Erfüllung der Museumsaufgaben an der Schnittstelle zum Publikum. Die Funktionen des Ausstellens und Vermittelns haben zunehmend an Gewicht gewonnen, wurden kontinuierlich weiterentwickelt und um weitere Aufgaben wie beispielsweise Besucherservice und Öffentlichkeitsarbeit ergänzt. Die primär auf die materielle Kultur gerichteten Aufgaben sind dabei nicht nur in ihrer Bedeutung relativiert worden. Auch ihr Verständnis blieb vom Wandel der gesellschaftlichen Rolle von Museen nicht unberührt; vielmehr stellt er die Museen immer wieder neu vor die Frage, welche kulturellen Zeugnisse in Bezug auf die Gegenwart der Gesellschaft als sammelns- und bewahrenswert zu betrachten und welche Aspekte erforschenswert sind. Eine effektive Erfüllung des kulturellen Auftrags von Museen setzt – insbesondere mit Blick auf die Neugewichtung der Publikumsbeziehungen – voraus, dass die Anliegen und Charakteristika des Publikums in der Museumsarbeit berücksichtigt werden.

In den späten 1980er Jahren wurde als Ausdruck des zunehmenden Gewichts von Publikumsfragen der Begriff *Besucherorientierung* in die deutsche Museumsdiskussion eingeführt (vgl. Kommunale Gemeinschaftsstelle für Verwaltungsvereinfachung 1989) und in der Folge vehement diskutiert (vgl. z.B. Schäfer 1997b). Die besondere Konjunktur dieses Begriffs verdankt sich einer verstärkten Öffnung der Museen für die aus der Privatwirtschaft stammenden Konzepte *Marketing* und *Kundenorientierung* vor dem Hintergrund von Forderungen nach einer verbesserten Wirtschaftlichkeit der Museumsarbeit und den Herausforderungen der Wissens-, Freizeit- und Erlebnisgesellschaft. Kritiker sehen in der Besucherorientierung die Gefahr, dass nicht nur das Prinzip einer stärkeren Berücksichtigung von Publikumsbelangen und einer gezielteren Publikumsansprache in die Museumsarbeit Einzug hält, sondern auch die mit den Ursprungsbegriffen assoziierte Gewinn- und Nachfrageorientierung. Museen sehen somit Anforderungen an sich gestellt, die nicht nur über die Erfüllung des kulturellen Auftrags hinaus gehen, sondern von manchem als unvereinbar mit diesem aufgefasst werden. Diese Spannung prägt den Diskurs zur Besucherorientierung seit den 1990er Jahren.

Auch wenn der Begriff der Besucherorientierung erst Ende der 1980er Jahre unter einer Marketingperspektive eingeführt wurde, lässt sich das grundlegende Prinzip einer Öffnung der Museen für ihr Publikum bereits seit der Herausbildung des öffentlichen Museums in der gesamten westlichen Welt verfolgen. Indem der Wandel in den Beziehungen zum Publikum als Prozess der *Öffnung* charakterisiert wird, soll zum Ausdruck gebracht werden, dass sich Museen an deutlich erweiterte Adressatenkreise richten und die Bereitschaft zunimmt, die Museumsarbeit nicht nur aus der Binnensicht und den Darstellungsabsichten der Museumsverantwortlichen heraus zu gestalten, sondern auch Ziele und Bedürfnisse zu berücksichtigen, die vom Publikum ›von außen‹ an Museen herangetragen werden. Die Ausrichtung der Zwecke und Ziele von Museen auf die gesamte Gesellschaft sowie eine Bereitschaft zur Berücksichtigung von Bedürfnissen der Adressaten wird im Folgenden unter Zuhilfenahme des erweiterten Publikumsbegriffs als *Publikumsorientierung* bezeichnet.

Gängige Definitionen fokussieren auf den Begriff *Besucherorientierung*. Sie wurden häufig aus dem Marketing-Kontext adaptiert (vgl. Helm & Klar 1997, Günter 1997, Hausmann 2001). Nach Hausmann beinhaltet Besucherorientierung »die Ausrichtung einer Vielzahl von Maßnahmen in den Aufgabenfeldern Ausstellen und Vermitteln sowie in dem diese beiden Felder begleitenden Servicebereich eines Museums an den Erwartungen und Bedürfnissen der Besucher« (Hausmann 2001: 76). Diese Definition von Besucherorientierung ist auf die Anwendungsgebiete der Besucherorientierung fokussiert und auf den engen Begriff *Besucher* bezogen. Meines Erachtens ist es jedoch sinnvoll, sich zum einen von der engen Zentrierung auf Besucher zu verabschieden und Besucherorientierung zum anderen über Einstellungen statt über Anwendungsgebiete zu definieren. Entsprechend wird hier der Begriff *Publikumsorientierung* präferiert: Mit der Verwendung des breiteren Begriffs *Publikum* statt *Besucher* soll unterstrichen werden, dass es nicht nur um den optimierten Umgang mit bereits erreichten Besuchern geht, sondern sich die Frage nach dem Verhältnis von Museum und Publikum auch auf der Ebene der gesamten Öffentlichkeit einschließlich der bisher museumsfernen Bevölkerungsteile stellt. Darüber hinaus weist der Wortbestandteil *Orientierung* darauf hin, dass es um eine übergreifende Denkhaltung geht, die Leitlinien für das Handeln vorgibt (vgl. Hausmann 2001: 68). Als im engeren Sinne publikumsorientiert sind daher solche Einrichtungen zu bezeichnen, bei denen diese Denkhaltung – von der Leitung getragen – die gesamte Organisation durchdringt und nicht auf Vertreter klassischer publikumsnaher Aufgabengebiete wie beispielsweise der Museumspädagogik beschränkt bleibt. Eine solche »Querschnittsfunktion« (John 1997: 10) der Publikumsorientierung, welche die Museumsarbeit übergreifend beeinflusst, hat sich ab den 1990er Jahren allmählich zu entwickeln begonnen. Sie fungiert als Klammer über die zunehmend ausdifferenzierten Aufgaben des Museums hinweg. Dieses Denken findet seinen Niederschlag in vielfältigen Maßnahmen, vorwiegend – aber nicht ausschließlich – in Öffentlichkeitsarbeit, Ausstellungsgestaltung, Vermittlungsprogrammen und Besucherservice.

Welche Ziele mit der Publikumsorientierung verbunden und welche Maßnahmen dementsprechend ergriffen werden, kann allerdings recht unterschiedlich sein. So zeigen sich innerhalb der Publikumsorientierung zwei Denkrichtungen, welche unterschiedliche Konsequenzen für die Museumsarbeit haben: eine *gesellschaftsorientierte* Sicht, die sich vor allem auf das gesellschaftlich-kulturelle Mandat der Museen bezieht und eine *markt-* oder *nachfrageorientierte* Sicht, bei der wirtschaftliche Überlegungen eine Rolle spielen (vgl. Liao, Foreman & Sargeant 2001).[3] Diese beiden Perspektiven, so unversöhnlich sie zu sein scheinen, sind angesichts der gegenwärtigen Herausforderungen für Museen immer häufiger in Kombination vertreten, erfahren jedoch dabei jeweils unterschiedliche Gewichtung. Entsprechend heterogen sind Grad und Art der Umsetzung von Publikumsorientierung in der Museumsarbeit zwischen und innerhalb von Museen. Im Idealfall verbindet die Publikumsorientierung beide Perspektiven: nachfrageorientiert den vom Publikum an das Museum herangetragenen Bedürfnissen und Interessen zu entsprechen und zugleich gesellschaftsorientiert den kulturellen Auftrag zu verfolgen, auch wenn dieser sich nicht unbedingt mit den initialen Motiven des Publikums deckt. Letzteres kann ohne die Berücksichtigung des ersteren nicht erfolgreich realisiert werden. Erst durch das Anknüpfen an die Perspektive des Publikums kann diese angereichert und verändert werden.

3 | Diese beiden Ausrichtungen werden in Abschnitt 2.3 näher betrachtet.

Somit ist eine Integration der Innensicht der Museumsmitarbeiter und der Außensicht des Publikums gefordert (vgl. Günter 1998: 52).

Hinsichtlich des gegenwärtigen Stands der Publikumsorientierung lässt sich konstatieren, dass die Publikumsorientierung *per se* als Leitlinie kaum mehr in Frage gestellt wird. Die Zahl der Museen, bei denen eine weitreichende Durchdringung der Museumsorganisation mit dieser Denkweise zu finden ist, erscheint jedoch derzeit noch begrenzt. In der Museumspädagogik, aber auch in der Öffentlichkeitsarbeit sind in den letzten Jahren große Fortschritte zu verzeichnen gewesen, beispielsweise gemessen an der steigenden Anzahl und dem zunehmenden Gewicht der entsprechenden Mitarbeiter in Museen. Doch publikumsorientiertes Denken erscheint noch sehr stark auf diese explizit auf die Adressaten bezogenen Arbeitsgebiete fokussiert. Diese These betrifft weniger die USA, wo das pädagogische Element die Museumslandschaft von Beginn an besonders geprägt hat (vgl. Roberts 1997: 4). Anzeichen für eine verstärkte Publikumsorientierung gibt es auch in Großbritannien, wo in jüngerer Zeit spezielle publikumsbezogene Initiativen zum Lernen im Museum und zur *Social Inclusion* vorangebracht wurden (vgl. Department for Culture, Media and Sport 2000, Sandell 2003). Doch dies bezieht sich vor allem auf die großen staatlichen Museen. Insgesamt sind es vorwiegend international bekannte Einrichtungen, die sich aufgrund des Stellenwerts der Publikumsorientierung und ihrem Niederschlag in der Museumsarbeit einen Namen gemacht haben – man denke beispielsweise an das *Science Museum* London, das *Muséum National d'Histoire Naturelle* in Paris, das *Haus der Geschichte der Bundesrepublik Deutschland* in Bonn, das *Exploratorium* in San Francisco oder das Nationalmuseum von Neuseeland *Te Papa*.

Diese Museen haben – neben anderen Aspekten – eine Gemeinsamkeit: Ihr Engagement in der Publikumsorientierung wird unterfüttert durch systematisch gewonnene Informationen zu ihren Adressaten, d.h. durch *Publikumsforschung*. Der Einsatz von Publikumsforschung bietet Museen die Möglichkeit, sich genauer mit den Anliegen ihres Publikums auseinander zu setzen als Grundlage für einen bewussten, reflektierten und auf Bedürfnisse eingehenden Umgang mit ihren Adressaten. Das fundamentale Anliegen der Publikumsforschung ist es, dem Publikum eine Stimme und Präsenz in der Museumsarbeit zu verschaffen. Somit kann die nähere Erkundung von Publikumscharakteristika, -interessen und -bedürfnissen sowie ihrer Rückmeldungen über die Museumsarbeit als ein Indikator für die Publikumsorientierung von Museen begriffen werden (vgl. Günter 1997: 14). Da die Publikumsforschung Art und Umfang des Interesses am Publikum widerspiegelt, wird an ihr der Stellenwert von Publikumsorientierung in der Museumsarbeit besonders evident. Die Publikumsforschung birgt großes Potential als Instrument für die Realisierung und Verbesserung publikumsorientierter Museumsarbeit. Zugleich sind mit ihr aber auch diverse Herausforderungen verbunden.

1.2 Publikumsforschung als Instrument und Herausforderung

Die Publikumsforschung ist ein noch recht junges Arbeitsgebiet von Museen. Während erste zaghafte Schritte in Richtung einer analytischen Betrachtung des Museumspublikums bereits gegen Ende des 19. Jahrhunderts auszumachen sind, hat sich die Publikumsforschung als Tätigkeitsfeld von Museen erst seit den 1970er Jahren stärker entfaltet und verbreitet. Die quantitative wie inhaltliche Entwicklung der Publikumsforschung ist geprägt sowohl von den evolvierenden Paradigmen und Methoden der beteiligten Disziplinen – von Psychologie über Soziologie und Pädagogik bis hin zu Freizeitwissenschaft und Marktforschung – als auch vom evolvierenden Selbstverständnis von Museen, insbesondere von den jeweils vorherrschenden Publikumskonzepten und den zentralen Maßstäben für erfolgreiche Museumsarbeit. Heute zeichnet sich die Publikumsforschung für Museen aus durch eine große thematische und methodische Vielfalt, internationale Verbreitung und Etablierung sowie eine zunehmende Professionalisierung. Bevor Kapitel 2 über die gemeinsame Entwicklung von Publikumsorientierung und Publikumsforschung detaillierter Auskunft gibt, skizzieren die folgenden Abschnitte die Grundzüge der Publikumsforschung und die mit ihr verbundenen Herausforderungen.

1.2.1 Publikumsforschung: Ein Überblick

Unter der Überschrift *Publikumsforschung* werden systematische empirische Studien zusammengefasst, die sich mit dem Publikum von Museen und seinen Rückmeldungen zur Museumsarbeit beschäftigen. Der in dieser Arbeit verwendete Begriff der Publikumsforschung bezieht sich – äquivalent zum englischen *audience research* – bewusst auf den in Abschnitt 1.1 erläuterten breiten Publikumsbegriff. Publikumsforschung beschäftigt sich entsprechend sowohl mit den Besuchern vor Ort als auch mit den nicht anwesenden Adressatengruppen. Der häufig zu findende Begriff *Besucherforschung* deckt daher nur das Teilgebiet der Publikumsforschung ab, das sich dem erreichten Publikum zuwendet. Die nicht erreichten Adressaten hingegen werden mittels *Nichtbesucherforschung* im Rahmen der *Markt- und Marketingforschung* näher erkundet. Die Publikumsforschung umfasst darüber hinaus diverse Formen der *Evaluation*, welche Rückmeldung über die Rezeption und den

Erfolg der Museumsarbeit geben und Informationen für Planung und Verbesserung liefern. Damit sind die Hauptzweige der Publikumsforschung benannt, deren Grundzüge und Beitrag zu publikumsorientierter Museumsarbeit im Folgenden kurz skizziert werden.

1.2.1.1 Arten der Publikumsforschung

Besucherforschung

Die Besucherforschung dient dazu, genauere Kenntnisse über die Besucher vor Ort zu erlangen (vgl. Klein 1996a). Dies beginnt bei der Ermittlung der Besuchszahlen, die Auskunft über Besuchstendenzen zu bestimmten Tageszeiten, Wochentagen, Jahreszeiten oder entsprechend bestimmter Ereignisse geben. In Kombination mit der Erhebung soziodemographischer Daten und anderer Merkmale wie Besuchsanlass, Besuchsumstände (z.B. ob man in Begleitung kommt) und Besuchshistorie (Erst- oder Wiederbesuch) lassen sich Rückschlüsse auf den Einzugsbereich des Museums, einige Voraussetzungen auf Besucherseite wie beispielsweise das Bildungsniveau sowie den Stellenwert des Museumsbesuchs im Rahmen der Freizeitgestaltung ziehen. Insbesondere psychographische Merkmale wie Einstellungen, Interessen, Präferenzen und Besuchsmotive sind hier aufschlussreich, um die Ausgangssituation der Besucher und ihre Erwartungen an einen Museumsbesuch kennenzulernen. Gegenüber klassischen soziodemographischen Besucherprofilen wird die Anwendung neuer Modelle gesellschaftlicher Segmentierung nach Lebensstilen und Milieus empfohlen, da diese die gegenwärtige, zunehmend ausdifferenzierte Gesellschaft treffender beschreiben (vgl. Kirchberg 1996b).

Jede Museumsart und jede Einrichtung hat ihr charakteristisches Besucherprofil. Dies bedeutet jedoch nicht, die Museumsarbeit allein auf den jeweils statistisch generierten ›Durchschnittsbesucher‹ auszurichten, sondern sich des Facettenreichtums der vertretenen Bevölkerungsteile bewusst zu werden und auf der Basis der gewonnenen Informationen ein entsprechend der identifizierten Zielgruppen differenziertes Angebot zu entwickeln. Derlei besucherbezogene Informationen können für vielfältige Maßnahmen der Umsetzung von Publikumsorientierung in der Museumsarbeit nützlich sein: von der Ausstellungsgestaltung über museumspädagogische Programme bis hin zu Öffentlichkeitsarbeit und Werbung. Angesichts des gesellschaftlichen Auftrags der Museen dienen Besucherprofile auch legitimatorischen Zwecken, indem sie Auskunft geben über Art und Umfang der erreichten

Besucher. So ist die Besucherforschung nicht trennscharf von der Markt- und Marketingforschung abzugrenzen.

Markt- und Marketingforschung

Die museumsbezogene Markt- und Marketingforschung zielt darauf, ein Bild des ›Marktes‹ von Museen zu zeichnen – welche Bevölkerungsteile erreicht wurden und welche unterrepräsentiert sind – und zu bestimmen, mit welchen Maßnahmen die diversen Adressatengruppen für einen Museumsbesuch gewonnen werden können (vgl. Davies 1994, Kelly & Sas 1998, Kotler & Kotler 1998). Sie befasst sich demnach primär mit den Außenbeziehungen eines Museums. Diese Außenbeziehungen drücken sich auf Adressatenseite in Einstellungen zu Museen generell sowie in der Besuchsbereitschaft und -häufigkeit bestimmter Museumsarten und Einrichtungen aus. Wie Kirchberg (1996a) zeigte, ergibt sich daraus ein Kontinuum zwischen museumsaffinen, regelmäßigen Besuchern bis hin zu museumsfernen Bevölkerungsteilen, die besonders schwierig für Museen respektive bestimmte Museumsarten zu gewinnen sind. Indem das Publikum nach charakteristischen Merkmalen segmentiert wird, können Zielgruppen definiert werden, die eine fokussierte Adressierung erlauben (vgl. Günter 1997, Dreyer & Wiese 2004: 16). Informationen zu Besuchsmotiven, Freizeitpräferenzen und kultureller Partizipation sind hier aufschlussreicher als soziodemographische Merkmale. Daraus ergeben sich Ansatzpunkte für Maßnahmen der Besucherbindung, der Publikumsgewinnung, aber auch der Publikumsentwicklung, die angesichts der gesamtgesellschaftlichen Rolle von Museen bewusst auch museumsferne und sozial benachteiligte Bevölkerungsteile für Museen zu erschließen sucht (vgl. Dodd & Sandell 1998, Günter & John 2000, Klein 2003). Besonders nützlich ist in diesem Zusammenhang die *Nichtbesucherforschung* (vgl. Kirchberg 1996a, Schäfer 1997a). Sie ermittelt Besuchsbarrieren bei museumsfernen Bevölkerungsteilen, die daraufhin gezielt angegangen werden können. Es bleibt allerdings zu bedenken, dass die Grenze zwischen museumsaffinen und museumsfernen Publikumsteilen nicht trennscharf ist, sondern es viele Abstufungen gibt. Außerdem ist die Gewinnung von Publikum, das Museen nicht von vorneherein in seinem Wahrnehmungs- und Präferenzportfolio hat, sehr aufwendig und schwierig (vgl. Klein 1997).

Auf Marketing im engeren Sinn bezogene Studien untersuchen darüber hinaus die Frage, welche Kommunikationsmittel mit Blick auf die jeweiligen Zielgruppen besonders effektiv zur Publikumsansprache eingesetzt werden können, von Maßnahmen der Öffentlichkeitsarbeit und Werbung bis hin zur Arbeit mit *Keyworkers* (vgl. Stöger & Stannett 2001). Sie kann auch Rückmeldung geben über die Wirksamkeit bereits erfolgter Maßnahmen und ist dann als Element der nachfolgend beschriebenen Evaluation zu verstehen. Der Beitrag der Markt- und Marketingforschung zur Realisierung publikumsorientierter Museumsarbeit liegt vor allem in der Beschaffung von Informationen zur gezielten Erhöhung der Besuchszahlen und zur Ausdifferenzierung des Publikums, um eine Ansprache der Bevölkerung in ihrer ganzen Breite zu erreichen. Dies ist Voraussetzung für einen umfassenden Dialog mit der Gesellschaft. Entsprechend dient die Markt- und Marketingforschung nicht allein der nachfragebezogenen Publikumsorientierung, sondern auch den gesellschaftsorientierten Zielsetzungen von Museen.

Evaluation

Während Evaluationsstudien in den 1960er Jahren in den USA Hochkonjunktur erhielten zur Bewertung von Bildungs- und sozialen Interventionsprogrammen, wird die auf empirischen Methoden basierende Erfolgskontrolle und -beurteilung inzwischen auf vielfältige Maßnahmen angewendet (vgl. Bortz & Döring 2002: 95ff). Dazu gehören auch Ausstellungen und Programme von Museen (vgl. Klein 1991). Dabei sind zwei Stoßrichtungen zu unterscheiden: zum einen die Durchführung von Studien mit der Absicht, »Programme und den Prozess ihrer Durchführung und Wirkungsweise zu verbessern« (Stockmann 2006: 19) und zum anderen ihre Anwendung zum Zweck der »Wirkungsanalyse und Erfolgskontrolle« (Klein 1991: 3) nach erfolgter Implementierung von Maßnahmen. Bereits 1976 hat Screven ein entsprechendes Modell der Ausstellungsevaluation vorgeschlagen, das die museale Evaluation bis heute prägt. Dieses Modell wird nicht mehr allein auf Ausstellungen bezogen, sondern auch auf museumspädagogische Programme, Öffentlichkeitsarbeit, Besucherservice und weitere Maßnahmen.

Evaluationsstudien werden unterschieden nach ihrem Zweck – Verbesserung oder Erfolgsbestimmung – und nach dem Zeitpunkt der Durchführung relativ zum Stand des betreffenden Projekts – Planung, Entwicklung, nach der Implementation (vgl. Screven 1990). Zu Beginn der Planungen dient die *Front-End-* oder *Vorab-Evaluation* der Sondierung der Publikumsvoraussetzungen und -perspektiven hinsichtlich eines Vorhabens: Interessen, Stand des Wissens, Erwartungen und mögliche Anknüpfungspunkte zu einem Thema (vgl. Klein 1993). Liegt bereits ein erstes Konzept vor, können in dieser Phase auch Rückmeldungen dazu eingeholt werden. Dies erlaubt es, in einer frühen Phase der Planung, in der noch wenig unverrückbare Festlegungen gemacht wurden, Änderungen am Konzept vorzunehmen, um das Vorhaben publikumsgerechter zu gestalten. Wenn die Planungen konkreter werden und das Vorhaben in die Entwicklungsphase eintritt, dient die *Formative Evaluation* dazu, Entwürfe und Modelle beispielsweise von Medienstationen in Ausstellungen vor der endgültigen Erstellung zu testen und anhand der Rückmeldungen zu verbessern, solange Änderungen noch kostengünstig und mit vergleichsweise geringem Aufwand möglich sind (vgl. Taylor 1991).

Nach der Fertigstellung von Ausstellungen oder Programmen können Evaluationen wiederum zwei Zwecken dienen: Die *Nachbesserungsevaluation* hilft, nach der Implementierung auftretende Schwachstellen und Probleme zu adressieren (vgl. Bitgood 1996a). Zu diesem Zeitpunkt können zwar nur noch begrenzt Modifikationen vorgenommen werden, jedoch lassen sich gewisse Mängel noch beseitigen. Als *Status-Quo-Evaluation* dient diese Bestandsaufnahme der Identifikation von Stärken und Schwächen bestehender Ausstellungen oder Programme als Grundlage für ihre Erneuerung und Weiterentwicklung. Im Gegensatz dazu zielt eine *Summative Evaluation* nicht auf Verbesserung, sondern auf Wirkungsanalyse und abschließende Erfolgsbeurteilung hinsichtlich des Grades der Zielerreichung (vgl. Prince 1992). Dabei kommen vielfältige Erfolgskriterien zum Tragen: neben den für das jeweilige Vorhaben konkret definierten Zielen (so eine solche Zieldefinition existiert) stehen gegenwärtig vor allem Bildungswirkung und Besucherzufriedenheit im Vordergrund. Vereinzelt werden auch die ökonomischen (Neben-)Effekte von Ausstellungen (*economic impact*) bestimmt (vgl. Klein 1996a: 18). Evaluationsstudien liefern somit eine Planungsgrundlage und Entscheidungshilfen zur Realisierung publikumsgerechterer Vorhaben und effektiverer Publikumsansprache. Sie helfen, Verbesserungsbedarf zu identifizieren und dienen der Erfolgskontrolle und -demonstration in legitimatorischer Hinsicht.

1.2.1.2 Ansätze und Methoden der Publikumsforschung

Die museumsbezogene Publikumsforschung ist primär der angewandten Forschung zuzurechnen. Grundlagenforschung, die einen Beitrag zur Entwicklung von Theorien in ihrer jeweiligen Fachdisziplin leistet, ist in diesem Kontext rar. Es dominieren Studien mit praktischen Fragestellungen, die auf konkrete Vorhaben an Museen bezogen sind und diesen zugute kommen; dies gilt insbesondere für Evaluationsstudien. Diese Studien sind jedoch vielfach so angelegt, dass ihre Ergebnisse nicht über das jeweils untersuchte Projekt hinaus gültig sind. Bislang zu wenig vertreten sind Untersuchungen, welche eine anwendungsnahe Fragestellung in einer Form bearbeiten, die generische, übertragbare Erkenntnisse liefert (vgl. Dufresne-Tassé 2007, Fischer et al. 2005).

Die Publikumsforschung zeichnet sich durch Multidisziplinarität aus. Es kommen vielfältige Ansätze, Theorien, Forschungsstrategien und Methoden zum Einsatz, deren Wahl und Gestaltung hervorgehen aus der jeweiligen inhaltlichen Fragestellung und Zielsetzung in Verbindung mit der betreffenden Fachperspektive und dem gewünschten Auflösungsgrad der Studie. Besonders stark geprägt wurde die Publikumsforschung in Deutschland von der Soziologie (vgl. Klein & Bachmayer 1981, Klein 1985, 1997, Treinen 1973, 1997, Kirchberg 1996b, 2005), während in den USA der Psychologie eine Vorreiterrolle zukommt (vgl. Loomis 1996, 1987, Screven 1990, 1993). Mit Blick auf die Bildungsbemühungen von Museen spielt auch die Perspektive der Erziehungswissenschaft eine wichtige Rolle (vgl. Hein 1998, Noschka-Roos 1994). Darüber hinaus werden Museumsarbeit und Museumspublikum aus Sicht der Kommunikationswissenschaft untersucht, die Museen als Medien begreift (vgl. Treinen 1996b, Schuck-Wersig & Wersig 1986, 1995, Wersig & Graf 2000). Entsprechend weist die museale Publikumsforschung insbesondere auf dem Gebiet der Ausstellungsevaluation eine große Nähe zur Mediennutzungs- und Medienwirkungsforschung auf (vgl. Bonfadelli 2001, Süss & Bonfadelli 2001, Schenk 2007). Schließlich hat auch die Marketingperspektive ihren Platz im Spektrum der Zugangsweisen zu Fragen des Museumspublikums (vgl. Günter 1997, Schuck-Wersig & Wersig 1994, Yucelt 2000). Darüber hinaus hat sich die Publikumsforschung geöffnet für vielfältige Impulse, seien es Managementmethoden wie Benchmarking, die Tourismus- und Freizeitforschung oder die *Cultural Studies*.

Publikumsforschung kann sowohl in Form von Primärforschung als auch von Sekundärforschung durchgeführt werden. Während die Sekundärforschung bereits abgeschlossene Studien und vorhandene Informationsquellen wie beispielsweise Bevölkerungsstatistiken analysiert und miteinander in Beziehung setzt, beschafft Primärforschung neue Daten zur Beantwortung der verfolgten Forschungsfragen. Der Primärforschung steht ein umfangreiches Repertoire an Methoden zur Verfügung. Je nach Stand des Wissens, Fragestellung und Erkenntnisinteresse kommen quantitative oder qualitative Herangehensweisen zum Einsatz. Letztere werden vor allem bei komplexeren Fragestellungen eingesetzt, zu denen kaum theoretische wie empirische Erkenntnisse vorliegen und die mit standardisierten Instrumenten schwierig zu erfassen sind. Zunehmend wird auch das Erkenntnispotential einer Kombination dieser beiden Zugangsweisen geschätzt. Das Spektrum an Datenerhebungsmethoden reicht von der bloßen Zählung zwecks Erstellung von Besuchsstatistiken über schriftliche und mündliche Befragungen mittels Fragebogen oder Interviewleitfaden, Diskussions- und Fokusgruppen sowie verdeckte Beobachtungen der Besuchswege und des Besucherverhaltens bis hin zu experimentellen Versuchsanordnungen mit systematischen Variationen und der Analyse von Logfiles digitaler Medien, welche das Nutzungsverhalten protokollieren. Bei den Auswertungsmethoden kommen entsprechend Verfahren der deskriptiven und schließenden Statistik sowie der quantitativen und qualitativen Inhaltsanalyse zum Einsatz.

Somit stehen der Publikumsforschung vielfältige Wege der Informationsbeschaffung hinsichtlich ihres Publikums zur Verfügung, die Museen zur Umsetzung der Publikumsorientierung nutzen können. Doch inwiefern sind Museen tatsächlich bereit, sich auf die Publikumsforschung einzulassen? Und was passiert, wenn die Ergebnisse von Studien vorliegen? Die Fragen des Einsatzes von Publikumsforschung und der Umsetzung von Resultaten in der Museumsarbeit erweisen sich nach wie vor als Herausforderung.

1.2.2 Publikumsforschung: Eine Herausforderung

Der vorangegangene Abschnitt zeigte: Die Publikumsforschung birgt ein umfangreiches Potential, um Museen bei der Planung und Umsetzung publikumsorientierter Maßnahmen zu unterstützen. Zugleich stellt die Publikumsforschung jedoch in mehrfacher Hinsicht eine Herausforderung für Museen dar. Zunächst geht es um die Frage, ob Museen überhaupt Publikumsstudien einsetzen. Über den Anteil von Museen, die Publikumsforschung betreiben, liegen nur aus wenigen Ländern Daten vor. In Australien liegt der Anteil der Museen, die bereits Besucherbefragungen durchgeführt haben, bei etwa einem Drittel (Reussner 2003a: 52), in Deutschland waren es im Jahr 2005 17,8% der Museen, die in der jährlichen Befragung des Instituts für Museumsforschung auf diese Frage geantwortet hatten, 60% gaben an, keine Besucherbefragungen durchzuführen. Entsprechend ist noch nicht eingetreten, was der Deutsche Museumsbund postuliert: dass die Besucherforschung zu den regulären Aufgaben der Museen gehört (vgl. Institut für Museumsforschung 2006: 45). Die erste Herausforderung in diesem Kontext ist prinzipieller Natur und hat mit der grundsätzlichen Frage zu tun, welches Gewicht man der Publikumsperspektive in der Museumsarbeit zuzugestehen bereit ist. Der Einsatz von Publikumsforschung steht klar für eine Museumsphilosophie, die den Anliegen und Sichtweisen des Publikums große Bedeutung zumisst. Hier stellt sich die Frage nach dem Verhältnis von sammlungs- und forschungsbezogenen Aufgaben zu den publikumsbezogenen Aufgaben sowie nach dem Verhältnis von Gesellschafts- und Nachfrageorientierung in der Museumsarbeit. Im Einsatz der Publikumsforschung wird die Gefahr eines Plebiszits der Besucher über Fragen der Museumsarbeit gesehen, wodurch sich mancher Museumsmitarbeiter in seiner Expertise und Autorität in Frage gestellt sieht. Dies ist jedoch, wie sich inzwischen herumgesprochen hat, nicht die

Intention von Publikumsforschung – sie dient nicht als Ersatz für Planungen und Entscheidungen von Museumsseite, sondern vielmehr als ihre Unterfütterung mit konkreten Informationen, um Publikumsbedürfnisse in die Entscheidungsfindung mit einzubeziehen.

Aus gesellschaftsorientierter Perspektive wird die Publikumsforschung als Informationsgrundlage für eine bessere Erfüllung des kulturellen Auftrags angesehen. Aus nachfrageorientierter Sicht ist die Publikumsforschung das Pendant zur kommerziellen Marktforschung, die als Grundlage für Produktentwicklung und Werbemaßnahmen die Wünsche und Nachfragepotentiale der Kunden erforscht (vgl. Berekoven, Eckert & Ellenrieder 2004), was angesichts von Anforderungen verbesserter Wirtschaftlichkeit auch für Museen an Relevanz gewinnt. Die Anlehnung der musealen Publikumsforschung an die kommerzielle Marktforschung steht für Kritiker im Widerspruch zum gesellschaftlichen Mandat der Museen: Die Legitimation der öffentlichen Kultureinrichtungen und Kulturfinanzierung gründet gerade in der Nicht-Erfüllung der Publikumserwartungen (vgl. Klein 2003: 7). Die Tatsache, dass Publikumsforschung besonders intensiv von großen, international renommierten Museen mit zeitgenössischen Management- und Marketingpraxen betrieben wird, wird aus Kritikerperspektive als Beleg für diese These interpretiert. Es liegt letztlich in der Hand der Museen selbst, in welchem Sinne sie die Publikumsforschung für ihr Haus fruchtbar machen und inwiefern sie angesichts der vielfältigen Anforderungen, die heute an Museen gestellt werden, eine Balance zwischen Gesellschafts- und Nachfrageorientierung finden.

Die zweite Herausforderung betrifft die Frage, ob sich Museen überhaupt in der Lage sehen, Publikumsforschung zu betreiben. Als Barrieren für die Durchführung von Publikumsforschung wurden in einer australienweiten Befragung von Museen vor allem folgende Gründe genannt: fehlende finanzielle Mittel, zu hoher Aufwand, keine Zeit, niemand macht Publikumsforschung zu seiner Verantwortlichkeit und man weiß nicht, wie man an Publikumsstudien herangehen soll (vgl. Reussner 2003a: 58). Der erforderliche Aufwand für Publikumsforschung wird demnach als sehr hoch eingeschätzt. Ohne Befürworter und jemanden, der willens und in der Lage ist, die Publikumsforschung zu seiner Sache zu machen, hat sie folglich kaum Chancen, Teil der Museumsarbeit zu werden. Somit wirkt hier auch die erste Herausforderung hinein. Angesichts dessen verwundert es nicht, dass die Publikumsforschung besonders von großen, finanziell schlagkräftigen und mit umfangreichem und besonders qualifiziertem Personal ausgestatteten Museen betrieben wird.

Die dritte Herausforderung bezieht sich auf diejenigen Museen, die sich bereits für den Einsatz von Publikumsforschung entschieden haben. Sie besteht in der mangelnden Anwendung der durch Publikumsforschung gewonnenen Erkenntnisse in der Museumsarbeit. Eine anwendungsbezogene Studie ist mit dem Verfassen eines Ergebnisberichts noch nicht beendet. Es gibt jedoch vielfach Anzeichen dafür, dass die Ergebnisse von Publikumsstudien trotz des investierten Arbeits- und Ressourcenaufwands nicht immer oder nicht adäquat in der Museumsarbeit umgesetzt werden (vgl. Blahut & Klein 2003: 21f, Fisher 2002, Gammon & Graham 1997: 7). Wenn die Publikumsforschung jedoch folgenlos bleibt, sind Ressourcen vergeudet und Chancen für die Realisierung einer publikumsorientierten Museumsarbeit vertan. Wert und Nutzen der Publikumsforschung geraten so in Zweifel. Um diesem Problem mangelnder Wirksamkeit von Publikumsforschung zu begegnen, ist es erforderlich, günstige Voraussetzungen für die Nutzung von Studienergebnissen in der Museumsarbeit zu schaffen.

Mit der dritten Herausforderung ist das zentrale Problemfeld umrissen, das zur vorliegenden Untersuchung motivierte: die mangelnde Anwendung von Ergebnissen der Publikumsforschung in der Museumsarbeit. Die Problematik begrenzter Auswirkungen von Publikumsforschung wird in der Fachwelt durchaus wahrgenommen und reflektiert. Das Spektrum möglicher Ursachen dieses Umsetzungsdefizits reicht von Ressourcenknappheit (Knott & Noble 1989: 29) über methodische Fragen (Rubenstein 1989: 47) bis hin zu mangelnder Akzeptanz von Publikumsforschung (Wagner 1996: 12) und gering ausgeprägter Publikumsorientierung (Günter 1998: 53). Diese Einsichten liegen derzeit jedoch vorwiegend in Form von persönlichen Erfahrungen und Anekdoten vor. Es gibt bislang kaum empirisch gesicherte Erkenntnisse, unter welchen Bedingungen die Anwendung von Publikumsforschung erfolgreich und wirksam ist. Wie können Museen dazu befähigt werden, die Erkenntnisse aus Publikumsstudien zum Nutzen publikumsorientierter Museumsarbeit anzuwenden? Welchen Beitrag leistet die Publikumsforschung zu publikumsorientierter Museumsarbeit? Wie verändert sich die Museumsarbeit aufgrund von Publikumsstudien? Unter welchen Voraussetzungen ist der Einsatz von Publikumsforschung wirksam? Diesen Fragen geht die vorliegende Studie empirisch nach.

1.3 Ziele und Forschungsfragen

Aus dem geschilderten Hintergrund ergibt sich für diese Studie das zentrale Ziel, eine Bestandsaufnahme dessen vorzunehmen, was in der Publikumsforschung bisher erreicht wurde, um daraus Erfolgsfaktoren abzuleiten, die eine wirksamere Nutzung von Publikumsstudien und damit eine verbesserte Umsetzung publikumsorientierter Museumsarbeit ermöglichen. Dabei soll es nicht um die Hintergründe gehen, warum Museen sich für oder gegen den den Einsatz von Publikumsforschung entscheiden. Der Fokus liegt vielmehr auf denjenigen Einrichtungen, die das Instrument der Publikumsforschung bereits für eine publikumsorientierte Museumsarbeit nutzen. Es ist daher mein Anliegen, aufzuzeigen, wie die Publikumsforschung in Museen zum Einsatz kommt, unter welchen Rahmenbedingungen dies geschieht und welche Auswirkungen sie auf die Museumsarbeit hat. Davon ausgehend zielt diese Untersuchung insbesondere darauf, Grundlagen für die wirksame Nutzung von Publikumsforschung im Museumskontext zu identifizieren. Diese sollen über den Einzelfall hinaus gültig sein und nach ihrer relativen Bedeutung priorisiert werden, um Anhaltspunkte für vorrangig zu verbessernde Faktoren zu erhalten. Zudem soll der erlangten thematischen und methodischen Vielfalt, der internationalen Verbreitung sowie dem gegenwärtigen Grad an Professionalisierung der Publikumsforschung Rechnung getragen werden. Entsprechend richtet sich die Untersuchung auf folgende erkenntnisleitende Fragen:

- **Bestandsaufnahme**: Auf welche Weise, unter welchen Bedingungen und mit welchen Auswirkungen wird die Publikumsforschung gegenwärtig in Museen eingesetzt?
- **Wirksamkeit**: Welche Merkmale eignen sich als Indikatoren für die Wirksamkeit von Publikumsforschung? Wie ist es um die Wirksamkeit von Publikumsforschung bestellt?
- **Erfolgsfaktoren**: Welche Bedingungen und Faktoren tragen über einzelne Museen hinweg zur wirksamen Nutzung von Publikumsforschung bei?
- **Priorisierung**: Welche der übergreifend relevanten Erfolgsfaktoren sind relativ gesehen am wichtigsten für den wirksamen Einsatz von Publikumsforschung?

Anhand von 21 Fallstudien von Museen weltweit, die Publikumsforschung verstärkt einsetzen, erfolgt eine Analyse und Reflexion der gegenwärtigen Praxis von Publikumsforschung für Museen im Hinblick auf ihre Anwendung, Wirksamkeit und Erfolgsvoraussetzungen.

1.4 Überblick

Die Bearbeitung des beschriebenen Forschungsproblems vollzieht sich entsprechend der in Abbildung 1.1 im Überblick dargestellten Schritte.

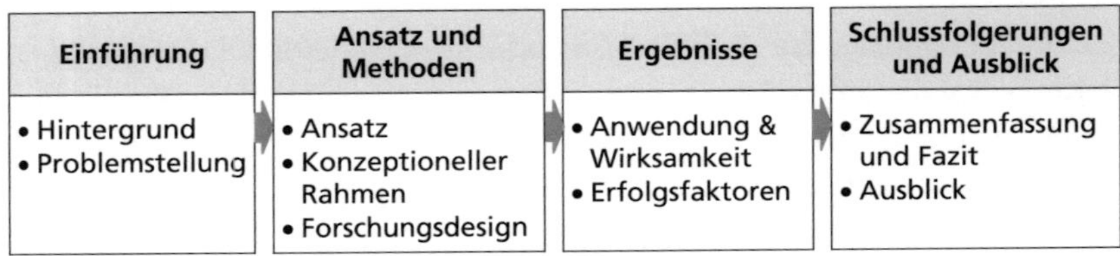

Abb. 1.1: Überblick über die Struktur des Bandes

Kapitel 2: Die Öffnung von Museen für ihr Publikum steckt zunächst den inhaltlichen Rahmen ab, in den die Thematik der Publikumsforschung und die zentrale Fragestellung dieser Studie einzuordnen sind. Dazu wird die Entwicklung der Publikumsorientierung und ihres Widerhalls in der Publikumsforschung in einer historischen Perspektive ausgehend von den Anfängen des öffentlichen Museums in den Blick genommen.

Kapitel 3: Mangelnde Wirksamkeit von Publikumsforschung stellt die in dieser Untersuchung behandelte Problematik im Detail vor und skizziert den Forschungsstand zu dieser Frage. Eine Literatursichtung bildet die Grundlage für die Entwicklung eines konzeptionellen Bezugsrahmens und die Präzisierung der Forschungsfragen.

Kapitel 4: Ansatz und Methoden der Untersuchung erläutert Forschungsstrategie, Forschungsdesign und Durchführung dieser Studie. Zunächst wird die grundsätzliche Anlage der Studie als deskriptiv-explorative Untersuchung dargelegt und die gewählte Untersuchungsform erörtert: eine vergleichende Analyse mehrerer Einzelfallstudien. Es folgt eine detaillierte Beschreibung des Forschungsdesigns und seiner Umsetzung.

Kapitel 5: Anwendung und Wirksamkeit von Publikumsforschung präsentiert und diskutiert den ersten Teil der empirischen Ergebnisse. Zunächst wird die gegenwärtige Praxis der Publikumsforschung in den untersuchten Museen beleuchtet: Rahmenbedingungen, Themen und Methoden sowie Art und Umfang der Nutzung von Studienergebnissen in der Museumsarbeit. Auf dieser Grundlage werden die Veränderungen erkundet, die der Einsatz von Publikumsforschung in den betrachteten Museen bewirkt hat. Das Kapitel endet mit der Einordnung der untersuchten Museen in eine Rangfolge nach Grad der Wirksamkeit von Publikumsforschung.

Kapitel 6: Erfolgsfaktoren wirksamer Publikumsforschung stellt die empirischen Untersuchungsergebnisse hinsichtlich Erfolgsfaktoren für die Wirksamkeit des Einsatzes von Publikumsstudien dar. Nachdem die wesentlichen Voraussetzungen und Einflussgrößen für die im vorigen Kapitel behandelten Wirkungen von Publikumsforschung identifiziert und nach ihrer relativen Bedeutung geordnet wurden, folgt eine detaillierte Darstellung der einzelnen Erfolgsfaktoren.

Kapitel 7: Schlussfolgerungen und Ausblick fasst die wesentlichen Ergebnisse der Untersuchung in Form von Thesen zusammen, und es werden übergreifende Schlussfolgerungen gezogen. Ein Ausblick skizziert offene Fragen und Anknüpfungspunkte für weitergehende Forschung.

2 Die Öffnung von Museen für ihr Publikum

Um das gegenwärtige Verhältnis von Museen zu Publikum und Publikumsforschung nachzuvollziehen, ist es sinnvoll, sich den Wandel der gesellschaftlichen Funktionen von Museen und der Rolle des Publikums zu vergegenwärtigen. Ausgangspunkt der folgenden Betrachtung ist der Moment, in dem man begann, die Aufgaben von Museen in Bezug auf eine allgemeine Öffentlichkeit zu definieren. Dies ist auch die Geburtsstunde der Publikumsforschung. Die nach diesem Auftakt erfolgenden Veränderungen im Museumswesen im Hinblick auf die gesellschaftlichen Funktionen von Museen und der Gestaltung der Publikumsbeziehungen können in drei Phasen gegliedert werden. Diese Phasen des Museumswandels werden nach den jeweils im Diskurs zentralen Konzepten bezeichnet: *Allgemeiner Zugang und Bildungsgedanke* (Mitte 19. Jh. bis Ende der 1960er Jahre), *Demokratisierung und Vermittlung* (Ende der 1960er Jahre bis Mitte der 1980er Jahre) sowie *Nachfrageorientierung, Gesellschaftsorientierung und situierte Bedeutungskonstruktion* (ab Mitte der 1980er Jahre). Mit Beginn jeder dieser Phasen zeichnet sich vor dem Hintergrund gesellschaftlicher Veränderungen ein deutlicher Wandel im Selbstverständnis der Museen und in der Grundhaltung dem Publikum gegenüber ab. Dieser Bewusstseinswandel spiegelt sich sowohl in Veränderungen der Museumspraxis als auch der Publikumsforschung. Der Übergang in eine neue Phase bedeutet jedoch nicht, dass die zuvor dominante Haltung der Museen gegenüber ihrem Publikum vollständig von neuen Orientierungen abgelöst würde, vielmehr bestehen diese zum Teil bis heute weiter. Existierende Konzepte treten in den Hintergrund und werden ergänzt durch neue, an Gewicht zunehmende Auffassungen (vgl. Doering 1999: 75).

Im Folgenden werden zentrale Tendenzen in der Entwicklung des Verhältnisses von Museen und Publikum einschließlich ihres Widerhalls in der Publikumsforschung nachvollzogen. Die zeitlichen Einteilungen sind grobe Annäherungen, stark verallgemeinert und können in einzelnen Ländern abweichen. Der Wandel im Verhältnis von Museum und Publikum ist in der gesamten westlichen Welt festzustellen, jedoch mit unterschiedlichen inhaltlichen Akzenten und zeitlichen Verschiebungen. Die USA haben häufig eine Vorreiterrolle, während neue Entwicklungen in den europäischen Museen oft erst später zum Tragen kommen. Außerdem zeigen sich Entwicklungen je nach Land in unterschiedlichen Ausprägungen. Die folgende Betrachtung ist auf die zentralen Entwicklungslinien fokussiert, geht jedoch, wenn es aufschlussreich scheint, differenzierter auf die Besonderheiten einzelner Länder ein.

2.1 Allgemeiner Zugang und Bildungsgedanke

2.1.1 Die Anfänge des öffentlichen Museums

In Zusammenhang mit der Emanzipation des Bürgertums und der Idee des Gemeinguts wird das Konzept *Öffentlichkeit* im 18. Jahrhundert zu einem zentralen, politisch gefärbten, normativen Begriff (vgl. Hohendahl 2000: 5f, Habermas 1984). Das Prinzip der freien Zugänglichkeit für die gesamte Bevölkerung wird im Kontext aufklärerischer Zielsetzungen auch in Bezug auf die Institution Museum propagiert. Somit können hier die Ursprünge dessen, was wir als Publikumsorientierung bezeichnen, identifiziert werden: Neben den Objekten, die im Zentrum der Museumsarbeit stehen, rücken in dieser ›neomusealen Epoche‹ nun auch die Besucher in den Blick von Museumsverantwortlichen (vgl. Waidacher 2005: 303). Der zuvor überwiegend aus Aristokraten und Gelehrten bestehende privilegierte Adressatenkreis von Museen soll erweitert werden. So wandelt sich der Zugang zu Museen im ausgehenden 19. Jahrhundert von einem Privileg zu einem allgemeinen Recht (vgl. Hudson 1975: 31).

Damit richtete man sich jedoch zunächst primär an das Bildungsbürgertum, »an intellectual middle class« (Alexander 1979: 221). Dies zeigt sich am Beispiel des Senckenberg-Museums in Frankfurt, bei dem man beklagte, dass die ›Oberlehrer‹ die Herrschaft übernommen hätten (vgl. Klausewitz 1976: 39). Zwar setzen Museen wie das *British Museum* und der *Louvre* die Maxime der allgemeinen Zugänglichkeit im Prinzip um, doch zeigt die exemplarische Schilderung der großen Hürden und Unannehmlichkeiten, die mit einem Besuch von Museen verbunden waren – die Erfordernis von Empfehlungsschreiben beziehungsweise eines schriftlichen Antrags, Bekleidungsvorschriften, Eintrittsgelder, ungünstige Öffnungszeiten, wenig Zeit zur Besichtigung (vgl. Hudson 1975: 9f, 25, Pomian 2007: 19) –, dass der Gebrauch dieses Zugangsrechts äußerst schwierig ist und der Großteil der Bevölkerung *de facto* vom Museumsbesuch ausgeschlossen bleibt. Angesichts der vorherrschenden Haltung der Museen gegenüber dem Publikum charakterisiert Harris die Frühzeit des öffentlichen Museums als Phase der ›autoritären Herablassung‹ (*authoritarian condescension*, Harris 1990: 48), in der man großzügig die Türen zu den Heiligtümern der Museen weiter öffnete.

Ist der neue Adressatenkreis des öffentlichen Museums also zunächst bildungsbürgerlich geprägt, erweitert sich das Spektrum der Zielgruppen schließlich. In Großbritannien wird das Museum nun auch als ein »Begegnungsort der Klassen« (Bennett 1995: 86) begriffen. In Deutschland ist insbesondere Lichtwark (1904) für seine Forderung nach einem Wandel der Museen zu Orten der Bildung für breite Bevölkerungsschichten über das Bildungsbürgertum hinaus bekannt. An der Wende zum 20. Jahrhundert wird die Rolle der Museen als *Volksbildungsstätten* betont, wobei explizit auch die Arbeiterschaft angesprochen werden soll (Arbeiter-Wohlfahrtseinrichtungen 1904). Breiter durchgesetzt hat sich diese Idee nach Harris (1990: 49) in den USA allerdings erst ab den 1920er Jahren. Diese Phase der Museumsentwicklung trägt für ihn weiterhin stark autoritäre Züge, allerdings mit einem sozialen Impetus: Museen sollen bisher kulturell benachteiligte Bevölkerungsgruppen als Publikum erschließen und zu Bildung und sozialem Ausgleich beitragen. Entsprechend spricht Theodore Low (1942) vom Museum als einem ,sozialen Instrument', das seine Aufmerksamkeit nicht allein auf die gehobenen Gesellschaftsschichten richten sollte. In welchem Ausmaß es Museen gelungen ist, ihr Besucherspektrum zu erweitern, ist schwierig zu bestimmen, da die Analyse von Besuchercharakteristika in dieser Phase der Museumsentwicklung noch äußerst selten war, wie aus Abschnitt 2.1.2 ersichtlich wird. Anekdotenhafte Evidenz wie hinsichtlich der bereits geschilderten Zugangshürden legt jedoch den Schluss nahe, dass die Bevölkerung wohl kaum in ihrer ganzen Breite in Museen vertreten war.

Eng verbunden mit der Ausrichtung auf eine allgemeine Öffentlichkeit ist die Idee des Museums als Bildungseinrichtung. Der Bildungsgedanke ist eine wichtige Konstante in der Museumsentwicklung seit den Anfängen des öffentlichen Museums, jedoch hat sich sein Verständnis im Lauf der Zeit tiefgreifend gewandelt. Zunächst leitet sich die Bildungsaufgabe des Museums aus dem aufklärerisch-erzieherischen Denken ab. Bereits im 18. Jahrhundert propagierte Caspar Friedrich Neickelius in seiner Schrift ›Museographia‹ (1727) die Nutzung von Museen zur Information, auch für sogenannte ›ungelehrte Besucher‹. In den USA war – aufgrund der von Anbeginn demokratisch geprägten Tradition amerikanischer Museumsgründungen – der Bildungsgedanke früh mit der Museumsarbeit verwoben. Die Idee des Museums als Ort und Quelle von Bildung für eine breite Öffentlichkeit schlägt sich nieder im Selbstverständnis einiger neu geschaffener Museen wie der *Smithsonian Institution* (vgl. Alexander 1979: 50). Auch das 1852 in der Folge der Großen Weltausstellung entstandene *South Kensington Museum* (heute *Victoria & Albert Museum*) in London wurde mit pädagogischer Zielsetzung gegründet. Es richtet sich bewusst an Handwerker und Kunstgewerbler als Produzenten und das allgemeine Publikum als Abnehmer, um beider Sinn für Qualität zu schulen (vgl. Witcomb 2003: 22). Die Berliner Museen erfüllen eine vergleichbare Funktion als Lehranstalt für Gewerbeschüler (vgl. Vieregg 2006: 43). Ein wichtiger Teil des Selbstverständnisses des Louvre ist seine Funktion als Ort für die Schulung von Künstlern. Die Bildungsziele sind damit zum einen utilitaristisch im Sinne einer besseren Berufsausübung in Kunst, Handwerk und Kunstgewerbe. Zum anderen werden intellektuelle und moralische Verbesserung, Sitten- und Geschmackserziehung als Auftrag des Museums verstanden (vgl. Roberts 1997: 23, Bennett 1995: 21). Museen sollen auch eine Alternative zu weniger unschuldigen Freizeitvergnügungen der Arbeiterklasse bieten und als ›starkes Gegengift zur Kaschemme‹ wirken (vgl. Weil 2002: 197). Der englische Begriff ›education‹ bringt diese Kombination von Zielen besser auf den Punkt als das deutsche Wort ›Bildung‹, da er stärker die Konnotation ›Erziehung‹ enthält.

Über diese vorwiegend auf die erwachsene Bevölkerung gerichteten Bildungsintentionen hinaus werden verstärkt auch Lehrer mit ihren Klassen als Zielgruppen anvisiert. In den USA ist die Auffassung des Museums als Erweiterung der Schule stark geprägt vom Werk Deweys um die Wende zum 20. Jahrhundert (vgl. Hein 2004).[1] Dewey postuliert das Ideal einer Integration von Leben und Schule. Museen und Bibliotheken sieht er als selbstverständlichen Teil der Schulbildung und als Reflexionsorte mit Bezug auf das eigene Leben an. Daher muss, so seine Forderung, der Museumsbesuch auf Erfahrungen im Leben der Bevölkerung bezogen sein. Damit weist Dewey eine große Nähe zu den reformpädagogischen Ansätzen und der Kunsterziehungsbewegung auf, wie sie in Deutschland vor allem von Lichtwark und Kerschensteiner vertreten werden. Sie richten sich gegen die Lebensfremdheit und den Autoritarismus des Schulsystems. Lichtwarks Idee von »Museen als Volksbildungsstätten« (Lichtwark 1904) und die gleichnamige Konferenz in Mannheim 1903 werden im Allgemeinen als Beginn der Entwicklung der Bildungsfunktion des Museums und der Museumspädagogik in Deutschland angesehen. Kerschensteiner (1925) setzt sich für die Anwendung eines pädagogisch-didaktischen Ansatzes in der Ausstellungstätigkeit des Deutschen Museums ein und betont das Prinzip der Selbsttätigkeit, womit das Deutsche Museum Vorbild für viele

1 | Deweys Schriften werden heute wieder verstärkt rezipiert, denn er thematisierte mit dem Begriff der ›Erfahrung‹ und dem Hinweis auf die Bedeutung der existierenden Wissensbestände und der Vorerfahrungen der Besucher für den Lernprozess im Museum zentrale Aspekte eines sich erst in den 1990er Jahren durchsetzenden konstruktivistischen Lernverständnisses im Museumskontext.

Wissenschafts- und Technikmuseen sowie die Bewegung der Science Center ab Ende der 1960er Jahre wird.

Hinsichtlich neuer Impulse für die Ausstellungsdidaktik ist das Wirken Neuraths am *Gesellschafts- und Wirtschaftsmuseum* in Wien hervorzuheben, das gegenwärtig wieder verstärkt Aufmerksamkeit erhält (vgl. Kräutler 2002). Neurath fordert zum einen neue Museen, die sich von dem Bewunderungsgestus abwenden hin zur Instruktion über relevante Gesellschaftsfragen der Zeit – das *Gesellschafts- und Wirtschaftsmuseum* ist der Prototyp dieser Idee von Volksaufklärung. Zum anderen geht es ihm um die Optimierung der Informationsvisualisierung in Ausstellungen, aber auch generell, in einer Weise, dass man auch ohne Vorkenntnisse die zentralen Punkte leicht erfassen kann (Neurath 1925). Dazu geht er von den Bedürfnissen der Besucher und den Vermittlungszielen der jeweiligen Ausstellung aus und gehört damit zu den ersten Anwälten einer besucherorientierten Ausstellungsentwicklung.[2] In den Zwanziger Jahren wird die Museumspädagogik zu einem aktiven Element amerikanischer wie europäischer Museumsarbeit auch durch die zunehmende Einstellung von Personal für Führungen (Roberts 1997: 5); insgesamt gesehen sind Beschriftungen oder Führungen jedoch noch wenig üblich (Alexander 1979: 10).

Mit dem musealen Bildungsgedanken verbinden sich im Verlauf des 19. und frühen 20. Jahrhunderts allerdings nicht allein aufklärerische Motive. Zum einen wird der Zweck der Bildungsarbeit der Museen dieser Zeit in Zusammenhang gebracht mit dem Ziel einer Homogenisierung einer durch Industrialisierung und beginnende Konsumkultur geprägten Gesellschaft, die Weltausstellungen und Warenhäuser zu Vorbildern für Museen macht (vgl. Hein 2000: 44, Witcomb 2003: 21). Unterstützt wird die Homogenisierungsthese durch Lübbes Kompensationstheorie, die Museen als Vehikel für die Kompensation von Modernisierungsverlusten auffasst (vgl. Lübbe 1992). Die vorherrschende Haltung von Museen gegenüber dem Publikum wird aus heutiger Perspektive als autoritär, antipluralistisch und paternalistisch kritisiert (Harris 1990: 49, Hein 2000: 44). Es gibt keine Anzeichen für Bemühungen, die Vielfalt der Lebenswelten der Bevölkerung einschließlich der Arbeiterschaft im engeren demokratischen Sinn in den Inhalten und Angeboten der Museumsarbeit zu reflektieren, wie eine Forderung der 1970er Jahre lautet. Vielmehr sollten die unteren Gesellschaftsschichten an die Hochkultur herangeführt werden.

2 | Seine ›Wiener Methode der Bildstatistik‹ arbeitet Neurath später gemeinsam mit dem Grafiker Gerd Arntz zum einflussreichen ›International System of Typographic Picture Education‹ (Isotype) aus.

Zum anderen sind die Bildungsintentionen insbesondere einiger großer Museen auch vor dem Hintergrund von Nationalismus, Imperialismus und schließlich des Nationalsozialismus zu sehen. Die Erträge imperialistischer Beutezüge, Trophäen aus der Revolutionszeit und den napoleonischen Kriegen sowie Insignien des sich neu formierenden Nationalstaats sind beispielsweise im *British Museum*, im *Louvre* und im 1852 gegründeten Germanischen Nationalmuseum Nürnberg zu sehen (vgl. Lepenies 2003: 39, Vieregg 2006: 79). Bildung im Museum heißt damit auch Erziehung zum Staatsbürger und Patrioten im Dienst der entstehenden Nationalstaaten: Museen erhalten durch die Bildungsaufgabe eine staatstragende Funktion. Daher ist auch die Ansprache breiter Bevölkerungsschichten ein wichtiges Ziel. Der Kolonialismus wirkt sich auf das Museumswesen aus insbesondere durch die Einrichtung von Völkerkundemuseen, die in gewisser Weise den Exotismus der einstigen Wunderkammern fortführen, auch wenn sie sich – der generellen Entwicklung einer stärkeren Spezialisierung und taxonomischen Herangehensweise im Museumswesen des 19. Jahrhunderts entsprechend – auf wissenschaftliche Kriterien berufen.

Die politische Instrumentalisierung von Museen und ihrem Bildungsauftrag wird besonders augenscheinlich im Nationalsozialismus, auch wenn in dieser Zeit einige Tendenzen aufgegriffen wurden, die bereits länger in der Gesellschaft existierten. Zu nennen wäre hier Langbehn, der wie Lichtwark der Kunsterziehungsbewegung angehörte und später mit antimodernen und antiliberalen Auffassungen die deutsche Jugendbewegung und die Kunsterziehung des Nationalsozialismus beeinflusst. Das wohl eindrucksvollste Beispiel für propagandistische Bestrebungen, dem Volk die nationalsozialistische Kunstauffassung unmissverständlich zu vermitteln, ist die Ausstellung ›Entartete Kunst‹, die 1937 in München stattfindet und danach als Wanderausstellung in weiteren Städten gezeigt wird (Barron 1992, Schuster 1998). Die ›Schulungsausstellung‹ zeigt über 650 Werke der modernen Kunst, die im nationalsozialistischen Bildersturm aus deutschen Museen entfernt worden waren, programmatisch parallel zur ›Großen Deutschen Kunstausstellung‹ im eigens errichteten ›Haus der Deutschen Kunst‹ – einer Präsentation der offiziell gutgeheißenen Kunst. Die Ausstellung ›Entartete Kunst‹ ist mit fast 3 Millionen Besuchen sehr publikumswirksam (im Gegensatz zu ihrem Pendant), was nicht zuletzt an einer umfassenden Präsenz in der Tagespresse als Sensation und dem kostenlosen Eintritt liegt. Nicht nur findet sehr gezielte Öffentlichkeitsarbeit für diese Ausstellung statt, sie ist auch didaktisch sehr durchdacht. Die vorwiegend thematisch geordneten und in eine übergreifende Ausstellungsdramaturgie eingebundenen Werke werden durch Überschriften und Zitate in einen Rahmen gestellt, welcher die erwünschte Interpretationsrichtung nahe legt. Die Übernahme dadaistischer Inszenierungsweisen zum Zweck ihrer ›Entlarvung‹ und ein später fertiggestellter Ausstellungsführer ergänzen das Spektrum der didaktischen Mittel. Hier bedient man sich also aktueller Methoden der Ausstellungsvermittlung im Dienst der Ideologie.

Nach dem Ende von Nationalsozialismus und Zweitem Weltkrieg richtet sich der Umgang mit Kultur in Deutschland vor allem auf Restaurierung, Konservierung und Entpolitisierung (vgl. Sievers & Wagner 1994). In einer internationalen Perspektive zeigt sich, dass nach 1945 die Anzahl und Vielfalt der Museen kontinuierlich zunimmt (vgl. Hudson 1998: 43). Die Gründung des internationalen Museumsbundes ICOM im Jahr 1946 als der UNESCO angeschlossenes Organ und die Bildung des Committee for Education (seit 1959 Committee for Education and Cultural Action) in den frühen 1950er Jahren geben der Museumsarbeit allgemein wie auch der musealen Bildungsarbeit eine Plattform für internationale Vernetzung und die Einführung gemeinsamer Standards.

Als Fazit für diese erste Phase der Museumsentwicklung bleibt festzuhalten: Es ist ein Aufbruch in Richtung Publikumsorientierung zu erkennen, der jedoch die Museen längst nicht in ihrer ganzen Breite durchdringt. Das Spektrum der traditionellen Museumsaufgaben wird um die Funktion des Vermittelns ergänzt; am Primat der Sammlungs- und Forschungstätigkeit ändert sich jedoch *de facto* nichts (vgl. Harris 1990, Weil 2002: 28). Museumspädagogische Maßnahmen werden in das Aufgabenrepertoire von Museen aufgenommen, doch umfassendere Konzepte wie die von Kerschensteiner oder Neurath stellen Einzelfälle dar. Eine systematisch betriebene Ausstellungsdidaktik existiert kaum (vgl. Hudson 1998: 44). Museumspädagogik bleibt zunächst eine Zusatztätigkeit.[3] Die Bildungsfunktion von Ausstellungen beruht auf einem linearen Kommunikationsmodell mit starkem Gefälle zwischen ›Experten‹ und ›Laien‹ (vgl. Le Marec 1997: 169). Das Museum tritt nicht allein als Lehrer, sondern als Erzieher auf. Das Publikum wird in dieser Phase, so beschreibt es Doering (1999: 75) treffend, weitgehend als ›Fremdkörper‹ oder ›Störfaktor‹ wahrgenommen. Das Eingehen auf Publikumsbedürfnisse bleibt im Wesentlichen auf Aspekte der ›Besuchsergonomie‹ beschränkt (vgl. Reekie 1958). Die Publikumsorientierung liegt demnach in dieser Entwicklungsphase des Museums vor allem in der Adressierung der gesamten Öffentlichkeit und der prinzipiellen Öffnung für breite Bevölkerungsschich-

3 | Davon zeugt beispielsweise die in den 1950er Jahren an der *Smithsonian Institution* übliche Bezeichnung aller nicht-kuratorischen Mitarbeiter als ›subprofessional‹ staff (vgl. Washburn 1985: 21).

ten in Verbindung mit dem Bildungsgedanken. Wie spiegeln sich diese Züge der Museumsentwicklung in den Anfängen der Publikumsforschung?

2.1.2 Die Anfänge der Publikumsforschung

Die ersten Schritte der Publikumsforschung stehen in Verbindung mit dem Aufschwung des öffentlichen Museums: Sie lassen sich bis in die zweite Hälfte des 19. Jahrhunderts zurückverfolgen. Bereits Sir Francis Galton soll im Viktorianischen Zeitalter Museumsbesucher unauffällig beobachtet haben (vgl. Alt & Shaw 1984: 25). Die ersten belegten empirischen Studien, die sich auf Besucher von Ausstellungen beziehen, stammen von Fechner (1872) und Higgins (1884). Bei der Dresdner Holbein-Ausstellung im Jahr 1871 legt Gustav Theodor Fechner ein Album für die Ausstellungsbesucher aus »zur Einzeichnung eines Vergleichs-Urtheiles über die beiden Hauptbilder der Ausstellung aus dem [...] ästhetischen Gesichtspunkte« (Fechner 1872: 1). Fechner interessiert sich dabei für die ästhetische Wirkung der beiden zentralen Gemälde der Dresdner Holbein-Ausstellung 1871 auf ein »gebildetes Laienpublicum [...], da Bilder doch nicht blos für Fachkenner und Künstler da sind« (Fechner 1872: 8). Diese Studie zu den Grundlagen ästhetischen Empfindens entspringt allerdings einem dezidiert akademischen Forschungskontext und -interesse und ist nicht mit der unmittelbaren Museumspraxis verwoben. Fechner gilt neben Wilhelm Wundt und Sir Francis Galton als Mitbegründer der experimentellen Psychologie. Seine Studie entsteht im Kontext der Etablierung von Psychologie und Soziologie als eigenständige akademische Disziplinen, welche die Lebensumstände sowie das Erleben und Verhalten des Menschen ins Zentrum systematischer empirischer Untersuchungen rücken. Von dieser Entwicklung zeugt auch eine groß angelegte, methodisch vielfältige kultursoziologische Studie, die sich bereits vor dem Ersten Weltkrieg mit dem »Kulturleben moderner Großstädte« (Bodenheimer-Biram 1919: 139) am Beispiel Mannheims befasst und dabei auch Museumsbesuche berücksichtigt. Der Zweck der Museen wird dabei als Erziehung durch – je nach Museumsart – ästhetische, ethische und wissenschaftliche Anschauung bestimmt, die positiv auf Urteilsfähigkeit, Charakter und Intellekt wirke (vgl. Bodenheimer-Biram 1919: 137).

Als eine weitere sehr frühe Untersuchung zu Museumsbesuchern führt Higgins in Liverpool die erste bekannte Beobachtungsstudie in einem naturhistorischen Museum durch. Er hat dabei explizit die Förderung des musealen Bildungswerts im Sinn. Anhand ihres Verhaltens klassifiziert er 1-2% der Besucher als mit Studien befasst, 78% als ›Beobachter‹ und darüber hinaus 20% als ›Faulenzer‹. Über diese Studie und eventuelle Konsequenzen für die Museumspraxis ist im Detail nicht viel bekannt, jedoch legt Higgins' Kategorienwahl die These nahe, dass er die Bildungschancen durch einen Museumsbesuch primär vom Besucher abhängig macht, der sein Verhalten der musealen Umgebung anpassen soll: Aus seiner Analyse spricht diesbezüglich eine deutliche Erwartungshaltung. So scheinen bereits in diesen frühen Besucherstudien zentrale Themen der weiteren Museumsentwicklung auf: die erweiterte Zugänglichkeit des Museums und der Bildungsgedanke.

Die äußerste Seltenheit von Besucherstudien in Museen bis kurz vor dem ersten Weltkrieg ist nicht ungewöhnlich. Auch politische Meinungsumfragen oder Konsumentenbefragungen in der Privatwirtschaft sind bis dahin nur sehr sporadisch zu finden und werden kaum systematisch verwertet (vgl. Harris 1990: 46). In der ersten Hälfte des 20. Jahrhunderts wird die Publikumsforschung im Museumskontext in erster Linie in den USA weiter verfolgt. In dieser Zeit richtet sie sich primär auf die Charakteristika und das Verhalten der Museumsbesucher vor Ort sowie auf die Beurteilung bestehender Ausstellungen auf ihre bildungsunterstützende Kraft hin. Hier ist zunächst die Arbeit von Gilman (1916) zur ›museum fatigue‹ zu nennen – der Ermüdung des Museumsbesuchers, die er auf ungünstige Austtellungsarchitektur, Vitrinengestaltung und Anbringung von Objektbeschriftungen zurückführt.[4] Als Resultat der Studien können diese ›Störungen‹ beseitigt werden. Die inhaltliche Konzeption von Ausstellungen bleibt jedoch unangetastet. Hervorzuheben sind des Weiteren die Studien von Robinson (1928, 1930, 1931) und Melton (1933, 1935, 1936). Die beiden an der Yale University tätigen Psychologen führen – mit Unterstützung der American Association of Museums – Tests von Ausstellungen zur Demonstration ihrer Bildungswirkung durch. So ist die ausstellungsbezogene Publikumsforschung dieser frühen Jahre stark geprägt von Ansätzen und Methoden der experimentellen Psychologie. Robinson (1928: 7) befasst sich explizit mit den ›Durchschnitts-‹ und ›Gelegenheitsbesuchern‹ im Gegensatz zu den ›Connoisseurs‹, worin sich die im frühen 20. Jahrhundert geforderte Aufmerksamkeit für breitere Besucherschichten widerspiegelt. Robinsons Anliegen ist es ausdrücklich, praktische Fragen zu bearbeiten, die von Interesse für den Museumsverwalter sind – er sieht systematische Studien als wichtige Grundlage für die Entscheidungsfindung:

4 | Die Versuchspersonen mussten Aufgaben zur Informationssuche lösen und wurden bei der Erkundung der Vitrinen fotografiert. Diese Studie ist ein frühes Beispiel für die Betrachtung umweltpsychologischer Fragestellungen im Museumskontext.

»Its excuse rests upon the assumption that the museum administrator wants to know his public and that such knowledge can be secured in accurate form only when it is actively sought. Our one fundamental suggestion at the close of this report will be that every future change in museum policy or arrangement be carried out in the light of a vigorous and open minded enterprise of fact finding« (Robinson 1928: 8f).

Damit propagiert er eine Arbeitsweise, die selbst heute noch nicht selbstverständlich ist. Mit ihren Studien in verschiedenen nordamerikanischen Museen etablieren Robinson und Melton nachhaltig die Methode der verdeckten Beobachtung des Besucherverhaltens und bestimmen Besuchswege und Verweilzeiten als Maße für die ›attracting power‹ und ›holding power‹ von Objekten (Robinson 1928) – Methoden und Begriffe, die bis heute in der Publikumsforschung verwendet werden. Sie erbringen unter anderem die von Serrell (1997) bestätigte, jedoch in der Museumswelt lange kaum wahrgenommene Erkenntnis, dass Besucher überraschend wenig Zeit in Ausstellungen und mit einzelnen Exponaten verbringen, was die Chancen für vertiefte Wissensvermittlung limitiert. Auch in Großbritannien beginnt man in den 1930er Jahren mit Studien zur Verweildauer (Murray 1932). Hervorzuheben sind darüber hinaus die beispielhaften Experimentalstudien Wittlins zur Frage eines optimal strukturierten Arrangements von Exponaten. Die These, dass das Bildungspotential von Ausstellungen nicht allein in den einzelnen Objekten *per se*, sondern auch in einem sinnvoll gegliederten, mit Informationen angereicherten Arrangement der Exponate liegt, untersucht und bestätigt die Kuratorin in den Jahren 1942/43 am *University Museum of Archaeology and Ethnology* im englischen Cambridge in einer vergleichenden Studie von zwei unterschiedlich konzipierten Ausstellungen (vgl. Wittlin 1949: 236–251). Zwar bilden in dieser Entwicklungsphase der Publikumsforschung Ausstellungen den Schwerpunkt der Untersuchungen, doch der Aufschwung der Museumspädagogik macht sich auch bemerkbar. Maßnahmen wie die Bereitstellung von Faltblättern und Schulklassenbesuche im Museum geraten nun ebenfalls in den Blick der Publikumsforschung (Porter 1938, Melton, Feldman & Mason 1936).

Die im frühen 20. Jahrhundert durchgeführten Studien zeichnen sich aus durch eine vornehmlich behavioristische Grundhaltung, bei der die Psychologie als Naturwissenschaft und das Verhalten von Besuchern als Funktion der Reize der physischen Umwelt begriffen werden. Robinson und Melton sind dabei wahrscheinlich stark beeinflusst worden von den Arbeiten ihres Yale-Kollegen Clark L. Hull, der den klassischen Behaviorismus zum Neobehaviorismus weiterentwickelte, einer verfeinerten Theorie über die Stimulus-Reaktions-Ketten. Dabei geht man davon aus, dass die Umweltreize von allen

Rezipienten in gleicher Weise wahrgenommen werden und nahezu identische Reaktionen erfolgen. Variationen in der Umwelt führen zu einheitlichen Veränderungen des Besucherverhaltens. Selektionsprozesse und Voraussetzungen auf Besucherseite wie Interessen, Motive und Bedürfnisse bleiben bei diesem Konzept unberücksichtigt.

Nicht nur das Gedeihen der experimentellen Psychologie, auch Fortschritte in der empirischen Soziologie und den Sozialwissenschaften allgemein beeinflussen die besucherbezogenen Studien an Museen. Diese Entwicklung geht einher mit dem Aufschwung der Konsumenten- und Meinungsforschung, z.B. dem Beginn der bis heute durchgeführten *Gallup Polls* im Jahr 1935 (vgl. Harris 1990: 48). Neben den primär auf die Ausstellungen gericheteten und stark von experimenteller Psychologie geprägten Beobachtungsstudien an Museen gewinnt im Laufe der 1930er Jahre auch ein sozialwissenschaftliches Instrument der Datenerhebung an Gewicht: Das Spektrum an Studien wird ergänzt um Besucherbefragungen. So werden beispielsweise am *Pennsylvania Museum* von mehr als 1000 Besuchern soziodemographische Daten, Besuchsmotive, präferierte Objekte und Verbesserungsvorschläge erfragt (Anonym 1930). Ähnliche Studien leisten Powell (1938) und Calver, Derryberry & Mensh (1943). In den 1950er und 1960er Jahren etabliert sich die Besucherprofilerhebung in den USA und Großbritannien als ein Standard der Publikumsforschung. Diese Entwicklung reflektiert die im Museumsdiskurs geforderte Ausweitung der Adressatengruppen über das Bildungsbürgertum hinaus, über deren Ausgangspunkt und Gelingen Studien zur Zusammensetzung der Besucherschaft Auskunft geben. Über Konsequenzen dieser Studien für die Museumspraxis ist leider nichts bekannt. Da diese Entwicklungslage von Museen und Publikumsforschung weiterhin autoritäre Züge trägt, jedoch zugleich der Wert systematischer Untersuchung und Modellbildung zunehmend anerkannt wird – wie aus obigem Zitat Robinsons ersichtlich –, charakterisiert Harris sie als Phase des ›autoritären Experimentierens‹ (*authoritarian experimentalism*, Harris 1990: 49). Diese Bezeichnung kann jedoch nicht auf das Museumswesen insgesamt angewendet werden: Dafür ist die Zahl der uns bekannten Einrichtungen, die sich auf das systematische ›Experimentieren‹ eingelassen haben, zu gering. Sie sind ähnlich vereinzelt zu finden wie die zuvor beschriebenen Beispiele für avancierte pädagogisch-didaktische Ansätze.

Die Nachkriegsjahre weisen insgesamt eine wachsende Zahl von Publikumsstudien in Museen auf, jedoch ist ihr Ausmaß nicht vergleichbar mit der enormen Zunahme und Weiterentwicklung der Konsumenten- sowie Wahlforschung. In diesem Kontext sind auch die Anfänge der kommerziellen Marktforschung zu verorten (vgl. Colbert 1999: 11). Für Museen dagegen konstatiert Harris eine »failure to follow up and expand on museum research« (Harris 1990: 50). Das Gros besucherbezogener Museumsstudien wird in den 1950er und 1960er Jahren weiterhin in den USA durchgeführt, doch auch in Großbritannien wächst das Interesse an der Publikumsforschung. In den meisten europäischen Ländern werden die Museen jedoch erst in den 1970er Jahren in der Publikumsforschung aktiv (vgl. Miles 1996: 41f). Aus Deutschland ist eine Besucherbefragung bereits in der unmittelbaren Nachkriegszeit, zur ersten nationalen Kunstausstellung in Dresden 1946 bekannt (vgl. Stiehler & Lindner 1991: 7). Die in den frühen Besucher- und Ausstellungsstudien bereits angelegten Themen und Methoden werden nun weiter ausgebaut: Charakteristika des erreichten Publikums, Bedingungen der Bildungswirkung von Ausstellungen und Bedeutung museumspädagogischer Unterstützungsmaßnahmen. Als wegweisend für Besucherprofilerhebungen gelten wegen ihrer Systematik vor allem Studien am *Royal Ontario Museum* in Kanada (Abbey & Cameron 1959, Cameron & Abbey 1960, Abbey & Cameron 1961). Mit Blick auf die Konzeptualisierung von Lernvorgängen im Museum macht sich auch in der Publikumsforschung nach und nach die *kognitive Wende* der 1960er Jahre bemerkbar (vgl. Hein 1998: 66). Mit dem Aufkommen der Vorstellung vom Menschen als informationsverarbeitendem System richtet sich die Aufmerksamkeit nun auch auf die Erkundung und Erklärung innerer Vorgänge, die in traditionellen behavioristischen Modellen ausgeklammert wurden. Damit wird nicht nur die ›Reaktion‹ von Besuchern auf Ausstellungen näher betrachtet, sondern auch ihre Verarbeitung der dargebotenen Informationen zu analysieren gesucht. Gegen Ende der 1960er Jahre entsteht schließlich eine erste Bibliographie der Publikumsforschung (Borhegyi & Hanson 1968).

Der Aufschwung der Publikumsforschung ist im Zeitraum zwischen dem Ende des 19. Jahrhunderts und den 1960er Jahren zwar deutlich zu erkennen, spielt sich trotz früher Ansätze in Europa jedoch vor allem in den USA ab. In Europa bleiben Anzahl und Verbreitung von Publikumsstudien überschaubar. Inhaltlich reflektiert die Publikumsforschung zentrale Themen der Museumsentwicklung: die Öffnung für ein breites Publikum und das Verständnis von Ausstellungen als Bildungsinstrument. Als Indikator für das Maß an Publikumsorientierung von Museen genommen zeichnet die Publikumsforschung das Bild eines langsamen, aber dennoch kontinuierlichen Aufbruchs in Richtung einer stärkeren Aufmerksamkeit für Besucher in der Museumsarbeit. Fragen der Repräsentativität des erreichten Publikums oder ein differenziertes Eingehen auf die Heterogenität der Besucherschaft spielen jedoch noch keine zentrale Rolle – darüber müssen die Museen auch keine Rechenschaft ablegen. Darüber hinaus wird die Publikumsforschung allein auf bestehende Ausstellungen angewendet, nicht jedoch als Unterstützung für die besucherorientierte Entwicklung von Ausstellungen eingesetzt. Die Besucherperspektive interessiert primär als Reaktion auf Vorgaben der Museumsseite, nicht jedoch als Ausgangspunkt für die Gestaltung der Museumsarbeit: Ausstellungen und Programme werden ausgehend von den Absichten und Vorstellungen der Kuratoren konzipiert und daraufhin evaluiert.[5] Besonders aufschlussreich ist der Titel eines Buchbeitrags aus dem Jahr 1968: ›Visitor Testing in the Museum‹ (Mochon 1968): Er suggeriert, dass die Besucher auf ihre Tauglichkeit für das Museum geprüft werden, nicht das Museum auf seine Tauglichkeit für die Besucher. Somit drückt sich auch in der Publikumsforschung eine bereits bei der Museumsentwicklung insgesamt festgestellte Haltung gegenüber dem Publikum aus, die Weil folgendermaßen formuliert: »At the museum's birth [...] its position vis-à-vis the public was one of superiority« (Weil 2002: 195). Die Publikumsforschung wird in dieser ersten Entwicklungsphase vor allem vorangetrieben von interessierten Individuen, ob in Museen oder der psychologischen und sozialwissenschaftlichen Forschung angesiedelt. Von einer engen und kontinuierlichen Integration in die Museumspraxis kann daher längst nicht die Rede sein.

2.2 Demokratisierung und Vermittlung

2.2.1 Popularisierung und Museumspädagogik

Ab dem Ende der 1960er Jahre vollzieht sich in Nordamerika und in Europa ein tiefgreifender kulturpolitischer Wandel: Im Kontext der Gesellschaftskritik der 68er-Bewegung wird auch die gesellschaftliche Rolle kultureller Einrichtungen einschließlich Museen auf den Prüfstand gestellt. Daraus resultiert die Forderung nach einer wirklichen Demokratisierung der Kultur im Sinne der Erweiterung des Publikums über die bisherige, vorwiegend als bürgerlich identifizierte Klientel hinaus. Damit sollten, in den Worten Willy Brandts, auch die Kultureinrichtungen *mehr Demokratie wagen.* Eine *Neue Kulturpolitik,* die sich als Teil der Gesellschaftspolitik versteht, fordert umfassende Teilhabe für alle Bevölkerungsschichten. Sie sucht nicht nur das Kulturpublikum zu erweitern im Sinne der Forderung *Kultur für alle* (Hoffmann 1979), sondern zugleich auch Kulturverständnis und Kulturbegriff: Auch die in den Alltag der Bevölkerung eingebettete ›Breitenkultur‹ soll anerkannt und unterstützt werden, nicht nur ›hehre Kunst‹ (*Kultur von allen,* vgl. Sievers & Wagner

5 | Dieser Ansatz entspricht dem bis in die 1960er Jahre hinein verfolgten kommerziellen Absatzmarketing, das ein gegebenes Produkt zum Ausgangspunkt seiner Verkaufsbemühungen hat (vgl. Schuck-Wersig & Wersig 1994: 143).

1994: 124f). In diesem Zusammenhang entstehen vielerorts soziokulturelle Zentren als neuer Typ von Kultureinrichtung. Aber auch die bestehenden Kulturinstitutionen sollen sich verändern. Gefordert wird die Abkehr von einer Kultur, die allein den dominanten Gesellschaftsschichten dient und damit zu einer Festschreibung und Reproduktion vorhandener Machtverhältnisse beitrage.[6]

Museen sind aufgrund ihrer im zweifachen Sinn ›konservativen‹ Orientierung bei diesen Forderungen besonders angesprochen. Ziel ist die Abkehr der Museen von ihrer bürgerlich-konservativen Ausrichtung, die nach der ideologisch-propagandistischen Instrumentalisierung von Kultur im Nationalsozialismus und den Ver- und Zerstörungen des Zweiten Weltkriegs eine Fokussierung auf Wiederaufbau und Bewahrung des kulturellen Erbes mit sich brachte. Wird eine über Verwaltung und Konservation des Kulturerbes hinausgehende gesellschaftliche Funktion von Museen daher zunächst abgelehnt, erfährt das normativ-kritische Element des Begriffs *Öffentlichkeit* in den 1970er Jahren eine Neuformulierung. Seit den Anfängen des allgemein zugänglichen Museums verbinden sich politische und sozio-kulturelle Forderungen mit diesem Terminus (vgl. Hohendahl 2000: 3). Nun wird die gesellschaftliche Bedeutung von Museen, insbesondere ihr Bildungswert, erneut unterstrichen und verbunden mit der Forderung, dass die Museumsarbeit für alle Bevölkerungsteile Relevanz erhalten müsse.

Was in den USA im sogenannten »Belmont Report« (American Association of Museums 1969) und der Schrift »Museums for a New Century« seinen Ausdruck findet, spiegelt sich in Deutschland in zwei Initiativen der Deutschen Forschungsgemeinschaft. Mit ihrem »Appell zur Soforthilfe« (DFG 1971) und der »Denkschrift zur Lage der Museen« (Auer et al. 1974) setzt sie ein Signal: Sie weist auf die schwierige Lage der Museen hin und fordert Maßnahmen zur Verbesserung der Situation der Museen, damit sie ihre gesellschaftlichen Funktionen adäquat erfüllen können. Diese Appelle führen in Deutschland wie in den USA zu einer Ausweitung der öffentlichen Förderung von Museen. In den USA wird das *National Endowment for the Arts* gegründet, dessen Fördergelder an die Demonstration breiter Resonanz in der Bevölkerung gekoppelt sind.[7] Museen sind aufgerufen, mehr Menschen zu erreichen und »den kleinen Kreis der Kenner zu einem großen zu machen« (Glaser 1996: 41).

---

6 | Diesbezüglich wird gern der Bezug zu Herbert Marcuses Theorie über den affirmativen Charakter der Kultur hergestellt, die dieser bereits in den 1930er Jahren entwickelt hatte.

7 | Ganz losgelöst von weltpolitischer Färbung ist die Kulturförderung der 1970er Jahre insbesondere in den USA damit nicht: Vor dem Hintergrund des Kalten Krieges trägt

Damit wird die ›relative Autonomie‹ der Museen aufgebrochen, deren Aufgabe bis dato primär als Bewahrung und Präsentation des kulturellen Erbes definiert wurde (Treinen 1974). Reicht es für einen angemessenen Dienst an der Gesellschaft nicht aus, dass Museen stellvertretend für alle das kulturelle Erbe bewahren? Dieses Kulturerbe kann jedoch persönliche Relevanz nur in der Begegnung und Auseinandersetzung mit ihm gewinnen.

Die Vermittlungsarbeit ist ein wichtiges Element der Legitimation von Museen als öffentlich geförderte Kultureinrichtungen. Dazu gehört, dass diese Vermittlungsarbeit möglichst viele Mitglieder der Gesellschaft erreicht. Museen können diese Aufgaben nur in der Interaktion mit Besuchern erfüllen. Daher sollte die Begegnung sämtlicher Bevölkerungsteile mit dem kulturellen Erbe gefördert werden. Dieses Ziel erfordert nicht allein die Vergrößerung, sondern vor allem die Verbreiterung der Besucherschaft. Dazu müssen neue Besuchergruppen für Museen erschlossen werden. Diese Phase der Museumsentwicklung ab den späten 1960er Jahren, die sich durch den Willen zur Abkehr von der elitären Position des Museums auszeichnet, wird von Harris (1990: 51) als *Wertschätzung des Populären* (popular deference) charakterisiert. In der Praxis bedeutet dies zum einen den vereinzelten Beginn gezielter Öffentlichkeitsarbeit in Museen (vgl. Adams 1983). Zum anderen ist die postulierte Popularisierung der Museen mit einer Neubewertung der Bildungsaufgabe verbunden.

Museumspolitische Dokumente der 1970er und 1980er Jahre betonen im Kontext der Forderung nach einer wirklichen Öffnung des Museums für alle Bevölkerungsschichten nachdrücklich seinen Bildungsauftrag (Auer et al. 1974, Commission on Museums for a New Century 1984), was auch vor dem Hintergrund von Appellen wie *Bildung ist Bürgerrecht* (Dahrendorf 1968) zu sehen ist. In Publikationen wie der Tagungsdokumentation »Lernort contra Musentempel« (Spickernagel & Walbe 1976) wird die Überwindung der elitären Position der Museen zugunsten einer zentraleren Rolle der Bildungsaufgabe gefordert. Diese neue Akzentuierung der Bildungsaufgabe schlägt sich nieder im Aufschwung der Museumspädagogik mit der Einrichtung museumspädagogischer Zentren und der Definition von Museumspädagogik als eigenständiges Berufsfeld innerhalb von Museen. 1973 wird von dreizehn Museumspädagogen in den USA der Kern des späteren *Standing Professional Committee on Museum Education* innerhalb der *American Association of Museums* ins Leben gerufen. Im gleichen Jahr wird mit den *Roundtable Reports* die erste der Museumspädagogik gewidmete Zeitschrift gegründet, die

sie auch dazu bei, eine Überlegenheit der ›freien Länder‹ auch in kultureller Hinsicht zu demonstrieren (vgl. Harris 1990: 50).

heute als *Journal of Museum Education* bekannt ist (vgl. Roberts 1997: 150). Damit etabliert sich die Vermittlungsaufgabe als wichtige Museumsfunktion neben den klassischen Aufgaben des Sammelns, Bewahrens und Forschens. Die sich so abzeichnende umfangreiche pädagogische Reformierung der Museen führt zum einen zu einem vielschichtigen Angebot von Vorträgen und Programmen der personalen Vermittlung in Form von Führungen oder praktischen Kursen, vor allem für Schulklassen.

Zum anderen lassen sich Veränderungen in Ausstellungskonzeptionen und Präsentationsweisen ausmachen. So ist eine stärkere Berücksichtigung der Alltagskultur in der Sammlungs- und Ausstellungspraxis zu konstatieren, die als Ausdruck von Demokratisierung gewertet wird (vgl. Zacharias 1990). Dies steht sowohl in Zusammenhang mit einem Wandel in der ethnologischen Forschung, die nun nicht mehr allein fremde Kulturen zum Gegenstand hat, sondern sich zunehmend auch der eigenen Kultur zuwendet – die Forschungsthemen Pierre Bourdieus von der ethnologischen Analyse der Berber hin zur Untersuchung der sozialen Grundlagen von Geschmacksurteilen in der französischen Gesellschaft ist hier ein prominentes Beispiel (vgl. Bourdieu 1979, 1982) –, als auch in der Geschichtswissenschaft, die ihre zuvor auf politische Ereignisse und Personen gerichtete Fokussierung ergänzt um Mentalitäts-, Sozial- und Kulturgeschichte (vgl. Schober 1994: 19). Darüber hinaus lässt sich ein deutlicher Wandel hin zu einer Didaktisierung von Ausstellungen erkennen. In Deutschland dominiert dabei ein stark schulisch geprägter Lernbegriff, der seinen Ausdruck findet in Ausstellungskonzeptionen, die vielfach auf das Prinzip ›Wandzeitung‹ im Sinne eines an die Wand gebrachten Lehrbuchs setzen (vgl. Graf 2003: 75). Darüber hinaus erhalten *Inszenierungen* Konjunktur, die durch Eingliederung der Ausstellungsobjekte in einen kontextuellen Rahmen das Verständnis der Inhalte fördern wollen (vgl. Klein & Wüsthoff-Schäfer 1990: 7). Beide Arten von Ausstellungskonzeption implizieren nun eine Einordnung, wenn nicht gar Unterordnung, des Objekts in eine festgelegten inhaltlichen Rahmen. Im angelsächsischen Raum wird stärker auf das Konzept des *Discovery Learning*, des Entdeckungslernens gesetzt, das u.a. vom Werk Piagets und Vygotskys beeinflusst wurde. Grundlage ist der Gedanke, dass Lernen eine selbstgesteuerte Aktivität des Explorierens und Er-Findens ist, durch die der Lerner zu den intendierten Einsichten gelangt (vgl. Hein 2000: 117). Sichtbar wird dies beispielsweise in der Einführung von ›hands-on‹-Elementen in Ausstellungen, die den Besucher aus einer rein passiv-rezipierenden Rolle herauslocken sollen – eine Entwicklung, die sich besonders in der durch das *Exploratorium* in San Francisco 1968 eingeleiteten Science-Center-Bewegung zeigt. So zeichnen sich Ansätze einer stärkeren Berücksichtigung der Lerner- respektive Besucherseite ab. In beiden Fällen liegt der Fokus jedoch letztlich auf den Vermittlungsintentionen der Ausstellungskuratoren.

In den frühen 1980er Jahren beginnt sich Kritik an der bislang dominanten Betrachtungsweise der Ausstellungskommunikation zu regen. Ein auf schulischen Konzepten basierendes Lernverständnis lässt außer Acht, dass Museumsbesucher nicht *per se* mit klar definierten Lernabsichten ins Museum kommen und es kein eng vorgegebenes Curriculum gibt. Eher haben wir es mit einer bestimmten Form von Freizeitverhalten zu tun. Dies machen beispielsweise Graf & Treinen (1983) in ihrer Studie am Deutschen Museum München deutlich: Museen können nicht grundsätzlich als Lernorte definiert werden. Vielmehr ist es glücklichen Umständen zu verdanken, sollte es zu Lernen kommen (vgl. Graf & Treinen 1983: 127). Dies führen die Autoren auf den Charakter des Museums als Massenmedium zurück. Das Museum kann insofern als Massenmedium gesehen werden, als es einer Institution entspricht, »die ihrer Struktur nach symbolische Inhalte an ein umfangreiches, heterogenes und verstreutes Publikum verbreitet« (Graf & Treinen 1983: 129). Diese Art von Kommunikation ist asymmetrisch, da sie undifferenziert und unabhängig von Wünschen des Publikums geschieht. Im Vergleich zur Schule sind somit auch die Voraussetzungen auf Besucherseite relativ unklar und sehr unterschiedlich. Dazu kommt, dass das auf die Suche nach Zerstreuung und anregender Entspannung fokussierte Verhalten eines großen Teils von Museumsbesuchern – als *kulturelles window-shopping* und *aktives Dösen* charakterisiert – weniger dem Verhalten eines gelehrigen Schülers entspricht als vielmehr der Rezeption von Massenmedien gleichkommt (vgl. Graf & Treinen 1983: 145). Eine zielgerichtete Informationssuche und eine intensive Beschäftigung mit den Inhalten ist daher nicht unbedingt zu erwarten. Dies stellt auch die Aussichten in Frage, dass ein Großteil der Besucher zu den von Museumsseite intendierten Einsichten gelangt. Insbesondere eine deutliche Erweiterung des Wissensbestandes sowie die Korrektur von Fehlannahmen stehen im Zweifel, denn »die Informationsaufnahme hat eher verstärkende Wirkung auf bereits vorhandene Wissensverarbeitungen« (Graf & Treinen 1983: 162). Dies bedeutet, dass Vorkenntnisse und Vorerfahrungen eine große Rolle für die Verarbeitung neuer Informationen spielen. Besonders die heterogenen Voraussetzungen des Publikums kommen hier zum Tragen und verursachen hochgradig individuierte Wirkungen (vgl. Graf & Treinen 1983: 157). Entsprechend ist davon auszugehen, dass sich auch im Museum die zu Beginn der 1970er Jahre mit Blick auf die Massenmedien aufgestellte These der wachsenden *Wissenskluft* anwenden lässt. Diese besagt, dass ein hoher sozioökonomischer Status die Aneignung von Informationen vergleichsweise begünstigt im Gegensatz zu einem niedrigen sozioökonomischen Status, so dass sich über die Zeit hinweg eine wachsende Wissenskluft zwischen diesen Segmenten auftut (vgl. Bonfadelli 2007: 614).

So gilt es also, die Aufmerksamkeit auch auf die Bedingungen auf Besucherseite im Vorfeld des Museumsbesuchs zu richten. Insbesondere mit Blick auf die Bildungsvoraussetzungen stellt sich die Frage nach der repräsentativen Zusammensetzung der Besucherschaft. Damit erlangt die Publikumsforschung in Form von Besucherprofilerhebungen stärker legitimatorische Bedeutung, indem sie aufzeigt, welche Bevölkerungsteile in Museen vertreten sind. Derartige Studien machen allerdings schmerzhaft deutlich, dass zwar *Kultur* prinzipiell *für alle* zugänglich ist, dass jedoch nur ein Bruchteil der Bevölkerung tatsächlich Museen aufsucht und daher die Forderung nach einer wirklichen Öffnung für breite Bevölkerungsschichten umso mehr ihre Berechtigung hat. In diesem Zusammenhang sei auf die wegweisende Studie von Bourdieu et al. (2006) hingewiesen, die bereits Ende der 1960er Jahre zum ersten Mal veröffentlicht wird und die sozialen Bedingungen kultureller Praxis mit Fokus auf Kunstmuseen zum Gegenstand hat. Sie untersucht die sozioökonomischen Bedingungen, die im Zusammenhang mit dem Museumsbesuch stehen sowie ihre Beziehung zu Einstellungen gegenüber Kunstwerken und der Häufigkeit von Museumsbesuchen. Die Autoren stellen fest, dass das Museumspublikum von den ‚gebildeten Klassen' dominiert wird (vgl. Bourdieu et al. 2006: 33). Die kulturelle Sozialisation in der Familie prägt die eigenen kulturellen Neigungen und Geschmacksausprägungen und damit schließlich auch die Befähigung zur ›Entschlüsselung‹ der kulturellen Codes. Die Freiheit des Zugangs zu Kunst und Kultur ist damit nur eine scheinbare: »Weil der freie Eintritt auch jedem freisteht, bleibt er jenen vorbehalten, die, mit der Fähigkeit ausgestattet, sich Kunstwerke anzueignen, im Besitz des Privilegs sind, diese Freiheit auch zu nutzen, und sich deshalb in ihrem Privileg bestätigt sehen« (Bourdieu et al. 2006: 166). Derartige Studien zeugen von der beginnenden Sensibilisierung für die Voraussetzungen der Wahl von Museumsbesuchen als Freizeitaktivität. Besucherstudien und Bevölkerungsbefragungen werfen Licht auf die Frage, welche Bevölkerungsteile Museen eher fernbleiben. Die Hintergründe dieses Fernbleibens der Nichtbesucher, die Barrieren des Museumsbesuchs, werden ab den frühen 1980er Jahren Gegenstand der Publikumsforschung (vgl. Hood 1983, Klein & Bachmayer 1981), die damit einen Beitrag zur demokratischen Öffnung der Museen zu leisten sucht.

Zusammenfassend liegt die Publikumsorientierung in dieser Phase der Museumsentwicklung im aktiven Bemühen um die Ansprache breiterer Bevölkerungsschichten und in der Aufwertung der publikumsbezogenen Aufgaben *Präsentieren* und *Vermitteln*. Dies schlägt sich nieder in einer Verbreiterung des museumspädagogischen Angebots und einer zunehmenden didaktischen Aufbereitung der Ausstellungen. Dabei wird jedoch zunächst noch weitgehend von einem verengten Bild des Publikums ausgegangen. Sowohl der Öffentlichkeitsarbeit als auch der Ausstellungspräsentation liegt ein lineares Kommunikationsmodell zugrunde, das massenmediale Züge trägt. *Das Publikum* wird als homogene Masse behandelt: Es wird eine Einheitsdarstellung offeriert, die letztlich allein den Standpunkt des Kurators repräsentiert, anstatt eine Vielzahl von Zugängen und Perspektiven zu erlauben. Der Heterogenität des Publikums, welche die Publikumsforschung offenbart, wird damit nicht ausreichend Rechnung getragen. Eine *Demokratisierung* im Sinne eines die Gesellschaft besser *repräsentierenden* Publikums wird als Ideal verfolgt – von einer umfangreichen Realisierung dieser Vorstellung kann jedoch nicht die Rede sein. Eine Auffassung von Demokratisierung als *Partizipation* bleibt weitgehend auf den Bereich der Soziokultur beschränkt. In Ausstellungen zeigt sie sich in Form einer Popularisierung der dargestellten Inhalte; eine Beteiligung des Publikums an der Festlegung der zu zeigenden Inhalte und der Art und Weise ihrer Präsentation ist jedoch kaum erkennbar. Standpunkt und Ziele des Museums dominieren gegenüber den Standpunkten und Anliegen der diversen Publikumsgruppen. Der Besucher wird wie ein ›Gast‹ behandelt, für dessen Wohl man verantwortlich ist und dem man die Behandlung angedeihen lässt, die aus Sicht des Gastgebers am sinnvollsten erscheint (vgl. Doering 1999: 75). Entsprechend dieser Unidirektionalität ist die Publikumsorientierung in dieser Phase der Museumsentwicklung weitgehend als Vermittlungsorientierung zu charakterisieren (vgl. John 1997: 8). Erste Ansätze zu einer Abkehr von diesem Modell sind in den ›hands-on‹-Stationen der Science Center sowie in Studien zu den besucherseitigen Voraussetzungen von Bildungsprozessen im Museum zu erkennen.

2.2.2 Aufschwung der Publikumsforschung

Die Bemühungen der Museen um Popularisierung und verbesserte Vermittlung führen ab den 1970er Jahren zu einem Aufschwung der Publikumsforschung. Verfolgt man die inhaltlichen Entwicklungslinien der Publikumsforschung zwischen dem Ende der 1960er und Mitte der 1980er Jahre, so zeigt sich: Zentraler Fokus der Studien bleiben Besucherforschung und Ausstellungsevaluation, die jedoch eine deutliche Erweiterung und Differenzierung erfahren.

Von der Besucherforschung zur Publikumsforschung

Die deskriptive Besucherstrukturanalyse gehört ab den 1970er Jahren zum festen Repertoire der publikumsbezogenen Studien an Museen, auch wenn die Publikumsforschung selbst noch längst nicht zum festen Repertoire der Museumsaufgaben gehört. Zum einen handelt es sich hier um auf einzelne Museen fokussierte Profiluntersuchungen wie beispielsweise Studien zu den Besuchern des *Ulster Museums* in Belfast (Erwin 1970), des *Museums für Völkerkunde* Leipzig (Germer 1966) oder des *Deutschen Museums* München (Gottmann 1977). Das *Natural History Museum* in London hat ab 1976 ein festes Programm jährlicher Besuchererhebungen eingeführt (Alt 1980, Miles 1986). Zum anderen finden sich vielfach institutionsübergreifende Studien wie Analysen von Museumsbesuchern im Großraum New York (Johnson 1969) oder eine vergleichende Besucherstrukturanalyse an 28 deutschen Museen (Klein 1984). Diese Profilerhebungen werden im Vergleich zur vorhergehenden Entwicklungsphase differenzierter, indem soziodemographische um sogenannte ›psychographische‹ Daten ergänzt werden – Interessen, Bedürfnisse, Einstellungen und Werte von Besuchern (vgl. Roberts 1997: 5), insbesondere die Besuchsmotivation (vgl. Miles 1986). Damit können Hintergründe des Museumsbesuchs genauer bestimmt und handlungsrelevante Informationen für Museen bereitgestellt werden. Daraus erwächst ein Bewusstsein für die breit gestreuten Ausgangsbedingungen und Präferenzen des Publikums. Bei aller Differenzierung machen die Befragungen deutlich, dass im Gegensatz zum Ziel der Öffnung der Museen für breite Bevölkerungsschichten vor allem ein bildungsbürgerlicher Teil der Öffentlichkeit erreicht wird.

Besucherstudien zeigen im Vergleich mit Bevölkerungsstatistiken auch auf, welche Bevölkerungsgruppen den Museen weitgehend fernbleiben. Es fehlen jedoch weitergehende Erkenntnisse zu den Hintergründen, die dieses Fernbleiben beeinflussen. Dies gibt den Anstoß für erste *Nichtbesucherstudien*, die Einstellungen zu Museen in der Bevölkerung und insbesondere Barrieren des Museumsbesuchs und Freizeitpräferenzen untersuchen (Eisenbeis 1980, Hood 1983, Klein & Bachmayer 1981). Der Begriff *Nichtbesucherforschung* wird nicht immer trennscharf verwendet: Mal wird er eingesetzt als Beschreibung der Befragungssituation und Stichprobe im Sinne einer Erhebung außerhalb des Museums unter gegenwärtig das Museum nicht besuchenden Menschen, mal als Kennzeichnung des sich durch Verhalten, Einstellung und Präferenzen als ›museumsfern‹ zeigenden Bevölkerungsteils, der nur einen Bruchteil der vorigen Gruppe ausmacht. Letztere Auffassung von Nichtbesucherforschung ist meines Erachtens die sinnvollere und treffendere, da die damit verbundenen Fragestellungen auf das Phänomen des Fernbleibens fokussiert sind. Hood (1983: 151f) beispielsweise betrachtet den Museumsbesuch unter dem Aspekt von Freizeitpräferenzen. Für regelmäßige Museumsbesucher sind es vor allem drei Elemente, die sie wertschätzen und die sie bei Museen als zutreffend wahrnehmen: die Gelegenheit zum Lernen haben, zu neuen Erfahrungen herausgefordert werden und etwas Lohnenswertes tun. Dazu kommen soziale Interaktion, sich in einem behaglichen und ungezwungenen Umfeld befinden und aktiv an etwas partizipieren. Für Museumsferne dagegen passen ihre Freizeitpräferenzen weniger gut zum Angebot der Museen. Durch die Aufmerksamkeit auch für Nichtbesucher verdienen die Forschungsaktivitäten nun die Bezeichnung *Publikums*forschung – in Anwendung des hier zugrunde gelegten breiten Publikumsbegriffs – über die zuvor vorrangig praktizierte *Besucher*forschung hinaus.

Erweiterung der Ausstellungsevaluation

Ab den frühen 1970er Jahren nehmen Studien zu, die Ausstellungen als Lernumgebungen untersuchen. Besonders prägend für die Ausstellungsevaluation sind die Arbeiten der Nordamerikaner Harris Shettel (1968, 1973, 1978) und Chandler Screven (1969, 1974), später auch Bitgood (1986, 1987). Die bislang dominante Form der Evaluation, die auf bereits fertiggestellte Ausstellungen fokussierte Summative Evaluation, wird kritisiert, da sie kaum Chancen für Veränderungen an Ausstellungen bietet und ihr praktischer Wert daher begrenzt ist. Um sie praxisrelevanter zu machen, wird – einen Ansatz aus der Evaluation schulischer Bildung aufgreifend – das Modell der *Formativen Evaluation* eingeführt, welche die Entwicklung einer Ausstellung begleitet und in einem iterativen Prozess Verbesserungen unterstützt (vgl. Screven 1976: 274). Das *Natural History Museum* in London gehört zu den Museen, die das Prinzip der Formativen Evaluation aufgreifen, für die informierte Neugestaltung bestehender Ausstellungsteile einsetzen (vgl. Miles & Alt 1979, Griggs 1981) und daraus Leitlinien zur Entwicklung von lernförderlichen Ausstellungselementen ableiten (vgl. Miles & Alt 1982, Alt & Shaw 1984).

Einflussreich für die Ausstellungsevaluation sind die lernpsychologischen Arbeiten Gagnés (1965, 1974) zum Instruktionsdesign und unterschiedlichen Typen des Lernens im Kontext der Unterrichtsplanung (vgl. Belland & Searles 1986, Koran, Koran & Longino 1986, Miles 1986). Hier werden die engen Beziehungen zur schulischen Bildungsarbeit deutlich. So betont auch Screven (1976) in seinem Aufsatz die Bedeutung der Festlegung von Bildungszielen *ex ante*, um diese zweckgerichtet in der Ausstellung umsetzen und ihre Erreichung messen zu können. Durch das Aufgreifen von Erkenntnissen aus Pädagogik und Didaktik soll die ausstellungsbasierte Bildungsarbeit der Museen optimiert werden. Die Übertragbarkeit von Prinzipien des formalen Lernens auf museale Lernumgebungen wird allerdings erst in der folgenden Entwicklungsphase der Publikumsforschung stärker hinterfragt. Auch die Umweltpsychologie prägt die Ausstellungsevaluation dieser Zeit stark. So wird beispielsweise das von Barker (1968) eingeführte Konzept des *behavior setting* auf Museen übertragen (vgl. Chase 1978). Dabei wird von der These ausgegangen, dass physische Umwelten wie Museen spezifische Verhaltensmuster ihrer Nutzer respektive Besucher evozieren. Der Ausstellungsevaluation liegt somit weiterhin ein vorwiegend behavioristisch geprägtes, unidirektionales Kommunikationsmodell zugrunde, welches Besucherverhalten und Informationsverarbeitung primär als Funktion der Ausstellungsgestaltung auffasst.

Entsprechend werden vor allem Bestandteile von Ausstellungen nun differenzierter als zuvor hinsichtlich ihrer Rolle für den Wissenserwerb evaluiert, insbesondere Objektbeschriftungen und Texte (Borun & Miller 1980, Bitgood & Gregg 1986), aber auch andere Darstellungselemente wie Dioramen und Bildtafeln (Graf & Treinen 1983) sowie beginnend auch audiovisuelle Medien (Landay & Bridge 1982). Darüber hinaus befasst sich die Evaluation mit den entsprechend des ›discovery learning‹-Modells nun häufiger auftretenden ›interaktiv‹ konzipierten Ausstellungselementen wie beispielsweise Druckknopfexperimente oder mechanische interaktive Geräte (Eason & Linn 1976, Feher & Rice 1985, Kerr 1986). Auch unterschiedliche Gliederungsprinzipien von Ausstellungen werden auf ihre Wirkung hin untersucht (Graf & Treinen 1983). Ein weiteres Thema ist die Frage der Besuchswege und Orientierung (Cohen 1977, Richardson & Bitgood 1986). Doch diese aus heutiger Perspektive zu enge Fokussierung auf Elemente der Ausstellungsgestaltung als entscheidende Faktoren des Wissenserwerbs wird ab der zweiten Hälfte der 1970er Jahre zunehmend erweitert hin zur Berücksichtigung von Bedingungen und Voraussetzungen auf Besucherseite wie z.B. Besuchsanlass, Vorerfahrungen, Interessen, Neugierverhalten sowie die unterschiedlichen Konstellationen von Besuchsgruppen und soziale Aspekte des Museumsbesuchs (Borun 1977, Diamond 1986, Falk 1985, Koran et al. 1986, McManus 1987). Auch hinsichtlich dessen, was als *Lernen* gelten kann, zeichnet die bildungsbezogene Ausstellungsevaluation ein zunehmend differenziertes Bild. Kognitive Veränderungen werden beispielsweise mit Blick auf Gagnés Lerntypen facettenreicher erfasst (vgl. Belland & Searles 1986), es werden auch emotionale Aspekte einbezogen (vgl. Borun 1977), und Veränderungen in

Einstellungen, Werten, Interessen und Weltsichten finden stärkere Akzeptanz als Kriterien des Lernens (vgl. Screven 1976).

Insgesamt zeigt sich, dass die Publikumsforschung stark auf Besucherstruktur und Ausstellungen fokussiert ist. Museumspädagogische Angebote wie Führungen oder Handreichungen werden recht selten betrachtet (z.B. von Jones & Ott 1983, Nuissl 1987) – man geht wohl davon aus, dass die Konzeption durch pädagogisch qualifizierte Fachleute ausreichend für die Qualitätssicherung ist. Außerdem konzentriert sich die Evaluationstätigkeit vor allem in Naturkunde- und Wissenschaftsmuseen, findet aber auch Anwendung in Freilichtmuseen (Hayward & Larkin 1983) und Kunstmuseen (Landay & Bridge 1982). Aus kontinentaleuropäischer Perspektive mag überraschen, dass in den USA und Großbritannien vielfach Zoos und Aquarien sowie Besucherinformationszentren von Nationalparks die Instrumentarien der Publikumsforschung für sich nutzen (Serrell 1980, Washburne & Wagar 1972). Hier zeigt sich der breitere Museumsbegriff der angelsächsischen Museumslandschaft.

Ergänzend zu den bisher dominanten sozialwissenschaftlich und experimentalpsychologisch geprägten Beobachtungs- und Befragungsmethoden werden in den 1980er Jahren erstmals qualitative Ansätze in die Ausstellungsevaluation eingeführt (vgl. Wolf 1980), die eine holistische Sicht der Besuchserfahrung anstreben. Befragungen mit geschlossenen Antwortkategorien, die – im Idealfall – theoriegeleitet entwickelt wurden, geben aus dieser Sicht zu stark die ›Brille‹ vor, durch die das jeweilige Phänomen betrachtet wird. In der Theorie und dem verwendeten Instrument nicht angelegte Aspekte bleiben ebenso ausgeschlossen wie die individuellen Sichtweisen der Befragten. Um diese Aspekte zu erfassen und damit wirklichkeitsnäher zu sein, empfiehlt Wolf die Anwendung *naturalistischer* Methoden. Offenere Erhebungsformen wie leitfadengestützte Interviews, welche die zu behandelnden Themen vorgeben, aber nicht einschränken, erlauben eine größere Nähe zur Sicht der Beteiligten. Einflussreich ist in diesem Zusammenhang sowohl die Ethnographie (vgl. Atkinson & Hammersley 1994) als auch der bis heute stark diskutierte und weiterentwickelte Ansatz der *Grounded Theory* (Glaser & Strauss 1967), der eine induktive Ableitung von Theorien aus dem Datenmaterial heraus ohne Anwendung eines vordefinierten theoretischen Modells postuliert (vgl. Thomas & James 2006). Diesen Ansätzen ist das Verdienst zuzuschreiben, das Spektrum der theoretischen und methodischen Perspektiven der Publikumsforschung erweitert zu haben, um bisher vernachlässigten Aspekten wie der Besucherperspektive mehr Gewicht zu verleihen. Das damit verbundene interpretative Paradigma ist jedoch erst in späteren Jahren zu einer weitgehend akzeptierten methodologischen Perspektive geworden.

Wachsende Zahl und Verbreitung von Publikumsstudien

Seit den 1970er Jahren steigt die Anzahl durchgeführter Studien insgesamt erheblich an, und auch der Verbreitungsradius der Publikumsforschung vergrößert sich deutlich (vgl. Klein & Bachmayer 1981: 72). Es dominieren weiterhin die USA, Kanada und Großbritannien, jedoch zeigen nun auch die kontinentaleuropäischen Länder eine wachsende Aktivität in der Publikumsforschung, insbesondere Frankreich und Deutschland (vgl. Miles 1996: 42). Vorreiter in Frankreich sind das *Muséum national d'histoire naturelle* und die *Cité des sciences.* 1978 wird die Publikumsforschung auch in Australien eingeführt in Form der ersten Studien am *Australian Museum* in Sydney. Die Weiterentwicklung der Publikumsforschung zeigt sich zudem in einem kontinuierlich wachsenden Bestand an Zeitschriftenpublikationen, und es finden erste Konferenzen statt, die sich vorrangig diesem Thema widmen. Im April 1986 erscheint die erste Ausgabe des speziell der Publikumsforschung gewidmeten Newsletters *Visitor Behavior* in den USA.

Ein weiterer Meilenstein ist die Gründung der Interessenvertretung *Visitor Research and Evaluation Committee* der *American Association of Museums* im Jahr 1974, welche 1986 zum *Standing Professional Committee on Audience Research and Evaluation* (CARE) erhoben wird und damit den Status eines Berufsverbands erhält. Trotz ihrer rapiden Entwicklung ist die Publikumsforschung in dieser Phase des Aufschwungs allerdings noch sehr stark an das Engagement Einzelner gebunden. Institutionelle Programme für Publikumsforschung sind selten, und erst gegen Ende der 1980er Jahre werden erste Stellen für Publikumsforschung an Museen eingerichtet (z.B. 1987 an der *Smithsonian Institution*). Eine Vorreiterrolle bezüglich der Integration von Publikumsforschung in die Ausstellungsentwicklung kommt dem *Natural History Museum* in London zu, das Mitte der 1970er Jahre den gesamten Prozess der Ausstellungsentwicklung reformiert und eine frühzeitige Einbeziehung von Museumspädagogen und eines Spezialisten für Evaluation vorsieht (vgl. Miles & Alt 1979, Miles 1994: 258). 1975 vereinigt man im neuen *Department of Public Services* die bisher getrennten Abteilungen für Ausstellungen und Museumspädagogik. Bei der neuen Abteilung liegt von nun an die Hauptverantwortung für die Ausstellungsplanung. Kuratoren werden als Fachleute für inhaltliche Fragen konsultiert, stellen aber nicht mehr die zentrale Autorität dar.

Zusammenfassend bleibt die Publikumsforschung auch in den 1970er und 1980er Jahren eng an die Popularisierungs- und vor allem Bildungsbemühungen der Museen gebunden; weitergehende publikumsbezogene Aspekte der Museumsarbeit werden kaum thematisiert. Es dominieren Besucherstrukturanalysen, Nichtbesucherstudien sowie eine differenzierte, auf Bildungswirkungen fokussierte Ausstellungsevaluation. Mit der Ausweitung der Evaluation auf die Optimierung der Ausstellungs*entwicklung* wird eine völlig neue Form der Ausstellungsplanung eingeführt. Befruchtet wird die Publikumsforschung von Ansätzen und Methoden aus der Soziologie, der Lern- und Umweltpsychologie sowie der Didaktik. Stärker partizipative, qualitative Methoden sind bislang nur in Ansätzen erkennbar. Es zeigt sich zwar eine stärkere Berücksichtigung der besucherseitigen Bedingungen des Lernens, jedoch dominiert weiterhin ein unidirektionales Kommunikationsmodell, welches in der Betrachtung der Museumsentwicklung dieser Zeit durch den Begriff der *Vermittlungsorientierung* charakterisiert wurde.

2.3 Nachfrageorientierung, Gesellschaftsorientierung und situierte Bedeutungskonstruktion

Ab Mitte der 1980er Jahre macht sich ein erneuter Bewusstseinswandel bemerkbar, der von Harris (1990: 51) als Phase der *existentiellen Überprüfung* des Selbstverständnisses von Museen charakterisiert wird. Ziele und Aufgaben von Museen und ihr Verhältnis zur Öffentlichkeit werden vor dem Hintergrund gesellschaftlicher Entwicklungen auf den Prüfstand gestellt, und viele Museen positionieren sich neu. In diesem Zusammenhang wird die *Besucherorientierung* zur zentralen Maxime der Museumsarbeit ausgerufen, denn »die Bereitschaft, auf die Bedürfnisse der Besucher einzugehen, ist einer der Schlüssel zum Erfolg geworden« (KGSt 1989: 3). Jedoch ist die praktische Auslegung dieses Bekenntnisses zur Besucherorientierung umstritten. Zwar wird die Wichtigkeit von Besucherorientierung immer wieder beteuert; ihre konsequente Umsetzung in der Museumspraxis ist jedoch nicht für jedes Museum eine Selbstverständlichkeit. Wie Kirchberg (2005: 86) hinsichtlich der deutschen Museumslandschaft konstatiert, dominiert bei einem Teil der Museen weiterhin eine traditionelle, nach innen gerichtete, sammlungs- und fachorientierte Ausrichtung im Gegensatz zu solchen Museen, bei denen eine Neu-Positionierung erfolgt ist und die der Besucherorientierung aufgeschlossen gegenüberstehen.

Von seiten traditionell orientierter Museen steht die Besucherorientierung in der Kritik: Es handele sich um eine Unterwerfung unter das Gesetz der von Franck (1998) beschriebenen *Ökonomie der Aufmerksamkeit*, eine Reduzierung der Museumsarbeit auf *Eventkultur* und *Edutainment* nach dem ›Vorbild‹ amerikanischer Themenparks, letztlich um einen Tribut an die Erlebnis- und Mediengesellschaft, und zwar auf Kosten des kulturellen

Auftrags der Museen (vgl. Commandeur & Dennert 2004, Kirchberg 2005, Rüsen 2006, Schäfer 1995). Während die Besucherorientierung in den 1970er Jahren vom pädagogischen Impetus und Debatten um »Lernort contra Musentempel« (Spickernagel & Walbe 1976) geprägt war, wird der sich nun neu entwickelnde Fokus in Titeln wie »Vom Elfenbeinturm zur Fußgängerzone« (Landschaftsverband Rheinland 1996) oder »Zwischen Disneyland und Musentempel« (Schäfer 1995) offenbar. Kirchberg (2000) hat diese Tendenzen mit dem Begriff der *McDonaldisierung* von Museen belegt. Dabei greift er Ritzers (1997, 1998) soziologische These einer *McDonaldisierung* auf, einer durchdringenden Rationalisierung der Gesellschaft, die sich prototypisch im Beispiel der besagten Restaurantkette manifestiert. Ist die zunehmende Bedeutung von Besucherorientierung Ausdruck einer fortschreitenden McDonaldisierung von Museen?

Um zu einer Antwort auf diese Frage zu gelangen, muss das Konzept der Besucher- oder Publikumsorientierung differenzierter betrachtet werden. Es geht nicht nur darum, wie stark die Publikumsorientierung die Museumsarbeit prägt, sondern auch, in welche Richtung. Denn innerhalb der sich als publikumsorientiert verstehenden Museen zeichnet sich eine Polarisierung ab, die einiges Spannungspotential birgt: Auf der einen Seite wird die Notwendigkeit der Publikumsorientierung abgeleitet aus der gesellschaftlichen Bedeutung von Museen mit Blick auf ihr Demokratisierungspotential und ihre Funktion als Bildungseinrichtungen. Inklusion, Partizipation und Lebenslanges Lernen sind zentrale, auf das Publikum gerichtete Zielvorgaben. Diese Ausrichtung von Publikumsorientierung mit ihrer Fokussierung auf die sozial-kulturellen Ziele von Museen kann mit Liao et al. (2001) als *Gesellschaftsorientierung* definiert werden: »the extent to which a nonprofit focuses on the needs of its key stakeholder groups, including the needs of the wider society of which it forms part« (Liao et al. 2001: 263). Gesellschaftsorientierte Museen grenzen sich ab von traditionellen Museen, die sich primär über Objekt- und Fachorientierung definieren und aus der Binnensicht heraus agieren. Publikumsorientierung bedeutet für letztere, für das gegebene, allein von Museumsseite determinierte Angebot ein Publikum zu finden. Traditionelle Museen können entsprechend als *angebotsorientiert* charakterisiert werden.

Der Gegenpol zur traditionellen Ausrichtung ist eine Variante der Publikumsorientierung, die sich seit der zweiten Hälfte der 1980er Jahre entwickelt hat und als *Nachfrageorientierung* bezeichnet werden kann. Vor dem Hintergrund veränderter Finanzierungs- und Legitimationsanforderungen wird hier die Notwendigkeit einer quantitativen Steigerung der Nachfrage gesehen. Zur Erreichung dieses Ziels sollte die Gestaltung von Museumsangeboten ausgehend von den Bedürfnissen vielversprechender Zielgruppen geschehen. Im Gegensatz zu dieser starken Außenfokussierung impliziert die traditionelle Ausrichtung eine starke Organisationszentrierung, die in gewissem Maß auch für die Gesellschaftsorientierung relevant ist, da es um die Erreichung der von den Museen verfolgten sozial-kulturellen Ziele geht. Bei der *Gesellschaftsorientierung* von Museen handelt es sich letztlich um eine die Binnen- und Außenperspektive integrierende Denkweise von Museen, die an der Verbesserung ihrer Beziehungen zum Publikum interessiert sind, da sie eine Erweiterung der Besucherschaft und die Erfüllung des Bildungsauftrags aus ihrem Mandat heraus als wichtig erachten. Hier wird zwar von den Zielen der Organisation her gedacht, jedoch wird die Berücksichtigung der Vorbedingungen auf seiten der Adressaten als essentiell für eine erfolgreiche Zielerreichung angesehen. Wird die nachfragezentrierte Form der Publikumsorientierung tatsächlich ab Mitte der 1980er Jahre dominant?

2.3.1 Nachfrageorientierung und McDonaldisierung

Der Aufschwung der Nachfrageorientierung steht in Zusammenhang mit einem qualitativen Museumswandel, den Kirchberg (2005: 28) im Laufe der 1980er Jahre einsetzen sieht – im Gegensatz zu einem quantitativen Besucherboom, der sich als Mythos erwiesen hat, wie er nachweist. Dieser qualitative Museumswandel kann nicht unabhängig von gesellschaftlichen Entwicklungen gesehen werden, in die Museen eingebettet sind. Auf einer solchen makrosoziologischen Betrachtungsebene, die sich mit dem Verhältnis von Museen und ihrem gesellschaftlichen Umfeld befasst, ist die Diskussion geprägt von Kontroversen um die Konkurrenz im Freizeitmarkt, Konsum- und Erlebnisorientierung, Ökonomisierung und Globalisierung. In diesem Zusammenhang werden vielfältige zusätzliche Anforderungen und Erwartungen an Museen herangetragen, die sich besonders im urbanen Kontext – auf einer mesosoziologischen Betrachtungsebene – manifestieren: »Museen werden zur materiellen Raumgestaltung bei der Stadtplanung, bei der Trennung von öffentlichen und privaten Räumen, bei der Signalsetzung (post-) moderner Architektur und bei der Kreation von Wahrzeichen der Stadt eingesetzt« (Kirchberg 2005: 307). Museen dienen der lokalen und regionalen Identitätsstiftung und -festigung, der Verbesserung des Stadtimages und der Lebensqualität, als Veranstaltungsort, als ›weicher Standortfaktor‹ für die Wirtschaft, als Anziehungspunkt und Förderer für den Tourismus oder als Baustein urbaner Revitalisierung (vgl. Benhamou & Moureau 2006: 22, Kirchberg 2005: 307, Puhan-Schulz 2005, Plaza 2000, Sievers 2005: 46). Diese Aufzählung zeugt von einer stark funktionalistischen Betrachtungsweise von Museen, deren Mandat als Sachwalter des kulturellen Erbes offenbar nicht mehr als Legitimation ihrer Existenz und Subventionierung genügt. So werden Museen vor die Herausforderung gestellt, mit vielfältigen und zum Teil einander zuwiderlaufenden Zielen und Anforderungen umzugehen. Als Ergebnis dieser Entwicklung konstatiert Kirchberg (2005: 83) eine Polarisierung der deutschen Museumslandschaft in einerseits traditionell orientierte Museen und andererseits jüngere, progressive Museen, die sich durch hohe Besuchszahlen mit schichtübergreifender Popularität, großstädtische Verankerung und überregionales Einzugsgebiet einschließlich vieler Touristen auszeichnen.

Um die aufgeführten Veränderungen von Museen vor dem Hintergrund des gesellschaftlichen Wandels in einem theoretischen Konzept auf makrosoziologischer Ebene zu fassen, eignet sich nach Kirchberg (2005: 52) insbesondere das von Ritzer (1997) auf Basis der Rationalisierungsthese Webers postulierte Modell einer *McDonaldisierung* der Gesellschaft. Dieses wendet Kirchberg auf Museen an. Die im Begriff verwendete Fastfood-Kette gilt als Prototyp der aufgezeigten Tendenzen. Museen, die das Prädikat ›mcdonaldisiert‹ verdienen, zeichnen sich danach durch folgende Kriterien aus: *Effizienz* im Mitteleinsatz zur Erreichung klar festgelegter Organisationsziele, *Berechenbarkeit* im Sinne einer vorwiegend quantitativen Bestimmung von Qualität, *Vorhersagbarkeit* von Leistungen durch Routine und Standardisierung sowie *Kontrolle* der Einhaltung von Regeln und des Verhaltens von Konsumenten, also Besuchern (vgl. Kirchberg 2005: 63ff). Als Reaktion auf Kritik einer zu engen Fokussierung auf Webers Rationalisierungsthese erweitert Ritzer (1998) sein Modell um ein fünftes Kriterium, das zentralen Merkmalen der postmodernen Gesellschaft Rechnung trägt: die »erlebnisorientierte Konsumierbarkeit von Symbolen« (Kirchberg 2005: 77). Im Folgenden wird die Bedeutung der nachfragezentrierten Publikumsorientierung im Rahmen der McDonaldisierung von Museen näher betrachtet.

2.3.1.1 Wirtschaftlichkeit und Marketing

Die Publikumsorientierung spielt zunächst mit Blick auf das Gebot gesteigerter *Effizienz* eine Rolle. Hintergrund ist ein Wertewandel in der Kulturpolitik hin zu mehr Eigenverantwortung der Kultureinrichtungen und eine Verknappung öffentlicher Mittel. So sind die europäischen Museen spätestens seit Beginn der 1990er Jahre unter Druck geraten, Wirksamkeit und Wirtschaftlichkeit ihres Budgeteinsatzes zu demonstrieren sowie durch die Erschließung weiterer Einnahmequellen einen größeren Anteil ihres Etats selbst zu tragen (KMK 1996a, 1996b). Zur Bewältigung dieser finanziellen wie legitimatorischen Herausforderung sind Museen – neben der Erschließung weiterer Finanzierungsquellen zum Beispiel durch Fundraising, Sponsoring oder Vermietung – auf die Steigerung der Besuchszahlen und erhöhte Einnahmen aus Ticketverkäufen, Restauration, Museumsshop oder ‚Merchandising' angewiesen (vgl. Toepler & Kirchberg o.J., Lang et al. 2006: 8). Dies impliziert eine nachfrageorientierte Form der Publikumsorientierung, die auf die Steigerung der Besuchszahlen und des Absatzes in einnahmengenerierenden Tätigkeitsfeldern ausgerichtet ist. Damit nähern sich die europäischen Museen der Situation nordamerikanischer Museen an, die seit jeher deutlich weniger auf öffentliche Gelder zurückgreifen können (vgl. Toepler & Zimmer 1997).

Von ihren amerikanischen Kollegen beginnen die europäischen Museen nun die Anwendung betriebswirtschaftlicher Denkweisen und moderner Managementpraktiken zu übernehmen (vgl. Dauschek 2001, Hausmann 2001). Eine zunehmende Rationalisierung und Professionalisierung des Museumsmanagements ist zu beobachten, unterstützt von Maßnahmen der Verwaltungsreform wie z.B. der Einführung des *Neuen Steuerungsmodells* und der Umwandlung von Museen in Landesbetriebe, wodurch den öffentlichen Museen mehr Eigenverantwortung übertragen wird (vgl. Davallon 1992, Le Marec 1997, Pröhl 1996, Vaessen 1994). Nun wird es zur Verantwortlichkeit der Museen gegenüber der Gesellschaft gezählt, sich nicht allein von Steuergeldern abhängig zu machen, sondern ihre Relevanz auch durch entsprechende Nachfrage ihrer Leistungen zu demonstrieren (vgl. Treff 1998): »Kultur hört auf, ein bloßer Kostgänger des Staats zu sein« (Opaschowski 2006b: 268). Angesichts dieser Entwicklungen kann man durchaus von einer Ökonomisierung der öffentlichen Kultur sprechen (vgl. Hudson 1998: 44).

Vor dem Hintergrund der Erfordernis gesteigerter Nachfrage und der Erschließung zusätzlicher Einnahmequellen hält ab Mitte der 1980er Jahre das aus der Privatwirtschaft stammende Marketingkonzept nach und nach Einzug in die Museumsarbeit (vgl. Rentschler 1998). Vorreiter ist auch hier der angloamerikanische Raum (vgl. Toepler 1996). Schuck-Wersig & Wersig (1999: 21) gehen davon aus, dass sich Museumsmarketing zumindest als Funktion, wenn auch nicht als grundlegende Denkweise, in Deutschland ab etwa 1995 etabliert hat. Auch für das Marketing gilt: Es bestehen eine Vielzahl von Definitionen und Konzepten nebeneinander (vgl. Colbert 1999: 8). Häufig wird der Begriff synonym zu Werbung oder Öffentlichkeitsarbeit verwendet. Damit sind jedoch nur einzelne Marketing*werkzeuge* aus der Gruppe der Kommunikationsinstrumente benannt, die zusammen mit der Produkt-, Preis- und Distributionspolitik den sogenannten *Marketing-Mix* bilden (vgl. Kotler, Keller & Bliemel 2007: 25f). Doch welchem Zweck dienen diese Werkzeuge? Marketing ist nach Kotler et al. »ein Prozess im Wirtschafts-

und Sozialgefüge, durch den Einzelpersonen und Gruppen ihre Bedürfnisse und Wünsche befriedigen, indem sie Produkte und andere Dinge von Wert erstellen, anbieten und miteinander austauschen« (Kotler et al. 2007: 18).

Wie aber kann man beim Marketing dem Nonprofit-Status der öffentlichen Museen sowie ihrem spezifischen Leistungsangebot gerecht werden? Bereits Ende der 1960er Jahre wurde das Marketingkonzept erstmals auf Nonprofit-Einrichtungen übertragen und in der Folge weiterentwickelt (vgl. Kotler & Levy 1969, Smith & Saker 1992, Andreasen & Kotler 2003). Inzwischen gibt es spezifische Marketingadaptionen für den Kulturbereich allgemein (vgl. Benkert, Lenders & Vermeulen 1995, Colbert 1999, Gainer & Padanyi 2002) und Museen im Speziellen (vgl. Kotler & Kotler 1998, McLean 1997, Rentschler & Hede 2007). Ein wesentliches Merkmal gemeinnütziger Einrichtungen ist das Primat der kulturellen und sozialen Ziele, denen die Gewinnorientierung untergeordnet ist (vgl. Zimmer 1996). Wirtschaftlichkeit und Gewinn*optimierung* sind jedoch spätestens seit Ende der 1980er Jahre ein wichtiges Gebot (vgl. KGSt 1989): die bereitgestellten öffentlichen Mittel verantwortungsvoll und zum maximalen Nutzen einzusetzen und zusätzliche, zur Erfüllung der Aufgaben erforderliche Mittel zu rekrutieren. Dass ökonomische Zielsetzungen hinter die effektive Erfüllung sozialer respektive kultureller Ziele zurücktreten, muss nicht bedeuten, dass eine kommerzielle Marketingorientierung ausgeschlossen ist, sie wird vielmehr ergänzt um eine sozial orientierte Marketingorientierung (vgl. Smith & Saker 1992: 6). Damit bedeutet Marketingorientierung nicht ausschließlich, sondern nur zu einem Teil auch Nachfrageorientierung. Somit empfiehlt sich die Gesellschaftsorientierung als Marketingkonzept, welches Gemeinnützigkeit und ökonomische Ziele balanciert. Nichtsdestotrotz spielen ökonomische Ziele eine deutlich zentralere Rolle als in den vorigen Phasen der Museumsentwicklung. Somit wird das in den USA geprägte Modell des *sozialen Unternehmertums* angewendet (vgl. Weil 2002: 36), das einen sozialen Zweck – hier das gesellschaftlich-kulturelle Mandat von Museen – mit wirtschaftlichen Aktivitäten verknüpft.

Eine Übertragung des Marketing auf Museen wird möglich durch einen recht breit definierten Begriff von Marketing als »Organisation von Austauschbeziehungen« (Schuck-Wersig & Wersig 1994: 145). Im Gegensatz zum Marketingbegriff bei Meffert (1998: 7), der auf eine dauerhafte Befriedigung der Kundenbedürfnisse fokussiert, eignet sich das Austauschkonzept besser für den gegebenen Zusammenhang, da es die Berücksichtigung der Anliegen *beider* am Austauschprozess beteiligten Partner postuliert und damit auch den sozial-kulturellen Museumszielen Platz einräumt. Der Austausch muss nicht allein auf Produkte bezogen sein, sondern kann auch Dienstleistungen umfassen. McLean (1994) und Holch (1995) haben sich ausführlich mit der Anwendung des Dienstleistungsmarketing auf Kultureinrichtungen und Museen befasst. Wer die jeweils am Austausch beteiligten Partner sind, wird breit definiert: »Marketing im weiteren Sinn ist als die Erleichterung der Kommunikation und des Austausches mit all jenen Gruppen/Stakeholdern zu verstehen, die gegenüber der Organisation ein Interesse bekunden, die direkt auf sie Einfluss nehmen können oder mit denen die Einrichtung in irgendeiner Form in Verbindung steht« (Toepler 1996: 157f). Angesprochen sind damit über die (potentiellen) Besucher im engeren Sinne hinaus auch Anspruchs- und Interessengruppen wie Mitglieder von Freundes- und Förderkreisen, Kuratoriums- oder Beiratsmitglieder, Träger auf kommunaler oder Landesebene, Drittmittelgeber im Sinne von Stiftungen, Sponsoren und Spendern, andere Museen und deren Mitarbeiter, Wissenschaftler relevanter Fachdisziplinen, Schulen, die Medien und nicht zuletzt die Museumsmitarbeiter (vgl. Toepler 1996: 161). Im Zentrum dieser Arbeit steht jedoch das Museumspublikum.

Versteht man Marketing als »ziel- und zielgruppengerichtete Kommunikation einer Einrichtung mit ihrer Außenwelt« (Benkert 1995: 11f), so ist dies eine Tätigkeit, der sowohl traditionelle als auch progressive Museen nachgehen. Dabei ist jedoch zu unterscheiden zwischen dem Aufgreifen einzelner Marketinginstrumente und der Adoption von Marketing als durchgängigem Prinzip. Das in Museen anzutreffende Marketingverständnis bewegt sich zwischen zwei Polen: einer produkt- respektive angebotszentrierten und einer publikums- respektive nachfragezentrierten Ausrichtung (vgl. Andreasen & Kotler 2003: 42ff, Colbert 1999: 6, Weil 2002: 31). Traditionelle Museen verfolgen eine organisationszentrierten Ansatz: Es geht darum, die bestehenden, allein von Museumsseite determinierten und als intrinsisch wünschenswert aufgefassten ›Produkte‹ Ausstellungen und Programme durch Maßnahmen wie Öffentlichkeitsarbeit und Werbung für das Publikum attraktiv zu machen. Ausstellungen und Programme selbst bleiben unangetastet. Damit werden aus dem Marketing-Mix primär Mittel der Kommunikationspolitik aufgegriffen. Dieser Ansatz ist vor allem in den Künsten angemessen und entspricht dem bis in die 1960er Jahre hinein verfolgten kommerziellen Absatzmarketing (vgl. Schuck-Wersig & Wersig 1994: 143). Dann wandelte sich das Verständnis von Marketing jedoch dahingehend, dass die Konsumenten – nicht mehr das Produkt – ins Zentrum rückten (vgl. Colbert 1999: 11).

Seit Mitte der 1980er Jahre wird diese nachfrage- bzw. publikumszentrierte Marketingphilosophie auch von einigen Museen aufgegriffen. Hier handelt es sich um eine Perspektive auf die Museumsarbeit, welche vom Publikum her denkt, seine Bedürfnisse und Wünsche in den Vordergrund rückt, diese mittels Publikumsforschung genau ermittelt und eine Vielzahl von Elementen des Marketingmixes über die Kommunikationsinstrumente hinaus einsetzt, einschließlich der Berücksichtigung von Publikumswünschen bei der Erstellung der ›Kernleistungen‹ Ausstellungen und Programme und einer Aufmerksamkeit für unterstützende Aufgaben wie Besucherservice. So »können prinzipiell alle Handlungsbereiche des Museums als marktbezogen angesehen werden« (Schuck-Wersig & Wersig 1994: 145). Umgekehrt hat sich das privatwirtschaftliche Marketing von einer engen Fokussierung auf kommerzielle Aspekte gelöst und ausgeweitet hin zu einem umfassenderen, ganzheitlichen Verständnis, welches das klassische integrierte Marketing ergänzt um Beziehungsmarketing, internes Marketing und wohlfahrtsbedachtes Marketing (Kotler et al. 2007: 24). Besonders wichtig ist hier die Kunden- oder Stakeholderorientierung als Kern des Marketingdenkens und Grundlage des Marketinghandelns. Entsprechend Mefferts (1998: 7) Verständnis von Marketing als Führungskonzeption wird Museumsmarketing als *Prinzip* nicht als eine abgegrenzte Funktion oder als Summe von Einzelmaßnahmen innerhalb der musealen Managementaufgaben gesehen, sondern wirkt als Denkweise und Leitlinie der Publikumsorientierung funktionsübergreifend in alle Arbeitsbereiche hinein (vgl. Hausmann 2001: 57).

Diese umfangreiche ›Infiltration‹ der Museumsarbeit mit publikumsorientiertem Denken wird jedoch von traditioneller Seite als unvereinbar mit dem Auftrag und der Autonomie von Museen betrachtet. In der Tat sind einige Museen in den 1990er Jahren einem verkürzten Marketingverständnis gefolgt, das die Nachfrageoptimierung in den Vordergrund rückt (vgl. John 2008: 21). Deutlich wird dies beispielsweise am Trend zu publikumsträchtigen Großausstellungen seit etwa Mitte der 1980er Jahre (vgl. Majce 1988). Kotler & Kotler (1998) verstehen ein auf die spezifischen Bedingungen öffentlicher Museen abgestimmtes Marketing dagegen als Weg zur Erreichung der musealen Zielsetzungen durch die Entwicklung von Alleinstellungsmerkmalen und die Generierung von Vorteilen für das Publikum. Mit Blick auf die McDonaldisierungsthese impliziert ein progressives Marketingverständnis demnach eine publikumsorientierte Denkweise sowie eine bewusstere, gezieltere und strategisch ausgerichtete Gestaltung der Publikumsbeziehungen, was wiederum dem McDonaldisierungskriterium der gesteigerten *Effizienz* entspricht. Bei der Umsetzung des Marketinggedankens wird von der Prämisse ausgegangen, dass eine wirksame Zielerreichung nur durch genaue Kenntnis und das Eingehen auf Publikumsinteressen, -wünsche und -voraussetzungen gelingen kann, was allerdings aufgrund der Heterogenität des Publikums erst durch Kategorisierung in distinkte Adressatengruppen zu handhaben ist. Dieser Tätigkeitsbereich trägt somit Besucheranalyse, Besuchersegmentierung und

Zielgruppendenken in die Museumsarbeit hinein (vgl. Günter 1998: 53, Kotler & Kotler 2000: 285). Darüber hinaus wird die Bedeutung einer strategischen Ausrichtung betont, die langfristig zielgerichtete, Herausforderungen und Bedingungen im Umfeld sowie die Möglichkeiten der Einrichtung berücksichtigende, aufeinander abgestimmte Maßnahmenpakete impliziert (vgl. Kotler & Kotler 1998: 60f). Vor diesem Hintergrund werden auch neu aufkommende Ansätze des kommerziellen Marketing auf ihren potentiellen Nutzen im Museumskontext geprüft. Entsprechend finden vereinzelt bereits jüngere Marketingkonzepte wie Markenführung und Positionierung Anwendung in Museen (vgl. Scott 2000, Klein 2007).

2.3.1.2 ›Accountability‹, Controlling und Vereinheitlichung

Anzeichen für den Bedeutungsgewinn des Kriteriums *Effizienz* zeigen sich auch in der deutschen Diskussion um die Übernahme amerikanischer Zielsysteme mit den Komponenten *mission, vision* und *values* (vgl. Dauschek 1998). Zunehmend werden auch in deutschen Museen Leitbilder erstellt, deren Konkretheit und Verbindlichkeit in vielen Fällen jedoch angezweifelt werden muss. Zudem sind diese längst nicht so stark heruntergebrochen und durchdekliniert wie im angelsächsischen Raum, wo sich die Festlegung konkreter Ziele, optimaler Maßnahmen zu ihrer Erreichung und Kriterien der Erfolgsmessung von öffentlichen Finanzierungsvereinbarungen über Strategische Pläne bis hin zur Berichterstattung im Jahresbericht durchzieht. Dies setzt einen ausführlichen, reflektierten Planungsprozess voraus und macht die Zielerreichung sowie eine effiziente Umsetzung aufeinander abgestimmter Maßnahmen deutlich wahrscheinlicher. Nach Kirchberg (2005: 67) sind es vor allem publikumsorientierte Museen, die ihre Ziele in einer öffentlichen Verlautbarung festhalten – unabhängig von der inhaltlichen Definition dieser Ziele. Insofern erscheint das Bekenntnis zur Publikumsorientierung im Sinne einer bewussten Neupositionierung von Museen angesichts gesellschaftlicher Veränderungen als ein Zeichen für die McDonaldisierung von Museen.

Die Festlegung von und Ausrichtung an klar definierten Organisationszielen hat eine wichtige Konsequenz: Die Zielerreichung wird leichter überprüfbar. Damit machen sich Museen im Fall ungenügender Leistungen angreifbarer, als wenn sie nur vage Aussagen zu ihren Zielen machen. Im Fall erfolgreicher Zielerreichung ist diese aber auch leichter nachzuweisen. Effizienz und Zielorientierung implizieren, Rechenschaft über das Erreichte und nicht Erreichte abzulegen. Damit ist das Element *Kontrolle* angesprochen. Im Kontext der McDonaldisierungsthese wird der Begriff *Kontrolle* im zweifachen Sinn verwendet: als Überprüfung und als Steuerung. So wird mit dem Neuen Steuerungsmodell auch die Managementaufgabe des Controlling in Museen eingeführt (vgl. Rump 2001). Controlling umfasst Zielsetzung, Planung, Steuerung und Erfolgskontrolle von Maßnahmen und ist damit als eine Klammer um die Managementaufgaben sowie als grundlegendes Prinzip betriebswirtschaftlich ausgerichteter Museumsarbeit zu verstehen. Insbesondere die Erfolgsüberprüfung stellt eine Herausforderung für Museen dar: Der Erfolg der Museumsarbeit misst sich zunehmend an ihren Ergebnissen und Wirkungen, nicht allein an den ursprünglichen Absichten, und *accountability* wird zu einem zentralen Stichwort (vgl. Roberts 2001). Dabei hat sich ein erweitertes Verständnis des Begriffes etabliert: Es geht nicht im negativen Sinne darum, dass es keine finanziellen Unregelmäßigkeiten gab, sondern im positiven Sinne darum, dass die intendierten Zwecke erreicht wurden (vgl. Weil 2002: 79). So sind Museen gefordert, greifbare Ziele ihres Tuns zu definieren, die Zielerreichung regelmäßig zu überprüfen und ihre Legitimation anhand ihres gesellschaftlichen Beitrags unter effizienter und zweckgerichteter Verwendung der Mittel klar zu demonstrieren. Dies geschieht bei den britischen Nationalmuseen beispielsweise mittels im Vorfeld mit den Förderinstitutionen vereinbarter *Key Performance Indicators*, also zentraler Leistungsindikatoren, von deren Erfüllung die Gewährung von Subventionen abhängt.

Die Frage der Erfolgsüberprüfung und der Effizienz ist mit dem McDonaldisierungskriterium der *Berechenbarkeit* verbunden. Dies zeigt sich beispielsweise in den immer wieder berichteten Besuchszahlenrekorden. Auch die Einführung des *Benchmarking*, des meist quantifizierten Vergleichs mit anderen Museen oder Kultur- und Freizeiteinrichtungen, in den Museumskontext zeugt von einem zunehmenden Interesse an Kennzahlen und Vergleichsdaten zur Erfolgsbestimmung (vgl. Günter 2004, Hausmann 2001, John 2003, Riebe 2007). Durch die Erfordernis der konkreten Rechenschaftslegung zur Legitimation von Subventionen kommt auch der Publikumsforschung zunehmend Bedeutung zu. Dies betrifft insbesondere Evaluationen, die der Optimierung für die Legitimation wichtiger Kriterien und der Erfolgsdemonstration selbst dienen. Daraus erklärt sich beispielsweise auch die Zunahme von Zufriedenheitsbefragungen oder der Einzug des Kriteriums des *economic impact*, des ökonomischen Zusatznutzens der Museumsarbeit, in die Reihe der Erfolgsindikatoren. Die starke Gewichtung dieser nachfrageorientierten Kriterien ist ein Merkmal der McDonaldisierung. Somit kann die Bedeutungszunahme der Publikumsforschung, insbesondere der Evaluation, durchaus als Ausdruck der McDonaldisierung verstanden werden. Allerdings betrifft dies nicht die Publikumsforschung insgesamt, sondern lediglich die zuvor beschriebenen Einsatzweisen mit vorrangig nachfrageorientierter Ausrichtung.

Der Publikumsforschung mag in diesem Zusammenhang vorgeworfen werden, sie unterstütze die »Herrschaft der Zahl über die Qualität der Inhalte« (Rüsen 2006: 39). Dies hängt auch mit der fortbestehenden Dominanz quantitativer Erhebungsmethoden zusammen, die Sachverhalte prinzipiell in Zahlenverhältnisse transformieren. Hier wäre eine stärkere Aufmerksamkeit für qualitative Erfolgsmaße und entsprechende Erhebungsverfahren angezeigt. Bislang ist jedoch ingesamt eine Vorherrschaft quantitativer Erfolgsindikatoren zu erkennen. Besuchszahlen sind das prominenteste Beispiel. Einige Museumsdirektoren sperren sich dagegen, an Besuchszahlen gemessen zu werden (vgl. Schäfer 1997b: 96). Andere verwenden genau diese gerne in Pressemitteilungen und Jahresberichten zur Erfolgsdarstellung. Große Besucherresonanz wird sowohl aus legitimatorischen Gründen der Relevanzdemonstration wie auch als Ausweis effektiven Wirtschaftens zum Zeichen eines erfolgreichen Museums. Daran ist an sich nichts zu kritisieren, wenn dies nicht das einzige Kriterium der Erfolgsbestimmung bleibt.

Im Hintergrund steht die grundsätzliche Diskussion darüber, wie und woran der Erfolg der Museumsarbeit zu messen ist. Diese bereits seit den 1930er Jahren diskutierte Frage (vgl. Murray 1932) erhält seit den 1990er Jahren unter dem Blickwinkel der Legitimation und *accountability* Hochkonjunktur (vgl. Ames 1990, Phelps 1997, Soren 2000, Weil 2002: 47). Erfolgreich beantwortet haben diese Frage meines Erachtens bisher nur wenige Museen – zum Beispiel das *Australian War Memorial* –, die gezielt auf diejenigen Kenngrößen fokussieren, die sie als sinnvoll und adäquat erachten und anhand derer sie die Museumsarbeit beurteilt sehen möchten. Wenn Museumsvertreter wollen, dass ihre Arbeit an den aus ihrer Sicht richtigen und wichtigen Maßstäben gemessen wird, müssen sie diese Maßstäbe mit definieren. Es gilt, eine Kombination von Merkmalen zu finden, welche die Vielfalt und unterschiedliche Wichtigkeit musealer Ziele adäquat abbilden und damit auch schwieriger messbare, qualitative Zielgrößen wie beispielsweise die Wissensvermittlung einbeziehen. So sollte die zentrale Frage nach Weil (1994: 43) sein: »what difference did it make that your museum was there?«. Denn es ist »nicht nur entscheidend, wie viele Besucher kommen, sondern insbesondere auch, wie sie wieder gehen« (Lenders 1995: 23). Ansonsten besteht die Gefahr, dass wesentliche Aspekte der Museumsarbeit als Erfolgskriterien vernachlässigt werden, weil sie sich einer leichten Quantifizierbarkeit entziehen. Der Umfang der Nachfrage ist leicht nachzuweisen, doch wie demonstriert man beispielsweise die erfolgreiche Erfüllung der Bildungsaufgabe? Dieser Frage widmeten sich beispielsweise Hooper-Greenhill et al. (2003), die mit den sogenannten *Generic Learning Outcomes* einen Kriterienkatalog zur Erfolgsüberprüfung des Bildungsauftrags entwickelten. Diese Entwicklung ist insofern zu begrüßen, als dadurch die Kernaufgaben der Museen zur Erfolgsbeurteilung herangezogen werden, nicht allein Kriterien wie Besuchszahlen, Zufriedenheit oder *economic impact*, welche den gesellschaftlichen Beitrag der Museumsarbeit nicht ausreichend umfassend abbilden. Hier zeigt sich das Potential der Publikumsforschung, die für die vielfältigsten nachfrage- und gesellschaftsorientierten Aufgaben der Museen passende Ansätze und Methoden zur Verfügung hat. Die Herausforderung besteht darin, dieses Potential zu erkennen und zu nutzen.

Jedoch wird auch die ausstellungsentwicklungsbegleitende Evaluation als Zeichen der McDonaldisierung kritisiert: Sie sondiere, wie Ausstellungen so gestaltet werden können, dass Besucher schließlich das erwünschte Verhalten zeigten. Damit sei sie ein Teil der *Kontrolle* im Sinne einer Lenkung des Publikumsverhaltens (vgl. Kirchberg 2005: 74ff). Die (implizite) Verhaltenssteuerung beginnt beim Marketing, das mcdonaldisierte Museen aktiv betreiben, um Menschen dazu zu bringen, das jeweilige Museum zu besuchen. Führungen und Audioguides sind ein weiteres Beispiel für die Lenkung des Besuchs. Schließlich kann auch die Museumsarchitektur als manipulativ betrachtet werden: Ein hermetisch wirkendes Gebäude wie die Kunst- und Ausstellungshalle der Bundesrepublik Deutschland in Bonn mag einige Menschen eher von einem Besuch abhalten als die offenere, Einblicke gewährende Fassade des Hauses der Geschichte ein Stück entlang der Museumsmeile. Dazu kommt die Wegeführung im Inneren des Gebäudes (vgl. Kirchberg 2005: 76). Kontrolle im Sinne von Besucherlenkung ist jedoch kein Phänomen, das erst mit der McDonaldisierung Einzug in Museen gehalten hat. Führungen, Aufsichten in Ausstellungsräumen und ein unausgesprochener Verhaltenscodex sind seit jeher Elemente der Verhaltenskontrolle in Museen. Das Neue an den hier thematisierten Lenkungsformen mag vielmehr die Anerkennung sein, dass menschliches Verhalten sich nicht direkt steuern lässt, sondern Angebote gemacht werden müssen, die von möglichst vielen Menschen nach Wahl aufgegriffen werden. Diese Sicht findet sich sowohl in der Analyse zeitgenössischer Lebensauffassungen (vgl. Schulze 1992: 35) als auch in jüngeren Ansätzen der Lernforschung wie dem Konstruktivismus (vgl. Hein 1998). Mit Blick auf das demokratische Verständnis und den Bildungsauftrag ist es zu begrüßen, dass mit Hilfe von Publikumsforschung Informationen bereitgestellt werden, die es ermöglichen, auf die Anliegen, Bedürfnisse und Interessen des Publikums gezielter und effektiver einzugehen. Somit sollte die Publikumsforschung auch als Instrument zur informierten Konzeption und Verbesserung von Maßnahmen gewürdigt werden.

Mit einer bewussten Zielorientierung ist auch eine stärkere Zukunfts- und Entwicklungsorientierung verbunden. Es geht nicht mehr allein darum, die gestellten Aufgaben möglichst gut zu erfüllen, sondern sich Ziele zur stetigen Verbesserung zu setzen. Diese langfristige Perspektive wird durch die Anwendung des Strategischen Managements auf Museen unterstrichen (vgl. Kotler & Kotler 1998, Reussner 2003b); die Idee der stetigen Verbesserung kommt in den Konzepten des Qualitätsmanagements (vgl. Brüggerhoff & Tschäpe 2001) und der Lernenden Organisation (vgl. Kelly & Sullivan 1999) zum Tragen. Die bedachte Übertragung dieser Konzepte auf den Museumskontext ist meines Erachtens zu begrüßen, da sie mit Blick auf die jeweils selbst zu bestimmende inhaltliche Zieldefinition zu einer Reflexion, Verbesserung und Weiterentwicklung der Museumsarbeit beitragen können.

Das vierte Erkennungszeichen – eher Folge als Kriterium der McDonaldisierung – ist die *Vorhersagbarkeit* der Museumsgestaltung (vgl. Kirchberg 2005: 84). Ökonomische Effizienz, Nachfrageorientierung und Globalisierung tragen dazu bei, dass sich Museen weltweit immer ähnlicher werden. Diese Standardisierung wird einerseits als inadäquate Vereinheitlichung der Museen unter Verlust lokaler Identität und Originalität kritisiert. Insbesondere am Beispiel Guggenheim Bilbao hat sich diese Diskussion entzündet (vgl. Hoffmann 1999). Gerade im Hinblick auf die Funktion von Museen als Bewahrer des kulturellen Erbes ihrer jeweiligen gesellschaftlichen Umgebung ist diese Kritik durchaus berechtigt. Doch erschöpfen sich die Museumsaufgaben darin nicht: Globaler Austausch – auch via Präsentation ethnologischer Sammlungen – kann auch als Beitrag zum ›Fremdverstehen‹ (vgl. Sloterdijk 1989) gesehen werden. Die gegenwärtigen Tendenzen zeigen allerdings, dass diese Rechnung nicht aufgeht. Durch die Dominanz großer westlicher finanzmächtiger Einrichtungen wie Guggenheim ist die Einwirkung vorwiegend unidirektional, und es findet kein wirklicher wechselseitiger Austausch statt.

Auch die Publikumsforschung kann in diesem Zusammenhang kritisch betrachtet werden: Hier besteht die Gefahr, dass das Publikum auf einen mittels Profilbefragungen erzeugten Durchschnitts-Besucher reduziert wird, auf den das museale Angebot fokussiert. Es gilt jedoch vielmehr, die Vielfalt des Publikums zu sehen und auf Basis der durch Publikumsforschung bereit gestellten Detailinformationen differenzierte Angebote zu entwickeln. Dies ist nicht ein Problem der Publikumsforschung *per se*, sondern eine Frage ihres Verständnisses und Einsatzes. Im positiven Sinne bedeuten Standardisierung und Vorhersagbarkeit aber auch Verlässlichkeit und Professionalität. Insbesondere im Besucherservice ist die zuverlässige Erfüllung erwarteter Standards aus Publikumssicht zu begrüßen. Es ist wichtig, überlegt zu unterscheiden, wo Standardisierung sinnvoll ist und wo sie eine inadäquate Simplifizierung oder Vereinheitlichung darstellt, bei der die lokalen Besonderheiten verschwinden und Qualitätsansprüche vernachlässigt werden.

2.3.1.3 Postmoderne Erlebnisorientierung

Die bisher betrachteten Merkmale mcdonaldisierter Museen sind im Kontext der gesellschaftlichen Entwicklungen der *Postmoderne* zu sehen (vgl. Ritzer 1998). Ein prägendes Element dieser Entwicklung ist der Wandel der Lebensauffassungen weiter Teile der Bevölkerung hin zu einer Konsum- und Erlebnisorientierung, die Schulze (1992, 1999) einer umfassenden soziologischen Analyse unterzogen hat. Dabei greift er die von Inglehart (1977, 1998) postulierte These eines Wertewandels in den westlichen Industriegesellschaften hin zu postmaterialistischen Wertorientierungen wie das Streben nach Liebe, Zuneigung, Zugehörigkeit, Selbstachtung und Selbstverwirklichung sowie nach Wissen, Verstehen und ästhetischem Erleben auf. Ebenso bezieht er sich auf die von Beck (1986) formulierte Individualisierungsthese, nach der sich durch die Freisetzung aus traditionellen Lebensbezügen, den Verlust überkommener Formen sozialer Integration und orientierender Normen sowie eine wachsende Optionsvielfalt neue Arten der sozialen Einbindung und eine Pluralisierung von Lebensweisen ergeben. Schulze charakterisiert die historisch neue Form von Lebensauffassungen als innenorientiert und auf das jeweils individuell verfolgte »Projekt des schönen Lebens« (Schulze 1992: 35) fokussiert. Die dabei zum Tragen kommende Erlebnisrationalität bewirkt »die Funktionalisierung der äußeren Umstände für das Innenleben« (ebd.). Die Optionsvielfalt (vgl. Gross 1994) ermöglicht, erfordert aber auch die Wahl aus den vermehrten Möglichkeiten. Konsum – nicht Produktion – wird zum prägenden Element des Ausdrucks von Lebensstilen.

Das Gewicht der Erlebnisorientierung und ihre Durchdringung umfangreicher Lebensbereiche steht in Zusammenhang mit der wachsenden Bedeutung und dem gewandelten subjektiven Verständnis der Freizeit. Dominierte noch in den 1950er Jahren ein Begriff von Freizeit als arbeitsfreie Zeit und Erholungszeit, so ist der Kern des heutigen Verständnisses ein nicht mehr in Abgrenzung zur Arbeit definiertes, sondern ein positives, das den Aspekt der Gestaltungs- und Wahlfreiheit des eigenen Lebens in den Vordergrund rückt (vgl. Opaschowski 2006a: 35). Diese gesamtgesellschaftliche Entwicklung findet ihren Ausdruck in einem veränderten Nachfrageverhalten des Publikums. Die Besonderheit des neuen erlebnisorientierten Konsums liegt in der Bedeutung von Simulacra, die ihren Wert nicht aus ihrer Funktion oder ihrem Inhalt gewinnen, sondern aus dem Image, das sie transportieren (vgl. Kirchberg 2005: 50). Realität und Virtualität, Wirklichkeit und Illusion verschwimmen: »Spielerische Kulissen wie Erlebnisparks, Computerspiele oder Filme werden als illusionserzeugende Konstruktionen angeboten und nachgefragt. Dabei gelten Gefühle, Phantasien, Erlebnisse nicht als Wahrnehmungsstörungen, sondern als Wirklichkeit eigener Art« (Schulze 1999: 7). Mit Erlebniswelten und Event-Angeboten stellt sich die Freizeitindustrie darauf ein (vgl. Opaschowski 2000). In diesem Kontext werden Freizeit- und Kulturangebote zu einem Teil der ›Erfahrungs-Ökonomie‹ (Pine & Gilmore 1998). Nach Kirchberg (2005: 78) sind es vor allem publikumsorientierte Museen, die sich aufgrund der Konkurrenz im Freizeitmarkt vor der Erfordernis sehen, sich den neuen Nachfragemustern anzupassen und trotz – oder gerade wegen – ihrer eigentlich anti-ereignishaften Natur ebenbürtige Erlebnisqualität zu bieten.

Events

Erkennbar ist dies einerseits am Trend zur Veranstaltung von ›Events‹ – oder vielmehr zur Diskussion darüber, denn wie die Analyse von musealen Sonderveranstaltungen zeigt (vgl. Bröckers 2007: 82), sind Events in Deutschland bislang *kein* selbstverständlicher, effektiv genutzter Bestandteil der Museumsarbeit. Der Begriff Event wird inflationär und unscharf gebraucht. Eine genauere Betrachtung zeigt, dass er mehr umfasst als die bloße Ausrichtung von Sonderveranstaltungen. Bei Events handelt es sich um gezielt initiierte, geplante Ereignisse, die als einzigartige, außeralltägliche, emotionale Erlebnisse angelegt sind und in Zeiten bröckelnder sozialer Bindungen zumindest temporär, aber dennoch unverbindlich Gemeinschaft herstellen (vgl. Bröckers 2007: 28–31). Zu den mit Events verfolgten Zielen gehören die Verbesserung von Aufmerksamkeit, Bekanntheitsgrad und Image, die Steigerung der Nachfrage respektive der Besuchszahlen sowie Besucherbindung und Beziehungspflege zum Publikum (vgl. Przybylsky 2005: 25). Gebhardt (2000: 24ff) diagnostiziert eine deutlich gesteigerte Zahl solcher Ereignisse, eine Tendenz zur Kommerzialisierung sowie eine zunehmende Vermischung von Hoch- und Populärkultur. Entsprechend stehen Events in der Kritik als Trivialisierung und Abwendung von den eigentlichen Zielen und Aufgaben der Museen, als Überhandnahme von Nachfrage- und Gewinnorientierung sowie als Reduktion des Museums auf eine Kulisse für mit den musealen Inhalten unverbundene Veranstaltungen (vgl. Commandeur & Dennert 2004, Opaschowski 2006b: 268).

Diese Gefahren bestehen durchaus, wenn Events allein als Einnahmequelle betrachtet und Veranstaltungen ohne inhaltlichen Bezug zum Museum konzipiert werden sowie von einem vereinfachten Publikumsbild ausgegangen wird, welches die Diversität, Interessen und Erwartungen der Zielgruppen nicht adäquat widerspiegelt. Daher ist eine gezielte Publikumsforschung eine wichtige Grundlage für die Planung und konstruktive Erfolgskontrolle von

Events. Events können jedoch, positiv gewendet, auch dazu dienen, in Zeiten globaler Standardisierung von Museumsangeboten die Unverwechselbarkeit des jeweiligen Museums herauszuarbeiten sowie zu Publikumsentwicklung und Besucherbindung beizutragen. Dies setzt voraus, dass die Events in den musealen Inhalten und Zielsetzungen verankert und Teil einer umfassenderen, langfristig angelegten und auf die jeweiligen Zielgruppen abgestimmten Kommunikationsstrategie sind. Veranstaltungen mit Erlebnischarakter schließen einen hohen Qualitätsanspruch nicht aus. Die Auflösung der Grenzen zwischen Hoch- und Populärkultur muss nicht als Kulturverfall verachtet werden, sondern kann auch als Chance zur Erreichung sozialer Ziele im Sinne der Ansprache eines erweiterten Publikums gelten. In diesem Zusammenhang wäre die Forderung nach einer Popularisierung des Museums im Sinne einer stärkeren Berücksichtigung populärer Kultur im Gegensatz zur traditionellen Hochkultur zu nennen, um mehr Relevanz und Anknüpfungspunkte in der breiten Bevölkerung zu gewinnen (vgl. Moore 1997). Events bieten dann die Chance, Museen bei der Erreichung ihrer Ziele zu unterstützen.

Szenographie und Interaktivität

Andererseits macht sich die Berücksichtigung der Erlebnisorientierung in der Gestaltung von Museumsarchitektur und Ausstellungen bemerkbar. Bereits der Besuch des Museumsgebäudes macht im Guggenheim Bilbao oder im Jüdischen Museum Berlin das Erlebnis aus. In den Ausstellungen mcdonaldisierter Museen werden Elemente der Gestaltung und Bespielung von Themenparks und Expos aufgegriffen (vgl. Mazzoni 1998, Roth 2001). Große Firmen wie Daimler oder BMW bedienen sich jedoch im Gegenzug auch musealer Gestaltungs- und Zeigepraktiken in ›Markenwelten‹ und ›Markenmuseen‹ (vgl. Milla 2001). Besonders augenscheinlich wird die Entwicklung der musealen Ausstellungsweisen am Wandel der *Inszenierung* vom didaktischen Mittel der frühen 1980er Jahre zum erlebnissteigernden Prinzip atmosphärischer Ausstellungsgestaltung ab den späten 1990er Jahren. Im Zuge dieser Entwicklung entstand eine neue Aufmerksamkeit für die »Logik der Dreidimensionalität« (Korff 2005: 103), die nach einer Dominanz des ›Wandzeitungskonzepts‹ und an die Wand gebrachten ›Lehrbuchs‹ den Raum als wahrnehmungsfördernde Größe im Prozess der Bedeutungszuschreibung wieder würdigt. Nun wird die zunehmende Zusammenarbeit von Kuratoren mit Designern und Architekten in der Ausstellungsgestaltung besonders spürbar: Aus *Inszenierung* wird *Szenographie* (vgl. Klein & Wüsthoff-Schäfer 1990: 7, Gorgus 2002, Roth 2001).

Inszenierungen werden zunehmend als ›Autorenausstellungen‹ der Designer und Architekten im Sinne eines eigenständigen künstlerischen Statements verstanden, das einerseits der Attraktivität von Ausstellungen zuträglich, andererseits jedoch der intellektuellen Zugänglichkeit durchaus abträglich sein kann. Von Vogel (2006: 70) so genannte »offensive Inszenierungen« fokussieren zunehmend auf die affektive Komponente und gewinnen dadurch eine stärker atmosphärische, weniger didaktische Funktion. Verbunden ist damit die Hoffnung, auch ein museumsferneres Publikum anzusprechen, das ansonsten den Weg ins Museum nicht finden würde. Die darin steckende Gefahr betitelt HG Merz (2005) als ›Lost in Decoration‹: dass Ausstellungen zu vorwiegend dekorativen Räumen werden, bei denen authentische Exponate und Informationsvermittlung nur noch sekundär sind. Zwar mag diese Herangehensweise das lange zugunsten kognitiver Aspekte vernachlässigte Element der sinnlichen Wahrnehmung und Emotionalität wieder aufgreifen. Diese Art der Ausstellungsgestaltung ist jedoch nur scheinbar publikumsorientiert: Sie geht von einem impliziten Bild von Besuchern aus, die allein an oberflächlichen Eindrücken interessiert sind. Dies mag angesichts der Bedeutung der Erlebnisorientierung plausibel erscheinen, ist jedoch zu reduktionistisch gedacht und wird der Heterogenität des Publikums nicht gerecht.

Im Zusammenhang mit erlebnisorientierter Ausstellungsgestaltung ist besonders das Schlagwort *Interaktivität* häufig zu hören. Im Sinne des Erlebnisgedankens und zur Steigerung der Attraktivität von Ausstellungen – aber auch aufgrund von Theorien des erfahrungsbasierten und konstruktivistischen Lernens, die eine aktive Rolle des Besuchers postulieren (vgl. Dewey 1938/1998, Hein 1998) –, wird eine stärkere Einbeziehung und Aktivierung des Publikums in Ausstellungen angestrebt. Über den Begriff Interaktivität ist viel debattiert worden. In der Praxis wird Interaktivität oft auf die physische Interaktion mit mechanischen oder Computereinheiten reduziert. Allein der Knopfdruck macht jedoch noch kein interaktives Erlebnis aus. Es besteht durchaus die Gefahr, dass sich Besucher mit solchen interaktiven Stationen – seien sie mechanisch oder rechnerbasiert – nicht intensiv auseinandersetzen. Daher zielt man am *Exploratorium* in San Francisco auf die durch Vorab- und Begleitevaluationen unterstützte Entwicklung von Stationen, die *active prolonged engagement*, also aktive anhaltende Auseinandersetzung fördern (vgl. Humphrey & Gutwill 2005). Damit folgen sie einer breiteren Definition des Begriffs Interaktivität, wie er von Adams, Luke & Moussouri (2004: 157f) vorgeschlagen wird: »a range of experiences that fully engage visitors personally, physically, and emotionally«.

Beim Einsatz interaktiver Ausstellungselemente außerhalb von Science Centers – die primär auf solche Stationen setzen und vorwiegend nichtauthentische Exponate zeigen – wird die Gefahr der Ablenkung von den authentischen Objekten gesehen. Dies kann durchaus der Fall sein (vgl. Heath & Lehn 2002: 7), muss aber nicht zwangsläufig mit dem Einsatz interaktiver Elemente einhergehen (vgl. Adams et al. 2004: 159). Hier kommt es auf zweckbezogene, reflektierte Konzeptionen an, die solche Elemente nicht allein um der Interaktivität willen in Ausstellungen integrieren. Wenn sie jedoch gelungen sind, fördern interaktive Medien Aufmerksamkeit für, Auseinandersetzung mit und Verständnis von Exponaten. Doch die Umsetzung solcher Stationen birgt einige potentielle Stolperfallen (vgl. Allen & Gutwill 2004). Bei computerbasierten interaktiven Ausstellungseinheiten besteht der Vorteil darin, dass sie eine individuelle Anpassung an die Interessen und Vorkenntnisse der Besucher ermöglichen. Dies geschieht jedoch bislang vorwiegend im Sinne einer passiven Auswahl aus vorgegebenen Inhalten (vgl. Heath, Osborne & Vom Lehn 2005). Als Mittel der Demokratisierung, wie interaktive digitale Medien gerne betrachtet werden (vgl. Schäfer 1997: 90), können sie damit nicht dienen. Dies setzt voraus, dem Nutzer die Möglichkeit der Veränderung gegebener und Ergänzung neuer Inhalte zu geben, was eine Herausforderung für das tradierte Verständnis des Deutungsmonopols professioneller Museumsmitarbeiter darstellt. Erst in jüngerer Zeit wurden derart interaktive Systeme als Medien zur Eingabe von Meinungen oder Kommentaren beispielsweise im Science Museum London eingeführt. Die gegenwärtigen Entwicklungen in der Internet- und Medienwelt unter dem Stichwort *Web 2.0*, welche dem Nutzer vielfältige Möglichkeiten bieten, sich einzubringen, werden diese Tendenzen in Zukunft noch verstärken und der Besucherstimme dadurch mehr Raum in der Museumsarbeit verleihen. Im Zuge dieser Entwicklung werden auch Ko-Partizipation und Kollaboration stärker betont. Bislang basieren interaktive Medienstationen jedoch vielfach noch auf einem aus überkommenen Prinzipien der Mensch-Maschine-Interaktion abgeleiteten Nutzungskonzept, das auf einen Einzelnutzer ausgerichtet ist und die soziale Interaktion nicht nur vernachlässigt, sondern geradezu unterbindet (vgl. Heath & Vom Lehn 2008). Die Schlussfolgerung sollte hier also lauten: Nur eine reflektierte, zweckbezogene Konzeption interaktiver mechanischer und computerbasierter Ausstellungselemente, welche das Bedürfnis nach sozialer Eingebundenheit und Austausch berücksichtigen sowie eine länger anhaltende Auseinandersetzung mit den Inhalten unterstützen, vermag adäquat auf die Erlebnisorientierung einzugehen.

Besuchserfahrung und Besucherservice

Aus den vorangegangenen Ausführungen wurde deutlich, dass sich das Eingehen auf die Erlebnisorientierung nicht allein in den Kernaufgaben Ausstellen und Vermitteln ausdrückt. Vielmehr weitet sich das Spektrum musealer Aktivitäten und Einrichtungen aus: Museumsshop, Café, Wechselausstellungen, Events und die Vermietung von Räumlichkeiten gehören nun zum festen Repertoire an Angeboten. Dazu kommt ab Mitte der 1990er Jahre die verstärkte Ausdehnung des musealen Angebots vor Ort auf das *World Wide Web*. Mit der Vervielfältigung von Angeboten reagieren Museen auf die Konkurrenzsituation in der Freizeit- und Multioptionsgesellschaft, in der sie mit einer Vielzahl anderer Anbieter sowohl kultureller als auch nicht-kultureller Art, sowohl nichtkommerziell als auch kommerziell, um Zeit und Aufmerksamkeit des Publikums ringen (vgl. Franck 1998). Vor allem nachfrageorientierte Museen verstehen sich verstärkt als Dienstleister und räumen dem Servicegedanken größeren Raum ein. Damit erkennen sie an, dass die Zufriedenheit mit dem Besuch nicht allein von der Qualität der Ausstellung abhängt, sondern die gesamte Besuchserfahrung zählt – eine Unzufriedenheit mit dem Garderobenservice oder dem Museumscafé wirkt sich auch negativ auf die Wahrnehmung der Ausstellung aus. Service-Evaluationen können hier helfen, die Erreichung von Servicestandards zu überprüfen und, wenn erforderlich, Verbesserungsbedarf aufzuzeigen (vgl. Kirchberg 2000). Mit der erweiterten Angebots- und Servicepalette erweitert sich der zuvor enge Fokus auf die Ausstellung als Kernangebot des Museums auf die diversen Komponenten der Besuchserfahrung insgesamt – die ›visitor experience‹ (vgl. John 1997: 9, Pekarik, Doering & Karns 1999). So definiert sich der Museumsbesuch nicht mehr vorrangig als Lerngelegenheit, sondern zugleich als Inanspruchnahme einer kulturellen Dienstleistung (vgl. McLean 1994). Ähnlich der von Rand (1997) vorgeschlagenen ›Charta der Besucherrechte‹ führen insbesondere angloamerikanische wie australisch-neuseeländische Museen ›Customer Service Charters‹ ein. Gegenüber diesem deutlichen Bekenntnis zur Rolle des Museums als Dienstleister und der Verpflichtung des Museums gegenüber seinen Besuchern zeugen die in vielen deutschen Museen zu findenden ›Hausordnungen‹ mit ihrem Fokus auf den Verpflichtungen der Besucher gegenüber dem Museum davon, dass hier noch einiger Entwicklungsbedarf besteht.

Es lässt sich also festhalten: Die Publikumsorientierung kann als Kennzeichen mcdonaldisierter Museen aufgefasst werden, jedoch primär in Form von Nachfrageorientierung. Damit ist allerdings kein vollständiger Paradigmenwechsel zur Nachfrageorientierung unter Abwendung von der Angebotsorientierung angezeigt. Wie Kirchberg (2005: 86) feststellt, weisen viele zeitgenössische Museen Elemente beider Pole auf. Damit scheint sich eine balancierte Gesellschaftsorientierung durchzusetzen. In Zukunft könnten diese beiden Ausrichtungen der Publikumsorientierung sogar stärker zusammenrücken. Es gibt in jüngerer Zeit Anzeichen dafür, dass die Erlebnisorientierung zukünftig an Relevanz verlieren wird. Am Horizont zeichnet sich als Gegenbewegung zur Spaßgesellschaft ein Paradigmenwechsel hin zu einer verstärkten Sinnorientierung ab (vgl. Opaschowski 2006b: 256).[8] Statt auf oberflächliche Ablenkung zielend wird bei Konsum nun bewusster die Sinnfrage gestellt – der Trend zum Kauf von ökologischen und fair gehandelten Produkten ist ein Beispiel dafür. Individualisierung wird nun nicht mehr als Chance und Freiheit zur Selbstverwirklichung begriffen, sondern – eine Grundthese des Existentialismus wieder aufgreifend – als ›Qual der Wahl‹ und Verpflichtung zur optimalen Gestaltung des eigenen Lebens (vgl. Romeiß-Stracke 2006: 272). Die Erfahrung nur temporärer, unverbindlicher Gemeinschaft wird als innere Vereinsamung empfunden. Dies befördert die Suche nach Wahlverwandtschaften und ›Szenen‹ (vgl. Kirchberg 2007), woraus sich auch der gegenwärtige Erfolg webbasierter Online-Communities wie Facebook und MySpace oder themenbezogener Community-Portale erklären mag.

Die allmähliche Verabschiedung von der Erlebnisorientierung kann auch in Zusammenhang mit den Anforderungen der Wissensgesellschaft gesehen werden, in der lebenslanges und lebensbegleitendes Lernen immer wichtiger für das Bestehen auf dem Arbeitsmarkt wird (vgl. Romeiß-Stracke 2006: 272). Die jüngeren Tendenzen können als Chance für Museen begriffen werden, ihr Publikum bei der Suche nach Orientierung, Sinn und ›Identitätsarbeit‹ (Rounds 2006) zu unterstützen und ihr Potential als informelle Lernumgebungen deutlich zu machen. Dies birgt die Chance, dass der genuine Charakter von Museen wieder stärker gewürdigt wird. Es bedeutet jedoch nicht, dass es angezeigt wäre, zu traditionellen Weisen der Museumsarbeit zurückzukehren. Vielmehr sollten Museen ausgewählte Elemente der McDonaldisierung gezielt für ihre Zwecke nutzen und sich dabei nicht allein auf die Nachfrageorientierung, sondern vielmehr auf die Gesellschaftsorientierung konzentrieren: Ein zielgerichtetes, effektives und effizientes Museumsmanagement einschließlich Controlling kann Museen bei der Erreichung der sozialen und

8 | In diesem Zusammenhang stellt sich die Frage, ob das Modell der McDonaldisierung langfristig seine Gültigkeit bewahren wird, oder ob angemessenere Theorien entwickelt werden müssen, um die gesellschaftliche Weiterentwicklung adäquat zu fassen. Eine umfassende Diskussion dieser Frage kann an dieser Stelle nicht geleistet werden.

kulturellen Ziele und der kontinuierlichen Weiterentwicklung der Museumsarbeit erfolgreich unterstützen. So sind die publikumsbezogenen Aufgaben von Museen unter Berücksichtigung veränderter Freizeitmotivationen sowie gewandelter Rezeptions- und Wahrnehmungsgewohnheiten neu auszurichten, um Museen bei einem möglichst breiten Bevölkerungsspektrum zu Relevanz zu verhelfen.

2.3.2 Publikumsentwicklung, Partizipation, Inklusion

Ab Mitte der 1980er Jahre wird ein neuer Blick auf die Frage des gleichberechtigten Zugangs zu Museen geworfen. Diese gesellschaftsorientierte Aufgabe bleibt prinzipiell weiterhin gültig und wichtig, jedoch wird sie nicht mehr mit dem ideologischen Impetus der 1970er Jahre verfolgt. Hinsichtlich der Verbesserung des Zugangs sind seit den 1970er Jahren durchaus Fortschritte zu verzeichnen: Man könne von einer deutlichen Ausweitung der erreichten Publikumsgruppen (Graf 2003: 76) und einem Abbau von Zugangshürden sprechen, so dass für Weiss feststeht: »*Kultur für alle* ist Realität« (Weiss 2006: 20). Auch in den USA hat sich die Zahl der Museumsbesuche zwischen 1965 und 1985 in etwa verdoppelt (Hein 2000: 38). Dennoch ist die Forderung nach Verbesserung des Zugangs nicht völlig überholt. Die Gruppe der museumsfernen Nichtbesucher ist nach wie vor recht groß. Maximal die Hälfte der Bevölkerung besucht Museen, sowohl in Deutschland (Wersig & Graf 2000: 189) als auch in Großbritannien (Martin 2003: 2), und die Gruppe der *regelmäßigen* Museumsbesucher ist deutlich kleiner (Günter & John 2000: 10). Auch der in den 1980er Jahren in Deutschland proklamierte ›Museumsboom‹ führte nicht unbedingt zu einer erweiterten Besucherschaft. Wie Kirchberg (2005: 25) feststellt, bestand der ›Museumsboom‹ in erster Linie in einer Steigerung der Anzahl von Museen, wogegen die Besuchszahlen insgesamt stagnierten, für einige Sparten sogar rückläufig waren, wenn auch einzelne Einrichtungen eine positivere Besuchszahlenentwicklung aufwiesen.

Ein Hintergrund dieses Museumsbooms ist die Ausweitung und Diversifizierung des kulturellen Angebots, die aus der Kulturpolitik der 1970er Jahre hervorging und sich vor allem zu Beginn der 1980er Jahre auswirkte. Neu entstanden vor allem volks- und heimatkundliche sowie naturwissenschaftlich-technische Museen. Der Museumsboom wird darüber hinaus mit der These einer fortschreitenden Musealisierung des Alltags in Verbindung gebracht. Der Begriff *Musealisierung* bezeichnet zweierlei: Im engeren Sinne meint er den Akt, ein Objekt in den Zustand eines musealen Objekts zu überführen, indem es aus seinem ursprünglichen Entstehungs- und Verwendungskontext herausgelöst und in das Ordnungs- und Bedeutungssystem eines Museums eingefügt wird, wodurch es zu einer veränderten Bedeutungszuschreibung kommt (Sturm 1991: 42) und Objekte in den Worten Pomians (1988) zu *Semiophoren* werden. Diese Bedeutungsanreicherung wird in der jüngeren Diskussion von Rheinberger (2005) aufgegriffen, der das auf kognitive Aspekte fokussierte Konzept des *epistemischen Dings* einführt: Der Prozess der Ent- und Rekontextualisierung im Zuge der Musealisierung verwandele Objekte in Erkenntnisdinge. Durch ihre Eingliederung in bestimmte inhaltliche Zusammenhänge ergeben sich an ihnen bestimmte Erkenntnismöglichkeiten, die sonst verborgen bleiben würden. Im weiteren Sinne bezeichnet Musealisierung das vor allem von Lübbe (1990, 1992) und Korff (1988, 1990) beschriebene gesamtgesellschaftliche und alle Lebensbereiche erfassende Phänomen eines zunehmenden Vergangenheitsinteresses, das sich in der vermehrten Archivierung zivilisatorischer ›Relikte‹, insbesondere auch von Alltagsobjekten, ausdrückt und beispielsweise in der Gründung vielzähliger Heimatmuseen offenbar wird. Aufgrund der ›zivilisatorischen Innovationsdynamik‹, einem immer schnelleren Wandel, entstehe ein »Effekt der Gegenwartsschrumpfung« (Lübbe 1992: 19), der ein Bedürfnis wecke nach Bewahrung und vorausschauender Archivierung zukünftiger Reliquien, Zeugnissen der immer schneller veralteten Gegenwart. Dies dient einer Selbstvergewisserung, die als Kompensationsreaktion auf Modernisierungsverluste und Zukunftsungewissheit erklärt wird.

In Weiterführung dieser Begründung erhält eine weitere, ebenfalls in die kompensationstheoretische Richtung gehende Argumentation für den Wert der Musealisierung Konjunktur. Im Zuge einer durchdringenden Medialisierung und Technologisierung sämtlicher Lebenswelten wachse die Bedeutung des Museums als Bewahrungsort materieller Kultur. Mit Medialisierung sind dabei die Effekte des ›neuen Strukturwandels der Öffentlichkeit‹ mit der Allgegenwart von zunehmend digitalen Medien und der Ausdifferenzierung des Mediensystems gemeint: die enorme Bedeutungssteigerung indirekter, medienvermittelter Kommunikation in sämtlichen Lebensbezügen über die Sphäre der politischen Kommunikation hinaus, die mit einer Enträumlichung und Entzeitlichung von Kommunikation verbunden ist (vgl. Glotz 2001, Imhof 2006, Schade 2004). Auch mit Blick auf die Museumsarbeit steht diese Entwicklung kontinuierlich in der Diskussion. So werden digitale Informations- und Kommunikationstechnologien verstärkt in die Museumspraxis integriert – sowohl hinter den Kulissen in Form von Dokumentations- und Informationssystemen als auch nach außen gerichtet in Ausstellungen und der Präsenz im *World Wide Web* (Gemmeke, John & Krämer 2001, Hünnekens 2002, Schwan, Trischler & Prenzel 2006, Din & Hecht 2007). Während Befürworter die gewachsene Bedeutung von Medien und den zunehmenden Einsatz digitaler Technologien als Chance begreifen und einen adäquaten, reflektierten Umgang mit ihnen für die Zwecke der Museen fordern (z.B. Krämer 2001), definieren Kritiker das Museum als Gegengewicht zu diesen Tendenzen: »Der Drang nach Authentischem wird in Zeiten virtueller Überfütterung immer größer« (Merz 2005: 42). Gegenüber der universellen Verfügbarkeit des vermittelten Virtuellen wird das ›Authentische‹ eines Museumsobjekts wieder entdeckt, sein »einmaliges Vorhandensein an einem bestimmten Ort« (Geimer 2005: 111). Diese Rückbesinnung auf das Objekt als Distinktionsmerkmal von Museen bedeutet jedoch nicht, dass Museen sich vor der Medialisierung verschließen sollten und eine Rückkehr zu alten Praktiken geboten wäre. Vielmehr sind – ergänzend, nicht ersetzend – Bemühungen zu begrüßen, die Faszination des Objekts durch virtuellen Zugang zu den Sammlungen auch dem weiter entfernten Publikum zugänglich zu machen und den ›Appetit‹ auf die unmittelbare Begegnung mit dem Materiellen vor Ort zu wecken.

2.3.2.1 Publikumsentwicklung

Geht mit dem beschriebenen Musealisierungsdrang und der Wiederbesinnung auf das Materielle gegenüber dem Virtuellen auch ein gesteigertes Publikumsinteresse an Museen einher, wie daraus abzuleiten wäre? Wie bereits angeführt, bringt die Expansion des Museumswesens in den 1980er Jahren kein entsprechendes Wachstum an Besuchszahlen mit sich. Nur wenige prominente Institutionen profitierten durch Neueröffnungen, spektakuläre Architektur sowie Sonder- und Großausstellungen von gestiegener Publikumsresonanz (Graf 2003: 73). Im Zuge der Medialisierung und vermehrter aktiver Öffentlichkeitsarbeit kommt es jedoch zu einer verstärkten Präsenz von Museen in der öffentlichen Wahrnehmung. Dies verhilft jedoch nur bestimmten Museen zu einem zahlenmäßig größeren Publikum. Darüber hinaus wird nicht unbedingt eine breitere Publikumsbasis erreicht. Denn reine Besuchszahlen sagen noch nichts über die Zusammensetzung der Besucherschaft aus. Dieses Kriterium spielt jedoch auch aktuell eine Rolle, denn das Ziel einer gesellschaftlich repräsentativen Besucherschaft wird nach seiner besonderen Betonung in den 1970er Jahren weiterhin als wünschenswert angesehen: »Auch weniger kulturaffine Zielgruppen für Kunst und Kultur zu interessieren [...] muss ein Gradmesser für erfolgreiche Museumsarbeit werden« (John 2008: 32f). Nimmt man das Ziel einer Ansprache der Bevölkerung in ihrer ganzen Breite als Erfolgskriterium der Museumsarbeit ernst, stellt sich Museen die Aufgabe einer gezielten Erschließung bislang in der Besucherschaft unterrepräsentierter Adressatengruppen. Im angelsächsischen Raum wird dies als *Audience Development* (Publikumsentwicklung) bezeichnet (vgl. Grüner 2004: 71, Black 2005: 47).

Das Konzept der *Publikumsentwicklung* ist vor allem in den USA und Großbritannien etabliert, während es in Deutschland bisher eher randständig behandelt wurde. Dies sollte sich jedoch ändern, da sich die Publikumsentwicklung sowohl mit den aus dem kulturellen Auftrag abgeleiteten, gesellschaftsorientierten Zielen als auch mit Wirtschaftlichkeitsüberlegungen erfolgversprechend verbinden lässt. Hinter dem Begriff verbergen sich zwei zentrale Zielrichtungen. Eine Sicht, die besonders in den USA vertreten ist, fasst darunter generell die Bemühungen zur vermehrten Publikumsgewinnung, also zur quantitativen Steigerung der Nachfrage (O'Neill 1997). Damit wird einerseits die Steigerung der Publikumsresonanz zu Zwecken der Legitimation und andererseits die Generierung von Einnahmen unterstützt. Dies impliziert die Ausrichtung auf besonders ansprechbare Zielgruppen. Hier handelt es sich also um eine nachfrageorientierte Sicht der Publikumsentwicklung. In Großbritannien dagegen wird mit dem Begriff *audience development* ein stärker partizipatorisches Konzept verbunden: Nicht die Vergrößerung, sondern die *Erweiterung* des Publikums im Sinne einer gezielten Erschließung neuer Zielgruppen aus bisher in der Besucherschaft unterrepräsentierten Bevölkerungsteilen wird dabei als zentrale Aufgabe definiert (Grüner 2004). Dies bedeutet, die Anstrengungen zur Erhöhung der Nachfrage nicht nur auf ohnehin museumsaffine Bevölkerungsgruppen zu richten, sondern gezielt auch schwieriger zu erreichende Zielgruppen in den Fokus zu nehmen. Damit handelt es sich hier um eine gesellschaftsorientierte Sicht der Publikumsentwicklung. In Verbindung mit Initiativen zur *social inclusion* liegt der Fokus in Großbritannien explizit auf sozial benachteiligten Mitgliedern der Gesellschaft (Sandell 1998). Durch eine solche aktive Gestaltung der Publikumsstruktur hilft die Publikumsentwicklung, dem sozio- und kulturpolitischen Ziel eines uneingeschränkten Zugangs und umfassender Teilhabe an der Museumsarbeit näher zu kommen und dies auch mit Blick auf die Legitimation öffentlicher Gelder zu demonstrieren. Ein wesentlicher Aspekt von Publikumsentwicklungsprogrammen liegt in ihrer langfristigen, strategischen Ausrichtung. Aufgrund der Heterogenität der Adressaten sowie dem hohen Aufwand, der mit der Neugewinnung insbesondere museumsferner Besucher verbunden ist, kann erst eine Kombination aufeinander abgestimmter Maßnahmen den erwünschten Erfolg bringen.

Es ist meines Erachtens ein Manko der ICOM-Museumsdefinition, dass die aktive Publikumsentwicklung nicht explizit als Aufgabe genannt wird, denn es besteht durchaus Anlass dafür im Sinne der Gewinnung einer die Breite der Bevölkerung reflektierenden Besucherschaft. Denn die Publikumsstrukturen sind bei verschiedenen Museumsarten unterschiedlich repräsentativ. Wie bereits Klein (1990) in seiner Untersuchung an 40 nordrhein-westfälischen und vier großen Berliner Museen nachweisen konnte, zeichnet sich jede Museumsart durch eine charakteristische Publikumsstruktur aus. Dies gilt ebenfalls in jüngerer Zeit, wie von Kirchberg (2005) nachgewiesen wurde. Gegenüber dem noch von Klein verfolgten Ansatz, primär soziodemographische Merkmale zur Analyse des Museumspublikums heranzuziehen, nutzt Kirchberg jedoch Lebensstil- und Milieumodelle zur Analyse dieser mikrosoziologischen, d.h. auf das Verhältnis zwischen Museum und Individuum fokussierten Fragestellung. Denn mit der zunehmenden Ausdifferenzierung der Gesellschaft müssen auch die Kategorien ihrer Beschreibung differenzierter werden. Auch in der Analyse nach Lebensstilen zeigen sich deutliche Unterschiede in den Publikumscharakteristika je nach Museumsart (Kirchberg 2005: 286) oder gar nach Sammlungs- und Präsentationsschwerpunkt innerhalb der Sparte der Kunstmuseen, wie Kohl (2006) anhand der Museen K20 und K21 der Kunstsammlung Nordrhein-Westfalen demonstriert. Angesichts der Heterogenität der erreichten Publika stellt sich die Frage, ob der Anspruch einer möglichst breiten, differenzierten Bevölkerungsansprache für jedes Museum gelten sollte – im Sinne eines Binnenpluralismus – oder nicht eher ein außenpluralistischer Ansatz verfolgt werden sollte, bei dem die Gesamtheit des Angebots aller Museen für Ausgewogenheit sorgt. Man könnte argumentieren, dass die gegenwärtige Situation einem außenpluralistischen Angebot entspricht und daher keine Anstrengungen für aktive Publikumsentwicklung nötig seien. Gerade Nationalmuseen aber – dieser Gedanke ist in Großbritannien besonders stark – sollten Relevanz für sämtliche Bevölkerungsteile haben, und daraus ergibt sich das Gebot, auch bisher unterrepräsentierte Adressatengruppen aktiv zu erschließen, auch wenn dies mit besonderen Anstrengungen verbunden ist. Für regionale Heimat- und Geschichtsmuseen mit dem Anspruch, lokale Identitätsarbeit zu leisten, gilt dies letztlich ebenfalls.

Akzeptiert man diese Forderung, stellt sich ein weiteres Problem: Die gegenwärtigen Lebensstilgruppierungen sind deutlich weniger stabile Adressatengruppen als die schichtbezogenen Publikumsgruppen früherer Generationen. Die sich in den unterschiedlichen Publikumsprofilen zeigende Differenzierung gesellschaftlicher Gruppierungen ist verbunden mit der Auflösung kultur- und museumsspartenspezifischer Stammpublika (vgl. Opaschowski 2006b: 267, John 2008: 23). Die Schwierigkeit einer in alle gesellschaftlichen Milieus hinein reichenden Publikumsansprache durch Museen liegt demnach heute nicht mehr in einer Dominanz bildungsbürgerlicher Eliten – diese Kategorie greift ohnehin nicht mehr – als im Verlust einer stabilen Publikumsbasis.

Museen haben es mit einem in viele, instabile Teilöffentlichkeiten fragmentierten Publikum zu tun. Diese Tendenzen erschweren die Konzeption und Bereitstellung zielgruppenspezifischer Angebote und bedeuten letztlich, dass das Ideal einer die gesamte Öffentlichkeit repräsentierenden Besucherschaft schwierig zu erreichen ist. Angesichts heterogener und instabiler Publikumsstrukturen sind daher sehr differenzierte, vielfältige Maßnahmen verbindende und immer wieder neu justierte Programme nötig, um diesem Ziel näher zu kommen. Umso wichtiger ist es, die Publikumsentwicklung explizit zu einer zentralen Aufgabe der Museumsarbeit zu machen.

2.3.2.2 Medialisierung als Chance für ›Outreach‹?

Die Frage nach Zugang und Teilhabe wird im Zuge der Medialisierung neu gestellt. Hünnekens (2002) verfolgt die These, dass sich die Institution Museum mit dem Einzug der elektronischen Medien grundlegend verändert in Richtung einer Ausdehnung und Erweiterung des Museums über seine festen Mauern hinaus. In den Beiträgen des Bandes von Din & Hecht (2007) wird die Öffnung von Museen in den Raum des *World Wide Web* hinein und die damit verbundene Bedeutung des Internet als »primary vehicle for outreach« (Din & Hecht 2007: 2) unterstrichen. Dieses Potential wurde bereits von Wersig (1997) hervorgehoben. Der Begriff *Outreach* bezeichnet Bemühungen von Museen, schwer zu erreichende, aufgrund von Entfernung, mangelnder Mobilität und anderen Gründen dem Museum fern bleibende Publikumsgruppen mit der Museumsarbeit in Kontakt zu bringen, indem man sich außerhalb der Mauern begibt und zum Publikum kommt (vgl. Golding 2006: 4). In diesem Sinne werden auch Digitalisierung und die Präsenz im *World Wide Web* als Möglichkeit einer Verbesserung des Zugangs im weiteren Sinne, gar als Mittel der Demokratisierung gesehen.

Umfangreiche Digitalisierungsprojekte machen das kulturelle Erbe in online verfügbaren Sammlungen auch unabhängig vom Museumsbesuch einem potentiell globalen Publikum zugänglich, zum Beispiel über das Portal MICHAEL, welches vielfältige Datenbestände europäischer Museen vernetzt.[9] So wird versucht, die Medialisierung für die Zwecke der Museen zu nutzen. Online-Kataloge bieten zudem die Möglichkeit, bisher in den Depots vor den Blicken des Publikums verborgene Objekte ans Licht zu bringen. Digitale Sammlungen sind somit ein erster, zu begrüßender Schritt zu einer direkten Begegnung mit dem kulturellen Erbe. Ob diese meist in Form von ›digitalen Katalogen‹ oder nach fachspezifischen Kriterien präsentierten Sammlungen

---

9 | URL: http://www.michael-culture.org

ein erweitertes Publikum erreichen, die Faszination des Objekts vermitteln können, zu einer vertieften inhaltlichen Auseinandersetzung anregen und ohne Weiteres zu erschließen sind, ist meines Erachtens allerdings fraglich.

Die Bereitstellung eines solch umfangreichen Angebots bedeutet potentiell eine ungeahnte Reichweite der Museumsarbeit, sagt jedoch noch nichts über die Chancen aus, damit auch breitere Bevölkerungsteile zu erreichen. Zum einen wird die bloße Existenz eines Angebots nur in seltenen Fällen dazu führen, dass sich jemand auf die Seiten ›verirrt‹, der nicht von vorneherein einen Bezug zu Thema oder Institution hat. Man habe sich zu sehr auf die Frage des Zugriffs konzentriert und dabei Wissensvermittlung und Kommunikation außer Acht gelassen, kritisiert auch Krämer (2001: 11). Dies gilt meines Erachtens auch für die Präsenz der Dresdner Kunstsammlungen in der virtuellen Welt *Second Life*.[10] Auf der einen Seite bietet die Reproduktion der Gebäude inklusive sämtlicher Gemälde in der virtuellen Welt die Möglichkeit, die Meisterwerke einem auf der ganzen Welt verstreuten und mit Museen weniger vertrauten Publikum nahebringen zu können. Eine nähere Beschäftigung mit den Kunstwerken wird durch einen virtuellen Audioguide und Objekttexte ermöglicht. Mit der einfachen Spiegelung der Präsentationsweise und Vermittlungsmedien der ›realen Welt‹ – einschließlich ihrer Probleme, zum Beispiel der Orientierungsschwierigkeiten im Gebäude – sind jedoch meines Erachtens Chancen vertan, die spezifischen Möglichkeiten der Virtualität zum vereinfachten Zugang und zur vertieften Begegnung mit den Kunstwerken zu nutzen.

Das Potential der Medienentwicklung für Museen liegt meines Erachtens durchaus in einer größeren Reichweite der Museumsarbeit und einem erweiterten Zugang zu den lokal betreuten Objekten und Inhalten, und zwar über virtuelle Kanäle zu einem erweiterten, verteilten Online-Publikum, das sich nur in Teilen mit Besuchern vor Ort decken wird. Daher stellt sich den Museen die Aufgabe, Wege zu einer stärkeren Präsenz im Web zu finden. Der erste Schritt besteht darin, über die bislang dominante Institutionsdarstellung mit Öffnungszeiten, Anfahrt und Organigramm hinauszugehen. Das Londoner *Science Museum* beispielsweise nutzt seine Website dazu, Grundlageninformationen zu den im Museum behandelten Themen zu liefern, nutzt also die Fachkompetenz auch im Internet. Die inzwischen zahlreicher werdenden Online-Ausstellungen gehen ebenfalls in diese Richtung. So ist die Wahrscheinlichkeit höher, dass jemand, der Erläuterungen zu einem bestimmten Thema sucht, auch auf den Webseiten eines Museums landet, ohne explizit

10 | URL: http://www.dresdengallery.com

nach museumsbezogenen Seiten gesucht zu haben. Dies bedeutet jedoch einen Fokus auf die inhaltliche Expertise, möglicherweise zuungunsten der Objektexpertise. Es liegt in der Hand der Museen, die Objekt- und Materialbegründetheit ihrer Kompetenz auch in der virtuellen Darstellung zum Tragen kommen zu lassen.

Das genannte Beispiel beruht allerdings wie die Mehrzahl der gegenwärtig verfügbaren Online-Sammlungen auf der Auffassung des *World Wide Web* als Informationsmedium. Der zweite Schritt zu einer effektiveren Nutzung des *World Wide Web* als Medium des *Outreach* geht darüber hinaus. Denn beim Konzept des *World Wide Web* als Informationsplattform wird die für Museumsbesucher wichtige Komponente der sozialen Interaktion ausgeblendet. Dies ändert sich jedoch im Zuge der jüngeren Medienentwicklung unter dem diffusen Schlagwort *Web 2.0*. Kern dieser Entwicklung ist: Der Schwerpunkt verlagert sich von der linearen Information zu Vernetzung, Interaktion und Kommunikation. Mit Hilfe von *Social Software* kann jedermann ohne umfangreiches technisches Vorwissen eigene Beiträge publizieren, selbst produzierte Videos hochladen, sich vernetzen und aktiv austauschen. Blogs, Wikis, Folksonomies und Online-Gemeinschaften gehen deutlich über die bereits länger bestehenden Funktionen wie Chat, Foren und Email hinaus. Das Internet wird so ›zum Mitmachnetz‹, und die von Nutzern generierten Inhalte nehmen an Umfang zu (MacArthur 2007, Fisch & Gscheidle 2008, Johnson, Levine & Smith 2008).

Diese Entwicklung hat Erwartungen genährt, das Internet werde zu einem demokratischen Medium und habe das Potential, zu sozialem Wandel beizutragen (Swiader 2007). Allerdings zeigt sich, dass die neuen Partizipationsmöglichkeiten vergleichsweise wenig aktiv genutzt werden (vgl. Fisch & Gscheidle 2008: 356), und dass die höchste Stufe der *Leiter der Partizipation* – diejenigen, die aktiv Inhalte beitragen – bislang der kleinsten Nutzergruppe entspricht (vgl. Kelly & Russo 2008). Die vielfältigen Zwischenstufen jedoch – soziale Netzwerke, Kommentare, das Vergeben von *Tags* (Stichworten) – sind bereits Indikatoren für einen zunehmend dialogischen Umgang mit Inhalten im Netz. Mit der Veränderung der Mediennutzungs- und Wahrnehmungsgewohnheiten – insbesondere der jüngeren Generation – werden Besucher zu Nutzern, was Konsequenzen für die Erwartungen gegenüber Museen hat, aber auch Chancen für eine engere Integration der Publikumsperspektive und für ein Eintreten in einen Dialog im Rahmen einer ins *World Wide Web* erweiterten Museumsarbeit bietet. Befürchtungen, die universelle elektronische Verfügbarkeit des kulturellen Erbes ersetze den physischen Museumsbesuch und die direkte Begegnung mit Objekten, haben sich jedoch nicht bestätigt. Vielmehr verleiht das Museum als Institution im Hintergrund den bereitgestellten Inhalten Vertrauens- und Glaubwürdigkeit (MacArthur 2007: 59f).

Die gegenwärtige Medienentwicklung ist vor allem in einer Hinsicht eine Herausforderung für Museen: Die im *Web 2.0* zentralen Konzepte der *kollektiven Intelligenz* und dezentralisierter Autorität hinterfragen bisher gültige Maßstäbe für Qualität, Professionalität, Autoren- und Urheberschaft sowie die Kontrolle über Inhalte (vgl. MacArthur 2007). Entsprechend sind bislang vergleichsweise wenige Beispiele einer Umsetzung im Museumskontext zu nennen. Herausgegriffen sei die Möglichkeit der Erstellung von Objektbeschriftungen durch Besucher via Web bei der Tate Britain[11] oder Initiativen wie *Every Object Tells a Story*[12] des *Victoria & Albert Museums*. Die gegenwärtige Weiterentwicklung der digitalen Technologien in Richtung stärkerer sozialer Interaktion und Kollaboration über das *World Wide Web* zeigt sich auch anhand der Website *steve.museum*, auf der das Web-Publikum Stichworte für Kunstwerke vergeben kann[13] – welche sich nur zum Teil mit den Experten-Taxonomien decken. Die Ausstellung *Click!* des *Brooklyn Museums*[14] macht das Publikum zum Kurator, indem es die von Künstlern eingereichten Fotografien zum Thema *Changing Faces of Brooklyn* bewertet und für die Ausstellung auswählt. Das *Brooklyn Museum* gehört zu den Pionieren, die das neue Verständnis von *Community* aufgegriffen haben: Es pflegt aktiv eine *Online-Community*. Dies wiederum schließt den Kreis zu den heute als typisch charakterisierten ›Wahlgemeinschaften‹ nach Lebensstilen und Milieus. Die genannten Beispiele zeigen vielfache Möglichkeiten für eine direkte Besucherintegration auf, die nicht mit einem tiefgreifenden Eingriff in die grundlegenden Präsentations- und Kommunikationskonzepte von Museen gleichzusetzen sind. Dennoch verleihen sie dem Publikum eine umfangreichere Stimme. Publikumsorientierung bedeutet in diesem Zusammenhang, Nutzern via Internet die Gelegenheit zu geben, ihre Perspektive zu äußern, mit Museumsvertretern in einen Dialog zu treten, sich in einzelne Facetten der Museumsarbeit einzubringen und sich *vis-à-vis* der musealen Angebote und Perspektiven zu positionieren.

---

11 | URL: http://www.tate.org.uk/britain/writeyourown/

12 | URL: http://www.vam.ac.uk/vastatic/microsites/1303_every_object/

13 | URL: http://steve.museum/

14 | URL: http://www.brooklynmuseum.org/exhibitions/click/

2.3.2.3 Besucherbindung

Eng verknüpft mit der Frage von Zugang und Partizipation ist das Konzept der *Besucherbindung*. Der Begriff geht zurück auf die Idee der Kundenbindung im kommerziellen Marketing und wurde in Deutschland insbesondere von Günter (2000) und Klein (2003) auf Museen übertragen. In der entsprechenden Begrifflichkeit gefasst geht es darum, Wettbewerbsvorteile für Museen dahingehend zu schaffen, dass Besucher eine Einrichtung im Vergleich zur Konkurrenz bevorzugen. Dies drückt sich in Wiederbesuch, Weiterempfehlung und einer inneren Bindung an die Einrichtung aus. Hintergrund der Aufmerksamkeit für gezielte Aktivitäten zur Besucherbindung ist der bereits in Abschnitt 5.7.1.8 angeführte Verlust einer stabilen Publikumsbasis (John 2008: 23). In Zeiten einer immer stärkeren Ausdifferenzierung der Gesellschaft, multipler Wahlmöglichkeiten für Freizeitgestaltung und kulturelle Partizipation sowie einer sich immer stärker verringernden Bereitschaft, Bindungen an Institutionen oder politische Parteien einzugehen (vgl. Gross 1994), wird es für Museen schwieriger, ein Stammpublikum zu halten.

Die Notwendigkeit für Besucherbindungsprogramme kann in einer nachfrageorientierten Perspektive mit dem Ziel der Bestandssicherung und Legitimation der Museumsarbeit durch Demonstration ausreichender kontinuierlicher Nachfrage begründet werden (vgl. Klein 2003: 26f). In dieser Hinsicht sind vor allem *Gebundenheitsmaßnahmen* beispielsweise in Form einer Jahreskarte von Vorteil, denn sie sichern eine bessere Auslastung und planbare Einnahmen (vgl. Klein 2003: 30). Eine gesellschaftsorientierte Sicht auf Besucherbindung dagegen rückt die Erfüllung des kulturellen Auftrags in den Vordergrund. Besucherbindungsprogramme sind insbesondere im Zusammenspiel mit der Publikumsentwicklung wichtig, um einmal erreichte eher museumsferne Publikumsgruppen nicht gleich wieder zu verlieren. Gesellschaftsorientierte Besucherbindungsprogramme setzen vor allem auf *Verbundenheitsstrategien* im Sinne der Loyalität und Affinität des einmal gewonnenen Besuchers zum Museum (vgl. Klein 2003: 30). Dies drückt sich nicht allein in Wiederbesuch und Weiterempfehlung aus, sondern führt im Idealfall zu einem intensiven Engagement der Besucher, beispielsweise im Förderverein eines Museums.

Wichtig ist dabei der strategische Ansatz: die angestrebte Nachhaltigkeit der Pflege von Besucherbeziehungen (vgl. John 2008: 24). So kann Besucherbindung als langfristig angelegtes Beziehungsmanagement oder *Relationship Marketing* aufgefasst werden, wie es Passebois (2002) in Bezug auf Kunstmuseen und Rentschler et al. (2002) mit Blick auf Theater näher betrachtet haben. Die Aufgabe besteht hier in der Komposition eines umfassenden Programms koordinierter Maßnahmen, die in die langfristige Strategieplanung der jeweiligen Einrichtung eingebunden sind. Als zentrale Voraussetzungen für Besucherbindung gelten Besucherorientierung und Besucherzufriedenheit, so dass sich die konkreten Maßnahmen auf die Verbesserung dieser Aspekte richten sollten (vgl. Klein 2003: 31). Ein Element sollte ein aktives Beschwerdemanagement sein (Klein 2003: 221ff). Für eine gezielte Arbeit an Besucherservice und Besucherzufriedenheit ist es wichtig, aktiv Rückmeldung vom Besucher zu suchen und ihn oder sie bei der Entwicklung der musealen Angebote zu berücksichtigen. Die Publikumsforschung ist somit auch ein hilfreiches Instrument der Besucherbindung.

Museen, die aktive Publikumsentwicklung und Maßnahmen der Besucherbindung verfolgen wollen, stehen vor der Frage, welche Faktoren die Wahl des Museumsbesuchs bestimmen und in welchem Maß sie darauf Einfluss nehmen können. In diesem Zusammenhang wurde zunächst stark auf die *sozio-ökonomischen* Voraussetzungen des Zugangs geblickt. So führte Großbritannien 2001 den kostenfreien Eintritt zu den Dauerausstellungen der britischen Nationalmuseen wieder ein, der in den 1980er Jahren zur Stärkung der finanziellen Eigenleistung von Museen abgeschafft worden war; in Frankreich sind seit dem Jahr 2000 sämtliche Nationalmuseen jeden ersten Sonntag im Monat kostenfrei zugänglich, für Kinder und Jugendliche unter 18 Jahren gilt sogar grundsätzlich »Eintritt frei«. Zu Beginn dieses Jahres wurde eine Testphase gestartet, um die Effekte des vollständig freien Eintritts zu 18 ausgewählten Nationalmuseen und Monumenten zu erkunden.[15] Eine anderthalb Jahre nach der Einführung des freien Eintritts durchgeführte Studie belegt das enorme Anwachsen der Besuchszahlen der britischen Nationalmuseen um durchschnittlich 62%, in einzelnen Fällen sogar um etwa 150% (Martin 2003: 2).

Doch kann dies bereits als Erfolg verbucht werden? Bei genauerem Hinsehen erweist sich nämlich, dass sich die Besucherstruktur dadurch kaum verändert hat. Zwar sind alle Bevölkerungsteile stärker vertreten, jedoch weiterhin vor allem das ›traditionelle‹ Museumspublikum, insbesondere bei Kunstmuseen (Martin 2003: 4). Die Reduzierung ökonomischer Barrieren erscheint durchaus sinnvoll, jedoch reicht dies offenbar längst nicht aus, um eine für die Gesellschaft repräsentativere Besucherschaft anzusprechen.[16] Dies gilt auch für Maßnahmen wie beispielsweise große Sonderausstellun-

15 | Presseerklärung des französischen Ministère de la Culture et de la Communication vom 23. Oktober 2007: http://www.culture.gouv.fr/culture/actualites/index-gratuite.htm

16 | Darüber hinaus sind bei den Kosten für einen Museumsbesuch Anfahrt mit ÖPNV oder Auto, Verpflegung und gegebenenfalls Museumsshop einzurechnen. Der Besuch

gen, die Eröffnung neuer Museums- und Ausstellungsräume oder Neubauten, Sonderveranstaltungen oder Verlängerung der Öffnungszeiten, die für eine Zunahme der Museumsbesuche sorgen können (Graf 2003: 74), deren Potential zur *Erweiterung* des Publikums aber nicht nachgewiesen ist.

Empirische Studien haben deutlich gemacht, dass Kriterien wie erweiterte Öffnungszeiten, freier Eintritt und verbesserte physische Bedingungen an den wesentlichen Hindernissen der Nutzung von Kulturangeboten nur sehr begrenzt rütteln können. So konnte Kirchberg (1998) zeigen, dass Eintrittspreise nicht nur eine objektive, sondern vor allem eine *subjektive* Barriere sind. Eine vom Marktforschungsinstitut MORI in Großbritannien durchgeführte Studie erbrachte, dass trotz des Wissens um den freien Eintritt etwa 40% der Befragten schlichtweg kein Interesse an einem Museumsbesuch zeigten (Martin 2003: 7). Daher ist es unerläßlich, sich genauer mit den Voraussetzungen zur Erhöhung der Besuchsneigung insbesondere museumsferner Bevölkerungsgruppen zu beschäftigen. Seit den 1970er Jahren liefert die Nichtbesucherforschung hierzu aufschlussreiche Informationen. Daraus wurde immer wieder deutlich: Es existieren vielfältige Barrieren, die addressiert werden müssen. Sind die Hintergründe der ›Museumsferne‹ bekannt, erhalten Museen Aufschluss über den Rahmen ihrer Möglichkeiten zur aktiven Publikumsansprache.

Dieser Möglichkeitsrahmen ist jedoch begrenzt. So sind die Aussichten bescheiden, die an einem Museumsbesuch gar nicht interessierten Bevölkerungsteile in missionarischer Weise ›umzustimmen‹. Chancen liegen vielmehr in dem Bevölkerungsteil, der einem Museumsbesuch prinzipiell nicht abgeneigt ist, aber die Gelegenheit dazu nur sehr selten wahrnimmt. Ein soziokultureller Anspruch einer breiten Publikumsansprache verlangt dennoch von Museen, sich nicht allein auf die leicht zu erreichenden Adressaten zu fokussieren, sondern sich auch um ›museumsferne‹ Bevölkerungsteile zu bemühen. Welche Hindernisse spielen dabei eine Rolle? Auf diese Frage bietet insbesondere die *Nichtbesucherforschung* Antworten. Für Museumsferne spielen soziale Interaktion, sich in einem behaglichen und ungezwungenen Umfeld zu befinden und aktiv an etwas zu partizipieren eine wichtige Rolle bei der Wahl der Freizeitgestaltung (Hood 1983: 151f). Dies scheinen sie mit Museumsbesuchen nicht zu verbinden. Wie eine Studie an der Smithsonian Institution zeigte, gehörten für 36% der Besucher kognitive Erfahrungen zu den Erlebnissen, die sie an einem Museumsbesuch besonders schätzen,

---

von Sonderausstellungen ist bei den britischen Nationalmuseen außerdem weiterhin kostenpflichtig.

ebenso wie Objekterfahrungen, introspektive und soziale Erfahrungen (vgl. Pekarik et al. 1999).

Diese beispielhaft herausgegriffenen empirischen Untersuchungen zeigen deutlich, wie vielfältig die Zwecke sind, die Menschen mit einem Museumsbesuch verfolgen. Diese Zwecke sollten ebenfalls Beachtung finden als gesellschaftliche Funktionen von Museen auf der Mikroebene. Publikumsorientierung heißt hier, dass Museen zur Verbesserung ihrer Chancen, breite Bevölkerungsteile anzusprechen und Besucher an sich zu binden, bei der Konzeption ihrer Angebote die Anliegen der diversen Adressatengruppen berücksichtigen sollten: »Eine generelle Nichtberücksichtigung der Meinungen und Interessen des Kulturpublikums und vor allem des potenziellen Kulturpublikums führt langfristig zu einer Isolierung der öffentlich subventionierten Kultur in unserer Gesellschaft« (Keuchel 2005: 125). Natürlich ist es bei der beschriebenen Heterogenität und Instabilität des Publikums schwierig, ja unmöglich, jedermann gerecht zu werden. Ein undifferenziertes Angebot ›für alle‹ ist jedoch wenig zielführend.

2.3.2.4 Neue Museologie: Partizipation und kulturelle Vielfalt

Die bisherige Betrachtung der Möglichkeiten für eine erweiterte Publikumsansprache war auf die Voraussetzungen auf Publikumsseite fokussiert. Welche Prämissen und Barrieren existieren demgegenüber auf Museumsseite? Die These, dass Museen auch strukturierend auf ihr Publikum wirken, hat insbesondere die *Neue Museologie* in pointierter Weise, mit sozialpolitischem Impetus, zum Ausdruck gebracht. Es müsse sich nicht nur in der nach außen gerichteten Publikumsansprache, sondern insbesondere in der inhaltlichen Arbeit der Museen Grundlegendes ändern. Die *Neue Museologie* ruft Museen zu einer Umorientierung auf: Sie fordert die Abkehr von einer elitären und affirmativen, allein die dominante Kultur darstellenden Museumspraxis hin zur Repräsentation der Gesellschaft in ihrer ganzen Breite und hinterfragt die ideologischen Grundlagen der Zuschreibung von Wert und Bedeutung dessen, was im Museum ausgestellt ist (vgl. Vergo 1989, Stam 1993). Das Museum müsse sich seiner Verantwortung als wertsetzender Instanz stärker bewusst werden. Hinsichtlich der Probleme, unterrepräsentierte Bevölkerungsteile anzusprechen, mahnen Vertreter der *Neuen Museologie*, dass zwar prinzipiell niemand vom Zugang zu Museen ausgeschlossen ist, dass jedoch *de facto* bestimmte gesellschaftliche Gruppen marginalisiert werden, da ihre Kultur und Lebenswelt in den Sammlungen und Ausstellungen kaum oder gar nicht repräsentiert ist (vgl. Lavine & Karp 1991, Karp 1992). Damit existieren auch keinerlei Anknüpfungs- und Berührungspunkte, welche der Museumsarbeit Relevanz für diese Gruppen verleihen würden.

Um daran etwas zu ändern, ist eine stärkere Publikumsorientierung in der Museumsarbeit notwendig im Sinne der Berücksichtigung der Lebenswelten vielfältiger Adressatengruppen nicht nur in der Vermittlung, sondern bereits bei der Auswahl und Präsentation der Inhalte. Das hier angesprochene Recht auf Repräsentation hat zwei Elemente: zum einen, *dass* bislang in Sammlungen und Ausstellungen vernachlässigte Gemeinschaften vertreten sind, und zum anderen, *wie* ihre Kultur dargestellt wird und *wer* über die Art und Weise ihrer Repräsentation entscheidet. Die betreffenden Gemeinschaften – insbesondere Minderheiten und nicht-westliche Völker – sollen auch Einfluss darauf nehmen können, wie ihre Kultur präsentiert wird (vgl. Lavine & Karp 1991, Karp 1992). Daraus spricht ein Verständnis von Demokratisierung, das nicht nur den gleichberechtigten *Zugang* zu von einer kleinen Gruppe von Kuratoren bereitgestellten Kultur fordert, sondern *Partizipation*, Teilhabe meint.

Dies spiegelt sich im Konzept der *Nachbarschafts- und Ecomuseen* wider, die nicht nur den Zugang zum Museum erweitern wollen, sondern die lokale Verankerung und Verantwortung der Museen betonen. Publikum und Alltagskultur sind in die Gestaltung einbezogen. Ein prominentes Beispiel und Vorbild vieler Nachbarschaftsmuseen ist das bereits 1967 eröffnete Anacostia Neighborhood Museum, das sich mit dem Leben und gegenwärtigen Problemen der Menschen in der unmittelbaren Umgebung des Museums befasst. Inzwischen ist die Ausrichtung nicht mehr ausschließlich lokal orientiert, sondern das Museum hat aus seiner lokalen Verankerung heraus den Fokus auf afroamerikanische Geschichte und Kultur verlagert. Insofern ist es nun weniger ein Nachbarschafts- als ein *Community Museum*. Das Postulat einer Popularisierung der Museen gibt somit Impulse für neue Konzepte der Museumsarbeit. Dazu gehören auch die sogenannten Écomusées, die besonders in Frankreich und Kanada verbreitet sind, da sie auf eine Idee des französischen Museologen Georges Henri Rivière zurückgehen. Die Besonderheit der Écomusées liegt darin, dass nicht das kulturelle Erbe aus seinem Zusammenhang herausgelöst und in ein Museum an einem separaten Ort eingegliedert wird, sondern dass es ein regionales Netzwerk von Einrichtungen gibt, welches auch das unmittelbare Lebensumfeld einschließen kann, die gemeinsam zum Ort regionaler kultureller Identität werden. Ein wichtiges Element ist die unmittelbare Einbeziehung der Bevölkerung in die Museums- und Identitätsarbeit (vgl. Rasse 1999: 110, Vieregg 2006: 112f).

Wie mit dem Stichwort *Community Museum* bereits angedeutet, stellt sich in diesem Zusammenhang auch die sozialpolitisch gefärbte Frage nach der

Berücksichtigung kultureller Vielfalt (Zubrzycki 1991) und nach dem Umgang mit ethnologischen Sammlungen und den Gemeinschaften, aus denen sie stammen (Ames, Harrison & Nicks 1988). In den USA und Kanada, aber auch in Australien und Neuseeland, wird diesbezüglich die Relevanz der Museen für ihre jeweiligen lokalen, regionalen oder ethnischen Gemeinschaften (*communities*) betont, und damit verbunden die Berücksichtigung der Belange von Menschen mit unterschiedlicher kultureller Herkunft und Identität, einschließlich der diversen Herkunftsgemeinschaften (Karp, Kreamer & Lavine 1992, Larson 1994, Lavine & Karp 1991, Robertson & Migliorino 1996). Während *Migration* in den großen post-kolonialen Ländern seit längerem als Thema präsent ist (vgl. Jones 1992), dringt es in Deutschland – wo sich erst in jüngerer Zeit die Einsicht durchgesetzt hat, dass es sich um eine Einwanderungsgesellschaft handelt –, erst langsam in die Museumsdiskussion, und noch langsamer in die Museumspraxis ein.

Dabei kann jedoch die jüngste Entwicklung optimistisch stimmen. Das Institut für Museumsforschung hat 2006 – vorausschauend auf das Jahr des Interkulturellen Austauschs 2008 – den Umfang interkultureller Projekte in deutschen Museen erhoben, die über fremdsprachige Führungen oder Publikationen hinausgehen (Institut für Museumsforschung 2007). Die Studie zeigte, dass die Relevanz der Adressatengruppe ‚ausländische Mitbürger' zugenommen hat: Etwa ein Fünftel der befragten Museen macht entsprechend gezielte Angebote, jedoch sind diese überwiegend projektbezogen statt Bestandteil eines kontinuierlichen Programms. Das Spektrum umfasst spezifische Ausstellungen, museumspädagogische Programme und Tagungen. Im Bericht werden einzelne Projekte detaillierter vorgestellt (vgl. Institut für Museumsforschung 2007: 46ff). Während es bereits zwei große Auswanderungsmuseen in Deutschland gibt, befindet sich ein Migrationsmuseum immer noch in der Planung. Erst vor kurzem wurde in Dortmund die erste repräsentative Studie in einer Kommune zu den kulturellen Interessen und Gewohnheiten von Menschen mit Zuwanderungsgeschichte durchgeführt (Cerci 2008). Das Jahr 2008 als Jahr des interkulturellen Dialogs birgt das Potential einer stärkeren Präsenz dieses Themas in der gesellschaftlichen wie museologischen Diskussion.

Die Anerkennung kultureller Vielfalt stellt die Darstellung einer homogenen Mehrheits- und ›Leitkultur‹ im Museum und die Aufgabe der Identitätsstiftung in Frage. Vielmehr impliziert dies, ›Fremdverstehen‹ zu unterstützen und multiple Perspektiven zuzulassen. Die Forderung lautet, dass Museen sich von dem bisher dominanten allwissenden, unpersönlichen und objektiv gebenden Ton verabschieden und unterschiedliche Darstellungen und Interpretationen von Sachverhalten zulassen müssten (vgl. Lavine & Karp

1991: 6, Weil 2002: 208). Das *Migration Museum* in Adelaide in South Australia beispielsweise stellt Museumsperspektive und Gruppenperspektive nebeneinander, indem es in seinem *Forum* den in Australien so besonders vielfältigen Gruppen mit Zuwanderungshistorie die Gelegenheit bietet, ihre Geschichte aus ihrer Perspektive in einer jeweils dreimonatigen Ausstellung vorzustellen (vgl. Szekeres 2002: 147). Aber das Prinzip der Perspektivenvielfalt muss nicht allein in Bezug auf bestimmte Minderheiten oder ethnische Gemeinschaften gelten: Das Ausstellungskonzept der *Tate Modern* in London präsentiert zu den Kunstwerken nicht nur einen autoritativen Text des Kurators, sondern es kommen ganz unterschiedliche Sprecher mit verschiedenen Sichtwiesen auf die Kunst zu Wort.

Zu den Stimmen, die stärker in der Museumsarbeit gehört werden sollen, zählen auch die der Ureinwohner in Nordamerika, Australien und Neuseeland. Inzwischen sind den amerikanischen Indianern eigene Museen gewidmet wie zum Beispiel das *Ak-Chin-Indianer-Ecomuseum* (vgl. Fuller 1992). In jüngerer Zeit fand vor allem das *National Museum of the American Indian* auf der Museumsmeile in Washington, D.C. Beachtung. Die Entwicklung des Museumskonzepts wurde von intensiven Konsultationen mit den lokalen Ureinwohner-Gemeinschaften begleitet, genauso wie die Ausstellungskonzeption des neuseeländischen Nationalmuseums *Te Papa*. Die dortige Dauerausstellung zeugt mit dem großen der Mäori-Geschichte gewidmeten Ausstellungsteil und den zweisprachigen Texten von einer umfangreichen inhaltlichen Präsenz der Ureinwohner. *Te Papa*, wie auch das australische *Melbourne Museum*, verfügt darüber hinaus über eine Versammlungsstätte für die lokalen Gemeinschaften der Ureinwohner. Damit wird das Konzept des sogenannten ›Bikulturalismus‹ verfolgt, das seit den 1980er Jahren diskutiert wird (vgl. Butts 2002: 225).[17]

In Australien wurden 1993 Richtlinien für Museen hinsichtlich der Belange der Ureinwohner erlassen (vgl. Griffin 1996). Auch der Umgang mit Sammlungsgegenständen ist von dieser Museumspolitik betroffen: Es geht es um die Umwertung der sich auf Ureinwohner beziehenden Sammlungen von ethnologischen Kuriositäten zu Zeugnissen des kulturellen Erbes der entsprechenden Gemeinschaften (vgl. Butts 2002: 241). Außerdem wird der Respekt vor den Traditionen und Lebensweisen der Gemeinschaften unterstrichen, für die so mancher in Museumsdepots aufbewahrter Gegenstand

17 | In diesem Zusammenhang wird bei *Te Papa*, ebenso wie bei *Museum Victoria*, darauf geachtet, dass Mäori beziehungsweise Aborigines und Torres Strait Islanders im Personal für Führungen und Besucherprogramme sowie in der Mitarbeiterschaft insgesamt adäquat vertreten sind.

ein ›geheimes-sakrales‹ Objekt darstellt, wenn es sich nicht sogar um die Gebeine von Vorfahren handelt. Seit Ende der 1970er Jahre und verstärkt seit den 1990er Jahren findet daher ein Prozess der *repatriation* statt: die Rückgabe des kulturellen Eigentums an die Herkunftsgemeinschaften (vgl. Kelly & Gordon 2002: 166f).[18] Insofern werden durch den Umgang von Museen mit Ureinwohnern und ihren materiellen Zeugnissen größere Fragen berührt: Die Gestaltung dieser Beziehungen ist ein Element des Prozesses der ›Versöhnung‹. Bereits an diesem Beispiel wird deutlich, dass Museen eine aktive Rolle in der gesellschaftlichen Entwicklung zugeschrieben wird.

2.3.2.5 Museen als Akteure gesellschaftlicher Entwicklung

Über das Ziel einer die gesamte Gesellschaft repräsentierenden Besucherschaft und Museumsarbeit hinausgehend werden Museen als Akteure gesellschaftlicher Entwicklung verstanden, wie es in der ICOM-Museumsdefinition zum Ausdruck kommt: Museen stehen »im Dienst der Gesellschaft und ihrer Entwicklung« (International Council of Museums 2003). Museen wird damit explizit eine soziale Verantwortung zugeschrieben. Der Gedanke, dass Museen zum sozialen Wandel beitragen sollen und können, wird derzeit besonders stark in Großbritannien vertreten, seit die 1997 ins Amt gekommene Labour-Regierung *access* und *inclusion* weit oben auf ihre Agenda setzte und sich dies bis in die Kulturpolitik hinein niedergeschlagen hat. Museen sollen mit ihrer Arbeit dazu beitragen, sozial ausgegrenzte und benachteiligte Gruppen zu integrieren und damit soziale Ungleichheiten abzubauen (Department for Culture, Media and Sport 2000, Dodd & Sandell 2001, Sandell 2002). Stadtentwicklungsprojekte wie z.B. in Liverpool sehen in Museen gar Motoren wirtschaftlicher, kultureller und sozialer Regeneration (vgl. Black 2005: 4).

Diese Bestrebungen zielen also nicht allein darauf, bislang museumsferne Publikumsgruppen anzusprechen, sondern unter dem Leitmotiv *Social Inclusion* explizit marginalisierte, unterprivilegierte Bevölkerungsteile in den Fokus zu nehmen. Dass Museen nicht die Hauptadresse zur Lösung solch grundlegender gesellschaftlicher Probleme sind, versteht sich von selbst. Dennoch gebietet es der Status als öffentliche Einrichtung, vor diesen Problemen nicht die Augen zu verschließen, sondern bewusst damit umzugehen

18 | Auch europäische Museen erhalten zunehmend Forderungen nach einer Rückgabe von Sammlungsobjekten an ihre Herkunftsländer. Daran wird deutlich, wie komplex die Frage der rechtmäßigen Eigentümerschaft und der den Objekten zugeschriebenen Bedeutung für die jeweils beteiligten Gemeinschaften ist, denn aufgrund der Aneignungs- und Sammlungsgeschichte sind sie auch zu einem Teil des kulturellen Erbes des die Objekte derzeit besitzenden Landes geworden.

und sie in der Museumsarbeit zu adressieren. Auch in der deutschen Museumsdiskussion ist – jedoch recht unspezifisch – die Rede vom »Potential der Museen bei der Bewältigung der gesellschaftlichen Herausforderungen« (Ewigleben 2006: 67). Ein Aspekt ist die Gleichstellungsfrage. In der Folge von Gesetzgebungsinitiativen zur Gleichstellung von Menschen mit Behinderung erfuhr diese zuvor vernachlässigte Publikumsgruppe seit den 1990er Jahren auch im Museumswesen größere Beachtung (Föhl, Erdrich, John & Maaß 2007, Inernational Council of Museums 1991, Sturm 1992). Vereinzelt haben deutsche Institutionen des Weiteren Programme aufgelegt, um sozial benachteiligte Menschen anzusprechen, die bislang nur eingeschränkt Zugang zu Museen hatten, wie beispielsweise die Pinakothek der Moderne in München mit dem Programm *PINK*.[19]. Die soziale Bedeutung des Museums erwächst jedoch nicht allein aus Fragen von Zugang und gesellschaftlicher Entwicklung, sondern ist auch eng mit ihrem Bildungsauftrag verbunden.

2.3.3 Lebenslanges Lernen und situierte Bedeutungskonstruktion

In der ICOM-Museumsdefinition wird den Museen ein klarer Bildungsauftrag zugeschrieben, wie er bereits seit den Anfängen des öffentlichen Museums formuliert und in den späten 1970er Jahren vor dem Hintergrund kultur- und sozialpolitischer Überlegungen mit besonderer Vehemenz unterstrichen wurde. Die zentrale Stellung der Bildungsarbeit von Museen wird insbesondere im angelsächsischen Raum in der Kultur- und Museumspolitik der 1990er Jahre thematisiert, beispielsweise in den Berichten »Excellence and Equity. Education and the Public Dimension of Museums« der *American Association of Museums* (American Association of Museums 1992) und »A Common Wealth: Museums in the Learning Age« des britischen *Department for Culture, Media and Sport* (Anderson 1999). Heute erwächst diese Zweckbestimmung aus dem Gebot des lebenslangen und lebensbegleitenden Lernens, das Menschen befähigen soll, mit der Dynamik der Wissensgesellschaft Schritt zu halten und sich globalen Herausforderungen wie Klimawandel und Nachhaltigkeit zu stellen (Anderson 1999, Black 2005: 125, Falk & Dierking 1992: 3). Mit Blick auf die Wissenschaften ist diese Entwicklung besonders augenfällig.

19 | URL: http://www.pinakothek.de/palais-pinakothek/pink/pink.php

2.3.3.1 Public Understanding of Science und erweiterter Lernbegriff

Initiativen unter der Überschrift *Public Understanding of Science* oder das EU-Förderprogramm *Science in Society* zielen auf die Verringerung der Kluft zwischen spezialisierter Forschung und den Wissenschaftskenntnissen der Nicht-Spezialisten, zwischen Alltagserfahrung und einer zunehmend unanschaulichen, hochkomplexen Wissenschaft, die sich mit Phänomenen auf Nanoskala und – bisherige Paradigmen in Frage stellenden – Theorien wie der Quantenmechanik befasst (Durant 2001, Sturgis & Allum 2004, Weitze 2001). In Deutschland hat auch der PISA-Schock zu besonderer Aufmerksamkeit für diese Fragen geführt (Prenzel 2001). Ziel dieser Initiativen ist nicht allein ein besseres Verständnis der historischen wie gegenwärtigen Ergebnisse von Forschung in der Bevölkerung, sondern im Sinne eines *Public Understanding of Research* auch der Prozesse und Prinzipien ihrer Gewinnung und Überprüfung sowie der damit verbundenen gesellschaftlich-ethischen Fragen, insbesondere in Gebieten wie Bio- und Nanotechnologie (Hauser 2005, Irwin 2001, Mnyusiwalla, Daar & Singer 2003). Damit verbunden ist häufig ein partizipatives Verständnis von Wissenschaftskommunikation, das unter dem Titel *Public Engagement in Science* firmiert: Nicht mehr nur die uniliterale Vermittlung von Wissen von Experten zu Laien, sondern auch die Involvierung der Bürger in die Diskussion über damit verbundene ethische und gesellschaftliche Fragen wird als wichtiges Element der Auseinandersetzung mit Wissenschaft begriffen (Elam & Bertilsson 2003, Rowe & Frewer 2005). Auch die Geisteswissenschaften bleiben von diesen Ideen nicht ausgeschlossen, indem die Formulierung zu *Public Understanding of Science and Humanities* ausgeweitet wird (Stifterverband für die deutsche Wissenschaft 2000).

Diese Betonung der gesellschaftlichen Relevanz von Bildung verleiht der Vermittlungsaufgabe des Museums erneut politische Legitimation und Gewicht. In der Museumsarbeit spiegelt sich dies in der fortgesetzten Ausweitung museumspädagogischer Aktivitäten in Umfang und Vielfalt (Hagedorn-Saupe & Noschka-Roos 1999). Die Museumspädagogik ist nicht mehr nur eine Zusatztätigkeit, sondern wird integraler Bestandteil der publikumsorientierten Museumsarbeit (vgl. Noschka-Roos 1997: 89). Dabei wird museale Bildungsarbeit längst nicht mehr allein als Erweiterung des Schulunterrichts aufgefasst. Wenn dies auch weiterhin einen wichtigen Bestandteil museumspädagogischer Arbeit ausmacht, so werden Museen vor dem Hintergrund der Leitidee des Lebenslangen Lernens verstärkt als Orte der Erwachsenenbildung betrachtet (Thinesse-Demel 1999). Angesichts der bevorzugten Besuchsform von Museen – überwiegend in Begleitung, oft mit der Familie –

müsste man in vielen Fällen allerdings von generationenübergreifendem Familienlernen sprechen (vgl. Borun et al. 1996, 1997). Verändert hat sich nicht nur der Umfang der Zielgruppen museumspädagogischer Arbeit, sondern auch der zugrunde gelegte Lernbegriff. Lernen beinhaltet nicht allein die Aneignung, Ergänzung und Umstrukturierung von Wissensbeständen, sondern auch die Entwicklung und Veränderung von Fähigkeiten, Interessen, Einstellungen und Überzeugungen (vgl. Hooper-Greenhill et al. 2003) sowie ›Identitätsarbeit‹ (Rounds 2004, Paris & Mercer 2002). Im Kontext des *Public Understanding of Science and Research* geht es nicht mehr nur um das Verständnis der *Ergebnisse* von Forschung, sondern auch um das zugrundeliegende Wissenschaftsverständnis, die Fähigkeit zum kritischen Denken und die Entwicklung fundierter Meinungen.

2.3.3.2 Konstruktivistische und soziokulturelle Ansätze

Welche Lernformen im Museum sinnvoll und adäquat sind, wird zunehmend theoretisch reflektiert und empirisch untersucht. Der Bestand an derartiger Literatur zur Bildungsfunktion von Museen ist in einem zuvor ungekannten Maß angewachsen (Nuissl et al. 1987, Weschenfelder & Zacharias 1992, Hooper-Greenhill 1991, 1992, Falk & Dierking 1992, 2000, Falk et al. 2007, Roberts 1997, Hein 1998, Thinesse-Demel 1999, John & Thinesse-Demel 2004, Durant 2001, Weitze 2001, Leinhardt et al. 2002, Lepenies 2003, Black 2005). Insbesondere zwei Perspektiven haben sich dabei als führend erwiesen: der Konstruktivismus und – in jüngerer Zeit – soziokulturelle Ansätze. In die Museumswelt hineingetragen wird das *konstruktivistische* Modell insbesondere von Falk & Dierking (1992) und Hein (1998), in Deutschland von Treinen (1996b). Konstruktivistische Lernkonzepte weisen auf die vielfältigen Voraussetzungen für Lernprozesse in Museen hin. Aspekte der Ausstellungskonzeption und -gestaltung, auf deren Optimierung man sich zuvor konzentriert hatte, bilden dabei nur einen Baustein. Eine wichtige Rolle spielen auch die Voraussetzungen auf Besucherseite, die nun stärker in den Blick geraten: Motive, Erwartungen, Vorwissen, Interessen und Überzeugungen (Falk & Dierking 2000: 137).

Damit reflektiert die Museumsliteratur die Hinwendung zu konstruktivistischen Modellen in der Kommunikationswissenschaft, welche die Auswahl und Nutzung von Informationsangeboten in Zusammenhang mit Einstellungen, Normen und Werten ebenso wie mit Vorerfahrungen und Wissensbeständen sehen (vgl. Fiske 1990: 164, Merten 1999: 67). Gerade das Vorwissen ist eine wichtige Variable, wenn auch nicht die allein entscheidende. Ein hoher Grad an Vorwissen macht eine vertiefte Verarbeitung wahrscheinlicher, denn es erleichtert die Integration neuer Informationen in bestehende Wissensstrukturen (Craik 2002). Damit haben es diejenigen Besucher, die einen hohen Bildungsgrad aufweisen, deutlich leichter, Museumsbesuche zu Lernerfahrungen zu machen, wie bereits mit Blick auf die These der *wachsenden Wissenskluft* (siehe S. 37) festgestellt. Da Bildung als Voraussetzung für den Ausbau des Wissens wichtig ist, profitieren Besucher mit Vorkenntnissen bezüglich eines Themas stärker von den musealen Informationsangeboten als in diesem Gebiet weniger vorgebildete, so dass die Wissensunterschiede weiter wachsen.

Lernen im Museum geht nach unserem heutigen Verständnis über die intentionale Aneignung von Wissen in strukturierten Lernumgebungen hinaus, es geschieht vielmehr überwiegend informell (vgl. Falk & Dierking 2000, Hein 1998). Die Betonung des informellen Charakters des Lernens im Museum bedeutet jedoch nicht, dass formale, stark strukturierte Lernformen ausgeschlossen wären. Vielmehr gehören diese zu den vielen Möglichkeiten des Lernens im Museum. Daher ist es sinnvoll, nicht allein zwischen formaler Bildung in Schulen und Hochschulen einerseits und informeller Bildung im Museum zu unterscheiden, sondern zu differenzieren zwischen stärker formalen und stärker informellen Elementen des Lernens im Museumskontext. So können nach Malcolm, Hodkinson & Colley (2003) der institutionelle Rahmen (*setting*), Inhalt, Zweck und Aufgaben jeweils unterschiedlich stark formal oder informell sein. Im Unterricht am formalen Lernort Schule, bei dem Inhalte und Zweck weitgehend vorgegeben sind, werden zunehmend freiere Arbeitsformen wie Projektarbeit oder Stationenlernen eingesetzt. Ein Schulklassenbesuch im Museum ist eng an formale Zwecke und Inhalte gebunden, findet aber im informellen Rahmen statt. In diesem offeneren Rahmen ist eine Führung eine stark strukturierte Situation, während ein ungeführter Museumsbesuch viel Wahlfreiheit lässt. Entsprechend definiert Nuissl vom Rhein (2004) die personale Vermittlung als *organisierte Form* gegenüber der *nicht organisierten Form* der medialen Vermittlung in Ausstellungen, welche Objekte und Themen erschließen hilft. Das Bildungsangebot von Museen kann also formale und informelle Elemente enthalten. Ob ein Museumsbesuch eher formal oder informell ist, hängt vor allem von der Nutzung durch die Besucher ab: mit welchen Intentionen sie ins Museum kommen und welche Vermittlungsform sie für den Besuch auswählen.

Dass die Motivation bei den meisten Museumsbesuchern primär auf konkrete Bildungsziele gerichtet ist, muss bezweifelt werden. Der Museumsbesuch geht vorwiegend als Teil der Freizeitgestaltung vonstatten (Wersig & Graf 2000: 157). Nach Treinen »wird der Großteil der Besuche weniger von Fachinteresse, geschweige denn von Lern- und Bildungswillen, sondern eher von Neugierverhalten und dem dringenden Wunsch nach Zerstreuung getrieben« (Treinen 1988: 32). Bildungsabsichten machen, wie bei der Betrachtung der Besuchsmotive und -barrieren bereits deutlich wurde, dennoch einen *Teil* der von Besuchern verfolgten Zwecke aus: Besucher sehen im Museum nicht ausschließlich – aber durchaus auch – einen Ort des Lernens. Ein mit formaler Bildung assoziierter, instrumenteller, intentionaler Bildungsbegriff für Museen ist daher nur in bestimmten Fällen angemessen, wenn es den Nutzungsabsichten und -weisen der Besucher entspricht.

In konstruktivistischer Perspektive richtet sich der Fokus nicht allein auf das Endprodukt ›Bildung‹ oder ›Lernergebnisse‹, sondern vor allem auf den *Prozess* des Lernens und seine Voraussetzungen. Lernen gilt als aktiver Prozess der je individuellen ›Produktion‹ von Bedeutungen im Zusammenspiel von neu rezipierten Informationen und den Vorbedingungen auf Besucherseite im jeweiligen physischen Kontext und ist mit dem Ende des Besuchs noch längst nicht abgeschlossen. Da beim Museumsbesuch in der Regel vorgegebene Ziele, strukturierte Bearbeitung und Kontrolle der Aufgabenerfüllung fehlen, spielen Freiwilligkeit, Wahlfreiheit und Selbststeuerung einschließlich des Setzens eigener Ziele (Boekaerts & Minnaert 1999), Motivation und Neugier (Csikszentmihályi & Hermanson 1995, Eisenberger 1999, Falk et al. 1998, Rounds 2004) eine wichtige Rolle. Angesichts des von Treinen (1996b: 67) als *kulturelles window-shopping* bezeichneten typischen Verhaltens eines Großteils von Museumsbesuchern scheinen die Chancen für eine vertiefte Verarbeitung von Inhalten begrenzt. Abhängig von persönlichen Vorerfahrungen, Vorkenntnissen und Einstellungen von Besuchern wird eine Vielfalt von mit den Ausstellungselementen verknüpften Bedeutungen ermöglicht. Eine direkte Steuerung dessen, was gelernt wird, ist damit von Museumsseite aus nicht möglich. Daraus wird deutlich: Ausstellungen können Informationen nicht eins zu eins ›vermitteln‹, sondern ›nur‹ Kommunikationsangebote machen und damit Lerngelegenheiten bieten. Sie dienen so als Plattform für die *Konstruktion* von Bedeutungen vor dem Hintergrund persönlicher, aber auch sozialer Bedingungen (vgl. Hein 1998, Silverman 1995). Im konstruktivistischen Modell wird die Bedeutung sozialer Konstellationen betont, sei es die Interaktion mit Begleitpersonen und Gruppenmitgliedern oder Museumspersonal, sei es der Austausch mit anderen nach dem Besuch (Borun et al. 1997, Moussouri 1997, Falk & Dierking 2000, Treinen 1996b).

Mit der Wende zu einer *konstruktivistischen* Auffassung des Lernens wird somit die Publikumsseite als selbstständiger Akteur, der in bestimmte Kontexte eingebettet ist, in den Fokus gerückt. Dies ist bei den *soziokulturellen* Ansätzen ähnlich, die in jüngerer Zeit zunehmend Aufmerksamkeit erhalten (Ellenbogen 2003, 2003, Schauble et al. 1997, Leinhardt et al. 2002, Leinhardt

& Knutson 2004, Paris 2002). Sie beziehen sich vor allem auf das Werk Vygotskys (1978), der Lernen als sozial vermittelten Prozess auffasst. In jüngerer Zeit ist das Werk Vygotskys verstärkt im Museumskontext rezipiert worden (Roberts 1997, Anderson 2003, Ash 2003). Die Grundidee der soziokulturellen Perspektive ist die Auffassung, dass menschliche Aktivitäten in kulturelle Kontexte eingebettet (situiert) und durch soziale Interaktionen geprägt sind, vermittelt über Sprache und andere kulturelle Symbolsysteme. Wirklichkeit wird als sozial konstruiert verstanden. Der soziokulturelle Ansatz impliziert außerdem eine langfristige Perspektive, da er die sozial und kulturell geprägte Entwicklung des Individuums über die Zeit hinweg in die Betrachtung einbezieht. Dieser Sichtweise tragen Falk & Dierking (2000: 12) mit einer Weiterentwicklung ihres *contextual model of learning* Rechnung, indem sie den zuvor enger gefassten sozialen Kontext nun als soziokulturellen Kontext definieren und eine langfristige historische Perspektive einführen. Die soziokulturelle Perspektive ist insofern eine sinnvolle Ergänzung des Konstruktivismus, als sie nicht nur die individuelle Bedeutungsproduktion betrachtet, sondern ihre Verankerung in und Prägung durch soziale und kulturelle Kontexte deutlich stärker einbezieht. Damit ist nicht eine strukturelle Determiniertheit im Sinne Bourdieus gemeint, sondern eine Berücksichtigung der Wechselwirkungen zwischen Individuum und Umfeld.

2.3.3.3 Lernförderliche Ausstellungskonzeption und die Rolle digitaler Medien

Um Besucher dem Bildungsauftrag gemäß in ihrem Umgang mit Ausstellungen bestmöglich zu unterstützen, ist eine Berücksichtigung der Voraussetzungen und Perspektiven der Publikumsseite wichtig. Doch wie können angesichts der kontextgeprägten Individualität, Heterogenität und begrenzten Steuerbarkeit der Bedeutungsproduktion lernunterstützende Ausstellungen konzipiert werden? Diese Einsicht sollte nicht Resignation und Beliebigkeit der Ausstellungsgestaltung Vorschub leisten. Damit wird auch keineswegs gefordert, Ausstellungen primär und allein von der Publikumsperspektive her zu konzipieren. Die objekt- und inhaltsbezogenen Kompetenzen des Museums bleiben unbestritten. Dennoch verändert sich die Art und Weise der Zusammenarbeit der Professionen in der Ausstellungsentwicklung, was sich vor allem in der zunehmenden Anwendung des Teamansatzes zeigt. Dabei werden Vermittlungsexperten bereits zu Beginn in die Ausstellungsplanung einbezogen und erhalten eine Stimme bei der inhaltlichen Konzeption, anstatt wie zuvor üblich auf Basis eines ohne ihre Mitarbeit erstellten Konzepts museumspädagogische Programme zu entwickeln. So ist gewährleistet, dass nicht allein die Perspektive des Kurators die Ausstellung bestimmt, sondern auch die Positionen anderer Fachleute und nicht zuletzt die des Publikums berücksichtigt werden können (vgl. Hooper-Greenhill 1992: 208).

Das soziokulturell-konstruktivistische Lernverständnis stellt Museen jedoch vor die Herausforderung, neue adäquate Formen der Lernunterstützung zu finden, denn die in den 1970er Jahren entwickelten, schulpädagogisch geprägten Konzepte greifen nicht mehr. Die veränderte Herangehensweise an besucherorientierte Ausstellungkonzeptionen stellt keine völlige Abkehr von didaktischen Konzepten dar, sondern zeugt von einer veränderten Auffassung von Ausstellungsdidaktik, die differenziert anregt, unterstützt und begleitet statt zu steuern. Es geht nun vor allem darum, Voraussetzungen und Charakteristika auf Besucherseite bei der Ausstellungskonzeption zu berücksichtigen und Maßnahmen zu ergreifen, um den Besuchern Anregungs- und Anknüpfungspunkte zur Auseinandersetzung mit den Inhalten zu bieten. Orientierungshilfen und *advance organizers* beispielsweise sind durchaus sinnvoll und erwünscht, um Besucher bei der Bedeutungskonstruktion zu unterstützen. Damit Besucher von den Kommunikationsangeboten in Ausstellungen besser Gebrauch machen können, werden verschiedene Lernstile und Präferenzen zu berücksichtigen gesucht (vgl. Hinton 1998) und eine besucherorientierte Präsentation angestrebt: Übersichtlichkeit und Eindeutigkeit des Raumthemas, Lesefreundlichkeit von Ausstellungstexten, bedienungs- und nutzerfreundliche Medien (vgl. Hausmann 2001: 187, Hütter & Dennert 2002, Schäfer 1997b: 92).

In Zusammenhang mit der gewandelten Auffassung der von Museen verfolgten Bildungsziele konstatiert Hauser (2005: 12) die Erfordernis, stärker dialogische und multiperspektivische Darstellungweisen und Kommunikationsformen zu entwickeln. Um dem Besucher statt der bisher vorwiegend passiv-rezipierenden eine stärker aktive Rolle zu ermöglichen, wird der Anteil sogenannter interaktiver Ausstellungselemente auch über die Science Center hinaus ausgebaut, nun auch verstärkt in Form digitaler Technologien (vgl. Thomas 2007). Dies geschieht häufig zur Steigerung der Attraktivität und des Erlebniswerts von Ausstellungen, hat seine Berechtigung aber auch vor dem Hintergrund von Untersuchungen zum Lernen im Museum, die zeigen, dass interaktive Elemente die Auseinandersetzung mit und das Verständnis von Inhalten unterstützen können (vgl. Allen 2004: 24). Interaktive Medien erlauben eine stärkere Selbststeuerung des Rezeptionsprozesses und sollen dazu dienen, Neugier zu wecken und zur Auseinandersetzung anzuregen. Dies trifft sowohl auf ›physische‹ als auch auf digitale interaktive Medien zu, die zunehmend Verbreitung finden. Eine Tagung des Heinz Nixdorf Museums Forums 1998 wie auch ein Workshop zum »Lernen in Museen mit neuen

Medien« am Deutschen Museum München im Jahr 2006 befassten sich mit den Chancen und Potentialen der Nutzung digitaler Technologien bei der Wissensvermittlung (Gemmeke et al. 2001, Schwan et al. 2006). Lange Zeit gingen digitale Medien kaum hinaus über die Individualisierung des Besuchs durch die Bereitstellung eines fremdsprachigen Angebots, einer breiteren Themenauswahl und einiger Vertiefungsebenen für den Einzelbesucher. Dieses Konzept von Interaktivität steht aus zwei Gründen stark in der Kritik: Erstens unterstützen auf den Einzelnutzer ausgerichtete Medien weder die soziale Interaktion der Besucher untereinander noch die zwischen Besucher und Museumspersonal, wenn sie ihr nicht sogar entgegenstehen (Heath et al. 2005), womit ein wichtiger motivationaler Aspekt des Museumsbesuchs vernachlässigt wird. Zweitens bedeutet diese Form der Mediennutzung noch keine Interaktion mit dem Museum in einem dialogischen, partizipativen Sinne. Hier wird vielfach ein asymmetrisches, massenmedial geprägtes Kommunikationsmodell zugrunde gelegt, bei dem der Besucher Inhalt und Gestaltung nicht beeinflussen kann. Zunehmend sind jedoch Ansätze erkennbar, welche die Besucherstimme in Ausstellungen integrieren. Ein Beispiel sind Terminals, die Besucher zur Eingabe ihrer Meinung zu kontroversen Themen wie Gentechnologie auffordern und die diversen Besuchermeinungen als Teil der Ausstellung präsentieren.

Das besondere Potential digitaler Technologien liegt meines Erachtens in der Erweiterung der Aufgaben *Präsentieren* und *Vermitteln* über die Grenzen des Museumsgebäudes hinweg (vgl. Klinkhammer & Reiterer 2008). Über das *World Wide Web* kann der Museumsbesuch organisatorisch, aber auch inhaltlich vorbereitet werden; der Museumsbesuch selbst kann durch stationäre und mobile Medien angereichert werden; und schließlich besteht die Möglichkeit der Nachbereitung des Besuchs und der Weiterverfolgung von interessierenden Themen. So werden ›reale‹ und virtuelle Museumserfahrungen miteinander verschränkt. In jüngerer Zeit beginnt sich die Auffassung der Internetpräsenz von Museen zu wandeln: So wird das Internet zunehmend als Plattform für *e-Learning* entdeckt über die bislang dominante Funktion der Institutionendarstellung und Besuchsinformation hinaus (vgl. Schaller, Borun, Allison-Bunnell & Chambers 2007, Kelly & Russo 2008). In diesem Zusammenhang muss auf das grundlegende Problem der sogenannten *digital divide* hingewiesen werden (Mauch 2008): Eine gezielte Informationssuche ist als Verhalten typisch nur für solche Menschen, die über Nutzungsmöglichkeiten digitaler Technologien verfügen und bereits ausgeprägte Kenntnisse und Fähigkeiten im Umgang mit solchen Medien aufweisen. Ist dies nicht der Fall, dominiert eine unterhaltungsorientierte Nutzung. Wie die ARD-ZDF-Onlinestudie 2008 zeigt, sind technischer Zugang und Nutzungschancen heute für immer weniger Menschen ein Problem (Gerhards & Mende 2008) – nimmt man die Frage des Zugangs für Drittweltländer aus. Nicht so leicht abzubauen ist jedoch die Kompetenzhürde, bei der Menschen mit hohem Bildungsgrad, Vorwissen und Themeninteresse im Vorteil sind. So kommt auch hier die bereits angesprochene *Wissenskluft* (siehe S. 37) zum Tragen. Dies trifft nicht nur auf die Internetnutzung zu, sondern auch auf den Umgang mit digitalen Medien in Ausstellungen.

2.3.4 Ausweitung, Etablierung und Professionalisierung der Publikumsforschung

Die starke Aufwertung der Publikumsperspektive ab Mitte der 1980er Jahre schlägt sich auch in der Entwicklung der Publikumsforschung nieder: Dem Aufschwung der Publikumsforschung seit den 1970er Jahren schließt sich nun eine Phase der verstärkten Ausweitung und beginnenden Etablierung an, verbunden mit einer deutlichen Professionalisierung.

2.3.4.1 Ausweitung und Etablierung der Publikumsforschung

Die Publikumsforschung erlebt eine enorme internationale Verbreitung und kommt auf allen Kontinenten zum Einsatz. Vertreten sind nun Länder wie Israel (Kanel & Tamir 1991), Indien (Naqvy, Venugopal, Falk & Dierking 1991), Taiwan (Yu 2005) und Botswana (Rammapudi 2006). In der Publikumsforschung aktiv sind darüber hinaus auch Museen wie das *Museo Interactivo de Economia* in Mexiko City und das *Museu da Vida* in Rio de Janeiro, das auch eine Stelle für Publikumsforschung eingerichtet hat. Eine Befragung unter 119 australischen Museen ergab, dass etwa ein Drittel der Institutionen bereits Publikumsstudien durchgeführt oder veranlasst haben (Reussner 2003a: 52). In Frankreich trugen Eidelman & Roustan (2007) fast 700 Studien zusammen, die zwischen 2000 und Mitte 2006 an etwa 250 Museen und Kulturerbestätten durchgeführt wurden. Bei Erhebungen des Instituts für Museumsforschung gaben 1995 in Deutschland 472 Museen an, innerhalb der letzten fünf Jahre Besucherbefragungen durchgeführt zu haben (Institut für Museumskunde 1996: 72), im Jahr 2005 waren es bereits 804 Museen (Institut für Museumsforschung 2006: 45). Somit kann eine deutliche Steigerung der in der Publikumsforschung aktiven Museen konstatiert werden. Nicht nur der Einsatz von Publikumsforschung weitet sich deutlich aus, sondern auch ihr Themenspektrum: Es reicht nun von lern- und gesellschaftsorientierten Fragestellungen bis hin zu nachfrageorientierten und auf Aspekte der *accountability* bezogenen Studien, wie im Folgenden deutlich wird.

Wie die Betrachtung der Bedingungen des Lernens im Museum zeigte, legen jüngere Theorien eine stärkere Fokussierung auf die Bedingungen auf Besucherseite nahe (vgl. Falk & Dierking 1992, Hein 1998, Hooper-Greenhill 1991, Leinhardt et al. 2002). Bei der Ausstellungsentwicklung steht man dabei insbesondere vor zwei Fragen: Erstens, wie geht man mit der Heterogenität der Publikumsvoraussetzungen und -interessen um? Und zweitens, wann ist das optimale Maß an Besucherunterstützung erreicht? Die Publikumsforschung kann helfen, Antworten auf diese Fragen zu finden. Sie unterstützt mit Vorab-Evaluationen und differenzierten Publikumsprofilen die Analyse der heterogenen Voraussetzungen, um auf dieser Basis Entscheidungen für einen für viele Besuchergruppen geeigneten Weg der Ausstellungskonzeption zu treffen (vgl. Klein 1993). Darüber hinaus können begleitende Evaluationen Rückmeldung über die Angemessenheit der vorgesehenen Unterstützungsmaßnahmen liefern und zur Verbesserung der jeweiligen Ausstellungselemente beitragen (vgl. Griggs 1981). Somit stellt die ausstellungsbezogene Publikumsforschung nun für jede Phase der Planung und Entwicklung eine spezifische Form der Evaluation zur Verfügung (vgl. Screven 1990).

Akzeptiert man die konstruktivistische und soziokulturelle Auffassung des Lernens im Museum, sind eng gefasste, von Museumsseite festgelegte und allein inhaltlich definierte Vermittlungsziele für Ausstellungen nicht mehr adäquat. Um auch die von Besuchern für sich definierten und unvorhergesehene Lerneffekte berücksichtigen zu können, eignen sich breiter gefasste Kategorien, wie sie beispielsweise beim Konzept der *Generic Learning Outcomes* (Hooper-Greenhill et al. 2003) definiert wurden.[20] Damit stellt sich die Frage nach der Beurteilung des Erfolgs von Ausstellungen hinsichtlich der Bildungsfunktion neu. Gegenüber einer an den Vermittlungszielen der Kuratoren ausgerichteten zielbezogenen Evaluation (vgl. Screven 1976), welche die Praxis der Ausstellungsevaluation bislang dominierte, postuliert nun eine ergebnisorientierte Evaluation (*outcome-based evaluation*; vgl. Roberts 2001, Weil 2002) in Anlehnung an die *responsive evaluation* (vgl. Guba & Lincoln 1981) eine Aufwertung der Rezipientensicht als Maßstab der Erfolgsbeurteilung. Der Erfolg von Ausstellungen sollte nicht allein an vorher festgelegten Zielen gemessen werden – falls eine solche Zieldefinition existiert –, sondern

20 | Die *Generic Learning Outcomes* sind allerdings so allgemein formuliert, dass selbst marginale Interaktionen ausreichen, um als Lernerfolg gezählt zu werden. Dies erscheint mir als Ausdruck des stark von Rechenschaftserfordernissen geprägten Klimas der britischen Museumslandschaft, in der Museen sich vielfältiger Kriterien bedienen, um ihren gesellschaftlichen Beitrag zu demonstrieren, auch wenn diese Kriterien nicht immer einen adäquaten Maßstab bieten.

es geht darum, auch nicht beabsichtigte Effekte als Lernergebnisse zu akzeptieren. Um auch derlei unvorhergesehene Aspekte adäquat erfassen zu können, halten zunehmend qualitative Verfahren Einzug in die Publikumsforschung.

Der in den 1980er Jahren aufkommende Computereinsatz in Ausstellungen und seine Ausweitung beispielsweise auf mobile Medien wird auch in der Publikumsforschung reflektiert (vgl. Searles 1987, Hilke, Hennings & Springuel 1988, Klein 1995, Walker 2007). Über den reinen Ausstellungsbesuch hinaus wird die gesamte Besuchserfahrung, das ›Besuchserlebnis‹ (*visitor experience*) in den Blick genommen (Pekarik et al. 1999). Dazu gehören – schließt man aus der vergleichsweise geringen Zahl entsprechender Publikationen wie z.B. von Parsons & Muhs (1995), Lewalter & Geyer (2005) – weniger klassische museumspädagogische Programme als vielmehr neu zu erprobende Konzepte und ›Events‹ wie z.B. Museumstheater (Hughes 2005). Des Weiteren dient die Publikumsforschung vor dem Hintergrund einer wachsenden Dienstleistungsmentalität (vgl. Doering 1999: 83f) auch zur Beurteilung und Verbesserung des Besucherservice (Caldwell 2002, Kirchberg 2000, Simmons 1995). Zur holistischeren Perspektive der Publikumsforschung auf den Museumsbesuch gehört auch die Einbeziehung der virtuellen Begegnung des Publikums mit dem Museum durch die inzwischen vielfältigen Online-Angebote, deren Nutzung mit Studien zum virtuellen Publikum analysiert wird (Sarraf 1999, Johnson 2000, Wersig & Graf 2000), bis hin zu den jüngsten Entwicklungen eines stärker partizipativen *Web 2.0* (Kelly & Russo 2008).

Da die Museen gehalten sind, im Sinne von *accountability* die Erreichung ihrer kulturellen wie wirtschaftlichen Ziele zu demonstrieren, gewinnt die Publikumsforschung mit Besucherprofil- und Zufriedenheitsbefragungen sowie summativer Evaluation zunehmend Beachtung. So wächst auch die Bedeutung des nachfrageorientierten Erfolgskriteriums *Besucherzufriedenheit* (Doering 1999, Meehan 2002). In diesem Zusammenhang widmet sich die Publikumsforschung auch der Demonstration der (indirekten) ökonomischen Bedeutung des Museums für das städtische oder regionale Umfeld (*economic impact*; vgl. Groves 2005). In Großbritannien beispielsweise dienen Publikumsstudien vermehrt dazu, die Erfüllung zentraler Leistungskriterien (*key performance indicators*) zu belegen, wie sie beispielsweise in der Finanzierungsvereinbarung der Nationalmuseen mit dem zuständigen Ministerium für Kultur, Medien und Sport festgelegt werden (vgl. Lang et al. 2006: 25). Neben diesem retrospektiven Einsatz wird die Publikumsforschung auch als zukunftsorientiertes Management- und Planungsinstrument entdeckt, z.B. für die Strategische Planung (Jelen & Hayward 1997). Somit wird die museale Publikumsforschung, die zuvor primär in den Demokratisierungs-

und Bildungsanliegen der Museen begründet lag, nun auch verstärkt in den Dienst von Erfolgsdemonstration und Legitimationsbemühungen gestellt.

Darüber hinaus führen verstärkte Nachfrageorientierung, aber auch die gesellschaftsorientierten Zielsetzungen von Publikumsentwicklung und Inklusion dazu, dass ab den 1990er Jahren vermehrt Markt- und Marketingstudien initiiert werden (vgl. Davies 1994, Gerritson 1987, Jensen 1997, Lord & Lord 1988, Schuck-Wersig, Schneider & Wersig 1988, Yucelt 2000). Während vielfach Fragen zu kommunikationspolitischen Maßnahmen wie Öffentlichkeitsarbeit dominieren, widmen sich andere Studien prinzipieller dem Thema Publikumsentwicklung (vgl. Munro et al. 1993), bis hin zu detaillierten Studien zu Nichtbesuchern und Barrieren des Museumsbesuchs (Bennett 1994, Schäfer 1997a, Kirchberg 1996a) sowie zur Rolle des Museums unter den Freizeitoptionen potentieller Besucher (Lynch et al. 2000) oder im Kontext des Tourismus (Petr 2002). Über diese meist eher nachfrageorientiert angelegten Untersuchungen hinaus werden schließlich auch sozial orientierte Themen wie kulturelle Diversität und Belange der Ureinwohner Nordamerikas, Australiens und Neuseelands Gegenstand der Publikumsforschung (Robertson & Migliorino 1996, Kelly 1997, Kelly & Gordon 2002).

In den 1970er und frühen 1980er Jahren wurden vor allem demographische Merkmale auf ihren Zusammenhang mit der Besuchsneigung untersucht. So konnte zu dieser Zeit bestätigt werden, »daß kulturelle Interessen schichtsspezifisch orientiert sind« (Klein & Bachmayer 1981: 204). Vor allem mit dem Bildungsgrad wurde ein Zusammenhang sichtbar. Klein (1990) konnte zeigen, dass die Initiativen der späten 1970er Jahre durchaus Früchte getragen hatten: Von der Dominanz einer älteren Bildungselite als Museumspublikum kann nicht mehr gesprochen werden. Dennoch ist Bildung weiterhin ein Prädiktor für den Museumsbesuch (Kirchberg 2005: 287). Dank der Bildungsexpansion scheinen die Chancen für Museen besser denn je, ein umfangreiches Publikum anzusprechen. Dies reicht als Voraussetzung zum Museumsbesuch jedoch längst nicht aus. Bereits Hood (1983: 152) konnte zeigen, dass demographische Merkmale mit der Neigung zum Museumsbesuch zwar korrelieren, diese aber nicht determinieren. Dies hat auch mit dem gesellschaftlichen Wandel hin zu einer zunehmenden Individualisierung respektive Pluralisierung von Lebensformen zu tun, der eine Strukturierung der Gesellschaft jenseits von Klasse und Schicht nahelegt (vgl. Beck 1983, 1986).

Vor diesem Hintergrund kommen Zweifel an der Aussage- und Erklärungskraft struktureller, soziodemographischer Merkmale auf (vgl. Wersig & Graf 2000: 157). Andere erklärungsmächtige Beschreibungskategorien sind daher gefordert. So wendet man sich Lebensstil- und Milieumodellen zu (Mitchell 1983, Gluchowski 1987, Schulze 1992). Die dahinter stehende These lautet, dass neuen sozialen Formationen sich über ein geteiltes Milieu beziehungsweise einen gemeinsamen Lebensstil definieren. Durch Konsum – auch den Kulturkonsum – verleihe der Einzelne seiner Entscheidung für einen bestimmten Lebensstil Ausdruck. Eine Publikumssegmentierung auf der Basis von Einstellungen und Werten nehmen beispielsweise Bennett & Frow (1991), Kirchberg (2005), Thyne (2001) sowie Todd & Lawson (2001) vor. Die Lebensstil- und Milieutypologien werden neben Kirchberg (1996c, 2005) auch von Kohl (2006) bei der Untersuchung von Museumspublika eingesetzt. Aus der Reihe der Milieu- und Lebensstiltypologien haben sich inzwischen die Sinus-Milieus von Sinus Sociovision weitgehend als Standard durchgesetzt. Wie Kirchberg (2005: 313) zeigen konnte, erscheint die kulturalistische Position, die den Museumsbesuch als einen frei gewählten Akt und Ausdruck des individuellen Lebensstils versteht, erklärungskräftiger als die strukturalistische Position, die den Museumsbesuch als Produkt gesellschaftlicher Determination und Eingebundenheit in soziale Strukturen auffasst, wie sie beispielsweise von Bourdieu (1982) vertreten wird. Dieser versteht Kulturkonsum ebenfalls als Ausdruck der angestrebten sozialen Position, jedoch sieht er keine absolute Wahlfreiheit in der Lebensgestaltung gegeben, sondern nur begrenzte Gestaltungsmöglichkeiten aufgrund der Sozialisation in bestimmten gesellschaftlichen Milieus, die den ›Habitus‹ prägen, der wiederum als Wahrnehmungsfilter fungiert. Diese strukturalistische Position findet nach Kirchberg nur begrenzt empirische Unterstützung.

Im Zuge der Weiterentwicklung der *Nichtbesucherforschung* werden strukturelle Analysen um einen verhaltenstheoretischen Ansatz zur Erklärung des Selektions- und Nutzungsverhaltens des Museumspublikums ergänzt – eine ähnliche Entwicklung wie in der Mediennutzungsforschung (vgl. Schenk 2007: 681). So wird beispielsweise der Nutzen- und Belohnungsansatz aus diesem Forschungsgebiet auf die Analyse der Besuchsmotive des Museumspublikums übertragen. Dieser Ansatz »zielt darauf ab, die Gratifikationen (= befriedigte Bedürfnisse) zu erfassen, die das Publikum aus der Medienzuwendung gewinnt« (Schenk 2007: 681). Unter Anwendung einer solchen Perspektive betrachtet bereits Hood (1983) den Museumsbesuch im Kontext von Freizeitpräferenzen. Auch spätere Studien verfolgen den Gratifikationsansatz. An der Smithsonian Institution in Washington werden die Arten von Museumserfahrungen erkundet, die Besucher als zufriedenstellend empfinden (Pekarik et al. 1999). Wie die Studie zeigt, gehörten für 36% der Besucher kognitive Erfahrungen zu den Erlebnissen, die sie an einem Museumsbesuch besonders schätzen. Genauso wichtig wie Wissenserwerb und ein vertieftes Verständnis ist die Begegnung mit Objekten. Darauf folgen mit 20% die sogenannten ›introspektiven Erfahrungen‹, die sich auf die Selbstreflexion des

Einzelnen beziehen, und schließlich die ›sozialen Erfahrungen‹ (8%), also das gemeinschaftliche Erleben des Museumsbesuchs. Diese Erfahrungen schließen sich gegenseitig nicht aus, sondern ergänzen sich in individuell unterschiedlicher Gewichtung.[21]

2.3.4.2 Professionalisierung der Publikumsforschung

Hinsichtlich der Ansätze und Methoden der Publikumsforschung lässt sich ab den späten 1980er Jahren eine deutliche Professionalisierung feststellen. So etabliert sich das von Screven (1976) eingeführte und später weiterentwickelte Modell einer die verschiedenen Phasen der Ausstellungsentwicklung begleitenden Publikumsforschung, von Vorabevaluation zu Beginn der Planungsphase über Formative Evaluation während der Entwicklung hin zu Verbesserungs- und Summativer Evaluation nach Eröffnung einer Ausstellung (Screven 1990). Besonders die Vorabevaluation ermöglicht es, die Publikumsperspektive von Beginn an in die Planungen einzubeziehen. Dieses Modell wird analog auch auf die Evaluation von museumspädagogischen Programmen und Veranstaltungen übertragen. Darüber hinaus verfügt die Publikumsforschung inzwischen über ein vielfältiges Repertoire etablierter Methoden, aus denen die jeweils adäquate Vorgehensweise ausgewählt werden kann. Neben den ›Klassikern‹ Befragung und Beobachtung kommen zunehmend auch stärker qualitativ orientierte Methoden zum Einsatz wie z.B. die Analyse von Konversationen (vgl. Leinhardt & Knutson 2004), Fokusgruppen respektive Diskussionsgruppen (vgl. Getty Center for Education in the Arts 1991) und das ›Personal Meaning Mapping‹ (vgl. Falk et al. 1998). Sie erlauben es, einen Sachverhalt vorrangig mit den Worten und aus der Perspektive des Publikums zu beleuchten (vgl. Miles & Huberman 1994: 1). Somit wird der Aufwertung der Publikumssicht auch methodisch Rechnung getragen. Diese Methodenvielfalt verdankt sich dem breiten Spektrum an Perspektiven, die in der Publikumsforschung zum Tragen kommen. Sie reichen von der Soziologie (Klein 1991, 1996b, 1996a, 2001, Kirchberg 2005) über Marketing (Günter 1997, Hausmann 2001) bis hin zu Kommunikationswissenschaft (Schuck-Wersig & Wersig 1995, Wersig & Graf 2000, Treinen 1996a) und pädagogischer sowie Kognitions- und Medienpsychologie (Lewalter & Geyer 2005, Schwan et al. 2008). Diese Disziplinen bringen ihre jeweiligen theoretischen Grundlagen, Paradigmen und Methoden in die Publikumsforschung ein. Diese Vielfalt birgt einerseits die Gefahr einer fehlen-

21 | Diese Ergebnisse beziehen sich auf über 2800 Besucher neun verschiedener Museen der Smithsonian Institution.

den einheitlichen theoretisch-methodischen Basis der Publikumsforschung, die Verlässlichkeit, Verbindlichkeit und gewisse Mindeststandards mit sich bringen würde. Andererseits ist der Facettenreichtum der Perspektiven und Herangehensweisen meines Erachtens sehr bereichernd und befruchtend, woraus sich ein großes Potential für die differenzierte, adäquate Bearbeitung vielfältigster Fragestellungen ergibt.

Die Professionalisierung der Publikumsforschung lässt sich an weiteren Indikatoren festmachen. Während die Publikumsforschung in der Vergangenheit typischerweise als gelegentliche Zusatztätigkeit galt, wird sie inzwischen in immer mehr Museen kontinuierlich durchgeführt und in einigen Fällen sogar durch die Zuweisung von interner Verantwortlichkeit in der Aufgaben- und Personalstruktur verankert. Nach dem Vorreiter *Smithsonian Institution* richten (meist große) Museen seit dem Ende der 1980er Jahre Stellen oder vereinzelt sogar Abteilungen für Publikumsforschung ein, z.B. das *Powerhouse Museum* in Sydney, *Te Papa* im neuseeländischen Wellington, das *Canadian Museum of Civilization* in Hull, das *Science Museum* London, die *Cité des Sciences* und der *Louvre* in Paris sowie in Deutschland das *Deutsche Museum* München, das *Haus der Geschichte* in Bonn sowie das *Jüdische Museum Berlin*. Insgesamt gesehen bleibt ein solcher integrierter Dienst für Publikumsforschung allerdings die Ausnahme in Museen. Neben Universitätsinstituten haben sich inzwischen einige spezialisierte Beratungs- und Forschungsagenturen etabliert, die im Auftrag von Museen arbeiten, z.B. das *Institute for Learning Innovation* in den USA, *Morris Hargreaves McIntyre* in Großbritannien oder *Environmetrics* in Australien.

Berufs- und Interessenverbände bieten den Publikumsforschung Betreibenden Gelegenheit, sich zu organisieren und auszutauschen: 1988 wird die nordamerikanische *Visitor Studies Association* (VSA) gegründet, es folgen 1995 die australische *Evaluation and Visitor Research Special Interest Group* (EVRSIG) und 1998 die britische *Visitor Studies Group* (VSG). 1991 wird von CARE, dem *Committee on Audience Research and Evaluation* innerhalb der *American Association of Museums*, ein Papier zu professionellen Standards der Publikumsforschung verabschiedet (vgl. Shettel 1993). Darüber hinaus wächst der Korpus an Fachliteratur zur Publikumsforschung beträchtlich. Zwei Zeitschriften widmen sich speziell der Publikumsforschung: 1988 wird die Mitgliederzeitschrift der VSA, *Visitor Behavior*, ins Leben gerufen, die 1998 in *Visitor Studies Today!* umbenannt wird und seit 2007 unter dem Titel *Visitor Studies* beim Routledge Verlag angesiedelt ist – damit verlässt sie den Status als reine Mitgliederzeitschrift und sucht sich als Fachzeitschrift zu positionieren. Diese Auflistung macht jedoch deutlich, dass Fachverbände und Zeitschriften bislang vor allem im angelsächsischen Raum vertreten sind. In

Kontinentaleuropa besteht diesbezüglich noch einiger Entwicklungsbedarf. Positive Ansätze sind in Frankreich zu finden: Im Mai 1992 erscheint die erste Ausgabe der Zeitschrift *Publics et Musées* in Frankreich (ab 2003 *Culture et Musées*).

Mangels spezialisierter Ausbildungs- und Studiengänge rekrutieren sich die Publikumsforscher aus den unterschiedlichsten Disziplinen mit mehr oder weniger starkem methodischem oder thematischem Bezug zu Museen und Publikumsforschung, was durchaus befruchtend wirken kann, aber auch für eine große Qualitätsspanne sorgt. Diverse Studiengänge haben Kurse zu Besucherforschung und Evaluation in ihr Angebot integriert, so z.B. die Museum Studies an der *George Washington University* und an der *Leicester University*, die Museologie am *Muséum national d'histoire naturelle* in Paris oder die Angewandten Kulturwissenschaften an der *Universität Lüneburg*. Die berufliche Weiterbildung der in der Publikumsforschung Tätigen ist ein wichtiges Anliegen der Berufs- und Interessenverbände, das vorwiegend über Konferenzen und Workshops umgesetzt wird. Darüber hinaus baut die *Visitor Studies Association* derzeit ein *Continuing Professional Educational Program* auf. Hinsichtlich der Verbreitung wie der Professionalisierung der Publikumsforschung ist Nordamerika daher, gefolgt vom übrigen englischsprachigen Raum, als Vorreiter zu bezeichnen. Letztlich findet jedoch ein Großteil der professionellen Aus- und Weiterbildung über Literaturstudium, vereinzelte Workshops und ›learning by doing‹ statt. Diese Situation stellt für die Qualitätssicherung der Publikumsforschung ein Problem dar. Die größten Defizite hinsichtlich der Professionalisierung der Publikumsforschung bestehen also derzeit in der Ausbildung der Fachleute. Dennoch kann festgehalten werden, dass die Publikumsforschung seit Beginn der 1990er Jahre ein deutlicheres Profil als eigenständiges Tätigkeits- und Forschungsfeld herauszubilden beginnt. Damit sind die Chancen für eine umfangreiche, systematische Einbeziehung der Publikumsperspektive in die Museumsarbeit so groß wie nie zuvor.

3 Mangelnde Wirksamkeit von Publikumsforschung

Wie sich im vorhergehenden Kapitel zeigte, hat die Publikumsforschung im Zuge der wachsenden Publikumsorientierung im Museumswesen an Bedeutung gewonnen: Sie wird von immer mehr Museen eingesetzt, für immer mehr Bereiche der Museumsarbeit genutzt und beginnt, sich als eigenständige Disziplin zu etablieren. Doch Häufigkeit und Umfang der Durchführung von Publikumsforschung entsprechen nicht unbedingt ihrem tatsächlichen Einfluss auf die Museumsarbeit. Mit der Entfaltung der Publikumsforschung kommt trotz zunehmender Professionalisierung Kritik an einer mangelnden Wirksamkeit von Publikumsstudien auf.

3.1 Defizite in der Umsetzung von Ergebnissen

Dabei geht es seit den späten 1980er Jahren nicht mehr so sehr um die Frage, ob Publikumsforschung überhaupt eingesetzt werden sollte oder nicht. Sinn und Nutzen von Publikumsforschung werden prinzipiell kaum mehr in Frage gestellt, auch wenn von einer durchgängigen Akzeptanz der Publikumsforschung nicht gesprochen werden kann (vgl. Hooper-Greenhill 1994: 70). Die Kritik richtet sich vielmehr auf eine unzureichende *Umsetzung* von Ergebnissen und Empfehlungen der Publikumsforschung in der Museumsarbeit: Die Resultate von Publikumsstudien werden allzu häufig ignoriert, sie finden keine Anwendung in der Museumsarbeit, Ausstellungsteams folgen den Ratschlägen der Publikumsforscher nicht oder nutzen die Erkenntnisse nicht ihrem Potential entsprechend aus (vgl. Blahut & Klein 2003: 21f, Della Croce 2002: 84, Fisher 2002, Gammon & Graham 1997: 7, Hood 1992: 281ff, Loomis 1987: 8, Rubenstein 1989, Rubenstein 1993: 155, Shettel 1993: 163). Loomis spricht hier vom »age-old problem of the gap between research or evaluation and application« (Loomis 1993: 14). Auch in verwandten Disziplinen wird die mangelnde Nutzung von empirisch generierten Informationen thematisiert. In den Sozialwissenschaften generell spricht man diesbezüglich von einer »crisis of utilization« (Kraus 1995: 413). Fischer et al. (2005) beschäftigen sich mit der internationalen Diskussion zur mangelnden Anwendung von Ergebnissen nutzenorientierter Grundlagenforschung im Bildungsbereich, und Wolcott (2001: 126f) fragt sich, warum die Sozialforschung so wenig Auswirkungen nach sich zieht. Für Guba & Lincoln (1981: ix) entspricht das

Versäumnis der Nutzung von Ergebnissen der Evaluation nationaler Programme beinahe einem nationalen Skandal. Die Evaluationsforschung kennt somit ebenfalls »challenges of putting knowledge to use« und »reports that gather dust on bookshelves, unread and unused« (Patton 1997: 6).

Eine fehlende oder inadäquate Anwendung von Studienergebnissen in der Museumsarbeit verhindert, dass die durch Publikumsforschung gewonnenen Informationen zur Gestaltung von Ausstellungen oder anderen Maßnahmen beitragen und die Museumsarbeit basierend auf fundierten Informationen publikumsorientierter gestaltet werden kann. Damit sind Chancen für eine verbesserte Publikumsbeziehung und eine erfolgreichere Museumsarbeit vertan. Bei ohnehin knappen Budgets ist es nicht zu vertreten, dass der in Publikumsstudien investierte Finanz- und Arbeitsaufwand keinerlei Konsequenzen nach sich zieht. Letztlich wird der Wert von Publikumsforschung in Frage gestellt: »What is the value of evaluation if nobody pays any attention?« (Gammon & Graham 1997: 6). Dadurch werden Zweifel an ihrem Nutzen gefördert, und die Publikumsforschung wird in Misskredit gebracht. In Zeiten, in denen die Publikumsorientierung immer wichtiger wird, sind solche Versäumnisse von besonderer Tragweite. Dies gilt insbesondere für die explizit anwendungsbezogene Evaluationsforschung im Gegensatz zu einer auf die Generierung verallgemeinerbarer Erkenntnisse und die Entwicklung von Theorien gerichteten, wissenschaftlich orientierten Publikumsforschung: »Evaluation bedeutet keine folgenlose Begleitforschung, sondern ist ein anwendungsorientiertes Instrumentarium« (Almasan et al. 1993: 31) und darf daher »nicht zu folgenloser Alibihandlung werden« (Almasan et al. 1993: 444).

Einige Autoren äußern sich zu den möglichen Ursachen, die für eine mangelnde Effektivität der Publikumsforschung verantwortlich sein könnten. Sie identifizieren Probleme, die schon im Vorfeld sowie während der Durchführung von Publikumsstudien auftreten, zum Beispiel hinsichtlich der Qualität der Publikumsforschung (Rubenstein 1989: 47), der verfügbaren Ressourcen (Knott & Noble 1989: 29), der Integration von Publikumsforschung und Museumsarbeit (Almasan et al. 1993: 440, Graf 1997: 114ff), Verständnis, Akzeptanz und Unterstützung der Publikumsforschung (Hilke 1993: 68, Wagner 1996: 12) sowie hinsichtlich der Publikumsorientierung (Günter 1998: 53, Shettel 1996a: 21).

Diese Kritikerstimmen machen deutlich: Obwohl die Publikumsforschung in der Museumsarbeit zunehmend eine Rolle spielt, zeigen sich in der Praxis vielfach noch Defizite in ihrer Anwendung, welche damit auch die Wirksamkeit und letztlich den Wert der Publikumsforschung in Frage stellen. Das Problem einer mangelnden Effektivität von Publikumsforschung ist durchaus erkannt und diskutiert. Jedoch handelt es sich bei der Betrachtung der

Probleme und möglichen Ursachen im Wesentlichen um Schilderungen vereinzelter persönlicher Erfahrungen, die schwierig zu verallgemeinern sind. Vor allem ist unklar, welche spezifischen Voraussetzungen besonders bedeutsam sind für den Erfolg von Publikumsforschung und welche als weniger relevant betrachtet werden müssen. Diese Problemlage ist Ausgangspunkt und Motivation für die vorliegende Untersuchung. Daher richtet sich das zentrale Erkenntnisinteresse dieser Arbeit auf die Erkundung von Erfolgsfaktoren für eine effektive Nutzung von Publikumsforschung:

> *Was sind die wesentlichen Voraussetzungen für einen wirksamen Einsatz von Publikumsforschung für Museen?*

3.2 Stand der Forschung

Eine Sichtung der Fachliteratur ergab sehr wenig verwandte Arbeiten, die Voraussetzungen einer wirksamen Nutzung von Publikumsforschung in Museen systematisch untersuchen. In einer erweiterten Perspektive können jedoch auch Studien zur Nutzung von publikumsbezogenen Informationen in Kunst- und Kultureinrichtungen sowie Untersuchungen zur Implementierung von Empfehlungen von Evaluationen allgemein als relevant betrachtet werden. Im Folgenden wird ein Überblick über die vorliegenden Arbeiten gegeben.

Unter denjenigen, die sich intensiv mit dem Problem mangelnder Umsetzung der Ergebnisse von Evaluationen im Allgemeinen befasst haben, ist vor allem Patton zu nennen, der bereits 1978 eine »utilization crisis in evaluation research« (Patton 1978: 12) feststellte. In der Überzeugung, dass Evaluationsergebnisse für Verbesserungen genutzt werden sollten, machte er sich daran, Lösungswege zu identifizieren. Dies geschah mittels Folgeuntersuchungen von Evaluationen nordamerikanischer Gesundheitsprogramme auf Bundesebene – angereichert durch seine langjährige professionelle Erfahrung. Das Ergebnis ist ein umfassendes, mittlerweile in der dritten Auflage vorliegendes Handbuch zur »Utilization-Focused Evaluation« (Patton 1997), in dem Patton auf den Prozess, die Methoden, das organisatorische Umfeld und die Rolle des Forschers in der Evaluation eingeht.

Ebenfalls relevant ist ein Projekt der Canadian Evaluation Society im Jahr 2002 (Zorzi et al. 2002). Zur Verbesserung der beruflichen Weiterbildung ihrer Mitglieder und zur Förderung der Evaluationstätigkeit gab sie eine Studie in Auftrag, die den vielfältigen Nutzen von Evaluationsstudien herausarbeitete und die dafür benötigten Kenntnisse, Fähigkeiten und optimalen Verfahren identifizierte. Die Ergebnisse der Studien von Patton und der Canadian Evaluation Society liefern wertvolle Einsichten. Sie können im Hinblick auf die

Fragestellung dieser Studie jedoch nur eingeschränkt gelten, da sie sich nicht auf Museen speziell beziehen, sondern auf überwiegend öffentlich getragene Förderprogramme. Dazu kommt, dass die Evaluationsforschung nur einen Teil der hier betrachteten Arten von Publikumsforschung ausmacht; Besucher-, Markt- und Marketingforschung bleiben außen vor.

Eine weitere mit dieser Untersuchung vergleichbare Studie, die im Kulturbereich angesiedelt ist, wurde in Großbritannien im Auftrag von Arts Council England, Scottish Arts Council und Arts Council of Wales durchgeführt (Aplin et al. 2003). Die zentralen Fragen waren, wie publikumsbezogene Informationen in Kultureinrichtungen gegenwärtig verwendet werden, wie sie in der Zukunft besser genutzt werden können und welchen Gewinn man letztlich daraus ziehen kann. Die Ergebnisse aus 85 Interviews zeigen auf, dass eine in vielen Einrichtungen unterentwickelte Kultur der betrieblichen Planung auch eine geringe Nachfrage von Publikumsdaten zur Folge hat. Es mangelt an akzeptierten Standards und Begriffsdefinitionen, an der Vergleichbarkeit der erhobenen Daten, an Fähigkeiten und Kenntnissen zum Verständnis publikumsbezogener Informationen sowie an Möglichkeiten des Informationsaustauschs. Dazu kommt, dass derlei Datenmaterial oft einseitig als Sache des Marketings betrachtet wird und damit als irrelevant für andere Arbeitsgebiete. Leider schließt diese Studie keine Museen ein, und Erfolgsrezepte für die Zukunft werden nur recht allgemein auf der Ebene des britischen Kultursektors benannt.

Näher an der Fragestellung dieser Untersuchung anzusiedeln ist eine praxisbezogene Studie zur Verbesserung der Evaluation von Schulprogrammen an Museen (Della Croce 2002). Della Croce befragte Museumspädagogen und Lehrer in Phoenix (Arizona) zu Ablauf, Schwierigkeiten und Verbesserungsmöglichkeiten von Programmevaluationen und zur Nutzung der gewonnenen Informationen. Die Ergebnisse haben durch die Fokussierung auf die Schulprogrammevaluation einer bestimmten Einrichtung jedoch einen begrenzten Geltungsbereich.

Die am ehesten mit dieser Studie vergleichbare wissenschaftliche Untersuchung, die mit Blick auf das Anwendungsgebiet Museen allgemeine Grundlagen der Wirksamkeit von Publikumsforschung analysiert und empirisch prüft, wurde zwischen 1976 und 1978 in den USA durchgeführt (Useem & DiMaggio 1978, DiMaggio et al. 1978, DiMaggio & Useem 1979). Im Auftrag des amerikanischen National Endowment for the Arts unterzogen die Autoren 270 Besucherstudien von Museen und Einrichtungen der darstellenden Künste einer kritischen Analyse, davon 25 in detaillierten Fallstudien. Dabei stellten sie fest: »the extent to which studies are applied varies sharply from case to case« (DiMaggio et al. 1978: 53). Unter den gesichteten Besucherstudien fanden sich mehrere Beispiele für Studien, deren Ergebnisse weitgehend ignoriert wurden und keinerlei Auswirkungen hatten (vgl. DiMaggio et al. 1978: 57, 60). Die Autoren verglichen sowohl Qualität als auch Wirkung der gesammelten Studien und identifizierten Faktoren, welche der effektiven Nutzung der besucherbezogenen Informationen dienlich oder hinderlich sind. Diese Untersuchung liefert einerseits wertvolle Hinweise auf relevante Grundlagen wirksamer Publikumsforschung. Andererseits hat sie mit Blick auf die hier behandelte Fragestellung nur begrenzt Gültigkeit. So differenzieren die Autoren in ihren Ergebnissen nicht zwischen Studien mit Bezug auf Museen und auf die darstellenden Künste; es stellt sich die Frage, wie vergleichbar diese unterschiedlichen Anwendungsgebiete sind. Zudem wurde die Studie zu einem Zeitpunkt durchgeführt, als die Publikumsforschung gerade begonnen hatte, sich stärker zu entfalten. Auf die gegenwärtige Situation lassen sich die Ergebnisse daher nicht unmittelbar übertragen. Die Publikumsforschung in Museen ist inzwischen weitaus gebräuchlicher, und sowohl Museumsarbeit als auch Publikumsforschung haben sich weiterentwickelt. Hinzu kommt, dass eine auf den amerikanischen Kontext fokussierte Untersuchung dem heutigen internationalen Charakter des Feldes der Publikumsforschung nicht gerecht wird. Darüber hinaus wird die Rolle der Publikumsforschung im Organisationskontext durch die Fokussierung auf einzelne Studien nur begrenzt gewürdigt.

Diese Bestandsaufnahme zeigt: Das Problem mangelnder Wirksamkeit museumsbezogener Publikumsforschung ist in der Fachwelt durchaus als relevant erkannt und diskutiert; die vorhandene Forschung ist allerdings dürftig und erweist sich in verschiedener Hinsicht als unzulänglich und nicht mehr zeitgemäß. Insbesondere über die relative Bedeutung verschiedener Grundlagen der Wirksamkeit von Publikumsforschung lässt sie keine Schlussfolgerungen zu. Hier tut sich eine Lücke auf, welche die vorliegende Studie schließen möchte.

3.3 Konzeptioneller Rahmen

Auf der Basis verwandter Arbeiten wurde ein theoretisches Grundmodell des Untersuchungsgegenstands erarbeitet. Dazu wurden zunächst die für das betrachtete Forschungsproblem relevanten Dimensionen herausgearbeitet und im Sinne der Konzeptspezifikation systematisiert, wie es Kromrey (1998: 180) empfiehlt. Aus der Fragestellung ergibt sich eine Fokussierung auf die Dimensionen *Wirksamkeit* und *Erfolgsfaktoren* von Publikumsforschung. Aus der konzeptionellen Vorarbeit ging ein Grundgerüst des Untersuchungsgegenstandes hervor, welches die zentralen Analyseaspekte veranschaulicht.

Es ist im Anschluss an die nähere Betrachtung der zentralen Dimensionen *Wirksamkeit* und *Erfolgsfaktoren* dargestellt (siehe Abbildung 3.1, S. 108). In den folgenden Abschnitten werden zunächst die beiden grundlegenden Analysedimensionen klarer gefasst und in ein Modell des Untersuchungsgegenstands eingefügt, bevor schließlich die Forschungsfragen konkretisiert werden.

3.3.1 Wirksamkeit von Publikumsforschung

Die Betrachtung von Problemstellung und bisheriger Forschung in den Abschnitten 3.1 und 3.2 stellte das Problem in den Vordergrund, dass die Ergebnisse einiger Publikumsstudien kaum oder gar nicht in der Museumsarbeit berücksichtigt und umgesetzt werden und damit keinerlei Auswirkungen nach sich ziehen können. Um zu beurteilen, ob der Einsatz von Publikumsforschung als erfolgreich gelten kann, war es zunächst erforderlich, Kennzeichen für die Wirksamkeit von Publikumsforschung zu identifizieren. Ein Blick in Publikationen zu effektivem Management von Organisationen generell und von Museen speziell zeigte, dass als Maß für den Erfolg von Maßnahmen bevorzugt das Kriterium der Zielerreichung verwendet wird (Gilbert & Parhizgari 2000, Griffin, Abraham & Crawford 1999, Griffin & Abraham 2000, Herman & Renz 1999, Phelps 1997, Redshaw 2001). Auch in der Evaluationsforschung dienen die Programmziele als Gradmesser für den Erfolg: »Als ›erfolgreich‹ gilt ein Programm dann, wenn die getroffenen Maßnahmen die Zielvariablen in der gewünschten Richtung und in der gewünschten Stärke beeinflussen« (Kromrey 1998: 99).

Angesichts der Absicht dieser Studie, Erkenntnisse mit Relevanz über den Einzelfall hinaus zu gewinnen, erschien das Vorgehen ungeeignet, die Erreichung der mit der jeweiligen Publikumsstudie verbundenen Ziele als zentrales Erfolgsmaß zu nehmen. Wird der Erfolg von Publikumsstudien allein anhand der jeweiligen organisationsspezifischen Ziele gemessen, ist die Übertragbarkeit der Ergebnisse stark eingeschränkt. Um diesem Problem zu begegnen, wurde der Erfolgsbeurteilung in Anlehnung an Ames (1990) und Herman & Renz (1999) ein komparatives Modell zugrunde gelegt, das den Erfolg der Publikumsforschung bei verschiedenen Museen vergleicht. Es wurden dann diejenigen Erfolgsmerkmale zum Maßstab genommen, die sich als übergreifend relevant erwiesen. Auf dieser Grundlage ergab ein Blick in die verwandte Literatur ein breites Spektrum von Verdiensten und Folgen, die der Publikumsforschung zugeschrieben werden. Dabei ist analytisch zu trennen zwischen der unmittelbaren und direkten *Nutzung* der Ergebnisse in Entscheidungen und Maßnahmen einerseits und den indirekten und eher langfristigen *Wirkungen*, die aus dieser Nutzung erwachsen, andererseits. Beispielhafte Formulierungen für die *Nutzung* von Ergebnissen sind:

- »direct applications of evaluation results« (Useem & DiMaggio 1978: 56)
- »changed our exhibits and programs accordingly« (Spock 1996: 9)
- »new version of the exhibit, improved by evaluation« (Friedman 1996: 7)
- »adopt changes required« (Hood 1992: 285)
- »adjust your content and delivery« (Spock 1996: 10)

Es wäre jedoch zu eng gedacht, den Erfolg von Publikumsforschung allein auf das Kriterium der direkten Nutzung von Ergebnissen zurückzuführen. Dies verdeutlicht Daryl Fischer: »The ›results‹ of audience research are not always immediately apparent, but are revealed as museum staff work on a variety of projects over the course of several years« (Fischer 1997: 36). Außerdem können die auf den gewonnenen Informationen basierenden Maßnahmen unzureichend sein und dadurch den Beitrag der Publikumsforschung schmälern:

> »Informationen wirken – wenn überhaupt – gleichsam auf Umwegen, denn bevor ihr ›Mehrwert‹ erkennbar wird, müssen aus ihnen die richtigen Entscheidungen getroffen und daraus wiederum die richtigen [...] Maßnahmen eingeleitet, deren Wirkungen abgewartet und gemessen werden« (Berekoven et al. 2004: 29).

Die beabsichtigten Effekte – aber auch die unbeabsichtigten (vgl. Kromrey 1998: 97) –, die mittel- und langfristig aus der Umsetzung des mittels Publikumsforschung gewonnenen Wissens entstehen, entscheiden also letztlich über Erfolg oder Misserfolg. Daher wurden diese *Wirkungen* zur primären Grundlage der Erfolgsbeurteilung gemacht. Zu den möglichen Auswirkungen gehören beispielsweise:

- »substantial exhibit and/or program improvements« (Bitgood 1996b: 5)
- »effective exhibits« (Bitgood 1996b: 4)
- »our exhibits and programs reach their intended goals« (Wagner 1996: 11)
- »improved communication« (Friedman 1996: 7)
- »major improvement in visitor understanding« (Friedman 1996: 7)
- »visitors have the best possible experience« (Wagner 1996: 11)
- »changed staff attitudes about visitors' needs and interests in a fundamental way« (Fischer 1997: 36)
- »staff and volunteers have developed a more visitor-centered perspective« (Socolofsky 1996: 14)
- »staff more likely to support the implementation of the resulting recommendations« (Socolofsky 1996: 14)

Anhand dieser Auflistung zeigt sich, dass die Auswirkungen von Publikumsforschung schwierig zu quantifizieren sind. Daher wurden sie in dieser Studie primär mit Hilfe qualitativer Methoden untersucht, wie in Kapitel 4 näher erläutert wird.

3.3.2 Erfolgsfaktoren wirksamer Publikumsforschung

Die zweite wesentliche Analysedimension bezieht sich auf Grundlagen für die Wirksamkeit von Publikumsforschung. Die Ermittlung von Bedingungen und Einflussgrößen, die in einem positiven Zusammenhang mit der Wirksamkeit von Publikumsforschung stehen, ist im Ansatz vergleichbar mit der Suche nach sogenannten ›best practices‹: herausragende, vorbildliche Methoden und Aktivitäten, die besonders erfolgversprechend sind. Allerdings handelt es sich hier um einen Begriff, der so inflationär verwendet wird, dass sein Gehalt sehr verwässert ist. Als ›best practice‹ kann jede Art von neuer Idee, jede Einsicht aufgrund persönlicher Erfahrung gelten, ohne dass deren Wirksamkeit nachgewiesen ist. Um dem zu begegnen, fordern Keehley et al. (1997) und Patton (2002) die Ermittlung erfolgsrelevanter Merkmale mittels systematischer Untersuchungen. Als wegweisendes Beispiel auf diesem Gebiet gilt eine Studie, die zu Beginn der 1980er Jahre in den USA durchgeführt wurde (Peters & Waterman Jun. 1991), um Merkmale zu identifizieren, die besonders erfolgreiche Firmen auszeichnen. In Entsprechung dazu schafft die vorliegende Studie eine breite empirische Basis für die Identifizierung von Merkmalen, welche diejenigen Museen auszeichnen, die im Gebiet der Publikumsforschung Herausragendes leisten.

Im Folgenden wird wegen seiner begrifflichen Unschärfe auf die Verwendung des Begriffes ›best practice‹ verzichtet. Es wird der Begriff ›Erfolgsfaktoren‹ vorgezogen, um die empirisch identifizierten Einflussgrößen und Erfolgsprinzipien wirksamer Publikumsforschung für Museen zu bezeichnen. Um als Erfolgsfaktor gelten zu können, müssen die zu identifizierenden Merkmale verschiedene Kriterien erfüllen (vgl. Keehley et al. 1997: 26, Konrad 2000: 29, Patton 2002: 565f):

- Ihre Präsenz muss in einem deutlichen positiven Zusammenhang mit der Wirksamkeit von Publikumsforschung stehen. Sie sollten sich nachweislich bewährt haben.
- Sie müssen in gewissem Maß beeinflussbar sein. Nur dann ist es Museen möglich, ihre Praxis der Publikumsforschung zu ändern, um sie erfolgreicher einzusetzen.
- Sie müssen über den Einzelfall hinaus relevant und auf verschiedene Kontexte – mit geringen Anpassungen – übertragbar sein. Stark vom jeweiligen

Kontext abhängige Erfolgsgrundlagen werden aus der Betrachtung ausgenommen.

- Sie sollten aus einer breiten, verlässlichen Datenbasis abgeleitet sein. Je solider, zahlreicher und komplementärer die Quellen, auf die sich die Identifikation von Erfolgsfaktoren stützt, desto eher kann man von der tatsächlichen Relevanz des Merkmals ausgehen.

Einen ersten Überblick darüber, welche Aspekte möglicherweise als Erfolgsfaktoren im o.g. Sinne gelten könnten, ergab eine diesbezügliche Sichtung der verwandten Forschung und Fachliteratur:

- **Qualität von Publikumsforschung** im Sinne der Einhaltung wissenschaftlicher Standards (vgl. Brinkman 1996: 250, DiMaggio et al. 1978: 51, Hayward 1991: 3, Klein 1991: 3, Knott & Noble 1989: 25, Prince 1992: 690, Rubenstein 1989: 47, Shettel 1996a: 13, 20),
- **Ressourcen** für die Durchführung von Publikumsstudien sowie für die Implementierung von Änderungen (vgl. Bitgood 1996b: 5, DiMaggio et al. 1978: 45, Knott & Noble 1989: 29),
- **Kenntnisse** der Grundlagen von Publikumsforschung bei den betreffenden Museumsmitarbeitern und designierten Nutzern der Ergebnisse (vgl. Bitgood 1996b: 5, Friedman 1996: 7),
- **Kommunikation** im Rahmen eines Forschungsprojektes, dabei insbesondere die Konsultation der betreffenden Museumsmitarbeiter (vgl. Bitgood 1996b: 5, DiMaggio et al. 1978: 51) sowie die Kommunikation der Ergebnisse (vgl. Bitgood 1996b: 5, DiMaggio et al. 1978: 51, Deutscher Städtetag 1994: 158, Gammon & Graham 1997: 6, Graf 1997: 114f, Günter 1997: 53, Jelen & Hayward 1997: 75f, Rubenstein 1989: 52),
- **Integration** von Publikumsforschungsaktivitäten in die Abläufe der Museumsarbeit (vgl. Bitgood 1996b: 5, Friedman 1996: 7, Graf 1997: 117, Günter 1997: 53, Shettel 1996b: 5, Wagner 1996: 11), und zwar von Beginn eines Projektes an (Hayward 1991: 3),
- **Zuständigkeit** eines Mitarbeiters für Publikumsforschung, d.h. organisatorische Verankerung (vgl. Bitgood 1996b: 5, Wagner 1996: 11),
- **Akzeptanz und Unterstützung** der Publikumsforschung innerhalb der Einrichtung, vor allem von seiten des Direktors (vgl. Almasan et al. 1993: 442, Gammon & Graham 1997: 6; Hjorth 1993: 51; Jelen & Hayward 1997: 75; Knott & Noble 1989: 22; Spock 1996: 9, Wagner 1996: 12),
- **Publikumsorientierung** als Leitlinie der Museumsarbeit (vgl. Almasan et al. 1993: 445; Gammon & Graham 1997: 6; Günter 1997: 53; Kommunale Gemeinschaftsstelle für Verwaltungsvereinfachung 1989: 3; Shettel 1996a: 21).

Die Identifizierung möglicher Erfolgsfaktoren führte zu der Einsicht, dass die Aufmerksamkeit der Untersuchung nicht nur eng fokussiert sein sollte auf die Qualität der Studien im wissenschaftlichen Sinne sowie die Aktivitäten und Prozesse bei der unmittelbaren Durchführung von Publikumsforschung. Vielmehr kristallisierten sich aus der Sichtung möglicher Erfolgsfaktoren Kontextfaktoren heraus wie die personelle Verankerung der Publikumsforschung in der Organisation einerseits sowie Einstellungen und Wertorientierungen im institutionellen Umfeld andererseits, die sich sowohl auf die Durchführung von Publikumsstudien als auch auf den Prozess der Nutzung auswirken und somit die *gesamte* Wirkungskette der Publikumsforschung beeinflussen. Daher war eine Herangehensweise erforderlich, welche die Publikumsforschung nicht als eine isolierte, projektbezogene Tätigkeit behandelt, sondern ihren Einsatz im größeren Organisationsrahmen zu verstehen sucht.

3.3.3 Konzeptionelles Modell und präzisierte Forschungsfragen

Die Präzisierung und Strukturierung der zentralen Begriffe führte zu einem Grundgerüst der Problemstellung. Aus der Betrachtung der Wirksamkeit von Publikumsforschung ergibt sich ein Basismodell der Wirkungskette von Publikumsforschung: Die Durchführung von Publikumsstudien bringt Ergebnisse hervor, welche – im idealtypischen Ablauf – unmittelbar in der Museumsarbeit umgesetzt werden und schließlich mittel- und langfristige Wirkungen zeitigen. Diese Wirkungen dienen in dieser Untersuchung als Grundlage der Erfolgsmessung. Die Sichtung potentieller Erfolgsfaktoren zeigte, dass diese sich sowohl auf die Durchführung von Publikumsstudien als auch auf den Prozess der Nutzung auswirken, so dass die Beeinflussung der *gesamten* Wirkungskette der Publikumsforschung betrachtet werden sollte.

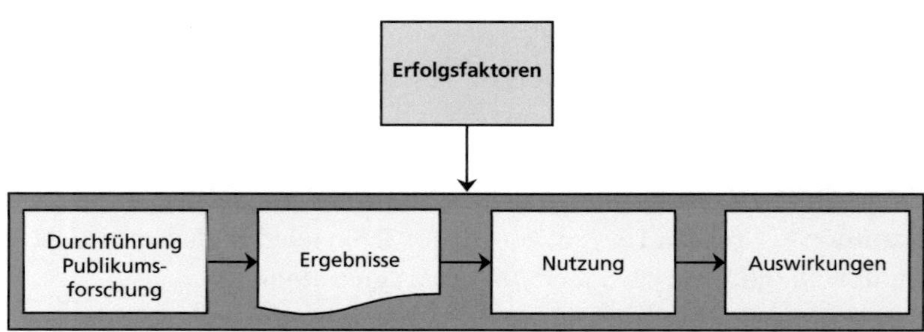

Abb. 3.1: Grundmodell des Untersuchungsgegenstandes

Davon ausgehend lässt sich das in Abbildung 3.1 gezeigte Schema des Untersuchungsgegenstands erstellen. Im Zentrum steht ein stark vereinfachtes Modell der Wirkungskette von Publikumsforschung. Auf sie wirken die diversen Erfolgsfaktoren ein, die im Verlauf der Untersuchung zu identifizieren sind. Anhand der Konzeptbetrachtung lassen sich die Forschungsfragen wie folgt präzisieren:

Forschungsfragen zur Anwendung von Publikumsforschung:

- Unter welchen strukturellen Rahmenbedingungen hinsichtlich finanzieller und personeller Ressourcen werden Publikumsstudien durchgeführt?
- Wie lange wird die Publikumsforschung schon durchgeführt, wie viel Erfahrung besteht in Bezug auf diese Aufgabe?
- Welche Themen sind Gegenstand von Publikumsstudien?
- Welche Ansätze und Methoden kommen zum Einsatz?

Forschungsfragen zur Wirksamkeit der Publikumsforschung:

- Welche Arten der Nutzung von Ergebnissen der Publikumsforschung sind festzustellen?
- Welche beabsichtigten und nicht antizipierten Wirkungen ergeben sich direkt oder indirekt aus dem Einsatz von Publikumsforschung?
- Welche dieser Auswirkungen sind übergreifend präsent?

Forschungsfragen zu Erfolgsfaktoren für wirksame Publikumsforschung:

- Welche Erfolgsfaktoren spielen eine Rolle für die Wirksamkeit von Publikumsforschung?
- Welche Erfolgsfaktoren sind übergreifend relevant?
- Welche Erfolgsfaktoren haben den größten Einfluss auf die Auswirkungen, also die höchste relative Bedeutung, welche sind weniger entscheidend?

Die Konkretisierung des Erkenntnisinteresses diente der Orientierung und Strukturierung von Forschungsdesign und Analyse, die im folgenden Kapitel näher erläutert werden.

4 Ansatz und Methoden der Untersuchung

Dieses Kapitel behandelt Ansatz, Methoden und Durchführung der empirischen Untersuchung von Anwendung und Wirksamkeit der Publikumsforschung für Museen. Es dient dazu, die im Laufe des Forschungsprozesses getroffenen Entscheidungen nachvollziehbar zu beschreiben. Zunächst wird die grundsätzliche Anlage der Untersuchung als deskriptiv-explorative Studie erläutert. Daraufhin wird die Wahl der Untersuchungsform begründet: die vergleichende Analyse mehrerer Einzelfallstudien. Es folgt eine detaillierte Darstellung des Forschungsdesigns, welches qualitative und quantitative Methoden komplementär einsetzt. Schließlich wird die konkrete Durchführung der Untersuchung beschrieben.

4.1 Explorativer Ansatz der Untersuchung

Die Untersuchung ist deskriptiv-explorativ ausgerichtet, da es, wie bereits in Abschnitt 3.2 deutlich wurde, wenige referenzartige Studien in diesem Gebiet gibt. Die nähere Auseinandersetzung mit dem Untersuchungsgegenstand zeigte, dass die Thematik in der Fachliteratur durchaus diskutiert wird, jedoch bisher keine etablierten Verfahren für die Untersuchung einer solchen Fragestellung existieren und es nur wenig gesichertes Wissen über die hier behandelte Fragestellung gibt. Die vorhandenen theoretischen Grundlagen wurden daher als unzureichend erachtet für die Aufstellung und Prüfung spezifischer Hypothesen, die den Gegenstand adäquat und umfassend abbilden würden. Vielmehr erschien eine breite Erkundung der Fragestellung gefordert. Daraus ergab sich die grundsätzliche Anlage der Arbeit als deskriptiv-explorative Untersuchung, mit dem Ziel der Entwicklung von Propositionen über Bedingungen und Faktoren für den effektiven Einsatz von Publikumsforschung.

Während bei hypothesentestenden Studien die zu prüfenden Aussagen auf der Basis bisheriger Untersuchungen entwickelt werden, liefern explorative Untersuchungen neue Ergebnisse zu einer Forschungsfrage, zu der bislang keine oder nur unzureichende Erkenntnisse vorliegen. Dennoch kommt auch eine explorativ angelegte Studie nicht ohne theoretische Vorarbeit und Fokussierung des Erkenntnisinteresses aus (vgl. Diekmann 1995: 30, Kromrey

1998: 303).[1] Daher wurde als Ausgangspunkt der Untersuchung ein konzeptioneller Rahmen entwickelt, welcher der Strukturierung und begrifflichen Präzisierung des Untersuchungsgegenstands diente.

Auch wenn diese Arbeit damit von einem gewissen theoretischen Vorverständnis ausging, wurde dieses bewusst als vorläufig und eventuell lückenhaft betrachtet. Trotz gewisser Vororientierung sollte eine zu starke Einengung des Blickwinkels auf vordefinierte Konzepte wie die von DiMaggio et al. (1978) verwendeten Kategorien vermieden werden. Da davon ausgegangen wurde, dass der Untersuchungsgegenstand durch die bisher vorliegenden Arbeiten nicht erschöpfend abgebildet wird, erschien es besonders wichtig, mit theoretischer Offenheit an die Beantwortung der Fragestellung heranzugehen. Damit konnten auch solche Aspekte Beachtung finden, die sich erst aus dem empirischen Material heraus als relevant erwiesen, wie z.B. die Bedeutung der Stellung von Publikumsforschung innerhalb der Organisationshierarchie (siehe Abschnitt 6.2.9).

4.2 Vergleichende Mehrfach-Fallstudien

Zur Beantwortung der zentralen Forschungsfragen erschien die Durchführung vergleichender Mehrfach-Fallstudien als das am besten geeignete Vorgehen (vgl. Yin 1994, Stake 1994). Im Gegensatz zu Experimenten, die den Untersuchungsgegenstand bewusst aus seinem Kontext herauslösen und auf eine begrenzte Zahl als relevant erachteter Variablen fokussieren, untersuchen Fallstudien gegenwärtige Phänomene in ihrem spezifischen Kontext in einer holistischen Perspektive, welche die Vielzahl relevanter Bedingungen und Einflüsse zu bedenken sucht. Durchführung und Vergleich mehrerer Fallstudien erlauben Schlussfolgerungen über den Einzelfall hinaus. Dieses Vorgehen hat bei der vorliegenden Fragestellung diverse Vorteile:

- Fallstudien bieten die Möglichkeit, ein tieferes und differenziertes Verständnis komplexer Phänomene zu entwickeln (vgl. Stake 1994: 243) – in diesem Fall davon, wie Publikumsforschung in Museen eingesetzt wird und warum

1 | Dies gilt selbst beim Ansatz der sogenannten ›Grounded Theory‹ (Glaser & Strauss 1967). Bei dieser Methode wird ohne vordefinierte Auswertungskategorien an das Datenmaterial herangegangen. Diese werden erst nach und nach aus den Daten heraus entwickelt, und auf diese Weise wird eine tief im Material ›verwurzelte‹ Theorie generiert. Zwar geht man bei diesem Vorgehen nicht von einem im Vorfeld explizierten theoretischen Modell des Gegenstands aus, doch allein die Fokussierung auf eine bestimmte Fragestellung impliziert ein gewisses Vorverständnis, und sei es in Form einer ›Alltagstheorie‹ (vgl. Kromrey 1998: 33).

die Nutzung der Publikumsforschung bei bestimmten Einrichtungen besonders effektiv ist. Laut Yin (1994: 9) eignen sich Fallstudien besonders dann, wenn in der Untersuchung Fragen nach dem ›Wie‹ und ›Warum‹ im Vordergrund stehen.

- Aus den vorangegangenen Überlegungen wurde ersichtlich, dass die Publikumsforschung als Aufgabe im Organisationskontext verstanden werden muss. Im Gegensatz zum Vorgehen, das DiMaggio et al. (1978) gewählt haben, stehen in dieser Arbeit daher nicht einzelne Studien im Vordergrund, sondern die Publikumsforschung als ein Tätigkeitsbereich innerhalb der Museumsarbeit. Zur genauen Erkundung des Zusammenspiels von Publikumsforschung und organisatorischem Kontext erscheint die Durchführung von Fallstudien am besten geeignet, denn dies erlaubt es, komplexe Sachverhalte in einer holistischen Perspektive unter Beachtung der jeweils spezifischen Begleitumstände zu verstehen (vgl. Yin 1994: 3, 13).
- Es war das Ziel, Erfolgsfaktoren zu identifizieren, die über den Einzelfall hinaus Bedeutung haben. Daher wurde ein komparativer Ansatz gewählt, bei dem die Durchführung mehrerer Fallstudien mit anschließendem Quervergleich Rückschlüsse auf übergreifende, den Institutionen gemeinsame Erfolgsfaktoren liefert.
- Die Ergebnisse von Mehrfach-Fallstudien werden im Vergleich zu Einzelfallstudien als robuster eingeschätzt (vgl. Yin 1994: 45). Fallstudien ermöglichen zwar keine Generalisierung im statistischen Sinne, d.h. keine Verallgemeinerung von einer Stichprobe auf eine Population. Jedoch erlauben sie sogenannte ›analytische Generalisierungen‹, d.h. die Entwicklung theoretischer Propositionen (vgl. Yin 1994: 10), was dem explorativen Ansatz dieser Untersuchung entspricht.
- Es erscheint sinnvoll, eine Untersuchungsform zu wählen, die sich bei ähnlichen Fragestellungen bewährt hat. Für die Identifikation von Erfolgsfaktoren ist die Durchführung vergleichender Fallstudien eine gebräuchliche Vorgehensweise, wie Patton (2002: 564) konstatiert.[2]

---

2 | Das hier gewählte Vorgehen ist vergleichbar mit dem aus der Privatwirtschaft stammenden und mittlerweile recht verbreiteten Prozess des *Benchmarking* (vgl. Töpfer 1997), welches Hausmann (2001) auch auf Museen anwendet. Benchmarking besteht in einem systematischen Vergleich mit führenden Einrichtungen innerhalb und außerhalb der eigenen Branche zur Ermittlung herausragender, vorbildlicher Methoden und Aktivitäten (›best practices‹) mit dem Ziel der Verbesserung der eigenen Leistungen. Nach dieser allgemeinen Definition ist der Ansatz durchaus auf Museen übertragbar, indem das Vorgehen museumsadäquaten Zielsetzungen und dem jeweiligen Erkenntnis- und Verbesserungsinteresse angepasst wird.

Es findet sich Kritik, dass Fallstudien unsystematisch seien (vgl. Yin 1981). Jedoch ist nicht die Untersuchungsform an sich unsystematisch, vielmehr hängt dies vom jeweiligen konkreten Vorgehen bei der Durchführung einer Fallstudie ab. Zu dieser kritischen Einschätzung kommt es auch deshalb, weil in den Wirtschaftswissenschaften gerne illustrative Fallstudien verwendet werden, die bestimmte Phänomene beispielhaft demonstrieren sollen. Ihnen liegt aber meist keine systematische wissenschaftliche Untersuchung zugrunde.

4.2.1 Falldefinition und Abgrenzung des Untersuchungsgebietes

Durch die Festlegung des Untersuchungsfeldes wird der Gegenstand der Arbeit genauer bestimmt und der Geltungsbereich der empirischen Ergebnisse eingegrenzt. Diese Arbeit konzentriert sich auf die Publikumsforschungsaktivitäten von Museen. Die primäre Analyseeinheit sind einzelne Museen, welche Publikumsforschung betreiben. Zur Kennzeichnung der in Frage kommenden Einrichtungen wird die vom Internationalen Museumsrat ICOM entwickelte Museumsdefinition des Jahres 2001 zugrunde gelegt, die in Kapitel 2 vorgestellt wurde. Aufgrund der Verbreitung der Publikumsforschung in allen Museumsarten will sich die Untersuchung nicht auf eine einzelne Museumsart beschränken, sondern ein breites Spektrum abdecken. Die geographische Reichweite dieser Untersuchung ist eine Antwort auf den internationalen Charakter des Feldes der Publikumsforschung. Damit rücken diejenigen Einrichtungen in den Blick, die international zur Spitze der in der Publikumsforschung aktiven Museen gehören. In Kapitel 2 wurde deutlich, dass sich diese Aktivität derzeit in westlichen Nationen konzentriert, auch wenn sie sich weiter auszubreiten beginnt. Im vorliegenden Fall wurde daher die Entscheidung getroffen, die Betrachtung der Publikumsforschung für Museen entsprechend ihrer stärksten Verbreitung auf Australien, Neuseeland, Westeuropa, Nordamerika und Kanada zu fokussieren. Diese wurden in drei Gruppen nach geographischen ›Weltregionen‹ zusammengefasst:

- Australien und Neuseeland
- Westeuropa
- USA und Kanada

Diese drei Weltregionen dienen im Folgenden als Vergleichsbasis. Im Hinblick auf die zeitliche Fokussierung der Untersuchung liegt der Schwerpunkt des Interesses auf der gegenwärtigen Praxis der Publikumsforschung, jedoch wird als Kontext auch die Entwicklung der Praxis von Publikumsforschung seit Beginn ihrer Einführung in der jeweiligen Einrichtung berücksichtigt.

4.2.2 Auswahl und Rekrutierung der Fälle

Die Auswahl von Museen für Fallstudien wurde von der Frage geleitet: Von welchen Fällen kann man am besten lernen? Da in dieser explorativen Untersuchung nicht die empirische Generalisierung der Ergebnisse im Vordergrund steht, sondern ein vertieftes Verständnis der Praxis und Erfolgsvoraussetzungen von Publikumsforschung, wurde keine im statistischen Sinne ›repräsentative Stichprobe‹ angestrebt, zumal dies die Kenntnis von Umfang und Struktur der Grundgesamtheit (alle Museen, die gegenwärtig Publikumsforschung betreiben) voraussetzt. Hierzu liegen jedoch nur sehr begrenzte Informationen vor, insbesondere fehlt ein internationaler Überblick. Vielmehr erschien im gegebenen Zusammenhang eine *gezielte, bewusste Auswahl* zweckmäßig, welche die Aufmerksamkeit auf diejenigen Fälle konzentriert, bei denen sich bestimmte Aktivitäten oder Eigenschaften in besonders starkem Maße finden und die daher besonders reich an Informationen über den Untersuchungsgegenstand sind: »the purpose of purposeful sampling is to select information-rich cases whose study will illuminate the questions under study« (Patton 2002: 46). Die Auswahl der Fälle geschah daher nach dem Konzentrationsprinzip (vgl. Stier 1999: 120, Kromrey 1998: 265), auch »intensity sampling« genannt (Patton 2002: 234). Mit der bewussten Auswahl geht eine – für die Untersuchung des Gegenstands notwendige – Selektivität einher, die keine ›repräsentative Stichprobe‹ im statistischen Sinne erzeugt, was allein ›analytische Generalisierungen‹ erlaubt. Diese eingeschränkte Verallgemeinerbarkeit ist bei der Extrapolation der gewonnenen Informationen zu berücksichtigen (vgl. Patton 2002: 246). Anhand des grundsätzlichen Erkenntnisinteresses ließen sich folgende Kriterien für die Auswahl von Fällen aufstellen:

- **Hoher Grad an Aktivität in der Publikumsforschung**: In Betracht kamen grundsätzlich solche Museen, die empirische Untersuchungen bezüglich ihrer Besucher und Adressaten selbst durchführen oder in Auftrag geben. Dabei sollten Museen ausgewählt werden, die Publikumsforschung sehr intensiv betreiben, da sie besonders wertvolle Einsichten über Voraussetzungen, Nutzung und Wirkungen von Publikumsstudien versprechen.
- **Grad der internen Zuständigkeit für Publikumsforschung**: Viele der im Gebiet der Publikumsforschung besonders aktiven Museen haben entsprechende Stellen in ihrem Personalbestand eingerichtet. Da der Grad der Zuständigkeit für Publikumsforschung als ein wichtiger potentieller

Erfolgsfaktor identifiziert wurde, sollte die Auswahl der Fälle nicht nur Einrichtungen mit interner Zuständigkeit berücksichtigen. Als kontrastierende Fälle einbezogen werden sollten auch Museen ohne explizite interne Zuständigkeit für Publikumsforschung und solche mit Personen, die nur partiell für Publikumsforschung zuständig sind.

- **Verschiedene Weltregionen**: Es sollten Museen aus allen drei oben genannten westlichen Weltregionen Westeuropa, USA/Kanada und Australien/Neuseeland vertreten sein, damit die Fälle entsprechend der gegenwärtigen internationalen Verbreitung verteilt sind und ein Vergleich der Nutzung von Publikumsforschung zwischen den Kulturen möglich ist. Damit richtete sich der Fokus auf diejenigen Museen, die in der jeweiligen Weltregion zur Spitze der in der Publikumsforschung aktiven Einrichtungen gehören.
- **Verschiedene Museumsarten**: Die ausgewählten Fälle sollten verschiedene Museumsarten abdecken, damit museumsartabhängige Spezifika in der Anwendung von Publikumsforschung herausgefiltert werden können. Um einen Balance der vertretenen Museumsarbeiten sicherzustellen und einen Vergleich zu ermöglichen, mussten die Museen in eine überschaubare Anzahl von Kategorien zusammengefasst werden. Die Museen wurden gruppiert in die Kategorien Geschichtsmuseen, naturhistorische und naturwissenschaftliche Museen, Technik- und Industriemuseen (einschließlich Science Center), Kunstmuseen, Museen mit fachübergreifenden Sammlungs- und Präsentationsschwerpunkten sowie Museen mit sonstigen speziellen Schwerpunkten. Kategorien, die in einzelnen Regionen nur sehr gering besetzt sind (z.B. Aquarien, Zoos und botanische Gärten in Europa, die Publikumsforschung betreiben), wurden aus der Betrachtung ausgeschlossen.

Um herauszufinden, welche Museen weltweit besonders aktiv Publikumsforschung betreiben, wurden Publikationen zur Publikumsforschung gesichtet, Mitgliederverzeichnisse der Visitor Studies Association (VSA) und der australischen Evaluation and Visitor Research Special Interest Group (EVRSIG) herangezogen, Experten im Gebiet der Publikumsforschung konsultiert und einige Interviewpartner der Fallstudien befragt nach Museen, die für ihre Leistungen im Gebiet der Publikumsforschung bekannt sind. Die mehrfach genannten Einrichtungen wurden in eine erste Liste potentieller Teilnehmer aufgenommen. Diese wurde abgeglichen mit der Auswahltypologie, welche sich aus den oben genannten Anforderungen zusammensetzt. Bei der Fallauswahl sollten Vielfalt und Ausgewogenheit der vertretenen Merkmale gewährleistet sein und Betrachtungen von Untergruppen ermöglicht werden.

Um diese Kriterien in ausreichendem Maß abdecken zu können, wurde eine Zahl von etwa zwanzig Fällen angestrebt. Bei dieser Anzahl von Fällen wurde erwartet, dass sich deutliche übergreifende Tendenzen und Muster in den Ergebnissen zeigen.

Aus der entsprechend strukturierten Liste potentieller Teilnehmer wurden nun diejenigen Museen kontaktiert, die aufgrund ihrer Merkmalskombinationen als besonders geeignet erschienen. Dazu waren im Vorfeld Kontaktpersonen identifiziert worden. Diese wurden direkt oder über einen vermittelnden Experten im Gebiet der Publikumsforschung um ihre Teilnahme gebeten. An sie richtete sich ein Schreiben, welches zur Teilnahme an der Untersuchung einlud und die erforderliche Art der Mitwirkung und Informationen erläuterte, unterstützt durch ein Empfehlungsschreiben des Dissertationsbetreuers.

Ein Museum sagte die Teilnahme an der Untersuchung ab mit der Begründung, dass zu viele Anfragen für Studien vorliegen würden. Bei zwei der kontaktierten Einrichtungen stellte sich heraus, dass der Grad an Aktivität im Gebiet der Publikumsforschung zum gegenwärtigen Zeitpunkt geringer war als erwartet, daher wurde von einer Teilnahme abgesehen. Bei einer weiteren Einrichtung wurde neben organisatorischen Problemen folgender Absagegrund genannt, der bereits einen ersten aufschlussreichen Einblick in die Thematik der Untersuchung bietet:

»I would have to say that visitor studies at [...] are more ›tolerated‹ than embraced by the administration. The Education and Exhibition Departments are supporters of these studies, but the administration appears interested only in so far as they affect grants and funding opportunities.«

Aufgrund dieser Absagen wurden weitere Museen aus der Auswahlliste kontaktiert. Schließlich nahmen folgende Museen an der Untersuchung teil:

Australien und Neuseeland:

- Australian National Maritime Museum, Sydney (ANMM)
- Australian Museum, Sydney (AM)
- Australian War Memorial, Canberra (AWM)
- Museum Victoria, Melbourne (MV)
- National Museum of Australia, Canberra (NMA)
- Powerhouse Museum, Sydney (PHM)
- Questacon Science and Technology Centre, Canberra (QUEST)
- Te Papa Tongarewa National Museum of New Zealand, Wellington (TP)

Westeuropa:

- Cité des Sciences et de l'Industrie, Paris (CSI)
- Deutsches Museum, München (DM)
- Haus der Geschichte der Bundesrepublik Deutschland, Bonn (HDG)
- Jüdisches Museum Berlin (JMB)
- Muséum National d'Histoire Naturelle, Paris (MNHN)
- Natural History Museum, London (NHM)
- Victoria and Albert Museum, London (VAM)

USA und Kanada:

- Canadian Museum of Civilisation, Hull (CMC)
- Denver Art Museum, Denver (DAM)
- Denver Museum of Nature and Science, Denver (DMNS)
- Franklin Institute Science Museum, Philadelphia (FIN)
- Metropolitan Museum of Art, New York (MET)
- National Museum of American History, Smithsonian Institution, Washington (NMAH)[3]

Damit konnte ein Querschnitt führender Museen mit internationaler Reputation für die Untersuchung gewonnen werden. Entsprechend sind die in dieser Arbeit gewonnenen Erkenntnisse auf diese und vergleichbare Einrichtungen beschränkt. Für kleinere, weniger auf dem internationalen Parkett präsente Museen ist die Anwendbarkeit der Ergebnisse im Einzelfall zu prüfen. Tabelle 4.1 gibt einen Gesamtüberblick, wie die untersuchten Fälle die Kategorien der Auswahltypologie abdecken.

4.3 Komplementäre Methoden

Als Antwort auf die Frage, welche Methoden für diese Untersuchung angemessen sind, wurde eine Entscheidung für einen Mehrmethodenansatz getroffen, der qualitative und quantitative Methoden verbindet. Die Forschungsfragen und der gewählte explorative Ansatz waren dafür ausschlaggebend. Vergleichende Mehrfach-Fallstudien mit explorativer Zielsetzung stellen zwei grundlegende Anforderungen an die Untersuchung: Zum einen soll der Einzelfall detailliert und unter Berücksichtigung der jeweiligen Begleitumstände verstanden werden. Dies verlangt Individualisierung und Situierung im Kontext.

3 | In Klammern finden sich die Abkürzungen, die im Folgenden in einzelnen Abbildungen zur Kennzeichnung der jeweiligen Einrichtungen verwendet werden.

Name	Ort	Museumsart	Zuständigkeit für Publikumsforschung
Australien und Neuseeland*			
Australian Museum	Sydney	Naturkunde	Abteilung
Australian National Maritime Museum	Sydney	Spezialthema	Volle Stelle
Australian War Memorial	Canberra	Spezialthema	Volle Stelle
Museum Victoria	Melbourne	Multi-disziplinär	Abteilung
National Museum of Australia	Canberra	Geschichte	Partielle Zuständigkeit
Powerhouse Museum	Sydney	Multi-disziplinär	Abteilung
Questacon	Canberra	Wissenschaft/Technik	Marginale Zuständigkeit
Te Papa (National Museum of New Zealand)	Wellington	Multi-disziplinär	Abteilung
Europa			
Cité des Sciences et de l'Industrie	Paris	Wissenschaft/Technik	Abteilung
Deutsches Museum	München	Wissenschaft/Technik	Partielle Zuständigkeit
Haus der Geschichte	Bonn	Geschichte	Partielle Zuständigkeit
Jüdisches Museum Berlin	Berlin	Spezialthema	Abteilung
Muséum National d'Histoire Naturelle	Paris	Naturkunde	Volle Stelle
Natural History Museum	London	Naturkunde	Marginale Zuständigkeit
Victoria and Albert Museum	London	Kunst/Angewandte Kunst	Volle Stelle
USA und Kanada			
Canadian Museum of Civilisation	Hull	Multi-disziplinär	Volle Stelle
Denver Art Museum	Denver	Kunst/Angewandte Kunst	Marginale Zuständigkeit
Denver Museum of Nature and Science	Denver	Naturkunde**	Abteilung
Franklin Institute Science Museum	Philadelphia	Wissenschaft & Technik	Volle Stelle
Metropolitan Museum of Art	New York	Kunst/ Angewandte Kunst	Partielle Zuständigkeit
National Museum of American History	Washington	Geschichte	Partielle Zuständigkeit

* Leider konnte in dieser Weltregion kein Kunstmuseum identifiziert werden, das vergleichbar aktiv Publikumsforschung betreibt, jedoch beinhalten das Powerhouse Museum und Te Papa auch Kunstabteilungen.
** Das Denver Museum of Nature & Science behandelt zwar auch Wissenschaft und Technik, jedoch liegt der Schwerpunkt auf der Naturkunde, daher die Zuordnung zu dieser Kategorie.

Tab. 4.1: Übersicht der Fälle

Zum anderen soll ein Vergleich der Fälle möglich sein, was nur auf der Basis gleichartiger Informationen möglich ist. Dies erfordert Standardisierung. Daraus ergibt sich eine Spannung zwischen dem Wunsch nach einer stark in die Tiefe gehenden Einzelbetrachtung auf der einen und der Erfordernis eines in die Breite gerichteten Blicks auf der anderen Seite. Um diese beiden gegenläufigen Anforderungen integrieren zu können, erschien eine Kombination qualitativ und quantitativ orientierter Methoden sinnvoll. Beide haben spezifische Stärken und Schwächen, die sich gegenseitig ausbalancieren können.

Qualitative Methoden sind eng verbunden mit explorativen Zielsetzungen (Diekmann 1995: 30; Kromrey 1998: 520) und werden bei Fallstudien bevorzugt eingesetzt (Stake 1994: 244). Qualitativ orientiertes Vorgehen zeichnet sich nach den genannten Autoren vor allem aus durch das Prinzip der Offenheit, welches darauf abzielt, die Erkenntnismöglichkeiten nicht durch vordefinierte analytische Kategorien und Perspektiven zu stark einzuschränken und flexibel auf Unvorhergesehenes eingehen zu können, die Erfassung von Einzelheiten und Nuancen bei der Untersuchung von Einzelfällen, die Aufmerksamkeit für die jeweiligen situativen Rahmenbedingungen und die Beachtung der vielfältigen subjektiven Sichtweisen verschiedener Akteure bezüglich eines Sachverhalts. Diese Prinzipien lassen ein qualitatives Vorgehen als besonders adäquat erscheinen, weil es der Anforderung nach einer explorativen und kontextsensitiven Anlage der Untersuchung Rechnung trägt. Insbesondere die Schwierigkeit, die Auswirkungen der Publikumsforschung durch standardisierte Methoden zu erfassen, sprach für ein qualitatives Vorgehen. Die qualitativ orientierten Elemente der Untersuchung wurden daher nicht als ›Vorstudie‹ für einen späteren, quantitativ orientierten Hypothesentest verstanden, sondern als wichtiger integraler Bestandteil der gesamten Studie, der mit dem quantitativ ausgerichteten Teil der Untersuchung parallel geführt wird. Dem Einwand, dass durch qualitative Methoden nur eine limitierte subjektive Sicht Einzelner erfasst werden kann, wird in dieser Arbeit mit der Zusammenschau verschiedener Perspektiven begegnet. Jeder Einzelne hat nur ein begrenzten Ein- und Überblick in Bezug auf den in Frage stehenden Sachverhalt, jedoch lässt sich durch Aggregation vielfältiger subjektiver Deutungen ein Gesamtbild der Situation erstellen. In forschungstechnischer Hinsicht bedeutete dies eine Entscheidung für qualitativ angelegte Datenerhebungs- und Auswertungsmethoden, d.h. die Durchführung von offenen Leitfadeninterviews und qualitativer Inhaltsanalyse von Interviewtranskripten und Organisationsdokumenten (ausführlich dargestellt in den Abschnitten 4.6 und 4.7).

Um Einsichten zu gewinnen, die über den Einzelfall hinaus extrapoliert und geprüft werden können, ist allerdings – so die zweite oben genannte Anforderung – eine gewisse Standardisierung erforderlich. Neben der Teil-Standardisierung der mündlichen Befragung und der systematischen Anwendung der qualitativen Inhaltsanalyse wurde dies erreicht durch die zusätzliche Durchführung einer standardisierten schriftlichen Befragung mit mehrheitlich geschlossenen Fragen. Durch die Quantifizierung der Befragungsergebnisse werden Aggregation und Vergleich der Daten vereinfacht, generelle Tendenzen werden sichtbar. Die solcherart gewonnenen Einsichten zu Gemeinsamkeiten und Unterschieden verschiedener Einzelfälle werden durch die qualitativen Daten illustriert, vertieft, ergänzt und untermauert: »Qualitative data can put flesh on the bones of quantitative results, bringing the results to life through in-depth case elaboration« (Patton 2002: 193).

Die Kombination qualitativer und quantitativer Methoden dient des Weiteren als Validierungsstrategie. Damit ist das Prinzip der *Triangulation* angesprochen (vgl. Flick 1995: 249). Durch die Verknüpfung verschiedener Datenerhebungs- und Auswertungstechniken fallen instrumentenbedingte systematische Fehler und Verzerrungen weniger ins Gewicht (vgl. Kromrey 1998: 508). Die Daten können auf Inkonsistenzen hin geprüft werden. Über verschiedene Datenquellen hinweg festgestellte Konsistenzen untermauern die Ergebnisse. Die Feststellung von Inkonsistenzen bedeutet für Patton jedoch weniger ein Defizit als eine Chance: »Areas of convergence increase confidence in findings. Areas of divergence open windows to better understanding the multifaceted, complex nature of a phenomenon« (Patton 2002: 559). Was Patton (2002: 566) mit Blick auf die Evaluation von Programmen empfiehlt, wurde daher auch für diese Untersuchung als wünschenswert angesehen: aus einer umfangreichen Datensammlung zu schöpfen, die auf die vielfältigen und unterschiedlichen Erfahrungen von Praktikern, Beteiligten und Expertenmeinungen zurückgreift und ihren jeweiligen Beitrag zur Untermauerung der Erkenntnisse prüft. Diese Arbeit realisiert die Triangulation über eine Kombination diverser Datenquellen, Auskunftspersonen und Methoden:

- **Datenquellen**: Gewinnung von Informationen durch Auskunftspersonen einerseits und Organisationsdokumente andererseits,
- **Auskunftspersonen**: Einbeziehung verschiedener Perspektiven von Verantwortlichen für Publikumsforschung, Museumsmitarbeitern in diversen Tätigkeitsbereichen sowie externen Experten,
- **Erhebungs- und Auswertungsmethoden**: Kombination von teil-standardisierten Leitfadeninterviews, standardisierter schriftlicher Befragung, qualitativer Inhaltsanalyse und deskriptiver Statistik.

Die konkrete Gestaltung dieser Aspekte des Forschungsdesigns wird im Folgenden näher erläutert.

4.4 Datenquellen

Nachdem die Entscheidung für die Durchführung vergleichender Fallstudien und den Einsatz komplementärer Methoden gefallen war, mussten in der Folge die geeigneten Datenquellen ausgewählt werden. Es wurde erwartet, dass die Forschungsfragen am ehesten mit Hilfe der Auskünfte von Museumsmitarbeitern sowie externen Experten im Gebiet der Publikumsforschung beantwortet werden können. Zur Vervollständigung der Informationsbasis wurde die Konsultation von Organisationsdokumenten als sinnvoll erachtet.

Bei der Auswahl der geeigneten Auskunftspersonen galt es, die »Menge von Individuen, die *für die Fragestellung der Untersuchung* am ehesten gültige Aussagen liefern kann« (Kromrey 1998: 251) zu identifizieren, d.h. »the insider with inside information« (Patton 2002: 368) respektive *Experten* im Sinne von »Menschen, die aufgrund ihrer Beteiligung Expertenwissen über diese Sachverhalte erworben haben« (Gläser & Laudel 2004: 11). Dies sind zum einen diejenigen, die in Museen Publikumsforschung selbst durchführen – mit Publikumsforschung betraute interne Mitarbeiter oder externe Dienstleister und Universitäten –, zum anderen diejenigen, die an Publikumsforschungsprojekten beteiligt und von ihnen betroffen sind: Museumsmitarbeiter aus verschiedenen publikumsbezogenen Arbeitsgebieten sowie Vertreter der oberen Verantwortungs- und Entscheidungsebenen.

Die Option, die Wirksamkeit der Publikumsforschung durch *Besucherbefragungen* zu erfassen, wurde verworfen. Ein entscheidender Grund war das Problem der »Wirkungszurechnung« (Kromrey 1998: 98). Die Beurteilung *verschiedener* Ausstellungen an verschiedenen Museen durch Besucher liefert keine geeignete Vergleichsbasis, da es äußerst schwierig ist, zu bestimmen, ob und in welchem Maß der Erfolg von Ausstellungen oder Programmen durch den Beitrag der Publikumsforschung oder durch die Kompetenz der Ausstellungsteams bewirkt wurde. Daher musste auf die Auskünfte von Personen mit ausreichend Hintergrundwissen zum Einsatz der Publikumsforschung innerhalb der Einrichtung zurückgegriffen werden: solche, die Publikumsforschung durchführen und solche, die die gewonnenen Informationen in der Museumsarbeit nutzen. Alternativ wäre ein Vorher-Nachher-Vergleich der Besucherbewertung einer bestehenden und dann durch Publikumsforschung verbesserten Ausstellung denkbar, doch dies hätte – falls überhaupt eine solche Überarbeitung einer Ausstellung geplant wäre – nur sehr wenige Einzelfallstudien erlaubt, die kaum übergreifende, gerade durch den

Vergleich der Praxis verschiedener Museen erhellenden Einsichten liefern können.

4.4.1 Auswahl der Auskunftspersonen für Fallstudien

So richtete sich der Fokus bei den Fallstudien auf die Verantwortlichen für Publikumsforschung sowie Personen, deren Arbeit die publikumsbezogene Seite der Museumsarbeit berührt. Innerhalb dieser Personengruppe sollte bei der Auswahl der Interviewpartner und Befragungsteilnehmer ein möglichst breites Spektrum von Personen erreicht werden, sowohl hinsichtlich der vertretenen Arbeitsgebiete als auch bezüglich der Hierarchieebenen. Dahinter steht die Überlegung »that all ways of knowing are partial, and hence multiple, diverse ways of knowing are to be valued and respected« (Greene 2002: 25). Jeder Beteiligte hat unterschiedlich tiefen Einblick in die Materie und verschiedene Ansichten und Erfahrungen in Bezug auf die Publikumsforschung. Bei den Leitfadeninterviews und der schriftlichen Befragung wurde daher darauf geachtet, dass Repräsentanten folgender Arbeitsbereiche vertreten sind:

- Museumsleitung, Führungsebene
- Publikumsforschung
- Museumspädagogik, Besucherservice
- Ausstellungsentwicklung
- Presse- und Öffentlichkeitsarbeit / Marketing

Die Erfassung und Zusammenschau unterschiedlicher Perspektiven dient dazu, aus dem reichen Erfahrungsschatz der Auskunftspersonen zu schöpfen und ein ausgewogenes und differenziertes Gesamtbild der Situation zu erhalten.

4.4.2 Auswahl externer Experten

Zusätzlich zur internen fallbezogenen Perspektive wurden aufschlussreiche Einsichten von externen Spezialisten im Gebiet der Publikumsforschung erwartet. Sie können aus gewisser Distanz, ohne ›Betriebsblindheit‹, mit größerer Unabhängigkeit und Objektivität auf Fallstricke und Erfolgsfaktoren wirksamer Publikumsforschung hinweisen. Gemessen an der Tatsache, dass ein großer Teil der Publikumsforschung durch extern hinzugezogene Forscher realisiert wird, ist dies eine nicht zu vernachlässigende Perspektive. Kriterium für die Aufnahme in die Untersuchung war eine langjährige intensive Beschäftigung und Erfahrung mit der Publikumsforschung. Sie konnten sowohl aus dem universitären Kontext stammen als auch in privaten Beratungs- und Forschungsagenturen tätig sein. Die externen Spezialisten mussten keinen direkten Bezug zu den Fallstudien-Einrichtungen haben.

4.4.3 Organisationsdokumente

Des Weiteren wurden schriftliche Dokumente zu Rate gezogen, die in stärker formalisierter Weise Anwendung und Wirksamkeit von Publikumsforschung in den betrachteten Einrichtungen widerspiegeln. Neben offiziellen Publikationen wie z.B. Jahresberichten gehören dazu insbesondere interne Dokumente, welche über die Organisation, den Grad der Formalisierung und die organisatorische Verankerung der Publikumsforschung in der Einrichtung Aufschluss geben können. Von allen teilnehmenden Museen wurden folgende Dokumente erbeten:

- eine Aufstellung der bisher durchgeführten Publikumsstudien,
- Stellenbeschreibungen der/des Verantwortlichen für Publikumsforschung, falls eine solche Stelle besteht,
- Jahresberichte,
- Strategische Pläne (optional),
- interne Forschungsberichte (optional).

Wenn vorhanden, wurden auch Publikationen der Museen zum Thema Publikumsforschung in die Betrachtung einbezogen.

4.5 Entwicklung der Untersuchungsinstrumente

4.5.1 Semi-struktureller Interviewleitfaden

Um den Anforderungen einer vertiefenden, jedoch Vergleichbarkeit wahrenden Untersuchung gerecht zu werden, wurde für die Experteninterviews ein semi-struktureller Gesprächsleitfaden entwickelt. Wie Aufenanger (1991) und Witzel (1982) anführen, wird eine gewisse Systematisierung und Strukturierung dadurch sichergestellt, dass eine Liste problemzentrierter Themen in Form offener Fragen zur Fokussierung des Gesprächs vorgegeben wird, damit die gleichen Grundthemen bei jedem Interviewpartner angesprochen und erkundet werden. Um möglichst nah an ihrer Wahrnehmung des Gegenstandes zu bleiben, sollen die Gesprächspartner ihre Sichtweise frei, in ihren eigenen Worten ausdrücken können, daher die Notwendigkeit offener Fragen. Die Reihenfolge und Formulierung der Fragen sind nicht starr vorgegeben, so dass der Interviewer flexibel auf den jeweiligen Gesprächspartner eingehen und auch nicht explizit vorgesehene, sich aber im Verlauf des Interviews ergebende relevante Aspekte vertiefen kann.

Trotz aller Flexibilität bietet sich eine gewisse Grundreihenfolge von Fragen an, die mit ›Eisbrecher‹-Fragen zur Einstimmung beginnt und sich von der individuellen Ebene des Gesprächspartners hin zur Organisations- und evtl. Gesellschaftsebene bewegt. Auch zeitlich gesehen ist ein Beginn mit Themen von unmittelbarer Relevanz für den Interviewpartner wichtig. So empfiehlt Patton (2002: 352f), mit deskriptiven Fragen zu beginnen, die für den Gesprächspartner leicht zu beantworten sind und die sich möglichst auf die Gegenwart beziehen. So gelingt es leichter, eine angenehme Interviewsituation und gute Beziehung zum Gesprächspartner aufzubauen und ihn zum freieren Sprechen zu bringen. Anhand dieser Richtlinien wurde ein Leitfaden entwickelt, dessen Sequenz sich in den meisten Fällen bewährt hat, der jedoch nach Bedarf und angepasst an den Gesprächsverlauf flexibel eingesetzt wurde. Mit Blick auf die genannten Anforderungen und Forschungsfragen wurde folgendes Grundschema des Interviewleitfadens entwickelt:

- Gegenwärtige Funktion der/des Befragten, Ausbildung, Erfahrungshintergrund
- Berufliche Beziehung zu/Berührung mit Publikumsforschung, Bedeutung der Publikumsforschung für die eigene Arbeit
- Beispiele von Studien
- Abläufe und Partizipation bei Publikumsstudien
- Nutzung der Ergebnisse von Studien
- Auswirkungen von Publikumsforschung
- Kriterien für Effektivität von Publikumsforschung
- Herausforderungen/Voraussetzungen für Effektivität von Publikumsforschung
- Wünsche/Hoffnungen/Erwartungen für die Zukunft in Bezug auf Publikumsforschung

Das erste Thema sollte einen leichten Einstieg in das Gespräch ermöglichen und lieferte zugleich Hintergrundinformationen zur befragten Person. Daraufhin wurde im Hinblick auf Publikumsforschung nach Fakten und Erfahrungen gefragt, die sich auf das unmittelbare Arbeitsgebiet des Befragten beziehen. Erst dann wechselte das Thema auf die breitere Organisationsebene und fragte nach Meinungen. Die Frage nach Wünschen für die Zukunft diente als zeitlicher Abschluss und Konsistenzprüfung für vorige Antworten, da davon ausgegangen wurde, dass die Gesprächspartner bei dieser Frage für sie besonders wichtige (Kritik-)Punkte nochmals aufgreifen und mit Blick auf Veränderungsbedarf in der Zukunft unterstreichen. Die als erstes Teilprojekt in Australien und Neuseeland durchgeführten Interviews fragten zusätzlich nach Museen, die als besonders gutes Beispiel für den Einsatz von Publikumsforschung dienen können, um die Auswahl weiterer geeigneter Fälle zu unterstützen.

Für die Gespräche mit Museumsmitarbeitern, Verantwortlichen für Publikumsforschung und externen Experten wurde der Umgang mit dem Leitfaden jeweils angepasst. Im Gespräch mit der für Publikumsforschung verantwortlichen Person wurden Informationen zu Einsatz und Nutzung von Publikumsforschung besonders detailliert erfragt. Bei den externen Spezialisten stand ihre Zusammenarbeit mit den Museen stärker im Vordergrund. Es sei darauf hingewiesen, dass das Interview ein reaktives Verfahren ist, bei dem immer die Gefahr von Interviewereffekten besteht. Allein die Tatsache, dass die Publikumsforschung hier zum untersuchenswerten Gegenstand deklariert wird, verleiht ihr eine Bedeutung, die ihr von einigen Befragten normalerweise nicht unbedingt zugesprochen würde. Um derlei Problemen entgegenzuwirken, wurde darauf geachtet, möglichst zurückhaltend und aus einer neutralen Grundhaltung heraus zu agieren.

Durch die Teilnahme von Museen aus dem deutschen, englischen und französischen Sprachraum war die Wahrung der Vergleichbarkeit und die Angemessenheit der Forschungsinstrumente über die verschiedenen Kulturregionen hinweg wichtig (vgl. Harkness et al. 2003, Vijver & Leung 1997, Cavusgil & Das 1997, Helfrich 2003). Daher wurde der englische Entwurf des Leitfadens mit einer Mitarbeiterin am *Melbourne Museum* intensiv durchgesprochen, um die Formulierungen für den englischsprachigen Kontext zu optimieren. Das gleiche Vorgehen wurde mit Unterstützung eines Mitarbeiters des *Muséum National d'Histoire Naturelle*, Paris, für den französischsprachigen Raum angewendet. Bei der Durchführung der Interviews wurde dann darauf geachtet, möglichst auf die Formulierungen der Interviewpartner einzugehen.[4]

4.5.2 Standardisierter Fragebogen

Zusätzlich zur Gewinnung mündlicher Auskünfte im persönlichen Gespräch wurde eine ›schriftliche‹ Befragung via Online-Fragebogen durchgeführt. Ziel

4 | Auch traten gewisse sprachliche Besonderheiten zutage. So wird im Englischen von ›methodology‹ gesprochen, wenn von den eingesetzten Methoden berichtet wird; dieser Begriff bezieht sich nicht, wie im Deutschen, auf die *Reflexion* der Methoden. In den USA und Kanada ist häufig von ›exhibits‹ die Rede, wenn ganze Ausstellungen gemeint sind, während in Großbritannien und Australien ›exhibits‹ meist nur *Teile* von Ausstellungen, also Ausstellungselemente, bezeichnen.

der Befragung war es, einzelfallübergreifende Tendenzen zu erkennen sowie durch Vergleich Gemeinsamkeiten und Unterschiede zwischen verschiedenen Subgruppen (nach Weltregion oder Museumsart) festzustellen. Bei einer schriftlichen Befragung wird der Interviewereinfluss minimiert und die Teilnehmer haben die Möglichkeit, die Fragen in Ruhe zu durchdenken.

Der Fragebogen wurde entwickelt basierend auf den Ergebnissen der qualitativen Analyse der australischen und neuseeländischen Fallstudien, die als erste Teilstudie durchgeführt worden waren. Dabei wurden Nutzungsarten, Auswirkungen und Erfolgsfaktoren für Publikumsforschung identifiziert, die sich in dieser Weltregion als übergreifend relevant erwiesen. Um sicherzustellen, dass die in diesen ersten Fallstudien identifizierten Elemente auch hinsichtlich der anderen Weltregionen als relevant gelten können, wurden sie zusätzlich anhand der vorhandenen Literatur überprüft.

Auf der Grundlage dieser ersten Ergebnisse wurde ein Fragebogen mit 14 überwiegend geschlossenen Fragen entwickelt, der die Ausprägungen der im Rahmen der qualitativen Analyse identifizierten Wirkungen und Erfolgsfaktoren bei den untersuchten Fällen in quantitativer Hinsicht erfassen sollte. Der Fragebogen ist folgendermaßen strukturiert:

- Hintergrundinformation (Name der Einrichtung, Arbeitsgebiet des Befragten)
- Grad der Besucherorientierung
- Auswirkungen der Berücksichtigung von Publikumsinformationen in der Museumsarbeit (offene Frage)
- Effektivität von Publikumsforschung
- Integration von Publikumsforschung in die internen Abläufe der Museumsarbeit
- Qualität und Nützlichkeit der Publikumsforschung
- Wahrnehmung der Publikumsforschung innerhalb der Einrichtung
- Durchführung von Publikumsforschung
- Kommunikation der Ergebnisse von Publikumsstudien
- Verankerung der Publikumsforschung innerhalb der Einrichtung
- Erfolgsfaktoren für Publikumsforschung
- Auswirkungen von Publikumsforschung
- Weitere Anmerkungen zum Thema (offene Frage)

Die geschlossenen Fragen waren, bis auf die Fragen nach Hintergrundinformationen, durchgehend mit 4-stufigen Ratingskalen zu bewerten. Die Entscheidung für eine gerade Anzahl von Antwortmöglichkeiten wurde getroffen, um eine klare Tendenzaussage zu erhalten und eine Konzentration der Antworten in der Mitte zu vermeiden. Ergänzt wurden die vier Antwortstufen um die Kategorie ›weiß nicht‹, für den Fall, dass die Befragten über mangelnde Informationen verfügen, um die Frage zu beantworten. Es konnte nicht davon ausgegangen werden, dass alle Befragten mit den Begrifflichkeiten der Publikumsforschung wie auch der Aktivitäten in diesem Gebiet in ihrer Einrichtung umfassend vertraut sind. Damit der Einstieg leicht fällt, wurde mit der Abfrage von Hintergrundinformationen begonnen, die sonst häufig erst am Ende eines Fragebogens erfasst werden. Um den Fragebogen nicht zu kompliziert zu gestalten, wurde davon abgesehen, bei den Ratingskalen die Aussagen abwechselnd in verschiedene Richtungen zu polen. Dies wird gerne empfohlen, um einseitigen Antworttendenzen entgegenzuwirken. In diesem Fall wurde jedoch befürchtet, dass eine solche Konstruktion die Befragten zu sehr verwirren würde und ihre Antworten dadurch weniger verlässlich seien.

Im Hinblick auf den Einsatz des Instrumentes in drei großen Weltregionen wurde es als sinnvoll empfunden, den Fragebogen im Internet zu platzieren. Dieses Vorgehen versprach – neben den geringen Einsatzkosten – eine unkomplizierte, unmittelbare Zugänglichkeit des Fragebogens für alle Beteiligten. Dabei wurde von einer Grundvertrautheit der Auskunftspersonen mit Webbrowsern und Emailprogrammen ausgegangen und auf eine übersichtliche, nutzerfreundliche Gestaltung gezielt; zur Kontaktaufnahme bei Problemen wurden Email-Adresse und Telefonnummer angegeben. Auf Wunsch hatten die Befragungsteilnehmer auch die Möglichkeit, den Fragebogen auszudrucken, per Hand auszufüllen und ihn dann per Post oder Fax einzureichen. Davon machten jedoch nur wenige Teilnehmer Gebrauch.

Technisch realisiert wurde der Fragebogen als ein HTML-Formular zur Dateneingabe über das Internet, und die Daten wurden nach Anklicken des ›Submit‹-Feldes per Email versendet. Dies erleichterte die Weiterverarbeitung der Informationen, da die elektronisch übermittelten Daten unkompliziert und mit minimierter Gefahr von Falscheingaben in die verwendeten Auswertungsprogramme eingespeist werden konnten. Durch die Einbindung von JavaScript wurde sichergestellt, dass möglichst viele vollständige Datensätze gewonnen wurden. Das Script warnte bei unbeantworteten Fragen und ließ die Versendung der Daten erst zu, wenn alle Fragen beantwortet waren. Daher war es auch wichtig, die Option ›weiß nicht‹ vorzusehen. Zudem wurde das Fragebogen-Formular so entworfen, dass es bei den verschiedenen gängigsten Webbrowsern korrekt und übersichtlich angezeigt wurde.

Der Fragebogen musste vor seinem Einsatz in Bezug auf seine inhaltliche Eignung und technische Handhabbarkeit getestet werden. Der erste Entwurf des Fragebogens – in Englisch – wurde mit vier australischen Spezialistinnen im Gebiet der Publikumsforschung im Detail durchgesprochen und entsprechend ihrer Anmerkungen angepasst. Die überarbeitete Fassung wurde dann einem Pretest mit Mitarbeitern des Melbourne Museums (Melbourne, Australien) unterzogen, um durchschnittliche Beantwortungsdauer, Verständlichkeit und Eindeutigkeit der Fragen sowie die technische Handhabbarkeit des Online-Fragebogens zu testen. Nach der Durchführung der Befragung in den australischen Museen wurde der englische Fragebogen für die weiteren Erhebungsphasen nochmals leicht modifiziert und gestrafft. Des Weiteren musste der Fragebogen für den Einsatz in den anderen Sprachregionen übersetzt und angepasst werden. Hier wurde wiederum auf die Unterstützung von Fachleuten im Gebiet der Publikumsforschung aus dem deutschen und französischen Sprachraum zurückgegriffen, um die übersetzte Version des Fragebogens zu optimieren. Dabei wurde darauf geachtet, die Inhalte möglichst adäquat zu übersetzen und die Anforderungen an die Frageformulierung in allen verwendeten Sprachen zu erfüllen. Zudem gab die letzte, offene Frage den Befragten die Möglichkeit, auf Schwierigkeiten im Umgang mit dem Fragebogen hinzuweisen. Die wenigen derartigen Hinweise bezogen sich überwiegend auf den mangelnden Einblick der Befragten in die Thematik.

4.6 Durchführung der Datenerhebung

Um die qualitativen Daten möglichst vor Ort zu erheben, wurden verschiedene Forschungsreisen unternommen. Ein längerer Auslandsaufenthalt in Melbourne, Australien, erleichterte den Zugang zu den australischen und neuseeländischen Museen. Die Daten zu den australischen und neuseeländischen Fallstudien wurden zwischen dem 23. Januar und dem 14. August 2002 erhoben. Dies geschah im Rahmen einer Studie, die im Auftrag der *Evaluation and Visitor Research Special Interest Group* (EVRSIG) von *Museums Australia* durchgeführt wurde (vgl. Reussner 2003a) und deren Ergebnisse freundlicherweise auch für die Zwecke dieser Arbeit genutzt werden dürfen. Die europäischen Museen wurden einzeln besucht. Die Erhebungsphase in den europäischen Museen fand zwischen dem 22. Oktober 2003 und dem 19. März 2004 statt. Die meisten untersuchten nordamerikanischen Museen waren Stationen einer vierwöchigen Forschungs- und Konferenzreise zwischen dem 26. Juli und 9. August 2004, während die übrigen Daten zu dieser Weltregion darauffolgend telefonisch – verteilt zwischen dem 27. August und dem 9. Dezember 2004 – erhoben wurden. Insgesamt wurden 15 Museen besucht, bei den übrigen 6 Fällen wurden Telefoninterviews durchgeführt.

4.6.1 Interviews

Zur Rekrutierung der Auskunftspersonen wurde die Unterstützung der jeweiligen Kontaktpersonen in den zu untersuchenden Museen in Anspruch genommen. Sie halfen, potentielle Teilnehmer zu identifizieren und für die Untersuchung zu gewinnen. Es wurde angestrebt, pro Einzelfallstudie vier bis fünf Interviews durchzuführen, um aus jedem der fünf Arbeitsgebiete möglichst je eine Person befragen zu können. Zentrales Auswahlkriterium war daher die Zugehörigkeit zu einer der fünf Gruppen von Arbeitsgebieten – Museumsleitung, Publikumsforschung, Museumspädagogik und Besucherservice, Ausstellungsentwicklung, Öffentlichkeitsarbeit respektive Marketing. Außerdem mussten die Befragten einen gewissen Einblick in die Publikumsforschungsaktivitäten ihrer Einrichtung haben, um die Fragen beantworten zu können.

Insgesamt wurden 98 Interviews mit Mitarbeitern und Führungskräften der ausgewählten Museen geführt. 74 Interviews wurden im persönlichen Gespräch durchgeführt, meist in den untersuchten Einrichtungen selbst oder bei Fachkonferenzen. Weitere 23 Interviews fanden telefonisch statt. Eine Gesprächspartnerin musste kurzfristig absagen, beantwortete die Fragen jedoch per Email. Daneben wurden in jeder Weltregion durch die Sichtung von Publikationen und Mitgliederverzeichnissen führende unabhängige Fachleute mit Expertise in der Publikumsforschung identifiziert und direkt kontaktiert. Keine der kontaktierten Personen verweigerte die Teilnahme. Insgesamt wurden Interviews mit 24 Experten durchgeführt. Durch technische Probleme erwies sich eine Interviewaufnahme leider im Nachhinein als unbrauchbar, so dass die Auskünfte von insgesamt 23 Experten verwertet werden konnten. Von den Experteninterviews erfolgten 9 im persönlichen Gespräch, 13 telefonisch; eine Expertin beantwortete die Fragen schriftlich (per Email). Die Befragten verteilen sich gleichmäßig auf den universitären und non-universitären Kontext: 12 externe Fachleute sind universitär verankert, während 9 Personen Forschungs- und Beratungsagenturen angehören oder betreiben und 2 bereits im Ruhestand sind. Hinsichtlich der Weltregionen ist Europa mit 10 Experten vertreten, Nordamerika mit 7 und Australien/Neuseeland mit 6 Spezialisten für Publikumsforschung und publikumsorientierte Museumsarbeit.

Die Interviews mit Museumsmitarbeitern und externen Experten begannen mit einer kurzen Erläuterung der Untersuchung und der Beantwortung eventueller Fragen, bevor der Gesprächsleitfaden zum Einsatz kam. Die Gespräche wurden mit Einverständnis der Gesprächspartner per Diktiergerät aufgezeichnet. Bei 116 Interviews mit Museumsmitarbeitern und externen Experten erfolgte die Sprachdatenerhebung mittels Audio-Aufzeichnung. Zwei

Gesprächspartner beantworteten die Fragen schriftlich. Aufgrund technischer Probleme mit dem Aufnahmegerät sowie auf Wunsch eines Befragten war bei zwei weiteren Interviews die Erfassung des Gesprächs durch handschriftliche Notizen erforderlich. Handschriftliche Notizen waren ebenfalls die Basis der Dokumentation eines informellen Gesprächs, welches aufgrund seines Informationsgehalts für die Untersuchung in den Korpus an Quelldokumenten aufgenommen wurde.

Die Aufnahmen wurden im Anschluss transkribiert. Bei der Transkription von 23 Interviews der australischen Fallstudien konnte durch großzügige Unterstützung des Melbourne Museum auf professionelle Transkribenten zurückgegriffen werden, die bereits Erfahrung mit Interviews im musealen Kontext hatten. Die übrigen 93 Interviews wurden von mir selbst transkribiert. Die Transkription erfolgte in Anlehnung an Mayring (2002), Dittmar (2004) und Kuckartz (2007). Da nicht das Gespräch als Kommunikationshandlung, sondern der Gesprächsinhalt analytisch interessierte, konzentrierte sich die Transkription auf die semantische Dimension des Interviews. Es wurden nur die Passagen des Interviews transkribiert, die mit Blick auf den Forschungszweck ausgewertet werden konnten, wogegen Passagen, bei denen das Thema stark abschweift, unberücksichtigt blieben. Das Vorgehen ist damit halbinterpretativ, da bereits im Transkriptionsprozess eine Entscheidung darüber gefällt wurde, welche Passagen aufgrund ihres Themenbezugs in die Transkription aufzunehmen sind. Die Notizen und Transkripte der Interviews wurden schließlich für die Verwendung mit dem qualitativen Analyseprogramm NVivo aufbereitet (als Dokument im Rich Text Format). Die von den Fallstudien-Einrichtungen erbetenen Organisationsdokumente wurden ebenfalls digitalisiert und für die Analyse mit NVivo vorbereitet.

4.6.2 Online-Befragung

Parallel zur qualitativen Datenerhebung wurde die Online-Befragung von Museumsmitarbeitern der untersuchten Museen durchgeführt. Die Teilnehmer der schriftlichen Befragung wurden ebenfalls über die Kontaktpersonen in den Museen rekrutiert. Sie erhielten von der Kontaktperson eine Email, welche die Untersuchung erläuterte und eine Verknüpfung zum Online-Fragebogen enthielt. Auch bei der Befragung sollten alle Kategorien der Arbeitsgebiete vertreten sein. Es wurden anfänglich etwa 25 Teilnehmer pro Institution angestrebt; dies stellte sich jedoch bald als unrealistisch heraus. Die Gewinnung einer großen Zahl von Museumsmitarbeitern zur Teilnahme an der Untersuchung erwies sich in einigen Einrichtungen selbst nach wiederholter Aufforderung von seiten der Kontaktpersonen als recht schwierig. Zwei Einrichtungen wurden aufgrund zu geringer Teilnehmerzahlen aus der quantitativen Analyse ausgeschlossen; hier lieferte die qualitative Analyse wertvolle Einsichten. Aus der Befragung gingen insgesamt 229 gültige Fragebögen hervor, die analysiert werden konnten.

4.7 Datenauswertung

Die Datenauswertung bewegte sich auf verschiedenen Analyseebenen: vom einzelnen Gesprächspartner – Museumsmitarbeiter und externe Experten – über die Betrachtung der Institution als Ganzes bis hin zur Kontrastierung verschiedener Museumsarten, Weltregionen und Gruppen unterschiedlich erfolgreich die Publikumsforschung nutzender Museen; die zentrale Untersuchungseinheit bildet jedoch der Einzelfall. Dabei stehen im Sinne des Ansatzes komparativer Mehrfach-Fallstudien Vergleiche im Vordergrund, im Gegensatz zur ausführlichen Würdigung der Einzelfälle. Ziel war es, gerade aus der Kontrastierung der Fälle übergreifende Einsichten zu gewinnen. Besonderheiten einzelner Fälle wurden jedoch insbesondere bei der qualitativen Analyse berücksichtigt.

4.7.1 Qualitative Inhaltsanalyse

Die qualitative Inhaltsanalyse wurde als die am besten geeignete Methode zur Auswertung der Interviews und Organisationsdokumente sowie der offenen Fragen in der schriftlichen Befragung befunden. Im Gegensatz zu *quantitativ* orientierter Inhaltsanalyse, die sich im wesentlichen auf Häufigkeitsanalysen konzentriert, eignet sich die *qualitative* Inhaltsanalyse besonders für die Hypothesenfindung und Theoriebildung bei explorativen Studien. Mayring sieht insbesondere ihren Einsatz bei Einzelfallstudien positiv: »Fallanalysen sind ein hervorragendes Anwendungsgebiet ihrer eher offenen, eher deskriptiven, eher interpretativen Methodik« (Mayring 2000: 21). Neben der Auswertung von Texten kann »auch die Codierung offener Fragen im Interview als Inhaltsanalyse begriffen werden« (Merten 1983: 87). Das hier gewählte Vorgehen konzentriert sich, geleitet von der zentralen Fragestellung, auf die semantische Dimension des Datenmaterials, »um Aussagen über die soziale Realität *außerhalb der Texte (Dokumente)* zu gewinnen« (Kromrey 1998: 298). Eine qualitativ ausgerichtete Inhaltsanalyse schließt Quantifizierungen nicht aus. Sie unterstützen den Vergleich verschiedener Einzelfälle, und die Häufigkeit, mit der eine Kategorie vertreten ist, *kann* ein Hinweis auf ihre Bedeutsamkeit sein (vgl. Mayring 2000: 45).

Die qualitative Inhaltsanalyse diente der inhaltlichen Strukturierung des

Datenmaterials (vgl. Mayring 2000). Das von Mayring vorgeschlagene Verfahren wurde dabei jedoch modifiziert, da aufgrund des explorativen Untersuchungsansatzes nicht von einem vollständig vordefinierten Kategorienschema ausgegangen werden konnte. Vielmehr wurde bei der Inhaltsanalyse ein Ansatz gewählt, der den Bezug auf ein konzeptionelles Vorverständnis mit theoretischer Offenheit verbindet: Die Anwendung *a priori* festgelegter Kategorien wurde kombiniert mit dem induktiven Vorgehen einer eng am Material durchgeführten Kategorienentwicklung (vgl. Miles & Huberman 1994: 61, Schmidt 1997). Das Zusammenspiel von deduktivem und induktivem Vorgehen erlaubte eine systematische, fokussierte Analyse des vorhandenen Datenmaterials, bei der eine Dominanz des theoretischen Vorverständnisses vermieden wurde, um eine Nähe zur Perspektive der Auskunftspersonen und ausreichend Offenheit für das Auftreten nicht antizipierter Aspekte zu bewahren. Somit wurde bei der Analyse eine *etische*, von außen an das Material herangetragene Perspektive verbunden mit der *emischen* Perspektive der Befragten selbst (vgl. Stake 1995: 20).

Zur Bearbeitung der Interviewtranskripte und Organisationsdokumente wurde das Analyseverfahren der *Extraktion* angewendet, eine Abwandlung der strukturierenden Inhaltsanalyse nach Mayring (vgl. Gläser & Laudel 2004: 193–196). Ausgehend von den theoretischen Vorüberlegungen wurden mit Hilfe eines Suchrasters die für die Beantwortung der Fragestellung relevanten Textstellen ausgewählt (extrahiert) und den theoretisch hergeleiteten Oberkategorien zugeordnet, wogegen die jeweiligen Unterkategorien induktiv aus dem Datenmaterial heraus entwickelt wurden. Der konzeptionelle Rahmen und die Fragestellung gaben die Oberkategorien vor: *Anwendung, Wirkungen* und *Erfolgsfaktoren* der Publikumsforschung. Die diesen Suchkriterien entsprechenden Textsegmente wurden jeweils extrahiert und mit der entsprechenden Oberkategorie versehen. Basierend auf der Zusammenstellung und Sichtung aller Textsegmente, die einer bestimmten Oberkategorie zugeordnet worden waren, wurde das Datenmaterial induktiv weiter strukturiert. Dabei wurden die einzelnen Ausprägungen zunächst nah am Material verbal beschrieben. Die im konzeptionellen Rahmen genannten möglichen Unterkategorien dienten dabei als vorläufige Orientierungspunkte, es wurden aber auch nicht antizipierte Merkmalsausprägungen aufgenommen. Später wurden dann eng verwandte Kategorien zusammengefasst zu größeren Einheiten. So entstand ein strukturiertes Kategorienschema, das im Verlauf der Untersuchung angereichert, modifiziert und präzisiert wurde. Das extraktionsbasierte Vorgehen wird durch die verwendete Analysesoftware NVivo besonders gut unterstützt.

Aus dieser schrittweisen Entwicklung und Verfeinerung des Kategoriensystems ergab sich ein Repertoire an Nutzungsweisen, Wirkungen und Erfolgsfaktoren für Publikumsforschung. Die Ergebnisse der Einzelfallanalysen wurden gegenübergestellt, um Gemeinsamkeiten und Unterschiede, übergreifende Tendenzen und fallweise Besonderheiten zu ermitteln. Zudem wurde die jeweilige Bedeutung der Analyseaspekte für die verschiedenen Museumsarten und Weltregionen geprüft. Besonders aufschlussreich war schließlich die Gegenüberstellung von Fällen mit besonders wirksamer Publikumsforschung und solchen Fällen, bei denen die Publikumsforschung weniger starke Wirkungen zeigte. Die in der qualitativen Analyse der ersten Fallstudien (australische und neuseeländische Museen) identifizierten Kategorien dienten als Grundlage für die Entwicklung des schriftlichen Befragungsinstruments.

4.7.2 Deskriptive Statistik

Aufgrund der deskriptiv-explorativen Zielsetzung der Studie und der Auswahlmethode, die keine statistische Repräsentativität im strengen Sinne sicherstellt, griff die quantitative Analyse auf Verfahren der deskriptiven Statistik zurück (vgl. Bortz & Döring 2002: 68). Der Fokus der quantitativen Analyse lag naturgemäß auf den Daten zu den geschlossenen Fragen des Fragebogens. Die Datenauswertung fand auf verschiedenen Analyseebenen statt. Durch die Anlage der Untersuchung als Vergleich multipler Fallstudien wurden die erhobenen Daten zunächst für jede Einrichtung einzeln analysiert. Dadurch wurde eine Gesamtwertung der Wirksamkeit und Erfolgsfaktoren für jeden Einzelfall generiert, die anschließend verglichen werden konnten, um Gemeinsamkeiten und Spezifika zu identifizieren, unterstützt durch die Ergebnisse der qualitativen Inhaltsanalyse.

Anhand der Werte für die Wirksamkeit der Publikumsforschung konnte eine Rangliste der Einrichtungen aufgestellt werden. Dies erlaubte Vergleiche zwischen den Museen, die Publikumsforschung offenbar besonders wirksam zu nutzen wissen und den Einrichtungen, denen dies nicht in diesem Maße gelingt. Darauf basierend konnte genauer analysiert werden, was die Museen, denen der höchste Einfluss von Publikumsforschung auf die Museumsarbeit attestiert wurde (höchste Wirksamkeit), von den übrigen Einrichtungen unterscheidet und wodurch sie sich auszeichnen. Die qualitative Analyse erlaubte hier ergänzend die Überprüfung und Vertiefung dieser Einsichten.

Da die Beurteilung der Erfolgsfaktoren und Auswirkungen von Publikumsforschung im Fragebogen am besten durch Rating-Skalen geleistet werden konnte, handelt es sich hier überwiegend um ordinalskalierte Daten. Dies musste bei der Auswahl der geeigneten Auswertungsmethoden berücksichtigt werden. Die Auffassung von Rating-Skalen als intervallskaliert ist vieldiskutiert. Probleme bereitet hier insbesondere die Ergebnisinterpretation (vgl. Bortz & Döring 2002: 181). Für die vorliegende Untersuchung wurde daher auf Auswertungsverfahren für ordinalskalierte Daten zurückgegriffen, wie z.B. die Bestimmung des Rangkorrelationskoeffizienten *Kendall's* τ. Bei der nun folgenden Darstellung der Ergebnisse werden die den Resultaten zugrunde liegenden Analyseschritte jeweils näher erläutert.

5 Anwendung und Wirksamkeit von Publikumsforschung

Mit diesem Kapitel beginnt die Darstellung und Diskussion der empirischen Ergebnisse, welche mittels der zuvor erläuterten Methoden gewonnen wurden. Zunächst wird die gegenwärtige Praxis der Publikumsforschung in den untersuchten Museen beleuchtet. Dies bildet die Grundlage für die Erkundung der Veränderungen, die der Einsatz von Publikumsforschung in den Museen bewirkt hat. Hinsichtlich der Durchführung von Publikumsstudien richtet sich der Blick darauf, welche Ressourcen den beteiligten Museen zu diesem Zweck zur Verfügung stehen, seit wann und in welchem Umfang sie Publikumsstudien betreiben, welche Themen und Fragestellungen untersucht werden und welche Methoden dabei zum Einsatz kommen. Daraufhin werden die nachfolgenden Schritte in der Wirkungskette der Publikumsforschung analysiert: Art und Umfang der Nutzung von Untersuchungsergebnissen in der Museumsarbeit und schließlich die diversen Wirkungen des Einsatzes von Publikumsforschung. Das Kapitel endet mit der Einordnung der untersuchten Museen in eine Rangfolge nach Grad der Wirksamkeit von Publikumsforschung als Ausgangspunkt für die nachfolgende Bestimmung von Erfolgsvoraussetzungen.

5.1 Strukturelle Rahmenbedingungen

Als Hintergrundinformation soll zunächst die personelle und finanzielle Ausstattung für Publikumsforschung an den untersuchten Museen dargestellt werden, bevor die Praxis der Publikumsforschung an sich näher erläutert wird. Hier zeigt sich, unter welchen Rahmenbedingungen die Publikumsforschung durchgeführt wird und wie unterschiedlich sich das Bekenntnis zur Publikumsforschung in der Bereitstellung von Ressourcen niederschlägt.

5.1.1 Personelle Ausstattung für Publikumsstudien

Wie Bitgood (1996b: 5) feststellt, ist die Zuweisung von Ressourcen, insbesondere in Form von Personal, ein deutliches Zeichen für ein festes Bekenntnis zur Publikumsforschung. Unter den Museen, die besonders aktiv Publikumsforschung betreiben, variiert die Personalausstattung für Publikumsforschung sehr stark. Diese Unterschiede wurden bewusst in der Auswahl der zu untersuchenden Fälle abgebildet, um den Einfluss der internen Zuständigkeit auf die Wirkungsmacht der Publikumsforschung bestimmen zu können. Bei der Ausgestaltung des Personalbestands für Publikumsforschung sind folgende Stufen zu unterscheiden:

- **Keine oder marginale Zuständigkeit**: Eine Zuständigkeit für Publikumsforschung ist innerhalb der Organisation entweder gar nicht oder nur als eine kleine Teilaufgabe unter vielen anderen vorhanden.
- **Partielle Zuständigkeit**: Die Publikumsforschung ist eine von mehreren zentralen Aufgaben eines Mitarbeiters.
- **Volle Zuständigkeit**: Es gibt eine Stelle, deren vorrangige Aufgabe die Publikumsforschung ist.
- **Zuständigkeit einer Abteilung**: Innerhalb der Einrichtung ist mehr als eine volle Stelle für Publikumsforschung vorhanden.

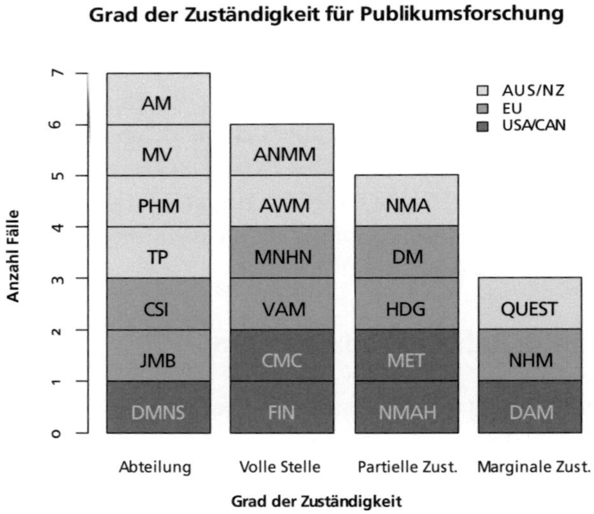

Abb. 5.1: Grad der Zuständigkeit für Publikumsforschung

Die Verteilung der untersuchten Fälle nach Zuständigkeitsgraden ist in Abbildung 5.1 dargestellt. Zu den Museen, bei denen die Publikumsforschung in den Aufgabendefinitionen des Museumspersonals zum Zeitpunkt der Untersuchung gar nicht oder nur als eine kleine Teilaufgabe auftaucht, gehören das *Denver Art Museum*, das *Natural History Museum* und *Questacon*. Hier integrieren Mitarbeiter aus anderen Arbeitsgebieten die Publikumsstudien von

Fall zu Fall in ihre Aufgaben, vornehmlich Verantwortliche aus den Bereichen Marketing und Besucherservice. Die Besonderheit beim *Denver Art Museum* liegt darin, dass es zwar keine zentrale Verantwortlichkeit für Publikumsforschung gibt, sie jedoch betrachtet wird als – wenn auch kleiner – integraler Bestandteil der Aufgaben bestimmter museumspädagogischer Mitarbeiter, der sogenannten *Master Teachers*:

»In 1990 the Denver Art Museum (DAM) restructured its education department around positions called ›master teachers‹ and defined master teachers as people who would be responsible for knowing the museum's audience and its collections to make our museum galleries and exhibitions more meaningful to visitors. This meant that, in addition to knowing art history, master teachers needed to become familiar with the literature of visitor evaluation and be able to conduct a variety of evaluations.« (Williams 2000: 13)

Eine Teilverantwortung für Publikumsforschung findet sich seit 1998 am *Deutschen Museum* wieder in einer halben Wissenschaftlerstelle mit dem Titel *Ausstellungsdidaktik und Besucherforschung*, die stark mit einer museumspädagogischen Aufgabenstellung verbunden ist.[1] Am *Haus der Geschichte* hat ein wissenschaftlicher Mitarbeiter mit überwiegend kuratorischen Aufgaben die Koordination der Publikumsforschung übernommen:

»Wie jeder Wissenschaftler hier im Hause betreue ich Sammlungsgebiete, betreue Ausstellungen. [...] Und es gibt dann Einzelne, die noch bestimmte Bereiche zusätzlich betreuen [...]. Bei mir ist dies die Besucherforschung.«

Beim *National Museum of Australia* ist die Publikumsforschung insofern partiell personell verankert, als eine mit übergreifenden Planungsaufgaben betraute Mitarbeiterin die Publikumsforschung als einen wesentlichen, festen Bestandteil ihrer Arbeit ansieht und sich intensiv damit befasst, auch wenn die offizielle Stellenbeschreibung dies nicht ausweist. Beim *National Museum of American History* ist eine besondere Situation anzutreffen. Die Publikumsforschung wird hier verantwortet vom *Office of Policy and Analysis* (OPANDA)[2], einer übergeordneten Einheit, die für die *Smithsonian Institution* als Ganzes zuständig ist und damit für fast zwanzig Museen einschließlich

1 | Inzwischen führt die Stelleninhaberin diese Tätigkeit im Rahmen der Leitung der Hauptabteilung Bildung durch, und die Stelle hat an Umfang zugenommen.

2 | Bis zum Jahr 2000 hieß die Abteilung *Institutional Studies Office*. Nach einer Reorganisation unter neuem Direktor wurden die Aufgaben der Abteilung erweitert über Publikumsforschung hinaus (siehe Abschnitt 5.4.4.1, S. 183).

des *National Museum of American History*. Diese Abteilung hat 9 Mitarbeiter. Das *National Museum of American History* selbst hat dagegen – nachdem vor einiger Zeit eine Person in der Ausstellungsentwicklung diese Aufgabe übernommen hatte, solange sie am Museum arbeitete – derzeit niemanden, der ausdrücklich für Publikumsforschung verantwortlich ist. Hier wird die Publikumsforschung vor allem von den Museumspädagogen vorangetrieben, in Zusammenarbeit mit Mitarbeitern des OPANDA. Damit relativiert sich die Anzahl an Stellen für Publikumsforschung in Bezug auf dieses einzelne Museum sehr stark. Aus diesem Grund wurde das *National Museum of American History* hinsichtlich der personellen Ressourcen in die Kategorie *partielle Zuständigkeit* eingeordnet. Beim *Metropolitan Museum of Art* findet sich – wenn auch in kleinerem Maßstab – ein vergleichbares Modell:

»The opportunity to collect the data for this research stems from the establishment of an Office of Research and Evaluation at The Metropolitan Museum of Art in the fall of 1988. [...] The Office is operated with two part-time researchers [...], both of whom have full-time faculty positions at local universities.« (Smith & Wolf 1996: 222)

So gibt es ein offizielles *Office of Research and Evaluation*, das seit 1988 von zwei *externen*, universitär verankerten Beratern in Teilzeit betrieben wird. Die Koordination läuft im Wesentlichen über die Abteilung Museumspädagogik. Darüber hinaus gibt es eine Mitarbeiterin im Bereich Besucherservice, die gelegentlich Studien durchführt. Aufgrund dieser Konstellation wurde auch das *Metropolitan Museum of Art* der Kategorie *partielle Zuständigkeit* zugerechnet.

Zwei Drittel der hier untersuchten Museen haben mindestens eine volle Stelle für Publikumsforschung eingerichtet. Abbildung 5.2 gibt einen Überblick über die Anzahl der Positionen für Publikumsforschung bei diesen Museen zum Zeitpunkt der Untersuchung, umgerechnet in Vollzeitäquivalente. Beim *Australian Museum* verteilt sich die Aufgabe auf eine volle und zwei halbe Stellen, beim *Denver Museum of Nature and Science* und dem *Jüdischen Museum Berlin* jeweils auf eine volle und eine halbe Stelle.[3] Als 1991 die Abteilung für Publikumsforschung am *Powerhouse Museum* eingerichtet

3 | Zum Zeitpunkt der Untersuchung war die volle Stelle für Publikumsforschung am *Denver Museum of Nature and Science* durch den Weggang der Stelleninhaberin seit kurzem unbesetzt, und die Inhaberin der weiteren halben Stelle kurz darauf in Mutterschaftsurlaub gegangen, so dass *de facto* niemand die vorhandenen Positionen ausfüllte. Da diese Situation jedoch erst kurzfristig eingetreten war und das Museum eine recht lange Historie der Publikumsforschung aufzuweisen hat, wurde das *Denver Museum of Nature and Science* grundsätzlich so behandelt, als seien die Stellen ausgefüllt. Die von den Interviewpartnern geäußerten Erfahrungen der kurzen Zeit ohne interne Zuständigkeit für

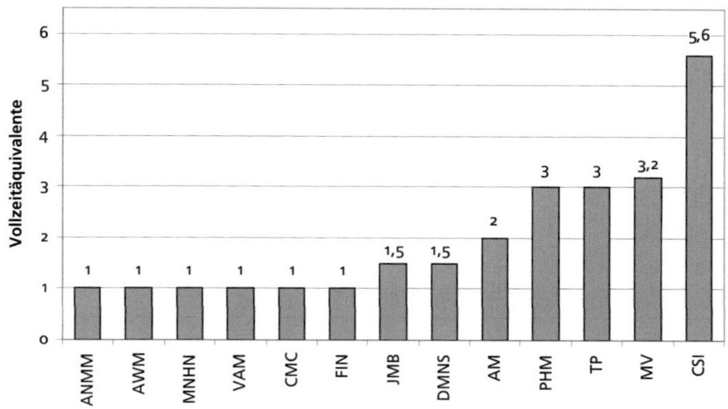

Abb. 5.2: Anzahl von Stellen für Publikumsforschung

wurde, war sie die erste ihrer Art auf dem australischen Kontinent. *Museum Victoria* hat zwei Vollzeit- und zwei Teilzeitstellen für Publikumsstudien, und bei der *Cité des Sciences* sind insgesamt sechs Personen dafür zuständig.

Die Anzahl dezidiert der Publikumsforschung zugeordneter Positionen sollte nicht zum alleinigen Maßstab für die personelle Ausstattung der Museen in diesem Tätigkeitsgebiet genommen werden. Zum einen stellt sich hier die Frage nach der Dauerhaftigkeit der Positionen. Beim *Australian National Maritime Museum* handelt es sich um eine zunächst auf ein Jahr befristete Stelle, allerdings mit der Option auf Verlängerung. Die zweite, halbe Stelle am *Jüdischen Museum Berlin* ist ebenfalls zeitlich begrenzt.[4] Zum anderen nutzen einige Museen ihr Budget für die Anstellung von Mitarbeitern mit zeitlich befristeten Verträgen. So werden über die definierten Stellen hinaus Aushilfs- und Gelegenheitskräfte für die Publikumsforschung eingesetzt, vornehmlich für die Datenerhebung. Wie das *Australian Museum* und das *Jüdische Museum Berlin* nutzt auch das *Muséum national d'histoire naturelle* solche ›vacataires‹ (Aushilfskräfte). Für *Museum Victoria* ist eine Zusatzkraft tätig, für das *Canadian Museum of Civilization* drei studentische Hilfskräfte, und für *Te Papa* sind sogar regelmäßig 14 *casual staff* aktiv. Dieses Vorgehen

Publikumsforschung flossen jedoch als wertvolle Einsichten ebenfalls in die Untersuchung ein.

4 | Diese halbe Stelle ist inzwischen weggefallen und wird vorerst nicht neu besetzt. Diese Arbeit bezieht sich jedoch weiterhin auf die Situation zum Zeitpunkt der Durchführung der Fallstudie.

ermöglicht es den Museen, nach Bedarf und Budget kurzfristig und flexibel zusätzliche personelle Ressourcen zu requirieren.

In die personellen Ressourcen eingerechnet werden sollte auch die Beteiligung von Mitarbeitern mit anderen Aufgaben. Die Leitung und Konzeption von Publikumsstudien liegt gelegentlich auch in den Händen von Museumsmitarbeitern aus anderen Tätigkeitsbereichen, insbesondere, wenn keine spezifische Zuständigkeit für Publikumsforschung vorhanden ist. Gelegentlich übernehmen Mitarbeiter aus dem Marketing diese Aufgabe, vorwiegend aber Verantwortliche für Besucherprogramme und Museumspädagogik, wie beispielsweise beim *National Museum of American History*:

»*One example is the last exhibition project that I worked on, I was the educator on the* Brown versus the Board of Education *exhibit that we just opened. [...] And I did a title testing survey for that. And that was just something that we did in-house, so we created the protocol here and everyone on the team went on and interviewed visitors and showed them several titles and asked a series of questions.*«

Eine weitere Personengruppe, an die die Durchführung von Studien gerne delegiert wird, sind Studenten und Doktoranden. Diese bekommen dadurch die Gelegenheit, die empirischen Ergebnisse in ihre Abschluss- und Doktorarbeiten einzubringen, und den Museen eröffnet es die Möglichkeit, kostengünstig Informationen über ihr Publikum zu gewinnen. Eine besondere Variante findet sich am *Victoria & Albert Museum*. Im Dezember 1998 wurde eine Gruppe von Jugendlichen und jungen Erwachsenen zwischen 15 und 25 Jahren eingeladen, eine Befragung ihrer Altersgenossen zu entwickeln und durchzuführen:

»The aim of the survey, organised by the V&A's education department, is to collect information to help the museum build up a larger audience among young people. The seven members of the survey group [...] were contacted via local youth clubs. They were offered a programme of training involving forming ideas, designing a questionnaire, conducting the survey and analysing the results.« (Shah 1999: 9)

Die Nutzung zusätzlicher personeller Ressourcen geschieht nicht nur in Form der Vergabe kompletter Studien. Insbesondere in der Phase der Datenerhebung sind oft zusätzliche Helfer für die Ausgabe von Fragebögen oder die Durchführung von Interviews gefragt. Hier greifen die betrachteten Museen auf verschiedene Personengruppen zurück:

- professionelle Interviewer externer Marktforschungsinstitute,
- Aushilfskräfte,
- Museumsmitarbeiter aus anderen Tätigkeitsbereichen,

- Studenten lokaler Universitäten,
- Praktikanten oder
- ehrenamtliche Mitarbeiter.

Dass diejenigen Museen, die intern keine umfangreiche Kompetenz für Publikumsforschung verankert haben, auf externe Expertise angewiesen sind, steht außer Frage. Doch auch die Einrichtungen, die eigenes Personal für diese Aufgabe haben, greifen gerne zusätzlich auf externe Berater zurück. Dafür gibt es verschiedene Gründe:

- Die personellen Ressourcen sind begrenzt und die Arbeitsbelastung des internen Personals oft sehr hoch, so dass insbesondere umfangreiche Studien nur mit zusätzlicher Unterstützung von außen durchgeführt werden können.
- Externe Berater werden aufgrund ihrer erwarteten Unabhängigkeit und Unvoreingenommenheit bevorzugt, z.B. bei der summativen Evaluation von Ausstellungen, die nicht von den am Projekt Beteiligten selbst geleistet werden sollte.
- Die Experten werden von außen hinzugezogenen, weil sie bestimmte benötigte Kenntnisse und Erfahrungen besitzen und Zugang zu Ressourcen haben, die in dieser Form intern nicht vorhanden sind.
- Man empfindet es als bereichernd, dass externe Berater andere, neue Denkweisen und Perspektiven einbringen.

Hinsichtlich der Auswahl externer Berater nutzen die betrachteten Museen im Wesentlichen drei Optionen:

- Markt- und Meinungsforschungsinstitute,
- Auf Kultureinrichtungen allgemein oder Museen im Besonderen spezialisierte unabhängige Forschungs- und Beratungsinstitute, oder
- Universitätsinstitute.

Zu den hinzugezogenen Markt- und Meinungsforschungsinstituten gehören beispielsweise *Newspoll Market Research* in Australien, die in Denver ansässige *BBC Research & Consulting* oder *The Gallup Organization*, die regelmäßig das amerikanische Meinungsbarometer *Gallup Poll* veröffentlicht. Europäische Pendants sind beispielsweise *MORI* (Market Opinion and Research International), eine der größten Marktforschungsagenturen in Großbritannien, und das *Institut für Demoskopie Allensbach*. Markt- und Meinungsforschungsinstitute werden vorzugsweise mit Studien beauftragt, die über die Betrachtung des bereits erreichten Publikums hinausgehen (siehe Abschnitt 5.4.3), oder sie bieten die Möglichkeit, einzelne Fragen zum jeweiligen Museum in eine umfassendere Bevölkerungsbefragung zu integrieren.

Des Weiteren haben sich inzwischen einige Beratungsinstitute etabliert, die speziell auf Kultureinrichtungen im Allgemeinen oder Museen im Besonderen ausgerichtet sind. Dazu zählt z.B. *Environmetrics* in Sydney, die auf den öffentlichen Sektor und Kultureinrichtungen spezialisierte Dienstleistungen in der Sozial- und Marktforschung anbieten und von den hier untersuchten australischen Museen häufig mit Studien beauftragt werden. In den USA sind vor allem *Randi Korn and Associates* sowie das *Institute for Learning Innovation* von John Falk und Lynn Dierking bekannt. In Großbritannien ist die *Susie Fisher Group* eine vergleichbare Einrichtung, die vornehmlich qualitative Untersuchungen für Museen und Kultureinrichtungen durchführt. In Deutschland wäre hier das *Zentrum für Evaluation und Besucherforschung* am *Badischen Landesmuseum* in Karlsruhe zu nennen, das aus den entsprechenden Aktivitäten von Prof. Dr. Hans Joachim Klein am *Institut für Soziologie* der *Universität Karlsruhe* hervorgegangen ist. Solche spezialisierten Forschungs- und Beratungsinstitute werden aufgrund ihrer Kenntnis der besonderen Belange des Kultur- und Museumssektors bei gleichzeitiger Unabhängigkeit besonders geschätzt.

Einige Publikumsstudien werden in Kooperation mit universitär verankerten Instituten durchgeführt, sei es aufgrund ihrer umfangreichen spezifischen Expertise, sei es aus Kostengründen – diese Variante ist oft günstiger als die Beauftragung privatwirtschaftlicher Beratungsinstitute. Die beteiligten Fachdisziplinen sind vielfältig: Soziologie, Psychologie, Pädagogik/Erziehungswissenschaften, Kommunikationswissenschaften, Museologie (*museum studies*), aber auch Betriebswirtschaft und Freizeit- und Tourismusforschung. Beispielhaft sei hier der in Denver ansässige Prof. Ross Loomis genannt, der für viele nordamerikanische Museen, aber auch für das *Haus der Geschichte* Besucherstudien vor umweltpsychologischem Hintergrund durchgeführt hat, desweiteren Paulette McManus, die als *Senior Lecturer in Museum & Heritage Studies* am *University College London* tätig ist und einige britische Museen berät, oder auch Janette Griffin von der *Faculty of Education* an der *University of Technology*, Sydney. In Deutschland ist die Publikumsforschung besonders mit der Soziologie verbunden; sie wurde hier stark geprägt von Prof. Heiner Treinen und dem bereits erwähnten Prof. Hans Joachim Klein, welcher die Publikumsforschung lange am *Institut für Soziologie* der *Universität Karlsruhe* pflegte und dies nun im *Zentrum für Evaluation und Besucherforschung* am *Badischen Landesmuseum* weiterführt. Studien, die in Zusammenarbeit mit Universitätsinstituten durchgeführt werden, sind meist weniger auf unmittelbare praktische Fragestellungen der Museumsarbeit ausgerichtet, sondern verfolgen tendenziell stärker allgemeinere, grundlegendere Forschungsfragen. So soll beispielsweise eine Studie, die vom *Australian*

War Memorial und dem *Australian Museum* in Kooperation mit der Sydney University durchgeführt wird, Erkenntnisse zur Bedeutung von Museen in der gegenwärtigen australischen Gesellschaft liefern. Die externe Vergabe von Studien ist damit sowohl eine Frage des Erkenntnisinteresses als auch der vorhandenen Ressourcen. Die interne personelle Ausstattung für Publikumsforschung jedoch geht in ihrer Relevanz über diese beiden Aspekte hinaus: Sie erhält auch Bedeutung als intern verankerte Kompetenz und Verantwortlichkeit. Dies wird in Abschnitt 6.2.9 (S. 328) deutlich.

5.1.2 Finanzielle Ausstattung für Publikumsstudien

Wie in der personellen zeigt sich auch in der finanziellen Ausstattung für Publikumsforschung eine große Bandbreite innerhalb der untersuchten Museen. Die Finanzierung von Publikumsstudien ist auf vielfältige Weise geregelt. Meist handelt es sich um eine Mischfinanzierung, die Mittel verschiedener Herkunft kombiniert. Das Budget für Publikumsforschung ruht dabei in jeweils unterschiedlichem Maß auf den folgenden Säulen:

- Explizit der Publikumsforschung zugeordnetes Budget,
- Mittel des Projekts oder der Abteilung, in deren Auftrag die jeweilige Studie durchgeführt wird,
- Drittmittel von öffentlicher Hand oder privatwirtschaftlicher Seite.

Zu den Museen, die der Publikumsforschung ein eigenes Budget zuweisen, gehören das *Australian Museum*, das *Australian War Memorial*, das *Canadian Museum of Civilization*, die *Cité des sciences*, das *Haus der Geschichte*, das *Jüdische Museum Berlin*, das *Muséum national d'histoire naturelle* und *Te Papa*. Allerdings muss das Budget meist jährlich neu ausgehandelt und projektiert werden, so zum Beispiel bei der *Cité des sciences*:

»Je suis un des directeurs de cette maison et ce sont les directeurs qui négocient les budgets de leurs départements. Donc moi j'ai cinq départements dans ma direction et c'est moi qui discute avec le chef du département le budget et après je le défends et j'essaie de l'obtenir auprès de la direction générale.«[5]

Die folgenden Beispiele geben einen Eindruck von den Größenordnungen, in denen sich die Budgets für Publikumsforschung bei den untersuchten

5 | »Ich bin einer der Direktoren dieses Hauses, und es sind die Direktoren, welche die Budgets ihrer Abteilungen aushandeln. Also ich habe fünf Abteilungen in meiner Direktion und ich bin es, der mit dem Abteilungsleiter das Budget bespricht, und dann vertrete ich dies gegenüber der Generaldirektion und versuche, es zu erhalten.« (Die Übersetzung der französischen Interviewzitate in dieser Arbeit erfolgte durch die Autorin.)

Museen bewegen. Das *Muséum national d'histoire naturelle* hat 1995 umgerechnet etwa 43.000 EUR und 1996 ca. 17.000 EUR für Publikumsstudien ausgegeben. Nach einer Umstrukturierung des Museums und der Zuordnung der Publikumsforschung zur Kommunikationsabteilung wurde das Budget für Publikumsstudien stark erhöht, und zwar verbunden mit einer Verschiebung der Schwerpunkte hin zu einer stärkeren Nachfrageorientierung und der verstärkten Vergabe von Studien an externe Berater:

»J'ai beaucoup plus de moyens mais ces moyens vont à des sous traiteurs extérieurs. Alors mon travail s'oriente vers les études qui sont utiles au service de communication, de marketing, qui sont plus liées à une vision marchande en fait. Alors jusqu'à il y a deux ans, j'avais vraiment une fonction d'études des publics [...] Donc, j'ai un peu changé de travail. Et du coup les budgets sont quinze fois plus élevé que j'avais avant, mais les budgets vont au paiement de cet effort.«[6]

Die Abteilung für Publikumsforschung am *Australian Museum* hat neben festen Gehaltsmitteln noch etwa 60.000 EUR jährlich zur Verfügung. Im Finanzjahr 2000/2001[7] hatte das *Powerhouse Museum* Ausgaben für Publikumsforschung von etwas mehr als 70.000 EUR. Noch etwas höher ist das Budget des *Victoria & Albert Museum* für die Abteilung ›Gallery Interpretation, Evaluation and Resources‹: etwa 115.000 EUR, die allerdings nicht ausschließlich für Publikumsforschung eingesetzt werden. Bei *Te Papa* schließlich ist in der Stellenbeschreibung des *Manager of Visitor and Market Research* eine Verantwortlichkeit für zwei Vollzeit- und weitere Aushilfskräfte sowie ein Budget von etwa 223.000 EUR zu finden.

Diese Beispiele zeigen, dass bereits innerhalb der Museen mit einer voll integrierten Publikumsforschungsfunktion eine große Spannweite der Mittel zu finden ist. Die finanziellen Ressourcen sind bei den Institutionen mit geringerer interner Zuständigkeit für Publikumsforschung entsprechend geringer. Das *National Museum of Australia* hatte im Finanzjahr 2000/2001 Ausgaben für Publikumsforschung in der Höhe von umgerechnet knapp 30.000 EUR, und *Questacon* hat im selben Zeitraum etwa 25.000 EUR für Publikums-

6 | »Ich habe viel mehr Mittel, aber diese Mittel gehen an externe Vertragspartner. Nun orientiert sich meine Arbeit hin zu Studien, die für die Kommunikationsabteilung nützlich sind, für das Marketing, die im Grunde genommen stärker mit einer Vermarktungsperspektive verbunden sind. Bis vor zwei Jahren war meine Aufgabe noch wirkliche Publikumsforschung [...] Also, meine Arbeit hat sich etwas geändert. Und daher sind die Mittel fünfzehn mal höher als ich sie vorher hatte, aber sie gehen in die Bezahlung dieser Bestrebungen.«

7 | In Australien geht das Finanzjahr von Juli des einen bis Juni des folgenden Jahres.

studien bezahlt. Diese beiden Beträge entsprechen jeweils vier Studien, die hauptsächlich an externe Beratungsfirmen vergeben wurden.

Häufig sind die Mittel für Publikumsforschung auch projektgebunden. So war beim *Victoria & Albert Museum* für die Neuentwicklung der ›British Galleries‹ von vorneherein ein recht großer Betrag (mehr als 160.000 EUR) explizit für Publikumsforschung vorgesehen:

»The British Galleries Project, with its commitment to a visitor focus, provided the opportunity to integrate evaluation into a major project. Evaluation was allocated a budget of £96,000, which permitted a full cycle of research through the lifetime of the project, pre- and post-opening, resulting in a unique museological case study. In addition, there was a separate budget for prototyping various aspects of the designs, including around £15,000 for prototypes of interpretative devices that were tested with visitors.« (Hinton 2004: 1)

Die besucherorientierte Neukonzeption der British Galleries bedeutete für das *Victoria & Albert Museum* den Beginn eines ausdrücklichen Bekenntnisses zur Publikumsforschung, das sich auch in der Bereitstellung von Mitteln ausdrückt. Verstetigt wurde diese Verpflichtung zur Publikumsforschung, indem diese seither prinzipiell in jedes Budget eingeplant werden muss:

»*In theory* [sic!], *everybody in the museum has signed up to committing part of their budget to evaluation, which is a really good thing. And it is the first organisation where that is actually official policy.*«

Prozentual gesehen beziffert das *Haus der Geschichte* seine Ausgaben für Publikumsforschung über die Jahre hinweg folgendermaßen:

»Was wir an ›Lehrgeld‹ in die Evaluationsarbeit investierten, hat sich gelohnt, der Gesamtaufwand dürfte sich bei 1-2% des für Gestaltungsarbeiten eingesetzten Budgets bewegen« (Schäfer 2004: 86).

Dies scheint auch nach der Erfahrung des *Deutschen Museums* ein realistischer Mittelumfang zu sein:

»*Wenn wir heute im internationalen Raum jetzt eher den Bereich der Wissenschafts- und Technikmuseen anschauen, dann taucht immer mal wieder die Zielmarge zehn Prozent auf, nämlich zehn Prozent eines Budgets für neue Ausstellungen sollten sozusagen für die Besucherforschung bereit gestellt werden, um wirklich besucherorientiert aussehen zu können am Ende. Das ist eine Zielmarge, die wir nicht erreichen werden, […] die aber auch andere Häuser, die sich ganz bewusst diesem Instrumentarium verschrieben haben, nicht mal erreichen, ich sage jetzt mal das* Science Museum *in London, unserem Partnermuseum mit ihrem neuen Wellcome Wing, [...] auch da ist vielleicht gerade mal die Marge von drei Prozent erreicht worden.«*

Das Beispiel *National Museum of American History* zeigt ebenfalls, dass ein Anteil von 10% des Projektbudgets für Publikumsforschung schwierig zu erreichen ist. Sind die finanziellen Mittel der Einrichtung ohnehin knapp, kann die für Publikumsforschung vorgesehene Summe bei Budgetschwierigkeiten auch kurzfristig gekürzt werden:

»In the best of all situations we like to say that ten percent of an exhibition budget should be for evaluation. But to give you an honest example, in the Brown vs. Board of Education *budget, which was about a million dollars maybe, we had 18,000 dollars originally set aside for evaluation, which is not ten percent, but still a decent amount of money. But when we started, how many cut programs, all of the evaluation budget was cut completely.«*

Alternativ zu projektgebundener Finanzierung kommt die Abteilung, welche eine Studie in Auftrag gibt, für die entstehenden Kosten auf. Beim *Deutschen Museum* wurde eine Befragung zu einer speziellen Plakataktion anlässlich des hundertjährigen Bestehens des Museums aus Mitteln des Öffentlichkeitsreferats gezahlt, und beim *Denver Art Museum* finanziert die Marketingabteilung eine regelmäßige Befragung zur Besucherzufriedenheit. Sowohl beim *Canadian Museum of Civilization* als auch beim *Natural History Museum* enthält der Marketing-Etat ein Budget für Publikumsstudien.

Eine weitere Finanzierungsmöglichkeit von Publikumsstudien sind Fördergelder von Drittmittelgebern. Dabei wird meist nicht die Publikumsstudie als solche gefördert, sondern sie ist als Teil eines größeren Projektes erforderlich, welches dann auch die Finanzierung der Publikumsforschung beinhaltet. Eine Interviewpartnerin des *Franklin Institute Science Museum* erläutert dies:

»Evaluation is part of the grant proposal for funding for any exhibit we are working on because we never work on an exhibit without a grant, we have no budget for exhibit development in-house. So the money has to come from somewhere. And usually it comes from the National Science Foundation, *sometimes other sources. But inevitably it includes evaluation as a requirement.«*

Besonders häufig ist diese Finanzierungsform in den USA zu finden. Geldgeber sind hier vor allem die *National Science Foundation*, das *National Endowment for the Arts* oder das *National Endowment for the Humanities*, aber auch die *Getty Foundation* und diverse Stiftungen wie z.B. *Pew Charitable Trusts.* Auch in Australien und Europa ist die Finanzierung über Drittmittel üblich; diese kommen beispielsweise von Ministerien wie dem *New South Wales Ministry of the Arts* mit seinem Museums Program beim *Australian Museum,* dem deutschen *Staatsministerium für Kultur und Medien* beim *Haus der Geschichte* oder dem *Bundesministerium für Bildung und Forschung* (BMBF) im Falle des *Deutschen Museums.* Auch die *Bundesstiftung Umwelt* und die *Robert-Bosch-Stiftung* sowie das *Institut für Museumsforschung* unterstützen entsprechende Projekte. In der Regel sind für diese Drittmittelprojekte Evaluationsstudien obligatorisch, die über Wirkung und Ausgaben des geförderten Programms Rechenschaft ablegen und damit Zeichen für die gestiegene Bedeutung von *accountability* (siehe Abschnitt 5.6.3.1, S. 202).

Dass die Publikumsforschung nicht immer nur Kosten verursacht, sondern – in Einzelfällen – auch selbst Einnahmen generieren kann, demonstriert das *Australian Museum.* In der Stellenbeschreibung der Verantwortlichen für Publikumsforschung lautet eine der Aufgaben:

»Tendering for and undertaking research and evaluation projects for external agencies on a commercial basis. [...] Commercial activities attract income to the Museum and establish it as a source of specialist knowledge.«

Auf vergleichbare Weise stellt die Verantwortliche für Publikumsforschung am *Australian War Memorial* ihre Expertise auch anderen Einrichtungen als Beratungsleistung zur Verfügung. Dies kann jedoch nur in den Grenzen einer vertretbaren Arbeitsbelastung geschehen und unter der Voraussetzung, dass der Großteil der Studien der eigenen Institution zugute kommt. Daher kann dieses Modell keine Lösung für die Ressourcenfrage sein.

5.2 Beginn der Publikumsforschung

Die in dieser Untersuchung betrachteten Museen wurden als Fallstudien ausgewählt, weil sie die Publikumsforschung besonders intensiv betreiben. Handelt es es sich hierbei vielleicht um Museen, die sich der Publikumsforschung schon sehr lange widmen? Die folgende Abbildung 5.3 gibt für jedes beteiligte Museum das Jahr an, in dem die ersten Publikumsstudien für die jeweilige Einrichtung durchgeführt wurden.

Neun der 21 hier betrachteten Museen begannen bereits in den 1970er Jahren mit ersten Publikumsstudien. Unter diesen muss die Smithsonian Institution mit dem *National Museum of American History* als Vorreiter gelten. Bereits 1970 wurde eine demographische Untersuchung der Besucher des

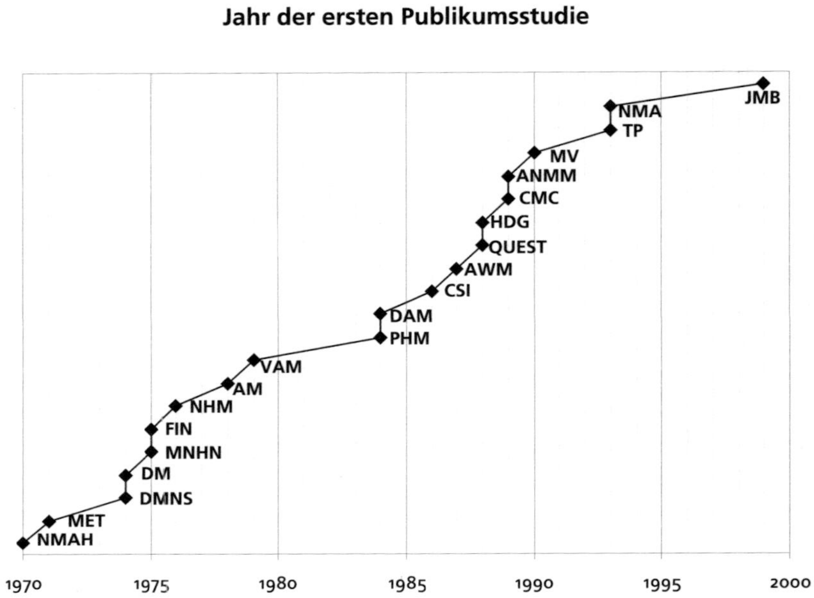

Jahr der ersten Publikumsstudie

JMB
NMA
TP
MV
ANMM
CMC
HDG
QUEST
AWM
CSI
DAM
PHM
VAM
AM
NHM
FIN
MNHN
DM
DMNS
MET
NMAH

1970 1975 1980 1985 1990 1995 2000

Abb. 5.3: Beginn der Publikumsforschung in den untersuchten Museen

National Museum of History and Technology (das heutige *National Museum of American History*) und des *National Museum of Natural History* durchgeführt (Wells 1970). Darauf folgte 1973 eine Beobachtungsstudie in der *Hall of Pharmacy* des Museums, welche Besuchswege und Gegenstände erhöhter Aufmerksamkeit der Besucher näher untersuchte (Parsons & Loomis 1973).[8]

Das *Metropolitan Museum of Art* führte seine erste Publikumsstudie 1971 auf Initiative des damaligen Museumsdirektors Thomas Hoving durch:

»He wanted to find out if people wanted the museum opened on Friday nights. And they did not, at that time. We were open on Tuesday nights and we continued to be open on Tuesday nights. That was the first study I remember. And it was a quantitative study, we just had a form that we filled out at all registers in the great hall, and then I calculated it, that was a simple straight-forward study.«

Im Archiv des *Denver Museum of Nature and Science* ist die erste Besucherbefragung für 1974 belegt. Auch das *Deutsche Museum* war schon früh um

8 | Dabei replizierten Parsons & Loomis die Methodik einer der frühesten Publikumsstudien überhaupt, die Melton (1935) in den 1930er Jahren am Pennsylvania Museum of Art verwirklicht hatte.

Informationen über sein Publikum bemüht. 1974 begann der Direktor der Hauptabteilung Bildung und Öffentlichkeit, Gottmann, eine über ein Jahr verteilte Befragung von über 5.000 Museumsbesuchern. Das Interesse galt sowohl soziodemographischen Daten als auch Informationen zu Charakteristika des Besuchs, gewünschten Betreuungsangeboten und Beliebtheit der verschiedenen Abteilungen des Museums (Gottmann 1977).

Am *Franklin Institute Science Museum* konnte die Publikumsforschung mit Hilfe von Projektgeldern der nordamerikanischen *National Science Foundation* ab 1975 Fuß fassen. Das Projekt beinhaltete eine umfassende Studie, die über die Erfassung demographischer Grunddaten hinausging und sich mit der Beurteilung von Ausstellungen und des Besuchserlebnisses beschäftigte. Im gleichen Jahr wurden laut Girault & Guichard (1995: 72) beim *Muséum national d'histoire naturelle* Fragebögen an das Ausstellungspublikum ausgegeben, bei denen unter anderem Themenvorschläge für Ausstellungen von den Besuchern zu beurteilen waren. 1980 blickte Alt in einer Publikation bereits auf vier Jahre Besucherbefragungen am *Natural History Museum* – damals noch *British Museum (Natural History)* – zurück, die 1976 begonnen hatten. Auf dem australischen Kontinent hielt die Publikumsforschung 1978 Einzug mit einer demographischen Untersuchung am *Australian Museum,* initiiert vom damaligen Direktor Des Griffin. Besonders umfassend ist die erste Studie am *Victoria & Albert Museum* in London. Heady (1984) berichtet über Daten, die er zwischen Dezember 1979 und Dezember 1980 zu den Besuchern des *Victoria & Albert Museums* sowie des *Science Museums* und des *National Railway Museums* gewonnen hatte. Neben demographischen Daten wurden auch Details des Museumsbesuchs sowie Beweggründe des Besuchs erhoben.

Zwischen 1984 und 1990 nahmen weitere neun Museen Aktivitäten im Gebiet der Publikumsforschung auf, zunächst das *Denver Art Museum* und das *Powerhouse Museum* im Jahr 1984. Seit 1986 führt die *Cité des Sciences* ihr *observatoire des publics* (Publikumsmonitor) durch, und 1987 machte das *Australian War Memorial* seine ersten Schritte mit Besucherbefragungen. Nachfolgend begannen zwei Museen, die Publikumsforschung gezielt *im Vorfeld* ihrer Eröffnung zu nutzen: das *Haus der Geschichte* (1988) und das *Australian National Maritime Museum* (1989). So evaluierte das *Haus der Geschichte* seine Werkstattausstellung *Notbehelfe* mit besonderem Augenmerk auf Besucherwege und die Rezeption von Texten und Exponaten (vgl. Schäfer 2003: 87). Zur selben Zeit begannen *Questacon* (1988) und das *Canadian Museum of Civilization* (1989), unmittelbar *nach* ihrer Eröffnung Rückmeldung von ihren Besuchern einzuholen. *Museum Victoria* läutete seinen Einsatz der Publikumsforschung 1990 gleich mit zwei Studien ein: mit einer generellen Besucherbefragung und einer summativen Evaluation der Ausstellung *Civilization.*

Die drei Museen, die zuletzt mit dem Einsatz der Publikumsforschung begannen, sind in jüngerer Zeit entstandene Neugründungen oder grundlegende Rekonzeptionalisierungen von Museen. So wurden das *National Museum of Australia* und das *Jüdische Museum Berlin* beide im Jahr 2001 dem Publikum zugänglich gemacht; das neuseeländische Nationalmuseum *Te Papa* wurde 1998 mit völlig erneuertem Konzept in einem neuen Gebäude wiedereröffnet. In diesen Fällen spielte die Publikumsforschung – wie bereits beim *Australian National Maritime Museum* und dem *Haus der Geschichte* – in der Vorbereitungsphase der (Wieder-)Eröffnung eine Rolle: für das *National Museum of Australia* und *Te Papa* ab 1993, für das *Jüdische Museum Berlin* ab 1999.

Dieser Überblick zeigt: Etwa die Hälfte der hier betrachteten Museen hat eine mindestens zwanzigjährige Tradition der Publikumsforschung aufzuweisen, und die übrigen – mit Ausnahme des erst deutlich später neu gegründeten *Jüdischen Museums Berlin* – sind seit mindestens einem Jahrzehnt in diesem Gebiet aktiv. Insofern handelt es sich hier bei der großen Mehrheit um Museen, die über geraume Zeit hinweg Publikumsforschung betrieben und sich kontinuierlich eine Expertise für diese Tätigkeit aufgebaut haben. Das bedeutet jedoch nicht, dass sämtliche Museen vom ersten Jahr an besonders aktiv in diesem Gebiet waren. Vielmehr ist der gegenwärtige Grad an Engagement in der Publikumsforschung bei den meisten beteiligten Museen das Resultat einer längeren Entwicklung, wie das Beispiel *Questacon* illustriert:

»From the time the Centre opened on the present site, in 1988, there has been some audience research conducted, however it is only over the past six to eight years that this has become routine and mandatory.«

Betrachtet man die ersten Schritte in der Publikumsforschung nach Weltregion, bestätigt sich die Vermutung, dass die Entwicklung in den nordamerikanischen Museen begann. Dennoch ist der Vorsprung nicht so groß wie erwartet. Mitte der 1970er Jahre bereits zogen einzelne europäische Museen nach, und die Publikumsforschung erreichte noch vor 1980 auch Australien. Eine umfangreichere Aktivität in der Publikumsforschung setzte in Australien und Neuseeland jedoch erst später ein. Die meisten der in dieser Weltregion untersuchten Museen befassten sich erst ab Ende der 1980er/Beginn der 1990er Jahre mit Publikumsstudien.

Bei der Gruppierung der Anfänge von Publikumsforschung nach Museumsarten ergibt sich ein recht gemischtes Bild. Eine deutliche Tendenz zeigt sich allein bei den naturhistorischen Museen, die allesamt recht früh und innerhalb von nur vier Jahren – zwischen 1974 und 1978 – mit Publikumsstudien begannen. Innerhalb der Geschichtsmuseen ist der zeitliche Abstand am größten: Zwischen dem Beginn der Publikumsforschung am *National Museum of American History* und am *National Museum of Australia* liegen 23 Jahre, wobei zwischen der Eröffnung der beiden Einrichtungen sogar 37 Jahre liegen (1964 und 2001). Die Erwartung, dass die Kunstmuseen zu denjenigen gehören, die besonders spät den Weg zur Publikumsforschung gefunden haben, kann zumindest hinsichtlich der an dieser Studie beteiligten Kunstmuseen nicht bestätigt werden: Sie begannen zwischen 1971 und 1984 mit ersten Studien, womit sie noch vor den fachübergreifenden Museen liegen. Diese starteten zwischen 1984 und 1993 mit der Publikumsforschung. Bei den übrigen Museen findet sich eine Zweiteilung zwischen den ›klassischen‹ Wissenschafts- und Technikmuseen *Deutsches Museum* und *Franklin Institute Science Museum* mit einer frühen ersten Begegnung mit Publikumsforschung sowie den ohnehin jüngeren und dem Science Centre-Gedanken stärker entsprechenden Einrichtungen *Cité des Sciences* und *Questacon*, die vergleichsweise spät – jedoch früh in der Historie dieser Einrichtungen – in der Publikumsforschung aktiv wurden.

5.3 Quantitativer Umfang der Publikumsforschung

In diesem Abschnitt werden die Publikumsforschungsaktivitäten der untersuchten Museen in quantitativer Hinsicht beschrieben. Bei dem Versuch, für jedes der untersuchten Museen eine definitive Anzahl bislang durchgeführter Studien anzugeben, traten zwei Schwierigkeiten zutage. Die erste Schwierigkeit liegt in der internen Dokumentation. Nicht alle beteiligten Museen führen Listen über die durchgeführten Studien. Dies gilt insbesondere für die Institutionen ohne integrierte Zuständigkeit für Publikumsforschung. Oder die Studien sind nicht vollständig dokumentiert, weil ihre Auflistung erst zu einem späteren Zeitpunkt begonnen oder zwischenzeitlich unterbrochen wurde, oder weil verschiedene Akteure aus unterschiedlichen Abteilungen Studien anstoßen, dies aber nicht in einem zentralen Verzeichnis zusammengeführt wird. So liegt beispielsweise für das *National Museum of American History* eine Liste der Studien vor, die das *Office of Policy and Analysis* durchgeführt hat, jedoch fehlt eine Übersicht über die Studien, die extern vergeben oder von Mitarbeitern des Museums selbst durchgeführt wurden. Für *Questacon*, das *Natural History Museum* und das *Franklin Institute Science Museum* liegen durch Interviews und schriftliche Dokumente zwar Informationen über die Arten und Inhalte von Studien vor, jedoch keine definitiven

Informationen zur Anzahl durchgeführter Studien. Daher werden sie aus der folgenden Betrachtung des quantitativen Umfangs der Publikumsforschung ausgenommen.

Die zweite Schwierigkeit besteht darin, dass reine Zahlenangaben nicht die Größenordnung und Komplexität der unterschiedlichen Studien widerspiegeln. Ob eine Befragung auf einer Stichprobe von 200 oder aber 3000 Befragten beruht, ob eine Untersuchung innerhalb von zwei Wochen oder über ein Jahr verteilt durchgeführt wird, ob knappe Fragebögen zum Selbstausfüllen, aufwändige Fokusgruppen-Gespräche oder gar eine Kombination von Methoden zum Einsatz kommen: All dies bedeutet unterschiedlich hohen Aufwand und resultiert in Studien von unterschiedlichem Umfang und Erkenntniswert, so dass die reine Anzahl durchgeführter Studien nur begrenzte Aussagekraft hat. Diese beiden Schwierigkeiten sind in der folgenden Betrachtung zu berücksichtigen.

Quantitativ gesehen weist der Umfang der Publikumsforschungsaktivitäten der untersuchten Museen eine große Spannweite auf, von 19 Studien für das *National Museum of Australia* zwischen 1996 und 2001 bis hin zu 258 Studien für *Te Papa* zwischen 1993 und 2001. *Museum Victoria* kommt zwischen 1990 und 2002 auf immerhin 246 Untersuchungen. Die Liste der zwischen 1991 und 2004 am *Canadian Museum of Civilization* durchgeführten Publikumsstudien enthält 170 Einträge, und auch bei der *Cité des Sciences* sind 171 Studien zwischen 1988 und 2004 verzeichnet. Um ein einheitliches Maß als Basis für den Vergleich zu erhalten, wurde die durchschnittliche Zahl von Publikumsstudien pro Jahr berechnet. Grundlage sind die zur Verfügung gestellten Informationen zur Anzahl der durchgeführten Studien, die sich jeweils auf unterschiedliche Zeiträume beziehen. Die berechneten Maßzahlen, dargestellt in Abbildung 5.4, sind aus den oben genannten Gründen mit Vorsicht zu betrachten, lassen jedoch den bemerkenswerten Grad an Aktivität in diesem Gebiet erkennen.

Auffällig ist, wie stark sich *Museum Victoria* und vor allem *Te Papa* von den übrigen Museen abheben. Beide Museen haben erst in den 1990er Jahren mit Publikumsforschung begonnen, sie aber dann umso intensiver betrieben. Etwa die Hälfte der Museen führt durchschnittlich bis zu sechs, zwei Drittel bis zu zehn Studien pro Jahr durch. Nimmt man *Museum Victoria* und *Te Papa* aus, liegt die Obergrenze bei unter 14 Studien jährlich. Beim *National Museum of American History* ist darauf hinzuweisen, dass die genannte Zahl der Studien sich nur auf dieses Museum bezieht. Dies entspricht jedoch nicht der Aktivität des Smithsonian *Office of Policy and Analysis* insgesamt: Hier wird eine sehr hohe Zahl an Studien erreicht. Sie kommen jedoch nur in relativ geringem Maße dem *National Museum of American History* zugute,

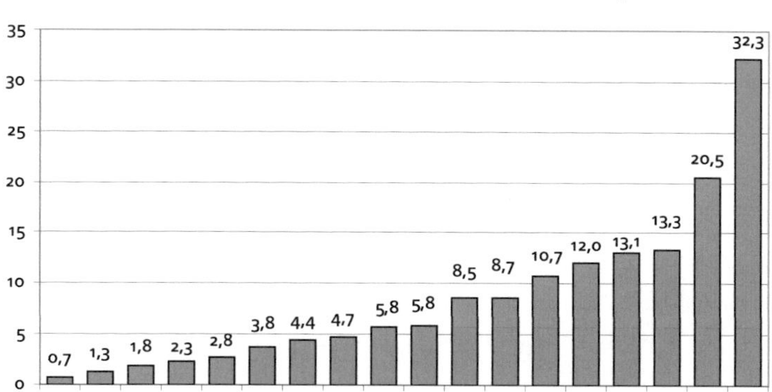

Abb. 5.4: Verteilung der Fallstudien nach Anzahl von Studien

weil die Abteilung für alle Museen der Smithsonian zuständig ist und auch insitutionsübergreifende Studien durchführt. Es verwundert nicht, dass es sich bei den aktivsten Museen tendenziell um diejenigen handelt, die mit überdurchschnittlichen personellen und finanziellen Ressourcen für diese Funktion ausgestattet sind. Unter den Museen mit nur partieller interner Verantwortlichkeit ist die Zahl der Studien beim *Denver Art Museum* am höchsten (8,7). Betrachtet man den Umfang der Publikumsstudien nach Museumsart, zeigt sich ein deutlicher Vorsprung der fachübergreifenden Museen, die zu den größeren Museen mit etwa 300 bis 450 Mitarbeitern insgesamt und dem meisten Personal für Publikumsforschung speziell gehören. Am geringsten ist die Zahl der Studien bei den Geschichtsmuseen, die auch vom Personal für Publikumsforschung her weniger umfangreich ausgestattet sind. Hinsichtlich der Weltregion fällt die Dominanz der australischen und neuseeländischen Museen auf. Sie führen durchschnittlich etwa dreimal so viele Studien jährlich durch (15,9) wie ihre europäischen (4,8) und nordamerikanischen (5,7) Pendants. Dies ist auch dadurch bedingt, dass sich hier drei der vier in der Publikumsforschung besonders aktiven fachübergreifenden Museen befinden, die diesbezüglich auch personell sehr gut ausgestattet sind.

Anzumerken sei noch, dass der quantitative Umfang der Studien je nach Jahr stark schwanken kann, wenn es ein besonderes Erkenntnisinteresse gibt. So war das *Haus der Geschichte* insbesondere vor seiner Eröffnung äußerst aktiv und führt nun im Dauerbetrieb deutlich weniger Studien im Jahr durch – was auch eine Frage der verfügbaren Mittel ist:

»Früher war es einfacher. Da war der Spielraum größer. Aber das ist halt so, wenn die operativen Mittel einer Institution geringer werden, muss man aufpassen, was man machen kann.«

Ähnlich verhält es sich im Fall der grundlegenden Neukonzeption der *British Galleries* des *Victoria & Albert Museum* sowie bei der Neuentwicklung der *Grande Galérie de l'Évolution* des *Muséum national d'histoire naturelle* – hierzu wurde jeweils eine Vielzahl von Studien veranlasst; nun jedoch läuft die Publikumsforschung in ruhigeren Bahnen.

5.4 Thematischer Umfang der Publikumsforschung

Bei der Betrachtung von 21 Museen, die seit geraumer Zeit sehr rege Publikumsforschung betreiben, ergibt sich erwartungsgemäß ein äußerst breites Spektrum an untersuchten Fragestellungen. Aufgrund der bereits angesprochenen Unterschiede hinsichtlich der Vollständigkeit und des Detaillierungsgrads der verfügbaren Informationen zu den durchgeführten Studien können zwar keine definitiven quantitativen Aussagen zu den behandelten Themen gemacht werden; aus der Anzahl der Nennungen des jeweiligen Themas sind gewisse Tendenzen dennoch erkennbar. Aus den Interviews und den Listen der durchgeführten Studien sowie, wenn vorhanden, einzelnen Forschungsberichten wurde ein Repertoire der mittels Publikumsforschung untersuchten Themen aufgestellt. Die folgenden Abschnitte geben einen Überblick über die Untersuchungsgegenstände der Publikumsstudien, gegliedert nach den folgenden übergreifenden Themengebieten:

- **Besucherforschung**: Identifikation der Charakteristika von Besuchern und ihrer Interaktion mit dem Museum (5.4.1),
- **Evaluation**: Rückmeldung zur Erfolgsmessung und Verbesserung der Angebote und Aktivitäten des Museums (5.4.2),
- **Markt- und Marketingforschung**: Informationen zu Markt und Werbemaßnahmen für die Publikumsgewinnung (5.4.3),
- **Weitere Themen**: Interne und externe Studien (5.4.4).

Die folgenden Abbildungen 5.5, 5.6 und 5.7 geben einen Überblick über den Anteil der Nennungen der jeweiligen Art von Publikumsforschung je nach Weltregion, Museumsart und Grad der internen Zuständigkeit für diese Tätigkeit.

Arten von Publikumsforschung nach Weltregion

	Besucherforschung	Evaluation	Markt-/Marketingforschung	Weitere Themen
Gesamt	22,7%	58,4%	16,7%	2,3%
USA/CAN	23,1%	60,8%	14,2%	1,9%
EU	30,0%	52,0%	17,4%	0,6%
AUS/NZ	13,3%	63,8%	18,0%	4,9%

Abb. 5.5: Anteil der Arten von Publikumsforschung nach Weltregion

Etwa 23% der genannten Forschungsthemen sind der Besucherforschung zuzuordnen, etwa 58% der Evaluation, und knapp 17% entfallen auf die Markt- und Marketingforschung. Etwas über 2% der Forschungsthemen fallen in die Kategorie ›Weitere Themen‹, d.h. Studien, die über die Publikumsforschung im engeren Sinne hinausgehen, wie z.B. zur Mitarbeiterzufriedenheit. Bei den europäischen Museen findet sich im Vergleich zu den nordamerikanischen ein deutlich stärkeres Gewicht der Besucherforschung zuungunsten der Evaluation. Diese Weltregion ist sogar aktiver in der Markt- und Marketingforschung als die US-Museen, jedoch finden sich hier kaum Studien zu weitergehenden Themen. Dagegen zeichnen sich die betrachteten australisch-neuseeländischen Museen dadurch aus, dass sie die vorhandenen Kompetenzen in der Publikumsforschung besonders stark auch für die Untersuchung weiterer Themen mit innerbetrieblichem oder externem Fokus nutzen. Hier ist der Anteil der Besucherforschung im Verhältnis zu den übrigen Gebieten am geringsten. Dafür sind die Museen dieser Weltregion besonders stark in der Evaluation, und ein wenig aktiver in der Markt- und Marketingforschung als die europäischen Museen.

Betrachtet man die Verteilung der Arten von Publikumsforschung gegliedert nach Museumsart, ergibt sich das aus Abbildung 5.6 ersichtliche Bild. Hier wurde erwartet, dass die Kunstmuseen stärker auf Besucherforschung und Marktforschung fokussiert sind und die Evaluation nur einen relativ geringen Anteil der Publikumsforschung darstellt, da Konzepte von Kunstausstellungen vergleichsweise selten überprüft und geändert werden. Dies trifft bei den hier untersuchten Kunstmuseen jedoch nur bedingt zu. Sie stellen

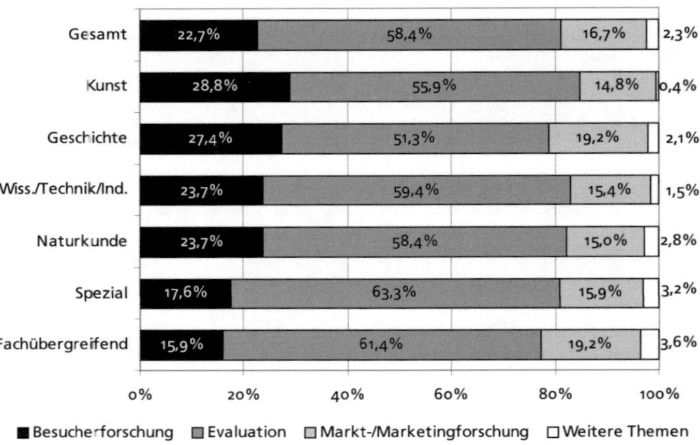

Abb. 5.6: Anteil der Arten von Publikumsforschung nach Museumsart

zwar die Museumsart mit dem größten Anteil an Besucherforschung dar, führen jedoch nur marginal weniger Studien zur Evaluation durch als die übrigen Museen. Der Hintergrund hierbei ist, dass das *Denver Art Museum* sehr viel Wert auf besucherorientierte Kunstvermittlung legt und daher einige Ausstellungsevaluationen durchgeführt hat, und das *Victoria & Albert Museum* mit einem stark kulturhistorisch orientierten Ansatz bei der Neukonzeption der *British Galleries* nahezu sämtliche Aspekte der Abteilung evaluiert hat. Allein das *Metropolitan Museum of Art* entspricht, für sich genommen, am ehesten der Erwartung: 31,4% der Forschungsthemen sind der Besucherforschung zuzuordnen, nur 48,3% entfallen auf Evaluation, dafür jedoch 19,2% auf die Markt- und Marketingforschung. Auch der Anteil weiterer Studien ist mit 1,2% im Vergleich zu den übrigen Kunstmuseen relativ hoch. Dem Erwartungsbild der Kunstmuseen entsprechen eher die Geschichtsmuseen, bei denen Besucher- und Marktforschung besonders viel Raum erhalten; hier findet sich der geringste Anteil an Evaluationsstudien. Die Wissenschafts- und Technikmuseen und die Naturkundemuseen sind in der Gewichtung der Arten von Publikumsforschung untereinander fast identisch und kommen nah an den Gesamtschnitt heran. Der größte Anteil an Evaluationsstudien sowie an weitergehenden Studien findet sich bei den Museen mit speziellem Einzelschwerpunkt und den multidiziplinär angelegten Museen. Letztere sind zudem besonders aktiv in der Markt- und Marketingforschung. Die Besucherforschung ist hier von geringerem Interesse.

Unterschiede im Verhältnis der Arten von Publikumsforschung sind bei den untersuchten Museen auch je nach Grad der internen Zuständigkeit für Publikumsforschung zu erkennen, wie Abbildung 5.7 zeigt.

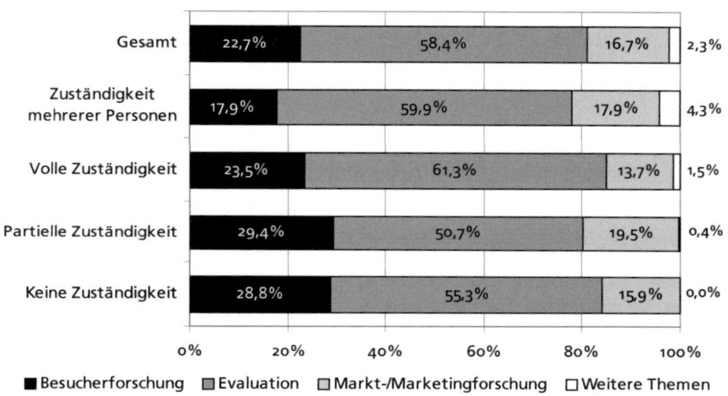

Abb. 5.7: Anteil der Arten von Publikumsforschung nach Zuständigkeit

Mit dem Grad der Zuständigkeit für Publikumsforschung sinkt der Anteil an Besucherforschung tendenziell, und der Anteil an über die Publikumsforschung im engeren Sinne hinausgehenden Studien steigt erkennbar an. Die Museen, welche die Publikumsforschung als Aufgabe intern verankert haben, sehen darin offenbar eine Kompetenz in empirischer Forschung allgemein, die auch für weitergehende Erkenntnisinteressen genutzt werden kann. Je umfangreicher diese interne Ressource, desto stärker kann davon in verschiedenen Gebieten Gebrauch gemacht werden. Der höhere Anteil an Besucherforschung bei den Museen mit geringer interner Zuständigkeit für Publikumsforschung mag sich daraus erklären, dass Besucherstudien tendenziell weniger Aufwand erfordern als Evaluationsstudien, weshalb sie von Institutionen mit geringen personellen Ressourcen leichter zu realisieren sind. Informationen, die zum Gebiet der Besucherforschung zu zählen sind, können leichter über standardisierte Befragungen erhoben werden im Gegensatz zu Evaluationsstudien, die aufwändiger und umfangreicher sind. Im Folgenden werden die in den Fallstudien identifizierten Forschungsthemen genauer erläutert, gegliedert nach den vier genannten Arten von Publikumsforschung. Daraus wird die Breite und Vielfalt des Anwendungsspektrums von Publikumsforschung in den hier untersuchten Museen ersichtlich.

5.4.1 Besucherforschung

Die Besucherforschung ist fokussiert auf Charakteristika der Museumsbesucher und ihrer Interaktion mit dem Museum. Sie erhebt über die reinen Besuchszahlen hinaus soziodemographische Daten, psychographische Merkmale wie Einstellungen, Normen und Werte sowie Informationen zum Besucherverhalten.

5.4.1.1 Besuchszahlen

Das erste Merkmal, das in der Regel zu den Besuchern erhoben wird, ist zunächst ihre bloße Anwesenheit vor Ort – indem die Besuchszahlen ermittelt werden. Hier sei auf die Notwendigkeit einer Unterscheidung zwischen Besucherzahlen und Besuchszahlen hingewiesen: Es können allein die Besuche erfasst werden; Wiederholungsbesucher werden bei jedem Besuch neu gezählt. Zwar kann die bloße Erfassung von Besuchszahlen nicht als Publikumsforschung bezeichnet werden, doch bilden diese Daten den Ausgangspunkt für weitere Analysen: Eine Aufschlüsselung der Besuchszahlen nach Wochentag, Tageszeit, Saison oder nach Dauerausstellung, Wechselausstellung und Veranstaltung sowie anderen Faktoren und Anlässen, welche die Besuchszahlen beeinflussen können verschafft den Museen Aufschluss über die Zahl und der erreichten Besucher und die Nutzung des Gebäudes je nach Zeitpunkt und Anlass. Zusätzlich wird mittels Webseitenstatistiken auch die Zahl der ›virtuellen‹ Besuche der Webpräsenz quantitativ erfasst; mittels Analyse der sogenannten Logfiles kann auch hier die Nutzung der Webpräsenz differenziert betrachtet werden.

5.4.1.2 Soziodemographische Merkmale

Der nächste Schritt ist die genauere Beschreibung der erreichten Besucher anhand charakteristischer Merkmale. Die Aufschlüsselung der Besuchszahlen nach soziodemographischen Merkmalen gibt Auskunft über den Anteil verschiedener Gruppen und Arten von Besuchern am Gesamtpublikum. Grundlage für die Skizzierung des Besucherprofils, aber auch der Beschreibung von potentiellen und Nicht-Besuchern, sind in den meisten Fällen demographische und sozio-ökonomische Daten, die mittels standardisierter Befragungen ermittelt werden:

- Geschlecht,
- Alter,
- Geographische Herkunft, Nationalität, ethnische Zugehörigkeit,
- Bildungsabschluss,

- Stellung im Erwerbsleben.

Über die Ermittlung der geographischen Herkunft können die Museen ihr Einzugsgebiet und ihre Bedeutung im Rahmen touristischer Aktivitäten bestimmen. Die Frage nach der ethnischen Zugehörigkeit findet sich bei Museen im angelsächsischen Sprachraum wie dem *Denver Art Museum*, dem *National Museum of American History*, bei *Te Papa*, aber auch beim *Natural History Museum* und dem *Victoria & Albert Museum* in London. In den jeweiligen Ländern finden sich – auch bedingt durch ihre Geschichte – große Anteile unterschiedlicher Ethnien, aber auch ein stärkeres öffentliches Bewusstsein für die Frage der kulturellen Vielfalt.

Bildungsabschluss, Beruf und Einkommen werden als Indikatoren für den sozio-ökonomischen Status der Befragten verwendet. In Großbritannien hat sich ein Klassifikationssystem etabliert, welches die Bevölkerung nach Stellung im Erwerbsleben und Einkommen in die sechs Kategorien A (upper middle class), B (middle class), C1 (lower middle class), C2 (skilled working class), D (working class) und E (Existenzminimum) einordnet. Typischerweise sind die ersten drei Kategorien ABC1 in Museen besonders stark vertreten, während die Bevölkerungsgruppen der Kategorien C2DE tendenziell unterrepräsentiert sind. Dieses Missverhältnis sind Museen wie das *Natural History Museum* bestrebt, zu mildern – nicht zuletzt, weil es für den Geldgeber, das britische Ministerium für Kultur, Medien und Sport, ein wichtiges Erfolgsmaß für die breite Kulturpartizipation darstellt:

> »Already we are seeing significant changes in visitor demographics – the number of visitors from the C2DE socio-economic groups during the year almost doubled, and comfortably exceeded the target agreed with the Department for Culture, Media and Sport.« (Natural History Museum, Jahresbericht 2003/04: 31)

Die soziodemographischen Daten dienen der Segmentierung der Besucherschaft und damit als Grundlage für die genauere Betrachtung spezieller Publikumsgruppen, z.B. ältere Menschen, Schüler und Lehrer, aber auch – insbesondere in Australien, Neuseeland und Kanada – als Ausgangspunkt für die Untersuchung der spezifischen Belange von Ureinwohnern in Bezug auf Museen.

5.4.1.3 Psychographische Merkmale

Die soziodemographischen Informationen sind leicht zu erheben – auch die Frage nach dem Einkommen ist inzwischen üblich geworden –, jedoch ist ihre Erklärungskraft begrenzt. Sie lassen keine Rückschlüsse darüber zu, welche

Bedeutung ein Museumsbesuch im Rahmen der Freizeitgestaltung hat oder welche Themen auf besonderes Interesse stoßen. Daher erhalten im Rahmen von Publikumsstudien auch psychographische Merkmale sowie allgemeine Verhaltensmerkmale Aufmerksamkeit:

- Freizeitverhalten und Kulturausgaben,
- Präferenzen in der Freizeitgestaltung,
- Nutzung von Internet,
- Einstellung zu Museumsbesuchen generell,
- Interesse für verschiedene Museumsarten,
- Interesse für die inhaltlichen Schwerpunkte des jeweiligen Museums,
- Bedürfnisse und Wünsche.

Umfassendere Lebensstilanalysen bezüglich ihres Publikums führen die untersuchten Museen jedoch nicht durch – mit Ausnahme einer *Nichtbesucher*-Studie für das *Haus der Geschichte* (Kirchberg 1996b). Solche Analysen basieren auf Typologien von Lebensstil und Milieu, wie sie in der Soziologie einerseits – oft mit Bezug auf *Bourdieus* »Feine Unterschiede« (1982) – sowie andererseits in der Markt- und Wahlforschung zu finden sind. Bekannt sind beispielsweise die Typologien von Gluchowski (1988), Schulze (1992) sowie die VALS-Typologie (value and life styles) nach Mitchell (1983). Die neun Lebensstile nach Gluchowski beziehen zwar sozio-ökonomische und demographische Merkmale mit ein, die Kategorisierung stützt sich jedoch stark auf die politisch-moralischen Wertorientierungen der Befragten. Schulzes Milieu-Typologie beruht stärker auf dem Alltagserleben und alltagsästhetischen Aspekten wie Präferenzen und Abneigungen in Bezug auf bestimmte Freizeitaktivitäten, Fernsehsendungen, Musikarten und Zeitungssparten. Praktische Anwendung gefunden hat allerdings hauptsächlich das Modell der sogenannten SINUS-Milieus, die Sinus Sociovision für Deutschland und weitere 15 Länder erstellt hat.[9] Hier wird die Bevölkerung kategorisiert anhand von zwei Dimensionen: zum einen geordnet nach der sozialen Lage auf der Grundlage von Bildung, Beruf und Einkommen, zum anderen nach der Grundorientierung, von traditioneller bis postmoderner Wertorientierung.

Der Vorteil der Betrachtung von Lebensstilen und Milieus wird darin gesehen, dass sie im Gegensatz zu rein soziodemographischen Merkmalen die Lebenswirklichkeit der Bevölkerung im Kontext zunehmender gesellschaftlicher Ausdifferenzierung treffender beschreiben. Sie sind jedoch nicht so zeitunabhängig wie demographische Merkmale und erfordern zudem umfangreiche Abfragen, die aus forschungspraktischen Gründen bei Besu-

9 | URL: http://www.sinus-sociovision.de

cherbefragungen ungünstig sind. Der Einsatz der von SINUS entwickelten Fragebatterie ist darüber hinaus kostenpflichtig, so dass die Anwendung dieses Instrumentariums von den finanziellen Möglichkeiten einer Einrichtung abhängt.

5.4.1.4 Interaktion mit dem Museum

Des Weiteren sind die Museen an Informationen interessiert, die etwas über den Bezug des Besuchers zum Museum, die Besuchsumstände und das Verhalten des Besuchers aussagen. Führt man die diesbezüglichen Forschungsthemen aller betrachteten Fallstudien zusammen, ergibt sich folgende Liste von erhobenen Merkmalen:

- Besuchshistorie (Erst- oder Folgebesuch),
- Besuch einzeln oder in Begleitung,
- Art und Zusammensetzung der Gruppe,
- Besuchsanlass,
- Besuchsdauer,
- Besuchte Ausstellungen/Abteilungen,
- Verweildauer in Ausstellungen,
- Besuchswege in Ausstellungen,
- Beachtung von Ausstellungselementen,
- Rezeptionsverhalten in Ausstellungen,
- Teilnahme an Führungen und museumspädagogischen Programmen,
- Soziale Interaktion in der Gruppe und mit Museumspersonal,
- Nutzung von Shop und Restaurationsbetrieben,
- Ausgaben in Shop und Restauration.

Diese Informationen lassen Schlüsse zu über die Vertrautheit der Besucher mit der Einrichtung, über Besuchsströme durch das Gebäude, eventuelle Orientierungsprobleme und über die Attraktivität bestimmter Bereiche, Abteilungen und Programme. Die Betrachtung des Besucherverhaltens in Ausstellungen dient dazu, den Prozess der Kommunikation von Inhalten in Ausstellungen als Voraussetzung für ihre Bildungswirkung genauer zu verstehen. Mit der verstärkten Präsenz des Dienstleistungsgedankens und der Anerkennung des Museumsbesuchs nicht nur als edukative Beschäftigung, sondern auch als Freizeitaktivität richtet sich der Blick auch auf den Besucherservice und Einrichtungen wie Shop und Restaurationsbetriebe, die zugleich eine willkommene Einnahmequelle darstellen.

5.4.2 Evaluation

Bei der Evaluation der Museumsarbeit geht es um Rückmeldung seitens der Besucher zwecks Erfolgsbeurteilung und Verbesserung. Dazu wird die Reaktion von Besuchern auf bestimmte Ausstellungen, Programme und andere Aspekte des musealen Angebots erfasst. Folgende Aspekte der Museumsarbeit sind Gegenstand der Evaluation:[10]

- Ausstellungen,
- Führungen und museumspädagogische Programme,
- Besucherservice und Infrastruktur, inkl. Öffnungszeiten und Eintrittspreise,
- Physisches Umfeld,
- Website und Online-Services,
- Shop und Restaurationsbetriebe,
- Weitere Teile des Museums wie z.B. Informationszentren,
- Produkte.

Die Auflistung zeigt, dass bei den untersuchten Museen das gesamte Spektrum der publikumsbezogenen Museumsarbeit mittels Publikumsforschung unter die Lupe genommen wird. Im Vordergrund stehen dabei diejenigen Elemente, die zu den musealen *Kernaufgaben* ›Präsentieren‹ und ›Vermitteln‹ gehören: Ausstellungen sowie Führungen und Programme. Die darüber hinausgehenden Punkte wurden subsumiert unter der Überschrift *Zusatzaufgaben* im Sinne von Angeboten und Leistungen, welche die Kernaufgaben unterstützen und ergänzen. Der Schwerpunkt der durchgeführten Evaluationen liegt auf der Evaluation von Ausstellungen, dann folgen die Zusatzaufgaben, und schließlich die Programme, wie Abbildung 5.8 illustriert.
Der *Erfolgsmessung* dienen darüber hinaus Studien zu weiteren, generellen Wirkungen der Museumsarbeit, die daher ebenfalls der Evaluation zugerechnet wurden:

- Bildungswirkung des Museumsbesuchs,
- Besucherzufriedenheit, und
- Ökonomische Bedeutung (›economic impact‹).

Im Verhältnis zur Evaluation der Kernaufgaben nehmen diese Kriterien der Erfolgsmessung jedoch nur geringen Raum ein. Betrachtet man die drei Gebiete Kernaufgaben, Zusatzaufgaben und Erfolgsmessung zusammen, so zeigt sich über alle Fallstudien hinweg eine klare Dominanz der Evaluation

10 | Die Elemente sind geordnet nach der Anzahl der Museen, die laut Interviews und Dokumenten Studien zu dem jeweiligen Thema durchgeführt oder veranlasst haben.

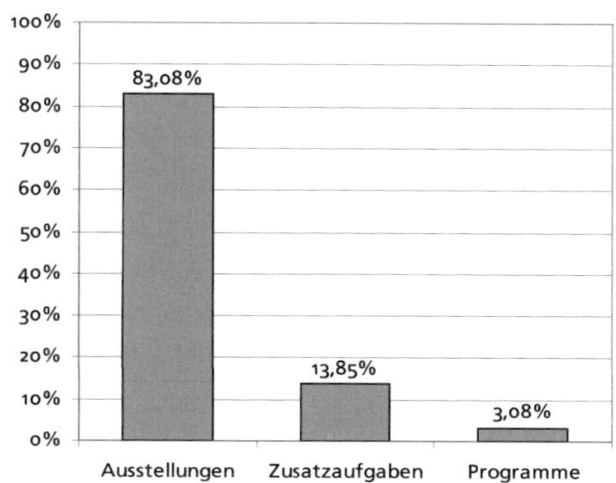

Abb. 5.8: Verhältnis der Kern- und Zusatzaufgaben

von Kernaufgaben mit 60,6% der Nennungen. Auf Zusatzaufgaben entfallen 18,2% und auf die weitere Erfolgsmessung 21,2%.

Je nach Weltregion, Museumsart und Grad der Zuständigkeit für Publikumsforschung gestaltet sich dieses Verhältnis wie in den folgenden Abbildungen gezeigt folgendermaßen: Es zeigen sich keine gravierenden Unter-

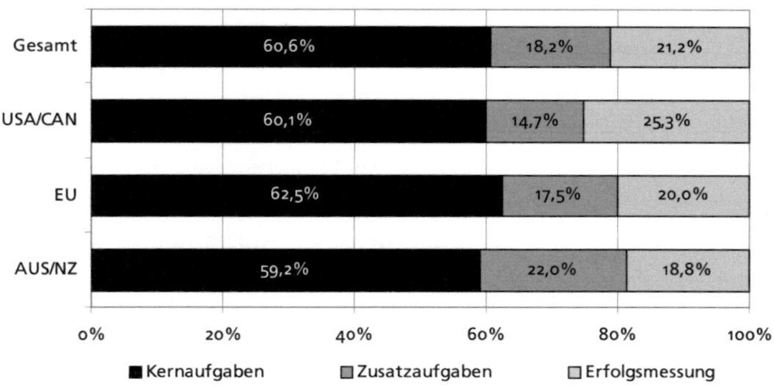

Abb. 5.9: Verhältnis der Evaluationsschwerpunkte nach Weltregion

schiede zwischen den Weltregionen. Die betrachteten europäischen Museen sind diejenigen, die sich besonders stark auf die Evaluation der Kernaufgaben konzentrieren und weniger auf die Zusatzaufgaben. Dagegen erhält in den nordamerikanisch-kanadischen Museen die generelle Erfolgsmessung deutlich mehr Gewicht als in den anderen Weltregionen. Hier zeigt sich die Wirkung der in dieser Weltregion höheren Erfordernis, Rechenschaft über den Erfolg von Programmen und Maßnahmen abzulegen (*accountability*). Die Zusatzaufgaben erhalten ihr größtes Gewicht in Australien und Neuseeland. Dies mag daran liegen, dass der Museumsbesuch hier stärker als eine Einheit aufgefasst wird, die von der Anfahrt zum Museum über Empfang und Garderobe hin zu Ausstellungen, Programmen sowie Restaurant und Shop viele Elemente in einer Dienstleistungskette umfasst, die sich in ihrer Gesamheit auf die Wahrnehmung der Qualität des Museumsbesuchs auswirken. Diese holistischere Sicht auf den Museumsbesuch wird auch bei der Ermittlung der Besucherzufriedenheit deutlich (siehe Abschnitt 5.4.2.3).

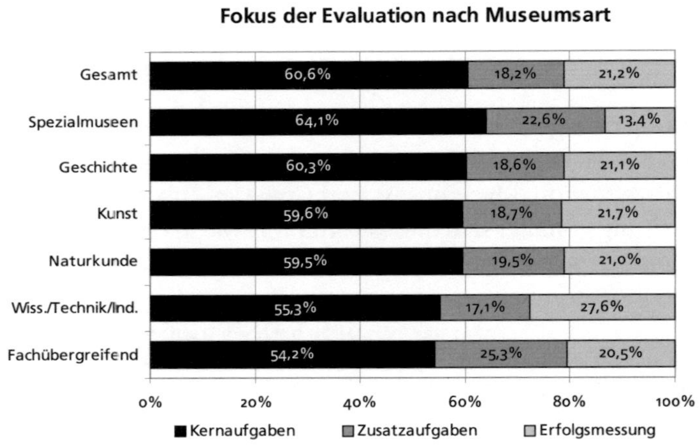

Fokus der Evaluation nach Museumsart

	Kernaufgaben	Zusatzaufgaben	Erfolgsmessung
Gesamt	60,6%	18,2%	21,2%
Spezialmuseen	64,1%	22,6%	13,4%
Geschichte	60,3%	18,6%	21,1%
Kunst	59,6%	18,7%	21,7%
Naturkunde	59,5%	19,5%	21,0%
Wiss./Technik/Ind.	55,3%	17,1%	27,6%
Fachübergreifend	54,2%	25,3%	20,5%

Abb. 5.10: Verhältnis der Evaluationsschwerpunkte nach Museumsart

Die größte Konzentration der Evaluation auf die Kernaufgaben findet sich laut Abbildung 5.10 bei den untersuchten Spezial-, Geschichts- und Kunstmuseen. Hinsichtlich der Zusatzaufgaben tun sich vor allem die großen fachübergreifenden Museen hervor. Die Zusatzaufgaben machen bei den Wissenschafts- und Technikmuseen einen relativ kleinen Teil der Evaluationsschwerpunkte aus, wogegen hier die Erfolgsmessung die vergleichsweise größte Bedeutung erhält. Eine nähere Betrachtung der Schwerpunkte innerhalb der Erfolgsmessung bei den Wissenschafts- und Technikmuseen zeigt, dass dies vor allem auf ein starkes Gewicht von Studien zur Ermittlung der Bildungswirkung des Museumsbesuchs zurückzuführen ist (siehe Abbildung 5.16).

Abbildung 5.11 illustriert: Während die Zusatzaufgaben durchgehend ähnliches Gewicht erhalten, steigt die Konzentration auf die Kernaufgaben mit

Fokus der Evaluation nach Grad der internen Zuständigkeit für Publikumsforschung

	Kernaufgaben	Zusatzaufgaben	Erfolgsmessung
Gesamt	60,6%	18,2%	21,2%
Zuständigkeit mehrerer Personen	63,4%	16,6%	20,0%
Volle Zuständigkeit	61,1%	19,9%	19,0%
Partielle Zuständigkeit	56,3%	18,6%	25,1%
Keine Zuständigkeit	51,3%	18,3%	30,4%

Abb. 5.11: Verhältnis der Evaluationsschwerpunkte nach Zuständigkeit

zunehmender interner Verankerung der Publikumsforschung an, und die Bedeutung der Erfolgsmessung nimmt ab. Es ist zu vermuten, dass bei den Museen mit geringer interner Zuständigkeit für Publikumsforschung die Kompetenzen und Ressourcen – und vielleicht auch die Überzeugung vom Nutzen – geringer sind, um aufwändige Evaluationen der Kernaufgaben durchzuführen, während die generelle Erfolgsmessung leichter über standardisierte Befragungen geleistet werden kann.

5.4.2.1 Gegenstände der Evaluation

Bei der Frage nach den Gegenständen der Evaluation geht es zunächst vorrangig um die musealen Arbeitsbereiche, die evaluiert werden, bevor im nächsten Abschnitt der Fokus auf der gewählten Art von Evaluation im Spektrum zwischen Vorab- und Summativer Evaluation liegt. Erwartungsgemäß liegt der Hauptfokus der Evaluationen auf den *Ausstellungen.* Auf sie entfallen innerhalb der Kernaufgaben 75% der Nennungen; die Programmevaluationen decken entsprechend ein Viertel der Evaluation von Kernaufgaben ab. Den Schwerpunkt der Ausstellungsevaluation bilden im Wesentlichen die Dauerausstellungen, aber auch Wechselausstellungen und manchmal Wanderausstellungen. Bei einzelnen nordamerikanischen, kanadischen und australischen Museen sowie beim *Natural History Museum* wird gelegentlich schon im Vorfeld der Planungen das generelle Interesse an vorgesehenen Ausstellungsthemen abgefragt, um diejenigen Themen zu bestimmen, die weiter verfolgt werden sollen oder zumindest festzustellen, bei welchen Themen besondere Anstrengungen nötig sind, um das Publikum dafür zu interessieren. Die üblichere Vorgehensweise ist die, herauszufinden, welche Vorkenntnisse und Einstellungen Besucher (und potentielle Besucher) zu einem bereits festgelegten Thema haben und wo ihre Interessensschwerpunkte liegen. Dazu kommt die Konfrontation des Publikums mit einem Entwurf des Ausstellungskonzeptes in einer frühen Planungsphase. In beiden Fällen erlaubt die frühzeitige Rückmeldung, Kenntnisstand und Interessen des Publikums bei der Entwicklung einer Ausstellung von Beginn an zu berücksichtigen. Ähnliches gilt für den Titel einer Ausstellung. Hier wird geprüft, ob die Botschaft, die dem Publikum durch den geplanten Titel vermittelt wird, auch dem tatsächlichen Inhalt der Ausstellung entspricht. Zudem geht es um die Identifikation des attraktivsten Titels, der das Potential hat, besonders viele Menschen zu einem Besuch der Ausstellung zu bewegen. Einen solchen Titeltest hat etwa die Hälfte der untersuchten Museen bereits durchgeführt.

Während der Entwicklung, aber auch nach der endgültigen Installation der Ausstellungen werden einzelne Ausstellungselemente einer näheren Prüfung unterzogen, insbesondere Texttafeln, Objektbeschriftungen, Hör- und Videostationen sowie mechanische und computerbasierte interaktive Stationen. Bei der Neuentwicklung der *British Galleries* beispielsweise hat das *Victoria & Albert Museum* 44 Studien allein zu interaktiven Stationen durchgeführt. Schwerpunkt sind hier Inhalt, Design, aber vor allem Bedienfreundlichkeit. Auch Beleuchtung, Geräuschkulisse und Sitzgelegenheiten in Ausstellungen werden in Einzelfällen betrachtet.

Ein weiterer Schwerpunkt der Evaluation sind die *Besucherprogramme*. In diese Kategorie fallen im Wesentlichen Führungen und museumspädagogische Angebote für Schulklassen, Familien und Kinder sowie ggf. andere Zielgruppen. Mit Hilfe von Publikumsforschung evaluiert wurden in Einzelfällen sogar Aspekte wie z.B. Museumstheater. Kulturelle Veranstaltungen oder besondere Anlässe wie die *Lange Nacht der Museen* oder das Bonner *Museumsmeilenfest* werden ebenfalls zum Gegenstand von Besucherbefragungen gemacht. Dazu kommen noch sogenannte Outreach-Programme, mit denen die Museen versuchen, ihre Arbeit über die Grenzen des Museumsgebäudes hinauszutragen. Zudem hat das *Denver Museum of Nature and Science* ein eigenes Reiseprogramm im Angebot, das mehrfach evaluiert wurde.

Bei Publikumsstudien mit Bezug auf das *physische Umfeld* geht es im Wesentlichen um Fragen der Orientierung im Gebäude sowie innerhalb von Ausstellungen, einschließlich der Beschilderung, Faltblättern mit dem Plan des Museums und, in zwei Fällen, entsprechenden Informationsterminals im Museum. Aber auch die allgemeine Wahrnehmung des Gebäudes und seiner Gestaltung werden in einzelnen Fällen thematisiert, ebenso die Zugänglichkeit für körperlich Beeinträchtigte sowie Parkmöglichkeiten. Eng damit verwandt ist die Untersuchung von Besucherservice und unterstützender Infrastruktur, sprich Information, Kasse, Garderobe und Sanitäranlagen. Hier hat *Te Papa* sowie in ersten Schritten auch das *Natural History Museum* einen spezifischen Weg eingeschlagen, um die Servicequalität zu messen: mit Befragungen, die sich auf das sogenannte SERVQUAL-Modell stützen. Dieses Instrument wurde 1988 für das kommerzielle Dienstleistungsmarketing entwickelt (Parasuraman, Zeithaml & Berry 1988) und durch die Museen adaptiert. Das Grundprinzip besteht darin, die Kluft zwischen den Erwartungen der Besucher und der wahrgenommenen Servicequalität zu identifizieren, um Anhaltspunkte für Verbesserungen zu gewinnen, wie ein Gesprächspartner am *Natural History Museum* erläutert:

»I thought it would be a very valuable tool to measure the service gap in service quality and to be able to feed that back and to prioritise what are the things we need to improve on front of house.«

Das *Canadian Museum of Civilization, Museum Victoria, Te Papa* und das *Jüdische Museum Berlin* setzen sogenannte ›Hosts‹ oder ›Customer Service Officers‹ ein, deren zentrale Aufgabe nicht die Aufsicht ist: Sie dienen vielmehr als Ansprechpartner in den Ausstellungen und Servicebereichen. Sie sind genauso zum Gegenstand der Evaluation gemacht worden wie die Sicherheitsmaßnahmen am *Jüdischen Museum Berlin* und an den Nationalmuseen in Washington – einschließlich des *National Museum of American History* –, die dort nach den Anschlägen vom 11. September 2001 eingeführt wurden.

Neben der Erfassung der Zahl und Charakteristika von ›virtuellen‹ Besuchern des Internet-Angebots ist das Testen der Webpräsenz keine ungewöhnliche Aufgabe der Publikumsforschung mehr, seitdem ein Auftritt im Internet für Museen selbstverständlich geworden ist. Evaluiert werden zum einen die Inhalte und deren Darstellung, zum anderen um Layout und Navigation. Auch die Frage, wie man auf die Webseite aufmerksam wurde (z.B. über Suchmaschinen) oder welche Rolle das Internet für die Vorbereitung eines Besuchs vor Ort hat, wurden verfolgt. Über die Informationsaufgabe hinausgehende Funktionen der Webseite wie e-Business und eine Online-Ausstellung wurden beim *Australian War Memorial* beziehungsweise beim *Natural History Museum* dem Urteil der Webbesucher ausgesetzt.[11]

Bei zwei Drittel der 21 Museen richtet sich der Blick der Publikumsforschung auch auf die *gewerblichen Teile* des Museumsangebots: Museums-

11 | Beim *Natural History Museum* handelte es sich um die virtuelle Version der temporären Ausstellung *Virtual Endeavour* im Jahr 1997, bei der eine Befragung unter den Besuchern dieser Online-Ausstellung durchgeführt wurde.

shop, Restaurationsbetriebe und in Einzelfällen auch die Vermietung von Räumlichkeiten für Seminare und Feierlichkeiten. Ermittelt wird, wie die Kunden Angebot, Preisgestaltung und Service beurteilen und welche Aspekte verbessert werden sollten. Für das *Australian War Memorial* liefert die Evaluation des Cafés, das extern betrieben wird, sogar wichtige Kennzahlen für die Leistungserbringung durch den Vertragspartner:

»I am involved in doing surveys of our cafe, we've got the Hyatt that runs the Memorial catering services, but part of their contract is that they have to meet specific standards of customer and client satisfaction, from our visitors' perspectives.«

Die Museen, die über Dauer- und Wechselausstellungen hinaus noch weitere öffentlich zugängliche Bereiche haben, untersuchen auch diese: Sei es das Planetarium des *Denver Museum of Nature and Science,* die Medien-, Informations- und Forschungszentren des *Australian War Memorial,* der *Cité des Sciences,* des *Jüdischen Museums Berlin,* das Darwin Centre des *Natural History Museum* oder die Offenen Sammlungen von *Australian Museum* und *Canadian Museum of Civilization.* Die in den letzten Jahren in der Museumswelt zu beobachtenden Bestrebungen, in Museen speziell auf Kinder ausgerichtete Bereiche einzurichten, findet ihren Widerhall auch in den hier näher betrachteten Museen, so z.B. in der *Cité des Enfants* der *Cité des Sciences* sowie den *Discovery Centres* und dem Kinderbereich *StoryPlace* von *Te Papa.* Diese wurden ebenfalls auf ihre Zielgruppengerechtheit hin evaluiert. Schließlich werden bei einem Drittel der Museen auch *Produkte* wie CD-ROMs, Publikationen und Informationsmaterialien sowie Merchandising-Artikel für den Museumsshop mittels Publikumsforschung einer kritischen Prüfung unterzogen.

5.4.2.2 Arten der Evaluation

Standen im vorangegangenen Abschnitt die Gegenstände der Evaluation im Vordergrund, richtet sich der Blick nun auf die verschiedenen Arten von Evaluation, die dabei zum Einsatz kommen. In Abschnitt 1.2.1 wurde bereits erläutert, dass je nach Zweck der Publikumsstudie und abhängig vom Zeitpunkt im Verhältnis zum Lebenszyklus einer Ausstellung oder eines Programms verschiedene Arten der Evaluation unterschieden werden: Front-End oder Vorab-Evaluation (FE) zur Vorinformation für die Planung, Formative (FORM) Evaluation und Remediale bzw. Nachbesserungs-Evaluation (REM) zur Verbesserung während der Entwicklung oder nach Fertigstellung von Ausstellungen oder Programmen, und schließlich Summative Evaluation (SUM) zur abschließenden Erfolgsbeurteilung. Aus der Anzahl der Nennungen der jeweiligen Evaluationsart in Interviews und Listen von Studien ergibt sich die in Abbildung 5.12 aufgeschlüsselte Verteilung. Der größte Anteil (etwa 40%)

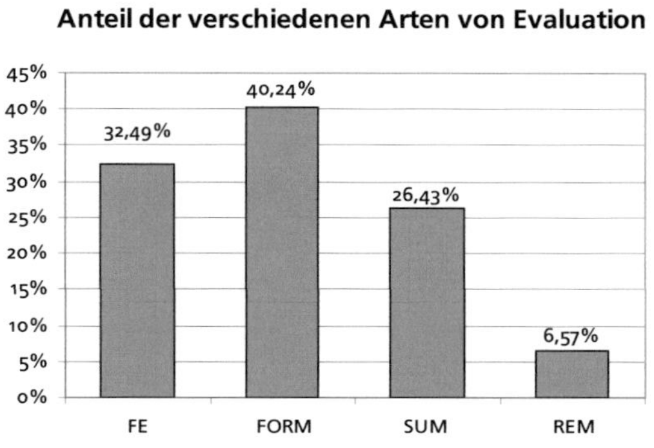

Abb. 5.12: Anteil der verschiedenen Arten von Evaluation

entfällt auf die Formative Evaluation, dann folgt die Front-End-Evaluation mit 32,5%. Offenbar ziehen die untersuchten Museen die eher präventiv und konstruktiv ausgerichteten Evaluationsarten der rückblickenden Erfolgsbeurteilung durch Summative Evaluation vor. Werden Ausstellungen und andere Angebote von vorneherein auf die Bedürfnisse der Besucher abgestimmt und mögliche Schwierigkeiten noch während der Entwicklung aus dem Weg geräumt, ist auch der Bedarf an Nachbesserungs-Evaluation geringer: sie vereinigt weniger als 7% der Nennungen auf sich. Der hohe Anteil an Formativer Evaluation geht vor allem auf die australisch-neuseeländischen und die fachübergreifend ausgerichteten Museen zurück, wie die Abbildungen 5.13 und 5.14 zeigen.

5.4.2.3 Erfolgsmessung

Es ist aufschlussreich, zu sehen, wo die Schwerpunkte in der Erfolgsmessung mittels Publikumsforschung bei den verschiedenen untersuchten Museen liegen. Insbesondere der Vergleich der Weltregionen (Abbildung 5.15) und Museumsarten (Abbildung 5.16) zeigt interessante Tendenzen auf. Insgesamt gesehen dominiert das Kriterium der Besucherzufriedenheit.

Beim Blick auf die Schwerpunkte der Erfolgsmessung je nach Weltregion fällt auf, dass die nordamerikanisch-kanadischen Museen offenbar am wenigsten an der Bildungswirkung interessiert sind, dafür jedoch im Vergleich am stärksten am *economic impact.* Das Kriterium der ökonomischen Bedeutung hat bei den europäischen Museen dagegen überhaupt keine Re-

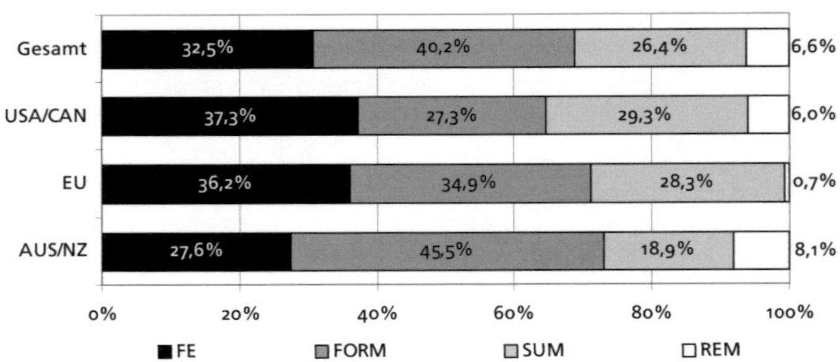

Abb. 5.13: Anteil der Arten von Evaluation nach Weltregion

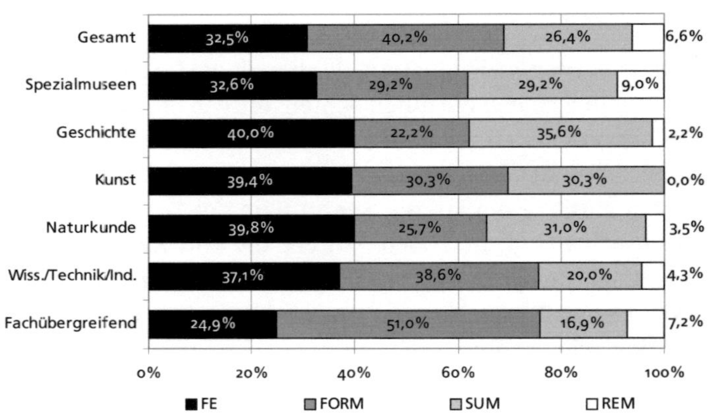

Abb. 5.14: Anteil der verschiedenen Arten von Evaluation nach Museumsart

levanz. Bei den in Australien und Neuseeland beheimateten Museen wird die Bildungswirkung laut Anzahl der Nennungen besonders stark untersucht, aber auch die ökonomische Bedeutung der Museumsarbeit wird in einem gewissen Rahmen thematisiert.

Deutliche Unterschiede in der Erfolgsmessung zeigen sich laut Abbildung 5.16 vor allem beim Vergleich der verschiedenen Museumsarten. Die Wissenschafts- und Technikmuseen sowie die Naturkundemuseen sind sehr stark auf die Bildungswirkung des Museumsbesuchs fokussiert. Bei ihnen spielt der ökonomische Zusatznutzen keine Rolle. Besonderes Gewicht erhält das Thema Besucherzufriedenheit vor allem bei den Geschichtsmuseen, den

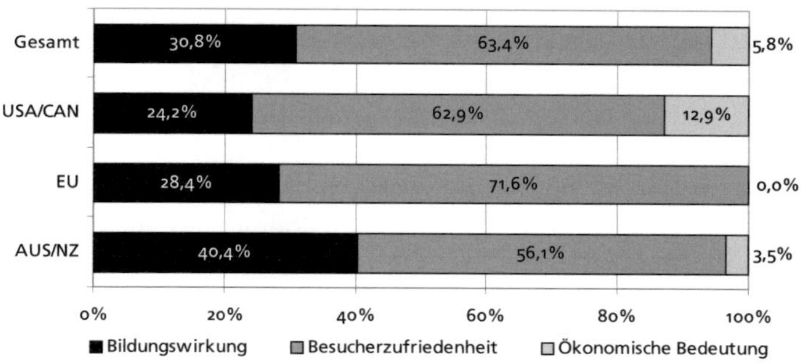

Abb. 5.15: Fokus der Erfolgsmessung nach Weltregion

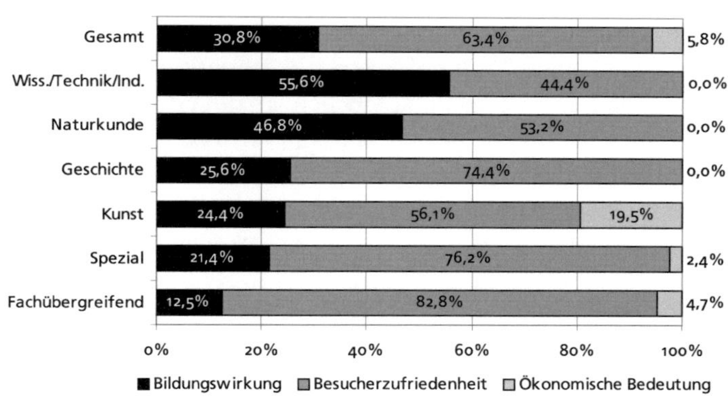

Abb. 5.16: Fokus der Erfolgsmessung nach Museumsart

Museen mit speziellen Einzelschwerpunkten sowie den fachübergreifenden Museen. Auffällig ist, wie groß der Anteil von Studien zum *economic impact* bei den Kunstmuseen ausfällt. Dies ist vor allem der diesbezüglich hohen Aktivität des *Metropolitan Museum of Art* zuzuschreiben.

Bildungswirkung des Museumsbesuchs

Wie bereits aus der Betrachtung der Entwicklungslinien der Publikumsforschung deutlich wurde (siehe Kapitel 2), gehören Lernprozess und Bildungswirkung zu den zentralen Themen von Publikumsstudien. Dies gilt auch für die in dieser Untersuchung näher betrachteten Museen. Das Thema Lernen im Museum wurde unter der Überschrift ›Evaluation‹ eingeordnet, weil die Bildungswirkung des Museumsbesuchs als wichtiges Erfolgskriterium für die Museumsarbeit aufgefasst wird, wie das Beispiel *Australian Museum* illustriert:

»A summative evaluation process is in place that will test out the success of the exhibition not only in enjoyment for the visitor but learning outcomes: both short and long-term.« (Kelly 1998: 2)

Bei den Untersuchungen zum Thema Lernen, die von den hier betrachteten Museen durchgeführt wurden, handelt es sich jedoch nicht ausschließlich um einzelfallbezogene Evaluationen, sondern auch um veritable Forschung im Sinne von Studien, deren Anliegen die Generierung grundlegender Erkenntnisse zum Lernprozess in informellen Lernumgebungen ist. Zu erwähnen sind hier insbesondere zwei größere Untersuchungen, die jeweils mit mehreren Partnern durchgeführt wurden. Zum einen handelt es sich um das von der amerikanischen National Science Foundation finanzierte *PISEC*-Projekt zum Lernen von Familien in Museen, an dem das *Franklin Institute Science Museum* zusammen mit drei weiteren Museen maßgeblich beteiligt ist. Zum anderen führte das *Australian Museum* in Kollaboration mit dem Botanischen Garten Sydney, der dortigen University of Technology und einer Beratungseinrichtung die sogenannte *MARVEL*-Studie durch, die sich institutionenübergreifend mit den Lernerfahrungen von Besuchern befasst.

Das Thema Lernen ist bei nahezu allen betrachteten Museen zum Gegenstand von Studien gemacht worden, jedoch liegt den Untersuchungen kein einheitliches Verständnis zu Grunde, was genau Lernen konstituiert. Das Thema wird zudem unterschiedlich differenziert und tiefgehend untersucht. Bei den meisten Studien steht die Bildungswirkung von *Ausstellungen* im Vordergrund; nur wenige beschäftigen sich mit den Wirkungen von Führungen und museumspädagogischen Programmen. Insgesamt werden folgende Lerneffekte identifiziert:

- Aneignung neuer Informationen,
- Erhöhtes Bewusstsein für bestimme Themen,
- Verständnis der beabsichtigen Botschaften,
- Einstellungsänderungen,
- Verhaltensänderungen,
- Emotionale Berührtheit,
- Inspiration,
- Motivation zur weiterführenden Auseinandersetzung mit Inhalten.

Der Schwerpunkt der betrachteten Lerneffekte liegt deutlich auf den drei erstgenannten Kriterien, gegebenenfalls ergänzt um ein oder zwei weitere Lernindikatoren. Es konnte jedoch keine Studie identifiziert werden, die auf sämtliche genannten Aspekte eingeht. Drei Museen differenzieren in ihren Studien zwischen kurzfristigen und längerfristigen Lernwirkungen. Neben dem *Australian Museum* führte Treinen für das *Haus der Geschichte* eine Studie zu den Langzeitwirkungen von Museumsbesuchen durch (vgl. Schäfer 2003: 98f), und auch das *Muséum national d'histoire naturelle* erforschte die Erinnerungen von Besuchern acht Wochen nach dem Museumsbesuch (Vareille & Fromont-Colin 2000).

Während manche Studien allein die auf den Museumsbesuch zurückgeführten Bildungs*effekte* betrachten, untersuchen einige wenige die Voraussetzungen und Lernprozesse selbst, welche die Lernwirkungen beeinflussen. Dabei geht es um die Bedeutung verschiedener Vermittlungsmedien auf Museumsseite und unterschiedlicher Vorbedingungen und Verhaltensweisen auf Besucherseite. So wurde am *Franklin Institute Science Museum* und am *Muséum national d'histoire naturelle* mit speziellem Blick auf Familienbesuche im Museum die Beziehung zwischen verschiedenen Verhaltens- und Interaktionsweisen in der Ausstellung einerseits und der jeweiligen Bildungswirkung andererseits untersucht (Borun et al. 1996, Cordier & Serre 2000). Ebenfalls mit Blick auf das *Muséum national d'histoire naturelle* wurde die Bedeutung der Rezeptions- und Lektürestrategien von Besuchern analysiert (Samson 2000). Ein Projekt am *Victoria & Albert Museum* untersuchte das Verhältnis zwischen verschiedenen Lernstilen von Besuchern und den jeweils bevorzugten Vermittlungsmedien (Hinton 1998). *Australian Museum* und *Victoria & Albert Museum* betrachteten in diesem Zusammenhang insbesondere die Bedeutung der Integration neuer Technologien in Ausstellungen.

Besucherzufriedenheit

Die Zufriedenheit der Besucher mit dem Museumsbesuch gibt Museen Rückmeldung über die Gesamtqualität ihrer publikumsbezogenen Arbeit aus der Perspektive der Adressaten. Die Besucherzufriedenheit ist eine wichtige Voraussetzung für die Kundenbindung, die sich in wiederholten Besuchen und in der Weiterempfehlung des Museums manifestiert, wie Hausmann (2001: 203) darlegt. Für Museen wie das *Australian War Memorial, Museum Victoria* und *Te Papa* ist die Zufriedenheit der Besucher ein wesentlicher Gradmesser des Erfolgs, der im Jahresbericht nachzuweisen ist. Meist wird die Besucherzufriedenheit direkt mittels einer Skala zur Zufriedenheit erhoben oder über Indikatoren wie Wiederbesuchsabsicht und Weiterempfehlungsabsicht.

Alternativ findet sich die Frage, ob die Erwartungen des Besuchers erfüllt wurden oder ob der Museumsbesuch sein Geld wert war (›value for money‹). *Te Papa* fragt die Zufriedenheit anhand von sechs Kriterien ab: einladende und freundliche Atmosphäre; komfortables und sicheres Umfeld; Hilfsbereitschaft und Professionalität des Personals; Inhalt, Richtigkeit, Interessantheit und Präsentation von Ausstellungen und öffentlichen Programmen sowie Preiswürdigkeit und Kundentreue.

Ein sehr differenziertes und ausgeklügeltes Modell der Zufriedenheitsmessung wird bei *Museum Victoria* verfolgt. Es bezieht sich weniger auf bestimmte Angebote wie Ausstellungen und Programme, sondern vielmehr auf Charakteristika des Museumsbesuchs als Einheit (vgl. Meehan 2002). In einem ersten Schritt wurden hier mittels Besucherbefragungen eine Reihe von Elementen der Besuchserfahrung identifiziert, die den Besuchern besonders wichtig sind, und zwar individuell für jedes der drei Museen, die unter dem Dach von *Museum Victoria* vereinigt sind. Darin enthalten sind Aspekte wie z.B. ›klare Information‹, ›Stimulation von Neugier‹, ›Gelegenheit zu Lernen‹, ›freundliches Personal‹ und ›Sauberkeit des Gebäudes‹. Im zweiten Schritt wurden Besucher gebeten, die aufgeführten Aspekte danach zu bewerten, wie wichtig sie ihnen jeweils sind, um dann zu beurteilen, wie gut es dem Museum gelungen ist, die jeweiligen Kriterien zu erfüllen. Die Leistung des Museums kann dann durch die Gegenüberstellung der beiden Dimensionen Wichtigkeit/Erfüllung (*importance/performance*) nachvollzogen werden. So können notwendige Verbesserungen gezielter erfolgen, indem diejenigen Bereiche identifiziert werden, die den Besuchern äußerst wichtig sind und in denen die Leistung des Museums noch zu wünschen übrig lässt.

Auch das *Office of Policy and Analysis* hat für die Smithsonian Institution in insgesamt neun Museen Studien zur Zufriedenheit durchgeführt, bei denen die Besuchserfahrung im Zentrum steht. Die Untersuchung ging dabei von folgenden Fragen aus: Welche Arten von Erfahrungen suchen Besucher im Museum? Welche Erfahrungen empfinden sie als besonders zufriedenstellend? Im Hintergrund stand die Einsicht, dass die Wirkung des Museumsbesuchs insgesamt, wie auch die Bildungswirkung, nicht allein in der Hand des Museums liegt, sondern darüber hinaus davon abhängt, was die Besucher an eigenen Voraussetzungen und Absichten mitbringen. Letztere entziehen sich weitgehend der Kontrolle durch das Museum. Daher müssen diese Voraussetzungen und Bedürfnisse auf Besucherseite – beispielsweise die Rolle des Museums als Teil der Freizeitgestaltung – eingeräumt und berücksichtigt werden, damit das Museum seine Ziele erreichen und zugleich den Besuchern ein zufriedenstellendes Besuchserlebnis ermöglichen kann.

»This position shifted the emphasis away from the museum's aims and toward the visitor's desires. It became our framework for thinking about past work and for organizing future research.« (Doering 1999: 80)

In einer umfangreichen Studie, die vertiefende Interviews, standardisierte Befragungen und die Auswertung von Besucherkommentaren einschloss, wurde ein Repertoire an Arten von Besuchserfahrungen aufgestellt. Diese vierzehn Arten von Erfahrungen gliedern sich in Objekterfahrungen, kognitive Erfahrungen, introspektive Erfahrungen und soziale Erfahrungen. Standardisierte Befragungen an insgesamt neun Museen der Smithsonian Institution unterstrichen die Relevanz dieser verschiedenen Erfahrungsarten, die von jedem Besucher in jeweils unterschiedlichem Maß gesucht werden. Mit Hilfe der Frage, welche der vierzehn Erfahrungen die Besucher besonders zufriedenstellend empfanden, ergibt sich eine differenzierte Grundlage zur Bestimmung der Besucherzufriedenheit.

Ermittlung und Vergleich von Besucherzufriedenheit über verschiedene Institutionen hinweg ermöglicht es einem Museum, den Grad seines Erfolgs im Vergleich zu ähnlichen Institutionen einzuordnen. So führte die Smithsonian Institution 2004 eine Befragung an allen zugehörigen Museen durch, die auch Fragen zur Besucherzufriedenheit einschloss. Das *Natural History Museum* und das *Victoria & Albert Museum* nehmen am sogenannten *ALVA Benchmarking Survey*[12] teil, der seit 1997 die Publikumszusammensetzung, Erwartungen und Beurteilungen von führenden Touristenattraktionen, vor allem Museen, erhebt und miteinander vergleicht.

Ökonomische Bedeutung

In diesem Abschnitt geht es um ein Kriterium der Erfolgsmessung, welches nicht sehr weit verbreitet ist: die ökonomische Bedeutung der Museumstätigkeit. Einzelne Museen sind sehr daran interessiert, zu demonstrieren, dass ihre Präsenz auch einen wirtschaftlich positiven Effekt für das Umfeld hat. So führt das *Metropolitan Museum of Art* bereits seit 1975 Studien zum *economic impact* durch, und seit 1989 sind Fragen zu diesem Thema fester Bestandteil einer regelmäßig durchgeführten Besucherbefragung. Der Fokus liegt in der Regel auf den Besuchern, die von außerhalb der Stadt ins Museum kommen, seien es Menschen aus der Region oder internationale Touristen. Erhoben werden Informationen dazu, ob der Museumsbesuch der Hauptanlass des Besuchs in der Stadt war, wie lange der Aufenthalt in der Stadt insgesamt

12 | ALVA = Association of Leading Visitor Attractions

dauert, welche anderen Einrichtungen noch besucht werden, welche Art von Unterbringung gebucht wurde und schließlich, wieviel Geld man während des Aufenthalts in der Stadt in etwa ausgibt. Auch das andere untersuchte nordamerikanische Kunstmuseum, das *Denver Art Museum*, betrachtete den ökonomischen Zusatznutzen einer Ausstellung zum Impressionismus. Daraus ergibt sich das große Gewicht dieses Themas bei den Kunstmuseen (siehe Abbildung 5.16). Weitere Studien dieser Art sind nur am *Australian War Memorial* und bei *Te Papa* zu finden. In Europa scheut man offenbar davor zurück, die Bedeutung von Museen so stark an ihrer ›Umwegrentabilität‹ festzumachen (siehe Abbildung 5.15).

5.4.3 Markt- und Marketingforschung

Die bisher vorgestellten Forschungsthemen beziehen sich im Wesentlichen auf die bereits erreichten Besucher und das Angebot der Museen vor Ort. Mittels marktbezogener Publikumsforschung gehen die Museen über die Betrachtung der aktuellen Besucher hinaus, hin zur Identifikation derjenigen, die noch nicht erreicht wurden. In die Kategorie Marktforschung fallen entsprechend Studien, die zunächst ein Bild des Marktes des jeweiligen Museums zeichnen: Welche Bevölkerungsgruppen in der Besucherschaft vertreten sind und welche bisher gar nicht erreicht wurden oder zumindest unterrepräsentiert sind. Ziel ist die Identifikation von potentiellen und erwünschten Publikumsgruppen, um den Kreis der bereits erreichten Besucher zu erweitern. Zur Identifikation unterrepräsentierter und potentieller Besucher werden Daten zu den erreichten Besuchern mit anderen Daten in Beziehung gesetzt, z.B. Bevölkerungsstatistiken. Marketing-bezogene Studien untersuchen darüber hinaus die Frage, mit welchen Mitteln die bereits erreichten Adressaten an die Institution gebunden werden können und wie die weiteren identifizierten Zielgruppen für einen Besuch gewonnen werden können.

Über alle Fallstudien hinweg konnten folgende Forschungsfragen im Kontext von Markt und Marketing identifiziert werden:

- Welche Bevölkerungsgruppen sind im Museum präsent (Besucherforschung, 5.4.1), welche sind dagegen unterrepräsentiert?
- Welche Bevölkerungsgruppen könnten für einen Museumsbesuch gewonnen werden, und welche werden nur äußerst schwer zu einem Besuch zu bewegen sein?
- Wie hoch ist der Bekanntheitsgrad des Museums in der Bevölkerung?
- Wie ist die Wahrnehmung, das Image des Museums (der Marke) in der Bevölkerung?

- Was motiviert Menschen, in Museen allgemein bzw. in dieses bestimmte Museum zu gehen?
- Welche Barrieren hindern Menschen an einem Museumsbesuch?
- Welches Interesse an einem Museumsbesuch besteht unter Touristen, und was interessiert sie besonders an einem Besuch?
- Welche Entwicklungen und Interessen zeigen sich gegenwärtig in der Bevölkerung?
- Welche positiven und negativen Effekte haben alternative Optionen und Angebote bei der Entscheidung für einen Museumsbesuch?
- Welche Bedürfnisse und Wünsche bringt das potentielle Publikum mit in Bezug auf einen Museumsbesuch allgemein oder auf eine bestimmte Ausstellung?
- Wie groß ist das Interesse an einem bestimmten Ausstellungsthema?
- Welche Botschaft wird durch einen bestimmten Ausstellungstitel vermittelt, und weckt er das Interesse an einem Besuch der Ausstellung?
- Welche Bedürfnisse und Wünsche haben Mitglieder von Freundeskreisen etc., wie beurteilen sie ihre Mitgliedschaft?
- Welche Informationsquellen nutzt das aktuelle und potentielle Publikum, und welche Wirkung haben die erfolgten Werbe- und Öffentlichkeitsarbeitsmaßnahmen?
- Wie ist die Wahrnehmung von Sponsoren durch die Besucher?

Sind die Bevölkerungsgruppen festgelegt, die verstärkt angesprochen werden sollen, ist es zunächst sinnvoll, mit Hilfe der Analyse von Besuchsmotiven und -barrieren diejenigen Bevölkerungsteile zu identifizieren, die das Museum bisher nicht besucht haben, aber durchaus eine Affinität zu Museen oder Kultur allgemein haben und für einen Besuch gewonnen werden könnten – im Gegensatz zu den Bevölkerungsgruppen, die nur äußerst schwer zu erreichen sind. Somit ist eine Differenzierung notwendig zwischen dem realistischerweise potentiellen Publikum und denjenigen, die wohl definitiv Nichtbesucher bleiben werden. Diese Informationen bilden dann die Grundlage für die Zielgruppendefinition.

Ein Museum in die Liste der Optionen für die Freizeitgestaltung aufzunehmen, setzt unter anderem voraus, dass sich die potentiellen Besucher dieser Möglichkeit überhaupt bewusst sind. Daher hat beispielsweise das *Haus der Geschichte* eine Bevölkerungsbefragung zum Bekanntheitsgrad des Hauses veranlasst. In dieser repräsentativen Umfrage zum Museumsbesuch in Deutschland wurde deutlich, dass nur etwa 20 bis 25% der deutschen Bevölkerung überhaupt Museen besuchen (Kirchberg 1996a). Auf Initiative der *Cité des Sciences* wird regelmäßig das sogenannte *Baromêtre de notoriété*

(Bekanntheits-Barometer) für zwölf Pariser Kultureinrichtungen durchgeführt. Auch das *Muséum national d'histoire naturelle* ist an dieser Befragung beteiligt, die von einem unabhängigen Forschungsinstitut unter der Leitung von Lucien Mironer durchgeführt wird und jeweils die Zahl der Menschen bestimmt, denen die Institutionen bekannt sind, die sie schon einmal besucht haben, und die beabsichtigen, eine von ihnen innerhalb der nächsten fünf Jahre zu besuchen.

Es sind vor allem die europäischen Museen, die sich mit Barrieren des Museumsbesuchs auseinandergesetzt haben. Dies mag mit den hier stärker akzentuierten Bestrebungen zur Sicherstellung der kulturellen Partizipation breiter Bevölkerungskreise zusammenhängen. Im Fragebogen des *Baromêtre de notoriété* findet sich 1995 auch die offene Frage:*»Pourquoi n'êtes-vous pas intéressé par une visite d'ici un an à la CSI?«*[13] Mit Motiven und Barrieren des Museumsbesuchs hat sich zudem das *Haus der Geschichte* befasst mittels einer groß angelegten Bevölkerungsbefragung (Schäfer 1997a), ebenso wie das *Jüdische Museum Berlin*, das die Meinungen und Verhaltensweisen von typischen Nichtbesuchern von Museen untersuchen ließ. Auch das *Natural History Museum* fragte nach Gründen, die Menschen vom Besuch einer bestimmten Ausstellung abhalten. Im amerikanischen Kontext wurde mit Blick auf das *National Museum of American History* untersucht, wie viele Besucher der großen Promenade, der *Smithsonian Mall*, dieses Museum nicht besuchen und warum, und *Museum Victoria* identifizierte gezielt die Gründe, warum manche Lehrer das zugehörige Science Centre *Scienceworks* nicht als Destination für Schulexkursionen auswählen. Bei der Analyse von Motiven und Barrieren des Museumsbesuchs gibt es zwei weitere Varianten: Zum einen befragte das *Victoria & Albert Museum* nicht die Nichtbesucher, sondern aktuelle Besucher nach Motiven und Barrieren für einen *Wiederholungsbesuch*. Zum anderen beteiligten sich mehrere australische Museen, so das *Australian National Maritime Museum* und das *Powerhouse Museum*, an einer Studie, die sich mit dem Museumssektor als Ganzem befasst:

»We are participating in research into the threat of declining museum attendances by the University of Technology, Sydney, with other museums and universities and the Australian Bureau of Statistics. It's called ›Choosing Museums: Leisure trends and decision making in the free time marketplace‹.« (Australian National Maritime Museum, Jahresbericht 2000/2001: 36)

---

13 | »Warum sind Sie nicht interessiert an einem Besuch der *Cité des Sciences* in einem Jahr?«

Etwa die Hälfte der untersuchten Museen ist über den Bekanntheitsgrad hinaus daran interessiert, zu erfahren, welches Image sie bei Besuchern ebenso wie bei Nichtbesuchern haben, d.h. welches Bild der Einrichtung in der öffentlichen Wahrnehmung vorherrscht. In diesem Zusammenhang zeigte die Sichtung der Forschungsthemen, dass ein in der Museumswelt erst in jüngerer Zeit wahrgenommenes Thema, das aus dem privatwirtschaftlichen Kontext stammt, in einzelnen Fällen bereits zum Gegenstand von Publikumsforschung gemacht wurde: Die Rede ist von ›Branding‹, also Markenbildung. Dies gilt allerdings – mit Ausnahme des *Canadian Museum of Civilization* – ausschließlich für die australische und neuseeländische Museumswelt. *Te Papa, Australian War Memorial* und *Powerhouse Museum* sind die Einrichtungen, welche die Wahrnehmung ihrer ›Marke‹ untersucht haben. Der Markenbegriff ist im Umfeld der Imagefrage angesiedelt, geht aber genau genommen darüber hinaus:

»A brand audit explores the history, origins, associations, products, services and communications of a brand to discover what it stands for from the customer's point of view. In auditing a values brand, therefore, particular care is taken to probe beyond a simple awareness of products and services. Emotional as well as functional attributes of the brand are elicited through words and images, associations and personal experiences, permissions and constraints.« (Scott 2000: 36)

Andere Kultur- und Freizeitangebote können sowohl eine Konkurrenz darstellen als auch zu Synergieeffekten führen. Das *Canadian Museum of Civilization* befasste sich in einer Wettbewerbsanalyse mit der Frage, welche positiven oder negativen Implikationen die Neueröffnung eines Casinos in der Nähe für das Museum hat. Im Vorfeld seiner Eröffnung untersuchte das *Jüdische Museum Berlin* das Potential, Berlin-Touristen und Besucher anderer Kultureinrichtungen für einen Besuch zu gewinnen:

»Und wir haben dann […] weitere Umfragen in Auftrag gegeben, die nicht nur Besucher des eigenen Hauses befragen sollten, sondern auch von Museen oder auch so Sehenswürdigkeiten, wo wir uns erhofft haben, das sind vielleicht die Besucher, die wir später auch ins Museum locken wollen, z.B. eben am Reichstag.«

Zu dieser Art von Studien ist auch eine Untersuchung zu zählen, die das *Australian National Maritime Museum* und das *Powerhouse Museum* gemeinsam durchführten zu der Frage, wie sich Großveranstaltungen wie die Olympischen Spiele in Sydney im Jahr 2000 auf die Besuchszahlen von Museen auswirken (Scott 2004). Hier wird der Aufschwung von Nachfrageorientierung und professionellem Museumsmanagement besonders deutlich.

Ein weiteres Forschungsgebiet, in dem sich vor allem die im australisch-neuseeländischen Raum untersuchten Museen hervortun, sind Studien zu Mitgliedern von Freundeskreisen, Museumsgesellschaften oder den in Frankreich so genannten *abonnés*. Sechs von sieben Museen in Australien und Neuseeland haben entsprechende Studien durchgeführt. Das *Powerhouse Museum* untersuchte ausdrücklich auch Gründe für die Beendigung von Mitgliedschaften. Seit 1987 bereits gibt es am *Denver Museum of Nature and Science* Studien zu den *members*, und auch das *National Museum of American History* hat dieses Thema untersucht. In Europa sind es die *Cité des Sciences* und das *Victoria & Albert Museum*, die Zusammensetzung und Reaktionen ihrer *members* genauer betrachteten.

Hinweise auf besonders wirksame Marketingmittel liefert die Evaluation von Werbemaßnahmen und Öffentlichkeitsarbeit. Die Informationsquellen der Besucher, die Reichweite von Plakatierungen, die Wiedererkennung von Anzeigen und die Botschaften, die durch Werbekampagnen wie die zum hundertjährigen Bestehen des *Deutschen Museums* vermittelt werden: Dies sind die hauptsächlichen Erkenntnisinteressen der betrachteten Museen, wie die Werbe- und Öffentlichkeitsarbeitsmaßnahmen ohnehin das am häufigsten genannte Untersuchungsgebiet innerhalb der Markt- und Marketingforschung darstellen, gefolgt von der Besuchsmotivation. Dies sind Fragen, die mit Hilfe der Besucher vor Ort beantwortet werden können und keine aufwändigen Nichtbesucher- bzw. Bevölkerungsbefragungen erfordern. Erst dann folgen Studien zu Nichtbesuchern und Besuchsbarrieren sowie Wahrnehmung und Image des Museums.

Eine zusätzliche Fragestellung im Zusammenhang mit Vermarktungsfragen ist die Wahrnehmung und Wiedererkennung der Sponsoren bestimmter Ausstellungen oder Veranstaltungen und die Wirkungen des Sponsorings, die z.B. vom *Canadian Museum of Civilization* verfolgt wird, wie aus der Liste der durchgeführten Studien hervorgeht:

»A summative evaluation was carried out to inform decisions about [...] a special program on wine tasting offered at the CMC during the fall and winter of 1998 – 1999. SAQ Sélection wine stores in Québec sponsored the program. The objectives for the study were to determine: 1) the effectiveness of various methods of advertising the program, 2) whether participation in the program had let to participants increased awareness of SAQ Sélection stores and whether or not participants had actually purchased SAQ products.«

Ebenso untersuchte das *Metropolitan Museum of Art* den Effekt des Sponsorings einer Ausstellung über Jacqueline Kennedy durch *L'Oréal*. Neben diesen beiden Museen im nordamerikanisch-kanadischen Raum sind es die australischen Museen *Australian National Maritime Museum* und *Powerhouse Museum* sowie *Te Papa*, die vergleichbare Studien zur Wiedererkennung der Sponsoren durchführen. Bei den europäischen Museen, bei denen das Sponsoring im Vergleich zu den beiden anderen Weltregionen eine geringere Bedeutung hat, konnte keine Studie dieser Art identifiziert werden.

5.4.4 Weitere Themen

Erwähnt werden sollen auch solche Studien, die nach der hier verwendeten Definition von Publikumsforschung dieser eigentlich nicht mehr zuzuordnen sind. Doch einige Museen nutzen die internen Kompetenzen in der empirischen Forschung auch für Themen, die über Publikumsfragen im engeren Sinne hinausgehen und sich auf innerbetriebliche Funktionen einerseits und auf Fragestellungen außerhalb der Organisation andererseits beziehen.

5.4.4.1 Interne Studien

Es sind insbesondere die Museen mit intern verankerter Verantwortlichkeit für Publikumsforschung, die diese Ressource für Fragestellungen nutzen, die sich auf Abläufe ›hinter den Kulissen‹ beziehen. Vor allem die australisch-neuseeländischen Museen stechen hier hervor. Zu den untersuchten Themen gehören:

- Organisationsanalyse,
- Interne Arbeitsweisen,
- Prozess der Ausstellungsentwicklung,
- Ehrenamtlichenprogramme,
- Mitarbeiterangelegenheiten.

Eine erweiterte Aufgabenstellung hat das ehemalige *Institutional Studies Office* der Smithsonian Institution seit dem Jahr 2000 – nun als *Office of Policy and Analysis*. Dies schließt die Analyse interner organisatorischer Prozesse mit ein. Ein Beispiel sind die Fallstudien von Ausstellungen, die den Prozess der Ausstellungsentwicklung mit Blick auf Abläufe, Entscheidungsfindung und Projektmanagement beleuchten, unter anderem für das *National Museum of American History*. Auch das *Australian Museum* und das *Australian War Memorial* haben solche Studien durchgeführt. Mit dem Verantwortungsbereich *Audit and Evaluation* ist diese Funktion beim *Canadian Museum of Civilization* explizit als wichtige Aufgabe neben der Publikumsforschung definiert:

»The audit function looks at compliance and it looks at efficiencies in terms of management. So I have done an audit of the marketing function, I have done an audit of library, archives and documentation services. I am going to do an audit of research. So it looks at how it is managed and if it is managed well and what could be done better. [...] In terms of the budget it is evenly divided. In terms of my time, no. I spend about twenty percent of my time on the audit and the rest is spent on evaluation, market research. [...] Audit is a good tool for performance management and measurement and for assurance. Evaluation which is a little bit broader is also really interesting. And the two functions complement one another.«

Das *Denver Museum of Nature and Science* kann auf die Unterstützung von 1600 Ehrenamtlichen zurückgreifen und untersuchte die Rolle dieser vielen ehrenamtlichen Mitarbeiter innerhalb der Institution. Auch das *Australian War Memorial, Museum Victoria* und das *Powerhouse Museum* überprüften ihr Ehrenamtlichenprogramm. Gerade in den USA, Kanada, Australien und Neuseeland kommt den freiwilligen Helfern eine hohe Bedeutung für die Realisierung der Museumsarbeit zu, die in Europa nicht so stark ausgeprägt ist. Darüber hinaus wurden reguläre Mitarbeiter befragt zur Zufriedenheit allgemein oder mit einzelnen Aspekten wie der Kantine, dem IT-System oder der Mitarbeiterzeitung. Schließlich geht es auch um die Evaluation von internen Weiterbildungsmaßnahmen und der elektronischen Sammlungsdatenbank.

5.4.4.2 Externe Studien

Unter externen Studien werden solche Untersuchungen verstanden, die sich nicht unmittelbar auf die eigene Museumsarbeit beziehen. Zu unterscheiden sind dabei Studien, die im Auftrag anderer Einrichtungen durchgeführt werden, und solche, die Relevanz für den Museumssektor als Ganzen haben. Ein Beispiel für Studien, die anderen Institutionen zugute kommen, ist eine Vorab-Evaluation, die vom *Australian War Memorial* für ein neues Museumsprojekt in Perth durchgeführt wurde, die *Australian American Catalina Memorial Foundation.* Ebenso waren die *National Parks* Auftraggeber einer Studie durch das *Australian Museum,* welches diese Tätigkeit auch als willkommene Einkommensquelle auffasst. In seiner Funktion als nationaler Dienstleister für den neuseeländischen Museumssektor führt auch *Te Papa* Untersuchungen für andere Museen durch. Demgegenüber wird die Kompetenz in der Evaluation, die sich am *Denver Museum of Nature and Science* findet, für die Evaluation von Programmen genutzt, die sich außerhalb des Museumsrahmens bewegen:

»Denver Museum of Nature and Science became much more involved in program evaluation and outcome evaluation because of changes in funders' needs. So we got money, for instance, from the Department of Transportation to do a whole thing with fourth graders to get them to wear bicycle helmets. And then a part of that was that I had to test which of the various things they were doing was the most effective thing. And hand that report back to the funders.«

Studien mit Blick auf den Museumssektor insgesamt konnten nur in Australien und den USA identifiziert werden. Zusammen mit der *Sydney University* führen das *Australian War Memorial* und das *Australian Museum* eine Studie durch, die sich mit der Rolle von Museen in der gegenwärtigen australischen Gesellschaft befasst. Das *Powerhouse Museum* blickte darüber hinaus zusammen mit der University of Technology Sydney auf die Implikationen des Wandels von Freizeitgewohnheiten für Museen (Lynch et al. 2000). Besonders erwähnenswert ist eine Studie, die vom *Australian Museum* im Auftrag des Museumsverbandes *Museums Australia* durchgeführt wurde zur Evaluation der Implementierung von Richtlinien auf nationaler Ebene, die sich auf das Verhältnis von Museen und den australischen Ureinwohnern beziehen:

»The principles and policies cover the full range of museum activities. The responsibilities of museums range from return of human remains, the involvement of indigenous people in collection management and cultural presentations, through to employment and governance.« (Museums Australia 2000: 3)

Im nordamerikanischen Kontext ist es wiederum das *Office of Policy and Analysis* der Smithsonian Institution, welches sich auch mit Themen befasst, die für den Museumssektor generell von Interesse sind. Zu nennen wäre hier beispielsweise eine Untersuchung zur Identifizierung von ›best practices‹ in der Ausstellungsentwicklung:

»Over the past two years of research on exhibitions, the Office of Policy and Analysis (OP&A) study team interviewed museum professionals at over sixty museums, inside and outside the Smithsonian, on various aspects of exhibition-making, including capabilities, structures, processes, management and indicators of quality.« (Office of Policy and Analysis 2002: 1)

Ein weiteres, letztes Beispiel ist eine Studie zur Evaluation von museumspädagogischen Programmen in nationaler Perspektive (Office of Policy and Analysis 2004). Hier wird das Potential von Publikumsforschung und Evaluation als generisches Instrumentarium zur Beurteilung und Verbesserung von Maßnahmen deutlich. Werden derartige interne und externe Studien zunehmend durchgeführt, ist eine Erweiterung des Begriffs Publikumsforschung angezeigt.

5.5 Eingesetzte Forschungsmethoden

Bei der Erläuterung der Methoden werden in den Forschungsberichten der Museen in der Regel die *Datenerhebungsmethoden* thematisiert. Die Methoden der *Datenauswertung* werden selten explizit gemacht, da davon ausgegangen wird, dass gewisse Erhebungsweisen bestimmte Auswertungsverfahren implizieren. Die folgende Darstellung ist aufgrund der entsprechenden Datenlage ebenfalls auf die Erhebungsmethoden fokussiert. Dabei kommen sowohl formale aus auch informelle Datensammlungsmethoden zur Sprache.

5.5.1 Formale Erhebungsmethoden

Bei den untersuchten Museen finden hauptsächlich folgende Methoden Anwendung (nach Häufigkeit des Einsatzes):

- Standardisierte Befragung,
- Vertiefendes Interview,
- Beobachtung, und
- Diskussions- bzw. Fokusgruppen.

Bei allen Museen dominiert deutlich die ›klassische‹ Befragung mittels standardisiertem Fragebogen bestehend aus überwiegend geschlossenen Fragen. Neben dem Einsatz vor Ort im Museum, der Versendung von Fragebögen per Post und der Erhebung der Antworten per Telefon wurde dieses Instrument bei einem Drittel der betrachteten Museen auch bereits webbasiert für Online-Befragungen genutzt. Die standardisierte Befragung kommt vor allem im Hinblick auf die Besucherforschung und die Ermittlung der Besucherzufriedenheit zum Einsatz.

An zweiter und dritter Stelle finden sich, etwa gleich stark vertreten, das vertiefende Interview und die Beobachtung, die in der Regel einen stärkeren Personalaufwand als standardisierte Befragungen erfordern. Beobachtungen dienen vorzugsweise der Erfassung des Besucherverhaltens, vor allem im Rahmen von Ausstellungsevaluationen. Mittels vertiefender Interviews können darüber hinaus die Reaktionen der Besucher auf eine Ausstellung oder ein Programm sowie ihre Vorkenntnisse, Einstellungen und Interessen eingehender ermittelt werden.

Eine Variante des vertiefenden Interviews soll helfen, die Wahrnehmung von Ausstellungen durch Besucher noch unmittelbarer zu erfassen: das begleitende Interview, auch ›accompanied visit‹, ›walking interview‹ oder ›entretien itinérant‹ genannt. Zu den Museen, die diese Technik angewendet haben, gehören das *Natural History Museum*, das *Victoria & Albert Museum* und das *Muséum national d'historie naturelle*, wo das Vorgehen folgendermaßen beschrieben wird:

»les visiteurs sont munis d'un magnétophone qui enregistre leurs propos tout au long de la visite; l'enquêteur les accompagne, note les déplacements et les points d'arrête, ainsi que certains comportements particuliers. Il répond à leurs sollicitations tout en demeurant le plus neutre possible pour ne pas influencer les interprétations.«[14] (Peignoux et al. 2000: 162)

Bei dreien der hier betrachteten Museen findet sich eine weitere besondere Technik des vertiefenden Interviews, die John Falk vom *Institute for Learning Innovation* Ende der 1990er Jahre in die museumsbezogene Publikumsforschung einführte: das *Personal Meaning Mapping*, auch *Concept Mapping* genannt. Graham erläutert die Anwendung dieser Methode im Rahmen einer Vorab-Evaluation zum Thema Architektur am *Victoria & Albert Museum*:

»Visitors were [...] given a sheet with the key word ›architecture‹ in the middle and asked to write down words, ideas, images, feelings or thoughts that come into their minds. These writings formed the basis of the open-ended interview. Visitors were asked to explain and expand upon each of the thoughts they had written and their responses were noted on the sheet in different coloured ink to keep the two levels of response separate.« (Graham 2001: 6)

Auch das *Canadian Museum of Civilization* und das *Powerhouse Museum* haben von dieser spezifischen Vorgehensweise Gebrauch gemacht, so dass sie mittlerweile in jeder der drei betrachteten Weltregionen eingeführt ist.

Bei den sogenannten *Fokusgruppen* handelt es sich um eine ursprünglich nach dem Zweiten Weltkrieg von Marktforschungsinstituten entwickelte Technik der themenzentrierten Gruppendiskussion. Die Fokusgruppen sind eine inzwischen etablierte qualitative Methode, die bei fast allen betrachteten Fällen – bis auf zwei europäische Museen – zum Einsatz kommt. Das Grundprinzip beschreibt Patton folgendermaßen:

---

14 | »Die Besucher werden mit einem Aufnahmegerät ausgestattet, welches ihre Worte während des gesamten Besuchs aufzeichnet; der Forscher begleitet sie, notiert ihren Besuchsweg und ihre Stops, wie auch verschiedene bestimmte Verhaltensweisen. Er geht auf ihre Fragen ein, bleibt jedoch so neutral wie möglich, um ihre Interpretation der Inhalte nicht zu beeinflussen.«

»A *focus group* interview is an interview with a small group of people on a specific topic. Groups are typically 6 to 10 people with similar backgrounds who participate in the interview for one to two hours. In a given study, a series of different focus groups will be conducted to get a variety of perspectives and increase confidence in whatever patterns emerge« (Patton 2002: 385).

Ein wesentliches Kennzeichen von Fokusgruppen ist ihre Strukturiertheit – im Gegensatz zu eher informellen Diskussionsrunden, die zu Unrecht oft das Etikett ›Fokusgruppe‹ tragen. Fokusgruppen-Gespräche sind vergleichbar mit leitfadenbasierten Einzelinterviews; allerdings stellen hier die Anwesenheit mehrerer Personen und die dadurch zu erwartenden gruppendynamischen Prozesse komplexere Anforderungen an den Interviewer oder Moderator. Das *Jüdische Museum Berlin* führte beispielsweise im Februar 2003 zur formativen Evaluation seiner Ausstellung *10+5=Gott. Die Macht der Zeichen* einen sogenannten ›Kinderbeirat‹ ein, der aus zwei Fokusgruppen bestand, die mit Kindern zwischen acht und zwölf Jahren besetzt waren.

Das *Natural History Museum* setzt über die klassischen Erhebungsweisen hinaus gelegentlich einen *mystery visitor* ein. Bei dieser Methode, die aus dem kommerziellen *mystery shopper*-Konzept entlehnt ist, handelt es sich um einen verdeckten Servicetest. Hier werden systematisch Elemente des Besucherservice wie beispielsweise Eingangssituation, Shop, Café, Sanitärbereiche und Interaktionen mit dem Personal vor Ort durch eingewiesene, aber verdeckt agierende Testpersonen beurteilt (vgl. Kirchberg 2003).

Hinsichtlich der bevorzugten Datenerhebungsmethoden sind kaum Unterschiede zwischen den verschiedenen Weltregionen festzustellen. Die europäischen Museen heben sich insofern leicht ab, als hier die Beobachtung offenbar stärker bevorzugt wird, dafür jedoch die Fokusgruppen weniger beliebt sind. Der Vergleich der verschiedenen Museumsarten ergibt ebenfalls keine starken Differenzen. Bei den beteiligten Wissenschafts- und Technikmuseen kommt die Beobachtung stärker zum Tragen als die anderen Methoden. Dies mag sich daraus erklären, dass sie sehr stark in der Ausstellungsevaluation und der Erfassung der Bildungswirkung sind, wobei die Beobachtung eine bevorzugte Methode zur Erfassung des Besucherverhaltens im Lernprozess darstellt. Die betrachteten Kunstmuseen sind diejenigen, die am wenigsten Gebrauch von Fokusgruppen machen.

5.5.2 Technische Datenquellen

Neben diesen formalen empirischen Datenerhebungsmethoden greifen die untersuchten Museen auf eine Vielzahl weiterer Informationsquellen zurück. Zum einen sind hier technische Systeme zu nennen, d.h. Kassen- und Buchungssysteme. Aus den Daten über verkaufte Ticketkategorien oder Buchungsinformationen können neben Besuchszahlen in gewissem Rahmen Rückschlüsse auf die Zusammensetzung des Publikums gezogen werden. Bei einzelnen Museen wird das Kassensystem auch für die effiziente Erhebung von Basisdaten ihrer Besucher genutzt, indem das Kassenpersonal in regelmäßigen Abständen automatisiert zur Abfrage von Informationen über die Besucher aufgefordert wird. Diese Technik wendet neben dem *Powerhouse Museum* auch das *Metropolitan Museum of Art* an, wo jeder 25. Besucher nach seinem Herkunftsort gefragt wird und ob es sich um den ersten Besuch des Museums handelt. Zu den technischen Quellen gehören auch Webseitenstatistiken. Diese protokollieren u.a. die von Besuchern der Webseite aufgerufenenen Seiten, Besuchszeitpunkt und -dauer sowie Browser, Betriebssystem und geographischen Standort, von dem aus der Zugriff erfolgt. Auch die Suchbegriffe, über die die Webseite gefunden wurde, können dokumentiert werden. Auf diese Weise gewannen das Deutsche Museum, das *Natural History Museum* und das *Powerhouse Museum* eine Reihe von Informationen über ihre ›virtuellen‹ Besucher.

5.5.3 Informelle Erhebungsmethoden

Der regelmäßige Einsatz formaler Untersuchungsmethoden bedeutet nicht, dass die Museen auf informelle Wege zur Gewinnung von Rückmeldungen verzichten. Diese werden komplementär eingesetzt. Um zusätzliche Informationen und Rückmeldung von ihren Besuchern zu erhalten, sind folgende Vorgehensweisen besonders verbreitet:

- Gästebücher,
- Feedback-Formulare (auf Papier oder in die Webseite integriert),
- Informelle Gespräche mit Besuchern vor Ort oder am Telefon,
- Korrespondenz (Briefe/Email),
- Rückmeldungen via Aufsichts- und Führungspersonal, und
- Konsultation bestimmter relevanter Personengruppen (›community consultation‹).

Das *Canadian Museum of Civilization* hat darüber hinaus eine sogenannte ›Frage- und Antwort-Tafel‹ eingesetzt – eine Technik, die zuvor an der Smithsonian Institution bereits genutzt wurde, um ohne größeren Aufwand Besucherkommentare zu einer Ausstellung zu erfragen, wie aus der Liste der durchgeführten Studien hervorgeht:

»Visitors were asked to write comments on 2"x 2" ›Post-It‹ notes and place these on a large, illuminated board on an easel. Though conducted in October 1992, a very ›slow‹ month for CMC, more than 600 comments were recorded.«

Erwähnt werden soll auch ein Vorgehen, welches von den Museumspädagogen am *Denver Art Museum* gepflegt wird: das sogenannte *structured listening*, bei dem das Museumspersonal im Rahmen der täglichen Arbeit aufmerksam auf Reaktionen der Besucher achtet:

»*Structured listening, that is listening that is both picking up anecdotes, your own experience, you are chatting with visitors, you are doing something in a class of kids, you are hearing out the kids.*«

Außerdem werden verschiedene Sekundärquellen genutzt, beispielsweise Publikationen des Statistischen Bundesamts oder von Tourismusverbänden, relevante Fachpublikationen wie auch Forschungsberichte anderer Museen oder Kultureinrichtungen. Das *Franklin Institute Science Museum* machte sich zudem die Expertise von Spezialisten außerhalb des Museumssektors zunutze:

»*We actually had a session where we had invited representatives from two of the major consumer market research companies, they actually came in and gave a presentation to us about three years ago on what were some general consumer trends that you should be aware of.*«

Zwar handelt es sich bei diesen letztgenannten Arten der Informationsgewinnung nicht um Publikumsforschung im engeren Sinne, doch sollen sie hier der Vollständigkeit halber erwähnt werden, da solche Daten ebenfalls in publikumsrelevante Entscheidungen einfließen.

5.6 Nutzung der Ergebnisse

In diesem Abschnitt richtet sich die Aufmerksamkeit auf die nächste Stufe der Wirkungskette der Publikumsforschung: die Nutzung von Ergebnissen der Publikumsstudien in der Museumsarbeit. Dieser Schritt ist allerdings selten dokumentiert, so dass Informationen hierzu nicht aus den vorliegenden Forschungsberichten oder den Auflistungen der durchgeführten Studien entnommen werden konnten. Eine Ausnahme bildet hier das *Canadian Museum of Civilization*: Die Liste der durchgeführten Studien enthält neben einer knappen Zusammenfassung der durchgeführten Untersuchungen in Einzelfällen auch Hinweise darauf, wozu die Ergebnisse dienten. Bei Publikationen, die über Publikumsstudien berichten, steht in der Regel die Darstellung der Studienergebnisse im Vordergrund. Hinweise auf die Nutzung der Ergebnisse sind nur bei einem Bruchteil der Zeitschriftenartikel und Buchkapitel zu finden. Ähnliches gilt für die Jahresberichte der Museen. Bereits im Rahmen der ersten Fallstudien australischer Museen wurde die enorme Bandbreite der Anwendungsgebiete von Ergebnissen der Publikumsforschung ersichtlich. Daher wurde davon abgesehen, die Verwertung in der standardisierten Befragung ausführlich zu thematisieren, da dies zum einen viel zu umfangreich geworden wäre und zum anderen die Vollständigkeit der Kategorien nicht gewährleistet werden konnte. Vor diesem Hintergrund waren neben der Analyse von Organisationsdokumenten in erster Linie Auskünfte der Museumsmitarbeiter gefragt, um einen Einblick darin zu erhalten, in welcher Weise die Ergebnisse der Publikumsforschung in die Museumsarbeit eingeflossen sind. Durch die Befragung von Repräsentanten verschiedener Arbeitsgebiete sollte dabei ein möglichst umfassendes Bild der Einflussbereiche von Publikumsforschung gewonnen werden.

5.6.1 Umfang der Anwendungsgebiete

Aus der Analyse der Interviews und Organisationsdokumente ergab sich ein umfangreiches Spektrum an genannten Anwendungsbereichen für Ergebnisse der Publikumsforschung. Die Anzahl der Nennungen einzelner Anwendungsgebiete erlaubt zwar keinen Rückschluss auf das absolute Maß der Nutzung von Ergebnissen, jedoch wird der relative Anteil der jeweiligen Anwendungsgebiete als aufschlussreich erachtet. Abbildung 5.17 stellt die Anzahl der Nennungen der diversen Nutzungsbereiche im Überblick dar. Die publikumsbezogenenen Kernaufgaben der Museumsarbeit – Ausstellungen und Besucherprogramme – stehen bei der Verwertung der Ergebnisse eindeutig im Zentrum, wie bereits ihr hoher Anteil an den Untersuchungsthemen erwarten ließ (siehe Abbildung 5.8, S. 165). Es folgt an zweiter Stelle die Nutzung der Ergebnisse auf der Managementebene. Dazu gehören insbesondere die Berichterstattung gegenüber Trägern und Aufsichtsgremien, mittel- und langfristige Planung und kontinuierliche Erfolgsüberwachung. Des Weiteren werden externe Aufgaben durch die Publikumsforschung bedient, d.h. Publikationen und Vorträge, Workshops für Externe und der Austausch mit Fachkollegen. Dazu kommen Zusatzaufgaben wie Besucherservice und Serviceeinrichtungen, Orientierungshilfen, Café, Museumsshop und Website. An letzter Stelle steht das Marketing.

Diese Vielfalt an Anwendungsgebieten zeigt: Die Museumsarbeit wird in großer Breite von Erkenntnissen der Publikumsforschung durchdrungen.

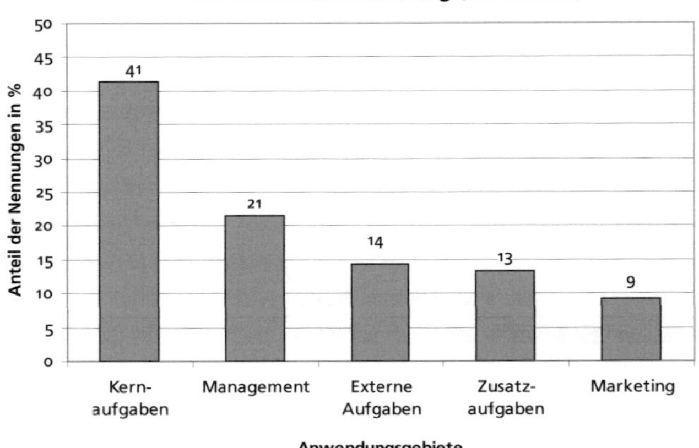

Abb. 5.17: Anwendungsgebiete der Publikumsforschung

Zwar liegt der Schwerpunkt deutlich auf den Bereichen, die an der Schnittstelle zum Publikum liegen; Sammlung, Dokumentation und Forschung bleiben von der Publikumsforschung weitgehend unberührt. Doch der vergleichsweise hohe Anteil der Managementaufgaben an den Verwertungsgebieten zeugt davon, dass die Publikumsforschung längst nicht mehr allein als Instrument der Ausstellungsentwicklung und -bewertung verstanden wird, sondern sich zum generellen Management-Werkzeug entwickelt hat, wie es Loomis mit seinem 1987 erschienenen Buch »Museum Visitor Evaluation: New Tool for Management« forderte. In Australien und Neuseeland wird diese erweiterte Zielstellung der Publikumsforschung besonders stark verfolgt. Abbildung 5.18 illustriert, dass in dieser Weltregion die Nutzung von Studienergebnissen für Kernaufgaben und Management in etwa gleich gewichtig ist. In Europa ist der Anteil des Managements am kleinsten, und die Ergebnisse der Publikumsforschung fließen stärker in Zusatz- und externe Aufgaben.

Bei den Museen, die mindestens eine volle Zuständigkeit für Publikumsforschung in die Organisationsstruktur integriert haben, wird die Nutzung der Publikumsforschung für Managementzwecke in etwa doppelt so häufig genannt wie bei den Museen mit partieller oder marginaler Zuständigkeit. So wird der Publikumsforschung eine stärker organisationsweite Funktion zugewiesen: Sie erhält mehr Personalressourcen und zugleich eine umfangreichere Rolle. Im Folgenden werden die in dieser Übersicht genannten Anwendungsgebiete näher betrachtet und anhand von Beispielen illustriert.

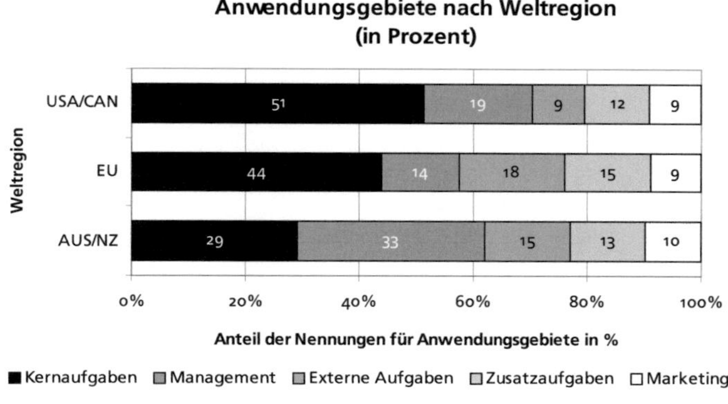

Abb. 5.18: Anwendungsgebiete nach Weltregion

Die Reihenfolge der Darstellung richtet sich nach dem relativen Umfang des jeweiligen Anwendungsbereichs, beginnend mit den Kernaufgaben.

5.6.2 Nutzung für Kernaufgaben

Der Schwerpunkt der Verwertung von Ergebnissen der Publikumsforschung liegt bei den musealen Aufgaben *Präsentieren* und *Vermitteln* mittels Ausstellungen und Besucherprogrammen, welche die zentralen publikumsbezogenen Funktionen der Museumsarbeit darstellen. Auf die Ausstellungen richtet sich dabei der mit Abstand größte Teil der Aufmerksamkeit.
Wie Abbildung 5.19 veranschaulicht, entfallen auf die Besucherprogramme weniger als ein Drittel der Nennungen zu den Kernaufgaben. Dies bekräftigt die bereits bei der Analyse der Forschungsthemen festgestellte relative Verteilung der beiden zentralen Gegenstände von Evaluation (siehe Abschnitt 5.4.2.1, S. 167). Betrachtet man den Anteil der Programme separat, entspricht ihr Umfang in etwa dem der Zusatz- und externen Aufgaben.

5.6.2.1 Ausstellungen

Die Verwertung der Publikumsforschung für Ausstellungszwecke lässt sich anhand der folgenden drei Bereiche betrachten:

- Entwicklung neuer bzw. grundlegende Rekonzeptualisierung bestehender Ausstellungen oder Abteilungen,
- Überarbeitung bestehender Ausstellungen,
- Anwendung der Ergebnisse bei weiteren, zukünftigen Ausstellungen.

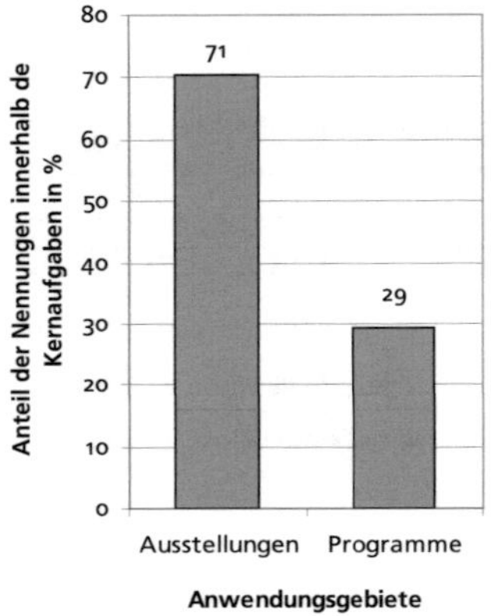

Abb. 5.19: Anwendungsgebiete innerhalb der Kernaufgaben

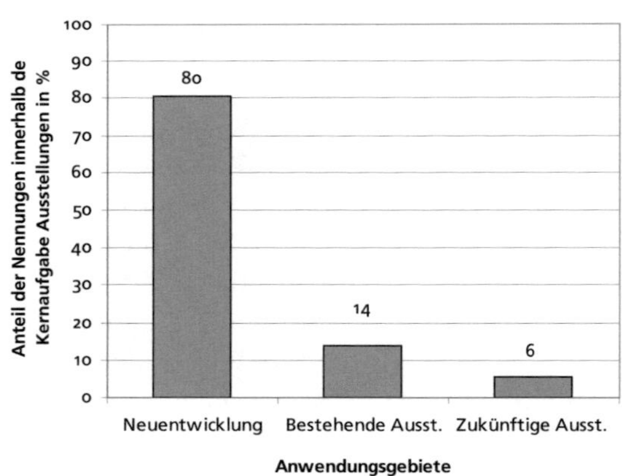

Abb. 5.20: Anwendungsgebiete innerhalb der Kernaufgabe Ausstellungen

Wie Abbildung 5.20 demonstriert, wird in den Fallstudien in sehr unterschiedlichem Maß von der Nutzung der Ergebnisse unter diesen drei Aspekten berichtet. Die bei weitem umfangreichste Nutzung von Publikumsforschung findet demzufolge im Rahmen der Entwicklung neuer Ausstellungen statt. Die Korrektur bestehender Ausstellungen nimmt einen geringen Anteil ein, und die Anwendung der Erkenntnisse auf zukünftige Ausstellungsprojekte ist besonders rar. Damit liegt der Schwerpunkt deutlich auf der auf ein neues Einzelprojekt bezogenen, unmittelbaren Nutzung von Publikumsforschung.

Entwicklung von Ausstellungen

Im Gebiet der Ausstellungsentwicklung erhält die Publikumsforschung den größten Einfluss auf die Museumsarbeit. Sie dient sowohl der Planung neuer Ausstellungen, meist Wechselausstellungen, als auch der grundlegenden Rekonzeptualisierung bestehender Sammlungspräsentationen. Die Nutzung der Publikumsforschung beinhaltet vor allem die Anwendung der Ergebnisse von Vorab- und Formativer Evaluation im Verlauf der Ausstellungsplanung. Vielzählige Elemente der Ausstellungskonzeption können dabei durch Publikumsforschung unterstützt werden: die Festlegung der Ausstellungsziele und Zielgruppen, die Wahl und Zusammenstellung der behandelten Themen und gezeigten Objekte, die Strukturierung der Ausstellung sowie Aspekte des Ausstellungsdesigns und der Vermittlung mittels Ausstellungstexten, Medien und interaktiven Komponenten.

Die Publikumsforschung kann bereits sehr früh im Prozess der Ausstellungsentwicklung zu weit reichenden Weichenstellungen führen. Die erwähnte Ausstellung des *Denver Museum of Nature and Science* zum Thema *Weltall* ist ein Beispiel dafür, wie sich die Ziele des Ausstellungsteams zu Beginn des Planungsprozesses aufgrund der Ergebnisse von Vorab-Evaluation verändert und präzisiert haben:

»People wanted to find a way to be connected to that information, and they wanted to be able to have conversations, people felt that they could not even enter into a conversation about space because a certain amount of expert knowledge was required before you could participate in the conversation. But they wanted to be able to feel that they could participate in a conversation. So those things, making personal connections, having conversation and making discoveries, and I do not remember the fourth one, became the four goals of the project. So the goals of the project which originally were more content-oriented shifted entirely to become experiential goals.«

So nimmt die Ausstellungsentwicklung schon in der ersten Konzeptionsphase eine andere Route als zunächst geplant. Eine ähnlich grundlegende Richtungsentscheidung wird gefällt mit der Festlegung der Zielgruppen, auf die eine Ausstellung ausgerichtet ist. Hier informiert die Publikumsforschung über Charakteristika, Zusammensetzung, Umfang und Interessen der verschiedenen Publikumsgruppen. Beim *Denver Art Museum* beispielsweise werden diese Informationen in der Ausstellungsentwicklung berücksichtigt:

»That has helped us when we were, for instance, deciding who is the right target audience for an exhibition. We have this data now that helps us understand who we are targeting at and why. We know more about the size and potential size of that audience, we know more about their education levels and how to talk to them.«

Im Zusammenhang mit dieser Zielgruppenorientierung zeigt die Publikumsforschung zudem den Bedarf für die Erstellung und Optimierung von Angeboten für bestimmte Publika auf: seien es mehrsprachige Broschüren, Ausstellungstexte und Medienstationen für Nicht-Muttersprachler, seien es Kindermalecken im *Jüdischen Museum Berlin* oder Objekte zum Erfühlen für Menschen mit Sehschwäche in den *British Galleries* des *Victoria & Albert Museums.*

Des Weiteren speist die Publikumsforschung Entscheidungen über Wahl und Zusammenstellung der im Rahmen einer Ausstellung behandelten Themen. Als Beispiel sei die Neuentwicklung einer semi-permanenten Ausstellung über die australischen Ureinwohner am *Australian Museum* angeführt:

»The front-end evaluations conducted in researching this project provided some outlines of content – a range of strategies to get the information we needed to build up a picture of the audience – to find out what the customer – the visitor – wants to know about the topic; where the information gaps are [...] As a result then of the Front-end evaluations, the themes of Spirituality, Cultural Heritage (combining Heritage and Culture), Family, Land, Health and Justice were chosen for development.« (Kelly & Sullivan 1996: 11)

Interessen, aber auch Lücken im bestehenden Wissen zum Gesamtthema der Ausstellung geben Impulse für die Themenwahl und den erforderlichen Detailgrad der Darstellung. Kenntnisse über Interessen, thematische Assoziationen, aber auch Besuchswege des Publikums können sich letztlich sogar auf die Wahl von Exponaten auswirken. Beim *Australian Museum* wurden die Erkenntnisse der Vorab-Evaluation dazu genutzt, anhand der gewählten Themen gezielt geeignete Objekte zu recherchieren. Beim *Haus der Geschichte* veranlasste die Analyse der Besuchsrouten in der Ausstellung die Aufstellung zusätzlicher attraktiver Ausstellungsobjekte, um Besucher stärker in bislang wenig genutzte Ausstellungsbereiche zu lenken.

Das grundlegende Strukturierungsprinzip einer Ausstellung ist ein weiteres Beispiel für die Verwertung von frühzeitig in der Konzeptionsphase durchgeführten Publikumsstudien. So entschied man sich am *Victoria & Albert Museum* bei der Entwicklung der British Galleries für eine chronologische statt der ursprünglich vorgesehenen thematischen Gliederung:

»A number of the findings from this research had a substantial impact on the development of the project. [...] In the earliest stages of the project the concept team had considered a thematic rather than chronological organisation for the galleries. This was rejected and the baseline study fortuitously showed that chronology was a very important conceptual tool for visitors.« (Hinton 2004: 3f)

Über die Frage der visuellen Darstellung des strukturierten Inhalts reicht die ausstellungspraktische Bedeutung der Publikumsforschung bis in Ausstellungsarchitektur und -design hinein, wie z.B. eine Untersuchung zur Neugestaltung eines Teils der Dauerausstellung des *Hauses der Geschichte* zeigt:

»*Und zwar hatten wir bei der ursprünglichen Fassung der Ausstellungsebene 5 in verschiedenen Bereichen mit einem Szenario gespielt: Vordergrund – Hintergrund. Da hatten wir also eine Ausstellungsarchitektur ausgewählt, die sehr vordergründig ein Thema eröffnet, um dann buchstäblich im Hintergrund das Thema aufzublättern, die Kausalitäten zu zeigen, die wirklichen Informationen offen zu legen. Wir fanden das damals sehr spannend, es war ein schöner Einfall der Ausstellungsarchitekten [...] Aber die Besucherforschung hat uns aufgeklärt: Es funktioniert nicht. Dieses Spiel mit der Räumlichkeit wurde vom Besucher nicht entdeckt, nicht erkannt, jedenfalls auch nicht genutzt. Deswegen sind wir anders umgegangen mit solchen Themen.*«

Am *Franklin Institute Science Museum* wurde in einem Projekt die Idee eines an einer Weltausstellung orientierten Ausstellungsdesigns verworfen, da das Publikum nicht genügend Anknüpfungspunkte an dieses Thema hatte. Neben solchen übergreifenden Gestaltungsfragen fließen Erkenntnisse der Publikumsforschung auch in die Konzeption einzelner Ausstellungselemente ein. Ein Beispiel ist die Veranschaulichung verschiedener vorgeschichtlicher Themen beim *Denver Museum of Nature and Science* mittels Dioramen, ergänzt durch jeweils zugeordnete Vitrinen, welche die wissenschaftlichen Grundlagen der Dioramadarstellung aufzeigen:

»*We did a lot of work with the dioramas and the evidence cases next to them in* Prehistoric Journey. *That was a major bit of work that took a lot of time. So the very structure and nature of the information that went into those evidence cases was based upon audience research.*«

Ebenso wie die genannten Darstellungseinheiten werden interaktive Komponenten und Bildschirmmedien mittels Formativer Evaluation wiederholt getestet und modifiziert. So wurde das in der Dauerausstellung des *Hauses der Geschichte* regelmäßig wiederkehrende Element der ›Wahlplattformen‹

im Rahmen der ersten Werkstattausstellungen evaluiert und daraufhin verändert:

»Die Antworten veranlaßten uns jedoch, die gesamte Erscheinungsform der Wahlplattform und ihre zentralen Botschaften einfacher und verständlicher zu strukturieren. Außerdem veränderten wir Details, zum Beispiel in der Materialauswahl und den Schriftgrößen. [...] Eine Folge waren weitere Optimierungen, die unter den Schlagworten ›easy access‹ und ›optische Verbesserung‹ zusammengefaßt werden können. Außerdem wurde die Zahl der Vertiefungsebenen verringert.« (Schäfer 1996: 149)

Schließlich ist die Erstellung von Ausstellungstexten – von Objektbeschriftungen zu Saal- und Thementexten – ein weiteres Element der Ausstellungsentwicklung, für das die Publikumsforschung besonders stark genutzt wird. Zum einen werden die für eine bestimmte Ausstellung produzierten Texte optimiert hinsichtlich Textsorte, Stil, Sprachniveau, Verständlichkeit, Struktur und Umfang. Zum anderen werden generelle Textkonzepte auf Basis von Evaluationsergebnissen entwickelt, wie z.B. beim *Haus der Geschichte*:

»Um sie [die Ausstellungstexte] möglichst besucher- und lesefreundlich in ihre Ausstellungen integrieren zu können, wurden vor Eröffnung des Hauses umfangreiche Evaluationen durchgeführt und anschließend die Beobachtungen systematisch fortgeschrieben. Auf der Basis der entwickelten Kriterien unter Einbeziehung der Evaluationsergebnisse werden die Ausstellungstexte geschrieben.« (Hütter & Dennert 2002: 153)

In gleicher Weise nutzte das *Victoria & Albert Museum* die Publikumsforschung dazu, grundlegende Leitlinien zur Erstellung von Ausstellungstexten zu erarbeiten, die auch bei Folgeprojekten angewendet werden.

Modifikation bestehender Ausstellungen

Neben der vollständigen Neuentwicklung von Ausstellungen führt die Publikumsforschung bei bestehenden Ausstellungen zu Anpassungen, die aufgrund der Ergebnisse von Verbesserungs- und Summativer Evaluation angezeigt sind. Ein Beispiel ist eine Klimaausstellung der *Cité des sciences*. Nach der Eröffnung wurde im Rahmen der Evaluation recht schnell deutlich, dass Besucher Hinweise darauf erwarteten, wie sie selbst zum Klimaschutz beitragen können:

»*Par exemple on a une exposition sur le climat qui est ouverte depuis un mois. On a observé par exemple que les visiteurs, grâce aux évaluations, ils voudraient qu'on leur fasse des propositions concrètes sur ce qu'ils peuvent faire pour diminuer l'effet de serre, ça c'est que les études nous disent et partant de ce que nous disent les études on est en train de modifier les animations pour plus satisfaire les visiteurs.«*[15]

So wurden Tafeln ergänzt, die konkrete Lösungen vorschlagen, wie jeder in seinem Umfeld zur Reduktion der Treibhausgase beitragen kann. Dieses Beispiel demonstriert, dass Erkenntnisse der Verbesserungs- und Summativen Evaluation dazu dienen können, die Schwachstellen einer Ausstellung sowie Lösungsmöglichkeiten aufzuzeigen. Angewendet wird dieses Prinzip insbesondere bei Dauerausstellungen, die über einen langen Zeitraum hinweg gezeigt werden. Nach Eröffnung einer Ausstellung sind Korrekturen jedoch nur noch in begrenztem Maß möglich, so dass nur ein Bruchteil der identifizierten Probleme behoben werden kann. Daher kann die Publikumsforschung hier – im Gegensatz zur Neuentwicklung von Ausstellungen – nur eingeschränkt fruchtbar sein. Entsprechend wird diese Nutzung der Publikumsforschung bei den untersuchten Fällen auch sehr viel seltener genannt (siehe Abbildung 5.20). Es sind am ehesten die europäischen Museen, die sich die Publikumsforschung in dieser Weise zunutze machen.

Nutzung für zukünftige Ausstellungen

Bei der dritten ausstellungsbezogenen Nutzungweise von Publikumsforschung richtet sich der Blick in die Zukunft: auf die Anwendung von Erkenntnissen aus dem Entwicklungsprozess bei Folgeprojekten. Diese Nutzungsweise bietet die Möglichkeit, Einsichten aus Summativer Evaluation nicht nur für die Erfolgsbestimmung, sondern auch für Ausstellungszwecke fruchtbar zu machen. Beispiele für die Übertragung zuvor gewonnener Erkenntnisse auf neue Projekte finden sich bei *Te Papa* und dem *Powerhouse Museum*:

»Recent visitor research has repeatedly found the need for greater visitor comfort at our short-term exhibitions. This finding has led to greater awareness of visitor comfort levels within the exhibiton teams with future planning by them now taking this more into account for upcoming exhibitions.«

---

15 | »Zum Beispiel haben wir eine Ausstellung über das Klima, die seit einem Monat eröffnet ist. Wir haben zum Beispiel beobachtet, dank der Evaluationen, dass die Besucher gerne konkrete Vorschläge hätten dazu, was sie selbst tun können, um den Treibhauseffekt zu verringern, das ist das, was die Studien uns sagen, und davon ausgehend, was uns die Studien sagen, sind wir dabei, die Vermittlung zu verändern, um die Besucher besser zufrieden zu stellen.«

»That information is used to inform both, any changes that might be made to that exhibition but also to inform our basic knowledge [...] that can inform future exhibitions.«

Wie der Gesprächspartner des *Powerhouse Museum* deutlich macht, kann die Publikumsforschung – wie bei den Leitlinien für Ausstellungstexte – zum Wissenskorpus der Organisation beitragen und grundlegende Erkenntnisse bereitstellen, die nicht unbedingt jedesmal erneut überprüft werden müssen. Dies trifft insbesondere dann zu, wenn über mehrere Studien hinweg ähnliche prinzipielle Erkenntnisse gewonnen wurden. So kann die Publikumsforschung über die einzelnen Ausstellungsprojekte hinaus fruchtbar gemacht werden. Dies gilt auch für mit Hilfe der Publikumsforschung entwickelte Leitlinien zur Texterstellung. Da Publikumsstudien jedoch zum überwiegenden Teil auf Einzelprojekte ausgerichtet sind, können ihre Ergebnisse nur begrenzt auf zukünftige Ausstellungen übertragen werden. Aufgrund des eingeschränkten Nutzens derartiger Studien für Folgeprojekte nimmt die längerfristige Verwertung der Publikumsforschung nur einen sehr geringen Anteil ihrer Nutzung für Ausstellungszwecke ein. Besonders die australischen und neuseeländischen Museen richten ihre Aufmerksamkeit auf eine nachhaltigere Nutzung der Studienergebnisse. Bei Museen mit mindestens einer vollen Stelle für Publikumsforschung ist der Anteil dieser Weiterverwertung ebenfalls höher. Eine stärker generische statt ausstellungsspezifische Anlage von Studien wäre der weiteren Verwertbarkeit zuträglich.

5.6.2.2 Besucherprogramme

Im Rahmen der Nutzung von Publikumsinformationen für museumspädagogische Programme wurde eine Reihe diverser Vermittlungsmaßnahmen von den untersuchten Museen mit Hilfe der Publikumsforschung neu entwickelt oder verändert. Dazu gehören Konzepte und Schulungen für Führungen, Familien-, Wochenend- und Ferienprogramme, Aktivitäten für bestimmte Zielgruppen – insbesondere das Schulpublikum –, Museumstheater, Veranstaltungen wie Vorträge oder Filmvorführungen sowie museumspädagogische Materialien und die erforderliche Infrastruktur. Zur Illustration seien entsprechende Nutzungsweisen der Publikumsforschung am *Natural History Museum* und am *Denver Museum of Nature and Science* beispielhaft herausgegriffen. So wurde das *Natural History Museum* durch Publikumsforschung auf den Mangel an Angeboten für kleine Kinder aufmerksam und konzipierte ein spezielles Angebot für diese Zielgruppe:

»We launched our Explorer backpack initiative - which is specifically designed for kids aged under 7 years, after it had been identified that we were lacking in activities for this age group.«

Auch für die Weiterentwicklung der Vermittlungsangebote am 2002 eröffneten *Darwin Centre* und seiner geplanten Erweiterung nutzt das *Natural History Museum* Evaluation, sei es für die Führungen ›hinter den Kulissen‹ der umfangreichen naturhistorischen Sammlung oder die Möglichkeiten der direkten Begegnung mit Wissenschaftlern:

»There is quite a lot of research on the Darwin Centre, which we will actually feed into a second Darwin Centre building of which the proposal is being developed at the moment. So what is happening in the Darwin Centre at the moment with scientists talking face-to face to the public and also the public being able to go on behind-the-scenes tours, so those things. [...] That research is going on because it really informs the second phase of the Darwin Centre as well. So you know, there is a very direct use for that later.«

In diesem Fall geht es nicht allein um die Verbesserung einzelner Programme, sondern die Erkenntnisse werden für die Planung des Ausbaus der gesamten museumspädagogischen Aktivitäten in Bezug auf das Darwin Centre verwertet. Da die Vermittlungsarbeit mit Schulklassen ein wichtiges Element der museumspädagogischen Arbeit ist, dienten Untersuchungen am *Denver Museum of Nature and Science* dazu, die Entwicklung von Angeboten für das Schulpublikum zu unterstützen:

»2 years ago we did focus groups with teachers, principals and superindentents of schools. The information has helped influence decisions on what programs, what types of programs should be offered, as well as the organizational structure needed to deliver those programs.«

Dazu gehört auch die Unterstützung der Erstellung von Vorbereitungs- und Arbeitsmaterialien für Schulklassenbesuche. Außerdem setzt das *Denver Museum of Nature and Science* außerhalb von Führungen Vermittler in den verschiedenen Ausstellungsbereichen ein, die für Fragen des Publikums zur Verfügung stehen. Diese Variante der museumspädagogischen Besucherbetreuung wurde mit Hilfe der Publikumsforschung vorbereitet:

»For example, the educators were developing on-the-floor programming for visitors so I spent some time looking at do visitors respond better if they initiate or if the volunteer initiates and is that different by gender and by age? We found that teenagers actually do not like to be approached by volunteers, but women and children do. So little things

like that. [...] That kind of thing changed what the educators did on a day-to-day basis, they integrated that into their programming a lot.«

In ähnlicher Weise werden die Besuchsbegleiter am *Haus der Geschichte* evaluiert und anhand der Ergebnisse gezielt geschult. Die genannten Beispiele zeigen: Die Nutzung von Erkenntnissen der Publikumsforschung erlaubt eine Neuentwicklung und Anpassung der diversen Besucherprogramme. Sie werden jedoch in deutlich geringerem Maß als die Ausstellungen zum Gegenstand der Anwendung von Ergebnissen der Publikumsforschung (siehe Abbildung 5.19). In dieser Domäne weitgehend geschulter Museumspädagogen mag dafür auch eine geringere Notwendigkeit gesehen werden. Vor allem die nordamerikanischen Museen nutzen die Publikumsforschung als Reflexions- und Verbesserungsinstrument für die Museumspädagogik.

5.6.3 Nutzung für Managementaufgaben

Das Aufgreifen von Ergebnissen der Publikumsforschung im Rahmen von übergreifenden Managementmentaufgaben findet statt als Teil des externen und internen Berichtswesens und im Zusammenhang mit Jahresplanung und Strategischer Planung; Erkenntnisse der Publikumsforschung fließen in interne Fortbildungen ein; sie wirken sich auf Budgetentscheidungen aus und spielen eine Rolle bei der Neukonzeption von Museen oder der Planung von Erweiterungsbauten. Dabei liegt der Schwerpunkt auf der Rechenschaftsberichterstattung und der Planung, wie Abbildung 5.21 illustriert. An zweiter Stelle steht die kontinuierliche Erfolgsüberwachung (Monitoring). Mit großem Abstand, da nur vereinzelt genannt, folgen weitere Aufgaben wie beispielsweise Mitarbeiterschulungen.

5.6.3.1 Rechenschaftsberichterstattung

Die Berichterstattung gegenüber Trägern und Kontrollgremien, Geldgebern und weiteren Interessengruppen dient dazu, nach außen Rechenschaft über Tätigkeit und Ausgaben abzulegen. Zentrales Instrument ist der Jahresbericht. Mit Hilfe der Ergebnisse von Publikumsstudien wird die Beteiligung an und Rückmeldung des Publikums zu bestimmten Aktivitäten des Museums dargestellt – Ausstellungen des vergangenen Jahres, museumspädagogische Programme, Veranstaltungen etc. Bei der Mehrzahl der untersuchten Museen geschieht dies im Textteil des Jahresberichts. Bei acht Fällen jedoch sind die Ergebnisse der Publikumsforschung Teil der Dokumentation des Zielerreichungsgrades bezüglich Key Performance Indicators (KPIs), also zentralen Leistungsindikatoren. Im Fall des *Victoria & Albert Museums* beispielsweise

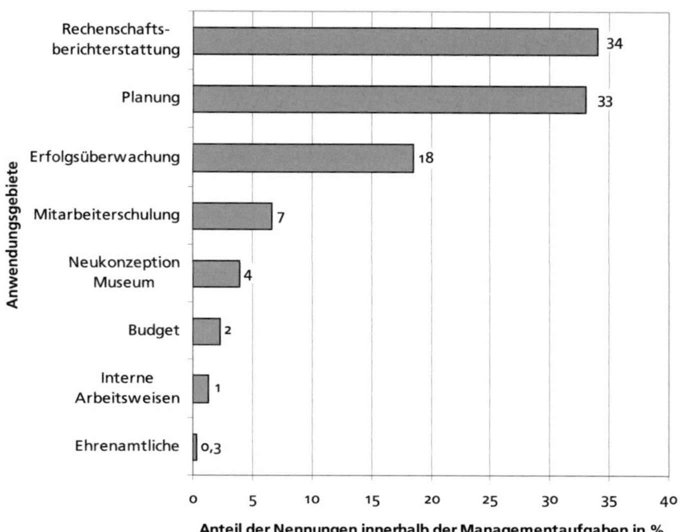

Abb. 5.21: Anwendungsgebiete innerhalb der Managementaufgaben

wurde der jeweils zu erreichende Mindestwert in der offiziellen Finanzierungsvereinbarung mit dem zuständigen Ministerium im Vorfeld festgelegt.

Überwiegend quantitative Indikatoren fließen in die Erfolgsberichterstattung ein, z.B. Besuchs- und Teilnehmerzahlen sowie die Anzahl der Abonnenten und Mitglieder in Förderkreisen. Durch Publikumsforschung im eigentlichen Sinne wird der Anteil der Wiederholungsbesucher als Indikator der Besucherbindung ermittelt sowie die sozio-demographische Zusammensetzung des Publikums als Beleg für die Breite und Repräsentativität des erreichten Publikums. Für *Te Papa* beispielsweise ist es ein wichtiges Leistungsziel, dass das demographische Profil seiner inländischen Besucher die Zusammensetzung der neuseeländischen Bevölkerung mit einem Anteil von etwa 15% Mäori widerspiegelt (Statistics New Zealand 2002). Ein weiterer oft genannter Leistungsindikator ist der Grad der Zufriedenheit der Besucher mit den verschiedenen Angeboten. Das Vorgehen des *Australian War Memorial* ist in diesem Zusammenhang besonders hervorzuheben, da die Publikumsforschung dort über die klassischen Maßstäbe hinaus dazu dient, die Relevanz der Museumsarbeit beispielsweise für die Wissensvermittlung zu erfassen und dies mittels quantitativer wie qualitativer Ergebnisse zu belegen. Damit erfüllt das *Australian War Memorial* nicht nur die Anforderungen, die von außen an das Museum herangetragen werden, sondern beteiligt sich an der Aufstellung der Maßstäbe, an denen man die Museumsarbeit gemessen sehen möchte.

Außerhalb der im Jahresbericht aufgeführten Erfolgsmaße dient die Publikumsforschung dem *Metropolitan Museum of Art* durch die Ermittlung des sogenannten ›economic impact‹ zur Demonstration der Bedeutung des Museums gegenüber den Geldgebern auch in ökonomischer Hinsicht:

»*And it was usually in relationship to getting money from the city, because what they demonstrated, in particular the* Tutankhamen *exhibition and* Van Gogh in Arles *survey, they meant to show how much money people spent in the city when they came to visit the museum. They were not necessarily insightful in terms of visitor behavior.*«

Wurden spezifische Projekte durch öffentliche Einrichtungen oder Stiftungen gefördert, ist auch hier in der Regel ein projektbezogener Rechenschaftsbericht auf Basis von Evaluation erforderlich. In einem Interview am *Denver Art Museum* heißt es:

»*I do not know if this is true for other countries, but here the fact is that several of the granting agencies require evaluation. [...] We are not going to get a grant from the Getty if the grant does not show evaluation, IMLS is the same thing. [...] I would say any of the federal grants at this point require evaluation.*«

Beispiele für Organisationen, deren Förderung in der Regel Evaluationen erfordert, sind die *National Science Foundation* und das *National Endowment for the Arts and the Humanities* in den USA, der *Heritage Lottery Fund* in Großbritannien sowie die *Bundesstiftung Umwelt* und die *Robert-Bosch-Stiftung* in Deutschland. Die Publikumsforschung spielt in den USA wie auch in Australien und Neuseeland eine deutlich wichtigere Rolle für die Berichterstattung als in Europa, da hier *Accountability* eine große Bedeutung hat. Doch zunehmend sehen sich auch die europäischen Museen, vor allem in Großbritannien, der Erfordernis gegenüber, den Erfolg ihrer Arbeit in erweiterter Form zu dokumentieren.

5.6.3.2 Planung

Die Publikumsforschung unterstützt Planungsaufgaben in unterschiedlicher Perspektive: die Jahres- und Programmplanung einerseits sowie die langfristige, strategische Planung andererseits. Aus Abbildung 5.22 geht hervor, dass sich die Nutzung von Publikumsforschung mit zwei Drittel der Nennungen stark auf die Jahres- und Programmplanung konzentriert, während sie bei der langfristigen, strategischen Planung eine wesentlich geringere Rolle spielt.

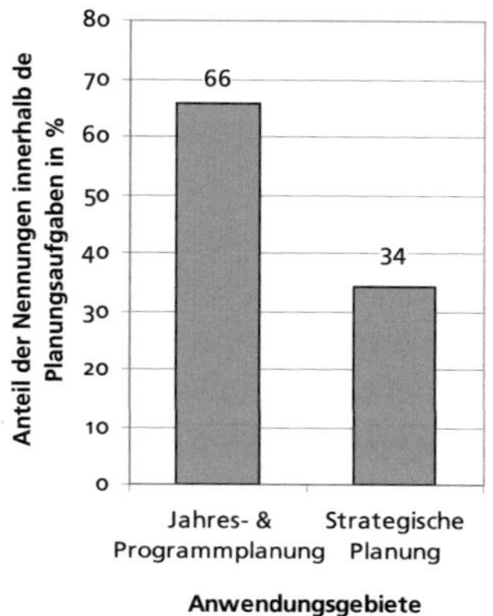

Abb. 5.22: Anwendungsgebiete innerhalb der Planungsaufgaben

Jahres- und Programmplanung

In kurz- bis mittelfristiger Perspektive haben Ergebnisse der Publikumsforschung Konsequenzen für die Arbeits- und Programmplanung einschließlich Budget- und Personalplanung. Die Publikumsforschung kommt in erster Linie bei der Zusammenstellung der zukünftigen Ausstellungsthemen und Besucherprogramme zum Einsatz. Sie dient dazu, bei den Zielpublika Bekanntheitsgrad und Interesse hinsichtlich potentieller Ausstellungsthemen zu ermitteln. Die Ergebnisse dieser Sondierung sind Grundlage für die Entscheidung über Ausstellungsthemen, die weiter verfolgt werden – sei es in der Entwicklung eigener Ausstellungen oder in der Auswahl aus dem Angebot an Wanderausstellungen. Die Museen, die Publikumsforschung für diesen Zweck nutzen, erhoffen sich davon attraktive Ausstellungen, die hohe Besuchszahlen und entsprechende Einnahmen generieren. Dies gilt vor allem für die Museen mit geringer Grundfinanzierung, bei denen Ticketerlöse aus Wechselausstellungen eine wichtige Einnahmequelle darstellen. Die Publikumsforschung dient hier demnach nachfrageorientierten Zielsetzungen. Doch auch zum Zweck der Besucherbindung und der Ansprache neuer Zielgruppen kommt diese Herangehensweise zum Einsatz. Eine Berücksichtigung der Publikumssicht bei der Ausstellungsprogrammplanung findet man z.B. beim *Canadian Museum of Civilization,* wie folgender Ausschnitt aus der Auflistung durchgeführter Studien erkennen lässt:

»6 possible topics were tested with the public in order to determine which exhibition topics were most popular with the visitors to the Canadian Museum of Civilization and which were the least popular so that developers would be better able to decide which exhibitions to either rent or develop in house. [...] The exhibition topics that were the most popular would be chosen for further development.«

In ähnlicher Weise kam es zum Entschluss, einen neuen Teil der Dauerausstellung am *Denver Museum of Nature and Science* dem Thema ›Weltall‹ zu widmen, da dieses Themengebiet unter den Vorschlägen von den Besuchern favorisiert wurde. Entscheidungen zur Ausstellungsprogrammplanung beinhalten zugleich auch die Entscheidung, bestimmte geplante Themen aufgrund mangelnden Publikumsinteresses nicht weiter zu verfolgen, wie das Beispiel des *Natural History Museum* zeigt:

»Some of the exhibitions for example that we were going to put on we have not put on as a result because of audience research. We had a number of proposals on the table when we first went free and realised that our temporary exhibitions were then going to be more key not only in terms of driving visitors or developing audiences but also revenue generating as well. And so we did some research into various different projects that we were thinking about. And some of them that we thought might have been a goer, visitor reaction said no interest at all.«

Besuchszahlen und Publikumsprofile vergangener Ausstellungen werden verwendet zur Projektion der Besuchszahlen und entsprechenden Einnahmen bei potentiellen und geplanten zukünftigen Ausstellungen, wie eine Führungskraft der *Cité des Sciences* erläutert:

»Les études nous disent on devrait avoir en 2004 x millions de visiteurs. Donc ça, ça nous permet de prévoir notre fréquentation et de prévoir notre budget, nos recettes.«[16]
Die Antizipation der Besuchszahlen hat sowohl Konsequenzen für die Budgetplanung und Marketingplanung als auch für die Einsatzplanung von Servicepersonal und Vermittlern je nach Art und Umfang der zu erwartenden Publika. Der genannte Gesprächspartner der *Cité des Sciences* fährt fort:

»Deuxièmement les études elles nous permettent aussi de prévoir les personnels qu'il faut sur les week-ends, sur la semaine. On a par exemple un planning annuel dans lequel toutes les semaines sont écrites et on sait si on a plus de groupes, plus de familles,

16 | »Die Studien sagen uns, dass wir im Jahr 2004 x Millionen Besucher haben werden. Folglich erlaubt uns das, unsere Besuchszahlen zu prognostizieren und unser Budget, unsere Einnahmen.«

plus d'étrangers, et en fonction de cette révision on planifie différemment les personnels qui vont être présents, le nombre d'agents d'accueil, le nombre d'animateurs et ces questions-là.«[17]

Publikumsinformationen werden nicht nur bei der Auswahl und Zusammenstellung der Ausstellungsthemen berücksichtigt, sondern auch bei der Optimierung der Terminplanung für das Ausstellungsprogramm. Bei *Te Papa* beispielsweise bedient man sich Besuchsstatistiken und demographischer Daten, um zu entscheiden, zu welchem Zeitpunkt und wie lange eine bestimmte Ausstellung am besten gezeigt wird, um die angestrebten Zielgruppen zu erreichen.

Die untersuchten Museen stützen sich in ihren Programmentscheidungen in unterschiedlichem Grad auf die Wünsche des Publikums und positionieren sich somit unterschiedlich hinsichtlich des Verhältnisses von Angebots-, Gesellschafts- und Nachfrageorientierung (siehe Abschnitt 2.3, S. 46). Es sind vor allem die australisch-neuseeländischen Museen, die bei der Auswahl künftiger Ausstellungsthemen auf die Rückmeldung des Publikums zurückgreifen, also eine deutliche Nachfrageorientierung erkennen lassen. Dagegen sind insbesondere die kontinentaleuropäischen Museen zögerlich, dem Publikum in diesem Maß Einfluss auf die Programmgestaltung zuzugestehen. Hier wird stärker angebots- und gesellschaftsorientiert agiert. Vergleicht man die verschiedenen Museumsarten, so zeigt sich, dass vor allem die multidisziplinär ausgerichteten Museen angesichts der vielen Themenoptionen Publikumspräferenzen bei der Auswahl künftiger Ausstellungsthemen einbeziehen, wogegen sich bei den Kunstmuseen keinerlei Einfluss auf die Programmplanung feststellen lässt: Hier gilt es als die Aufgabe des Museums, die relevanten Themen vorzugeben.

Strategische Planung

Strategische Planung befasst sich mit der Planung der langfristigen Entwicklung einer Organisation auf Basis von Informationen über Rahmenbedingungen sowie relevante Trends und Entwicklungen (vgl. Ambrose & Runyard 1991, Denis, Langley & Lozeau 1993, Kotler & Kotler 1998, Andreasen

17 | »Zweitens erlauben uns die Studien auch, abzusehen, welches Personal an den Wochenenden oder während der Woche benötigt wird. Es gibt zum Beispiel einen Jahresplan, in dem alle Wochen aufgeführt sind, und man weiß, ob mehr Gruppen, mehr Familien, mehr Ausländer da sind, und auf Grundlage dieser Rückschau plant man unterschiedlich das Personal ein, das anwesend sein wird, die Zahl der Empfangsmitarbeiter, die Zahl der Besucherbetreuer und solche Fragen.«

& Kotler 2003). Dass die Publikumsforschung einen Beitrag bei der Zusammenstellung planungsrelevanter Informationen leisten kann, zeigte sich in den Fallstudien: Etwa die Hälfte der untersuchten Museen gibt an, Ergebnisse von Publikumsforschung in die langfristige, strategische Planung einzubeziehen. Das *Canadian Museum of Civilization*, das *Australian Museum* und *Museum Victoria* nutzen die Publikumsforschung am stärksten in dieser Weise:

»We have strategic planning meetings and I always have to give some sort of update on the visitor studies and how the visitors changed or not.«

»Also, in terms of long-term planning, it's integrated with the corporate strategic plan. So a lot of the [...] strategies in there are based on evaluation, so it's based on getting some baseline information.«

»We're starting a kind of new strategic planning exercise process at the moment [...] We're doing a kind of trends of the museums document. [The person responsible for audience research] is feeding in stuff from the social trends and from audience research and visitor research into that.«

Sowohl interne Besuchsstatistiken und publikumsbezogene Erkenntnisse als auch externe Informationen zu gesellschaftlichen Trends und Entwicklungen im Museumsumfeld werden in die strategische Planung eingebracht. Somit stellt die Publikumsforschung nicht nur Primärdaten zur Verfügung, sondern analysiert auch ein breites Spektrum an Sekundärdaten und erweist sich damit als Informationsdienstleister. Dies bekräftigt das bereits an anderer Stelle thematisierte Potential der Publikumsforschung als Instrument strategischen Managements publikumsorientierter Museen (Reussner 2003b).

5.6.3.3 Monitoring

Beim Monitoring handelt es sich um kontinuierliche Erfolgsüberwachung, die organisationsintern durch die Verantwortungsträger erfolgt, sei es in wöchentlichem, monatlichem, halbjährlichem oder jährlichem Rhythmus. Im letztgenannten Fall fällt die Erfolgskontrolle zusammen mit der Erfolgsdokumentation im Jahresbericht. Im Gegensatz zum nach außen gerichteten Rechenschaftsbericht sind die publikumsbezogenen Informationen beim Monitoring Teil des internen Berichtswesens. Datenlieferant ist im Wesentlichen eine regelmäßig durchgeführte Besucherbefragung, die über Besuchsstatistiken hinaus vornehmlich Besucherprofile und Zufriedenheit erfasst. Nicht, dass Befragungen allein für das Monitoring durchgeführt würden –

vielmehr werden die selben Erhebungsdaten mehrfach verwertet. Für die Monitoring-Funktion wird die Publikumsforschung am stärksten am *Australian War Memorial* genutzt. Sie stellt den publikumsbezogenen Teil der verfolgten Kontrolldaten bereit, wie eine Abteilungsleiterin erläutert:

»For example I am a member of what we call Corporate Management Group and on a monthly basis we get a report on a whole range of institutional statistics, ranging from visitor numbers right through to down time of our IT systems and all of those kinds of things. [...] And we also not only look at our own stats we look at comparisons with all of the other institutions in Canberra where we are sitting with those by comparison.«

Aus der regelmäßigen Betrachtung relevanter Daten erwächst die Möglichkeit, kurzfristig auf Auffälligkeiten zu reagieren. Der Vergleich standardisierter Daten über Monate und Jahre hinweg erlaubt es, mittel- und langfristige Entwicklungen zu erkennen und die Planung entsprechend darauf abzustimmen. Das *Australian War Memorial* und das *Victoria & Albert Museum* nutzen zudem auch komparative Daten im Sinne des Benchmarking, d.h. den regelmäßigen Vergleich mit anderen Museen zur Bestimmung des relativen *status quo*, wie in Abschnitt 5.4.2.3 (S. 177) beschrieben. Die Erfolgsüberwachungsfunktion der Publikumsforschung wird am häufigsten bei den australisch-neuseeländischen Museen als Anwendungsgebiet der Publikumsforschung genannt: Insbesondere das *Australian War Memorial* und *Te Papa* verwerten die Publikumsforschung sehr stark in dieser Weise. Europa und Nordamerika unterscheiden sich in dieser Frage kaum – in Europa ist das Monitoring mit Unterstützung durch die Publikumsforschung vor allem ein Anliegen des *Victoria & Albert Museums*, während dies bei den nordamerikanischen Museen besonders auf das *Canadian Museum of Civilization* zutrifft.

5.6.3.4 Weitere interne Nutzungsgebiete

Neben den drei zentralen Anwendungsgebieten auf Managementebene werden weitere interne Aufgaben genannt, bei denen auf Ergebnisse der Publikumsforschung zurückgegriffen wird. Dazu gehört die Anpassung interner Arbeitsweisen. Studien zu Themen wie der Arbeitspraxis der Abteilung für Besucherprogramme am *Australian Museum* oder der Ausstellungsentwicklung am *Australian War Memorial* führten zu Änderungen in der Planung und Organisation der erforderlichen Tätigkeiten und Zusammenarbeit. 11 Museen nutzen Erkenntnisse aus Publikumsstudien für Mitarbeiterschulungen, vor allem beim Servicepersonal an Kasse oder Garderobe sowie dem

Aufsichtspersonal. Dazu kommt die Aus- und Fortbildung in der Vermittlungsarbeit, d.h. Führungen und Besucherbetreuung in den Ausstellungen. Auch die Methoden der Publikumsforschung selbst sind Gegenstand internen Trainings. Schließlich stützen sich interne Fortbildungen zum Thema Lernen und Besucherorientierung auf die Ergebnisse von Publikumsstudien. Des Weiteren diente die Evaluation des Einsatzes von Ehrenamtlichen am *Powerhouse Museum* zur informierten Weiterentwicklung des Ehrenamtlichenprogramms.

Bei *Te Papa*, dem *Haus der Geschichte*, aber auch beim *Melbourne Museum* als Teil von *Museum Victoria* kam die Publikumsforschung in grundlegenderer Weise zum Tragen: Bei der Entwicklung der jeweiligen Museumskonzepte wurde auch in starkem Maße auf Erkenntnisse aus Publikumsstudien zurückgegriffen. Ein Mitarbeiter von *Te Papa* verwies darauf in der Befragung:

»The whole concept of Te Papa was developed in part out of responding to visitors perceptions in order to create a place that attracts a diverse demographic. «

In ähnlicher Weise kann die Publikumsforschung zur Rekonzeptualisierung beitragen. Besonders hervorzuheben ist die Rolle der Publikumsforschung bei der Reorganisation des *Australian Museum*. Sie brachte wichtige publikums- und mitarbeiterbezogene Informationen in diesen Prozess ein:

»You know, sometimes when organisations are reviewed, they have got no idea who their clients are or what they're doing. Whereas when I was involved in this new Australian Museum project, two years ago we'd actually done a lot of work on that, you know, where we need to be, who are our audiences, what the staff think about the museum's future, all that sort of stuff.«

Darüber hinaus wurde die Publikumsforschung zur Unterstützung herangezogen, als es um die Entwicklung der *Cité des enfants* als Teil der *Cité des Sciences* ging, ebenso wie bei der Planung für einen bedeutenden Erweiterungsbau des *Denver Art Museum* von Daniel Libeskind. Auch die Auslagerung der Abteilung Verkehrstechnik des *Deutschen Museums* in ein eigenes *Verkehrszentrum* an anderem Standort wurde durch Publikumsforschung begleitet und informiert.

Nicht zuletzt stehen auch Finanzfragen auf der Liste der Nutzung von Publikumsforschung im Management. Zum einen betrifft dies die Zuweisung und Priorisierung von Budgets anhand des Publikumserfolgs von Programmen oder angesichts der Notwendigkeit von Verbesserungen. Zum anderen stellt die Publikumsforschung Informationen für gezielte Fundraising-Kampagnen wie am *Denver Art Museum* sowie zur Ansprache potentieller neuer und zur Betreuung bestehender Sponsoren zur Verfügung.

5.6.4 Nutzung für externe Aufgaben

Unter der Überschrift ›Externe Aufgaben‹ werden diejenigen Tätigkeiten zusammengefasst, welche über Kern-, Zusatz- und Managementaufgaben sowie das Marketing hinaus die Arbeit des Museums nach außen darstellen und externen Interessengruppen dienen. Abbildung 5.23 enthält eine Übersicht der damit angesprochenen Anwendungsgebiete von Publikumsforschung. Wie daraus ersichtlich wird, machen die Publikationen zwei Drittel der nach außen gerichteten Nutzungsweisen von Publikumsforschung aus. Hier handelt es sich vor allem um Zeitschriftenartikel oder gar Bücher, die Publikumsstudien und ihre Ergebnisse darstellen.

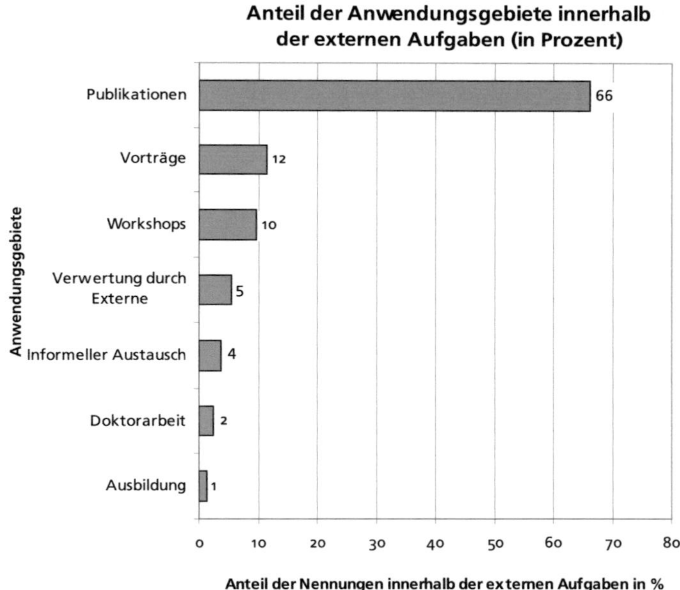

Abb. 5.23: Anwendungsgebiete innerhalb der externen Aufgaben

Dazu kommen Artikel, in denen Ergebnisse der Publikumsforschung kurz genannt werden, um Argumentationen zu untermauern oder die Besucherorientierung der Einrichtung zu demonstrieren; oder aber die Publikumsforschung wird zur Vorbereitung sonstiger Museumspublikationen wie z.B. von Ausstellungskatalogen herangezogen. Bei den europäischen Museen ist der

Anteil der Publikationen mit 80% am größten, und mit wachsender interner Zuständigkeit für Publikumsforschung nimmt der Anteil der Publikationen ab. Besonders die australisch-neuseeländischen Museen sowie die Fälle mit einer internen Abteilung für Publikumsforschung thematisieren diese in Konferenzvorträgen und bringen sie in Fortbildungen für Externe ein. So hat beispielsweise die Abteilung *National Services* von *Te Papa* die Aufgabe, anderen neuseeländischen Museen als Beratungs- und Fortbildungseinrichtung zu dienen. In diesem Rahmen wird auch die Publikumsforschung thematisiert und verwertet.

In die Kategorie ›Verwertung durch Externe‹ fällt die Rezeption und Anwendung der Ergebnisse von Publikumsstudien eines Museums durch eine andere Einrichtung. Dieser Austausch von Ergebnisberichten betrifft vor allem die nordamerikanischen Museen. Ergänzt wird dies durch den informellen Austausch über Publikumsforschung, beispielsweise im Rahmen von Konferenzen wie der jährlichen *Visitor Studies Conference*. Bei vier Museen wurden die Ergebnisse von Publikumsstudien zusätzlich für die Zwecke von Doktorarbeiten verwertet. Eine solche Vereinbarung ermöglicht es den Museen, bei knappen Ressourcen zusätzliche Forschung zu betreiben, während sie den Doktoranden die Gelegenheit für empirische Studien verschafft. Beim *Muséum national d'histoire naturelle* kommt hinzu, dass das Museum Ausbildungsstätte für Studierende der Museologie ist. In Rahmen der Lehrveranstaltungen werden unter anderem auch Methoden und Ergebnisse der Publikumsforschung thematisiert, und es besteht die Möglichkeit, die Publikumsforschung für Abschlussarbeiten zu nutzen.

5.6.5 Nutzung für Zusatzaufgaben

Zusatzaufgaben dienen der Unterstützung und Ergänzung der musealen Kernaufgaben. Wie aus Abbildung 5.24 zu ersehen, wird die Publikumsforschung vor allem im Besucherservice, bei der Bereitstellung von Orientierungshilfen und mit Blick auf die Serviceeinrichtungen hinzugezogen. Hier kommen in erster Linie Ergebnisse von Zufriedenheitsbefragungen, Serviceevaluationen und Orientierungsstudien zum Tragen. Unter der Überschrift ›Besucherservice‹ sind alle nicht-vermittelnden Arten der Betreuung von Besuchern zu finden, vom Kauf der Eintrittskarte über das Ablegen der Garderobe bis hin zur Beantwortung jeglicher Fragen. Am *Franklin Institute Science Museum* beispielsweise bemühte man sich aufgrund der Rückmeldung von Besuchern darum, bei besonders beliebten Ausstellungen die langen Warteschlangen weitestgehend zu reduzieren. Die Schulung von Servicepersonal anhand der Ergebnisse von Zufriedenheitsstudien fällt ebenfalls in diese Ka-

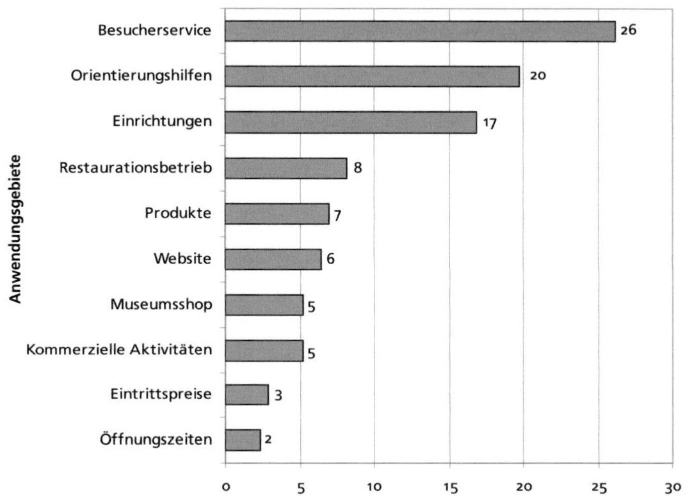

Abb. 5.24: Anwendungsgebiete innerhalb der Zusatzaufgaben

tegorie. Beim *Jüdischen Museum Berlin*, wie beim Vorbild *Te Papa*, zählt dazu auch die Ausbildung der sogenannten ›Hosts‹ als »*Gästebetreuer, die für alle Fragen und Wünsche des Besuchers offen sind*«, wie ein Befragungsteilnehmer schreibt. Mit Hilfe der Publikumsforschung werden zudem Orientierungshilfen für Besucher entwickelt und überarbeitet: übersichtliche Faltpläne, klare Beschilderung, unkomplizierte Wegeführung durch das Museum, aber auch die Entwicklung mobiler Führungssysteme einschließlich Navigationshilfen. Erkenntnisse aus Publikumsstudien werden jedoch nicht allein hinsichtlich der physischen Orientierung genutzt. Vielmehr bedeutet Orientierung auch konzeptuelle Orientierung, sei es ein Überblick dessen, was es im Museum insgesamt zu sehen und zu tun gibt, oder die Vermittlung der inhaltlichen Struktur einer Ausstellung.

Die Serviceeinrichtungen, nach der Häufigkeit der Nennungen als Anwendungsgebiet der Publikumsforschung an dritter Stelle stehend, beinhalten alle physischen Aspekte des Besucherservice, die Service-Infrastruktur. Sauberkeit und baulicher Zustand der Garderoben und Waschräume sowie die Bereitstellung von Wickelmöglichkeiten gehören zu den klassischen Anwendungsbereichen in dieser Kategorie. Die Publikumsforschung zeigte in verschiedenen Fällen die Notwendigkeit auf, den Zugang zum Museum für körperlich Beeinträchtige zu erleichtern, einen Eingang eigens für Gruppen zu schaffen, den Eingangsbereich übersichtlicher zu gestalten, mehr Sitzgelegenheiten anzubieten, einen Spielbereich für Kinder zu schaffen oder einen zusätzlichen Parkplatz zu bauen. Des Weiteren wurde die Publikumsforschung am *Australian War Memorial* und am *Jüdischen Museum Berlin* für die Planung und Überarbeitung der jeweiligen Forschungs- bzw. Lernzentren genutzt.

Die Servicebereiche Restaurationsbetrieb und Museumsshop wurden in der Analyse der Anwendungsgebiete von Publikumsforschung gesondert herausgegriffen, da einige Studien speziell zu diesen Angeboten durchgeführt wurden. Vorwiegend sind Umfang und Zusammenstellung, Qualität und Preis des Angebots sowie der Service Gegenstand der Überarbeitung anhand von Studienergebnissen, aber auch die Neugestaltung von Restaurant oder Shop. Auch die Entwicklung von Produkten für den Museumsshop kann als vereinzelte Nutzungsweise der Ergebnisse von Publikumsstudien genannt werden. Dazu kommen weitere Produkte wie Museumspublikationen oder CD-Roms. Da die Präsenz im Web für die Museen an Bedeutung gewinnt, wird die Analyse der ›virtuellen‹ Besucher und ihrer Beurteilung der Website genutzt, um Struktur und Design des Webauftritts zu optimieren und zu bestimmen, welche Elemente im Webangebot enthalten sein sollen. So entschloss sich beispielsweise das *Australian War Memorial* dazu, einen Online-Shop einzurichten, der nach ausführlichen Nutzertests und Anpassungen online ging. Zusätzlich zum Betrieb von Café oder Restaurant und Museums- wie Onlineshop zählt zu den kommerziellen Aktivitäten einzelner Museen auch die Entwicklung und der Vertrieb von Wanderausstellungen, z.B. beim *Australian Museum*. Die Publikumsforschung fließt dabei sowohl in die Entwicklung als auch in die Vermarktung der Ausstellungen ein. Eintrittspreise und Öffnungszeiten sind schließlich die letzten Anwendungsgebiete von Erkenntnissen aus der Publikumsforschung, die im Rahmen der Zusatzaufgaben betrachtet werden. Nachdem die britischen Nationalmuseen verpflichtet wurden, kostenlos Zugang zu ihren Dauerausstellungen zu gewähren, haben bezahlte Sonderausstellungen an Bedeutung gewonnen, und damit auch die Nutzung von Ergebnissen der Publikumsforschung mit Blick auf die Preisgestaltung. Hinsichtlich der Öffnungszeiten unterstützten Publikumsbefragungen am *Metropolitan Museum of Art* die Entscheidung, die besonders lange Abendöffnung am Dienstag beizubehalten und das Museum an Feiertagen zu öffnen.

5.6.6 Nutzung für Marketing

Marketing ist ein inzwischen sehr umfassend gebrauchter Begriff, der sich auf die Gestaltung der Austauschbeziehungen mit den Kunden respektive dem Publikum bezieht und die Produktentwicklung einschließt (vgl. Kotler et al. 2007: 29). Da die untersuchten Museen als Non-Profit-Einrichtungen im Vergleich zur Privatwirtschaft eine stärkere Angebots- und Gesellschafts- als Nachfrageorientierung aufweisen (siehe Abschnitt 2.3, S. 46), fließen die Präferenzen des Publikums jedoch nur in vergleichsweise begrenztem Maß in die Produktentwicklung ein (siehe Abschnitt 5.6.2, S. 193). Vielmehr liegt der Schwerpunkt der Nutzung von Publikumsforschung im Marketing auf den Kommunikationsinstrumenten, wie Abbildung 5.25 veranschaulicht: Nach Marketing im Allgemeinen werden Werbung und Öffentlichkeitsarbeit am häufigsten als Anwendungsgebiete der Publikumsforschung genannt. Darüber hinaus werden Erkenntnisse aus der Publikumsforschung berücksichtigt bei der Erarbeitung von Publikumsentwicklungsstrategien, der Auswahl möglichst attraktiver Ausstellungstitel, der Entwicklung von Maßnahmen zur Besucherbindung sowie für Zwecke der Positionierung und Markenbildung. Besucherprofile, aber vor allem Ergebnisse der Markt- und Marketingforschung einschließlich Nichtbesucherstudien bilden hierfür die Basis.

Während sich die Mehrzahl der Nennungen auf Marketing generell bezieht, nennen differenzierte Beschreibungen die Verwendung der Erkenntnisse aus der Publikumsforschung für Werbezwecke insgesamt ein wenig häufiger als ihre Nutzung für die Presse- und Öffentlichkeitsarbeit. Dies hängt mit dem großen Gewicht der (bezahlten) Werbung bei den australischen/neuseeländischen und nordamerikanischen Museen zusammen. Im Gegensatz zu diesen legen die europäischen Museen den Schwerpunkt auf die (unbezahlte) Presse- und Öffentlichkeitsarbeit. Rückmeldungen der Publikumsforschung zur Werbewirkung bereits erfolgter Kampagnen erlauben es, die für Werbemaßnahmen am besten geeigneten Medien und Reichweite zu bestimmen. Zudem können sinnvolle Werbebotschaften aus der Publikumsforschung hervorgehen. Ein Beispiel ist eine Studie des *Canadian Museum of Civilization* für das angegliederte *Canadian War Museum*. Sie wurde zur Entwicklung einer sogenannten ›tagline‹ (Slogan) für das Museum genutzt. Nichtbesucherstudien des *Canadian Museum of Civilization* zeigten außerdem, dass die Lage des Museums auf der dem Stadtkern gegenüberliegenden Flussseite als Barriere wahrgenommen wurde. Daraufhin wurde in der Werbung betont, dass sich das Museum nur wenige Minuten vom Parlament entfernt befindet. Eng verwandt mit diesen Verwendungsarten in der Werbung ist die Nutzung von Erkenntnissen der Publikumsforschung für die

Abb. 5.25: Anwendungsgebiete innerhalb des Marketing

Presse- und Öffentlichkeitsarbeit im Hinblick darauf, mit welchen Medien man bevorzugt zusammenarbeitet und welche Botschaften hervorzuheben sind, um ein vorteilhaftes Meinungsbild in der Öffentlichkeit aufzubauen. Bei der Pressearbeit hat die Publikumsforschung die größte Bedeutung als Datenlieferant zur Erfolgsdarstellung in Pressemitteilungen, von Besuchsstatistiken bis hin zu Zitaten zufriedener Besucher.

Im Zusammenhang mit den genannten Marketingmaßnahmen ist für die kanadischen und US-Museen auch die Auswahl und Formulierung von Ausstellungstiteln zu nennen. Der Ausstellungstitel hat sich in der nordamerikanischen Museumswelt zunehmend von einer reinen Kuratorenangelegenheit zu einer Marketing-Frage entwickelt. Nicht nur, dass die Themen künftiger Ausstellungen verstärkt anhand der Publikumsresonanz festgelegt werden (siehe Abschnitt 5.6.3.2, S. 205) – das Publikum wird auch gebeten, den attraktivsten Titel für eine Ausstellung auszuwählen. So erhofft man sich besonders guten Publikumszuspruch. In Interviews am *Canadian Museum of Civilization* und am *National Museum of American History* wurde jedoch betont, dass dabei auch darauf geachtet wird, den Titel auszuwählen, der am treffendsten den Inhalt der Ausstellung beschreibt, damit die Erwartungen des Publikums nicht fehlgeleitet werden.

Die genannten projektbezogenen Maßnahmen stehen – im Idealfall – in engem Zusammenhang mit längerfristig angelegten übergreifenden Strategien. Auch für die langfristige und strategische Marketingplanung wird die Publikumsforschung genutzt. In erster Linie fließt sie bei der Erarbeitung von Publikumsentwicklungsstrategien ein. Dabei geht es sowohl um die Erhöhung der Besuchszahlen generell als auch um die Diversifizierung des Publikums durch die Ansprache neuer, bisher zu wenig erreichter Publikumsgruppen. Publikumssegmentierung, Zielgruppenidentifikation und Rückmeldung zu Barrieren des Museumsbesuchs werden durch die Publikumsforschung eingebracht. Ergänzt wird die Publikumsentwicklung durch Besucherbindungsstrategien im Rahmen des sogenannten ›Relationship Marketing‹. Die Etablierung und Pflege dauerhafter Publikumsbeziehungen wird auf zweifache Weise durch die Publikumsforschung unterstützt. Zum einen bestimmt sie Stand und Verbesserungsbedarf hinsichtlich der allgemeinen Besucherzufriedenheit, da diese ein wichtiges Kriterium zur Wiederkehr darstellt. Zum anderen befasst sie sich mit den konkreten Besucherbindungsinstrumenten, d.h. der Betreuung von Jahreskartenbesitzern und Mitgliedern der Fördervereine, Freundeskreise und Museumsgesellschaften. Das *Metropolitan Museum of Art* führte beispielsweise eine spezielle Mitgliedschaftskategorie für Familien ein, um diese Zielgruppe stärker an das Haus zu binden. Bei *Te Papa* wurde die Terminplanung für Veranstaltungen des Freundeskreises stärker auf Berufstätige abgestimmt, um diesen die Teilnahme zu erleichtern.

Schließlich folgt mit dem Thema Positionierung und Markenbildung ein Anwendungsgebiet der Publikumsforschung, das nur in den australisch-neuseeländischen Museen explizit benannt wurde. Wie jüngere Publikationen bezeugen (vgl. Klein 2007), ist die Markenbildung jedoch auch in europäischen Kultureinrichtungen zunehmend ein Thema. Wie bereits bei der Betrachtung der untersuchten Themen erläutert (siehe Abschnitt 5.4.3, S. 181), geht es beim ›Branding‹ um den Aufbau und die Führung von Marken. Ziel ist es, Bekanntheitsgrad und positive Wahrnehmung des ›Produkts‹ Museumsbesuch zu verbessern, um das jeweilige Museum zur ersten Wahl des potentiellen Publikums zu machen und sich langfristig der Loyalität des Publikums zu versichern. Mit Blick auf diese jüngeren Marketing-Ansätze widmet sich das *Australian War Memorial* ebenso wie das *Powerhouse Museum* einer gezielten positiven Abgrenzung und Profilierung des Museums gegenüber anderen Freizeiteinrichtungen unter Zuhilfenahme von Erkenntnissen aus ihrer Markt- und Marketingforschung.

5.7 Wirksamkeit von Publikumsforschung

Das zentrale Problem, das zu dieser Untersuchung veranlasste, ist die mangelnde Nutzung und Wirksamkeit von Publikumsforschung in der Museumsarbeit. Wie stellt sich die Situation der untersuchten Museen diesbezüglich dar? Wie erfolgreich gelingt es ihnen, die Publikumsforschung zu nutzen? Um zu beurteilen, ob der Einsatz von Publikumsforschung als erfolgreich gelten kann, ist es erforderlich, Kennzeichen für die Wirksamkeit von Publikumsforschung zu identifizieren. In dieser Untersuchung werden die Auswirkungen der Publikumsforschung zum Gradmesser ihrer Wirksamkeit genommen, wie bei der Entwicklung des konzeptionellen Rahmens erläutert (siehe Abschnitt 3.3.1, S. 104). Dabei werden Auswirkungen berücksichtigt, die sowohl unmittelbar als auch mittelbar, sowohl kurzfristig als auch langfristig aus der Publikumsforschung hervorgehen. Die Anwendung von Publikumsforschung führt zu zahlreichen Veränderungen in der Museumsarbeit. Über Konsequenzen aus der Nutzung von Ergebnissen einzelner Studien hinaus werden Wirkungen betrachtet, die sich aus kumulierten Einsichten einer Reihe von Studien oder aus dem Prozess der Durchführung von Untersuchungen selbst ergeben. Ausgehend von diesen Prämissen wurde der Beitrag der Publikumsforschung zur Museumsarbeit analysiert.

5.7.1 Wirkungen von Publikumsforschung

Die qualitative Inhaltsanalyse der Interviews und Organisationsdokumente erbrachte ein umfangreiches Repertoire von Auswirkungen, zu denen die Publikumsforschung einen Beitrag leistet. Nach Abschluss der australischen Fallstudien wurden unter den bis dato identifizierten Wirkungen die zehn meistgenannten als Indikatoren in die schriftliche Befragung übernommen, um den Grad der Wirksamkeit von Publikumsforschung erfassen und vergleichen zu können. Die fortgeführte qualitative Analyse der weiteren Fallstudien in Neuseeland, Europa und Nordamerika bestätigte die Relevanz der zehn identifizierten Wirkungen und differenzierte sie weiter aus. Abbildung 5.26 gibt eine Übersicht über die zehn Indikatoren, geordnet nach der jeweiligen Anzahl an Fällen, in denen sie genannt wurden.

Als zentrale Funktion der Publikumsforschung anerkannt wird ihre Rolle als Instrument zur fundierten Entscheidungsfindung, das Informationen bereitstellt, Annahmen durch Fakten ersetzt, Probleme identifiziert und Fehler vermeiden hilft. Zweitens leistet die Publikumsforschung einen wichtigen Beitrag zur Verstärkung der Publikumsorientierung, indem sie ein gesteigertes Bewusstsein für die Belange des Publikums schafft und die Bereitschaft

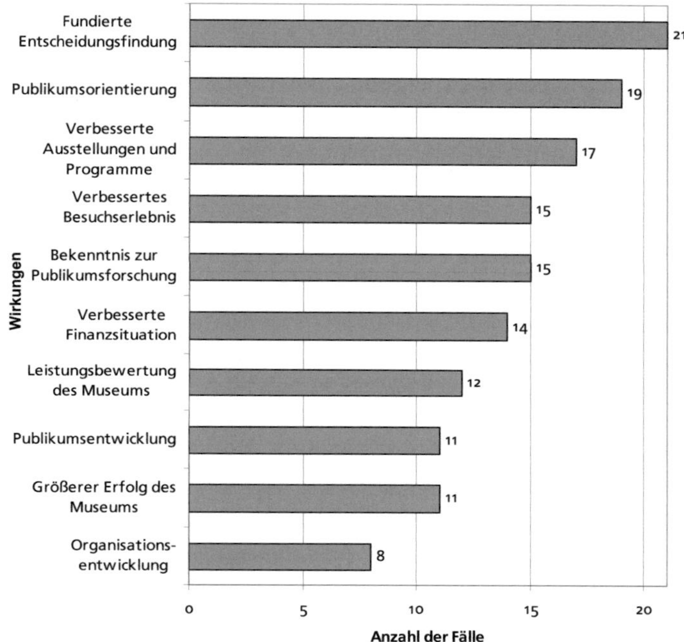

Abb. 5.26: Wirkungen der Publikumsforschung

von Museumsmitarbeitern erhöht, die Publikumsperspektive in ihrer Arbeit zu berücksichtigen. Darüber hinaus trägt die Publikumsforschung wesentlich dazu bei, Ausstellungen und Programme zu verbessern, d.h. sie attraktiver zu machen, eine intensivere Nutzung durch die Besucher zu erreichen, die intendierten Botschaften effektiver zu vermitteln und Besuchern Lernerfahrungen zu ermöglichen. Durch die Nutzung von Publikumsforschung kann das Museum besser auf die Bedürfnisse und Wünsche des Publikums eingehen, und damit die Besucherzufriedenheit und das Besuchserlebnis im Allgemeinen verbessern. Eine höhere Bereitschaft, mehr über Publika zu erfahren, kommt einem Verstärker-Effekt für die Publikumsforschung gleich: Nicht nur, dass Folgestudien angestoßen werden; durch das Sammeln von (positiven) Erfahrungen mit der Publikumsforschung erhöhen sich Verständnis, Akzeptanz und Nachfrage der Publikumsforschung. Über die Verbesserung der publikumsbezogenen Angebote hinaus trägt die Publikumsforschung zur Verbesserung der finanziellen Situation bei durch die Erhöhung von Effizienz, Einnahmen und zugesprochener Etats. Die (publikumsbezogenen) Leistungen der Einrichtungen zu dokumentieren und ihren Erfolg zu demonstrieren, ist ein weiterer sehr geschätzter Beitrag der Publikumsforschung. Bei der Hälfte der untersuchten Fälle wird die Publikumsforschung genannt als Miturheber erfolgreicher Publikumsentwicklung, die sich in erhöhten Besuchszahlen und einer Diversifizierung des erreichten Publikums ausdrückt. Auch ein Anteil an größerem Erfolg des Museums insgesamt wird der Publikumsforschung zugeschrieben: Sie hilft dem Museum, seinen Auftrag und seine Aufgaben zu erfüllen und die übergreifenden Organisationsziele zu erreichen. Zudem kann die Publikumsforschung in langfristiger Perspektive beitragen zur Weiterentwicklung der Organisation, indem sie Anstöße für Veränderungen und die zukünftige Ausrichtung des Museums gibt, die Organisationskultur beeinflusst und das Organisationslernen unterstützt.

Diese zehn genannten Folgen von Publikumsforschung wurden bereits in den australisch-neuseeländischen Fallstudien mehrfach genannt und bildeten die Grundlage für die quantitative Erhebung der Wirkungen von Publikumsforschung. Aus der fortschreitenden qualitativen Analyse der weiteren Fallstudien in Europa und Nordamerika gingen drei weitere Wirkungsgebiete hervor, die aufgrund ihrer mehrfachen Nennung hier ergänzt werden sollen, auch wenn sie nicht in der Befragung erfasst wurden und ihre Betrachtung damit allein auf der qualitativen Analyse beruht. Dabei handelt es sich um Konsequenzen für interne Arbeitsweisen (14 Fälle) und die Organisations- und Personalstruktur (11 Fälle) sowie um die Etablierung und das Leisten eines Beitrags im Feld der Publikumsforschung (6 Fälle). Die zentralen Wirkungen von Publikumsforschung werden im Folgenden auf Basis der qualitativen Inhaltsanalyse näher erläutert, bevor sie auf ihre relative Bedeutung hin analysiert werden.

5.7.1.1 Fundierte Entscheidungsfindung

Die Beschaffung von Informationen als Grundlage für Entscheidungen gilt in allen untersuchten Fällen als zentraler Beitrag der Publikumsforschung. Zum einen beinhaltet dies die Bereitstellung unmittelbar relevanter, instrumenteller, projektbezogener Informationen, zum anderen aber auch die Akkumulation einer umfangreichen publikumsbezogenen Wissensbasis in der Organisation, die längerfristig und mittelbar in die Museumsarbeit einfließt. Diese Funktionen hat die Publikumsforschung über alle Anwendungsgebiete der Museumsarbeit hinweg. Eine Gesprächspartnerin sieht in der Entscheidungsfundierung durch die Publikumsforschung eine wesentliche Erfolgsbasis für *Te Papa*:

»Everything that we do here is informed because of the information that is provided through that team. So it is as scientific or informed as it can be, rather than making steps in the dark and hoping something is going to work. As far as possible, the decisions are based on information that we have got from potential audiences who are likely to experience that product, so we are making the best decisions that we can, and I think this is why Te Papa is so successful.«

Die Interviews beleuchten verschiedene Facetten dieser Wirkungsweise von Publikumsforschung. So trägt sie zu einem besseren Verständnis der Publikumsbelange bei. Durch die Bereitstellung von Informationen bietet die Publikumsforschung den Museumsmitarbeitern Orientierung in ihrer Arbeit und hilft, Prioritäten zu klären. Dies gilt beispielsweise für die Vorab-Evaluation bei der Ausstellungsentwicklung. Im weiteren Verlauf der Vorbereitungen identifiziert die Publikumsforschung Schwierigkeiten, Fehler und Informationslücken, und sie unterstützt das Team bei der Suche nach Lösungsansätzen, so dass Probleme frühzeitig erkannt und behoben werden können. Annahmen bezüglich Besuchern werden durch die Publikumsforschung auf eine faktische Basis gestellt. Dadurch können Museumsmitarbeiter einerseits Bestätigung für den eingeschlagenen Weg finden. Die Ergebnisse zeigen jedoch oftmals auch, dass ursprüngliche Vermutungen zu revidieren sind und umgedacht werden muss. Dass dies eine nicht zu unterschätzende Herausforderung darstellen kann, wird in Abschnitt 6.2.10 (S. 339) deutlich. Im Sinne einer Versachlichung von Debatten kann die Publikumsforschung zur Klärung von Kontroversen beitragen, wenn die Ergebnisse eine bestimmte Argumentationslinie stärker stützen als eine andere. Dies bringt der Publikumsforschung jedoch gelegentlich den Vorwurf ein, sie könne leicht missbraucht werden, um längst getroffene Entscheidungen zu begründen oder sie lasse sich als Munition verwenden, um eine spezifische Argumentation durchzusetzen. Da es hierbei um eine bestimmte Art des Umgangs mit den Ergebnissen geht, kann dies jedoch nicht der Publikumsforschung *per se* angelastet werden.

5.7.1.2 Verstärkte Publikumsorientierung

Über diese instrumentelle Bedeutung der Publikumsforschung hinaus lassen sich auch Veränderungen in Denken und Einstellungen der Museumsmitarbeiter feststellen. Die Publikumsforschung macht die Bedürfnisse und Wünsche der Publika bewusst, sie verleiht ihnen Aufmerksamkeit und Gewicht. Damit wird der Publikumsfokus in der Museumsarbeit immer wieder eingefordert und gestärkt. Am *Victoria & Albert Museum* und dem *Deutschen Museum* wird diese Veränderung folgendermaßen beschrieben:

»I think there is a greater consideration now for the visitor and what the visitor wants and needs. That is the main benefit.«

»Dass hier ein Gegengewicht sozusagen entsteht zu dieser disziplinären Orientiertheit, ein Gegengewicht, das immer wieder das Interesse des Besuchers reklamiert und einbringt, also darin sehe ich sozusagen die Hauptfunktion. [...] geradezu ein Einmischungsgebot, dass also diese Besucherorientiertheit, die immer wieder droht, etwas hinten herunterzufallen, dann auch wirklich zum Zuge kommt.«

Diese Bewusstseinsbildung reicht über einzelne Studien oder Projekte hinaus: Die Publikumsforschung sensibilisiert grundsätzlich für Publikumsbelange und erlaubt es, kumulierte Einsichten zu gewinnen, so dass diese in der Museumsarbeit stärker berücksichtigt werden – auch unabhängig von gezielten Publikumsstudien, wie eine Gesprächspartnerin aus den Reihen des *Denver Museum of Nature and Science* schildert:

»I think that the biggest change is broader. And that is that it has changed the way we think. It has changed the way we think about what we do because I think all of us are much more audience-aware. So even when studies are not conducted I think we think more about it and have better products even if there are not targeted studies, because we think differently.«

So wird die Stimme des Publikums nach und nach stärker in die professionelle Sicht der Museumsmitarbeiter integriert, und es steigt die Bereitschaft, die Publikumsperspektive in der eigenen Arbeit zu berücksichtigen. Dies gilt nicht nur für Museumspädagogen und Marketing-Fachleute, sondern auch für diejenigen, die ihre Arbeit weniger direkt an der Schnittstelle zum Publikum sehen. Auf diese Weise vergrößern sich die Reihen der Fürsprecher für die Belange der Besucher. Die Publikumsforschung ist somit nicht allein ein wichtiges Hilfsmittel für die Umsetzung besucherorientierter Museumsarbeit, sie stärkt auch das institutionelle Bekenntnis zur Publikumsorientierung. Diesen Zusammenhang thematisiert eine Gesprächspartnerin des *Australian War Memorial*:

»I think it has had an effect on our culture. We are more audience savvy if you like.«

So beeinflusst die Publikumsforschung auch die Organisationskultur, verstanden als gemeinsam geteilte Überzeugungen und Werthaltungen, die Sinn und

Orientierung bieten und das Verhalten der Organisationsmitglieder prägen (vgl. Schreyögg 2003: 448f, Neubauer 2003: 62f).

5.7.1.3 Verbesserte Ausstellungen und Programme

Entsprechend des primären Einsatzes von Publikumsforschung für Ausstellungen und Programme sehen die Interviewpartner insbesondere bei diesen publikumsbezogenen Kernaufgaben deutliche Verbesserungen durch die Nutzung der Publikumsforschung. Die Optimierung des Ergebnisses durch verschiedene Formen der Evaluation bringt ihrer Ansicht nach Ausstellungen hervor, die attraktiver sind, intensiver genutzt werden, verständlicher sind und Lernerfahrungen ermöglichen. Diverse Gesprächspartner, z.B. aus den Reihen des *Australian National Maritime Museum* und des *Franklin Institute*, schätzen die resultierenden Ausstellungen als anziehender und interessanter für das Publikum ein. Zentral jedoch ist eine verbesserte Ausstellungskommunikation, wie sie die folgenden Zitate aus Interviews am *Victoria & Albert Museum* und *Denver Museum of Nature and Science* beschreiben:

»I think the main benefit is that you will get galleries and programs which actually engage visitors more readily with the content of our museum. So improve things and you make them more accessible and you make them more engaging.«

»I also think that it has helped in countless instances to have exhibitions that communicate better.«

Durch die Nutzung von Publikumsforschung zur Entwicklung und Überarbeitung von Ausstellungen werden diese zugänglicher und verständlicher für die diversen Publika. Dies trägt dazu bei, dass Besucher leichter Anknüpfungspunkte finden, länger in Ausstellungen verweilen und sich intensiver mit den Inhalten auseinander setzen. Die Bedeutungskonstruktion im Umgang mit der Ausstellung und damit die Vermittlung von Inhalten werden gefördert. Dadurch stellen Ausstellungen bessere Lernumgebungen dar, wie sie im Sinne der kulturellen Bildung als gesellschaftlicher Beitrag von Museen erwünscht sind. In diesem Zusammenhang ist auch der Beitrag der Publikumsforschung zu verbesserten museumspädagogischen Materialien und Programmen von Bedeutung.

5.7.1.4 Verbessertes Besuchserlebnis

Die Publikumsforschung trägt aus Sicht der Interviewpartner bei zu einem positiven Besuchserlebnis insgesamt, das sämtliche Aspekte des Besuchs einschließt. Das gesteigerte Besuchserlebnis beinhaltet über Ausstellungen und Programme hinaus eine verbesserte Besucherbetreuung sowie optimierte Orientierungshilfen und Serviceeinrichtungen wie Shop und Café. Publikumsstudien ermöglichen es, gezielt auf die Bedürfnisse der Publika einzugehen und entsprechend adäquate Angebote zu machen. Die Qualität des Besuchserlebnisses ist abzulesen an hohen Zufriedenheitswerten bei Besucherbefragungen, die von einzelnen Gesprächspartnern als Beleg für den erfolgreichen Einsatz von Publikumsforschung angeführt werden. Darin findet beispielsweise *Te Papa* Bestätigung auf dem eingeschlagenen Weg:

»Well, it helps you meet the audience needs better and make sure that you are delivering effectively what they want. [...] As a result visitors tell us that they are really satisfied with the experience here, so we will always continue to use visitor and market research to inform what we do in the future.«

Somit zeigt die Publikumsforschung Wirkung bei der Verbesserung der gesamten publikumsbezogenen Museumsarbeit vor Ort, von den Kernaufgaben *Präsentieren* und *Vermitteln* bis hin zu den Unterstützungsaufgaben im Besucherservice.

5.7.1.5 Bekenntnis zur Publikumsforschung

Wie die Publikumsforschung bei den Museumsmitarbeitern das Bekenntnis zur Publikumsorientierung fördert, so stärkt sie auch die Bereitschaft und den Willen, künftig über obligatorische Studien hinaus mehr über die und von den Publika zu erfahren. Dies beschränkt sich nicht nur darauf, Folgestudien durchzuführen, um Fragen und Probleme differenziert zu betrachten, die durch eine vorhergehende Publikumsstudie aufgeworfen wurden. Positive Erfahrungen, die von Nutzen und Vorteilen der Publikumsforschung überzeugten, erhöhen die Akzeptanz und Nachfrage von Publikumsforschung insgesamt. Dies beleuchten die folgenden Zitate von Vertretern des *Jüdischen Museums Berlin* und des *Victoria & Albert Museums*:

»Es war in den ersten Tagen natürlich so, da hat man das vielleicht als ein Instrument gesehen, was vielleicht vorübergehend ist. Ich sag mal, je mehr die Ergebnisse überzeugt haben, je mehr das ausdifferenziert worden ist, desto eher hat sich das durchgesetzt.«

»Having done the British Galleries *to such great acclaim, and getting things like the* European Museum Award of the Year *and all of that sort of stuff, it has now become a broader institutional approach. Because we can say it worked for the* British Galleries *and it contributed to their success. So we ought to be doing it for other projects.«*

Bemerkbar macht sich das Bekenntnis zur Publikumsforschung einerseits in einer stärkeren Nachfrage nach vorhandenen Publikumsinformationen. Andererseits nimmt die Zahl der Museumsmitarbeiter zu, die Publikumsstudien initiieren. Am *Australian War Memorial* beispielsweise wird von Abteilungen berichtet, die der Publikumsforschung zunächst nicht unbedingt Bedeutung für ihre Arbeit zugeschrieben hatten, inzwischen aber rege Nutzer sind. Darüber hinaus trägt ein wachsendes Verständnis der Prinzipien und Methoden der Publikumsforschung dazu bei, dass mehr Mitarbeiter – auch unterstützt durch gezielt besuchte Schulungen – eigenständig Studien durchführen können. Damit erweitert sich der Kreis der Verfechter von Publikumsforschung, und sie kann – statt nur gelegentlich und *ad hoc* eingesetzt zu werden – zu einem häufiger und breiter genutzten, selbstverständlichen, etablierten Instrument der Museumsarbeit werden.

5.7.1.6 Verbesserte Finanzsituation

Die Durchführung von Publikumsforschung belastet die Budgets nicht nur, sie trägt zugleich auf verschiedenen Wegen zur Verbesserung der finanziellen Situation bei. Zunächst wäre hier die gezieltere Investition von Mitteln zu nennen. Indem die nur begrenzt vorhandenen Ressourcen sehr fokussiert eingesetzt werden, können sie in Projekte mit dem größten Nutzen investiert werden. Wenn Projekte mit geringen Erfolgsaussichten nicht weiter verfolgt werden, spart man Ressourcen ein, die dann für aussichtsreichere Vorhaben zur Verfügung stehen. Ein Zitat eines Mitarbeiters des *Hauses der Geschichte*:

»Das heißt, hier hat man die Chance, auf diese Besucherbefragungserkenntnisse hin Ressourcen gezielter einzusetzen. Hier spielt es, auch in Zeiten knapper werdender Mittel, zunehmend eine Rolle. [...] Wenn Sie mit weniger Geld und Personal umgehen müssen, müssen Sie Schwerpunkte setzen.«

Die durch Publikumsforschung unterstützte Erfolgsdokumentation der Museumsarbeit (siehe Abschnitt 5.6.3.1, S. 202 und den folgenden Abschnitt 5.7.1.7) spielt aus Sicht der Interviewpartner eine nicht zu unterschätzende Rolle für die Requirierung und Aufrechterhaltung öffentlicher Zuwendungen. Ein Gesprächspartner aus den Reihen des *Hauses der Geschichte* formuliert dies so:

»Und wenn [...] durch Evaluation, durch Besucherforschung Akzeptanzverbesserungen auch dem öffentlichen Geldgeber nachgewiesen werden können, kann das wiederum die Akzeptanz und auch die Finanzierungsbereitschaft für das jeweilige Haus steigern. [...] Und damit ist Besucherforschung durchaus ein Instrument, die Akzeptanz beim

Geldgeber zu steigern oder möglicherweise sogar die Existenz zu sichern. [...] Also im Extremfall kann Besucherforschung sogar wesentlich beitragen zum Überleben einer Kultureinrichtung.«

Auch die Bewilling von Drittmitteln für Forschungsprojekte wird in einzelnen Fällen auf die Nutzung von Ergebnissen der Publikumsforschung zurückgeführt. Dazu kommt eine erfolgreiche Gewinnung und Sicherung von Sponsorengeldern durch mit Daten der Publikumsforschung unterfütterte Sponsoringvorschläge und eine fundierte Rückmeldung hinsichtlich Besucherprofilen und Sponsoren-Wiedererkennung. Nicht zuletzt trägt die Publikumsforschung bei zur Sicherung oder gar Erhöhung der Einnahmen durch erfolgreiche Ausstellungen und Programme. Bei den britischen Nationalmuseen etwa, die nur bei Sonderausstellungen Eintritt verlangen können, spielt die gezielte Investition in attraktive Ausstellungen eine wichtige Rolle.

5.7.1.7 Leistungsbewertung des Museums

Die Rückmeldung über den Erfolg der Museumsarbeit wird in zwölf Fällen als wichtiger Beitrag der Publikumsforschung genannt. Dies hat im Wesentlichen zwei Gründe. Erstens wird die durch Publikumsforschung ermöglichte Leistungsbewertung als Gewinn gesehen, weil sie dazu beiträgt, mit Hilfe empirischer Daten den Erfolg und Wert der Museumsarbeit gegenüber Trägern und anderen Interessengruppen zu demonstrieren. In einem Interview am *Canadian Museum of Civilization* wird diese Bedeutung von Publikumsstudien folgendermaßen beschrieben:

»So in terms of performance measurement and management, you can actually go to Parliament, the funders, and say, these are the results that we are getting, this is valuable to the community, this is valuable to the Nation.«

In dieser Weise profitieren die Museen von der Publikumsforschung vor allem bei der nach außen gerichteten Rechenschaftsberichterstattung und dem Bemühen um finanzielle Zuwendungen, wie im vorigen Abschnitt erläutert.

Zweitens wird die Publikumsforschung jedoch auch in grundlegenderer Weise wertgeschätzt als nach innen gerichtetes Instrument zur systematischen Reflexion der musealen Tätigkeit, das es ermöglicht, einen Schritt zurückzutreten und die Museumsarbeit dank externer Rückmeldung aus kritischer Distanz zu betrachten. Ein Gesprächspartner aus dem *Haus der Geschichte* beispielsweise sieht in der Publikumsforschung:

»Ein zusätzliches kritisches Potential, das [...] immer dazu angetan ist, uns eine Möglichkeit zu geben, uns neben uns selbst zu stellen mit Hilfe der Ergebnisse der Besucherforschung und mal zu gucken, was wir falsch und richtig gemacht haben.«

Dass der Publikumsforschung diese Rolle als kritischer Begleiter der Museumsarbeit zugeschrieben wird, ist ein Zeichen für die Etablierung und Aufwertung publikumsbezogener Maßstäbe für den Erfolg der Museumsarbeit. Die Ausweitung der Gegenstände interner Studien auf Organisationsanalysen und die Revision interner Arbeitsweisen (siehe Abschnitt 5.4.4.1, S. 183) ist eine konsequente Folge dieser Auffassung von Publikumsforschung. So verstanden geht die Wirkung von Publikumsforschung über die rein funktionale Erfolgsüberwachung im Sinne des Monitoring hinaus (siehe Abschnitt 5.6.3.3, S. 208). Vielmehr kann sie aufgrund ihres Reflexionspotentials als ein Beitrag zu Organisationslernen und Organisationsentwicklung aufgefasst werden (siehe Abschnitt 5.7.1.10, S. 229).

5.7.1.8 Publikumsentwicklung

Eine erfolgreiche Publikumsentwicklung ist ein weiteres fallübergreifend festgestelltes Resultat der Nutzung von Publikumsforschung. Dies schließt sowohl das Erreichen neuer Zielgruppen als auch die Besucherbindung ein. Ein Befragungsteilnehmer des *Canadian Museum of Civilization* schreibt dazu:

»Mon seul commentaire est ma ferme conviction que ces études de publics sont essentielles si l'on veut attirer un public intéressé et intéressant au Musée, le garder sur notre site le plus longtemps possible et l'inciter à y revenir.«[18]

Einzelne Museen wie z.B. das *Haus der Geschichte* verbuchen es bereits als Erfolg, dass sie ihre Besuchszahlen über Jahre aufrecht erhalten konnten:

»Also, die Tatsache, dass bei uns zum Beispiel immer noch so viele Menschen kommen, nach zehn Jahren. Das ist ja schon etwas Besonderes, wenn man die Museumsszene betrachtet. [...] Es ist immer noch auf einem ganz hohen Niveau geblieben. Und ich bin überzeugt davon, dass diese gründliche Besucherforschung noch vor Eröffnung des Hauses ein wesentlicher Baustein ist dieses Publikumserfolgs.«

18 | »Mein einziger Kommentar ist meine feste Überzeugung, dass diese Publikumsstudien unerlässlich sind, wenn man ein interessiertes und interessantes Publikum an das Museum locken, es so lange wie möglich vor Ort halten und es verleiten will, wiederzukommen.«

Mit Hilfe der Publikumsforschung entsteht ein attraktives Museumsangebot, das den Interessen und Bedürfnissen der Publika entgegenkommt und Wiederkehr und Weiterempfehlung von Seiten zufriedener Besucher fördert. Ergänzt um effektive Marketingmaßnahmen auf der Grundlage von Besucher- und Nichtbesucherstudien kann über die erfolgreiche Ansprache anvisierter Zielgruppen hinaus ein allgemein höherer Bekanntheitsgrad und ein positives Image erreicht werden. Diese Wirkungen schlagen sich in den Besuchszahlen sowie in gewissem Grad in der Erweiterung und Diversifizierung der erreichten Publikumsgruppen nieder.

5.7.1.9 Größerer Erfolg des Museums

Die Publikumsforschung nützt nicht allein der Dokumentation der Zielerreichung: Gesprächspartner aus der Hälfte der untersuchten Fälle schreiben ihr auch einen Anteil an der Zielerreichung selbst und damit an einem insgesamt größeren Museumserfolg zu. Publikums- und Evaluationsstudien unterstützen die Museen darin, ihren (öffentlichen) Auftrag und ihre Aufgaben zu erfüllen, unterstreicht ein Interviewpartner der *Cité des sciences*:

»*Les études aident aux actions qui sont en relation avec la politique, la mission de la Cité.*«[19]

Die Publikumsforschung hilft Museen, ihre übergreifenden Organisationsziele zu erreichen. Dies drückt sich zum Beispiel aus in folgendem Auszug aus der Stellenbeschreibung der Leiterin der Marktforschungs- und Evaluationsabteilung von *Museum Victoria*:

»The overall purpose of Museum Victoria is ›to improve an understanding of ourselves and the world in which we live‹. The position of Manager, Market Research and Evaluation will contribute to the achievement of this goal by developing and implementing a market/research and program/venue evaluation plan for Museum Victoria.«

In anderen Formulierungen heißt es, die Publikumsforschung helfe den Museen, ihrer Verantwortung nachzukommen und ihre Relevanz für die Gesellschaft aufrecht zu erhalten. Einzelne Museen finden diesen Erfolg durch den Erhalt von Auszeichnungen belegt. So erlangte das *Australian War Memorial* zweimal in Folge einen Preis als größte Touristenattraktion der Region

---

19 | »Die Studien helfen bei Maßnahmen, die in Beziehung mit der Politik, der Mission der Cité stehen.«

Canberra. Das *Haus der Geschichte* erhielt 1995 den *Museumspreis des Europarats*, und der *European Museum of the Year Award* ging 2003 an die *British Galleries* des *Victoria & Albert Museums*. An diesen Erfolgen hat die Publikumsforschung aus Sicht der Interviewten einen deutlichen Anteil.

5.7.1.10 Organisationsentwicklung

In 8 Fällen wurden Wirkungen der Publikumsforschung angeführt, die sich auf die zukünftige Entwicklung der Organisation als Ganzes beziehen. Damit sind Konzepte wie die Organisationsentwicklung und das Organisationslernen angesprochen. Dies beinhaltet zunächst den kontinuierlichen Aufbau einer übergreifenden, geteilten (publikumsbezogenen) Wissensbasis in der Mitarbeiterschaft, wie von Kelly mit Blick auf das *Australian Museum* beschrieben:

»In doing so visitor research also helps promote organisational learning through both the dissemination of this information to those working on programs and through the continuation of research to gain new insights into visitor learning.« (Kelly 1999: 16)

Damit trägt nicht nur kurzfristig zum Erfolg des Museums bei, sondern beeinflusst die Museumsarbeit auch längerfristig.

5.7.1.11 Interne Arbeitsweisen

Auch die Veränderung interner Arbeitsweisen wird von den Interviewpartnern auf die Publikumsforschung zurückgeführt – wiewohl eher mittelbar über die Stärkung des Bekenntnisses zu Publikumsforschung und Publikumsorientierung. Zum einen zeigt sich ein Wandel in der Zusammensetzung und Zusammenarbeit von Museumsmitarbeitern in der Ausstellungsentwicklung. Museumspädagogen oder Marketing-Fachleute werden verstärkt als ›Anwälte des Publikums‹ in die Entwicklung von Ausstellungen einbezogen. Davon berichten Interviewpartner am *Canadian Museum of Civilization*, dem *National Museum of American History*, dem *National Museum of Australia* und dem *Victoria & Albert Museum*. Damit wird der Teamansatz in der Ausstellungsplanung gestärkt, der sich im Laufe der letzten zwei Jahrzehnte immer mehr durchgesetzt und das traditionell praktizierte ›Kuratoren-Modell‹ abgelöst hat. Damit einher geht eine Verschiebung der ›Machtverhältnisse‹ in Projektteams. Der Einfluss von Vertretern der Publikumsbelange wächst, wie ein Befragungsteilnehmer des *Denver Art Museum* schreibt:

»Leveling of expertise, i.e., curators no longer as influential on museum programming; instead, visitor conscious staff, i.e., educators, designers, visitor services and marketing staff, largely determine what exhibitions happen and how they are presented.«

Zum anderen beeinflusst die Publikumsforschung, insbesondere die Ausstellungsevaluation, interne Arbeitsweisen auch dadurch, dass sie mit ihrem systematischen Vorgehen einen strukturierten Rahmen für die Ausstellungsentwicklung bietet und frühzeitig klare Festlegungen und Entscheidungen nicht nur ermöglicht, sondern geradezu einfordert. Dies beschreiben Gesprächspartner des *Australian War Memorial* und des *Australian Museum* folgendermaßen:

»I think it has given us more of a strong framework to do things within. In developing exhibitions for example it gives us a process to apply, and then it gives us a structure to report against. I think the impact in exhibition development has been a very strong one because it really does provide that kind of structure.«

»I think the fact that people are attempting to put in a more consistent framework why they are doing stuff, why we are doing this exhibition, and who is it aimed for and will people want to come and see it, those sorts of things.«

Damit unterstützt eine eng eingebundene Publikumsforschung letztlich den Prozess der Ausstellungsentwicklung an sich. Dies resultierte beispielsweise am *Australian Museum* in einer Überarbeitung der Leitlinien für die Produktion und das Management von Ausstellungen.

5.7.1.12 Strukturelle Veränderungen

Über den Wandel interner Arbeitsweisen hinaus werden der Publikumsforschung (indirekte) Konsequenzen hinsichtlich der Personal- und Organisationsstruktur zugeschrieben. Strukturelle Veränderungen betreffen zum einen die Publikumsforschung selbst. Die Erfahrungen mit Publikumsstudien förderten in verschiedenen Fällen das Bestreben, den Einsatz von Publikumsforschung zu verstetigen, indem Stellen für Publikumsforschung eingerichtet werden, wie z.B. am *Australian National Maritime Museum* und dem *Victoria & Albert Museum*, oder gar Abteilungen wie das *Australian Museum Audience Research Centre*. Aber auch über die Eingliederung der Publikumsforschung hinaus kam es in den untersuchten Museen zu Umstrukturierungen oder Erweiterungen, die dem gesteigerten Bekenntnis zur Publikumsorientierung Rechnung tragen. Diese stärkten vor allem publikumsbezogene Aufgaben wie Marketing oder Museumspädagogik, sowohl personell als auch hinsichtlich ihrer Stellung in der Organisationshierarchie. Das *Denver Art Museum* beispielsweise richtete eine Abteilung für Marketing ein, und das *Denver Museum of Nature and Science* reagierte auf die geänderte Nachfrage seiner museumspädagogischen Angebote mit einer Umstrukturierung der museumspädagogischen Abteilung, um die Besucherprogramme in den Ausstellungen erweitern zu können:

»Staff structure was changed over the past decade to include such visitor-responsive departments as marketing.«

»Due to changes in our market, our education branch was re-structured last year in order to include more staff dedicated to creating and delivering dynamic on the floor programming and less classroom instruction. This was based on market research.«

Im Jahr 2002 wurde an der *Cité des Sciences* eine ›Direction des Publics‹ eingerichtet, die auf der gleichen Hierarchieebene angesiedelt ist wie die Ausstellungsabteilung und zuständig ist für Besucherprogramme, Besucherservice, Publikumsentwicklung, Publikumsforschung als auch den generellen Betrieb des Museums. Damit erhalten Publikumsbelange demonstrativ starkes Gewicht in der Museumsarbeit.

5.7.1.13 Etablierung und Beitrag im Feld der Publikumsforschung

Eine Außenwirkung erhält die Publikumsforschung durch die Bekanntmachung von Studien in Publikationen und Vorträgen. Durch die Verbreitung von Ergebnissen und die Kooperation mit anderen Museen kommen die Ergebnisse auch anderen Einrichtungen zugute. Auf diese Weise leisten die Museen einen Beitrag zur Erweiterung des allgemeinen Kenntnisstandes hinsichtlich Publikumsfragen und zur Weiterentwicklung des Feldes der Publikumsforschung auf internationaler Ebene. Eine Interviewpartnerin aus dem *Powerhouse Museum* schildert dies aus australischer Perspektive:

»When I started in evaluation and visitor research there was really no literature in field of an Australian nature, so the field really borrowed literature from the international arena [...]. All of us have published, either through Museum National or through other things, many more papers at conferences but not just here also overseas. [...] And I have to say that we learn a lot from our international colleagues. But they have a lot to learn from us [...]. I think we have every right as a sector to position ourselves internationally and globally, we have everything to be proud of.«

In einem Gespräch am *Deutschen Museum* wird in diesem Zusammenhang der wissenschaftliche Erkenntnisgewinn durch die Publikumsforschung betont:

»Was sie dann an theoretischen Ergebnissen erbringt in den Publikationen, die dazu herauskommen, die zeigen, dass das Deutsche Museum auch in dem Bereich etwas vorzuweisen hat, also in der Kommunikation der ›scientific community‹ präsent ist.«

Für das *Deutsche Museum* als Forschungsmuseum, das Mitglied der Leibniz-Gemeinschaft ist, stellt dieser wissenschaftliche Beitrag ein relevantes Erfolgskriterium dar. In den Zitaten schwingt Stolz auf die erlangte Reputation für die geleistete Publikumsforschung mit, was auch am Beispiel des *Australian Museum* zu erkennen ist:

»Within the industry actually, across the museum and university sector, I think we're seen as [...] one of the leaders in it [...] I think that's a way of showing the museum is at the forefront of this [...], so the impacts are not only having better programs but also on the museum as an academic institution.«

Die Etablierung des jeweiligen Museums als bedeutender Akteur im Feld der akademischen wie musealen Publikumsforschung ist daher auch als positives Ergebnis des konsequenten Verfolgens von Publikumsstudien zu sehen. Diese Beispiele machen deutlich: Die Wirkungen von Publikumsforschung erstrecken sich über die Grenzen des einzelnen Museums hinaus.

5.7.2 Relative Wirksamkeit von Publikumsforschung

Bisher wurde darauf geschaut, in wie vielen Museen die identifizierten Wirkungen zu finden sind. Dies war wichtig, um übergreifend relevante Erfolgskriterien für die Publikumsforschung zu bestimmen. Darüber hinaus interessiert jedoch die Frage, wie das relative Gewicht der diversen Wirkungen ist. Welche Wirkungen sind – über den Einzelfall hinaus – besonders stark, welche sind weniger bedeutend? Beantwortet wurde diese Frage mit Hilfe der Befragung. Die Teilnehmer wurden gebeten, mt Blick auf ihre Einrichtung den Beitrag der Publikumsforschung zu den zehn Wirksamkeitsindikatoren einzuschätzen, die im Rahmen der australischen Fallstudien identifiziert worden waren. Aus der Akkumulation dieser Daten ergibt sich ein Wirkungsprofil der Publikumsforschung über die untersuchten Fälle hinweg. Zugleich geben diese Informationen Auskunft über den Grad der Wirksamkeit von Publikumsforschung in den jeweiligen Einzelfällen. Indem Fälle mit unterschiedlichem Grad an Wirksamkeit von Publikumsforschung gegenübergestellt werden, ist es schließlich möglich, zu erkennen, welche Erfolgsfaktoren diejenigen Fälle auszeichnen, die sich der Publikumsforschung besonders effektiv zu bedienen wissen (siehe Kapitel 6).

5.7.2.1 Relative Bedeutung der Auswirkungen von Publikumsforschung

Die Befragungsteilnehmer schätzten den Beitrag der Publikumsforschung zu den zehn Wirkungsindikatoren auf einer vierstufigen Skala ein, von *sehr stark* bis *gar nicht.* Abbildung 5.27 veranschaulicht die Ergebnisse der Befragung über alle Fälle hinweg. Dabei sind die Wirkungen absteigend geordnet nach dem Anteil der Befragten, die einen *sehr starken* Beitrag hinsichtlich der jeweiligen Wirkung feststellten.

Der stärkste Effekt der Publikumsforschung wird diesem Wirkungsprofil entsprechend gesehen in einem verbesserten Besuchserlebnis insgesamt sowie in verbesserten Ausstellungen und Programmen, d.h. in einer besseren Erfüllung der publikumsbezogenen Kernaufgaben. Dies war aufgrund der besonders intensiven Nutzung von Befunden der Publikumsforschung in der Ausstellungs- und Programmgestaltung nicht anders zu erwarten (siehe Abbildung 5.17, S. 192). Überraschend dagegen ist der Grad des Verstärker-Effekts der Publikumsforschung: Die Erfahrung mit Publikumsforschung beeinflusst stark die Bereitschaft von Museumsmitarbeitern, mehr über Publika zu erfahren und weiterhin Publikumsforschung zu betreiben. Somit wird das institutionelle Bekenntnis zur Publikumsforschung gefestigt. Bei all dem spielt die Publikumsforschung als Instrument fundierter Entscheidungsfindung nach Einschätzung der Befragten eine große Rolle.

Während die Verbesserung der musealen Angebote vor Ort deutlich von der Publikumsforschung profitiert, gilt dies in geringerem Maß für den Zuwachs an Besuchern. Dieses Urteil steht in Einklang mit der im Vergleich geringeren Nutzung der Publikumsforschung für Marketing und Publikumsentwicklung (siehe Abbildung 5.17, S. 192). Darüber hinaus stärkt die Publikumsforschung die Publikumsorientierung in der Museumsarbeit und wirkt somit auf die Einstellungen der Museumsmitarbeiter. Die vergleichsweise geringste Rolle spielt die Publikumsforschung in der Leistungsbewertung der Museumsarbeit, bei der Gewinnung finanzieller Zuwendungen, für einen größeren Erfolg des Museums insgesamt sowie für die Organisationsentwicklung. Diese Wirkungen gehen aufgabenbereichübergreifend über die im engeren Sinne publikumsbezogenen Aktivitäten hinaus, und die Publikumsforschung stellt dabei nur eine von vielen Grundlagen des Erfolgs dar. Bei den langfristigen Wirkungen ist der Anteil der Publikumsforschung zudem weniger konkret

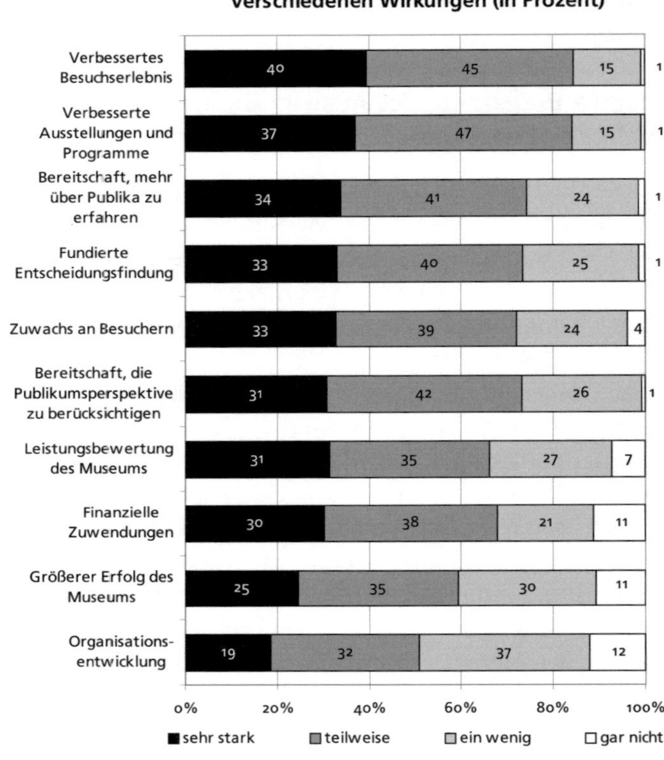

Abb. 5.27: Relative Bedeutung der Auswirkungen von Publikumsforschung

auszumachen. Doch auch hier sehen immer noch mindestens 51% der Befragten einen *sehr starken* oder *teilweisen* Beitrag der Publikumsforschung. Insofern ist die in Abschnitt 5.7.1 getroffene Feststellung zu unterstreichen, dass die Publikumsforschung ein wirksames Instrument für die Verbesserung der publikumsbezogenen Kernaufgaben ist, darüber hinaus jedoch auf die gesamte Organisation wirkt: Verantwortungsbereiche übergreifend und mit Einfluss auf die Organisationskultur, indem sie die Publikumsorientierung in den Denkhaltungen der Mitarbeiter stärker verankert.

5.7.2.2 Relative Wirksamkeit der Publikumsforschung nach Fällen

Die von den Befragungsteilnehmern geleistete Einschätzung der Wirksamkeit von Publikumsforschung anhand der zehn Indikatoren erlaubte es, für jede untersuchte Einrichtung ein Maß für den Gesamtgrad der Wirksamkeit von

Publikumsforschung zu gewinnen. Für jedes Kriterium wurde eine Rangfolge der Fälle nach Wirksamkeit aufgestellt. Dann wurde ein gewichteter Index für Wirksamkeit erstellt, in den die zehn Indikatoren gewichtet nach ihrer Gesamtausprägung eingeflossen sind. Der Gewichtungsfaktor wurde aus dem Anteil der Befragten abgeleitet, die eine *sehr starke* Wirkung bei dem jeweiligen Indikator feststellten (siehe Abbildung 5.27, S. 234). Dies beruht auf der Überlegung, dass die Wirksamkeit von Publikumsforschung weniger an den insgesamt gesehen schwächer ausgeprägten Auswirkungen gemessen werden sollte, sondern eher anhand der stärker relevanten Effekte. Die Rangplätze eines Falles für jeden der zehn Indikatoren flossen dem Gewichtungsfaktor entsprechend anteilig in den Wirksamkeitsindex ein, woraus sich für jede Einrichtung ein Gesamtrangplatz ergab. Aufgrund zu geringer Teilnehmerzahlen konnten die Daten des *Australian Museum* und des *Franklin Institute Science Museum* nicht in die quantitative Analyse eingeschlossen werden.

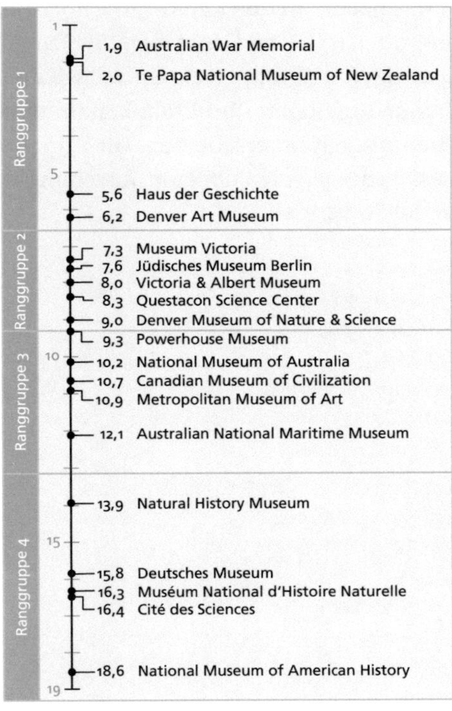

Abb. 5.28: Rangfolge der Fälle nach Wirksamkeit von Publikumsforschung

Abbildung 5.28 veranschaulicht die aus der beschriebenen Analyse gewonnene gewichtete – und daher nicht äquidistante – Rangfolge der verbleibenden 19 Fälle. Die Spitzenreiter sind demnach zwei Museen aus Australien und Neuseeland: das *Australian War Memorial* und *Te Papa*, mit beträchtlichem Abstand zu den nachfolgenden Fällen. Ihnen gelingt es, die Publikumsforschung durchgängig erfolgreich zu nutzen, während die übrigen Einrichtungen stärkere Unterschiede in der Ausprägung der verschiedenen Wirkungen zeigen. Nach einem dichten Mittelfeld folgen die naturhistorischen und Wissenschaftsmuseen, einschließlich der *Cité des sciences*, die über eine große Abteilung für Publikumsforschung verfügt. Ein unerwartetes Schlusslicht bildet das *National Museum of American History*, welches doch Zugriff auf eine der renommiertesten Abteilungen für Publikumsforschung hat.

Ein nachgeordneter Rangplatz bedeutet jedoch nicht, dass die Publikumsforschung in dem jeweiligen Fall äußerst ineffektiv wäre, da sich die Untersuchung insgesamt auf die ›Spitzenklasse‹ der die Publikumsforschung nutzenden Museen bezieht. Dennoch sind im Vergleich der Fälle deutliche Unterschiede im Grad der Wirksamkeit auszumachen. Den Hintergründen dieser Unterschiede geht das nachfolgende Kapitel zu Erfolgsfaktoren wirksamer Publikumsforschung auf den Grund. Dabei dient die Rangfolge der Fälle und ihre Aufgliederung in vier Ranggruppen als Grundlage für die vergleichende Analyse der Rahmenbedingungen und Praktiken, in denen sich Fälle mit verschiedenem Wirkungsgrad unterscheiden. Dies gibt Aufschluss darüber, unter welchen Voraussetzungen die Publikumsforschung ihr Wirkungspotential am stärksten entfalten kann.

6 Erfolgsfaktoren wirksamer Publikumsforschung

Welche Faktoren tragen dazu bei, dass es Museen gelingt, Publikumsforschung effektiv zu nutzen? Im Zentrum dieses Kapitels stehen die empirischen Untersuchungsergebnisse hinsichtlich Erfolgsfaktoren wirksamer Publikumsforschung. Erfolgsfaktoren im hier verwendeten Sinn beinhalten wesentliche Voraussetzungen und Einflussgrößen für die im vorigen Kapitel behandelten Auswirkungen von Publikumsforschung. Folgende Fragen stehen zunächst im Vordergrund:

- Welche Einflussgrößen werden in den untersuchten Museen als begünstigend für eine wirksame Publikumsforschung gesehen?
- Können die identifizierten Voraussetzungen und Einflussgrößen als Erfolgsfaktoren im Sinne dieser Arbeit gelten, d.h. steigt mit dem Grad ihrer Präsenz auch der Grad der Wirksamkeit von Publikumsforschung?
- Wie ist ihre relative Bedeutung, d.h. welche Erfolgsfaktoren sind besonders wichtig, welche sind weniger entscheidend?

Nachdem diese Fragen behandelt wurden, folgt eine detaillierte Darstellung der einzelnen Erfolgsfaktoren.

6.1 Erfolgsfaktoren und ihre relative Bedeutung

6.1.1 Identifikation übergreifend relevanter Einflussgrößen

Mit dem Ziel, die wesentlichen Erfolgsfaktoren für einen wirksamen Einsatz von Publikumsforschung zu bestimmen, wurde zunächst ein umfangreiches Repertoire von Einflussgrößen erarbeitet. Dazu wurden die Interviews und Dokumente der jeweiligen Fallstudien sowie die Interviews mit externen Experten mittels qualitativer Inhaltsanalyse auf Erfolgsfaktoren hin untersucht (siehe Abschnitt 4.7.1). Welche Einflussgrößen werden in den Interviews und Dokumenten als hinderlich oder förderlich für einen erfolgreichen Einsatz von Publikumsforschung benannt? Dies war die Leitfrage der initialen Analyse.

Um aus dieser ersten Sammlung von Einflussgrößen diejenigen Erfolgsfaktoren zu identifizieren, die über die Grenzen der einzelnen Institution hinweg relevant sind, wurden die Einflussgrößen zusammengestellt und geordnet nach der Anzahl der Fälle, in deren Rahmen sie sich jeweils manifestierten. Auf diese Weise kristallisierten sich zwölf dominante Einflussfaktoren heraus, die in mindestens zwei Drittel (14) der 21 untersuchten Fälle übereinstimmend anzutreffen waren. Weitere Faktoren, die nur vereinzelt genannt wurden und den zwölf zentralen Einflussgrößen nicht zuzuordnen waren, wurden aus der weiteren Betrachtung ausgeschlossen. In Abbildung 6.1 (S. 238) sind die zwölf Faktoren, die in den Interviews vorherrschten, nach der Anzahl der Fälle aufgeführt, in denen sie benannt wurden. Darüber hinaus wurde die Anzahl der externen Experten bestimmt, von denen die jeweilige Einflussgröße thematisiert wurde. Was unter den Einflussgrößen jeweils zu verstehen ist, wird in Tabelle 6.1 (S. 239) kurz skizziert. Ausführlicher behandelt werden die als übergreifend relevant identifizierten Erfolgsfaktoren dann in den Abschnitten 6.2.1 bis 6.2.12.

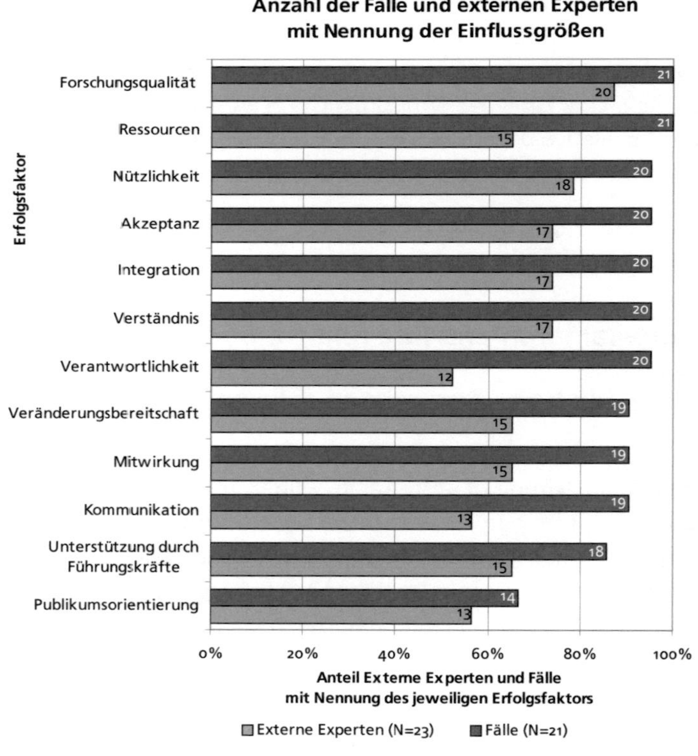

Abb. 6.1: Anzahl der Fälle und Experten mit Nennung der Einflussgrößen

Aus der Übersicht in Abbildung 6.1 geht hervor, dass aus Perspektive der Interviewpartner im Rahmen der Fallstudien vor allem zwei Erfolgsvoraussetzungen der Publikumsforschung als essentiell betrachtet werden: die wissenschaftliche Qualität der Studien sowie die verfügbaren Ressourcen. Sie werden in sämtlichen Fällen als wichtige Weichensteller wirksamer Publikumsforschung benannt. Denn nur eine nach wissenschaftlichen Standards durchgeführte Publikumsstudie generiert stichhaltige Daten, die als verlässliche Grundlage für Entscheidungen dienen können. Zudem erfordert jede Studie den Einsatz von Ressourcen in Form von Personal, Zeit, Material und nicht zuletzt finanziellen Mitteln, selbst wenn sie in Eigenregie durchgeführt wird.

Einflussgröße	**Erläuterung**
Forschungsqualität	Design und Durchführung von Studien unter Einhaltung von Standards der empirischen Forschung
Ressourcen	Für Zwecke der Publikumsforschung verfügbare finanzielle Mittel, Sachmittel, Personal
Nützlichkeit	Anwendungs- und zweckorientierte Anlage von Publikumsstudien
Akzeptanz	Zustimmung zur und Unterstützung der Publikumsforschung durch die Mitarbeiterschaft
Integration	Einbindung der Publikumsforschung in die museumsinternen Planungen und Prozesse
Verständnis	Kenntnis von Rolle und Methoden der Publikumsforschung
Verantwortlichkeit	Organisationsinterne Zuständigkeit für Publikumsforschung
Veränderungsbereitschaft	Bereitschaft, die Ergebnisse von Publikumsforschung anzuerkennen und in der Museumsarbeit anzuwenden
Mitwirkung	Einbeziehung und Partizipation von Museumsmitarbeitern während der Entwicklung und Durchführung von Publikumsstudien
Kommunikation	Information über Publikumsforschung und Verbreitung von Ergebnissen in sinnvoller Reichweite und Form
Unterstützung durch Führungskräfte	Befürwortung der Publikumsforschung durch die oberen Leitungsebenen
Publikumsorientierung	Haltung, die der Berücksichtigung von Interessen und Bedürfnissen des Publikums in der Museumsarbeit Bedeutung beimisst

Tab. 6.1: Übergreifend relevante Einflussgrößen

Weitere Einflussgrößen betreffen Eigenschaften von Studien wie ihre Ausrichtung auf die Lösung praktischer Probleme, aber auch Prozesse und Voraussetzungen auf organisatorischer Seite: die Einbeziehung der Publikumsforschung in die Abläufe der Museumsarbeit und im Gegenzug die Einbeziehung von Museumsmitarbeitern in die Publikumsforschung. Wird eine Studie frühzeitig durchgeführt, beispielsweise im Rahmen der Entwicklung einer Ausstellung, können die gewonnenen Informationen noch während der Entwicklungsphase einfließen, und zwar zu einem Zeitpunkt, an dem Anpassungen des inhaltlichen oder gestalterischen Konzepts noch ohne größeren Aufwand möglich sind. Werden Mitarbeiter eng in die Entwicklung einer Studie einbezogen, können ihre Fragen und Hypothesen die Studie so formen, dass die Ergebnisse auf ihre spezifischen Informationsbedürfnisse ausgerichtet sind und als konkrete Entscheidungshilfe dienen können. Außerdem erwartet man sich von der frühzeitigen Involvierung der designierten Nutzer der Publikumsinformationen eine stärkere Identifizierung mit der jeweiligen Studie ihrerseits und damit auch eine höhere Bereitschaft, die Ergebnisse anzuerkennen und umzusetzen.

Betont wird auch die Notwendigkeit einer effektiven Kommunikation. Bei diesem Faktor geht es zum einen um die Reichweite der Kommunikation: Wer wird in den Dialog über Belange und Ergebnisse der Publikumsforschung einbezogen? Zum anderen wird gefordert, dass die Informationsvermittlung in adressatengerechter Form geschieht, und zwar sowohl bei mündlicher Präsentation als auch beim schriftlichen Bericht. Ein weiterer zentraler Punkt ist die Designierung eines Zuständigen für Publikumsforschung innerhalb der Organisation. So wird fachliche Kompetenz in der Publikumsforschung intern verankert, oder zumindest eine Koordinationsfunktion für Fragen der Publikumsforschung eingerichtet. Man geht davon aus, dass diese größere Nähe zur Museumsarbeit Vorteile mit sich bringt gegenüber der Beauftragung externer Fachleute. Dabei muss es sich nicht unbedingt um eine ausschließlich der Publikumsforschung gewidmete, zusätzliche Stelle handeln, wie Abschnitt 6.2.9 zeigt.

Die Liste der Einflussgrößen schließt außerdem das Verständnis von Rolle und Methoden der Publikumsforschung unter Museumsmitarbeitern und Verantwortlichen ein, geht aber über diesen sachlichen Aspekt hinaus. Besonders bemerkenswert ist, dass Einstellungen von Führungskräften und Mitarbeitern zu Publikum und Publikumsforschung als wichtige Einflussfaktoren benannt wurden. Diese äußern sich auf vier verschiedene Weisen. Zum einen geht es ganz generell um Publikumsorientierung, d.h. um die Bereitschaft zur Anerkennung und Berücksichtigung der Interessen und Bedürfnisse des Publikums in der Museumsarbeit. Dazu kommt, etwas enger gefasst, die Akzeptanz und Unterstützung der Publikumsforschung als Aufgabe und Beitrag zur Museumsarbeit. Dabei muss unterschieden werden zwischen einerseits der Unterstützung von Publikumsforschung durch die oberen Leitungsebenen, welche die Durchführung von Studien propagieren und durchsetzen, und andererseits der Akzeptanz von Publikumsforschung auf Seiten der Museumsmitarbeiter, deren Kooperation gefragt ist. So erfordert eine wirksame Nutzung der Publikumsforschung letztlich auch die Bereitschaft der Museumsmitarbeiter, ihre Arbeit mit dem Auge des Publikums beurteilen zu lassen, die Ergebnisse zu akzeptieren und diese in sinnvoller Weise in ihre Arbeit einfließen zu lassen. Das bedeutet keineswegs, dass die Meinung des Publikums stets eins zu eins übernommen und umgesetzt werden muss. Vielmehr geht es darum, die Rückmeldungen des Publikums als eine unter mehreren Informationsquellen für die Vorbereitung von Entscheidungen anzuerkennen und als solche zu berücksichtigen.

Die zusätzlich zu den Fallstudien befragten externen Experten zeichnen ein sehr ähnliches Bild wie die Fallstudien, wenn auch mit etwas anderen Akzenten, wie aus Abbildung 6.1 hervorgeht. Das Repertoire der in den Fallstudien identifizierten Einflussgrößen wird von den Expertenaussagen bestätigt. Wie bei den Fallstudien gibt es auch bei den Fachleuten einzelne Nennungen weiterer Einflussgrößen, jedoch ist kein Aspekt identifiziert worden, der wegen seiner durchgängig starken Präsenz zusätzlich zu den in den Fallstudien identifizierten in die Liste der relevanten Einflussgrößen aufzunehmen wäre. Bei den externen Fachleuten steht ebenfalls die Forschungsqualität an erster Stelle, dicht gefolgt von der Nützlichkeit von Publikumsstudien, also der gezielten Ausrichtung von Untersuchungen auf die Beantwortung von Praxisfragen. Für die Ressourcen ergibt sich jedoch ein vergleichsweise nachgeordneter Rang. Dies mag damit zusammenhängen, dass externe Berater erst ins Spiel kommen, wenn Ressourcen für ihre Beauftragung zur Verfügung stehen, oder dass sie Aufwand und Umfang von Studien von vorneherein auf die verfügbaren Ressourcen ausrichten. Beim Vergleich mit den Fallstudien fällt zudem die unterschiedliche Gewichtung der internen Verantwortlichkeit für Publikumsforschung auf. Sie wird nur von etwa der Hälfte der Experten als zentrale Einflussgröße genannt. Bei diesem Faktor sind auch die inhaltlichen Akzente unterschiedlich gelagert. Während in den Fallstudien die Bedeutung einer internen Verankerung von Verantwortung und fachlicher Kompetenz in der Durchführung von Publikumsforschung betont wird, legen die externen Experten den Schwerpunkt stärker auf die Bedeutung eines internen Ansprechpartners, der als Kommunikationsbrücke agiert, die Ergebnisse von Studien in die Organisation hineinträgt und ihre Umsetzung befördern kann. In diesen Zusammenhang einzuordnen ist auch die Tatsache, dass die Unterstützung der Publikumsforschung durch die Führungskräfte einen etwas höheren Rang als bei den Fallstudien erhält. Die Zustimmung der Leitungsebene ist Voraussetzung dafür, dass überhaupt externe Fachleute mit Studien beauftragt werden können.

Die in den Fallstudien und Experteninterviews empirisch ermittelten Einflussfaktoren entsprechen weitgehend denjenigen, die bereits in der Literatursichtung identifiziert wurden (siehe Abschnitt 3.3.2). Eine Ausnahme ist die Veränderungsbereitschaft, deren Bedeutung als Erfolgsfaktor in der verwandten Literatur nicht explizit genannt wurde, sich aber im Verlauf der Untersuchung als wichtiger Einzelfaktor erwies.

6.1.2 Bestimmung der Gültigkeit als Erfolgsfaktoren

Nachdem die genannten zwölf übergreifenden Einflussgrößen mittels qualitativer Analyse identifiziert worden waren, galt es, zu bestimmen, ob diese auch tatsächlich als Erfolgsfaktoren im Sinne dieser Arbeit gelten können. Die Basis dieser Analyse bilden die aus der Online-Befragung gewonnenen quantitativen Daten. Die Befragten schätzten hier den Grad der Präsenz verschiedener Erfolgsfaktoren sowie den Beitrag der Publikumsforschung zu zehn Wirksamkeitsindikatoren bezogen auf ihr jeweiliges Museum ein. Anhand dieser ordinalen Daten wurde untersucht, ob ein positiv monotoner Zusammenhang besteht zwischen dem Grad der Präsenz eines Erfolgsfaktors und dem Grad der Wirksamkeit von Publikumsforschung. Es ist zu berücksichtigen, dass bei der Interpretation der Ergebnisse von Zusammenhangsanalysen keine definitiven Aussagen über Kausalitäten gemacht werden können. Es ist nicht eindeutig festzustellen, ob die beiden korrelierten Merkmale sich wechselseitig beeinflussen, ob ein Merkmal vom anderen abhängt, oder ob nicht eventuell ein drittes Merkmal für diesen Zusammenhang verantwortlich ist.

Zur Untersuchung des Zusammenhangs zwischen Einflussgrößen und Wirksamkeit wurden Rangreihen der untersuchten Fälle nach dem Grad der Präsenz der jeweiligen Einflussgröße einerseits sowie nach der Wirksamkeit von Publikumsforschung andererseits aufgestellt und verglichen: Sind die Fälle mit den höchsten Werten bei den verschiedenen Einflussgrößen auch diejenigen mit den besten Werten für die Wirksamkeit von Publikumsforschung und umgekehrt? Mittels Rangkorrelationsanalysen wurde getestet, ob eine Beziehung besteht zwischen der Rangreihe von Fällen nach der jeweiligen Einflussgröße und der Rangreihe von Fällen nach Wirksamkeit von Publikumsforschung.

Als geeignetes Assoziationsmaß für ordinale Zusammenhänge wurde *Kendall's τ (tau)* ausgewählt (vgl. Benninghaus 2005: 149–156). Im Gegensatz zum Rangkorrelationskoeffizienten *Spearman's ρ (rho)*, der mit Differenzen von Rangplätzen arbeitet und dabei die Rangplätze als intervallskalierte

Messwerte auffasst, berücksichtigt *Kendall's* τ beim paarweisen Vergleich der Rangplätze allein die ordinale Information. Dies erscheint als die sinnvollere Vorgehensweise, da man bei Rangreihen nicht von der Gleichheit der Abstände zwischen aufeinanderfolgenden Rangplätzen ausgehen kann. Dies wird in Abbildung 5.28 (S. 235) ersichtlich, welche die Rangfolge der Fälle nach gewichtetem Wirksamkeitsindex veranschaulicht. Unter den verschiedenen Varianten von *Kendall's* τ wurde τ-b ausgewählt, da dieser Kennwert auch Rangbindungen berücksichtigt im Fall, dass sich zwei Einheiten einen Rangplatz teilen. *Kendall's* τ nimmt bei einem perfekt positiv monotonen Zusammenhang den Wert +1 an, bei einem perfekt negativ monotonen Zusammenhang den Wert -1. Liegt der Zusammenhangswert von Einflussgröße und Wirksamkeitsindex zwischen 0 und 1, kann die jeweilige Größe als Erfolgsfaktor gelten. Je näher der Wert an die 1 heranreicht, desto enger ist der Zusammenhang. Es sei darauf hingewiesen, dass die Berechnung dieser Maßzahl allein der kompakten Beschreibung und explorativen Analyse des untersuchten Kollektivs dient, jedoch keine Hypothesen- und Signifikanzprüfung vorgenommen wird, da eine statistische Verallgemeinerung der Ergebnisse über die untersuchten Fälle hinaus aufgrund der methodologischen Anforderungen bei den vorliegenden Daten nicht adäquat ist.

Tabelle 6.2 verzeichnet die τ-Werte für die verschiedenen Einflussgrößen, welche alphabetisch aufgeführt sind. Die Werte der ersten Spalte beziehen sich auf die Einflussgrößen, die in der schriftlichen Befragung bei sämtlichen 19 Fallstudien abgedeckt sind. Dabei konnte der Faktor Integration nicht berücksichtigt werden, da er bei den australischen Fallstudien noch nicht explizit erfragt worden war. Die zweite Spalte nennt die Werte für *Kendall's* τ auf Basis der 13 Fallstudien, bei denen sämtliche Einflussgrößen in der Befragung erfasst wurden. Die Werte dieser zweiten Spalte sind weniger aussagekräftig, weil sie auf einer niedrigeren Fallzahl basieren und mit den australischen Museen einige der führenden Museen hinsichtlich der Wirksamkeit von Publikumsforschung nicht berücksichtigt werden konnten. Diese Werte sind jedoch wichtig, um einen Hinweis auf die Bedeutung der Einflussgröße Integration zu erhalten.

Aus beiden Tabellenspalten geht zunächst hervor, dass die Werte für *Kendall's* τ bei allen Einflussgrößen positiv sind, wenn auch in unterschiedlich starker Ausprägung. Dies bedeutet, dass jede der zwölf ermittelten Einflussgrößen tatsächlich als Erfolgsfaktor im Sinne dieser Arbeit gelten kann. Die Tabellenwerte machen jedoch ebenso deutlich, dass die Stärke des Zusammenhangs je nach Erfolgsfaktor stark schwanken kann. Je größer der Wert für *Kendall's* τ, desto stärker ist der Zusammenhang zwischen einem Erfolgsfaktor und der Wirksamkeit von Publikumsforschung. Damit wird die Frage nach

Einflussgrößen	τ (N=19)	τ (N=13)
Akzeptanz	.535	.615
Forschungsqualität	.415	.416
Integration	–	.692
Kommunikation	.394	.410
Mitwirkung	.218	.208
Nützlichkeit	.512	.529
Publikumsorientierung	.515	.581
Ressourcen	.111	.154
Unterstützung durch Führungskräfte	.532	.513
Veränderungsbereitschaft	.333	.462
Verantwortlichkeit	.375	.487
Verständnis	.380	.359

Tab. 6.2: *Kendall's* τ für Einflussgrößen

der relativen Bedeutung der Erfolgsfaktoren aufgeworfen, die der nächste Abschnitt zu beantworten sucht.

6.1.3 Relative Bedeutung der Erfolgsfaktoren

Ziel dieser Arbeit ist es, nicht nur ein Repertoire wichtiger Erfolgsfaktoren aufzustellen, sondern diese auch zu priorisieren, indem – basierend auf den untersuchten Fällen – eine Rangliste der Erfolgsfaktoren nach ihrer Relevanz für die Wirksamkeit der Publikumsforschung aufgestellt wird. Die in Abschnitt 6.1.2 dargestellte Rangkorrelationsanalyse bildet hierfür die Grundlage. Aufgrund des explorativen Charakters der Untersuchung handelt es sich hierbei um die Aufstellung einer Proposition, nicht um ein statistisch zu generalisierendes Ergebnis. Geht man von den zuvor ermittelten Werten für *Kendall's* τ aus (siehe Tabelle 6.2) und sortiert die Erfolgsfaktoren absteigend anhand der Stärke des Zusammenhangs zwischen Erfolgsfaktor und dem gewichteten Wirksamkeitsindex, so ergibt sich die aus Abbildung 6.2 ersichtliche Rangfolge von Erfolgsfaktoren. Als maßgebend für die Reihenfolge der Erfolgsfaktoren wurden die Zusammenhangswerte basierend auf allen 19 Fällen aufgefasst, um die Bedeutung der Erfolgsfaktoren relativ zur Gesamtheit der Fallstudien zu erfassen. Die Relevanz des Erfolgsfaktors Integration konnte jedoch nur aus den Daten der 13 nicht-australischen Fallstudien geschlossen werden.

Beim Erfolgsfaktor Integration zeigt sich mit einem τ-Wert von .692 (N=13) der mit Abstand engste Zusammenhang mit der Wirksamkeit von Publikumsforschung. Dies wird als starker Hinweis darauf begriffen, dass die unmittelbare Integration der Publikumsforschung in die musealen Planungen und Prozesse als bedeutendster Erfolgsfaktor zu werten ist. Bei den Erfolgsfak-

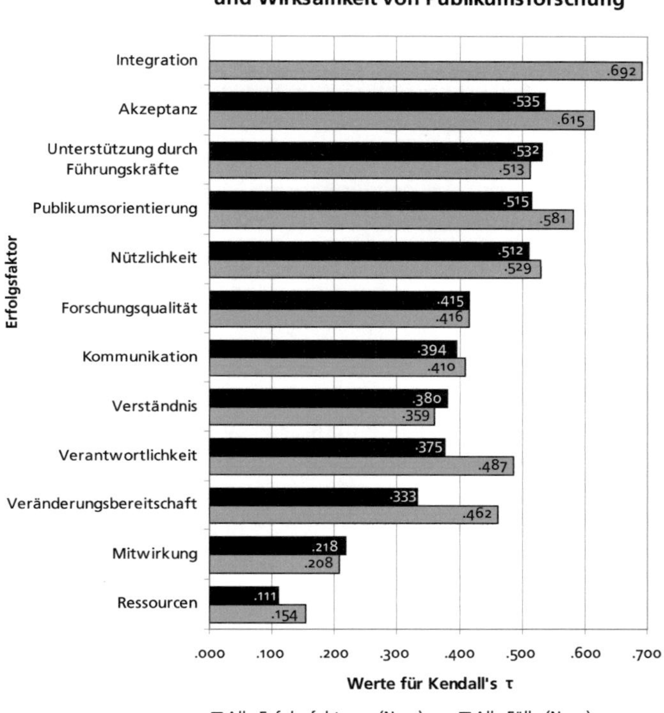

Abb. 6.2: *Kendall's τ* für Erfolgsfaktoren

toren, deren Präsenz innerhalb der 19 untersuchten Fälle am stärksten mit der Wirksamkeit der Publikumsforschung gekoppelt ist, handelt es sich um die Akzeptanz von Publikumsforschung unter den Museumsmitarbeitern sowie die Unterstützung der Publikumsforschung durch die Führungskräfte, gefolgt von einer grundsätzlichen publikumsorientierten Einstellung und dem Kriterium der Nützlichkeit von Publikumsstudien. Die Gruppe der fünf wichtigsten Erfolgsfaktoren macht in bemerkenswerter Weise deutlich, dass ›weiche‹ Faktoren wie die grundsätzliche Einstellung gegenüber Publikum und Publikumsforschung die Wirksamkeit von Publikumsforschung stärker beeinflussen als beispielsweise die Kriterien Forschungsqualität und Ressourcen, die in der qualitativen Analyse gemeinsam an erster Stelle standen (vgl. Abb. 6.1, S. 238).

Die Forschungsqualität rangiert im oberen Mittelfeld und steht in ihrer

Relevanz sogar hinter dem Nützlichkeitsaspekt zurück. Daraus zu schließen, dass eine wissenschaftlich korrekte Anlage von Studien unwichtig wäre, ist jedoch nicht sinnvoll. Eine hohe Forschungsqualität ist eine notwendige Bedingung für wirksame Publikumsforschung, da nur so *verlässliche* Informationen als Grundlage für Entscheidungen gewonnen werden können. Dies ist jedoch nicht hinreichend: Die erfolgreichsten Museen weisen eine sehr hohe Forschungsqualität auf, doch nicht alle Museen mit sehr hoher Forschungsqualität zählen zu den erfolgreichsten Museen. Über die Einhaltung empirischer Standards hinaus muss die Aufmerksamkeit vor allem auf die oben genannten weiteren Erfolgsfaktoren gerichtet werden, welche die Rangfolge anführen.

Besonders unerwartet ist die Positionierung des Erfolgsfaktors Ressourcen am unteren Ende der Rangfolge. Während im qualitativ analysierten Untersuchungsmaterial immer wieder die Bedeutung ausreichender Ressourcen betont wurde, erweisen sie sich in der Zusammenhangsanalyse zwar als Erfolgsfaktor, doch als am wenigsten entscheidender: Der Grad der vorhandenen Ressourcen korreliert zwar positiv, aber wenig eng mit der Wirksamkeit von Publikumsforschung. Auch wenn es sich bei den Ressourcen – wie bei der Forschungsqualität – um wichtige Voraussetzungen handelt, gelingt es den besten Museen trotz begrenzter Mittel, das Beste aus der Publikumsforschung zu machen, und zwar, indem sie andere Stärken nutzen. Zur Verbesserung der Wirksamkeit von Publikumsforschung reicht es nicht aus, allein mehr Ressourcen zur Verfügung zu stellen, sondern weitere, entscheidendere Erfolgsfaktoren müssen hinzukommen.

Es wurde außerdem erwartet, dass die Wirksamkeit mit steigendem Grad an interner Zuständigkeit für Publikumsforschung ebenfalls deutlich steigt. Dies ist jedoch nur in begrenztem Maße der Fall, wie die Platzierung dieses Erfolgsfaktors an neunter Stelle der Rangfolge erkennen lässt. Woran dies liegen könnte, behandelt Abschnitt 6.2.9. Auch hier gilt: Einige andere Faktoren sind wichtiger für die Wirksamkeit von Publikumsforschung. Diese Erfolgsfaktoren bedürfen stärkerer Aufmerksamkeit, als ihnen bislang in der Literatur wie auch in der Wahrnehmung der Beteiligten zuteil wurde.

Vergleicht man die Einschätzung der Erfolgsfaktoren nach Weltregion, so zeigt sich: Die australisch-neuseeländischen Museen schneiden bei allen Erfolgsfaktoren am besten ab, häufig sogar mit großem Abstand zu den europäischen und nordamerikanischen Museen. Die europäischen Museen zeigen sich recht stark hinsichtlich der Unterstützung der Führungskräfte, Nützlichkeit, Forschungsqualität, Verantwortlichkeit und Mitwirkung. Schwächen sind dagegen auszumachen bei Integration, Akzeptanz, Publikumsorientierung und Veränderungsbereitschaft, also vorwiegend bei den besonders wichtigen, über die Durchführung einzelner Studien hinausgehenden, längerfristig wirkenden Erfolgsfaktoren. In diesen Punkten sind die nordamerikanisch-kanadischen Museen stärker, wogegen sie die niedrigsten Werte aufweisen, was die Unterstützung durch die Führungskräfte, Nützlichkeit und Forschungsqualität, Verantwortlichkeit und Mitwirkung betrifft. Auch die Ressourcensituation wird in den USA und Kanada als besonders defizitär beurteilt. Dies verwundert zunächst, doch die amerikanischen Museen sind besonders stark angewiesen auf projektbezogene Zuwendungen von dritter Seite, so dass hier in mittel- bis langfristiger Sicht wenig Planungssicherheit herrscht.

Die Gegenüberstellung der Erfolgsfaktoren je nach Museumsart zeigt mit wenigen Ausnahmen durchgängig das gleiche Muster: Die fachübergreifenden und Spezialmuseen erhalten die höchsten Bewertungen hinsichtlich der Erfolgsfaktoren, während die Wissenschafts- und Technikmuseen sowie die Naturkundemuseen generell die niedrigsten Werte aufweisen; die Kunst- und Geschichtsmuseen liegen im Mittelfeld. Nur beim Erfolgsfaktor Mitwirkung ist das Muster umgekehrt, denn die Ausprägung dieses Erfolgsfaktors ist bei den fachübergreifenden und Spezialmuseen am geringsten. Als weitere Ausnahme von der Regel schneiden die Wissenschafts- und Technikmuseen beim Erfolgsfaktor Verständnis besonders gut ab. Des Weiteren gehören die naturhistorischen Museen zu den Fällen mit der höchsten Veränderungsbereitschaft unter den Mitarbeitern. Die Vergleiche der Erfolgsfaktoren nach Weltregion und Museumsart entsprechen wie erwartet sehr stark der Rangfolge nach Wirksamkeit (siehe Abbildung 5.28, S. 235). Die folgenden Abschnitte gehen näher auf die einzelnen Erfolgsfaktoren und die damit verbundenen Herausforderungen ein.

6.2 Zwölf Erfolgsfaktoren

Nachdem die vorangegangene Analyse zur Priorisierung der identifizierten Erfolgsfaktoren führte, werden diese nun im Detail erläutert und diskutiert. Dies geschieht, wie in Abschnitt 4.7.1 (S. 133) als Charakteristikum qualitativen Vorgehens angeführt, mit großer Nähe zum Untersuchungsmaterial, d.h. sehr dicht an den Beschreibungen der Auskunftspersonen durch die Verwendung von Gesprächszitaten. Die Reihenfolge der Betrachtung richtet sich nach dem relativen Gewicht der Einflussgrößen, beginnend mit dem wichtigsten Faktor: der Integration von Publikumsforschung.

6.2.1 Integration

Mit dem Begriff Integration wird die grundsätzliche und frühzeitige Einbettung der Publikumsforschung in museale Planungen und Prozesse bezeichnet. Das heißt, Publikumsforschung sollte aufgefasst werden als ein kontinuierlicher, integraler Bestandteil sowohl der Museumsarbeit generell als auch einzelner Aufgaben wie beispielsweise der Ausstellungsentwicklung; nicht jedoch als davon unabhängige, zusätzliche, nur *ad hoc* durchzuführende Aktivität. Ein Gesprächspartner aus dem *National Museum of American History* formuliert dies folgendermaßen:

»You need an environment in a museum where this is integrated into the structure of the museum, where it is not seen as an extraneous activity, where it is actually seen as an organic part of your process of development.«

Das Prinzip der Arbeitsteilung muss deshalb nicht aufgehoben werden. Publikumsstudien werden meist von einem Spezialisten separat durchgeführt, sei es extern oder intern. Dies wird nicht in Frage gestellt, da eine solide Forschungsqualität wichtig ist (siehe 6.2.6). Doch kommt es dabei darauf an, die Publikumsforschung mit den übrigen Museumsaufgaben zu verknüpfen und zusammenzuführen, also zu ›integrieren‹, wie es in der Organisationslehre heißt (vgl. Schreyögg 2003: 155).

In der vergleichenden Analyse der Fallstudien zeigte sich, dass nichts wichtiger ist für die Wirksamkeit von Publikumsforschung als ihre Integration. Dieser enge Zusammenhang zeigt sich deutlich in Abbildung 6.3 (S. 249). Das hier gewählte Mosaikdiagramm ist eine Sonderform des Balkendiagramms. Basierend auf einer Kreuztabelle entspricht die Größe der Balkenabschnitte der Besetzung der jeweiligen Tabellenzellen. Im Gegensatz zu einem klassischen Balkendiagramm werden die Ausprägungen durch die Höhe und Breite der Balkenabschnitte in zwei Dimensionen dargestellt, d.h. nicht nur für die abhängige, sondern auch für die unabhängige Variable. Das Mosaikdiagramm enthält daher mehr Informationen: zum einen, wie der Grad eines Erfolgsfaktors unter den Befragungsteilnehmern eingeschätzt wird, und zum anderen, wie es innerhalb jeder Ausprägungsstufe des Erfolgsfaktors um die Wirksamkeit von Publikumsforschung bestellt ist. Die Ausprägungen der Wirksamkeit spiegeln die Zugehörigkeit der Befragten zu den Fällen mit geringer, mittlerer, hoher oder sehr hoher Wirksamkeit wieder. Die Aufteilung der Fälle in diese vier Wirkungsstufen basiert auf der Rangfolge der Fälle nach gewichtetem Wirksamkeitsindex, gegliedert in Quartile (siehe Abbildung 5.28, S. 235).

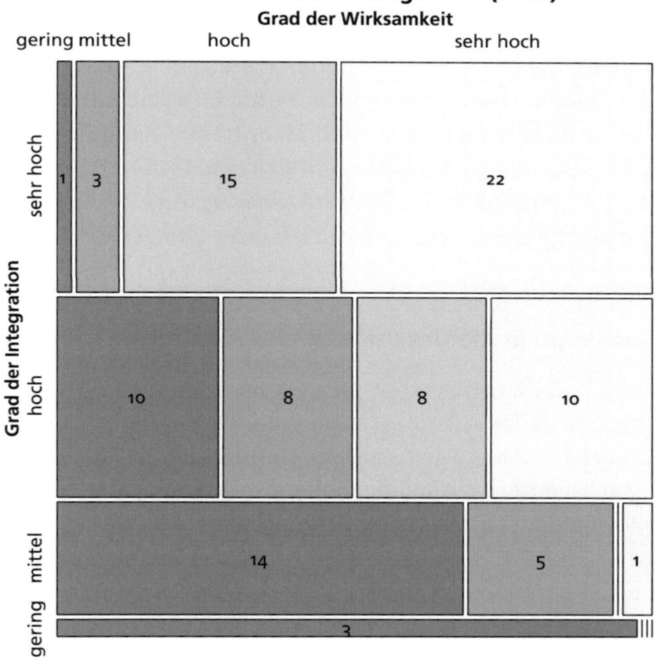

Abb. 6.3: Wirksamkeit nach Integration

In Abbildung 6.3 sind Integration und Wirksamkeit gekreuzt, mit jeweils vier Ausprägungsstufen. Die senkrechte Dimension gibt Auskunft über die Verteilung der vier Ausprägungsstufen von Integration unter den Befragten: Die Kategorie ›geringe Integration‹ ist mit 3% sehr schwach besetzt und daher sehr flach dargestellt, während 41% der Befragten mit ›sehr hoch‹ antworteten und diese Kategorie entsprechend als ein dickerer Querbalken dargestellt wird. Innerhalb der Querbalken selbst sind die Ausprägungen der Wirksamkeit von Publikumsforschung in Abhängigkeit vom jeweiligen Grad der Integration dargestellt, und es zeigt sich: Ganz deutlich nimmt mit dem Grad der Integration die Zugehörigkeit zu einer höheren Wirkungsstufe zu. Für die australischen Fallstudien liegen zur Frage nach der Integration keine Daten vor, da diese dem Fragebogen später aus der fortschreitenden Analyse heraus hinzugefügt wurde. Insofern beziehen sich die in diesem Diagramm verwendeten Daten auf *Te Papa* sowie die insgesamt zwölf europäischen, nordamerikanischen und kanadischen Fallstudien (N=13). Das entsprechende Zusammenhangsmaß zwischen Integration und Wirksamkeit (*Kendall's* τ) nimmt einen Wert von .692 an.

Wie äußerst sich nun eine besonders starke oder aber schwache Integration der Publikumsforschung in den untersuchten Fällen? Die qualitativen Elemente der Untersuchung erlauben es, diesen Erfolgsfaktor eingehender zu betrachten und die Hintergründe der quantitativen Befunde zu beleuchten. Aus dieser vertiefenden Analyse ergibt sich eine Differenzierung erstens zwischen der Integration von Publikumsforschung auf Organisations- und Projektebene und zweitens zwischen prozessualer und personaler Integration.

6.2.1.1 Integration in die organisationale Planung

Die Forderung, Publikumsforschung zu einem integralen Bestandteil der Museumsarbeit zu machen, kommt zunächst auf der Institutionsebene zum Tragen und bezieht sich auf eine gewisse Kontinuität und Regelmäßigkeit dieser Aktivität. Gefordert ist ein übergreifendes Programm an Studien, dass zeitlich und inhaltlich so ausgerichtet ist, dass es zum Fortschreiten der Museumsarbeit beiträgt. Zugleich sollte es jedoch so flexibel sein, dass auch ein sich kurzfristig ergebender Bedarf an Studien bedient werden kann.

Für *Te Papa* und das *Australian War Memorial* – die beiden Fälle, die in dieser Studie am besten abgeschnitten, d.h. die höchsten Werte in der Beurteilung der Wirksamkeit erhalten haben – ist die regelmäßige Durchführung von Publikumsstudien eine Selbstverständlichkeit. Dies zeigt sich unter anderem in der hohen Frequenz, in der sie Publikumsstudien durchführen. Betrachtet man die durchschnittliche Anzahl Studien pro Jahr (Abb. 5.4, S. 155), zählen diese beiden zu den aktivsten Museen. Mit dem Grad der Integration von Publikumsforschung setzen sie sich deutlich vom Rest des Feldes ab. Sie gehören zu den Museen, die Publikumsstudien in der Museumspraxis besonders breit nutzen, sich also nicht allein auf die Kernaufgaben Ausstellungen und Programme konzentrieren, sondern der Publikumsforschung viel Raum bei Management, Marketing und Zusatzaufgaben geben. In diesen beiden Museen wird die Publikumsforschung als selbstverständlicher Bestandteil der Museumsarbeit gelebt, wie die folgenden Zitate illustrieren:

»It is just now a part of what we do, it is seen as part of our strategic planning, it is seen as a critical part of all aspects of how we plan, how we report.«

»It is ultimately part of everything we do. It is part of the culture here, it is not a nice-to-have, everytime we do something, market research is involved in the decision making process.«

Die Analyse zeigt: Soll die Publikumsforschung ein fester Bestandteil der Museumsarbeit sein, muss sie in im Rahmen der Planungsaufgaben thematisiert werden, sowohl mit Blick auf das Budget als auch hinsichtlich Anzahl und Umfang der Studien. Nicht allein Geld oder Gelegenheit sollten kurzfristig darüber entscheiden, ob und wann eine Studie stattfindet. Vielmehr ist es ratsam, frühzeitig den Bedarf an Studien zu ermitteln. Dann können diese auf die institutionellen Prioritäten ausgerichtet werden, die entsprechenden Ressourcen bereitgestellt und die Verantwortlichen für Publikumsforschung in ihrer Arbeitsplanung unterstützt werden:

»It has got to be the timing of the studies and the notification of the studies, so that people could be thinking a year ahead of when they might actually want a study done, rather than a month. And that's a condition applicable to a whole range of other circumstances but for us it makes it very difficult because we need lead-time.«

»The current director has just set up a system, where on at least a yearly basis and at the point where we are planning our budgets I will meet with senior management and I will bring to them a whole range of potential projects for the next financial year. And we will talk about it and we will make decisions.«

Die beiden zuletzt zitierten Aussagen bezüglich *Museum Victoria* und *Powerhouse Museum* führen von der Integration der Publikumsforschung auf Organisationsebene hin zu ihrer Einbindung auf der Ebene einzelner Projekte.

6.2.1.2 Prozessuale Integration

Bei der *prozessualen* Integration stellt der Zeitfaktor ein großes Problem dar. Soll die Publikumsforschung in die Entwicklung einer bestimmten Ausstellung integriert werden, müssen die Studien von vorneherein in die erforderlichen Abläufe eingeplant werden. Nur dann gelingt es, die Untersuchungen auf die Informationsbedürfnisse der Beteiligten abzustimmen. Es ist wichtig, die Publikumsforschung so in die Planungen zu integrieren, dass ausreichend Zeit für die Durchführung der Studien zur Verfügung steht und die gewonnenen Erkenntnisse rechtzeitig in die Ausstellungsplanung einfließen können, bevor unverrückbare Entscheidungen getroffen wurden. Für diejenigen, die Publikumsstudien durchführen, wird es sonst schwierig, kurzfristig noch einen sinnvollen Beitrag zu leisten. So banal diese Forderung auch klingen mag, so schwierig erweist sie sich in der Praxis umzusetzen. Denn sogar aus der Sicht von Verantwortlichen für Publikumsforschung aus Museen der Spitzengruppe stellt sich die Situation folgendermaßen dar:

»The least effective aspect for us as an organisation is the fact that it is still not integrated into the decision making process and time is not given to make sure it can happen before critical decisions have to be made.«

»There are a few recalcitrants who think evaluation is a good idea but they forget to plan for it at the start. And then when they are at the end of the project they ring me up and say 'wouldn't it be great to for you to do this or help with this?'«

Die Integration der Publikumsforschung ist besonders schwierig, wenn die Studien von externen Beratern durchgeführt werden sollen. Dadurch, dass diese nicht in interne Kommunikations- und Planungsprozesse eingebunden sind, können sie selbst kaum aktiv die Einplanung von Studien anregen, geschweige denn einfordern. Wenn ihre Mitarbeit dann nachgefragt wird, ist es häufig schon zu spät:

»We do not necessarily hear about it, and suddenly there is a proposal due next month and they call us up, we want to have evaluation, we want to have front-end and formative and summative on this thing, and it turns out the exhibits are already designed. So what is the point of doing front-end now? You should have done this a year ago.«

Die Publikumsforschung in den Prozess der Ausstellungsentwicklung zu integrieren, sollte nicht heißen, dass nur einzelne Evaluationsarten angewendet werden. Vielmehr ist es sinnvoll, diesen Prozess *durchgängig* zu begleiten und den spezifischen Beitrag jeder Evaluationsart in der entsprechenden Phase der Ausstellungsentwicklung für sich zu nutzen. Hier kommt der iterativ-kontinuierliche Charakter der Ausstellungsevaluation zum Tragen. Beim *National Museum of American History*, das bezüglich der Wirksamkeit von Publikumsforschung von den Befragten die niedrigsten Werte erhielt, fehlt diese Kontinuität:

»We tend to do a big study in the beginning, and a big study at the end, and I think what we may need to do is more frequent informal studies so that we are testing the whole way along. Because we will do a study about what topics people want or what people know about a subject, and then we will do studies at the end to see how effective the exhibit was. But it is not very common that we use it to inform our process, are these concepts the ones that are going to work, or is that order proper? Or we do not do much work with prototypes.«

Im Gegensatz zum *National Museum of American History* ist die Publikumsforschung sowohl bei *Te Papa* als auch beim *Australian War Memorial* explizit als integraler Teil der Ausstellungsentwicklung definiert:

»There exist established procedures how to develop exhibitions, and audience research is an integral part of the processes.«

»We have got processes in place for exhibition development, it is a standard part of the development that evaluation is done [...] So that's what happens for permanent galleries, for temporary exhibitions, for travelling exhibitions.«

Ein Gesprächspartner des *Denver Museum of Nature and Science* erläutert das dort angewendete Projektablaufmodell:

»We have what we call a project development model. And the project development model contains a number of different phases now that ensure us that there is good consistent input from audience interest into different phases of the project. [...] We begin with assessment: environmental scans, looking at audience interests and things like that. [...] Topic idea generation, looking for topics, that is actually a focus group activity [...] Then we did concept screening, doing some of the front-end evaluation, creating a program and topic outline, going back in, seeing whether or not it is feasible, work with funders etc. [...] Then during the concept development testing and evaluation, that involves a component of audience research, program prototype development testing evaluation, projects where you test your components with the audience to make sure that they work. You do a lot of mock-ups and things like that. Then eventually moving into production, launch, and then the summative evaluation and project evaluation. [...] It is for each new project. Initially it was done for major projects but now we have integrated it into just about every project that we do.«

Diese Aussagen illustrieren eine bestimmte Voraussetzung für die Integration von Publikumsstudien: dass der Prozess der Ausstellungsentwicklung *selbst* klar definiert ist. Eine solche Formalisierung des Ausstellungsplanungsprozesses ist bislang keineswegs eine Selbstverständlichkeit in den Museen (vgl. Kamien 2001: 114). Doch nur ein im Vorfeld eindeutig festgelegtes (und in der Praxis angewendetes) Ablaufschema der Ausstellungsentwicklung ermöglicht es, die Publikumsforschung sinnvoll darin einzuplanen. Günstige Bedingungen schaffen hier die zunehmende Formalisierung von Prozessen und die verstärkte Nutzung des Projektmanagements, die sich im Zuge der Professionalisierung der Museumsarbeit etabliert haben. Sie erleichtern die explizite Verortung der Publikumsforschung in der Ausstellungsentwicklung.

6.2.1.3 Personale Integration

Die *prozessuale* Integration der Publikumsforschung bedeutet zugleich *personale* Integration – sprich: Die oder der Verantwortliche für Publikumsforschung ist von Beginn an in das jeweilige Projekt involviert. Dies ist zum Beispiel bei *Te Papa* üblich:

»Every exhibition, there is one of us in our exhibition team. [...] And we are involved right from the word ›go‹ where we indicate who the target audience would be and as things go on we have a look at what is the charge for the exhibition, penetration rates, where the pricing should go and all those kinds of things.«

In diesem Fall sind sowohl die einzelnen Phasen der Ausstellungsentwicklung und ihre jeweiligen Endprodukte als auch die Rollen und Verantwortlichkeiten der Beteiligten explizit in den Leitlinien zur Ausstellungsentwicklung festgehalten. Auch das *Canadian Museum of Civilization* hat positive Erfahrungen mit der Einbindung des Evaluators in das Ausstellungsteam gemacht:

»Afin d'assurer une meilleure utilisation de l'évaluation, il importait de mieux intégrer son responsable à l'équipe de conception et de réalisation de l'exposition [...] D'une part, les évaluateurs se sont sentis plus concernés par les projets d'exposition, ce qui les a conduits à participer plus profondément et plus largement à leur réalisation du début à la fin. Ainsi, le processus d'évaluation pouvait se dire véritablement continu et intégré.«[1] (Gendreau 2000: 200)

Hier zeigt sich die personale Integration als Garant für die Kontinuität der Publikumsstudien. Dagegen macht der Fall des *National Museum of American History* in dieser Studie deutlich: Einsicht und Umsetzung sind zweierlei. Wenn die personale Integration aus museumspädagogischer Sicht auch als äußerst förderlich angesehen wird, so wird sie offenbar dennoch nicht konsequent realisiert:

»And to have someone there who gets invited to every exhibit teams process throughout, to be constantly getting feedback and advice, I think is really the only way to guarantee that it is going to happen, you have got to have a person there. We are always advocating for it, but we are doing so many other things that even we tend to let it slip.«

In den Fallstudien zeigte sich, dass die personale Integration leichter umzusetzen ist, wenn die Publikumsforschung intern auch personell verankert ist

1 | »Um eine bessere Verwertung der Evaluation sicherzustellen, war es wichtig, den dafür Verantwortlichen besser in das Ausstellungsteam zu integrieren. [...] Zum einen fühlten sich die Evaluatoren stärker durch die Ausstellungsprojekte betroffen, was dazu führte, dass sie sich intensiver und umfangreicher an ihrer Realisierung von Anfang bis Ende beteiligten. So konnte sich der Prozess der Evaluation wirklich kontinuierlich und integriert nennen.« (Gendreau 2000: 200)

und nicht allein durch externe Berater geleistet wird. Daher verwundert es nicht, dass bei den beiden besten Museen eine interne Verantwortlichkeit für Publikumsforschung gegeben ist. *Te Papa* besitzt das Privileg einer eigenen Abteilung für Publikumsforschung, und das *Australian War Memorial* bestreitet diese Aufgabe mit einer einzelnen vollen Stelle (siehe Abbildung 5.2, S. 141). Beim *Denver Art Museum* jedoch, das ebenfalls in der Spitzengruppe zu finden ist, gibt es keine ausschließlich für Publikumsforschung zuständige Person. Hier gelingt die personale Integration auf eine andere Weise: nämlich indem die Publikumsforschung als ein kleiner, aber wichtiger Teil der Aufgaben einer Reihe von Museumspädagogen verstanden und praktiziert wird. Diese bringen die Publikumsforschung und damit die Besucherperspektive in die verschiedenen Ausstellungsprojekte ein, in die sie in ihrer täglichen Arbeit involviert sind. Eine ausführlichere Betrachtung des Erfolgsfaktors Verantwortlichkeit erfolgt in Abschnitt 6.2.9.

Nicht zuletzt impliziert die personale Integration von Publikumsforschung die Präferenz einer spezifischen Arbeitsform in der Ausstellungsplanung: des Teamansatzes. Wie Abschnitt 5.7.1.11 (S. 229) zeigte, hat sich – auch dank der Publikumsforschung – inzwischen ein stärker partizipativer und kooperativer Ansatz etabliert. Wie in Abschnitt 2.2.2 (S. 44) geschildert, nimmt diesbezüglich das *Natural History Museum* in London eine Vorreiterrolle ein, indem es bereits in den 1970er Jahren die Publikumsforschung in den Prozess der Ausstellungsentwicklung integrierte. Stärker verbreitet hat sich der Teamansatz jedoch erst in den 1990er Jahren (siehe Abschnitt 2.3.3.3, S. 87). Während es in den untersuchten Museen inzwischen durchaus üblich ist, Museumspädagogen in die Ausstellungsentwicklung zu involvieren, ist die direkte Einbeziehung eines Zuständigen für Publikumsforschung strittig. Ein zentraler Grund dafür ist die Forderung nach einer objektiven, neutralen Beurteilung von Ausstellungskonzept und -umsetzung. Dies erfordert eine gewisse Unabhängigkeit und innere Distanz des Evaluators, die bei einer engen Einbindung in das Ausstellungsteam nicht gewährleistet ist. Eine Führungskraft am *Denver Museum of Nature and Science* erläutert ihre Haltung dazu:

»I felt very strongly that the evaluation role was one of an auditing role, an independent role, and that there needed to be an independence to the extent that there needed to be no agenda, the evaluator would not be involved in the product development but would have the influence to come back in and change the product if that makes sense. [...] In one instance I saw a situation where the evaluator became so wrapped up in her own ideas about where the project should go on the floor that it then influenced the results

of the study. And so this is one of the reasons why I maintain there needed to be that independence.«

Wie lassen sich diese gegenläufigen Forderungen nach personaler Integration und gleichzeitig nach Unabhängigkeit des Publikumsforschers zusammenbringen? Ein Vorschlag lautet, die Publikumsstudien bei besonders strittigen Themen von externen Experten durchführen zu lassen, um Unabhängigkeit und Neutralität zu gewährleisten. Ein anderer Vorschlag hat mit der Rollendefinition der Publikumsforscher zu tun. Sind Publikumsforscher in Ausstellungsteams involviert, ist ihre Rolle häufig als ›Anwalt des Publikums‹ definiert – wie die der Museumspädagogen auch (siehe Abschnitt 5.7.1.11, S. 229). Nicht als Forscher sind sie hier vorrangig gefragt, sondern als Berater; und zwar aufgrund ihrer gesammelten Kenntnisse und Erfahrungen in Bezug auf das Publikum. Dies gelingt umso besser, wenn ein Museum durch zahlreiche Studien einiges an Erkenntnissen über sein Publikum und die Rezeption seiner Ausstellungen und Programme akkumuliert hat. Den Verantwortlichen für Publikumsforschung als Teil des Ausstellungsteams zu begreifen, muss nicht automatisch heißen, dass sie oder er sich stark konzeptionell einbringt. Vielmehr geht es um den Informationsaustausch, d.h. dass der Publikumsforscher einerseits frühzeitig und durchgängig publikumsspezifische Informationen in die Ausstellungsentwicklung einbringt und andererseits über Planungen und Entscheidungen informiert ist, so dass er entsprechend gezielt Studien durchführen kann. Hier kommt der Erfolgsfaktor Kommunikation ins Spiel (siehe Abschnitt 6.2.7).

Wie kann man am besten eine durchgängige planerische sowie prozessuale und damit auch personale Integration gewährleisten? In den Interviews kristallisierte sich der Ratschlag heraus, die Publikumsforschung als verpflichtendes Element der Ausstellungsentwicklung festzulegen. Gesprächspartner aus den Reihen von *Museum Victoria*, dem *Australian Museum* und dem *National Museum of American History* empfehlen dies unabhängig voneinander:

»And it would be my recommendation that the schedules for all projects should actually have as a mile stone evaluation. And until that is in the schedule, then it won't take its proper place so that the information is available and is ready.«

»Certainly a recognition that audience research should always be a major part of the development of exhibitions and that should be written in the policy on development of exhibitions I think.«

»Here in particular, I think it would be wonderful – now, we have a policy that there has to be an educator on every exhibition team –, so just like that policy, […] if we had a

Director that says, there has to be evaluation in the budget and done on every exhibition [...], that I think would be a real improvement.«

Die Bedeutung dieser Verpflichtung zur Publikumsforschung zeigt sich auch in der Analyse der Befragungsdaten. Hinsichtlich des Zusammenhangs zwischen der Variable ›Fehlende Verpflichtung zur Publikumsforschung‹ und der Wirksamkeit von Publikumsstudien nimmt *Kendall's* τ einen Wert von .357 an. In der Tat zeichnen sich die beiden besten Museen in dieser Studie, die Publikumsforschung am wirksamsten zu nutzen wissen, durch die festgeschriebene Verpflichtung zur Publikumsforschung aus: Sowohl bei *Te Papa* als auch beim *Australian War Memorial* ist die Publikumsforschung als *obligatorischer* Bestandteil der Ausstellungsentwicklung definiert.

Zusammenfassend lässt sich aus den Fallstudien lernen: Neben der Berücksichtigung der Publikumsforschung in der lang- und mittelfristigen Planung auf Organisationsebene ist es besonders wichtig, sie als wiederkehrenden Bestandteil verbindlich in die Ablaufplanung einzelner Projekte wie der Ausstellungsentwicklung zu integrieren. Aus dieser prozessualen Integration ergibt sich zwangsläufig auch eine personale Integration, d.h. die enge Einbeziehung des Verantwortlichen für Publikumsstudien. Nicht zuletzt fördert ein modernes Museumsmanagement mit klar definierten Prozessen, einem effektiven Projektmanagement und der Anwendung des Teamsansatzes in der Ausstellungsentwicklung die Integration der Publikumsforschung in die Museumsarbeit.

6.2.2 Akzeptanz

Die Akzeptanz der Publikumsforschung ging aus der Zusammenhangsanalyse als zweitwichtigster Erfolgsfaktor hervor. Der Akzeptanzbegriff fasst, inwieweit die Museumsmitarbeiter der Publikumsforschung gegenüber positiv eingestellt sind und sie als wertvollen Beitrag zur Museumsarbeit anerkennen. Dies bezieht sich auf die Mitarbeiterschaft generell, vor allem aber auf diejenigen, die unmittelbar an einem zu untersuchenden Projekt beteiligt sind. Ein Befragungsteilnehmer des *National Museum of American History* bringt diesen Zusammenhang auf den Punkt:

»In my experience the effectiveness of audience research depends on the degree to which the exhibition team (curator, designer, educator) ›buys into‹ the process. If these people see value in it, they will participate in its development and will act on its findings. [...] In our museum this is too often not the case.«

Das Verhältnis von Akzeptanz und Wirksamkeit von Publikumsforschung veranschaulicht Abbildung 6.4. Das Diagramm zeigt, dass mit steigendem Grad

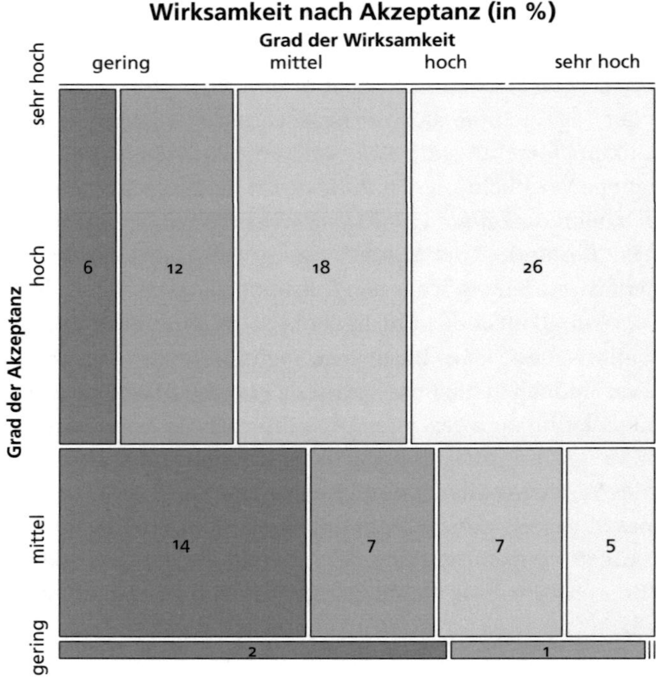

Abb. 6.4: Wirksamkeit nach Akzeptanz

an Akzeptanz die Zugehörigkeit zu einer höheren Wirkungsstufe einhergeht, wie bereits der τ-Wert von .535 erkennen ließ. Als Indikatoren für die Akzeptanz dienen der Grad, in dem Publikumsstudien durch Museumsmitarbeiter aktiv nachgefragt werden sowie der Grad, in dem sie Vertrauen in die Ergebnisse der Publikumsforschung haben. Aus den in Abbildung 6.4 zusammengefassten Daten lässt sich ablesen: Etwa zwei Drittel der Befragten schätzen die Akzeptanz der Publikumsforschung in ihrer Institution als ›hoch‹ ein. Angesichts der Tatsache, dass es sich bei den untersuchten Fällen um eine Auswahl der im Gebiet der Publikumsforschung aktivsten Museen handelt, ist der hohe Grad an Akzeptanz erfreulich und nicht überraschend. Es wäre daher zu erwarten gewesen, dass auch die Kategorie ›sehr hoch‹ deutlich ausgeprägt ist, jedoch ist diese mit zwei Antworten verschwindend gering besetzt. Welche Erklärungen dafür denkbar sind, zeigt der nähere Blick auf die Interviewdaten.

Was sich auf quantitativer Ebene in hohen Werten für die Akzeptanz der Publikumsforschung äußert, spiegelt sich wieder in den folgenden Aussagen mit Blick auf das *Australian War Memorial*, das *Jüdische Museum Berlin* und das *Denver Museum of Nature and Science*:

»I think it has been an important driver just really raising an awareness and appreciation of just how important audience research is. And the research can really help us to understand far better what we are doing and who we are doing it for and how we can do these things better. And the vast majority of people in the organisation has overtime very willingly taken on that awareness, and has been supportive of that shift.«

»Also mir wäre jetzt niemand bekannt, der das sozusagen bezweifeln würde, also das ist eigentlich tatsächlich absolut unstrittig, [...] das ist eigentlich Konsens, denke ich, in diesem Museum, dass das ganz wichtig ist, und ich denke aber auch, dass das ungewöhnlich ist für ein Museum.«

»Well, I think that probably any of us who have been in the field for a long time have seen it evolve. When we first started hearing about it, everybody was a little wary, wait a minute, how we can do this, how can we involve the audience? That was a little scary. But over the last fifteen years or so, it has really become a huge part of how we think.«

Bei den Fällen, die in puncto Akzeptanz der Publikumsforschung weniger gut beurteilt wurden, wie z.B. das *National Museum of American History*, klingen die Aussagen deutlich anders:

»While there are individuals, especially in the Education and public programming departments that value and know the proper use of visitor research, it is not valued pervasively by the organization, and is often the first thing to be dropped if resources are limited.«

»I think among my peers here it does not have a very high reputation. It is not considered to be worth a lot of time, except when you think you can get the results you want.«

Zwischen diesen beiden Polen spannt sich ein breites Spektrum von Akzeptanz auf. Da die Akzeptanz eine Frage der individuellen Einstellung ist, ergibt sich der Grad der Akzeptanz von Publikumsforschung in einer Institution aus dem Verhältnis von Zustimmung und Ablehnung in den Reihen ihrer Mitglieder. Ein ›mittlerer‹ Grad von Akzeptanz der Publikumsforschung muss daher präziser als *Diversität* der Einstellungen zur Publikumsforschung verstanden werden, während bei einer hohen (oder aber niedrigen) Einschätzung der Akzeptanz eine stärkere *Kongruenz* der Einstellungen vorliegt. Ein Bild der typischerweise anzutreffenden Situation in den Museen zeichnen die folgenden Zitate von Mitarbeitern von *Museum Victoria*, dem *Denver Art Museum* und dem *Victoria & Albert Museum*:

»There is a continuum, there are some people that are totally sold on it, some in the middle, they will and will not use it depending on various circumstances, and there are some down the end that wouldn't touch it with a barge pole.«

»I think it is going to be a real range. I think you will get anything from being completely oblivious, no knowledge that it is going on, to being highly suspicious to being fully embraced and wishing we were doing more. I think it really runs the full gamut.«

»I think responses to research vary from person to person. I think some people accept it as a legitimate branch of academic study with its own methodology and history and intellectual rigour. And obviously other people are a bit more cynical about it and sometimes they do not care. [...] It varies.«

Aus dieser Heterogenität der Einstellungen zur Publikumsforschung ergibt sich, dass auch in Fällen, bei denen die Publikumsforschung von den meisten Mitarbeitern sehr positiv gesehen wird, durchaus einzelne Zweifler zu finden sind, welche den Grad der Akzeptanz von Publikumsforschung auf einen ›hohen‹ statt ›sehr hohen‹ Wert sinken lassen, wie in Abbildung 6.4 zu sehen.

Eine Ablehnung der Publikumsforschung, ergaben die Interviews, kann verschiedene Gründe haben: mangelndes Vertrauen in die wissenschaftliche Fundiertheit, Objektivität und damit Aussagekraft der Studien, oder eine Einschätzung von Evaluation als nicht willkommenes Beurteilungs- und Kontrollinstrument statt einer Gelegenheit zu Verbesserung und Weiterentwicklung verbunden mit Befürchtungen bezüglich einer zu starken Aufwertung der Publikumssicht gegenüber fachlichen Kriterien.

6.2.2.1 Akzeptanz als glaubwürdiges Informationsinstrument

Eine erste wichtige Voraussetzung für Akzeptanz und Unterstützung ist die Einschätzung von Publikumsforschung als legitime, glaubwürdige Informationsquelle. Dies ist jedoch nicht immer gegeben:

»There was a bit of resistance on about the methodology and you know was it really sort of legitimate research, and this was mainly from people who do scientific research and

they couldn't see that the same rigour was being applied as to what they applied, but I think a lot of that has disappeared now and people do value it.«

»I have also never really been convinced about Personal Meaning Mapping, but then I come from a scientific background and I am a bit wary of those sort of things, maybe I don't understand them well enough. The methodology seems to keep changing and it appears to be completely subjective. [...] I think it is accepted according to whether people have faith in the statistical evidence. It can only ever be a guide because we can't interview every person who comes to the museum. We can't get the really large numbers of people, you can't interview 500 people at a time, it is not possible.«

Diese beiden Äußerungen von Mitarbeitern von *Museum Victoria* und dem *Powerhouse Museum* illustrieren: Der Grad der Wissenschaftlichkeit der Publikumsforschung wird immer wieder angezweifelt, selbst bei überwiegend quantitativ orientierter Forschung, die sich auf etablierte Methoden empirischer Sozialforschung stützt. Umso kritischer werden qualitative Methoden betrachtet, die als völlig subjektiv zurückgewiesen werden (siehe auch Abschnitt 6.2.6). Bezüglich der Verlässlichkeit und Aussagekraft der Ergebnisse von Publikumsstudien wird gelegentlich auch die Wahrnehmung geäußert (wie hier von Interviewpartnern des *Australian War Memorial* und des *Victoria & Albert Museum*), dass Ergebnisse von Publikumsstudien so unbestimmt sind, dass sie bewusst manipulativ eingesetzt werden könnten, um bestimmte vorgefasste Meinungen zu stützen:

»And some people are perhaps cynical that you can get statistics to do anything.«

»It might have an agenda, it might have been the case that some research was done here in the past where people think it has been done to prove a particular point possibly.«

»I think there is also an easy tendency that with a wide range of questions being asked people in the museum with very different views all find something to support their own position, even if the positions might be in opposition essentially. Everyone can find something that supports their own argument. So I think the biggest issues seem to be more about getting reliable evidence and interpreting the evidence.«

Gelingt es jedoch, unter der Mehrzahl der Kollegen ein solides Vertrauen in die Ergebnisse zu etablieren, steht dies in einem positiven Zusammenhang mit der Wirksamkeit von Publikumsforschung, wie der entsprechende τ-Wert von .559 unterstreicht. Je stärker das Vertrauen in die Ergebnisse der Publikumsforschung, desto eher gehört ein Fall zu den Museen, bei denen die Publikumsforschung besonders wirksam ist.

Entsprechend gilt es, den Wert und die Glaubwürdigkeit der Publikumsforschung als ernstzunehmende Informationsquelle mit möglichst klaren Ergebnissen aufzubauen. Dies impliziert zunächst die Sicherung der Forschungsqualität von Publikumsstudien (siehe Abschnitt 6.2.6), damit Zweifel an der wissenschaftlichen Güte der Ergebnisse unbegründet sind. Für eine kritische Sicht der Publikumsforschung im Hinblick auf die Forschungsqualität spielt zudem auch eine Rolle, wie stark jemand überhaupt mit ihren methodischen Grundlagen vertraut ist. Ein gewisses Grundverständnis ihrer Rolle und Methoden ist Voraussetzung dafür, Forschungsqualität und Verlässlichkeit der Ergebnisse beurteilen zu können (siehe Abschnitt 6.2.8). Förderlich für die Akzeptanz von Publikumsforschung ist zudem eine möglichst fokussierte, auf den Zweck ausgerichtete Anlage von Studien (siehe Abschnitt 6.2.5) und eine nachvollziehbare Interpretation der Ergebnisse, damit Wert und Nutzen der Publikumsforschung deutlich werden. Ein weiterer Hintergrund für die kritische Beurteilung bestimmter Forschungsperspektiven mag auch die Einübung spezifischer disziplinärer Grundhaltungen und Werte im Rahmen von Ausbildung und beruflichem Werdegang sein. Darauf wird in Abschnitt 6.2.4.1 näher eingegangen.

6.2.2.2 Akzeptanz als Instrument der Reflexion und Weiterentwicklung

Vorbehalte gegenüber der Publikumsforschung entstehen auch aus dem Wandel im Selbstverständnis der Museumsarbeit hin zu einer stärkeren Besucherorientierung und der Professionalisierung der Museumsarbeit (siehe Abschnitt 2.3). Die Publikumsforschung ist ein Element dieses Wandels. Sie stellt für manche Museumsmitarbeiter etwas verunsichernd Neues dar, das in ihren gewohnten Arbeitskontext eindringt und Altbewährtes in Frage stellt. Stimmen dazu aus dem *Jüdischen Museum Berlin* und dem *Deutschen Museum*:

»Die Besucherforschung ist in der Tat ein integraler Bestandteil des Museums, jedoch benötigt es Zeit, eine allgemeine Akzeptanz bei den eher konservativ ausgerichteten Museumsleuten zu erreichen.«

»Bei den älteren Kollegen, die jetzt nämlich auch in Pension gehen, ist sie sicherlich eher schlecht angesehen. Ganz einfach deswegen natürlich auch, weil gewisse historische Vorbehalte von Technikern und Naturwissenschaftlern der sozialen Seite gegenüber da sind. Ich denke aber, bei den jüngeren Leuten ist das längst nicht mehr ganz so.«

Die Einführung der Publikumsforschung, insbesondere der Evaluation, birgt in diesem Zusammenhang zwei Herausforderungen. Die erste besteht darin, dass die Rolle von Evaluation unklar ist – dient sie primär als Informations- und Verbesserungsinstrument oder aber als Kontrollinstrument? Die Durchführung von Evaluationsstudien sendet das Signal: Fachliche Kompetenz wird nicht mehr als hinreichend verlässlicher Garant für die Qualität der Museumsarbeit aufgefasst, und die Arbeitsergebnisse werden auf den Prüfstand gestellt. Die zweite Herausforderung besteht darin, dass im selben Atemzug die tradierten Beurteilungskriterien für Qualität und Erfolg der Museumsarbeit relativiert werden: Die Erfüllung von Publikumsbedürfnissen und -interessen wird als Maßstab aufgewertet. Evaluation kann daher von einigen Museumsmitarbeitern empfunden werden als unangemessene Beurteilung ihrer Arbeit anhand falscher oder wenig relevanter, da nicht fachlicher Kriterien. Aber auch die Aufforderung, Informationen aus nicht-evaluativen Besucher- und Marktstudien in der eigenen Arbeit zu berücksichtigen, mag als konfligierende Anforderung gegenüber den eigenen professionellen Überzeugungen aufgefasst werden. Hier geht es um Fragen von Autorschaft und fachlicher Autorität, letztlich um das grundsätzliche professionelle Selbstverständnis, das mancher Museumsmitarbeiter durch die Aufwertung der Publikumsforschung in Frage gestellt sieht. Im Folgenden einige diesbezügliche Erfahrungen aus dem Kontext von *Te Papa, Museum Victoria* und dem *Powerhouse Museum*:

»I mean, working with people that had not really considered the audience before, it presented a huge conflict for them, particularly in terms of their own feelings about what is correct and taste and appearance and content, things like that. And I sort of felt for them as well. From their point of view there were huge compromises that they were being asked to make. And they thought they would compromise the profession and they had peers that would see the finished work and a whole lot of stuff. For them, it made it really difficult. So that would be particularly academics, concept people and designers. All sorts of things were really threatening, I guess. [...] And it did not take long to get sort of personal for them, you know, when we came back with recommendations or feedback as we liked to call it, which sort of made them feel we criticised their work, really tricky, you know.«

»Often people – there's too much of themselves involved and they feel they're being judged [...] I think there's [...] a bit of a lack of ownership of evaluation and visitor research if it seems to challenge cherished beliefs and presuppositions.«

»But I think it is very challenging because you are dealing with the whole issue of intellectual territory. And what evaluation is doing in that situation is setting itself up

to judge other people's intellectual territory. And that is both curatorial input and also design input.«

Die Tatsache, dass die Publikumssicht stärker als eine zu berücksichtigende Variable und als relevantes Beurteilungskriterium der Museumsarbeit etabliert wird, führt zu einer Verunsicherung und Diskussion darüber, in welchem Maß ein Eingehen auf die Publikumsbedürfnisse und -interessen erforderlich und sinnvoll ist. Dieser Punkt wird in Abschnitt 6.2.4.2 in Zusammenhang mit dem Erfolgsfaktor Publikumsorientierung näher betrachtet.

Was kann man für eine Verbesserung der Akzeptanz von Publikumsforschung tun? Zunächst ist es wichtig, die Glaubwürdigkeit der Publikumsforschung zu stärken, indem auf die wissenschaftliche Qualität der Studien geachtet wird (siehe Abschnitt 6.2.6) und außerdem Rolle und Methoden der Publikumsforschung transparent gemacht werden. So kann ein besseres Verständnis dieser Tätigkeit erreicht werden (siehe Abschnitt 6.2.8). Darüber hinaus gilt es, die Publikumsorientierung stärker in der Institution zu etablieren (siehe Abschnitt 6.2.4). Die Herausforderung für die Beteiligten lautet: die Bereitschaft zu entwickeln, Feedback über ihre Arbeit nicht nur von der Fachwelt, sondern auch vom generellen Publikum einzuholen, gelten zu lassen und als Chance für Verbesserung und Weiterentwicklung zu begreifen (siehe Abschnitt 6.2.10).

Die Herausforderung für die Verfechter der Publikumsforschung besteht darin, den geschilderten Befürchtungen ein Verständnis von Publikumsforschung gegenüberzustellen, welches ihre Funktion als konstruktiv-kritisches Informationsinstrument hervorhebt – ein Korrektiv allzu publikumsferner Museumsarbeit, welches alle Beteiligten darin zu unterstützen sucht, dass die intendierten Botschaften ihre Adressaten in adäquater Weise erreichen. Hier gilt es, deutlich zu machen, welcher Nutzen und welche Vorteile aus der Publikumsforschung gewonnen werden können, wie eine Gesprächspartnerin des *Denver Art Museum* empfiehlt:

»Do a much, much more strategic job of saying, here is [...] what we might get out of it, here is how this might be useful to you. And really developing a process to talk in general terms about the value of research when it is not about them specifically, it is not about their area.«

Zu einer Steigerung der Akzeptanz von Publikumsforschung beitragen können auch Workshops mit Experten, die Autoritäten im Gebiet der Publikumsforschung sind. Ein externer Experte illustriert dies am Beispiel des *Denver Museum of Nature and Science*:

»When the Denver Museum of Nature and Science was just really getting interested in front-end, formative evaluation, I encouraged them to bring Chan Screven in. At that time, he was really the major authority on that and he was putting out papers. He came, and his hands-on approach, you actually go into an exhibit, you pick some features that people have questions about, or maybe some evidence that they are not working, like labels or an interactive [...] and then he would do some of his mock-up labels and work with the staff and do before–after testing. And then when they would see that you could really see visitors understanding something better or being attracted to something that they have been walking past, something that they thought it was important, I think then that really got them, so that then they wanted to do evaluation as a part of exhibit development. [...] So sometimes workshops can be a nice vehicle for getting buy-in from staff.«

In ähnlicher Weise hilfreich ist es, Museumsmitarbeiter eng in Publikumsstudien zu involvieren (siehe Abschnitt 6.2.11). So kann es gelingen, nach und nach eine Zahl von Fürsprechern der Publikumsforschung auf verschiedenen Verantwortungsebenen aufzubauen. Diese wiederum sind über die Einflussnahme auf Kollegen wichtige Multiplikatoren, wie die Erfahrungen am *Australian War Memorial* zeigen:

»It's important to foster advocates. You need to identify who supports evaluation, and get them involved – e.g. by evaluating one of their projects or getting them on an Evaluation Steering Committee. By nurturing your advocates, you are developing spokespeople who can champion the benefits of evaluation to their colleagues or team-members. They can be powerful allies in a change management process to becoming a more evaluation-centred organisation.«

Der im Folgenden beschriebene Erfolgsfaktor zeigt zudem, dass auch die Führungskräfte eine wichtige Rolle spielen hinsichtlich der Akzeptanz der Publikumsforschung innerhalb einer Einrichtung.

Zusammenfassend sei an dieser Stelle festgehalten: Die breite Akzeptanz der Publikumsforschung in einer Einrichtung ist eine wichtige Voraussetzung für ihre Wirksamkeit. In den untersuchten Fällen sind jedoch meist sehr heterogene Einstellungen zu finden. Einhaltung und Demonstration von hoher Forschungsqualität tragen dazu bei, die Publikumsforschung als legitimes, glaubwürdiges und verlässliches Forschungsfeld zu etablieren. Durch die Mitwirkung bei Publikumsstudien können Verständnis und Akzeptanz dieser Tätigkeit aufgebaut werden. Eine gute Grundlage dafür ist eine Kultur der Offenheit für die Reflexion der eigenen Arbeit und des professionellen Selbstverständnisses aller Beteiligten. Durch Erreichen und Aufzeigen eines hohen

Nutzens einzelner Studien für die Museumsarbeit kann der Wert der Publikumsforschung deutlich gemacht werden. Schließlich trägt auch die feste Verankerung der Publikumsorientierung als verbindlicher und verbindender Wert in der Museumsarbeit zur Akzeptanz der Publikumsforschung bei.

6.2.3 Unterstützung durch Führungskräfte

Der dritte zentrale Erfolgsfaktor betrifft die Förderung und Unterstützung der Publikumsforschung durch die Führungskräfte eines Museums, d.h. Direktoren und Abteilungsleiter. Dieser Aspekt ist zwar eng verbunden mit der Akzeptanzfrage; er wurde jedoch als ein Erfolgsfaktor für sich betrachtet, da Entscheidungen auf der Führungsebene die Ausrichtung einer Organisation und das Verhalten ihrer Mitglieder auch in anderer Hinsicht grundlegend beeinflussen. Eine externe Expertin hebt diesbezüglich das *Haus der Geschichte* als positives Beispiel hervor:

»*Der Direktor muss es wollen, und der Direktor muss es ernst nehmen. Das klingt jetzt so ein bisschen hart, aber Museen sind hierarchisch organisierte Gebilde und die Position der Direktorin, des Direktors ist einfach die einflussreichste, und wenn ein Direktor, so wie Hermann Schäfer vom Haus der Geschichte, Besucherforschung ernst nimmt und diese Ergebnisse auch wissen will und mit denen auch was tun will, dann ist Besucherforschung erfolgreich.*«

Konsistent mit dieser externen Einschätzung beurteilen auch sämtliche Befragungsteilnehmer aus der internen Perspektive des *Hauses der Geschichte* die Unterstützung der Publikumsforschung durch die Museumsleitung als ›sehr hoch‹. So eindeutig fällt das Votum in keinem anderen untersuchten Museum aus.

Vergegenwärtigt man sich den Zusammenhang der Unterstützung durch Führungskräfte mit der Wirksamkeit von Publikumsforschung auf Basis der quantitativen Befunde (τ: .532), so erhält man wie bei den bisher betrachteten Erfolgsfaktoren ein Diagramm, das sehr deutlich die positiv monotone Beziehung zwischen diesen Variablen widerspiegelt (siehe Abbildung 6.5). Aus den Ergebnissen lässt sich entsprechend ablesen: Je stärker sich Vertreter der oberen Verantwortungsebenen hinter die Publikumsforschung stellen, desto höher ist die Wirksamkeit. Dies bereitet nicht nur dem *Haus der Geschichte* wenig Schwierigkeiten, auch insgesamt gesehen ist die Einschätzung der Lage in den hier untersuchten Museen positiv: 53% der Befragten sehen einen ›sehr hohen‹ Grad an Unterstützung der Publikumsforschung durch die Führungskräfte, und nur 4% nehmen die Unterstützung als ›gering‹ wahr.

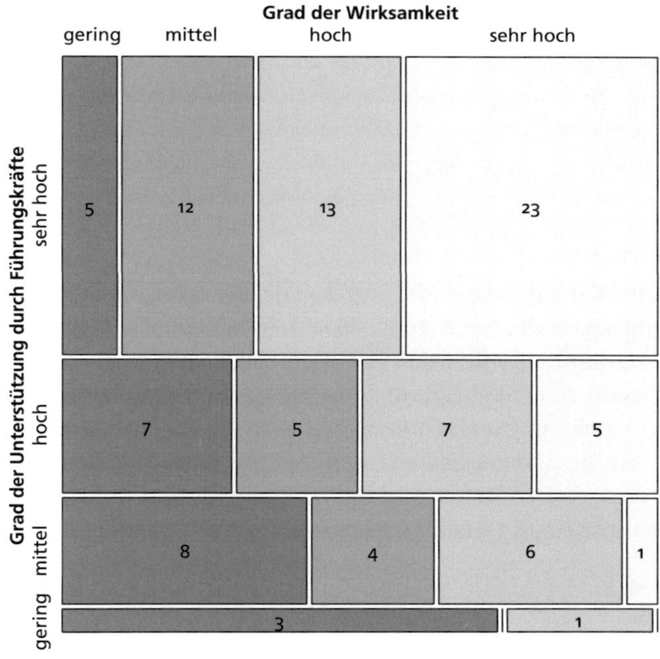

Abb. 6.5: Wirksamkeit nach Unterstützung durch Führungskräfte

Entsprechend dieser äußerst positiven Situationsbestimmung berichten auch in den Interviews nur wenige Gesprächspartner von stark mangelnder Unterstützung der Publikumsforschung durch die Führungsriege.

Aus den Interviews ging hervor, dass Führungskräften bereits bei der Einführung von Publikumsforschung in einem Museum eine zentrale Bedeutung zukommt. Unterstützung für diese These findet sich beispielsweise in der Fallgeschichte von *Te Papa*. So war die beharrliche Propagierung der Publikumsforschung durch verschiedene einflussreiche Verantwortungsträger Grundlage für die Etablierung der Publikumsforschung im neuseeländischen Nationalmuseum. Die Anfänge schildert eine Gesprächspartnerin, die die dortige Stelle der Verantwortlichen für Publikumsforschung als erste innehatte (sie hat das Museum jedoch inzwischen verlassen):

»I know that there were really some key advocates for it before I started there. Ken Gorbey who was the head of the project [...], he was philosphically very inclined, he was an advocate and was well read in the area. He was an advocate and there were

two or three key people in the education area who had been pushing it for a long time. They were audience advocates and they had started doing some studies themselves at the old museum. And I think those key people who were quite influential in the project coupled with the types of consultants and advisors that were coming in from offshore and advising the project when it was first beeing set up. So many of them talked about evaluation as well that I think having those key people plus the advice they were given just sort of said it was a good idea and the time was right also because it was a new museum, they were repositioning the whole idea of what a museum was and the audience was an intricate part to that.«

Die Bedeutung der Führungskräfte liegt in verschiedenen Machtdimensionen ihrer Stellung begründet (vgl. Schuler 2004: 489, Neubauer & Rosemann 2006: 51f). In dieser Studie zeigten sich vor allem zwei Aspekte als relevant: die formelle Positionsmacht aufgrund der hervorgehobenen Stellung von Führungskräften in der Organisationshierarchie sowie die Vorbildmacht, auch Referenz- oder Identifikationsmacht genannt, die eher informell wirkt.

6.2.3.1 Unterstützung durch Positionsmacht

Auf formeller Ebene ist vor allem eines entscheidend: Führungskräfte bestimmen über die Zuweisung von Ressourcen, die für die Durchführung von Publikumsstudien unerlässlich sind (siehe Abschnitt 6.2.12). Daher spielt die Befürwortung der Publikumsforschung durch die Entscheidungsträger eine grundlegende Rolle für die Durchführbarkeit von Studien. Auszüge aus Gesprächen am *Denver Art Museum* und am *Australian Museum* illustrieren dies:

»And it is having a set of people in positions who make budget decisions who believe in its value. You need access to the funds. And you need people at the right levels to be able to allocate money to do it. It is really basic. If there are no funds, it is not going to happen. Which is not to say […] that it necessarily has to be the Director who is a hundred percent there. But I think you need certain department heads.«

»I think the other senior management accept it quite well because really this financial year just finishing, I got a very, very good budget to do the work that I wanted to do and that was a result of my boss pushing it and the management saying, yes, it's valuable.«

Zu den relevanten Ressourcenentscheidungen gehört auch die Einrichtung und Besetzung von Stellen (siehe Abschnitt 6.2.9). Die Museumsleitung spielt demnach eine wichtige Rolle für die feste Etablierung der Publikumsforschung auf institutioneller Ebene. Eine Abteilungsleiterin des *Australian*

War Memorial schildert, wie es ihr gelungen ist, den Bedarf einer internen Verankerung der Publikumsforschung deutlich zu machen und eine feste Stelle einzurichten:

»Visitor research and evaluation in our institution is particularly important to me because I was the person who initiated and made sure that we actually set up a position. When I first went to the Memorial about ten years ago [...] we had done nothing in that area. [...] A couple of years after my arriving at the Memorial we started a process where we were actually developing what we called the Gallery Master Plan and a process of revitalisation of the Memorial's galleries. To do that it was very important from my perspective in my role at that stage, that we understood very clearly who our visitors were, what they thought of us, what they thought that they wanted. [...] And we actually did our first real visitor study, exit study. From that, my interest in the area became fairly obvious to the rest of the Memorial. And when we actually set up the strategic planning process for the redevelopment of the Memorial galleries, I was actually chosen to be involved in that team, and particularly to bring that visitor perspective into it. So what I then did was work very hard over the next couple of years [...] to actually lobby and establish the fact that we needed a full time position.«

Auf die Initiative eines vom Wert der Publikumsforschung überzeugten Präsidenten der *Smithsonian Institution* geht auch in die dortige Einrichtung einer entsprechenden Stelle Ende der 1980er Jahre zurück. Das Beispiel des *Denver Museum of Nature and Science* zeigt dagegen recht eindringlich, welch grundlegene Konsequenzen es hat, wenn die Museumsleitung der Publikumsforschung weniger Wert beimisst:

»Our institution used to have a very effective, well-supported in-house audience research and evaluation program, but with recent economic woes and structural changes, support has dwindled and we no longer have even a part-time in-house evaluator. We hope to have one again soon, but the future of the program is uncertain and I do not sense strong commitment from senior management.«

Die ehemalige Stelleninhaberin geht mit dieser Einschätzung konform:

»They have not filled my position since I left, and the half-time person is gone, they have not rehired any of those positions. Since the beginning, since I left in January they have been saying they would. But there has not been an ad or anything, there has not been any movement on that. And my opinion is that the current leadership does not see it as an important part of decision-making.«

So ist also mangels Unterstützung der Publikumsforschung durch die Museumsleitung der Fortbestand der entsprechenden internen Positionen gefährdet. Auch der Weggang eines einflussreichen Abteilungsleiters und Befürworters der Publikumsforschung kann zum Bröckeln dieser Aktivitäten führen. Ein Beispiel dafür ist das Londoner *Natural History Museum*, welches in Abschnitt 2.2.2 als positives Beispiel für die Integration der Publikumsforschung in die Ausstellungsentwicklung hervorgehoben wurde. Dies galt jedoch zunächst nur bis in die frühen 1990er Jahre. Nach dem Weggang von Miles, der diese Praxis eingeführt hatte, wurde die enge Einbindung der Publikumsforschung nicht mehr so konsequent praktiziert, bis schließlich sogar für einige Zeit niemand mehr intern für Evaluation verantwortlich war und nur noch vereinzelt Studien durchgeführt wurden, die dann vor allem nach außen an Berater oder Studenten vergeben wurden. Erst in den letzten Jahren besann man sich wieder stärker auf die Publikumsforschung:

»The museum did a lot of exhibition evaluation and educational evaluation in the 1980s, for example, and perhaps early 1990s. But then, because of funding reasons, really that tradition has died out. So there has been a large gap whereby we were putting on new exhibitions but not really learning an awful lot about how we could improve them. So in one respect the museum has a very great tradition and is known for its research internationally, but on the other hand recently that has fallen by the wayside. So we felt we had to take that up again and to really start looking at audience evaluation again.«

Die im Zitat angeführten finanziellen Argumente reichen als Begründung für die zeitweilige Aufgabe der Publikumsforschung nicht aus. Vielmehr bedeutet dies: In Zeiten angespannter Budgets wurde der Publikumsforschung eine so niedrige Priorität zugesprochen, dass man meinte, auf sie verzichten zu können. Mit Miles fehlte ihr offenbar ein einflussreicher Fürsprecher. Ohne die Befürwortung durch Museumsleitung oder Abteilungsleiter wird es also keine interne Position geben, die schwerpunktmäßig der Publikumsforschung gewidmet ist – nicht nur, dass von vorneherein keine Stelle eingerichtet würde, auch vorhandene Stellen sind bei fehlender Unterstützung durch die Entscheidungsträger gefährdet.

Gesprächspartner aus dem *Jüdischen Museum Berlin* und dem *Haus der Geschichte* weisen auf einen weiteren Einflussbereich der Führung hin, der sowohl auf formeller wie auf informeller Ebene zum Tragen kommt: die Steuerungsmöglichkeit der Informationen, die sogenannte ›Informationsmacht‹ der Führung (vgl. Neubauer & Rosemann 2006: 52).

»And it is up to the management therefore to empower the visitor and market research department and to make sure that everybody on the staff knows the findings and takes them seriously. If the management do not do it, no one will do it.«

»Und das ist auch eine Führungsaufgabe, eine Herausforderung an die Führung, an die Abteilungsleiter, dass die miteinander arbeiten und dass die auch die Ergebnisse ihrer Abteilung dann öffentlich machen und wiederum in ihrer Abteilung die Informationen aus den anderen Abteilungen, die dann relevant sind, weitergeben.«

Führung und Kommunikation (siehe Abschnitt 6.2.7) sind als Erfolgsfaktoren damit auch aufeinander bezogen.

6.2.3.2 Unterstützung durch Vorbildmacht

Mit der Zuweisung von Ressourcen und der Einbindung von Publikumsforschung in Organisationsstruktur, Arbeitsabläufe und Kommunikationsprozesse senden die Führungskräfte ein politisches Signal, dass sie der Publikumsforschung hohe Priorität beimessen, dass sie von ihnen ernst genommen wird und dies daher auch von den Mitarbeitern erwartet wird. Die Mechanismen, die hier am Werk sind, stellen sich Interviewpartnern vom *National Museum of Australia*, von *Museum Victoria*, dem *Metropolitan Museum of Art* sowie einer externen Expertin folgendermaßen dar:

»Make sure that the director is seen to support it and encourage it and then it has political clout and influence within the organisation. If you can do that it is very valuable.«

»I think as a manager you do influence what your staff think about things. If you show enthusiasm for it and people know that those reports are in my office, we know that they take them seriously. We know that you know, I get people to come to the presentations, so this is I guess a hope that if they see that being taken seriously that they'll also take it seriously as well.«

»I think you need to have acceptance by the institution that this is valid, and that comes from the top. I think you have to have either a Director or a President who is not just doing this to do lip service to the community or the funders, but really believe that it is going to help the institution. Because I do think it is a trickle-down thing. It is the culture. We need to develop in the institution a kind of cultural visitor awareness, that is what I would say.«

»When I say institution-wide support I think that at least initially there needs to be some kind of support from the administration, and then eventually that will become,

it will grow into an interest that is shared among different departments within the institution.«

Diese Interviewzitate lassen erkennen, dass die Führung nicht allein auf das vordergründige Handeln der Mitarbeiter wirkt, sondern auch die dahinter liegenden Einstellungen und Werthaltungen beeinflusst. Die Führungsperson dient als Verhaltensmodell. Respekt und Achtung vor ihr, aber auch ihre Begeisterungsfähigkeit sind Grundlage ihres Einflusses (vgl. Neubauer & Rosemann 2006: 48). Besondere Bedeutung haben Führungskräfte daher für die Akzeptanz der Publikumsforschung unter den Mitarbeitern: Die Unterstützung der Publikumsforschung sickert von oben nach unten durch die gesamte Institution. Das Engagement der Führung bewirkt also im Idealfall, dass nicht nur einzelne Abteilungen, sondern die gesamte Mitarbeiterschaft in ihrer Breite Zugang zur Publikumsforschung findet. Das Resultat beschreibt eine *Te Papa*-Mitarbeiterin folgendermaßen:

»The chief executive and the leadership team have created an environment where visitor and market research is seen as an important part of our development and ongoing service. So they are the ones who supported it and championed it really.«

Was kann man tun, um sich der Unterstützung der Leitung zu versichern? Aufgrund ihrer Machtposition ist es äußerst schwierig, Entscheidungsträger sozusagen ›von unten‹ aus der Mitarbeiterschaft oder der Position des externen Beraters heraus zu beeinflussen. Die Anfänge der Publikumsforschung am *Haus der Geschichte* illustrieren eine Einflussmöglichkeit, die in der Führungsforschung ›Expertenmacht‹ genannt wird (vgl. Neubauer & Rosemann 2006: 52). Der zum Zeitpunkt dieser Studie noch amtierende Direktor des Hauses, Hermann Schäfer, berichtet darüber in einer Publikation:

»Der entscheidende Impuls für eine möglichst besucherorientierte Arbeitsweise im Hinblick auf die Gestaltung von Ausstellungen ergab sich im Februar 1988. Ich hatte Harris Shettel anläßlich einer von Hans Joachim Klein in Karlsruhe konzipierten Ausstellung kennengelernt und nach Bonn eingeladen, um ihm unsere erste eigene Werkstattausstellung ›Notbehelfe. Zur Alltagsbewältigung in der Nachkriegszeit‹ vorzustellen. Harris Shettel beeindruckte mich und meine wissenschaftlichen Mitarbeiter durch seine klare, Positiva und Negativa der Ausstellung unzweideutig benennende interne Kritik ebenso wie durch konkrete Vorschläge zur Verbesserung. Wir waren damals fasziniert von Harris Shettels Privatissime zur Besucherorientierung an einem Beispiel, das wir als Team gemeinsam erarbeitet hatten, und von dem wir als Ergebnis überzeugt gewesen waren. Harris Shettel machte uns nachdenklich und bereit, einen

Weg zur besseren, möglichst konsequenten Einbeziehung der Besucherperspektiven zu suchen.« (Schäfer 1996: 143f)

Damit war die Idee zur Durchführung von Publikumsstudien und Ausstellungsevaluationen zur Vorbereitung des in der Konzeptionsphase befindlichen Hauses geboren. Es ist also ratsam, überzeugungskräftige Experten als Autoritäten qua Fachkenntnissen zur Unterstützung hinzuzuziehen, wie bereits beim Thema Akzeptanz hinsichtlich Workshops mit Experten angesprochen. Aus den Reihen des *Jüdischen Museums Berlin* stammt die Empfehlung, sich um einen ›guten Draht‹ zur Leitung zu bemühen. Dies impliziert einen regelmäßigen Dialog über Rolle, Methoden, Ergebnisse und Potentiale von Publikumsstudien, um das Verständnis dieser Aktivität auch auf seiten der Führung zu erhöhen, das Vertrauen in Publikumsstudien zu stärken und aufzuzeigen, inwiefern die Publikumsforschung gewinnbringend ist (siehe Abschnitt 6.2.7, 6.2.8).

Die bisherigen Ausführungen lassen sich folgendermaßen resümieren: Die Unterstützung von Publikumsforschung durch die Führungskräfte des Museums ist unabdingbar für ihre Wirksamkeit. Eng gebunden an ihre Befürwortung durch die Entscheidungsträger sind der Zugang zu finanziellen und personellen Ressourcen (siehe Abschnitt 6.2.12) einschließlich der Etablierung einer internen Zuständigkeit für Publikumsstudien (siehe Abschnitt 6.2.9). Zudem zeigt sich, dass die Überzeugungen der Führungsebene auch die Einstellungen und Werthaltungen der Mitarbeiter beeinflussen und sich damit auf die Akzeptanz der Publikumsforschung in der Einrichtung insgesamt auswirken (siehe Abschnitt 6.2.2). Anerkannte Experten als Fürsprecher sowie kontinuierliche Kommunikation über Prinzipien und Vorteile der Publikumsforschung sind Möglichkeiten, die Unterstützung der Publikumsforschung durch Führungskräfte zu stärken.

6.2.4 Publikumsorientierung

Wie in Kapitel 1 und 2 dargelegt, sind die Interessen, Bedürfnisse und Voraussetzungen des Publikums im Verlauf der Museumsentwicklung immer stärker ins Blickfeld der Museumsverantwortlichen geraten. Unter Publikumsorientierung ist entsprechend eine Werthaltung zu verstehen, die der Berücksichtigung des Publikums in der Museumsarbeit Bedeutung beimisst. Dabei ist nicht allein die Ebene der persönlichen Einstellung der Museumsmitarbeiter zu betrachten, sondern es geht um die Positionierung des Museums insgesamt – ob die Publikumsorientierung zu einer zentralen Leitlinie der Museumsarbeit deklariert und entsprechend in der Praxis gelebt wird. Daraus erklärt sich auch ihre Bedeutung für eine wirksame Publikumsforschung: Wenn die Publikumsperspektive in einer Institution von geringer Relevanz ist, wird auch ihre nähere Erkundung durch die Publikumsforschung kaum Gewicht erhalten.

In der qualitativen Analyse der Fallstudien war die Publikumsorientierung derjenige Faktor, der unter den zwölf zentralen Einflussgrößen am seltensten genannt wurde. Hingegen zeigt die auf quantitativer Basis durchgeführte Zusammenhangsanalyse, dass die Bedeutung der Publikumsorientierung damit unterschätzt wurde, oder sie wurde als so selbstverständlich aufgefasst, dass sie nicht explizit benannt wurde. Die Publikumsorientierung gehört zu den vier wichtigsten Erfolgsfaktoren (τ: .515). Aus Abbildung 6.6 wird der enge Zusammenhang zwischen Publikumsorientierung und Wirksamkeit der Publikumsforschung ersichtlich. Hier handelt es sich um eine stark zu einem Pol

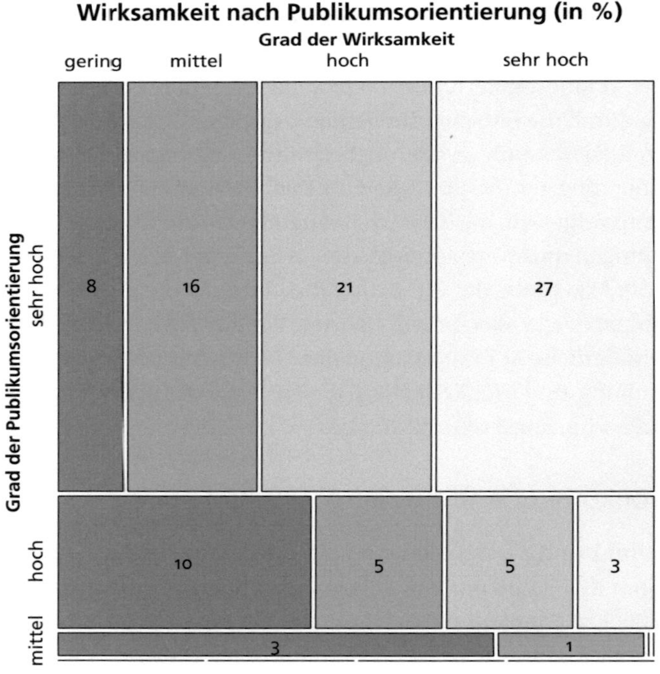

Abb. 6.6: Wirksamkeit nach Publikumsorientierung

hin geneigte Verteilung: 72% der Antworten bezüglich der Einschätzung des Grades von Publikumsorientierung der eigenen Institution entfallen insgesamt auf die Kategorie ›sehr hoch‹, und die Kategorie ›gering‹ ist nicht besetzt. Dies hängt mit der äußerst fokussierten Auswahl der zu untersuchenden Fälle zusammen, die allesamt besonders aktiv Publikumsforschung betreiben und bei denen daher auch ein hohes Maß an Publikumsorientierung erwartet werden kann. Dies gilt zwar für die Mehrzahl der Fälle, jedoch ergibt sich eine gewisse Differenzierung. Während bei *Te Papa, Questacon* und dem *Haus der Geschichte* sämtliche Befragungspersonen ihrem Museum eine sehr hohe Publikumsorientierung bescheinigen, fällt die Beurteilung der Publikumsorientierung beim *National Museum of American History,* dem *Deutschen Museum* sowie dem *Muséum national d'histoire naturelle* deutlich geringer aus. Eine fest verankerte Publikumsorientierung ist daher nicht so selbstverständlich, wie man erwarten könnte.

Die qualitativen Daten erlauben eine Überprüfung und Bestätigung dieser quantitativen Zustandsbestimmung. Bei den ersten drei Museen in der Rangfolge nach Wirksamkeit zeigen die Interviews: Die Publikumsorientierung ist hier in der Tat ebenfalls besonders stark ausgeprägt. Entsprechende Aussagen aus dem *Australian War Memorial, Te Papa* und dem *Haus der Geschichte* lauten:

»And I think the organisation is quite committed to that audience focus, it might not agree with everything the audience tells you, but at least they are informed and make choices based on information. You don't necessarily have to do everything but it is taken seriously by the organisation.«

»One of Te Papa's core principles is to be visitor focused - the research findings through Visitor and Market Research are a key driver in everything we do.«

»Ich habe den Eindruck, dass Besucherorientierung tatsächlich ein Merkmal ist, das dieses Haus der Geschichte in besonderer Weise prägt. Das hat sich die Leitung des Hauses ja wohl auch von Anbeginn auf die Fahnen geschrieben. Ich finde, das spürt man auch […] Unsere Publikationen sind entsprechend, die ganze Ausstellungsgestaltung trägt dem Rechnung […] Also wenn es etwas gibt, das dieses Haus prägt, dann ist es sicherlich diese Besucherorientierung.«

Eine solch durchgängige publikumsorientierte Einstellung ist jedoch nicht in allen untersuchten Museen zu finden, wie bereits aus den Befragungsdaten hervorging. Beim typischen Fall zeigen sich heterogene Einstellungen zum Publikum: Einige Mitarbeiter begrüßen die Publikumsorientierung; andere stehen einer Berücksichtigung von Publikumsinteressen sehr skeptisch gegenüber. Bei den Spitzenreitern in der Wirksamkeits-Rangfolge ist der Anteil der letztgenannten Gruppe sehr klein, während bei den Fällen am unteren Ende der Rangfolge deutliche Divergenzen in den Einstellungen zum Publikum zu identifizieren sind. Mögliche Hintergründe dieser Diversität von Einstellungen werden in einigen Interviews thematisiert: die Unterschiedlichkeit professioneller Perspektiven sowie damit zusammenhängend die durch Besucherorientierung und Publikumsforschung eingebrachte Erfordernis, die traditionelle Angebotsorientierung der Museumsarbeit mit einer gewissen Nachfrageorientierung zu verbinden.

6.2.4.1 Divergenz professioneller Perspektiven

Immer wieder wird von Interviewpartnern festgestellt, dass Kollegen aus verschiedenen Arbeitsgebieten eine unterschiedlich starke Affinität oder aber Distanz zur Publikumsforschung zeigen, die sich vor allem aus der Natur ihrer beruflichen Disziplin erkläre:

»Even in our forward-thinking institution, there's a great divide – curators care about their colleagues, educators care about visitors, conservators care about the art. Audience research can only do so much about these philosophical differences – they are rooted in how folks perceive their role and the role of museums in society.«

»I would say I am one of the few who really enthusiastically embrace it. And that is the culture of the institution. I am the newest curatorial hire, I am the newest person here – and I am just generalizing here –, but compared to my peers I think I am much more willing to write labels better accessible to a general audience. I do not need to have a scholarly label that is thick reading for people.«

»Les plus réticents ou les plus virulents par rapport à ça c'est plutôt les commissaires scientifiques, la communauté scientifique qui a du mal à recevoir le point de vue du public [...]. Les commissaires scientifiques sont demandés de descendre un petit peu de leurs ambitions sur le contenu et enfin ils ont du mal.«[2]

»Auch das sehe ich als einen Prozess der zunehmenden Durchsetzung [...], und da kann man vielleicht davon sprechen, dass auf der Führungsebene das Bewusstsein in den letzten Jahren stark gewachsen ist und vielleicht auch ziemlich präsent schon

2 | »Diejenigen, die dem besonders abgeneigt sind oder bei denen es diesbezüglich besonders virulent ist, sind die Wissenschaftler, die Gemeinschaft der Wissenschaftler, denen es schwerfällt, die Sicht des Publikums anzunehmen [...] Die Wissenschaftler sind gefordert, ein wenig von ihren inhaltlichen Ambitionen herunterzukommen, und letztlich fällt ihnen das schwer.«

ist, während es sozusagen auf der Ebene der einzelnen Konservatoren sicherlich noch Vorbehalte gibt und hier die fachliche Qualität immer wieder gegen so etwas wie Besucherforschung ausgespielt wird in ihrer Relevanz, in ihrer Priorisierung.«

Diese Äußerungen geben Einblick in die Situation am *Denver Art Museum*, am *National Museum of American History* sowie am *Muséum national d'histoire naturelle* und dem *Deutschen Museum*. Sie illustrieren ein durchgängiges Muster: Dass Museumsmitarbeiter mit primärem Fokus auf Sammlung, Forschung und inhaltliche Fragen tendenziell eine stärkere Distanz zur Publikumsforschung zeigen als diejenigen Museumsmitarbeiter, deren Arbeitsgebiet von vorneherein an einer direkten Schnittstelle zum Publikum angesiedelt ist (Museumspädagogik, Öffentlichkeitsarbeit/Marketing, Besucherservice).

Die unterschiedlichen Orientierungen der Beteiligten können zurückgeführt werden auf die Existenz professioneller ›Subkulturen‹ innerhalb der Mitarbeiterschaft. Inzwischen wird in der Organisationslehre anerkannt, dass die Organisationskultur nicht allein als ein konsistenter, übergreifender Orientierungsrahmen zu betrachten ist, sondern dass darunter auch mithin stark divergierende Subkulturen zu finden sind, die zu einer Pluralität von Perspektiven und Zielen innerhalb der Organisationskultur führen (vgl. Griffin & Abraham 2000: 350). Diese Subkulturen entwickeln sich auf der Basis von Organisationsstrukturen, z.B. nach Hierarchiestufen oder Abteilungen, oder auch ausgehend von gemeinsamen Aufgaben und beruflichen Hintergründen (vgl. Schreyögg 2003: 467f). Die Museumsarbeit, besonders die Ausstellungsentwicklung, erfordert die Zusammenarbeit hoch spezialisierter Fachleute aus sehr unterschiedlichen Disziplinen, von Wissenschaftlern beziehungsweise Kuratoren und Konservatoren über Architekten und Designer bis hin zu Museumspädagogen und Mitarbeitern für Öffentlichkeitsarbeit. Die jeweils professionsspezifischen Qualifikationswege und beruflichen Erfahrungen prägen die Denkgewohnheiten, Perspektiven und Herangehensweisen der Beteiligten. Dazu kommen bestimmte, über die Zeit verfestigte Annahmen über Wesen und Zweck ihrer Tätigkeit. Hier bewegen wir uns auf der Ebene des Selbstverständnisses der eigenen Arbeit und Rolle, des professionellen Weltbildes der Museumsmitarbeiter. Diese Heterogenität der professionellen Ausrichtungen stellt an sich bereits eine Herausforderung für die Zusammenarbeit dar (vgl. McManus 2000: 183). Zugleich erklärt sich daraus auch die unterschiedliche Bereitschaft von Vertretern verschiedener Professionen zur Einbindung der Publikumsperspektive in ihre Arbeit: Die Publikumsorientierung, die in einigen Arbeitsgebieten bereits implizit angelegt ist, muss in anderen erst wachsen und gefördert werden. Im Extremfall birgt die Publikumsforschung in der Wahrnehmung ihrer Skeptiker die Gefahr des bloßen Populismus, des Plebiszits der Besucher, der Erfordernis einer Reduzierung komplexer Inhalte auf den kleinsten gemeinsamen Nenner. Wird sie daher als Einschränkung bislang vorhandener Entscheidungs- und Handlungsspielräume empfunden, kommt es leicht zur sogenannten ›psychologischen Reaktanz‹ (vgl. Neubauer & Rosemann 2006: 89f). In den untersuchten Fällen mit geringerem Grad an Publikumsorientierung ist diese professionelle Kluft erkennbar, während sie bei der Mehrzahl der untersuchten Museen eine geringe Rolle spielt und die Publikumsorientierung als Wert auf breiter Basis geteilt wird. Entsprechend sind dort auch die Chancen einer Akzeptanz der Publikumsforschung größer (siehe Abschnitt 6.2.2).

6.2.4.2 Verbindung von Angebots- und Nachfrageorientierung

Die Etablierung der Publikumsorientierung verlangt von allen Beteiligten eben dies: die verstärkte Berücksichtigung der Voraussetzungen, Interessen und Bedürfnisse der Adressaten, d.h. letztlich der breiten Öffentlichkeit. Damit ist als eine weitere Betrachtungsebene die Frage nach Selbstverständnis und Zielen der (öffentlichen) Museen angesprochen. Hier geht es um die Verortung der Museumsarbeit hinsichtlich Angebots-, Gesellschafts- und Nachfrageorientierung (siehe Abschnitt 2.3).

Die Anerkennung der Publikumsorientierung als wichtige Leitlinie gesellschaftlich relevanter Museumsarbeit impliziert eine Abkehr von der ausschließlichen Angebotsorientierung, was seinen Ausdruck findet in gesellschaftsorientierten Aspekten wie der Etablierung der Museumspädagogik und Bemühungen um eine Diversifizierung des Publikums ebenso wie in der durch zunehmende Nachfrageorientierung geprägten wachsenden Relevanz von Marketing-Konzepten und -Sprache in der Museumsarbeit. Mit der Einführung von Publikumsforschung in Museen wird – in der Wahrnehmung einiger Museumsmitarbeiter – der Schieberegler weiter in Richtung Nachfrageorientierung bewegt. Das bedeutet jedoch nicht, dass eine ausschließliche Nachfrageorientierung gefordert ist, wie verschiedene Interviewpartner befürchten. Sie werfen jedoch die Frage auf, inwiefern diese Entwicklung vereinbar ist mit dem etablierten Verständnis von Rolle und Aufgaben der Museen in der Gesellschaft. Die folgenden Zitate dazu stammen von Mitarbeitern der *Cité des Sciences* und des *Canadian Museum of Civilization*:

»On est dans le domaine culturel et dans le domaine culturel on ne doit pas que choisir ce que veulent les gens. On doit aussi les surprendre et alors proposer des choses auxquelles ils ne s'attendent pas parce que sinon c'est plus de la culture. Si la culture ça n'est que ce

que veulent les gens, ils peuvent jamais se former, s'émanciper, apprendre des choses nouvelles.«[3]

»If you are running Disneyland or something that is entirely entertainment-based, if the public is interested in it, then it is our job to give it to them. But with a museum we are supposed to be more educational than that.«

Diese Positionen heben die Bedeutung von Museen für Kultur und Bildung heraus, die außer Frage steht. Durch die Einführung von Publikumsforschung sieht so mancher diese Bedeutung gefährdet: Damit erhalte die Publikumsseite zuviel Gewicht in der Museumsarbeit. Die folgenden Äußerungen aus dem *Denver Art Museum* (2), *Museum Victoria* sowie dem *Canadian Museum of Civilization* thematisieren entsprechende Befürchtungen:

»There are people who totally understand it. There are others who I think are still really fearful that if we talk to consumers we are going to pander to the consumer or believe that the consumer should drive what we do in a way that is inappropriate. And I think that that fear still exists.«

»I'm not crazy about audience research. I see its usefulness but I think it weighs too heavy on art museums and affects decision making about the programming way too much. I support efforts that open museums up to more eyes and to interest more people in art, but I regret the use of marketing strategies and overly interpretive education programs.«

»A lot of curators, scientific researchers, sometimes I feel have the worry that audience research equates simply to popularism and we'll drive out all intellectual ideas [...] – and it's not at all, it's just about understanding who the audience is, and to an extent, what's going to appeal to them.«

»It has certainly a rapidly growing influence on the exhibition development process. In fact, I am a little concerned that is has become too powerful a force in deciding how we package things and what we decide to do. Where a few years ago it was not even considered it now more and more seems to be the driving force. And I am concerned that we are going a little bit too far in that direction.«

3 | »Wir befinden uns auf dem Gebiet der Kultur, und im Kulturbereich darf man nicht nur auswählen, was die Leute wollen. Man muss sie auch überraschen und ihnen daher auch Dinge anbieten, die sie nicht erwartet haben, denn ansonsten ist es keine Kultur mehr.«

Hier wird deutlich, dass eine genauere Bestimmung der angemessenen Art von Publikumsorientierung notwendig ist. Die zentrale Frage lautet nicht nur, *welches Maß* an Publikumsorientierung mit dem musealen Aufgabenspektrum vereinbar ist, sondern auch *in welchen Bereichen* man Rückmeldung vom Publikum einholt, *wie stark* man sich in der Museumsarbeit an den Ergebnissen von Publikumsstudien orientiert und *wie viel* Einfluss man der Publikumssicht damit in den jeweiligen Anwendungsgebieten zugesteht. Das Ziel muss es letztlich sein, eine Balance zu finden zwischen Zielen und Vermittlungsabsichten des Museums sowie den Interessen, Voraussetzungen und Bedürfnissen der diversen Publika. Ohne Frage sind die Anliegen beider Seiten nicht deckungsgleich. Das bedeutet jedoch nicht, dass sie unvereinbar wären. Vielmehr macht der gesellschaftliche Auftrag von Museen es ihnen geradezu zur Aufgabe, hier eine Brücke zu schlagen. In Gesprächen mit Mitarbeitern aus dem *Victoria & Albert Museum*, dem *Muséum national d'histoire naturelle* und dem *National Museum of American History* werden die damit verbundenen Überlegungen deutlich:

»At the beginning of the British Galleries there was still quite a culture of the museum as the authority, and we will decide what is in the displays and visitors will like it or lump it. Quite arrogant, really. And I think now there is much more of an acknowledgement that visitors have needs and interests and that we should be trying to bring together our knowledge and their interests. So it is more the kind of two-way communication thing rather than our thinking we are the experts.«

»Je crois que les concepteurs d'exposition ont un vrai travail, un vrai effort à faire de s'approprier une culture du public. Le concepteur se doit d'avoir une culture de l'exposition et au même titre je crois qu'il se doit d'acquérir une culture du public.«[4]

»Exhibitions are not an art form in and of themselves, they are communications devices. And the audience is as much part of the equation as the producers of exhibitions, it is a contract between you and an audience when you do an exhibition. Exhibitions are only vehicles to accomplish educational things, and it is a meeting between you and an audience. So we need to have a method for bringing the two together, the audiences and the producers of exhibits.«

Hier wird der von Seagram et al. (1993: 30) propagierte Transaktionsansatz angesprochen, der zwischen den unterschiedlichen Anliegen der Beteiligten

4 | »Ich glaube, die Ausstellungsentwickler müssen sich wirklich die Arbeit und die Mühe machen, sich eine publikumsbezogene Bildung anzueignen. Der Entwickler ist es sich schuldig, eine ausstellungsbezogene Bildung zu haben, aber ebenso, finde ich, muss er sich Kenntnisse über das Publikum aneignen.«

zu vermitteln sucht. Die Publikumsforschung ist ein geeignetes Hilfsmittel, um die beiden Seiten sinnvoll und fruchtbar zusammenzubringen. Ein Beispiel sind die aus einigen zuvor genannten Zitaten hervorscheinenden Vermutungen hinsichtlich der Besuchsziele der Publika, die oft allein mit dem Unterhaltungsbedürfnis gleichgesetzt werden. Dagegen zeigen Studien wie die von Pekarik et al. (1999), dass Besucher vielfältige Erfahrungen suchen und dabei Unterhaltung nicht an erster Stelle steht, sondern die Begegnung mit Objekten und kognitive Erfahrungen, jedoch auch dies nicht ausschließlich. Die Stärke der Publikumsforschung liegt also gerade darin, vermeintlichen Besuchererwartungen ein realistisches Bild entgegenzustellen, das dann Grundlage für die Entwicklung erfolgreicher Ausstellungen und Programme werden kann.

Damit die Publikumsforschung entsprechend wirksam werden kann, sind vor allem zwei Dinge erforderlich: Erstens, eine klare Stellungnahme von seiten der Verantwortlichen zur angestrebten Art von Publikumsorientierung: geht es um eine generelle Nachfrageorientierung, oder stehen vielmehr gesellschaftsorientierte Zielsetzungen im Vordergrund? In welchem Verhältnis stehen diese beiden Ausrichtungen in der jeweiligen Einrichtung? Hier eine klare Positionierung vorzunehmen, würde in einigen Fällen bereits helfen, umfangreiche, oft unausgesprochene Bedenken aus dem Weg zu räumen. Zweitens gilt es, die Publikumsorientierung innerhalb der Einrichtung zu verankern als einen auf breiter Basis geteilten Konsens. Die Analyse zeigte: Es ist äußerst förderlich, wenn die Publikumsorientierung trotz unterschiedlicher professioneller Kulturen auf breiter Basis als Wert geteilt wird. Die Vertretung der Interessen von Besuchern sollte nicht als alleinige Aufgabe z.B. der Museumspädagogen gesehen werden, sondern als Verantwortlichkeit, die grundsätzlich für alle Museumsmitarbeiter gilt. Herrscht ein solcher Wertekonsens vor, wie bei *Te Papa* oder dem *Haus der Geschichte*, spricht man von einer ›starken‹ Organisationskultur (vgl. Ogbonna & Harris 1998: 40). Auch hierfür spielen Vorbildfunktion und Steuerungsmacht von Verantwortlichen eine Rolle (siehe 6.2.3). Ein Beispiel ist die Neugestaltung der *British Galleries* des *Victoria & Albert Museums*:

»I think, a lot of it rested with Christopher Wilk. [...] Christopher Wilk was the Senior Curator in charge of the British Galleries project. [...] And he wanted the British Galleries to be different in the sense that it was going to be very audience-focused. That was going to be one of the things that were going to be different. And so that meant things like having a Senior Educator on what was called the Concept Team.«

Hier war die besucherorientierte Ausrichtung des Verantwortlichen wesentlich für die Gestaltung des Prozesses der Ausstellungskonzeption. Dieses Beispiel illustriert zugleich eine weitere Strategie, der Stimme des Publikums bereits bei der inhaltlich-konzeptionellen Arbeit Gehör zu verschaffen: die Einbindung von Museumspädagogen in Ausstellungsteam und Ausstellungsentwicklung. Während dies einerseits dazu beitragen kann, dass die Publikumsperspektive stärker thematisiert wird und damit allen Beteiligten stärker bewusst ist, besteht zugleich die Gefahr, dass die Verantwortlichkeit für Publikumsfragen allein den Museumspädagogen überlassen wird.

Damit Publikumsfragen Relevanz für alle Mitarbeiter erhalten, erwies sich in den Fallstudien insbesondere die Schaffung eines *unmittelbaren* Bezugs zum Publikum als förderlich. Verschiedene Museen schaffen daher bewusst Gelegenheiten, in direkten Kontakt mit dem Publikum zu treten, d. h., dass Mitarbeiter ohne regelmäßigen Publikumskontakt auch Zeit ›vor den Kulissen‹ verbringen. Dies kann sehr unstrukturiert sein, von der Beobachtung des Besucherverhaltens bis hin zu informellen Gesprächen. Einzelne Museen haben formalere Regelungen eingeführt. So ist beispielsweise beim *Haus der Geschichte* jeder Kurator wie auch der Direktor verpflichtet, mindestens eine Stunde pro Monat an der zentralen Informationstheke im Foyer zu verbringen (vgl. Dennert & Wersebe 1996: 204). Anliegen, Fragen und Bedürfnisse des Publikums werden auf diese Weise sehr unmittelbar transparent. Ganz ähnlich gestaltet sich die ›education initiative‹ am *National Museum of American History*:

»*In our museum we have an initiative that is in place for maybe about six or seven years, and it is called the education initiative. And anybody in the museum has to spend six or eight hours a year with the visitors on the floor doing something. It could be working at the information desk, volunteering at a program, bringing objects out of storage.*«

Erwähnt werden sollte an dieser Stelle auch das ›visitor awareness training programme‹, das Ben Gammon Mitte der neunziger Jahre am Londoner *Science Museum* einführte (vgl. Gammon & Bridgman 2000: 2). Die enthaltenen Übungen wie z.B. die Begleitung von Besuchergruppen dienten dem Ziel, dass die Ausstellungsteams ein besseres Verständnis der Museumserfahrung aus der Besucherperspektive gewinnen. Einen ähnlichen Effekt verspricht die Mitwirkung von Museumsmitarbeitern bei der Durchführung von Publikumsstudien, sei es die Ausgabe von Fragebögen oder das Zuhören bei Diskussions- oder Fokusgruppen (siehe Abschnitt 6.2.11).

Abschließend lautet das Fazit: Die Publikumsorientierung spielt eine wichtige Rolle für die Wirksamkeit von Publikumsforschung. Wichtig dabei ist, dass sie nicht nur zur offiziellen Leitlinie der Museumsarbeit deklariert wird, sondern auch wirklich auf breiter Basis als Wert geteilt wird. Die Abkehr der Museen von einer reinen Angebotsorientierung wirft die Frage nach der Gewichtung von Publikumsinteressen und -bedürfnissen bei der Zusammenführung von Angebots-, Gesellschafts- und Nachfrageorientierung auf. Diese Entwicklung impliziert auch einen Wandel im professionellen Selbstverständnis insbesondere von Mitarbeitern in traditionell weniger publikumsnahen Arbeitsgebieten. Um auch den Skeptikern ein erhöhtes Bewusstsein für die Publikumsperspektive zu verschaffen, bieten sich Strategien an, welche das Museumspersonal aus dem Bereich hinter den Kulissen mitten unter das Publikum und mit ihm ins Gespräch bringen.

6.2.5 Nützlichkeit

Der Erfolgsfaktor Nützlichkeit bezieht sich auf eine anwendungs- und zweckbezogene Anlage von Publikumsstudien, damit die Ergebnisse konkret handlungsorientierend wirken können. Begreift man Publikumsforschung – wie in dieser Studie – als primär anwendungsbezogene Forschung, mag die explizite Betonung der Nützlichkeit als Benennung des Offensichtlichen und Selbstverständlichen erscheinen. Entsprechend legen auch die Befragungsdaten den Schluss nahe, dass sich die Nützlichkeit von Publikumsforschung insgesamt auf hohem Niveau bewegt. Betrachtet man in Abbildung 6.7 die untersten beiden Balken, zeigt sich, dass nur etwa 12% der Befragten in ihrem Museum eine ›geringe‹ oder ›mittlere‹ Nützlichkeit von Publikumsstudien konstatieren, während die Mehrzahl diesbezüglich kaum Beeinträchtigungen sieht. Doch Abbildung 6.7 lässt auch eine deutliche Zunahme der Wirksamkeit mit dem Grad der Nützlichkeit von Publikumsstudien erkennen. Die Zusammenhangsanalyse (τ: .512) positioniert die Nützlichkeit auf Rang fünf der zwölf Erfolgsfaktoren, noch vor der Forschungsqualität. Trotz ihres insgesamt hohen Niveaus gehört die Nützlichkeit von Publikumsstudien demnach zu den Faktoren, die deutlich erfolgreiche von weniger erfolgreichen Fällen scheiden. Eine optimierte Nützlichkeit von Publikumsstudien ist somit weniger selbstverständlich als erwartet.

Die vier zentralen Aspekte von Nützlichkeit, die sich im Verlauf der qualitativen Analyse herauskristallisierten, sind die Orientierung am Informationsbedarf der Museumsmitarbeiter, die Sicherung der praktischen Verwertbarkeit der Ergebnisse, die zeitliche Abstimmung auf Entscheidungsprozesse sowie die Verwertbarkeit von Ergebnissen in langfristiger Perspektive.

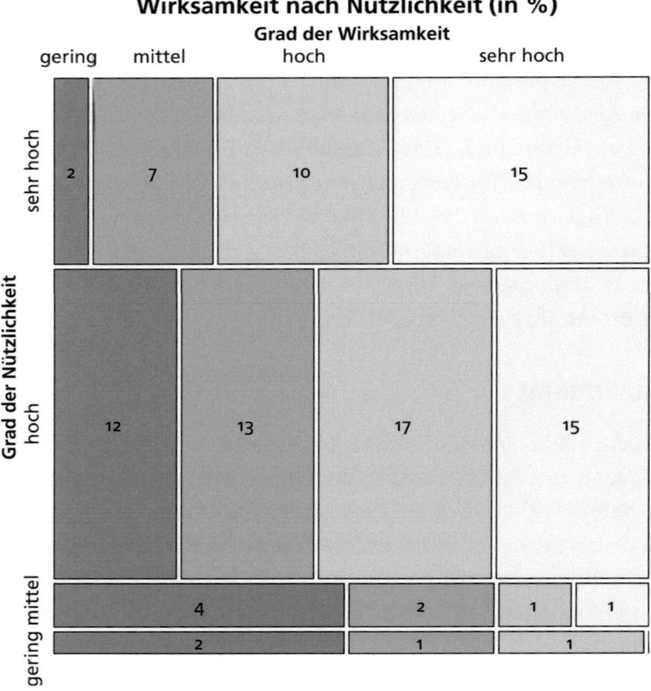

Abb. 6.7: Wirksamkeit nach Nützlichkeit

6.2.5.1 Bedarfsorientierung

Gegenüber der Forschungsqualität, die fordert, dass die *Forschungsfragen richtig* gestellt werden, geht es bei der Nützlichkeit zunächst darum, dass die *richtigen Forschungsfragen* gestellt werden: vornehmlich solche, die aus der konkreten Museumsarbeit erwachsen und deren Beantwortung planerische Entscheidungen erleichtert. Dieser enge Bezug zur Museumsarbeit ist jedoch nicht immer gegeben, wie die folgenden Äußerungen aus dem *Victoria & Albert Museum* und dem *National Museum of American History* illustrieren:

»*I had been working on something and then [the person responsible for audience studies] would be developing the evaluation of it, and often that would not be in reference to what I was working on and the questions I wanted asked. There was not always that kind of linking.*«

»*I think research often tests things that are not of use to the curator, they may be useful for the tester, but it does not really further what you need to know. [...] And in the*

Museum we have had people testing like the use of the simulator downstairs, and that instrument was developed I think with our educators, not really with curators. So there were some data points that were missed that would have been helpful.«

Aus diesen Beispielen lässt sich ablesen: Gefordert ist eine enge Verzahnung von Museumspraxis und Forschungsthema. Dies setzt voraus, dass die Untersuchungen ›kundenorientiert‹ auf die Informationsbedürfnisse der Auftraggeber und Rezipienten von Publikumsstudien abgestimmt werden. Eine solche Bedarfsorientierung erhöht auf zweifache Weise die Chance, dass Ergebnisse von Publikumsstudien in die Museumsarbeit einfließen: Erstens sind die Implikationen für die Museumsarbeit, die konkreten Handlungsoptionen, klarer (siehe Abschnitt 6.2.5.2). Den zweiten Vorteil erläutert eine Gesprächspartnerin aus dem *Muséum national d'histoire naturelle*:

»*Il faut en fait que celles études, qu'elles correspondent à une vraie demande. C'est vrai que si ça ne correspond pas à une demande on peut raconter ce qu'on veut s'il n'y a personne qui est susceptible d'utiliser les évaluations, ces études des publics, parce que ce n'est pas intéressant, parce que ce n'est pas important. Ça sera efficace si l'étude correspond à une demande des décideurs et des utilisateurs.*«[5]

Dieses Zitat spricht einen einfachen, aber wichtigen Zusammenhang an: den zwischen der Bedarfsorientierung der Publikumsforschung und der Wahrnehmung und Akzeptanz der Ergebnisse. Sind die Studien auf die Fragen ausgerichtet, welche die designierten Nutzer der Informationen interessieren, werden auch die Ergebnisse auf Interesse stoßen. Anderenfalls ist es ungleich schwieriger, Museumsmitarbeiter von der Relevanz und Nützlichkeit der Ergebnisse für ihre Arbeit zu überzeugen.

Die Ausrichtung einer Studie auf die Informationsbedürfnisse der Auftraggeber und designierten Nutzer der Informationen impliziert zwei Schritte: erstens eine Bedarfserhebung und zweitens die Übersetzung dieses Bedarfs in Forschungsfragen. Der erste Schritt zielt auf die Identifizierung und Eingrenzung der Praxisfragen und -probleme sowie der entsprechenden Informationslücken, die mit Hilfe von Publikumsforschung geschlossen werden sollen. Die Frage, die hier zu beantworten ist, lautet nicht allein: Was wollen die Museumsmitarbeiter wissen? Vielmehr muss auch geklärt werden: Warum

5 | »Es ist im Grunde genommen erforderlich, dass diese Studien einem wirklichen Bedarf entsprechen. Es ist so, wenn es nicht einem Bedarf entspricht, kann man erzählen, was man will, wenn es niemanden gibt, der empfänglich dafür ist, die Evaluationen, die Publikumsstudien zu nutzen, weil es nicht interessant ist, weil es nicht wichtig ist. Es ist wirksam, wenn die Studie einem Bedarf der Entscheidungsträger und Nutzer entspricht.«

und wozu wollen sie dies wissen? Was gedenken sie hinterher mit den Informationen zu tun? Welche Informationen sind daher unbedingt erforderlich, welche weniger? Hier geht es einerseits um die Fokussierung auf die wirklich relevanten Fragen und andererseits um die Präzision in der Formulierung der Forschungsfragen. Diese Überlegungen erleichtern die Formulierung eines konkreten, klaren Auftrags an den Publikumsforscher, was vor allem bei der Beauftragung von Externen wichtig ist, welche die internen Zusammenhänge und Planungen in der Regel kaum kennen. Die Beantwortung der genannten Fragen ist jedoch nicht so leicht, wie es zunächst scheinen mag. Dies zeigen Erfahrungen aus *Te Papa*, dem *Haus der Geschichte* und dem *Victoria & Albert Museum*:

»It happened to me quite a few times that people say, we have got to do some research, and I would say, so what is the research problem? You know, identifying the research problem is quite often one of the hardest things to do. It needs to be research about something. It takes a long time to get to them to what is the research question. Often people would say to me, I just want to know what people think of it. Of what? Of the exhibition? Yeah, what do they think of it? And I think, my god, where do I start? So just trying to get this research question defined.«

»Ich glaube, Besucherforschung steht und fällt mit der Präzision, in der man seine eigenen Fragen stellt. Also so Larifari-Fragen, findet mal für mich heraus, was die Leute denn denken über uns, fühlen die sich wohl, mögen die das Haus, das führt, glaube ich, zu nichts. Also man muss schon aus dem Alltagsdiskurs raus, und man muss sehr präzise wissen, was man wissen will.«

»A study will not be that effective if you have not defined very clearly what the research question is. If you are trying to throw too much into it which is a temptation, especially if you are not very experienced and you think, oh, would it not be interesting to know x, y and z. But that is going to detract from the clarity, what you need to do is to establish something that could potentially change as a result of it, and that is your research question.«

Damit eine Studie zweckorientiert angelegt werden kann, sind präzise Zielvorstellungen erforderlich, sowohl in Bezug auf die Studie selbst als auch in Bezug auf die Ausstellung oder das Programm, die Gegenstand der Untersuchung sein sollen. Dies gilt insbesondere für die verschiedenen Formen der Evaluation, welche jeweils den Grad der Zielerreichung zum Maßstab nehmen. Die Voraussetzung dafür ist, dass die Ziele des jeweiligen Projektes von Beginn an explizit formuliert werden. Dies ist jedoch oft nicht der Fall, wie

Graf (1997: 116) feststellt, und wie auch das folgende Zitat einer Mitarbeiterin des *Metropolitan Museum of Art* illustriert:

»*And it forces us as programmatic people to become clear as to what your goals are. What is it that you are trying to achieve through this program, through this resource? That again, I have to be honest, sometimes for programmatic people is not that easy. We have been doing something for twenty years, so you just keep doing it. And everybody likes it, so you just keep doing it.*«

Für die Bestimmung von Erfolgskriterien bei Evaluationsstudien ist es notwendig, eine Vorstellung davon zu haben, welche Effekte man anstrebt und erwartet, und welche Effekte als gutes Ergebnis gewertet werden können. Im Fall, dass keine oder nur vage Zielvorstellungen vorhanden sind, erfordert die Anforderungsanalyse für eine Evaluationsstudie daher zunächst einen Zieldefinitionsprozess für die zu untersuchende Maßnahme. Inzwischen wird jedoch auch anerkannt, dass der Erfolg von Maßnahmen nicht ausschließlich an den Ausgangszielen zu messen ist, sondern dass auch zuvor nicht antizipierte Wirkungen in die Erfolgsbeurteilung einfließen sollten. In diesem Fall steht die offener formulierte Frage im Vordergrund, welchen Unterschied es gemacht hat, dass eine bestimmte Maßnahme durchgeführt oder dass eine bestimmte Ausstellung gezeigt wurde (vgl. Weil 1994: 43). Dieser Ansatz wird verstärkt bei der Frage nach den Lernwirkungen von Ausstellungen angewandt.

Aus den genannten Zitaten wird deutlich, dass bereits die Anforderungsanalyse ein aufwendiger Prozess ist, der jedoch zur Sicherung des Gebrauchswerts von Publikumsstudien besonderer Aufmerksamkeit bedarf. Dies gelingt nur im vertieften Dialog mit den Auftraggebern und Adressaten der jeweiligen Studie. Daher sollten sie eng in die Entwicklung der Forschungsfragen einbezogen werden (siehe Abschnitt 6.2.11). Wenn auf diese Weise der Informationsbedarf definiert ist, kann im einen oder anderen Fall schon der Rückgriff auf Erkenntnisse aus bereits abgeschlossen Studien zur Problemlösung beitragen. Es muss nicht unbedingt für jedes Projekt eine neue Untersuchung konzipiert werden, wenn vergleichbare Forschungsfragen intern oder an anderen Einrichtungen bereits zuvor verfolgt wurden. Ein Überblick über den Stand des Wissens und die Nutzung vorhandener Informationen hinsichtlich der interessierenden Forschungsfrage (siehe auch Abschnitt 6.2.5.4) trägt zu effizienterer Publikumsforschung bei, indem man vorwiegend Themen untersucht, zu denen bislang kaum Erkenntnisse vorliegen, die jedoch die Museumspraxis weiter voranbringen würden. Diese Fokussierung erhöht den zu erwartenden Wissensgewinn und damit den Nutzen der durchgeführten Untersuchungen. Sind die Anforderungen an eine Studie geklärt und präzisiert, gilt es bei ihrer Planung auf weitere Punkte zu achten: auf die Anwendungsnähe der Ergebnisse und eine zeitliche Abstimmung auf Entscheidungsprozesse.

6.2.5.2 Handlungsorientierung

Publikumsforschung kann nur dann wirksam sein, wenn Klarheit darüber herrscht, welche praktischen Konsequenzen aus den Ergebnissen einer Studie zu ziehen sind. Entsprechend wichtig ist es, die jeweilige Untersuchung so anzulegen, dass die erworbenen Informationen mehr als einen reinen Erkenntnisgewinn darstellen: dass sie handlungsorientierend wirken können. Dann können Situationen wie die folgende vermieden werden, die ein Museumspädagoge des *Victoria & Albert Museums* schildert:

»So the British Galleries had a lot of testing, some of it was useful, some of it not so useful. Some of it was interesting but it did not really help you, you did not know what to change or how to move on, what to do with this information.«

Die Weichen für die Gewinnung planungsrelevanter Ergebnisse werden bereits bei der Entscheidung für einen bestimmten Typ von Untersuchung gestellt. So sind beispielsweise Vorab- und Formative Evaluation von Ausstellungen geradezu darauf ausgerichtet, Änderungen an initialen Planungen zu bewirken, während die Summative Evaluation primär der Erfolgsfeststellung dient. Dieser Punkt wird in Abschnitt 6.2.5.3 näher betrachtet.

Die Nützlichkeit der Ergebnisse im Sinne einer Handlungsorientierung wird außerdem von der konkreten Operationalisierung der Fragestellung bestimmt. Das Thema Besucherzufriedenheit soll als Beispiel dafür dienen, wie unterschiedlich sich die Handlungsmöglichkeiten je nach Umsetzung der Fragestellung gestalten. Die am häufigsten anzutreffende Form der Messung von Besucherzufriedenheit stellt eine geschlossene Frage in einem Fragebogen dar: »Wie zufrieden waren Sie mit dem Museumsbesuch?« Meist sind dazu verschiedene Angebote aufgelistet wie einzelne Ausstellungen, Restaurant und Museumsshop, die einzeln bewertet werden können. Die Bewertung erfolgt auf einer Skala von sehr unzufrieden bis äußerst zufrieden. Welche Handlungsmöglichkeiten ergeben sich aus den Ergebnissen dieser Frage? Ist das Ergebnis gut, eignet es sich hervorragend für Jahresbericht und Pressemitteilungen. Ist das Ergebnis weniger erfreulich, kann man es entweder ignorieren oder sich auf die Suche nach den Ursachen machen. Bei der detaillierteren Zufriedenheitsbewertung getrennt nach Angeboten sind immerhin die Bereiche zu identifizieren, die Aufmerksamkeit verdienen. Worin die Defizite jeweils bestehen, und welche Defizite mit besonderer Priorität angegangen werden müssen, damit die Zufriedenheit steigt, dazu liefert eine Befragung in der genannten Form jedoch keine Informationen.

Einen anderen Ansatz findet man bei einer Variante der Zufriedenheitsmessung, die bei *Museum Victoria* angewandt wird (vgl. Meehan 2002). Ziel ist es, den Zusammenhang zwischen verschiedenen Aspekten des musealen Angebots und der Zufriedenheit der Besucher zu analysieren, um diejenigen Gebiete zu identifizieren, in denen Verbesserungsbedarf und -potential besteht. Zunächst wurden mit Hilfe qualitativer Forschung diejenigen Aspekte des Museumsbesuchs identifiziert, die Besuchern besonders wichtig sind, z.B. klare Informationen, authentische Objekte, sachkundiges Museumspersonal, funktionstüchtige Geräte, Sauberkeit des Gebäudes oder ein gutes Preis-Leistungs-Verhältnis. Bereits die Formulierung der Aspekte eines zufriedenstellenden Museumsbesuchs enthält mehr Informationen als die alleinige Nennung des Restaurants oder des Shops. In einem geschlossenen Fragebogen wird dann in einem zweiten Schritt eine Reihe der am häufigsten genannten Aspekte von den Besuchern jeweils auf einer Skala von 1 bis 10 bewertet: zum einen dahingehend, wie *wichtig* sie jeweils für einen zufriedenstellenden Museumsbesuch sind, und zum anderen, wie *zufrieden* sie mit dem jeweiligen Element beim gegenwärtigen Museumsbesuch sind. Die Kombination aus Wichtigkeit und Zufriedenheit erlaubt es, diejenigen Bereiche zu identifizieren, die den Besuchern wichtig sind, mit denen sie jedoch nicht zufrieden sind. Damit ist klar, in welchen Gebieten besonderer Handlungsbedarf besteht. Geht man gezielt diese Elemente an, lässt sich auch die Besucherzufriedenheit spürbar steigern. Nützlich sind also aussagekräftige Ergebnisse, die helfen, gezielt Verbesserungen in der Museumspraxis herbeizuführen. Dies erfordert bereits in der Konzeptionsphase einer Studie die Identifizierung konkreter Handlungsalternativen, die mit Hilfe der Ergebnisse bewertet werden können.

Darüber hinaus hängt das Ausmaß der Handlungsorientierung von den designierten Nutzern der Ergebnisse ab. Von den Museumsmitarbeitern erfordert eine Evaluations- oder Publikumsstudie nicht allein die Bereitschaft, über die eigene Arbeit und Ziele zu reflektieren. Außerdem lautet die Frage: Sind sie überhaupt bereit, nach Abschluss der Studie etwas aufgrund der gewonnenen Informationen in ihrer Arbeit zu ändern? Damit sind die Themen Veränderungsbereitschaft (siehe Abschnitt 6.2.10.3) und Gewichtung der Publikumsperspektive (siehe Abschnitt 6.2.4.2) angesprochen: Es sollten nur diejenigen Aspekte zur Diskussion gestellt werden, bei denen man auch bereit ist, die Rückmeldung des Publikums in seinen Entscheidungen zu berücksichtigen. Die Beantwortung dieser Frage unterstützt die Fokussierung von Studien. Ein Mitarbeiter des *Victoria & Albert Museums* meint dazu:

»The other thing I learned is, do not ask questions that you are not going to act on. If you decide that your point in this thing is in, it is no point asking people whether they really want it in or whether they like it or not. So even if they say no you would put it in anyway.«

Die Verantwortliche für Publikumsforschung am *Canadian Museum of Civilization* geht mit dieser Frage folgendermaßen um:

»I sit down with people when we do the objectives for the study and when we do an objective I always say, what are you going to do if we find out that people do not like this topic? Or that people do not understand this. And if they say, nothing, it is not going to make any difference, I will say, let us ask questions where you can actually make a decision based on the results.«

Handlungsorientierung meint in diesem Fall: eine Ausrichtung der Untersuchung auf die Bereiche, in denen die Beteiligten bereit sind, auf Basis der Ergebnisse zu handeln.

6.2.5.3 Zeitliche Abstimmung

Ein weiterer wichtiger Gesichtspunkt in Bezug auf die Nützlichkeit von Publikumsstudien ist ihre zeitliche Verzahnung mit Planungs- und Entscheidungsprozessen (siehe auch Abschnitt 6.2.1). Die Durchführung von Studien muss in die Zeitplanung des Projekts integriert werden, und die Entscheidungen, in denen die Ergebnisse berücksichtigt werden sollen, müssen bis zum Vorliegen der Ergebnisse offen bleiben. Über das Ausmaß des Nutzens von Publikumsstudien entscheidet auch der Zeitpunkt ihrer Durchführung im Projektverlauf. Je früher im Rahmen der Ausstellungsplanung eine Besucher- oder Evaluationsstudie durchgeführt wird, desto stärker können die gewonnenen Erkenntnisse in die Weiterentwicklung der Ausstellung oder des Programms einfließen. Es empfiehlt sich daher eine Durchführung und Auswertung von Publikumsstudien bereits in frühen Phasen der Ausstellungsentwicklung. Im Vergleich dazu ist eine summative Evaluation wenig fruchtbar, wie die Äußerungen einer Kuratorin des *Denver Art Museum* und einer Führungskraft des *National Museum of American History* unterstreichen:

»I am a firm believer in initial audience research. I know some people will do an exhibit and then, after it is opened, have audience evaluation. But I think at that point it is too late. I think you need to do as much evaluation and audience research in advance.«

»And why do summative evaluations if we are not going to do anything with it? Unless we can figure out a way to carry over what we learned it may be better to put our effort on the concept.«

Da die Summative Evaluation primär der Erfolgsmessung dient, können die daraus gewonnenen Erkenntnisse erst bei nachfolgenden Ausstellungsprojekten einfließen, worauf sie aber nur begrenzt anwendbar sind. Selbst die Verbesserungsevaluation kann Änderungen nur in geringem Umfang bewirken, da die Ausstellung steht und bei knapper Zeit und meist erschöpften Ressourcen nur noch Details angepasst werden können. Eine Möglichkeit, die summative Evaluation langfristig fruchtbar zu machen, wird in Abschnitt 6.2.5.4 vorgestellt.

Neben der frühzeitigen Einplanung von Studien z.B. in die Ausstellungsentwicklung ist auch eine zeitnahe Rückmeldung der Ergebnisse erforderlich, damit diese rechtzeitig für die Entscheidungsfindung zur Verfügung stehen und planungsrelevant sein können. Daher muss die Zeitplanung einer Publikumsstudie eng auf die des zu untersuchenden Projekts abgestimmt werden, also adressatengerecht geschehen. Eine Führungskraft der *Cité des Sciences* unterstreicht:

»Ce qui est important aussi c'est d'être un tout petit peu plus réactif, c'est-à-dire qu'il faut qu'on rendait les études très vite, il ne faut pas qu'ils sortent trois mois après la fin des observations, donc ça c'est une dimension qui est important aussi, la réactivité.«[6]

Diese Anforderung einer schnelleren Rückmeldung der Ergebnisse ist explizit verankert sowohl als Ziel im Businessplan 2001–2004 der Marktforschungsabteilung von *Te Papa* als auch als Aufgabe in der Stellenbeschreibung des Verantwortlichen für Publikumsforschung am *Denver Museum of Nature and Science.* Dies hat Konsequenzen für Umfang und Anspruch der Studie, wie die Verantwortliche für Publikumsforschung am *Jüdischen Museum Berlin* aufzeigt:

»Was ist praktikabel? Also weg von diesen 400 Stichproben zu ziehen oder über Jahre ein Projekt zu verfolgen, was ja oft im universitären Bereich stattfindet oder dass man eben auch manchmal in ganz anderen Zeitrahmen denkt, wenn man hier eben so sagt, okay

6 | »Was auch wichtig ist, das ist, ein wenig schneller zu reagieren, d.h. es ist nötig, dass man die Studienergebnisse sehr schnell bereitstellt, es geht nicht, dass sie drei Monate nach Beendigung der Beobachtungen herauskommen, also das ist eine Dimension, die auch wichtig ist, die Reaktionszeit.«

wir machen jetzt eine formative Evaluation, wir machen zwei Wochen für Konzeptentwicklung, Fragestellung, zwei Wochen für Erhebung und zwei Wochen für Analyse, so dass man dann einfach auch oft ein anderes Tempo vorlegen muss, um überhaupt so einen Prozess begleiten zu können [...] Natürlich, wenn man ein Besucherprofil macht, das dann auch wiederum angelegt ist über einen längeren Zeitraum, da kann man sich den Luxus dann auch wiederum leisten und das ist dann noch mal etwas anderes.«

Die Optimierung der zeitlichen Verfügbarkeit von Studienergebnissen erfordert entsprechend ein abwägendes Ausbalancieren von Forschungsqualität und Nützlichkeit. Wird die Publikumsforschung allerdings frühzeitig eingeplant, können auch zeitintensivere empirische Methoden zum Einsatz kommen. Die Frage der Nützlichkeit ist allerdings mit der Datenerhebung nicht abgeschlossen; sie spielt auch in die Rückmeldung der Ergebnisse hinein. Damit die Adressaten einer Studie sinnvoll mit den gewonnenen Erkenntnissen umgehen können, kommt es darauf an, in welcher Form die Berichterstattung geschieht. Auch hier ist Adressatengerechtheit oberstes Gebot. Was man diesbezüglich aus den Fallstudien lernen kann, wird in Abschnitt 6.2.7 ausführlicher dargelegt.

6.2.5.4 Übertragbarkeit der Ergebnisse

Bisher wurde die Nützlichkeit von Publikumsforschung allein in einer kurzfristigen Perspektive betrachtet, bezogen auf einzelne Studien für bestimmte Projekte. Aber auch in langfristiger Perspektive ist die Frage der Nützlichkeit relevant. Einen gesteigerten Nutzen bieten Studien auch dann, wenn die gewonnenen Informationen über das spezifische Projekt hinaus zu nutzen und fruchtbar sind. Dies gilt beispielsweise für Besucherprofilerhebungen, bei denen gerade das Verfolgen einer Entwicklung über die Jahre hinweg relevante Einsichten bietet. Eine wichtige Voraussetzung für den langfristigen Nutzen ist eine kontinuierliche und konsistente Datensammlung. Das Beispiel *Victoria & Albert Museum* zeigt, dass eine Standardisierung zentraler Datenkategorien wichtig ist, um die Vergleichbarkeit der Informationen zu gewährleisten:

»So we have been doing that for a number of years when we started the British Galleries. But it was very inconsistent, even to the extent that people were using different age categories, so they could not even map their findings onto the marketing data. So very inconsistent. And some people were just doing it for themselves, other people were hiring a consultant, so very varied in terms of quality and methodology.«

Eine weitere Möglichkeit sind Metaanalysen, welche die Erkenntnisse aus einer Reihe ähnlicher Untersuchungen zusammenfassen. Auch hier ist die Vergleichbarkeit der Kategorien und Umstände eine wichtige Voraussetzung.

Die Übertragbarkeit der Ergebnisse von Ausstellungsevaluationen ist jedoch schwieriger zu leisten, denn diese sind durch ihre Ausrichtung auf eine spezifische Ausstellung meist nicht geeignet, generalisierbare Ergebnisse zu erzeugen. Dies gilt insbesondere für summative Evaluationen, deren Zweck es gerade ist, den Erfolg einer *bestimmten* Ausstellung oder eines *bestimmten* Programms zu beurteilen. Über diese Rückmeldung hinaus ist eine klassische summative Evaluation jedoch von begrenztem Nutzen. Zu diesem Zeitpunkt – nach Fertigstellung einer Ausstellung – können Änderungen und Verbesserungen an der untersuchten Ausstellung nur noch in geringem Maße vorgenommen werden; auf nachfolgende Projekte sind die auf eine spezifische Ausstellung ausgerichteten Erkenntnisse in der Regel nicht zu übertragen.

Dufresne-Tassé (2007) greift diese Kritik auf und schlägt ein alternatives Vorgehen bei der Konzeption von Evaluationsstudien vor, um ihren Nutzen zu erhöhen: Anstatt die Kriterien der Erfolgsbeurteilung auf ausstellungsspezifischer inhaltlicher Ebene zu formulieren, sollten diese beruhend auf einer konzeptuellen Analyse der Ausstellungsinhalte, -struktur und -gestaltung allgemeiner gefasst werden. Ihrem Vorschlag folgend würde man z.B. bei einer Ausstellung über die Tänze der kanadischen Indianer nicht fragen: Wieviel Prozent der Besucher haben verstanden, dass die Indianer West-Kanadas mehrere Stämme bilden, die jeweils ihre eigenen Tänze haben? Vielmehr sollten Hypothesen über die Effekte der einer Ausstellung zugrunde liegenden Prinzipien aufgestellt werden, wie z.B.: Bei einer deskriptiven Ausstellungsstruktur steigt der Anteil der Besucher, welche die zentrale Botschaft verstehen, mit der Anzahl der Objekte und Ausstellungstexte, welche diese zentrale Idee zum Thema haben. Oder: Bei einer deskriptiven Ausstellungsstruktur ist der Anteil der Besucher, welche die Botschaft verstehen, höher, wenn diese über Objekte und Texte vermittelt wird, als wenn sie über Bilder und Texte vermittelt wird (vgl. Dufresne-Tassé 2007: 34f). Diese Hypothesen werden anhand der Publikumsstudie überprüft. Aus solchen Ergebnissen können Prinzipien für die Konzeption zukünftiger Ausstellungsprojekte abgeleitet werden. Einsichten fördernd ist dann auch der Vergleich von Studien verschiedener konzeptueller Ansätze. Ein solches Vorgehen findet sich in einigen Studien zum bestgeeigneten Aufbau von Ausstellungstexten, z.B. hinsichtlich der Frage, wie Ausstellungstexte semantisch und strukturell optimiert werden können (vgl. Serrell 1996, Hütter & Dennert 2002) oder ob eine bestimmte Binnenstruktur von Objekttexten die Intensität der Betrachtung der beschriebenen Objekte beeinflusst (vgl. Grassin 2007). Die Zielsetzung, dass Struktur-

und Gestaltungsmerkmale auf einer allgemeineren Ebene operationalisiert werden und dadurch zu übertragbaren Erkenntnissen führen, kann jedoch bei zu starker Generalisierung zu Lasten der unmittelbaren praktischen Verwertbarkeit gehen. Daher sind auch bei der Konzeption allgemeiner gefasster Studien die Kriterien Bedarfs- und Handlungsorientierung (siehe Abschnitte 6.2.5.1, 6.2.5.2) sowie die zeitliche Abstimmung auf Entscheidungsprozesse (siehe Abschnitt 6.2.5.3) zu berücksichtigen.

Die Nützlichkeit von Publikumsforschung, so lässt sich schließen, entsteht aus einer zielgerichteten Anlage von Studien mit klar und präzise formulierten Forschungsfragen, die aus den Praxisproblemen, Informationsbedürfnissen und Zielvorstellungen des jeweiligen Projektes erwachsen und dadurch konkret handlungsorientierend wirken können. Die Studien müssen auf die Zeitplanung des zu untersuchenden Vorhabens abgestimmt werden, damit die Ergebnisse rechtzeitig vorliegen, um in Entscheidungen einfließen zu können. Langfristiger Nutzen entsteht aus einer kontinuierlichen konsistenten Datensammlung und der Generierung verallgemeinerbarer Ergebnisse. Da die Optimierung der langfristigen Nützlichkeit mit einer Verminderung der kurzfristigen Nützlichkeit einhergehen kann, ist zwischen diesen beiden Zielen abzuwägen. Zur Optimierung ihres Gebrauchswerts muss die Anlage von Studien in enger Abstimmung mit ihren Auftraggebern und Adressaten erfolgen. Der Nutzen von Publikumsstudien liegt damit nicht allein in der Verantwortung dessen, der die Studie durchführt. Vielmehr sind die beteiligten Museumsmitarbeiter gefordert, die jeweilige Untersuchung von vorneherein so mitzugestalten, dass sie später besonders davon profitieren können.

6.2.6 Forschungsqualität

Der Nützlichkeit von Publikumsforschung unmittelbar nachgeordnet ist der Erfolgsfaktor Forschungsqualität. Er stellt die Gütekriterien empirischer Forschung in den Mittelpunkt. Denn: Eine systematische, der Fragestellung angemessene und methodisch saubere Anlage von Studien ist eine notwendige Voraussetzung für die Gewinnung verlässlicher und glaubwürdiger Daten als solide Grundlage für Entscheidungen. Zwei externe Experten kritisieren, dass sowohl einige Museen als auch manche extern hinzugezogene Forscher darauf nicht ausreichend achten:

»Museums choose to take shortcuts or leave out critical steps in the process, which undermines the validity and reliability of the results. In other words, they get faulty results, and the museum would have been better off not doing the study at all if it

won't do it right. It can end up depending on invalid, unreliable results when making decisions and plans.«

»Also we need to stop doing bad studies. There are a lot of people doing poor research. And when the word gets out and somebody finds out that a study that they paid a lot of money for was really poorly designed and the results were not valid, that is really going to hurt us.«

Diese Kritik trifft jedoch auf die hier untersuchten Museen nur in sehr geringem Maß zu. Die Befragten bescheinigen den an ihren Museen durchgeführten Studien eine insgesamt hohe Forschungsqualität: Die Hälfte der Befragten schätzt die Forschungsqualität als ›sehr hoch‹ ein, für weitere 45% ist sie ›zufriedenstellend‹. Diese Beurteilung der Forschungsqualität wird in Abbildung 6.8 in der senkrechten Dimension abgebildet. Die horizontale Dimension gibt in Abhängigkeit davon den Grad der Wirksamkeit von Publikumsforschung an. Damit wird der festgestellt positive Zusammenhang zwischen Forschungsqualität und Wirksamkeit veranschaulicht (τ: .415). Im Vergleich zu den übrigen Erfolgsfaktoren rangiert die Forschungsqualität damit im Bereich mittlerer Relevanz.

Die Forschungsqualität lässt sich auf zwei Weisen fassen: zum einen als Eigenschaft der jeweiligen Untersuchung, zum anderen als Kompetenz der Untersuchenden. Diese beiden Elemente sind eng miteinander verbunden, jedoch ist die Kompetenz der Forschenden nicht die alleinige Determinante der Forschungsqualität. Diese Zusammenhänge werden im Folgenden auf Basis der qualitativen Analyse näher beleuchtet.

6.2.6.1 Forschungsdesign

Betrachten wir zunächst die Forschungsqualität als Eigenschaft von Studien. Die Sicherung der Forschungsqualität ist in erster Linie eine Frage des Forschungsdesigns. Sind Ziel, Zweck und grundsätzliche Fragestellung einer Studie definiert, müssen geeignete Methoden ausgewählt und adäquate Instrumente erstellt werden, um die Forschungsfragen bestmöglich zu beantworten. Zur Auswahl zweckmäßiger Methoden merkt ein externer Experte an:

»Außerdem denke ich, gehört zur Besucherforschung – jetzt kommt wieder der empirische Sozialforscher durch – eine gute Basis, eine breite Kenntnis des Instruments der empirischen Sozialforschung. Das heißt, bitte nicht immer nur selber den gleichen Fundus-Fragebogen mit fünfzehn Fehlern herausgeben und den wieder und wieder und wieder benutzen.«

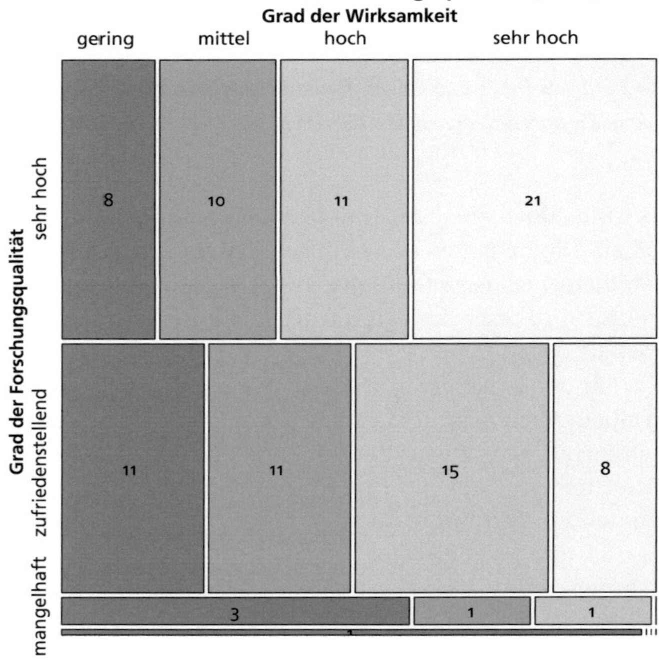

Abb. 6.8: Wirksamkeit nach Forschungsqualität

Die Forderung lautet, das Methodenspektrum empirischer Forschung in seiner Breite auszuschöpfen. Der weit verbreitete standardisierte Fragebogen (siehe 5.5) muss nicht immer das Instrument der Wahl sein. Je nachdem, welche Aspekte erhoben werden sollen, sollte vielmehr die jeweils am besten geeignete Methode ausgewählt werden. Sind die möglichen Ausprägungen der interessierenden Variablen bekannt und können leicht angegeben werden – z.B. soziodemographische Merkmale der Besucher, aber auch vom Museum initiierte Werbemaßnahmen – lässt sich ein Fragebogen mit überwiegend geschlossenen Fragen sehr effizient einsetzen. Sind die möglichen Ausprägungen jedoch sehr facettenreich und offen, wie z.B. bei einer Vorab-Evaluation für eine Ausstellung, wird die Verwendung standardisierter, geschlossener Fragen aufgrund der Vielzahl und Offenheit der möglichen Ausprägungen schwierig. Hier würde sich eher ein leitfadengestütztes Interview anbieten. Denkbar sind natürlich auch Kombinationen. So wurden beispielsweise bei Museum Victoria zunächst mit sehr offenen Methoden Kriterien für zufriedenstellende Museumsbesuche erarbeitet, die dann in verdichteter Form Eingang in einen standardisierten Fragebogen zur Erhebung der Besucherzufriedenheit fanden. Ein wichtiger Punkt ist also die Gegenstandsangemessenheit des Forschungsdesigns, wobei das Anliegen der spezifischen Untersuchung zum Maßstab genommen wird.

Dazu kommt ein gegenstandsunabhängiger, allgemeiner Maßstab: die Einhaltung etablierter Standards empirischer Forschung, insbesondere von Gütekriterien der Messung. Die zentralen Stichworte lauten Objektivität, Reliabilität und Validität. Datenerhebung und -analyse sollten personenunabhängige Erkenntnisse liefern, und die Instrumente sollten zuverlässig reproduzierbare Ergebnisse bereitstellen und dabei vor allem genau das erfassen, was erfasst werden soll (vgl. Diekmann 1995: 216–224). Auch die Frage nach der Generalisierbarkeit von Ergebnissen ist in diesem Kontext angesiedelt. Für quantitativ orientierte Erhebungsmethoden existieren etablierte Regeln, um diese Kriterien zu erfüllen sowie Tests, mit denen die Erfüllung der Kriterien überprüft werden kann. Auf diese Weise sollen Fehlerquellen und Verzerrungen wie soziale Erwünschtheit und Interviewer- oder Beobachtereffekte ausgeschlossen oder zumindest minimiert werden. Formulierungsregeln beispielsweise helfen, die Güte von Fragebögen für standardisierte Interviews sicherzustellen (vgl. Schnell, Hill & Esser 1995: 313).[7]

Für qualitative methodische Zugänge dagegen ist der Nachweis von Gütekriterien schwieriger, da die angesprochenen Tests für quantitative Daten nicht einfach auf die durch offenere Methoden gewonnenen Daten angewendet werden können. Auch hier werden Reliabilität, Validität und Objektivität als wichtige Qualitätskriterien aufgefasst, jedoch mit Hilfe anderer Strategien wie zum Beispiel kommunikativer Validierung oder Triangulation angestrebt und überprüft (vgl. Flick et al. 1995: 427–450). Trotz ihrer Verbreitung und Etablierung scheint weiterhin eine gewisse Skepsis den qualitativen Ansätzen gegenüber vorzuherrschen, was sich auch bei den hier untersuchten Fällen zeigt. Wie bereits im Abschnitt zur Akzeptanz von Publikumsforschung (siehe 6.2.2, S. 262) ausgeführt, mag diese Einschätzung auch mit den jeweiligen Fachkulturen und ihren eingeübten disziplinären Perspektiven zusammenhängen. Das folgende Zitat aus den Reihen des *Deutschen Museums* verweist auf die Zweifel an der prinzipiellen Güte qualitativ ausgerichteter Forschung:

»Also all diese wissenschaftlichen Standards, die es so gibt in der naturwissenschaftlichen Forschung, deshalb sind hier wahrscheinlich auch solche Widerstände da, viel hat

7 | An dieser Stelle können aus Platzgründen nicht sämtliche Empfehlungen und Tests aufgeführt werden; eine gute Orientierung bieten zum Beispiel Schnell et al. (1995: 139–157, 303–352).

man da natürlich in diesem Bereich nicht. Da arbeitet man ja oft auch mit hermeneutischen Methoden und das ist es natürlich für jemanden, der in ganz engen statistischen Kategorien denkt, natürlich alles andere als objektiv.«

Selbstverständlich kann und wird z.B. eine explorative Einzelfallstudie keinen Anspruch auf statistische Generalisierbarkeit erheben. Quantitativ ausgerichtete Methoden sollten jedoch nicht *per se* bevorzugt werden. Auch hier können viele Fehler gemacht werden, welche die Verlässlichkeit und Gültigkeit der Ergebnisse gefährden. Je nach Forschungsansatz sollten auf jeden Fall die Grenzen der Aussagemöglichkeiten auf Basis der jeweiligen Methodik bedacht werden. Das entscheidende Kriterium jedoch – es sei noch einmal betont – ist die Gegenstandsangemessenheit der Methode.

6.2.6.2 Forschungskompetenz

Das folgende Zitat eines Mitarbeiters des *Franklin Institute Science Museum* weist darauf hin, dass Forschungsqualität und Kompetenzen des jeweiligen Forschers zusammen gedacht werden, dass also die Qualität der Studien eng mit der Expertise der Durchführenden zusammenhängt – mit ihren Kenntnissen, Fähigkeiten und Erfahrungen:

»You need to have someone who really knows what they are doing. Because a poorly designed tool can rend the data useless, [...] obviously you have to be able to do the audience research or the evaluation properly. The reliability of your data is really important. And then, if the data is not reliable, the choices you will make based on the data are not correct.«

Während beim Spitzenreiter *Australian War Memorial* die Kompetenz der Besucherforscherin anerkannt wird, schätzt eine für Publikumsforschung Zuständige an einem anderen australischen Museum ihre eigene Expertise jedoch als nicht ausreichend ein:

»AWM is lucky to have an ›expert‹ to manage, coordinate and undertake visitor research – it is a precise science and helps us make decisions.«

»At the moment we have quite respectable funding, but the problem is my time and my expertise. I am not a highly qualified statistician, I have some training but I don't have the experience that the museum would probably like to have.«

Denn mit dieser Tätigkeit ist ein breites Spektrum an Anforderungen verbunden, das eine Vertreterin des *Office of Policy and Analysis* der *Smithsonian Institution* erläutert:

»You have to have some people with questionnaire design skills, people who are able to prepare interview guides that make sense, people who are meticulous in terms of data collection, reduction and analysis, certainly people who know a lot about statistics and the power of inferential statistics, as well as people who are experts in qualitative interviewing and know the power of qualitative interviewing.«

Dass die Publikumsforschung insofern eine anspruchsvolle, spezialisierte Aufgabe ist, die bestimmter Fachkenntnisse und Fähigkeiten bedarf, wird jedoch nicht immer wahrgenommen, wie die beiden folgenden Zitate aus dem *Franklin Institute Science Museum* und dem *Muséum national d'histoire naturelle* illustrieren:

»Because it has become more acceptable or people more realize that it is necessary to do this kind of evaluation a lot of people have just decided to step up and do it, and everybody can ask questions, and well, that is not really true.«

»Je pense ce qui est assez important c'est la professionnalisation. C'est une chose que je rencontre même avec les commissaires scientifiques, il y a une idée que c'est facile pour tout le monde de poser des questions à des gens. [...] Je pense qu'il y a un coté peut-être très français à penser que c'est pas dur, finalement c'est seulement une enquête, mais quand même ça demande un minimum de professionnalisme, par exemple aussi le traitement statistique. [...] Efficacité c'est de prendre la mesure que c'est un métier qui ne se fait pas n'importe comment et qu'on ne peut pas s'inventer comme ça une casquette d'évaluateur et que c'est un métier qui doit être laissé aux autres.«[8]

Die hier angesprochene fehlende Wahrnehmung der Publikumsforschung als eigenständiges, ernstzunehmendes Metier hängt mit ihrer erst beginnenden Etablierung als Profession zusammen, wie in Abschnitt 2.3.4.2 (S. 97) bereits problematisiert. Auf die Publikumsforschung trifft gegenwärtig die Beschreibung zu, die Dobbs & Eisner im Jahr 1987 für die Museumspädagogik fanden: »a stepchild discipline whose practitioners have been trained around but not in it« (Dobbs & Eisner 1987: 82). Bei einem Großteil der

8 | »Ich denke, was besonders wichtig ist, ist die Professionalisierung. Das ist etwas, das mir sogar bei den Wissenschaftlern begegnet, es gibt die Vorstellung, dass es einfach ist für jedermann, Menschen Fragen zu stellen. [...] Es gibt diese vielleicht sehr französische Art, zu denken, dass es nicht schwierig ist, letztlich ist es ja nur eine Befragung, aber dennoch erfordert dies ein Minimum an Professionalität, zum Beispiel auch die statistische Verarbeitung. [...] Effektivität, das heißt erkennen, dass es ein Metier ist, das sich nicht einfach egal wie ausüben lässt, dass man sich nicht ohne Weiteres die Mütze des Evaluators aufsetzen kann, und dass es ein Metier ist, das man den anderen überlassen sollte.«

jetzt für Publikumsforschung Zuständigen haben sich Kenntnis der und Interesse an Publikumsforschung erst im Verlauf ihrer beruflichen Laufbahn ergeben. Dieses Arbeitsgebiet ist entsprechend stark geprägt von ›training on the job‹, d.h. diejenigen, die Publikumsstudien durchführen, haben sich ihre Kenntnisse und Fertigkeiten in diesem Gebiet vorwiegend über den Weg des ›learning by doing‹ angeeignet, unter Nutzung von Kompetenzen, die sie in anderen Tätigkeits- oder Forschungsfeldern gewonnen haben. Dazu nutzen sie Weiterbildungsmaßnahmen wie beispielsweise Workshops im Rahmen der jährlichen *Visitor Studies Conference* und greifen auf die Beratung und Unterstützung durch erfahrene Publikumsforscher zurück. Die für die Publikumsforschung erforderlichen Kenntnisse und Fähigkeiten wurden zum Teil bereits aus der ursprünglichen Ausbildung mitgebracht, wie z.B. Statistikkenntnisse aus Mathematik und Betriebswirtschaftslehre oder empirische Forschungsmethoden aus Anthropologie, Soziologie und Psychologie. Die initialen Ausbildungswege derjenigen, die Publikumsforschung in den untersuchten Museen durchführen, decken eine breite Palette von Gebieten ab, die zum Teil recht weit von Museumsarbeit und Publikumsforschung entfernt liegen: Krankengymnastik, Stadtplanung, Organisationsentwicklung, Betriebswirtschaft mit verschiedenen Schwerpunkten, Tourismus, Kunst-Konservation, Mathematik, Sinologie, Biologie, Anthropologie, Geschichte, Philosophie, Französisch, Kommunikationswissenschaft, Soziologie, Psychologie, Pädagogik, Lehramt, Erwachsenenbildung, Kulturpädagogik, Cultural Heritage Studies, und nicht zuletzt auch Museologie beziehungsweise Museum Studies.

Wie in Abschnitt 2.3.4.2 geschildert, ist die Publikumsforschung bislang nicht in einem eigenständigen universitären Studiengang verankert. Selbst eine auf den Museumsbereich fokussierte Ausbildung ist nur bei einem Bruchteil der Publikumsforscher zu finden, da die Museologie noch ein recht junges Fach ist, das sich erst im Verlauf der 1970er Jahre als universitär verankerter Ausbildungsgang zu entwickeln begann (vgl. Boylan 1987). Im Rahmen eines breit gefächerten Museologie-Studiums spielt die Publikumsforschung in der Regel eine untergeordnete Rolle. Dieser Ausbildungslage entsprechend wünscht sich eine der befragten Publikumsforscherinnen einen besser auf die Publikumsforschung vorbereiteten Nachwuchs:

»I would like to see visitor studies classes, I would like to see people coming out of museum studies, sociology, things like that, better trained in this kind of thing. I would like to be able to choose from a number of really well qualified people to come and actually do an internship here and get some experience. Because a lot of the people that

I get, it is very superficial in terms of their knowledge. And I would like to see the new students being much better informed about how to do it, and the benefits of it.«

An dieser Stelle zeigt sich deutlich, dass die Publikumsforschung den Status einer Profession noch nicht erreicht hat. Doch es sind nicht allein die Kompetenzen der Forscher, welche einer Optimierung der Forschungsqualität Grenzen setzen. Auch die verfügbaren Ressourcen – vor allem personeller Art – limitieren den erreichbaren Stichprobenumfang und die realisierbaren Verfahren, woran eine externe Expertin erinnert:

»L'argent, c'est important parce que, si on veut faire des enquêtes auprès d'un nombre important de visiteurs, on a besoin de matériels, on a besoin de l'informatique, on a besoin de gens aussi pour collecter des données, et tout ça coûte des sous.«[9]

Ohne ausreichende Ressourcen sind sehr zeit- und personalintensive Methoden schwierig umzusetzen, auch wenn sie dem Gegenstand besonders angemessen wären. Diesen Anforderungen begegnen die untersuchten Museen mit Hilfe folgender Strategien:

- Auswahl qualifizierter Forscher (intern oder extern),
- Fortbildungs- und Schulungsmaßnahmen,
- Beratung durch externe Experten, um von ihrer Erfahrung zu profitieren,
- Frühzeitige Planung der Studien, um ausreichend Vorbereitungszeit sicherzustellen,
- Beschaffung zusätzlicher Ressourcen, um das am besten geeignete Forschungsdesign realisieren zu können.

Zwei der untersuchten Fälle bemühen sich sogar explizit um zusätzliche Qualitätssicherung. Die Ergebnisberichte von Studien des ›Office of Policy and Analysis‹ der *Smithsonian Institution* durchlaufen in der Regel einen sogenannten ›peer review‹, also eine Begutachtung durch externe Experten. Bei *Te Papa* werden folgende Maßnahmen eingesetzt:

- Einsatz etablierter empirischer Forschungsmethoden,
- Prüfung der Studien durch Kollegen innerhalb und außerhalb der Abteilung,
- Beratung durch internationale Experten,

9 | »Geld ist wichtig, denn, wenn man eine Befragung einer umfangreichen Zahl von Besuchern machen will, dann benötigt man Materialien, man benötigt Computer, man benötigt auch Personal zur Sammlung der Daten, und all das kostet ein paar Groschen.«

- Externes Audit zur Prüfung der methodischen Korrektheit und der Genauigkeit der Daten,
- Bei Vergabe nach außen: Auswahl qualifizierter Experten mit Hilfe eines standardisierten Ausschreibungsverfahrens.

Diese Maßnahmen dienen nicht allein der Sicherung der Forschungsqualität, sondern erfüllen auch eine wichtige Funktion für die Sicherung der Akzeptanz von Publikumsforschung, indem sie die Verlässlichkeit und Glaubwürdigkeit ihrer Ergebnisse demonstrieren.

Aus den bisherigen Ausführungen zum Erfolgsfaktor Forschungsqualität ergibt sich: Die gewählten Erhebungs- und Analysemethoden müssen dem Untersuchungsgegenstand angemessen sein wie auch allgemeinen Qualitätsanforderungen empirischer Forschung genügen. Die Erfüllung dieser Kriterien hängt zum einen stark mit den Kompetenzen zusammen, welche die Untersuchungsleiter in Aus- und Fortbildung sowie aufgrund ihrer beruflichen Erfahrung gewonnen haben. Zum anderen spielen hier Erfolgsfaktoren wie Ressourcen, Integration und Nützlichkeit hinein. Sie beschränken die Möglichkeiten einer Optimierung der Forschungsqualität oder müssen ihr gegenüber in ihrer Relevanz abgewägt werden. Eine Steigerung der Forschungsqualität kann die Nützlichkeit einer Studie (siehe Abschnitt 6.2.5) einschränken, wenn ein zu aufwendiges Forschungsdesign eine zeitnahe, entscheidungsrelevante Rückmeldung der Ergebnisse verhindert. Die Anforderung der Integration von Publikumsforschung in den Planungsprozess und Zeitrahmen der zu untersuchenden Maßnahmen (siehe Abschnitt 6.2.1) setzt dem Umfang und Aufwand von Publikumsstudien eine Grenze. Daraus ergibt sich eine Spannung zwischen anwendungsorientiertem Pragmatismus und wissenschaftlichen Anforderungen, die ausbalanciert werden müssen. Angesichts dieses gegenläufigen Zusammenhangs sollte einer Optimierung der Nützlichkeit bei vertretbarer, solider Forschungsqualität der Vorzug vor einer einseitigen Optimierung der Forschungsqualität gegeben werden.

6.2.7 Kommunikation

In der qualitativen Analyse wurde eine Reihe eng verwandter Faktoren identifiziert, die sich unter dem Oberbegriff ›Kommunikation‹ gruppieren lassen. Dieser Terminus wurde gewählt, obwohl er sehr breit und vielfältig verwendet wird und man auch aus wissenschaftlicher Sicht kaum von einer einheitlichen Kommunikationsforschung sprechen kann: Eine Reihe von Disziplinen mit jeweils spezifischen theoretischen Zugängen hat die Kommunikation zu ihrem je unterschiedlich gefassten Gegenstand gemacht – von Psychologie und Soziologie über Publizistik- und Medienwissenschaft bis hin zur

Unternehmenskommunikationsforschung. Eine von Merten im Jahr 1977 vorgenommene Bestandsaufnahme brachte bereits zu diesem Zeitpunkt nicht weniger als 160 Definitionen des Begriffs Kommunikation zu Tage.

Was ist angesichts dessen unter einem Erfolgsfaktor Kommunikation zu verstehen? Angeknüpft werden soll hier zunächst an ein Grundverständnis von Kommunikation als »Vermittlung von Bedeutung zwischen Menschen« (Schenk 2007: 11), die als »symbolisch vermittelte Interaktion« (Burkart 1995: 56) geschieht. Im Gegensatz zu klassischen, behavioristisch geprägten Sender-Empfänger-Modellen sollen Relationalität und Reziprozität der Kommunikation betont werden, d.h. Kommunikation wird als soziale Beziehung und wechselseitiger Austausch aufgefasst. Die Erfolgsfaktoren Integration (siehe Abschnitt 6.2.1) und Mitwirkung (siehe Abschnitt 6.2.11) unterstreichen diese Sicht mit der Postulierung einer engen Abstimmung zwischen Publikumsforscher und Museumskollegen von Beginn einer Studie an.

Zu den wesentlichen Elementen des Erfolgsfaktors Kommunikation gehören vornehmlich Kommunikationsprozesse, die stattfinden anlässlich einer bestimmten Publikumsstudie bzw. eines spezifischen Projekts, das durch Untersuchungen begleitet wird. Effektive Kommunikation geht jedoch auch über die Projektgrenzen hinaus, wenn Publikumsforschung generell zum Thema organisationsinterner Kommunikation gemacht wird. Entsprechend dieser qualitativen Befunde wurden bei der quantitativen Beurteilung der Kommunikation vier Kriterien erfasst: der Zugang zu den durch Publikumsforschung gewonnenen Informationen, die Ausrichtung der Berichterstattung auf die designierten Nutzer der Ergebnisse sowie diese Punkte zusammenfassend die Qualität der Vermittlung der Ergebnisse, und schließlich etwas allgemeiner die Thematisierung von Publikumsforschung im Rahmen organisationaler Kommunikationsprozesse. Diese Aspekte sind in Abbildung 6.9 zum Erfolgsfaktor ›Kommunikationsqualität‹ zusammengefasst und werden dargestellt hinsichtlich ihres Zusammenhangs mit der Wirksamkeit von Publikumsforschung.

Aus dem Mosaikdiagramm geht hervor, dass die untersuchten Fälle hinsichtlich der Kommunikationsqualität überwiegend gut beurteilt werden, fast ein Drittel vergibt sogar die Bewertung ›sehr gut‹. Im Diagramm wird zudem der Zusammenhang zwischen Kommunikationsqualität und Wirksamkeit der Publikumsforschung sichtbar. Die quantitative Analyse ergab eine deutliche, wenn auch insgesamt gesehen im Mittelfeld angesiedelte Beziehung zwischen Kommunikation und Wirksamkeit (τ: .394). Dabei zeigen die Einzelanalysen der Kriterien: Erstens ist die konkrete Ergebnisvermittlung (τ: .427) wichtiger als die allgemeine Thematisierung von Publikumsforschung (τ: .287). Zweitens kommt es bei der Ergebnisverbreitung vor allem

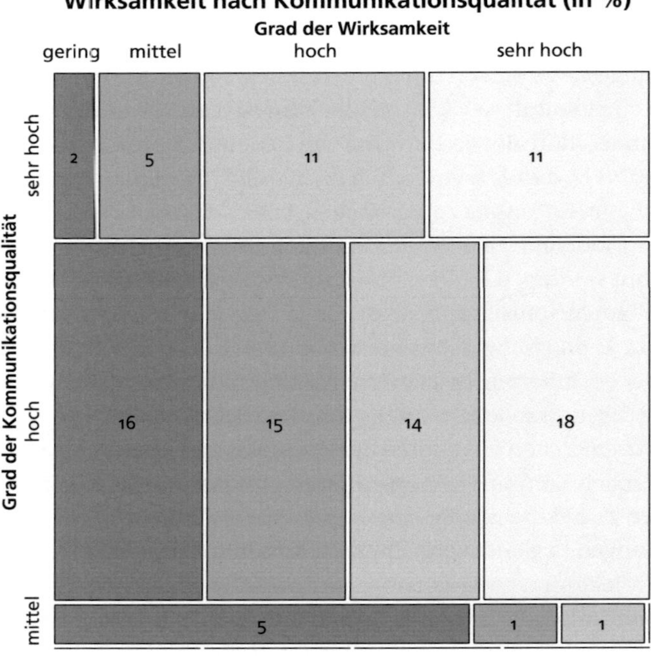

Abb. 6.9: Wirksamkeit nach Kommunikationsqualität

auf die Adressatengerechtheit der Ergebniskommunikation an (τ: .556); die bloße Zugänglichkeit der Informationen reicht nicht aus (*Kendalls* τ: .263).

Entsprechend dieser Befunde steht in der folgenden Betrachtung der verschiedenen Facetten des Erfolgsfaktors die Kommunikation anlässlich einer spezifischen Untersuchung im Vordergrund. Bevor jedoch auf die Vermittlung der Ergebnisse näher eingegangen wird, soll die Bedeutung einer kontinuierlichen Kommunikation im Verlauf einer Untersuchung Beachtung finden.

6.2.7.1 Kontinuierliche Kommunikation

Die Berichterstattung über die *Ergebnisse* einer bestimmten Untersuchung wird von den Gesprächspartnern als besonders kritische Phase im Verlauf einer Studie aufgefasst. Dies ist ein wichtiger Schritt, jedoch erhält effektive Kommunikation bezüglich Publikumsforschung schon im Vorfeld Bedeutung, denn bereits die vorhergehenden Phasen einer Untersuchung implizieren eine Reihe von Kommunikationsanlässen – beginnend mit der Initiierung einer Studie über die Definition der zentralen Praxis- und Forschungsfragen bis hin zur Erarbeitung der Instrumente, bevor es um die Rückmeldung und Diskussion der Ergebnisse und ihrer praktischen Implikationen geht. Bereits die Veranlassung einer Studie setzt Kommunikation über den möglichen Beitrag von Publikumsforschung zur Museumsarbeit voraus, wie am Beispiel des *Australian Museum* deutlich wird:

»I haven't really been using it that much and I guess it would be good if there was more communication from the audience development staff to me about what they can offer me, I suppose, which I guess has been somehow through just a diffusion that I just happen to know that it exists and I don't really absolutely know what they can offer me. So, maybe it would be good if there was more of a – you know, more meetings or more formal ways that audience development is regularly catching up or letting me know what they can be doing for me, I suppose. That's vice versa as well.«

Wenn eine Untersuchung begonnen wird, ist vor allem in der Anfangsphase ein enger Austausch mit den Auftraggebern und Adressaten vonnöten, damit Integration (siehe Abschnitt 6.2.1) und Nützlichkeit (siehe Abschnitt 6.2.5) gelingen. Hier ist zugleich der Erfolgsfaktor Mitwirkung angesprochen (siehe Abschnitt 6.2.11), der die Partizipation der betreffenden Museumsmitarbeiter von der initialen Festlegung der Forschungsfragen bis hin zur Besprechung der Ergebnisse unterstreicht. Dies erfordert einen regelmäßigen Kontakt zwischen Forscher und Projektteam während des gesamten Verlaufs einer Studie. Das *Canadian Museum of Civilization* beispielsweise hat sehr gute Erfahrungen mit einem solchen kontinuierlichen Austausch gemacht und erhält dementsprechend sehr gute Bewertungen der Kommunikationsqualität:

»Well, throughout the whole process of any kind of study the exhibition team or whoever is responsible [...], all of these people are abreast of what is going on, throughout the whole project. So we may say, what kind of data collection do you want, this is when we are going to start it, and we will tell them all the way along how things are going. We will talk to them about maybe some preliminary findings that are interesting. So they are always involved in the project, always involved in the project. The person who is collecting the data will often, maybe once or twice a week, go back and talk to the person, interpretive planner or curator, about what is going on.«

Dadurch ist die Publikumsforschung sehr transparent und wird den Projektmitarbeitern immer wieder ins Bewusstsein gerufen. Die Publikumsstudie läuft nicht völlig losgelöst vom Projektgeschehen ab, sondern wird durch kontinuierliche Rückmeldung zu einem integralen Bestandteil des Projekts.

Zugleich ist der Publikumsforscher besser informiert über die jüngsten Entwicklungen im betreffenden Projekt.

6.2.7.2 Zugang

Die Rückmeldung der Studienergebnisse schließlich bildet eine besonders wichtige Grundlage für die Umsetzung der gewonnenen Erkenntnisse in der Museumsarbeit, das zeigte sich in den Interviews. Der Zugang zu den Ergebnissen von Publikumsforschung wird über verschiedene Vermittlungswege und -weisen ermöglicht, die im Folgenden erläutert werden. Die Grundlage stellt in der Regel ein schriftlicher Ergebnisbericht dar, der als elektronisches oder Papierdokument, via Email, im Archiv oder über das Intranet zugänglich ist. Er dient nicht allein kurzfristig als Vehikel der Berichterstattung, sondern auch langfristig als Dokumentationsmittel. Weitere Vermittlungswege reichen von der mündlichen Präsentation und Besprechung in Sitzungen über eher informelle Gespräche bis hin zur Veröffentlichung der Ergebnisse in Buch- oder Zeitschriftenpublikationen oder über das Internet. In den meisten Fällen findet sich eine Kombination dieser Verbreitungsweisen.

Der Vorteil einer Bereitstellung im Archiv oder über das Intranet liegt darin, dass nicht nur einzelne kürzlich abgeschlossene, sondern sämtliche dokumentierten Studien an einem Ort zugänglich gemacht werden können. Somit steht eine umfangreiche Wissensdatenbank zur Verfügung, die einen Überblick über die bisher durchgeführten Studien erlaubt. Die Schwierigkeit besteht hier vor allem darin, ein leichtes Auffinden der gesuchten Informationen zu ermöglichen. Am *Canadian Museum of Civilization* hat man sich dazu folgendes Vorgehen überlegt:

»The reports prior to about 1999 are all in the archives of the institution. I also have all of these things in electronic copy. [...] What I am going to be doing in the future is, I am going to be organizing them in a couple of different ways. And I am going to be putting them on a network drive so that anybody who wants them can access the reports. I am going to organize them by project name. It is usually an exhibition. [...] So if people want to find reports about a specific exhibition they can. But I also want to organize them by front-end, formative, summative and remedial. So if people want to see examples of those kinds of reports they can.«

Denkbar wäre hier eine weitere Verfeinerung der Suchmöglichkeiten durch die Verschlagwortung der Berichte nach Themen wie z.B. Öffentlichkeitsarbeit, Orientierung, Medieneinsatz, Sprachniveau oder Interaktive Elemente. Damit könnten Erkenntnisse zu diesen Gebieten besser studienübergreifend identifiziert und verwertet werden (siehe auch Abschnitt 6.2.5.4). Um zusätzlich Überblicksinformationen zu geben, pflegt das *Canadian Museum of Civilization* eine Liste der durchgeführten und laufenden Studien. Dies ist keineswegs selbstverständlich, denn nicht alle Fälle verfügen über eine solche Dokumentation. Beim *Canadian Museum of Civilization* – wie auch bei *Museum Victoria* – wird jede Untersuchung knapp anhand des Gegenstandes (z.B. eine bestimmte Ausstellung), den zentralen Fragen, der angewandten Methodik sowie gelegentlich auch hinsichtlich der praktischen Verwendung der Ergebnisse beschrieben und ist durch eine eindeutige Nummerierung leicht aufzufinden.

Die Bereitstellung von Ergebnisberichten für den individuellen, bedarfsmäßigen Abruf durch die Museumskollegen ist vor allem für die langfristige Dokumentation geeignet; für die kurzfristige Kommunikation aktueller Ergebnisse jedoch hat sie zwei große Nachteile: Zum einen müssen die Rezipienten selbst aktiv werden, was sehr stark von ihrem Interesse, ihrer Akzeptanz der Publikumsforschung und ihrer Arbeitsbelastung abhängt. Zum anderen sind die Ergebnisse häufig allgemein dargestellt und nicht für unterschiedliche Adressaten aufbereitet, so dass diese die jeweils relevanten Ergebnisse selbst herausfiltern, nachvollziehen und interpretieren müssen – weitere Hürden der Rezeption. Diese Erschwernisse schildern Gesprächspartnerinnen am *Haus der Geschichte* und am *Australian Museum* folgendermaßen:

»Ich hätte Zugang zu allem. Ich kann alles lesen, also es wird mir nichts verborgen gehalten, es liegt an meiner Aktivität, wie intensiv ich mich da auseinander setze.«

»We have a lot of accessible information through our Internet at the organisation, but also I think often the data is not in a form that people could readily interpret. So I think it is taking it from the data and putting it into the familiar, the things which people who are not used to working with empirical data can make sense of.«

Das Versenden der Ergebnisberichte an die Adressaten verlangt einen Grad weniger Aktivität von den Rezipienten, da die Ergebnisse ihnen unmittelbar vorliegen. Jedoch kann man nicht davon ausgehen, dass bei jedem Rezipienten ausreichend Zeit und Motivation vorhanden sind, um sich mit dem Bericht auch wirklich auseinanderzusetzen. Diese Erfahrung wird von vielen untersuchten Fällen geteilt. Wie in den folgenden Aussagen aus den Reihen der *Cité des Sciences* und des *Denver Art Museum* wird die Lösung in der zusätzlichen Präsentation und Besprechung der Ergebnisse gesehen, welche einen Anlass für die Beschäftigung mit den Resultaten schaffen:

»Il faut aussi que l'étude soit bien communiquée à l'interne. Parce que quand on a les études, si on les envoie par email à tout le monde, aussi on fait un dossier qu'on envoie par courrier, on va les empiler. Et c'est pas parce qu'on a envoyé à 100 personnes une étude qu'une étude est utile, efficace. Donc ce qu'on constate c'est que c'est important par exemple de faire des présentations des résultats des études qui obligent les gens à se réunir, à écouter les résultats et après à en discuter.«[10]

»There was a written evaluation summary. All the technical data, what the demographics were, that was all quantified and put in a report. And we had a couple of different conference calls as well to discuss this after we had a chance to read it and digest it and then to discuss what the findings were.«

Diese Ergebnisbesprechungen betreffen in erster Linie die Auftraggeber einer Studie bzw. die Gruppe von Personen, deren Projekt Gegenstand der Untersuchung ist. Darüber hinaus sollten jedoch alle diejenigen Personen einbezogen werden, für die Informationen aus der Studie ebenfalls in irgendeiner Weise relevant sind. Wenn eine Ausstellungsevaluation beispielsweise Probleme der Außenkommunikation zutage fördert, sollte die für Öffentlichkeitsarbeit bzw. Marketing verantwortliche Person davon in Kenntnis gesetzt werden. So wird es u.a. am *National Museum of Australia* und am *Natural History Museum* gehandhabt:

»I routinely give the monthly survey results to marketing and sponsorship and the shop because we are asking questions relevant to all of those. But whenever something turns up in my surveys that I think may be of interest I send it out to the particular group.«

»But generally speaking I would organise a presentation and invite all the stakeholders throughout the museum who I think this research might have an impact on, and ask the research consultant to do a presentation. So we would normally present the findings of the research in a large meeting which lots of people are invited to. And then they are free to ask the consultant particular questions or to follow up particular lines of inquiry.«

---

10 | »Es ist auch erforderlich, dass eine Studie gut nach innen kommuniziert wird. Denn wenn man Studien per Email an alle verschickt oder man ein Dossier erstellt, das mit der Post versendet wird, dann werden sie einfach auf den Stapel gelegt. Und eine Studie ist nicht gleich nützlich, effektiv, weil man sie an hundert Personen geschickt hat. Daher stellen wir fest, dass es wichtig ist, z.B. Präsentationen der Studienergebnisse zu machen, welche die Leute dazu verpflichten, zusammenzukommen, sich die Ergebnisse anzuhören und danach darüber zu diskutieren.«

Die Berücksichtigung all derjenigen Mitarbeiter, für die bestimmte Ergebnisse relevant sind, gelingt jedoch nicht immer, wie eine französische PR-Verantwortliche und ein externer Experte bedauern:

»Moi, service de presse, on ne me dit pas ›il y a tant pourcent de gens …‹ parce qu'ils posent beaucoup dans les questionnaires ›Comment vous avez entendu parler de cette exposition?‹ et ça, je n'ai pas les retours. Dommage.«[11]

»Die Frage, ob es im Museum allen zugänglich gemacht wird oder nicht. Ich finde es ganz scheußlich, wenn Sie eine Befragung machen zum Besucherservice und bis runter zur Garderobiere oder zum Kassenpersonal wissen die zwar, dass mal so eine Studie gemacht worden ist, aber die Ergebnisse bekommen die nicht zu sehen. Das ist ein internes Problem.«

Einige Interviewpartner vertreten darüber hinaus die Auffassung, dass insbesondere allgemeinere Studienergebnisse zu Museumsbesuchern in einem besucherorientierten Museum letztlich sämtliche Mitarbeiter angehen. Zudem kann von den Ergebnissen einer bestimmten Studie etwas gelernt werden für spätere Projekte. Damit können Publikumsstudien nicht nur punktuell, sondern breiter und längerfristiger Nutzen bringen. Aus diesen Gründen sollten die Ergebnisse von Publikumsstudien innerhalb der gesamten Mitarbeiterschaft verbreitet werden, wie Gesprächspartner aus dem *Franklin Institute*, dem *Victoria & Albert Museum* und dem *Deutschen Museum* unterstreichen:

»I think it is important for the results of a lot of this research to be communicated with the broader professional population at the museum, not just one small segment of it.«

»And probably then between us make aware to the rest of the museum how much we do actually know about our visitors. A lot of the research that goes on tends to have quite a limited circulation. And I think the museum as a whole would probably benefit rather more if they knew everything that was going on really.«

»Sie sollte dann auch kommuniziert werden in ihren Ergebnissen, also nicht in der Schublade des fachlich zuständigen Konservators verschwinden, der sie dann eher unter Verschluss hält, weil sie nicht so angenehm für ihn ausgefallen ist, sondern reflektiert und, wie gesagt, breitflächig dann wieder in ihren Ergebnissen wahrgenommen

---

11 | »Mir als Pressestelle sagt man nicht ›es gibt so und so viel Prozent von Leuten, die …‹, denn sie stellen in den Fragebögen oft die Frage ›Woher haben Sie von dieser Ausstellung gehört?‹, und die Antworten bekomme ich nicht. Schade.«

werden, kommuniziert werden, damit die Ergebnisse dann auch anwendbar werden auf Folgeprojekte, auf andere Projekte, die dann diese Ergebnisse nutzen können.«

Aus dem letzten Zitat ist herauszulesen, dass die weitere Verbreitung von Studienergebnissen manchem Mitarbeiter Probleme bereitet. Denn insbesondere Evaluationsstudien arbeiten nicht nur Stärken, sondern auch Schwächen des jeweiligen Projektes heraus. Dies sollte nicht als Bloßstellung und unproduktive Kritik aufgefasst, sondern als Lerngelegenheit für das betreffende Team und die weitere Mitarbeiterschaft genutzt werden, wie bereits beim Erfolgsfaktor Akzeptanz (siehe Abschnitt 6.2.2) angesprochen.

Neben einer *breiten* Distribution empfiehlt sich auch ein *kontinuierlicher* Dialog sowohl über Fragen der Publikumsforschung generell als auch zu spezifischen Studien. Dies fördert mit Blick auf den Erfolgsfaktor Integration (siehe Abschnitt 6.2.1) die stetige Präsenz der Publikumsforschung als Bestandteil der Museumsarbeit. Ein Gesprächspartner aus dem *Powerhouse Museum* würde dies begrüßen:

»And so I suppose it is about having an ongoing, trying to achieve an ongoing dialogue rather than an occasional, we will focus on that now and then we move on back to our own particular interest area or issues that we are concerned with. [...] I guess as much as it is possible for a small team within a very large organisation I would like to feel that there was more of a regular sense of conversation and inclusion in ongoing business and issues.«

Zur breiten und kontinuierlichen Kommunikation über Publikumsforschung eignen sich spezielle Sitzungen zur Publikumsforschung oder aber die Präsentation von Studienergebnissen im Rahmen ohnehin stattfindender regelmäßiger Zusammenkünfte. Was am *Denver Museum of Nature and Science* und dem *Haus der Geschichte* zum Status Quo gehört, wird von einem Befragungsteilnehmer am *National Museum of American History* als wünschenswert beschrieben:

»We have a monthly meeting with all the staff and all the volunteers. Not everyone comes but everyone is invited. We have over 1500 volunteers and our permanent staff is about 250 people, and then we have some part-time staff. And so everyone is invited to that. And that is where a lot of the time there is papers, market research is communicated, depending on the project.«

»Im Infozentrum steht in der Regel von allen, wo wir einen schriftlichen Bericht haben, ein Exemplar, das hausintern zugänglich ist. Außerdem berichte ich in den regelmäßigen Planungsbesprechungen, die wir haben, in denen ein Teil der Mitarbeiter immer ist,

wenn eine solche Studie war, in knapper Form über wichtige Ergebnisse. Unregelmäßig findet eine solche Information auch statt im Rahmen der […] Abteilungsbesprechung.«

»A good way to get this commitment is to have colloquia, seminars, etc., where these people can share views, and where they can see where research has been valuable to other exhibits. This too does not happen here.«

Die Ergebnisse werden jedoch nicht ausschließlich in formalen Berichten und Präsentationen kommunziert. Dafür sprechen zum einen Erwägungen der kurzfristigen Nützlichkeit, wie sie von einer Gesprächspartnerin des *Franklin Institute Science Museum* angeführt werden; zum anderen begünstigt informelle Kommunikation auch eine stärkere Präsenz des Themas Publikumsforschung und eine größere Reichweite der Ergebnisverbreitung, was am Beispiel des *Jüdischen Museums Berlin* deutlich wird:

»I send the report around and then come to the next meeting and we discuss what the report means. That is just for the front-end and summative. Formative, it is less formal since the team is involved in testing, they already know what the results are. I do produce reports, but they are pretty brief and less formal. And I email those.«

»Also das macht man einfach auch sehr informell dann, […] beim Essen gehen oder so, dass man dann einfach Sachen auch noch mal rekapituliert oder weitererzählt und sagt okay, das war das, könnte das interessant für dich sein?«

Förderlich für die Weiterentwicklung der Publikumsforschung erscheint einer externen Expertin sowie einer Interviewpartnerin am *National Museum of American History* auch der Austausch von Ergebnissen und Erfahrungen über die Grenzen der einzelnen Einrichtung hinaus:

»And to share the results widely throughout the institution, share them with other partners, and also to share them with other institutions. And this is something that museums are pretty good at doing in general in work of any kind with their colleagues in other institutions.«

»And sharing the information. I know that the Visitor Studies Association works that way, share information. But I still think that we keep recreating the work for ourselves. We are not really sharing things across institutions. I think that would be helpful.«

Der gegenseitige Austausch birgt die Gelegenheit, voneinander zu lernen und damit die Praxis der Publikumsforschung insgesamt voranzubringen. Eine Verbreitungsweise, von der insbesondere das *Office of Policy and Analysis* der

Smithsonian Institution, das *Australian Museum* und das *Victoria & Albert Museum* Gebrauch machen, ist die Bereitstellung von (ausgewählten) Ergebnisberichten auf der jeweiligen Museumswebsite, so dass die interessierte Öffentlichkeit Zugang zu diesen Informationen erhält. In den meisten Fällen werden die Ergebnisberichte jedoch als vertrauliche interne Informationen aufgefasst, die allein der Vorbereitung und Unterstützung der Museumsarbeit dienen und nicht als Publikationen für die allgemeine Öffentlichkeit gedacht sind. Daher sieht man von einer Bereitstellung der Berichte im Internet ab.

Des Weiteren werden Studienergebnisse bekannt gemacht über Vorträge bei Konferenzen und Workshops, die zugleich auch einen informelleren persönlichen Austausch ermöglichen. Hier spielt vor allem die amerikanische *Visitor Studies Association* (VSA) mit ihrer jährlichen Konferenz eine wichtige Rolle; Gleiches gilt aber auch für die Tagungen der Schwester-Vereinigungen, die britische *Visitor Studies Group* (VSG) und die australische *Evaluation and Visitor Research Special Interest Group* (EVRSIG). Ein weiterer Weg sind elektronische Austauschmöglichkeiten wie der Email-Newsletter der VSA oder die Mailingliste der VSG. Publikationen in sogenannten *refereed journals* bilden schließlich die formalste Form der Distribution, z.B. in der Zeitschrift *Visitor Studies* (vorher *Visitor Studies Today!*) und anderen Publikationsorganen wie z.B. *Curator, Museum Management and Curatorship* oder *Science Education*. Dadurch wird nicht nur die engere Gruppe der mit Publikumsforschung Befassten erreicht, sondern auch ein breiteres Publikum mit Interesse an Fragen der besucherorientierten Museumsarbeit. Dies erhöht die Sichtbarkeit der Publikumsforschung nach außen und kann ihre Anerkennung als professionelle Tätigkeit fördern. Dabei sollte jedoch die Kommunikation nach innen, die für die institutionelle Wirksamkeit der Publikumsforschung entscheidend ist, nicht zu Gunsten der Publikationstätigkeit vernachlässigt werden.

6.2.7.3 Adressatengerechtheit

Neben der Optimierung von Zugang und Reichweite der Ergebnisverbreitung hängt effektive Kommunikation von Publikumsforschung vor allem von der Adressatengerechtheit der Ergebnisvermittlung ab. Darauf wies die quantitative Analyse hin. Die qualitative Analyse gab näheren Aufschluss darüber, worin eine adressatengerechte Vermittlung konkret besteht. Die zentrale Forderung lautet, die Ergebniskommunikation auf die designierten Nutzer und ihre Informationsbedürfnisse abzustimmen, wie eine Gesprächspartnerin aus dem *Natural History Museum* unterstreicht:

»The reports and presentations are targeted to people who need to know the information really. We are not saying that people who are just interested cannot come along. And if somebody says I am interested in finding out about this and you have got the information I will send the report through to him. It is not that confidential. But again it is targeted to the people that need to know the information because it is part of their job, they need to use it for planning and stuff.«

Ein zentraler Punkt dabei ist die Rückbindung der Ergebnisse an die zu Beginn der jeweiligen Studie formulierten Forschungs- und Praxisfragen. Der Erfolgsfaktor Nützlichkeit (siehe Abschnitt 6.2.5) postuliert, dass Studien von vorneherein auf die Informationsbedürfnisse der Auftraggeber und Rezipienten von Publikumsstudien abgestimmt werden sollten. Wurde das Untersuchungsdesign entsprechend dieser Bedarfsorientierung entwickelt, sollte die Beantwortung der ursprünglichen Forschungs- und Praxisfragen die Auswahl und Festlegung der geeigneten praktischen Implikationen erleichtern, da die verschiedenen Handlungsoptionen bereits vorgedacht sind.

Ein sich daraus ergebendes Nützlichkeitskriterium von Ergebnisberichten ist die Auswahl der ausführlicher darzustellenden Ergebnisse nach ihrer *Relevanz* für die jeweiligen Adressaten und deren Verantwortungsbereich. Dies gilt vor allem bei umfassenden Befragungen, die viele Aspekte der Museumsarbeit abdecken. So wünscht sich eine Gesprächspartnerin aus dem *Haus der Geschichte* eine stärkere Vorauswahl der speziell für ihr Arbeitsgebiet wichtigen Ergebnisse:

»Und da würde ich mir schon wünschen, dass da mehr getan wird in dem Darlegen der Ergebnisse, und zwar bezogen auf den Arbeitsplatz. Es wird allgemein darüber berichtet auf Nachfrage des Präsidenten in der Planungsbesprechung. Es gibt auch selten, aber regelmäßig eine Darstellung von wichtigen Studien in unserer Abteilung, aber ich würde mir schon wünschen, zehn Sätze zusammengefasst, konzentriert, die Ergebnisse bezogen auf meinen Arbeitsplatz. Und das sehe ich eigentlich nicht ein, dass ich mir das da rausziehen muss aus diesen umfangreichen Studien dann. So habe ich das nicht auf meiner Arbeitsplatzbeschreibung, dass ich mir das sozusagen selber suchen muss. Trotzdem bin ich natürlich neugierig und gucke da rein.«

Eng verbunden mit der gezielten Schwerpunktsetzung bei der Ergebnispräsentation ist ein optimierter *Umfang* des Berichts, was sowohl in mündlicher als auch in schriftlicher Form gilt. Die zugrundeliegende Frage lautet, welcher Detaillierungsgrad der Darstellung für die jeweilige Adressatengruppe und den jeweiligen Zweck angemessen und sinnvoll ist. In Bezug auf den schriftlichen Bericht geht die Tendenz aufgrund positiver Erfahrungen dahin, ihn entweder recht kurz zu halten oder zumindest eine knappe, übersichtliche Zusammenfassung der Ergebnisse an den Anfang zu stellen, wie die folgenden Berichte aus dem *Metropolitan Museum of Art* und dem *Canadian Museum of Civilization* illustrieren:

»We used to do fairly lengthy reports, especially when we were doing a report on a special exhibition, it would be like maybe forty, fifty pages long. What we found was that for almost everybody we sent it to it was too long, they did not want to go through that much stuff. And so now what we try to do is, so we backed it off to send them fifteen pages or twenty pages. And now frequently what we do is, I try to get this down to maybe three, four, five pages single spaced. And really just talk about the highlights. And then we have the backup material if people want the backup material.«

»It is too long. When we write reports we tend to go on because we think it is so fascinating. And there are certain things that you must do when you write a report, right? You have got to talk about the methodology, you have to talk about the margin of error, sometimes you have to talk about significance and things like that, which most people, their eye goes over and make it terribly boring. And who is involved in the project, stuff like that. So it is hard to get around some of the things that you as a researcher need to put into a report. But not everybody wants to see them. So what we do is as well is we do a short summary of the results right from the beginning.«

Für die langfristige Dokumentation einer Studie ist es jedoch erforderlich, dass Hintergrund, Forschungsfragen, Methoden und Ergebnisse in ausreichendem Detaillierungsgrad festgehalten werden, damit sie auch später noch nachvollzogen und genutzt werden können. Eine externe Expertin hat entsprechende Erfahrungen gemacht:

»And in times when the budget has not been there to have a final report I have regretted it. Because I think that fragments of information can easily get misinterpreted and if you do not have kind of a whole product at the end that represents what was done it just really affects the use of what you did, if you do not have a document that you can refer to and share.«

Ein einziger Ergebnisbericht, der Dokumentations- und Kommunikationszwecke zugleich erfüllt, ist schwierig umzusetzen; vielmehr bildet der dokumentationsoptimierte Bericht die Grundlage für weitere, adressatengerecht gekürzte und fokussierte Ergebnisdarstellungen. Das Beispiel *Denver Museum of Nature and Science* demonstriert, dass die Frage des adressatengerechten Umfangs auch auf die mündliche Ergebnispräsentation anzuwenden ist:

»We had a report by the original researchers and an oral report was delivered to the Trustees and the senior leadership. There were different ones, there was one that was an hour and a half long, and then one that was 45 minutes long. The hour and a half long one went to a special committee, a small sub-committee of the Board, to people who were responsible in the Board, who were looking at guiding programs. Then a shorter summary report of that was delivered to the Trustees. Then there was a two hour long session with the staff as a whole to go over the report. Then there was a two-hour session that was with the project team that worked on the project so that there can be a dedicated system. Then there was a three-hour casual dining experience where we talked about the theories of where museums go in the future from an evaluation perspective and all of the trends in museums in general.«

Neben dem Umfang kommt es auch auf eine *verständliche* Darstellungsweise der Ergebnisse an (siehe auch Abschnitt 6.2.8). In der Ergebnisdarstellung auf Einfachheit, Übersichtlichkeit und Verständlichkeit zu achten, impliziert jedoch keineswegs, dass auch die Analyse der Ergebnisse auf einfachem Niveau erfolgen muss. Wie in jeder Disziplin hat sich auch in der Publikumsforschung ein spezifisches Vokabular herausgebildet, das nicht für alle Adressaten schnell zu erfassen und leicht verständlich ist. Daher sollte die Ergebnisdarstellung sowohl sprachlich als auch mit Blick auf Diagramme und Tabellen auf die Adressaten abgestimmt werden, fordern eine Gesprächspartnerin am *Natural History Museum* und zwei externe Expertinnen:

»It cannot be jargonistic, it has to be in a common language that every department will understand, in other words, every human being will understand. I think the problem is that some surveys may be a little bit too jargonistic, they have to be approachable, they have to be human.«

»I think that one needs to speak with staff members in language and concepts that they know themselves, so highly academic kinds of staff members need to be given information in a somewhat academic way, scientists need to be given it in terms of evidence. And I think even historians, the evidence is a strong concept in historical studies as well.«

»I think it is important to ensure people can understand the study and that they need it. [...] I discovered quite soon that the sort of statistics you need really are just percentages and ratios and things like that. People can understand this. Probability statistics they have trouble with. They may not adopt things because of it. [...] And it is not a really good idea to give people lots of this information in pie charts either. If you have tables and histograms, that is what people can really understand. Everything else is persuasion.«

In diesem Zusammenhang stellt sich auch die Frage nach dem geeigneten Aggregationsniveau der Ergebnisse. Hier kann keine generelle Empfehlung gegeben werden; prinzipiell sollte es auf die Denkweise und Sprache sowie das Vorverständnis der jeweiligen Adressaten abgestimmt sein. Während einige Rezipienten sehr gut mit hoch aggregierten, abstrakten Daten zurechtkommen und ihre praktischen Implikationen sehen, benötigen andere einen sehr viel direkteren Zugang zu den Äußerungen der Besucher, um daraus Änderungsbedarf und praktische Konsequenzen abzuleiten. Die folgende Schilderung einer Begebenheit am *National Museum of American History* zeigt besonders eindrücklich, welch positiven Effekt eine möglichst direkte und lebendige Begegnung mit dem Rückmeldung der Besucher – via Audio-Aufnahmen ihrer Aussagen – auf die Veränderungsbereitschaft des Teams haben kann:

»The results that we had showed that that was a completely wrong direction for the exhibition. As soon as we had preliminary results, I wrote a summary of this, and I brought it to a team meeting when we are asked to present, and I presented it, and I could see that they just did not buy it, no one wanted to hear it, and they were already off and running in this other direction. [...] Then I thought about it and realized that maybe, what would work better is if they actually heard some interviews. So I selected some excerpts of the interviews and strung together a series of them on four tapes, it was quite a bit of material, and I brought them to the next meeting. [...] So I said, I do not care if you read the report, but you have to listen to the tapes. We will come to the next meeting. So the next meeting we came, and this meeting, they had their outside designers who had come to the meeting, and the outside designers had seen nothing about our study, they were totally clueless. [...] And the designers started to talk about the project, and you could see that they were talking about it in the whole form, and someone on the team suddenly interrupted and said, no, no, we are not doing it that way any more. I thought, that is interesting. And someone else said, yes, we have decided that we have to find another way to do this, we have to look at it differently. And then the people and the designers started arguing. [...] And finally, some person on the team said to the designers, but you have not heard the tapes! You have not heard the tapes! So the report was useless, the report meant nothing to them, but the tapes totally transformed their progress. [...] I learned a couple of things. It is almost more important that a report be in the language of the recipient than that a report be good or skillfully done. The most important thing is that it be presented in a mode that that person accepts.«

Auch beim *Denver Art Museum* hat man sehr gute Erfahrungen mit einer sehr nah an der Besucherstimme angesiedelten Ergebnispräsentation gemacht, indem alle Teammitglieder Transkripte der Interviews erhalten und diese mit bestimmten ›Filterfragen‹ im Kopf durchgehen:

1 »*And eventually they have a transcript to read. [...] And then we give them the transcript and ask them to read it with certain filters in mind. [...] So they read the transcript with these questions in mind and then they come back together for what we call a debriefing meeting. And they each choose two or three quotes from the transcript in each of those four or five areas, filters, as I call them. And bringing those together, their quotes with the choices of all the other members of the team, helps us to plan action steps for where to go from here.*«

Die Praxis des *Denver Art Museums*, die Auftraggeber und Adressaten einer Studie an der Interpretation der Ergebnisse mit Blick auf ihre praktischen Implikationen zu beteiligen, wird als besonders förderlich für die Wirksamkeit von Publikumsforschung angesehen. Anstatt einen abgeschlossenen Ergebnisbericht vorzulegen, sollte dieser vielmehr gemeinsam mit dem betreffenden Team erarbeitet werden. Dadurch erhöht sich die persönliche Relevanz der Informationen für den Einzelnen, und die Hürde zur Umsetzung der praktischen Implikationen ist niedrig. Diese Erkenntnis wurde am *Muséum national d'histoire naturelle* z.B. folgendermaßen umgesetzt:

»*Alors, pendant longtemps, [la responsable pour les études] analysait elle-même et traduisait les résultats en une synthèse qu'elle nous faisait parvenir. Au service des expositions, on avait toujours beaucoup de travail et on ne faisait pas assez attention à ces résultats. On disait peut-être qu'on les lirait plus tard, mais bien sûr on ne les lisait pas. Et en discutant avec [la responsable pour les études] et en discutant des enquêtes des public nous avions convenu de nous retrouver une fois tous les trois mois avec tous les muséologues et de discuter les résultats, d'analyser ensemble ces résultats, de voir pourquoi telle chose paraissait bien fonctionner, pourquoi telle autre chose paraissait moins bien fonctionner, de voir les tendances dans la fréquentation, d'essayer de mettre en relation certains événements politiques.*«[12]

12 | »Lange Zeit hat [die Verantwortliche für Publikumsstudien] die Ergebnisse selbst analysiert und in eine Zusammenfassung übersetzt, die sie uns zukommen ließ. In der Ausstellungsabteilung gab es immer viel Arbeit und man beachtete diese Ergebnisse kaum. Man sagte vielleicht, dass man sie später lesen würde, aber natürlich las man sie nicht. Und im Gespräch mit [der Verantwortlichen für Publikumsforschung] und in der Diskussion über Publikumsstudien haben wir vereinbart, uns alle drei Monate mit allen Museologen zu treffen und die Ergebnisse zu besprechen, die Ergebnisse gemeinsam zu analysieren, zu sehen, warum diese eine Sache sich als gut funktionierend erwies, warum diese andere sich als weniger gut funktionierend erwies, die Entwicklung der Besuchszahlen anzusehen, zu versuchen, bestimmte politische Ereignisse damit in Verbindung zu bringen.«

Für eine externe Expertin haben sich über die reine Ergebnispräsentation hinaus insbesondere Problemlösungs-Workshops auf Basis der Ergebnisse gut bewährt:

»So I quite often encourage the team leader, who ever has commissioned the research, I will say, I can do a presentation, it can be to you, or it can be to others in the museum. I can talk with them a little bit and find out how they may want to use that information within the organisation. And I can cooperate with that. Sometimes I don't just present the information, but I will run a workshop where we go through an issues and solutions process. So it is really just very simple. You ask, what are the issues?«

Die praktischen Implikationen gemeinsam zu erarbeiten, unterstützt den Verstehensprozess in zwei Richtungen, wie im Folgenden zwei Aussagen externer Experten demonstrieren. Zum einen fehlt insbesondere externen Experten häufig die Kenntnis interner Planungen, Abläufe und Gegebenheiten, um die Ergebnisse sinnvoll einordnen zu können:

»When we get all the data back sometimes that data is difficult for us to decode and to make sense of unless we talk to the people who are involved [...]. That kind of contextual information is useful for us. And we do quite a lot of discussion of what we found.«

Zum anderen geht es darum, dass die Adressaten der Berichte trotz unterschiedlicher Hintergründe und Ziele zu einem gemeinsamen Verständnis der Ergebnisse kommen, um sich auch bezüglich der erforderlichen Maßnahmen einig zu werden:

»Everybody comes to those results with their own agenda and what you are trying to get them to do is understand, trying to get them all on the same page about what the results are so that they have a shared understanding of the visitor experience and not pushing their own agendas. And that is a difficult transition sometimes to make, if people have vested interests in certain positions.«

Hier sind Bedingungen der Kommunikation angesprochen wie die Selektivität der Informationsaufnahme und -interpretation anhand bestehender Erfahrungen, Wissensbestände und Einstellungen (vgl. Merten 1999: 67) sowie die Erfordernis eines geteilten ›Codes‹, eines gemeinsamen Bedeutungsrahmens, der (sub-)kulturell vermittelt ist (vgl. Fiske 1990: 22, 164). Daraus folgt, dass Ergebnisberichte nicht unbedingt von allen Adressaten in gleicher Weise rezipiert, verstanden und für sich gedeutet werden. Vielmehr sind Aushandlungsprozesse zur Bestimmung einer vereinten Sicht auf die Ergebnisse erforderlich, was den Vorteil einer gemeinsamen Erarbeitung und Diskussion der Studienresultate unterstreicht.

Der Erfolgsfaktor Kommunikation ist, wie sich in den vorangegangenen Ausführungen zeigte, sehr facettenreich. Für die Wirksamkeit der Publikumsforschung sind drei Kernpunkte von Bedeutung: eine kontinuierliche Kommunikation zwischen Publikumsforscher und den betreffenden Museumsmitarbeitern während des gesamten Verlaufs einer Untersuchung, ein müheloser Zugang zu den Ergebnissen und ihre weite Verbreitung in der gesamten Einrichtung sowie eine in Umfang und Verständlichkeit adressatengerechte Ergebnisvermittlung. Die Ergebniskommunikation erschöpft sich dabei nicht im Verfassen eines schriftlichen Berichts durch den verantwortlichen Publikumsforscher. Die höchste Adressatengerechtheit wird vielmehr dadurch erreicht, dass Publikumsforscher und betreffende Museumsmitarbeiter gemeinsam die Interpretation der Ergebnisse und die Erarbeitung ihrer praktischen Implikationen vornehmen. Diese Befunde zum Erfolgsfaktor Kommunikation bekräftigen die anfangs postulierte Auffassung von Kommunikation im Sinne einer sozialen Beziehung und eines wechselseitigen Austauschs, und sie unterstreichen die Anforderungen des Erfolgsfaktors Integration. Damit wird neben der Forscherrolle die Dienstleistungs- und Beratungsrolle der für Publikumsstudien Verantwortlichen hervorgehoben.

6.2.8 Verständnis

Eine fruchtbare Kommunikation über Publikumsforschung trägt zu einer Vertrautheit der Mitarbeiterschaft mit der Publikumsforschung bei und vermittelt diesbezüglich grundlegende Kenntnisse, d.h., ein Verständnis der Publikumsforschung. Der Erfolgsfaktor Verständnis setzt sich aus zwei Elementen zusammen: dem Verständnis der Rolle von Publikumsforschung für die Museumsarbeit einerseits und dem Verständnis ihrer Methoden und Prinzipien andererseits. Die Befragungsdaten legen nahe, dass in Bezug auf das Verständnis der Publikumsforschung bei den untersuchten Museen insgesamt gesehen ein vergleichsweise großes Defizit existiert. Zwar ist die Kategorie ›gering‹, wie Abbildung 6.10 zeigt, nur mit 4% besetzt. Jedoch fällt auf, dass ebenfalls nur 4% der Befragten bei der Mitarbeiterschaft ihres Museums ein ›sehr hohes‹ Maß an Verständnis der Publikumsforschung sehen. Schwächer ist diese Kategorienstufe nur beim Erfolgsfaktor Akzeptanz ausgeprägt. Immerhin empfinden 65% der Befragten den Grad des Verständnisses als ›hoch‹.

Dadurch, dass einzelne Fälle am unteren Ende der Rangliste nach Wirksamkeit sehr gute Bewertungen hinsichtlich des Verständnisses erhalten und

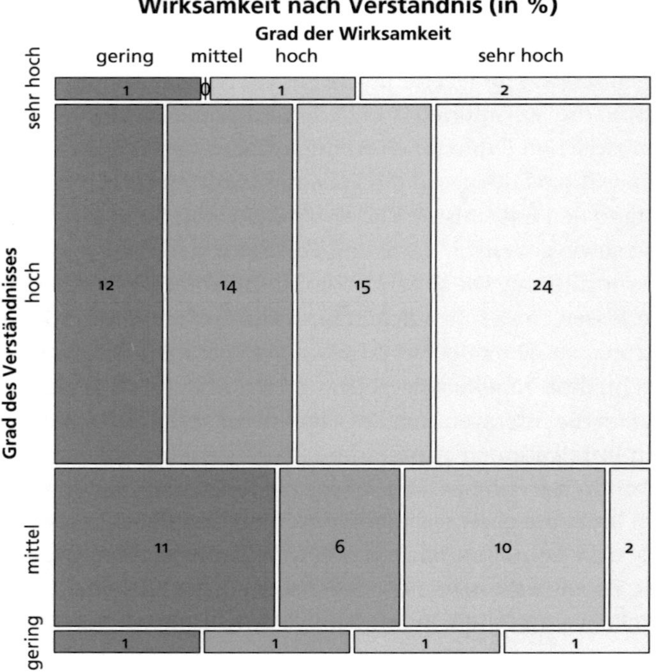

Abb. 6.10: Wirksamkeit nach Verständnis

im Gegenzug manches insgesamt sehr erfolgreiche Museum bei diesem Kriterium ins Mittelfeld abwandert, ist der Zusammenhang zwischen Verständnis und Wirksamkeit schwächer als bei den zuvor erläuterten Erfolgsfaktoren. Dennoch existiert dieser Zusammenhang (τ: .380). Aus Abbildung 6.10 ist entsprechend zu ersehen, dass die Wirksamkeit bei hohem Grad an Verständnis von Publikumsforschung ebenfalls höher ist. Laut Zusammenhangsanalyse kommt dem Verständnis der Rolle von Publikumsforschung eine stärkere Bedeutung zu (τ: .354) als dem Verständnis ihrer Methoden (τ: .224). Diese beiden Facetten werden im Folgenden näher beleuchtet.

6.2.8.1 Verständnis der Rolle von Publikumsforschung

Beim Verständnis der Rolle von Publikumsforschung geht es zunächst ganz grundsätzlich darum, zu verstehen, wozu die Publikumsforschung dient, welche Überlegungen hinter ihrem Einsatz stehen und welchen Wert sie für die Museumsarbeit hat. Darüber herrscht insbesondere bei der Einführung von

Publikumsforschung oder der Einrichtung einer Stelle nicht ohne Weiteres Klarheit unter den Museumsmitarbeitern, wie die Erfahrung der am *Australian National Maritime Museum* neu eingestellten Besucherforscherin illustriert:

»With the museum, it seemed when I started here there was a divide, a mix of people, and to an extent this still is the case as I've only been here for just over three months. There seems to be quite a divide, those who are familiar with visitor research and research in general and can see the benefits of it, and those who have not come across it in the past, and so largely I think from fear because they don't quite know what it does, or it might tell them something that they're doing wrong. Some people have not a negative reaction towards it, but are just a bit more concerned because they don't know what it is about, so that was my initial impressions when I came in the door. I had people saying, »Fantastic, we're so happy you're here« and there are all these things for you to do, and then I had other people saying, »What are you going to do? I don't understand how this can be a full-time position because I don't know, you know, what are you going to fill your time up with, whether you're going to spend all day out in the front of the house doing questionnaires with people«, and they didn't realise that there's all the other components towards it as well. So I think that's slightly changing now, but that was my initial impression when I came in here.«

Bei Fällen mit niedrigen Befragungswerten hinsichtlich des Verständnisses der Rolle von Publikumsforschung – z.B. dem *Metropolitan Museum of Art* und dem *Natural History Museum* – wird diese in Zahlen ausgedrückte Einschätzung unterstrichen durch entsprechende Aussagen in den Interviews, die von der Unklarheit der Bedeutung von Publikumsforschung zeugen:

»Part of the problem is that people do not realize what it is that they might be able to get from that.«

»So that is the biggest challenge that we have and make sure that we do understand the importance of surveys and evaluation. The challenge, I think, also is to ensure that there is buy-in from everybody, everybody knows the sort of evaluation that we are doing and understand the value of the evaluation.«

Fehlt ein grundlegendes Verständnis der Bedeutung von Publikumsforschung, treten leicht Befürchtungen auf, Publikums- und Evaluationsstudien seien reine Kontrollinstrumente gegenüber der Mitarbeiterschaft oder die Publikumssicht erhalte ein zu starkes Gewicht in der Museumsarbeit. Dem halten eine Publikumsforscherin und ein externer Experte entgegen:

»Man muss ihnen letztendlich vorstellen, wie das funktioniert oder was Besucherforschung alles kann oder einfach erstmal erklären, was Besucherforschung ist, am besten konkret an Beispielen oder eben auch, was sind die Vorteile, damit zu arbeiten und möglichst diese Angst vor Kontrolle zu nehmen oder dass ich jemand über die Schulter gucke, um irgendwelche Fehler festzustellen, als ob ich die Weisheit mit Löffeln gefressen hätte.«

»I think that just because you listen to visitors does not mean to say you are going to do everything they say they want. [...] Ask visitors what they want so we can give it to them. No, that is no true. Ask visitors what they experience so we can better understand how to energise and how to communicate with them, how to improve their learning experiences in the museum.«

Im letzten Zitat ist erneut die Frage nach der Angebots-, Gesellschafts- oder Nachfrageorientierung angesprochen, die bereits im Zusammenhang mit dem Erfolgsfaktor Publikumsorientierung thematisiert wurde (siehe Abschnitt 6.2.4, S. 273). Wie der Gesprächspartner unterstreicht, geht es bei der Publikumsforschung nicht darum, die Besucher über die Museumsarbeit entscheiden und bestimmen zu lassen, sondern ihre Perspektive kennenzulernen, um sie in der Museumsarbeit berücksichtigen zu können.

Es gilt jedoch nicht nur, die Bedeutung der Publikumsforschung als Mittel zur Evaluation und Weiterentwicklung publikumsorientierter Museumsarbeit anzuerkennen, sondern sich auch ihrer Grenzen bewusst zu sein. Dazu gehört, wie bei empirischer Forschung allgemein, dass nicht alle interessierenden Phänomene ohne Schwierigkeiten operationalisiert und erfasst werden können. Das Verstehen der Grenzen von Publikumsforschung erfordert außerdem ein Bewusstsein, was die Publikumsforschung leisten kann und was nicht. Wie die folgenden Zitate aus dem *Haus der Geschichte* und dem *Victoria & Albert Museum* deutlich machen, ergeben sich aus den Antworten der Publikumsforschung nicht automatisch neue Ideen oder konkrete Handlungsanweisungen:

»Ich weiß gar nicht, ob das für die Museumsbranche in der Weise gilt, aber Besucherforschung oder Evaluation im allgemeinen ist ja in unserer Gesellschaft heute eine Art Allheilmittel, alle setzen es ein in der Hoffnung, sie würden zu größten neuen Erkenntnissen kommen. Und ich glaube das ist der völlig falsche Ansatz, dazu kann sie nicht dienen, die Besucherforschung.«

»So my gut feeling is that evaluation, it will give you things to think about. It will occasionally show you if something is working okay and if something is not working

very well, if certain people have problems with it. It will give you snapshots of people's opinions on how they value certain things in their own experiences, which is useful. But I think one has to be pretty realistic about what it is going to tell you because it will not tell you what to do.«

Die Publikumsforschung kann nur die Fragen beantworten, die von vorneherein in einer Studie angelegt sind. Die Ideengenerierung und Maßnahmenentwicklung kann die Publikumsforschung den Museumsmitarbeitern nicht abnehmen. Es wäre unrealistisch, zu erwarten, dass Besucher in Befragungssituationen und ohne tiefere Einblicke in die Abläufe hinter den Kulissen tragfähige neue Ideen für die Museumsarbeit entwickeln. Sie können jedoch verschiedene alternative Vorschläge aus ihrer Perspektive bewerten. Daher sollten die diversen Handlungsoptionen bereits zu Beginn einer Studie vorgedacht sein und so in die Fragestellung der Studie einfließen, dass die Antworten Hinweise auf die Wahl der sinnvollsten Alternative geben können. Dies wurde bereits beim Erfolgsfaktor Nützlichkeit betont (siehe Abschnitt 6.2.5, S. 289).

6.2.8.2 Verständnis der Prinzipien und Methoden von Publikumsforschung

Über das grundsätzliche Verständnis der Rolle von Publikumsforschung als Instrument der Museumsarbeit hinaus geht es beim Erfolgsfaktor Verständnis auch um die Kenntnis ihrer Herangehensweisen, Prinzipien und Methoden. Dazu zählt, zu überblicken, welch vielzählige Arten von Studien möglich sind und welche davon für den jeweiligen Zweck am besten geeignet sind; welche Auswahl an Methoden zur Verfügung steht; welche Arten von Fragen beantwortet und welche Aussagen mit den Methoden der Publikumsforschung gewonnen werden können; und dass es notwendig ist, die praktische Problemstellung zunächst in eng fokussierte Forschungsfragen zu übersetzen. Eine externe Expertin beschreibt, wie sie die diesbezügliche Situation in vielen Museen wahrnimmt:

»*Museums not really knowing quite what they want to do, not understanding the scope of the possibilities of what they could do, not understanding that, in order to do a decent piece of work you have to ask a fairly small question and then you have got to do it in some depth and then look at the context of that there. [...] And I think they also do not understand what kinds of questions can be asked and answered doing audience research. They might ask a very abstract question which has no very obvious way of finding an answer to it.*«

Zum Verständnis der Publikumsforschung gehört auch, eine Vorstellung davon zu haben, welche Schritte die Publikumsforschung impliziert, wie viel Aufwand eine Untersuchung bedeutet, und damit verbunden eine realistische Einschätzung, wie viel Zeit eine Studie erfordert, und wie früh sie daher in Gang gebracht werden muss, um rechtzeitig entscheidungsrelevante Informationen liefern zu können. Am *Powerhouse Museum* ist dieses Verständnis jedoch nur bei einem Bruchteil der Museumsmitarbeiter vorhanden:

»I think the other thing is for it to be effective, people need to understand how EVR [evaluation and visitor research] works. And most people don't, most people do not understand how it works. Most people do not understand that [...] every one hour of data collection can take you three hours to input, analyse and report. Most people do not understand that.«

Die Publikumsforschung ist eine professionelle Aufgabe, die bestimmte Kenntnisse und Fähigkeiten erfordert, basierend auf entsprechender Schulung und Erfahrung. Da die Publikumsforschung ein recht junges und vergleichsweise wenig präsentes Tätigkeitsfeld in Museen ist, fehlt jedoch oftmals das Bewusstsein, dass es sich hierbei um eine anspruchsvolle, aufwändige Tätigkeit handelt, die nicht ohne Weiteres von jedermann übernommen werden kann. Am *Muséum national d'histoire naturelle* und am *Canadian Museum of Civilization* beispielsweise wird die Publikumsforschung in dieser Weise von einigen Mitarbeitern unterschätzt:

»Faire aussi entrer dans les esprits que faire de l'évaluation c'est aussi un métier comme faire un exposition, comme un scénographe, comme un graphiste, ce sont des métiers d'exposition qui demandent une professionnalisation et qui demandent une spécialisation – je crois que ça rendrait plus efficace les évaluations.«[13]

»You need to have people in place who understand a little bit about research, who are not constantly questioning you about sample sizes and questionnaire design. It is fascinating, everybody thinks they can design a questionnaire. It is so funny.«

Eine solche Sicht der Publikumsforschung erschwert ihre Akzeptanz als ernstzunehmende Forschungstätigkeit (siehe Abschnitt 6.2.2), die durch wissenschaftliche Fundiertheit und Objektivität eine hohe Forschungsqualität und

13 | »Ins Bewusstsein zu bringen, dass die Durchführung von Evaluationen auch ein Beruf ist wie Ausstellungen machen, wie ein Ausstellungsgestalter, wie ein Grafiker, das sind Ausstellungsberufe, die eine Professionalisierung und Spezialisierung erfordern – ich glaube, das würde die Evaluationen effektiver machen.«

damit verlässliche Ergebnisse erreichen kann (siehe Abschnitt 6.2.6). Die folgenden Zitate aus dem *Powerhouse Museum* und dem *Natural History Museum* unterstreichen, dass die Publikumsforschung etablierte Maßstäbe empirischer Sozialforschung einzuhalten sucht, so dass sie in ihren Aussagemöglichkeiten in diesem Kontext gesehen werden muss und es daher nicht sinnvoll ist, sie vom Blickwinkel naturwissenschaftlicher Experimentalforschung her zu sehen:

»*I think the other thing that is not understood and which needs to be understood and there is a whole educative role here is the science of evaluation and audience research. If you don't understand statistics or you don't understand how qualitative research is actually based on a whole serious of very careful principles about sampling and formalising and validity, generalisability and reliability are principles that underlie the way you structure. Then it is much easier for them to question it at an ad hoc hideous syncretic manner.*«

»*It is quite interesting as well working in a scientific organisation because quite a lot of people are very analytical. They kind of overanalyse the statistics. We do not have the budgets to get samples of thousands and thousands of people, you might only be working from a sample of a hundred or three hundred or whatever. And when you say so and so percent say this and that, the scientists will ask, well how do we know that? And you explain that and they say, that is not scientifically accurate, is it? It is that kind of working with people who have science brains, and trying to get them to see, it may not be so scientifically accurate but it is giving you a broad brush-stroke, it is giving you a feeling for this stuff and the other. So they do get very stats-orientated without really seeing the underlying messages that the research may be saying.*«

Die Herausforderung besteht also darin, den Wert von Publikumsstudien als fundierte angewandte empirische Forschung im Dienste der Museumsarbeit zu etablieren. Damit soll Kritik an der Forschungsqualität von Publikumsstudien keineswegs zurückgewiesen werden; die Qualität von Publikumsforschung sollte jedoch anhand angemessener Maßstäbe empirischer Sozialforschung bewertet werden. Ein ›verantwortungsvoller Konsument von Forschung‹ (vgl. Hager & Boris 2001) benötigt ein Verständnis ihrer Methoden und Prinzipien, um die Güte von Publikumsstudien beurteilen und begründet Kritik üben zu können.

Unter diesen Voraussetzungen fällt es zudem leichter, die Ergebnisse von Publikumsstudien nachzuvollziehen und einzuordnen, die Reichweite der Ergebnisaussagen und ihre Interpretationsmöglichkeiten zu beurteilen sowie sinnvolle praktische Implikationen zu bestimmen. Ein externer Experte und eine Gesprächspartnerin aus dem *Victoria & Albert Museum* leiten aus ihrer diesbezüglichen Erfahrung entsprechende Anforderungen ab:

»Dass die Kuratoren etwas über Forschung wissen, weil sie sonst die Ergebnisse nicht beurteilen können in ihrer Relevanz, weil die ja vom Kontext der Forschung abhängig sind und nicht so einzeln frei herumstehen.«

»And I suppose getting the wider cut picture of certain museums to understand the importance of it and also to understand how to interpret it as well. The danger is that people will see only one specific bit of information and they see it out of context. And they do not fully understand what the implications are.«

Die diversen Erfordernisse des Erfolgsfaktors Verständnis implizieren: Alle Beteiligten sollten auch mit den entsprechenden Begrifflichkeiten der Publikumsforschung vertraut sein. Dies unterstreicht die in Zusammenhang mit dem Erfolgsfaktor Kommunikation beschriebene Erfordernis, dass Publikumsforscher und Museumsmitarbeiter eine gemeinsame Sprache finden, einen geteilten ›Code‹ (siehe Abschnitt 6.2.7, S. 318), um sich über den Einsatz und die Konsequenzen der Publikumsforschung für die Museumsarbeit zu verständigen.

Um zu einer solchen gemeinsamen Sprache zu gelangen und das Verständnis der Publikumsforschung aufzubauen und zu verbessern, spielen vor allem Kommunikation, Schulung und Partizipation eine Rolle. So beinhalten die folgenden Vorschläge eines externen Experten sowie von Gesprächspartnern des *Jüdischen Museums Berlin*, des *Victoria & Albert Museum* und des *Metropolitan Museum of Art* interne Schulungs- und Diskussionsveranstaltungen, die grundsätzlich über Publikumsforschung informieren, aber auch den positiven Beitrag der Publikumsforschung zur Museumsarbeit demonstrieren; darüber hinaus wird die Einführung in einschlägige Literatur zum Thema empfohlen:

»I think some institutions should have in-house lunch discussions, informal in-house professional training and sharing.«

»Ich hab jetzt hier im Museum ein Kolloquium über Wissensmanagement angefangen. Also erstmal verschiedene Bereiche kennen lernen überhaupt, sehen, was verbirgt sich dahinter, damit man mal aus dem eigenen Denken herauskommt, und das [die Publikumsforschung] ist ja ein Bereich, der mit dazu gehört, der übergreifend, vielleicht auch so eine Verbindung zwischen den einzelnen Abteilungen ist, und das würde ich schon so sagen, dass man diesen Gedanken, weil jeder muss ja irgendwo in diesem Bereich mal mitarbeiten, sag ich mal, ob man selber mal Fragen stellen muss oder das

umsetzen muss, der muss das auch mitkriegen, was dahinter steht und das kriegt man nur mit, wenn man so was nicht liest, sondern aktiv erlebt.«

»I would insist that members of the museum who have some responsibilities for dealing with the public – essentially all of us – are encouraged or obliged to undergo some kind of training. Some of it may be self-teaching, reading materials. But at the same time I think being shown how audience research works and, if you like, being taught what lessons have been won through research, and it being demonstrated that those lessons are fundamentally good solid ones, they are not just fashions that have been chosen out of preference, that there is a serious basis to them. I think that needs to be taught so that it is much less easy for people to disregard them.«

»I feel though that there is a lot of information in the field out there [...] And [the person responsible for audience research] has never introduced any of this research to people. It is like they are over there and he is in here. What I have tried to do is raise the consciousness of administrators so that they understand that there is a whole profession out there of people who are doing surveys, and much of their information is applicable.«

Eine Vorstellung der bestehenden Literatur kann nicht nur zu einer stärkeren Transparenz der Vorgehensweise und Prinzipien der Publikumsforschung beitragen, sondern auch aufzeigen, welche Fülle an Studien und Erkenntnissen sich im Laufe der Entwicklung der Publikumsforschung angesammelt hat und dass man allein aus der Rezeption dieser Studien einiges lernen kann.

Eine weitere gute Grundlage für ein besseres Verständnis der Publikumsforschung ist die persönliche Erfahrung, d.h. die direkte Mitwirkung bei Publikumsstudien – sei es die Begleitung als Auftraggeber oder Mitglied der Lenkungsgruppe einer Studie oder ganz konkret die Beteiligung an der Datenerhebung. Dies zeigen die Beispiele *Australian Museum, Museum Victoria* und *Australian War Memorial*:

»A couple of years ago I set up a steering committee to oversee a particular evaluation that I was doing and picked the members or recommended who the members of the steering committee would be. Some of whom had very important positions in the organisation but who did not necessarily understand or value what I was doing and so I used that process to educate them and give them a stake in evaluation.«

»I find that people actually become converted to this kind of work, and understand it and see its input is once they have been through a study. Because once they have been through one they will come back for more. And by saying no to someone who has not had actually a study done before there is the potential of actually cutting that person

off, and they may never really understand what the benefits of this kind of work can actually be.«

»I worked for [the person responsible for audience research] over one school holidays where I actually did questionnaires, so it was exit surveys. So it was from that I had an understanding of what [the person responsible for audience research] does in the museum, which is now proving to be useful, so that I am knowing what a resource she is.«

Zusammenfassend bestehen die zentralen Anforderungen des Erfolgsfaktors Verständnis somit einerseits in einem Grundverständnis der Rolle von Publikumsforschung in der Museumsarbeit und andererseits in Kenntnissen hinsichtlich ihrer wichtigsten Methoden und zugrunde liegenden Prinzipien. Unsicherheit darüber, in welcher Weise und in welchem Maß die Publikumsforschung in die Museumsarbeit hineinwirkt, kann dazu führen, dass sie als Mittel unproduktiver Kontrolle und Kritik oder als Instrument populistischer Verwässerung der Museumsarbeit (miss)verstanden wird. Dagegen liegt die Bedeutung der Publikumsforschung vielmehr in ihrer Funktion als eine auf wichtige Interessengruppen bezogene solide Informationsquelle für die Verbesserung und Weiterentwicklung der Museumsarbeit, die aber auch ihre Grenzen hat. Eine Vertrautheit mit den für Publikumsstudien charakteristischen Prozeduren, Prinzipien und Methoden erleichtert nicht nur das Verständnis der Ergebnisse und ihrer Implikationen, sondern auch die Akzeptanz der Publikumsforschung insgesamt. Kommunikation, Schulung und Mitwirkung sind wirkungsvolle Strategien, um zu einem besseren Verständnis der Publikumsforschung zu gelangen.

6.2.9 Verantwortlichkeit

Beim Erfolgsfaktor Verantwortlichkeit geht es darum, dass ein Einzelner oder mehrere Organisationsmitglieder Verantwortung und Zuständigkeit für Publikumsforschung übernehmen. 13 der 21 untersuchten Museen haben eine formale Zuständigkeit für Publikumsforschung im Personalbestand im Umfang mindestens einer vollen Stelle definiert, sieben davon sogar mit mehr als einer Stelle. Dagegen haben drei Fälle eine bloß marginale, fünf eine partielle Zuständigkeit für Publikumsforschung eingerichtet (siehe Abbildung 5.1, S. 138). Wie hängen diese unterschiedlichen Grade an Zuständigkeit für Publikumsforschung mit ihrer Wirksamkeit zusammen? In der Untersuchung wurde bereits bei der Auswahl der Fälle darauf geachtet, den Grad der internen Zuständigkeit für Publikumsforschung zu variieren, da die theoretische

Vorarbeit erwarten ließ, dass dies ein entscheidender Erfolgsfaktor sei. Doch die Rangliste der untersuchten Museen nach Wirksamkeit der Publikumsforschung zeichnet ein überraschendes Bild: Unter den ersten vier Fällen ist jeder Zuständigkeitsgrad vertreten – das *Australian War Memorial* mit einer vollen Stelle, *Te Papa* mit einer Abteilung, das *Haus der Geschichte* mit einer partiellen Zuständigkeit sowie das *Denver Art Museum* mit einer marginalen Zuständigkeit. Dieses kontraintuitive Ergebnis zeigt sich auch in der Zusammenhangsanalyse. Der Grad der Zuständigkeit korreliert schwächer als gedacht mit der Wirksamkeit der Publikumsforschung. Nimmt man allein die vier Zuständigkeitsgrade als Grundlage, liegt *Kendall's* τ nur bei .101. Es ist jedoch sinnvoll, die Anzahl von Stellen für Publikumsforschung nicht absolut, sondern relativ zur Größe der Einrichtung zu betrachten, um einen adäquaten Maßstab für den Grad der Zuständigkeit zu erhalten. Gemessen an der Gesamtmitarbeiterzahl sinkt damit die Bedeutung der Zuständigkeit vor allem am *Metropolitan Museum of Art* und an der *Smithsonian Institution* beträchtlich. Die entsprechende Zusammenhangsanalyse zwischen Zuständigkeit (in Form von Stellen für Publikumsforschung pro Mitarbeiter) und Wirksamkeit weist den deutlich höheren τ-Wert von .282 auf, der dennoch im Vergleich zu den übrigen Erfolgsfaktoren als eher niedrig einzustufen ist.

Was sind die Hintergründe dieses vergleichsweise geringen Beitrags der internen Zuständigkeit zur Wirksamkeit von Publikumsforschung? Eine vertiefte Betrachtung der empirischen Befunde gibt Hinweise darauf, dass die Frage der internen Verantwortlichkeit komplexer ist, als dass sie allein anhand des Stellenumfangs gemessen werden könnte. Ein Indiz dafür ist in den Ergebnissen der schriftlichen Befragung zu finden. Die Befragungsteilnehmer wurden gebeten, einzuschätzen, wie stark eine fehlende Verantwortlichkeit für Publikumsforschung deren Effektivität beeinflusst hat. Betrachtet man den Zusammenhang mit der Wirksamkeit anhand dieser Beurteilungen (in der Richtung umgekehrt), ist der Wert im Vergleich zur faktischen Stellensituation höher: *Kendalls* τ liegt bei .375 (im Vergleich zu .282). Diesen Zusammenhang illustriert Abbildung 6.11.

Unterstrichen wird diese Bewertung durch die Einschätzung des vorhandenen Grades an Verantwortlichkeit für Publikumsforschung innerhalb der eigenen Einrichtung, die in allen nicht-australischen Fällen erfragt wurde, mit einem leicht höheren Zusammenhangswert von .385 (N=13). Würde die Einschätzung der internen Verantwortlichkeit die faktische Stellensituation widerspiegeln, müsste der Zusammenhang zwischen diesen beiden Variablen nah am Wert 1 liegen. Tatsächlich ergibt sich jedoch ein τ-Wert von nur .324. Darin zeigt sich, dass der Grad an vorhandener Zuständigkeit einerseits und wahrgenommener Verantwortlichkeit andererseits auseinander klaffen. Dies

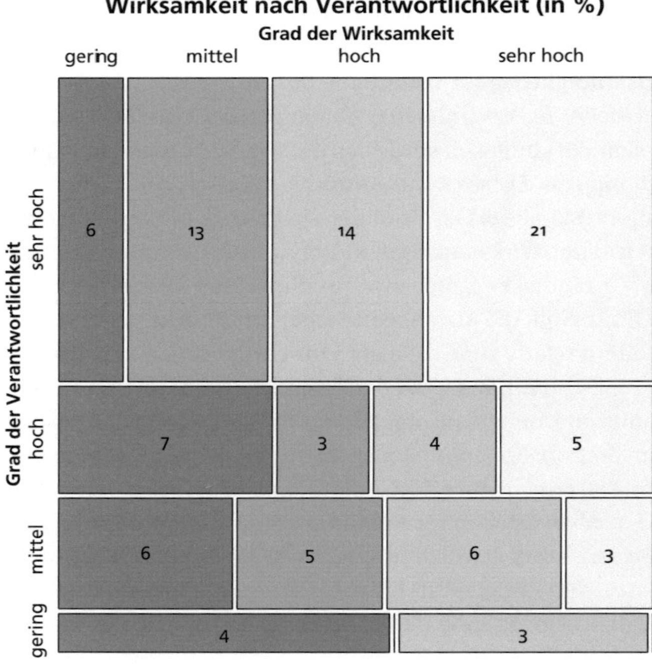

Abb. 6.11: Wirksamkeit nach Grad der Verantwortlichkeit

wurde auch in der Tatsache offenbar, dass Gesprächspartner in einzelnen Fällen nicht wussten, dass es in ihrer Institution eine interne Zuständigkeit für Publikumsforschung gibt oder in welchem Umfang eine solche vorhanden ist. Da die wahrgenommene Verantwortlichkeit stärker mit der Wirksamkeit von Publikumsforschung korreliert als der Umfang der formalen Zuständigkeit, wurde das umfassendere Konzept Verantwortlichkeit zur Betrachtungsgrundlage. Die sich in der Stellensituation ausdrückende formale Zuständigkeit ist ein Element dieser Verantwortlichkeit. Nachdem diese Facette näher beleuchtet wurde, ist zu ergründen, welche darüber hinaus gehenden Aspekte die Verantwortlichkeit zum bedeutsameren Erfolgsfaktor machen.

6.2.9.1 Formale Zuständigkeit für Publikumsforschung

Eine organisationsinterne Festschreibung der Publikumsforschungs-Funktion bietet eine Reihe von Vorteilen:

- interne Verankerung von Kompetenz und Expertise,
- zentrale Koordination der Studien,
- kurzfristige, unaufwändige Verfügbarkeit eines Experten,
- enge Anbindung der Publikumsforschung an die Museumsarbeit,
- erleichterte Integration von Studien in Projekte und Prozesse,
- bessere Abstimmung der Studien auf die Einrichtung,
- interne Vertretung der Publikumsperspektive.

Der erste Vorteil besteht darin, dass durch eine interne Zuständigkeit Kompetenz und Expertise in der Publikumsforschung direkt in der Institution verankert und nutzbar sind. Das Beispiel *Victoria & Albert Museum* illustriert den Vorteil für die Qualitätssicherung bei externen Studien:

»Because otherwise you have people who have no very deep understanding of it commissioning consultants and taking findings in a very uncritical way. They do not define their research question properly, they will not be critical of the methodology that is being proposed and they will not be critical of the results. Whereas with my experience I will go back and forwards quite a lot on all of those stages. So you need somebody who understands it to actually do that, so to work with the curator or the educator or whatever in working out the brief, defining the question and actually helping them look at things like the questionnaire or the focus group discussion guides. Because otherwise you do not get the quality. [...] I think the most important thing is to have somebody who has got expertise in the field who is able to have that kind of role, who ensures quality.«

Ein weiterer Nutzen, vor allem für größere Museen, ergibt sich aus in der zentralen Koordination der Publikumsforschungsaktivitäten. Abgesehen von der organisatorischen Entlastung der einzelnen Abteilungen ermöglicht eine interne Stelle eine kontinuierliche, strukturierte, orchestrierte und längerfristig angelegte Herangehensweise an die Publikumsforschung im Gegensatz zu vereinzelt durchgeführten, nicht aufeinander abgestimmten, *ad hoc* anberaumten Studien. Das *Victoria & Albert Museum* ist ein gutes Beispiel für die anfänglich stark ausgeprägte Fragmentierung der Publikumsforschung. Nun hat es mit Blick auf die Koordinationsnotwendigkeit eine interne Zuständigkeit für Publikumsforschung geschaffen:

»In a museum like this, it is such a big organisation that it needs somebody to have a strategic overview to make sure that all of these different projects, all of the research that is done, integrate it and coordinate it so that it is not each little or big project going off and doing its own piece of research, an awareness of what the other projects are doing, I think strategically within the museum that is quite a big challenge.«

Als interner ›Dienstleister‹ ist der Publikumsforscher eine Ressource, auf die man im Vergleich zu Externen schnell und unkompliziert zugreifen kann. Bei einem hohen Studienaufkommen ist dies auch ökonomischer als die Beauftragung externer Experten, wie z.B. ein Gesprächspartner des *Denver Museum of Nature and Science* konstatiert:

»I think it is good to have someone in-house, definitely. Because there are times when you just need to have studies done. They do not necessarily have to be big and huge in-depth studies, but it is just more cost-effective if you can run to someone here so that what you need to have done can be facilitated easily.«

Darüber hinaus birgt die interne Verankerung dieser Funktion die Chance einer engeren Anbindung der Publikumsforschung an die Museumsarbeit. Die schnelle Greifbarkeit des internen Experten setzt für die Museumsmitarbeiter die Hürde herab, Publikumsstudien durchführen zu lassen. Dies fördert praxis- und problembezogene Studien, da Fragen, die sich aus der Museumsarbeit ergeben, recht kurzfristig angegangen und beantwortet werden können. Statt weniger umfangreicher Studien, die sehr viele Aspekte abdecken, finden eher viele kleine Studien statt, die leichter in den Ausstellungsentwicklungsprozess integriert werden und diesen voranbringen können. Eine externe Expertin beschreibt diesen Vorteil folgendermaßen:

»The biggest advantage is that they can be there on a daily basis to do ›quick and dirty‹ kinds of studies. Not ›dirty‹ in the sense that they are bad studies but just quick studies that respond to a question that a team has, that they can go out and collect a small sample of data that can give some direction. [...] I think that an important distinction to make is that an in-house evaluator can be on hand to do quick, small, practical, useful studies that answer questions about the presence of problems and help direct exhibit teams to reaching their goals more effectively.«

Des Weiteren zeichnet sich ein interner Publikumsforscher aus durch die Vertrautheit mit der jeweiligen Einrichtung – ihrer Organisationsstruktur, ihren Prozessen, ihrer Historie, ihren Planungen, Zielen und Werten – sowie den Anliegen und Perspektiven der Kollegen, wodurch die Publikumsforschung besser auf die Einrichtung abgestimmt und in die Planungen integriert werden kann. Dies wurde beispielsweise am *Jüdischen Museum Berlin* erkannt:

»Wir brauchen jemanden im Team, jemand, der dauerhaft dabei ist, also nicht [...] eben nur als Externer kommt und einen Bericht abliefert und vielleicht auch eine Präsentation macht, aber dann wieder weg ist und sonst eigentlich nicht viel über das

Museum oder über die Ausstellungsentwicklung weiß oder das sozusagen begleiten kann. Wir brauchen jemand anderen hier, der etwas vom Ausstellungsprozeß weiß und der sich da mit einbringen kann und das dann auch eben kontinuierlich aufbaut oder das auch wirklich in der Institution zu verankern.«

Hier wird die in Abschnitt 6.2.1.3 gestellte Forderung nach personaler Integration wieder aufgegriffen. Dazu kommt, dass eine kontinuierliche, längerfristige Zusammenarbeit innerhalb einer Einrichtung im Gegensatz zu der kurzfristigen Begegnung mit (wechselnden) Externen leichter dazu beiträgt, eine Vertrautheit mit und ein Vertrauen in die Publikumsforschung aufzubauen. Dies zeigt die Erfahrung einer Museumsmitarbeiterin, die inzwischen für Publikumsforschung zuständig ist:

»I have been working in this institution for twenty years full-time. And the benefit is that I know how everything fits, I know people's attitudes, I know their personalities, I know how to work with them. I think that in most cases it is better to have someone in-house who everybody feels comfortable with.«

Außerdem geht eine Gesprächspartnerin am *Denver Museum of Nature and Science* davon aus, dass ein interner Publikumsforscher eher im Sinne der Einrichtung denkt, da er oder sie sich im Vergleich zu Externen wesentlich stärker mit ihr identifiziert:

»I mean there are lots of good firms out there, but they can never know the institution the way that people in-house do. And they do not have the same kind of vested interest, because they are contractors. That is not to say they do not do a good job, but they cannot know it as well, they cannot be as flexible and I think that their intrinsic motivations are different.«

Die unmittelbare Verfügbarkeit interner Experten wirkt sich auch positiv aus, ohne dass für jede publikumsbezogene Frage eine Studie durchgeführt werden müsste. Denn bereits aufgrund ihrer gesammelten Kenntnisse und Erfahrungen sind sie kompetente Ansprechpartner, die Auskunft zu publikumsbezogenen Fragen geben können. Eine von ihnen hebt hervor, dass ihnen damit neben der Funktion als Publikumsforscher auch die Rolle eines ›Anwalts des Publikums‹ zukommt:

»And I think you develop a fluency in methodology and question-asking, I think you develop a reserve of visitor understanding, that you develop kind of an intuitive response to things, you become more of a visitor advocate when that is completely your role. You

represent the visitor in discussions. And I think a dedicated person is by far the method of choice.«

Es gibt jedoch auch Stimmen, die sich gegen eine interne Zuständigkeit richten. Ihre Argumente lauten, abgesehen von der Schwierigkeit der Finanzierung:

- Bei intern verankerter Zuständigkeit ist die Objektivität der betreffenden Personen gegenüber dem Forschungsgegenstand und den involvierten Personen gefährdet.
- Die Arbeit mit wechselnden externen Experten erlaubt mehr Flexibilität, das gezieltere Einbringen spezifischer Expertise und bereichert die Museumsarbeit mit immer wieder neuen Denkweisen und Perspektiven.
- Wird die Zuständigkeit für Publikumsforschung einer einzelnen Person oder kleinen Abteilung zugeordnet, kann es geschehen, dass diese isoliert agiert und die Integration gefährdet ist.

Da, wie gezeigt, die Integration der Publikumsforschung eine äußerst wichtige Rolle für die Effektivität der Publikumsforschung spielt, ist vor allem das letztgenannte Argument zu bedenken. Eine Museumspädagogin am *Denver Art Museum* bringt diese Überlegung folgendermaßen zum Ausdruck:

»My perception often is that when there is a dedicated person, a dedicated department, it becomes shut off to the side, not as integrated. So I would be worried about that. The other is that I think we benefited enormously by having a variety of departments and a variety of consultants. [...] And I also think there is something very powerful in the people who are actually creating things, the actual practitioners, doing the research themselves and really integrating the visitor voice into their work.«

Für die Mehrzahl der untersuchten Museen überwiegen jedoch die Vorteile einer internen Zuständigkeit für Publikumsforschung, so dass sie diese Aufgabe fest in ihrer Personal- und Organisationsstruktur verankert haben. Dies geschieht jedoch in unterschiedlich starkem Maß: von einer kleinen Teilaufgabe einer hauptsächlich für andere Aufgaben zuständigen Person über die Definition der Publikumsforschung als eine von mehreren Hauptaufgaben eines Mitarbeiters hin zu einer vollen Stelle oder gar einer Abteilung mit mehreren Personen, deren vorrangige Zuständigkeit die Publikumsforschung ist. Der Status der Verantwortlichkeit als Erfolgsfaktor zeigt: Im Personalbestand eines Museums sollte eine Zuständigkeit für Publikumsforschung fest verankert werden, selbst wenn diese nur partiell ist und einem Mitarbeiter mit vorwiegend anderen Aufgaben übertragen wird. Doch wie zu Beginn des Abschnitts festgestellt, umfasst die Verantwortlichkeit für Publikumsforschung mehr als die Anzahl der zugewiesenen Stellen.

6.2.9.2 Stellung in der Organisationsstruktur

Was macht die interne Verantwortlichkeit aus, dass sie über die stellenmäßige Zuständigkeit hinausgeht? Antworten darauf liefert die qualitative Analyse hinsichtlich der Frage, wie die Zuständigkeit in den verschiedenen Fällen in der Organisationsstruktur verankert ist und welche Einflussmöglichkeiten ihr damit gegeben sind. Aus den Daten geht hervor, dass die Zuständigkeit für Publikumsforschung insbesondere in den Anfängen gerne nach inhaltlichen Schwerpunkten zugeordnet wird, entweder der Marketing-Abteilung, der Museumspädagogik oder der Ausstellungsentwicklung. Erfahrungen am *Australian National Maritime Museum* wie am *Powerhouse Museum* zeigen, dass damit zugleich auch die inhaltliche Ausrichtung der Publikumsforschung bestimmt wird:

»Well, I am placed within the marketing team of the museum and the marketing team are probably the most involved with it because, as I said before, they used to run the audience research.«

»I must say that when I was initially hired I was in the education department. And while that was very understandable in terms of the whole role of evaluation associated with audience, it was worsened because [...] I think if this sort of work is located within one department or another, any reporting or findings is somewhat coloured by that department.«

Wie im zweiten Zitat angesprochen, begrenzt diese Fokussierung den Zuständigkeitsbereich der Publikumsforschung und die Reichweite ihrer Untersuchungsthemen, und damit letztlich ihre möglichen Wirksamkeit – es sei denn, die Abteilung ist in sich bereits breit angelegt wie der Bereich ›Ausstellungen und Bildung‹ des *Jüdischen Museums Berlin*. In der Konsequenz hat diese Einsicht in einigen Fällen zu Veränderungen in der Zuordnung der Publikumsforschung geführt, jedoch auf unterschiedlichen Wegen. Bei *Te Papa* wanderte die Zuständigkeit für Publikumsforschung über die Jahre durch verschiedene Abteilungen:

»When the museum opened we got restructured out of the exhibition/interpretation area into an area which had all the front-of-hosue staff, so all the operations people, our hosts, the education/interpretive staff, Discovery Centre people, and ourselves. [...] And then we got restructured again about maybe nine months later and then we went into

marketing. [...] I mean there was always quite a bit of debate about where it should sit. [...] But I think you just need to broaden the scopes of what you do. Probably because we had not been captured by one area and worked across the exhibition development side of things for a long time so that was just part of the exhibiton development process, they just automatically thought about doing evaluation work, whereas if we had started off in marketing straight away, we would have become much more a market research unit and the exhbition process might have been unaffected by my presence, as it were, you know. [...] And I think in our case, because we had a history of being in one area and then moving to another and to another, a whole lot of different divisions in the organisation got used to us being around and could see the benefit of what we could do. So it ended up, in the end, while it was in marketing, it had an incredibly broad reach within the organisation, a range of people coming up to us and ask us to assist them with information or to do research for them, that was really broad. But I am sure that is just because of the range of places we have worked in leading up to that time.«

Indem auf diese Weise verschiedene Abteilungen enger mit der Publikumsforschung in Berührung kamen und Erfahrungen mit ihr machen konnten, etablierte sie sich nach und nach als museumsweite Funktion und Ressource, obwohl sie weiterhin organisatorisch in der Marketingabteilung verankert bleibt. Das *Denver Art Museum* erreicht denselben Effekt durch die enge Verzahnung von Museumspädgagogik und Ausstellungsentwicklung: Die sogenannten ›Master Teachers‹ sind als Museumspädagogen, Stimme des Publikums und Agenten der Publikumsforschung von Beginn an in jedes Projekt involviert. Damit kann selbst eine jeweils nur äußerst marginale Zuständigkeit für Publikumsforschung dennoch eine starke Präsenz dieser Funktion in der Breite der Museumsarbeit bewirken. Dadurch wird die personale Integration unterstützt. Die Schlussfolgerung lautet also, dass die Publikumsforschung in einer übergreifenden Funktion agieren sollte, auch wenn sie mit einer bestimmten Abteilung assoziiert ist.

Die breite Verwendung der Publikumsforschung in der Museumsarbeit gelang dem *Australian War Memorial* mit einer anderen Strategie: Die Zuständigkeit für Publikumsforschung wurde aus der Abteilung für Museumspädagogik und Besucherservice herausgelöst und auf die Managementebene gehoben, wie eine Abteilungsleiterin schildert:

»Originally she was working with the education and visitor services area, now she is part of the executive area. I think there has been a significant shift, they are really seeing her as a resource, working across the organization, rather than someone who is in the narrow sense doing audience evaluation for the education and visitor services area. Also because she is involved in the business planning processes and on a whole range

of committee working groups and all of those sort of things. I would say that she has become very heavily integrated in the work that we are doing. [...] I think certainly from our point of view moving that sort of expertise from one section to more broadly available resource has been a very important shift in raising the level of awareness, appreciation and impact of the work that is being done. [...] The position is also, because it is a lot more visible and particularly because she has such an input into our corporate performance information, it has meant that the whole profile of the position has been raised within the organisation. And it means that very few projects particularly big projects are set up now without her involvement right from the beginning.«

Gesprächspartner des *Denver Museum of Nature and Science* und des *Canadian Museum of Civilization* heben die Vorteile eines dadurch ermöglichten übergreifenden Blickwinkels hervor und sehen auf diese Weise zugleich die Forderung nach Objektivität und Unabhängigkeit erfüllt:

»And then a certain amount of autonomy I think is really important, because I know that there were things that I saw that were not on anybody's agenda but that I started to explore, because you are standing outside, looking at the overall piece, not just this project but how this projects fits into the larger visitor experience. And you know how this project relates indirectly to another project you are doing at another part of the museum, a certain amount of autonomy so that a) you can maintain some objectivity but b) that you can help people connect information and pieces from other parts of the museum, I think that that is really helpful, too.«

»And I also I think it is important that the visitor studies report to the President or the CEO or the Director of the institution. Because you have no bias, you are seen as relatively objective. You do not report to finance, you do not report to exhibitions and programs, you do not report to marketing, you report to the CEO. So you have no stake in saying that an exhibition is going to be as good, right?«

Damit die Publikumsforschung wie am *Australian War Memorial* nicht nur an Sichtbarkeit, sondern auch an Einfluss und Gewicht gewinnt, unterstreichen Interviewpartner aus zwei weiteren australischen Museen die Forderung nach einer Verankerung der Publikumsforschung an prominenter Stelle in der Organisationshierarchie:

»The position needs to be [...] as close to the top of the organisation as possible.«

»The position of audience visitor evaluation must be seen to be central and influential and have the director's personal approval. There is no substitute for that. [...] Put evaluation high up in the level, high in the hierarchy of levels of offices in the Museum.«

Wie vorteilhaft eine solche zentrale Position der Verantwortlichen für Publikumsforschung ist, illustriert wiederum das Beispiel des *Australian War Memorial* als Spitzenreiter der untersuchten Museen:

»So she ensures that at management meetings, that she is constantly reminding managers that they need to consider her business in their development. And to do that she is invited to quite a lot of senior meetings. So I guess what I am saying is that it is recognised as an important function, the incumbent in that position has been elevated to an executive level position and it sits in quite a number of senior meetings and is well regarded. So it is not just dismissed as silly information, it is considered and included in our reports and things.«

Die zweite Schlussfolgerung lautet also: Die Publikumsforschung sollte nicht nur möglichst unabhängig von einzelnen Abteilungen, sondern auch möglichst hoch in der Organisationshierarchie angesiedelt sein. Dabei müssen jedoch die gegenläufigen Forderungen nach Objektivität und Unabhängigkeit einerseits und nach personaler Integration andererseits ausbalanciert werden.

Aus den obigen Betrachtungen lässt sich nicht nur schließen, dass die interne Verankerung einer Zuständigkeit für Publikumsforschung viele Vorteile mit sich bringt, selbst wenn diese Zuständigkeit nur partiell ist. Die Analyse zeigte zudem, dass die Wirkungsmacht der Publikumsforschung nicht allein durch den Umfang der Zuständigkeit bestimmt wird, sondern auch durch den Grad ihrer Präsenz und Sichtbarkeit in verschiedenen Bereichen der Museumsarbeit abhängig davon, wie stark die jeweils zuständige Person ihre Verantwortlichkeit wahrnimmt und diese anerkannt wird – nicht zuletzt auch basierend auf ihren Einflussmöglichkeiten aufgrund ihres Status in der Organisationshierarchie. Die Publikumsforschung sollte daher unabhängig von bestimmten Abteilungen und möglichst hoch in der Organisationsstruktur angesiedelt sein. Die meisten untersuchten Museen, vor allem in Australien und Neuseeland, haben inzwischen erkannt, dass der Publikumsforschung eine museumsweite Rolle zukommt. Sie ist ein generisches Instrument, mit dem man ein weites Spektrum an Museumsaktivitäten informierend vorbereiten und evaluieren kann, und das daher an entsprechend zentraler Stelle positioniert sein sollte. Zugleich sollte jedoch die Anforderung der personalen Integration (siehe Abschnitt 6.2.1.3) berücksichtigt werden, damit der oder die Verantwortliche für Publikumsforschung nicht in völliger Isolation arbeitet.

6.2.10 Veränderungsbereitschaft

Mit dem Erfolgsfaktor Veränderungsbereitschaft folgt nun der Übergang von der Bereitstellung der Ergebnisse zu ihrer Verwertung, d.h. der Realisierung der Handlungsimplikationen, die sich aus Publikumsstudien ergeben. Dies liegt nicht allein in der Verantwortung des Publikumsforschers, sondern vielmehr in den Händen der Museumsmitarbeiter in Ausstellungsentwicklung, Museumspädagogik und Öffentlichkeitsarbeit – je nach Gegenstand der Untersuchung. Hinsichtlich der Bereitschaft, Rückmeldung aus Publikumsstudien handlungsleitend aufzugreifen, zeigt sich eine große Bandbreite in der Beurteilung der Fälle, wie aus Abbildung 6.12 zu ersehen ist. Die Zusammenhangsanalyse zeigt hier eine positive, wenn auch nicht allzu starke Beziehung an (τ: .333).

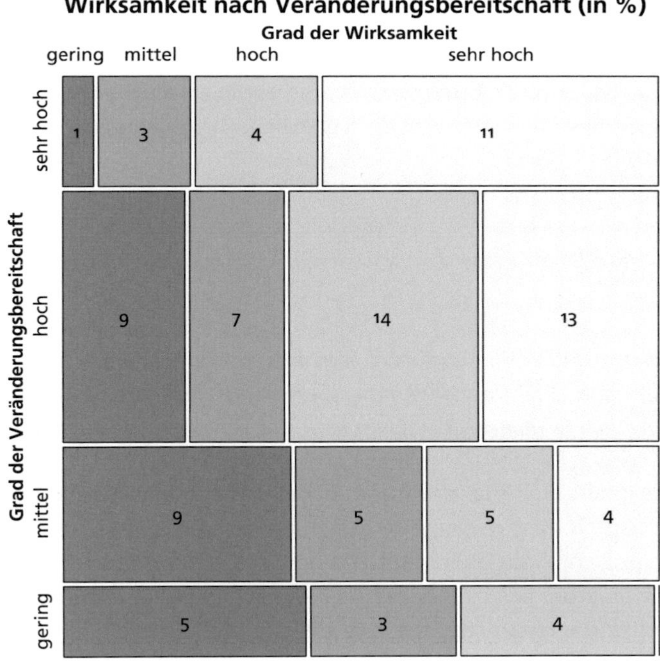

Abb. 6.12: Wirksamkeit nach Veränderungsbereitschaft

In einigen Fällen ist die Veränderungsbereitschaft bei den Museumsmitarbeitern stark ausgeprägt, so z.B. beim *Denver Museum of Nature and Science* oder dem *Jüdischen Museum Berlin*:

»They are doing a great job there and they know how to really use the information. And in the follow-up conversations I had I know they definitely listened to the results and they asked questions about them and they were not interested in, let us just pigeonhole this, we are doing a spin on and we are going to figure out how to use these results for our own purposes. That is the opposite of what they were. Tell us what is going on and we are going to try to respond to that, they made a commitment now to making revisions in the exhibit, which is terrific.«

»Ich finde, es wird optimal berücksichtigt, die Ergebnisse werden wirklich sehr ernst genommen und führen zu Änderungen und Entscheidungen.«

Bei den Museen, die sich bezüglich der Veränderungsbereitschaft laut Befragung eher am unteren Ende der Skala befinden (z.B. *Natural History Museum* und *National Museum of American History*), erzählen die Aussagen entsprechend eine andere Geschichte, in der von Missachtung der Ergebnisse und Widerstand gegen Veränderungen die Rede ist:

»Findings are not always used to inform future exhibitions/programmes because of arrogance or unwillingness to accept the evidence – ›we know best, others have nothing to teach us‹.«

»When you look at the Smithsonian, it has been around for many, many years and will continue, I am sure, to be around for many, many years. And people take a very long view of getting their job done and making changes. It is quite resistant to change.«

Die vertiefte qualitative Analyse hinsichtlich des Erfolgsfaktors Veränderungsbereitschaft ergab, dass es sich hier um einen dreistufigen Prozess handelt: Die Umsetzung von Studienergebnissen bedarf der Akzeptanz dieser Ergebnisse. Dies wiederum setzt zunächst die Bereitschaft voraus, über die eigene Arbeit zu reflektieren und sich Kritik zu stellen.

6.2.10.1 Reflexionsbereitschaft

Als erster Schritt verlangt der Erfolgsfaktor Veränderungsbereitschaft von den Museumsmitarbeitern die Bereitschaft, die eigene Arbeit zu hinterfragen, darüber zu reflektieren und sich Kritik von außen zu stellen. Dies wird von einem Gesprächspartner aus dem *Haus der Geschichte* und einem externen Experten als große Hürde eingeschätzt:

»Die größte Herausforderung ist die an einen selber, das ist die größte. Weil man sich immer dieser Kritik stellen muss, die Kritik an der eigenen Arbeit ist und die einen bewegen muss dazu, auch eigene Pläne wieder neu in Frage zu stellen. Das ist die größte Herausforderung.«

»Die Hauptgrenze sehe ich in einer Willensbarriere, nicht in einer Fähigkeits- oder finanziellen Barriere, sondern einer Willensbarriere. Ich habe den Eindruck, dass viele Menschen, die in Museen arbeiten, sich nicht oder nicht so häufig den Urteilen des Publikums aussetzen wollen.«

Nicht nur, dass man seine Arbeit externer Beurteilung aussetzt – es geht auch um die Maßstäbe, die dabei angelegt werden. Die publikumsbezogene Evaluation etabliert die Erfüllung von Publikumsbedürfnissen und -interessen als ein relevantes Erfolgs- und damit Beurteilungskriterium der Museumsarbeit, an dem sich nicht jeder messen lassen möchte (siehe auch Abschnitt 6.2.2.2, S. 263). Darüber hinaus gibt es im Rahmen der alltäglichen Arbeit in der Regel wenig Raum, um aus der Routine auszubrechen und die Museumsarbeit aus kritischer Distanz zu betrachten. Eine Reflexionsbereitschaft kann auch in einem anderen Zusammenhang nicht vorausgesetzt werden, den eine externe Expertin einbringt:

»Sometimes people do not actually want to know what we found out. You know, the evaluation might be a condition of funding and really just doing the evaluation is all they need to do and then they do no really care what they found out. If we found out something nice then it is fine, and if we found out something which is a bit more challenging then it is very easy just to forget things.«

Ist Evaluation ein verpflichtender Bestandteil der Grundförderung oder eines Projektförderprogramms von Drittmittelgebern (siehe Abschnitt 5.6.3.1), kann dies dazu führen, dass sie nur durchgeführt wird, um dieser Anforderung genüge zu tun, nicht aber, um daraus etwas für die Weiterentwicklung der eigenen Arbeit zu lernen. Doch die Verpflichtung, mit Hilfe von Publikums- und Evaluationsstudien Rechenschaft abzulegen, kann auch nach und nach den möglichen Beitrag der Publikumsforschung für die Museumsarbeit deutlich machen. Dies zeigt die Erfahrung von Gesprächspartnern aus dem *Victoria & Albert Museum* und dem *Jüdischen Museum Berlin*:

»The thing is also that a lot of external funding bodies within the UK are requiring visitor research, it is a key requirement for their funding. So that always gets people exercised about having to do it, that helps.«

»And this drove, I would suggest, the real rise of visitor and market research in these countries because the institutions had to prove to government that they were useful, that they had a lot of visitors, they were relevant and so forth and it is a marvellous tool for that. And from this, people started getting an idea that there are more interesting things you can do with it as well.«

Obligatorische Studien für Rechenschaftsberichte bieten die Gelegenheit, die Vorgehensweisen und Prinzipien von Publikums- und Evaluationsstudien kennenzulernen und können dadurch Vorbehalte mindern (siehe auch Abschnitt 6.2.8).

6.2.10.2 Akzeptanz der Ergebnisse

Wenn eine Studie abgeschlossen ist, heißt es im zweiten Schritt: die Ergebnisse annehmen und gelten lassen – unabhängig davon, wie sie ausfallen. Dies wird z.B. in Interviews am *Denver Art Museum* und am *Deutschen Museum* hervorgehoben:

»You have to be willing to listen to the answers because sometimes they can be radically opposed to what you thought going into it, you have to go into this with an open mind.«

»Und dann muss man sich auch einig sein, dass man das, was da herauskommt auch wirklich akzeptieren will, also nicht dass man dann sagt, okay, wir machen jetzt hier eine Forschung und wenn dann das Ergebnis zeigt, so wie wir jetzt gearbeitet haben das funktioniert nicht, dass man dann halt auch wirklich bereit ist neu zu denken, also anders zu denken.«

Die Resultate anzuerkennen ist naturgemäß besonders schwierig, wenn sie bestehenden Annahmen und Überzeugungen entgegenstehen und diese in Frage stellen. Diese Hürde wird in vielen Interviews thematisiert, nicht nur bezüglich den im unteren Mittelfeld angesiedelten *Australian National Maritime Museum* und *Canadian Museum of Civilization*, sondern ebenfalls hinsichtlich der erfolgreichen Museen *Museum Victoria* und *Te Papa*:

»The findings may be in conflict with what they actually believe themselves. So often people want to stay with what they believe rather than change it.«

»I guess we think we know better and to be told otherwise by a public poll is sometimes infuriating, sometimes I am convinced that just because twenty members of the public do not like something is not a good enough reason not to do it.«

»I think you also have to have an acceptance that some of the things that come up are not going to be necessarily things that you want to hear, but if you want to improve, you've got to listen and you've got to take notice and then be prepared to do something about it.«

»We had exactly the same problem in Te Papa that the curators did not really like the visitor and market research findings because they kept proving that we had to do different things. And this is always a problem.«

Beim *Australian Museum* zeigt sich sogar in der Stellenbeschreibung der Verantwortlichen für Publikumsforschung, dass man sich dieses Problems durchaus bewusst ist, denn eine der Aufgaben lautet: »Influencing Museum staff to consider findings when those findings do not match expectations.« Das Ignorieren von Informationen, die nicht den eigenen Auffassungen entsprechen, ist auch der Innovationsforschung bekannt, die sich mit der Adoption von Neuerungen sowie dem Management von Innovationsprozessen in Organisationen befasst. Wunschdenken, gegenläufige Interessen oder die Überzeugung, selbst den besten Weg zu wissen, führen auch hier dazu, dass handlungsleitende Informationen gar nicht oder nur selektiv beachtet werden (vgl. Schuler 2004: 552). Die Frage der Akzeptanz von Ergebnissen der Publikumsforschung impliziert den Respekt vor dem Beitrag anderer zur Museumsarbeit – in diesem Fall von Publikum und Publikumsforscher.

6.2.10.3 Umsetzungsbereitschaft

Sind die Hindernisse der ersten beiden Schritte überwunden, geht es in der dritten Phase schließlich um die Bereitschaft, praktische Konsequenzen aus den Ergebnissen zu ziehen und, wo erforderlich, Konzepte, Entwürfe, Maßnahmen und Ziele zu modifizieren. Die Gewinnung neuer Einsichten bedeutet nicht ohne Weiteres, dass auch entsprechend gehandelt wird. Der Spielraum zum Handeln muss offen bleiben: Nicht nur, dass Ergebnisse von Publikumsstudien rechtzeitig zur Entscheidungsfindung vorliegen müssen, wie in Abschnitt 6.2.5.3 betont. Erforderlich ist auch die Bereitschaft, diese Ergebnisse abzuwarten und in die Entscheidungsfindung einzubeziehen. Die folgenden Aussagen zweier externer Experten sowie von Gesprächspartnern aus dem *Natural History Museum* und der *Cité des Sciences* zeugen von den Veränderungswiderständen, die dabei überwunden werden müssen:

»Ich kann nur sagen, dass da eine Voraussetzung ist, die trivial scheint. Es muss die Bereitschaft zur Änderung da sein, das ist ein ganz wichtiger Punkt, weil es ganz schwierig ist.«

»Man müsste also wirklich auch die Bereitschaft zeigen, das Ganze nicht nur als Schubladenbericht dann zu behandeln und dann neu darüber zu überlegen, was davon möglichst gefahrlos umgesetzt werden könnte, sondern es müsste so ein gewisser Geist in dem Hause dasein zu sagen, lass uns das doch nun wirklich anpacken.«

»That is the biggest challenge: not doing it, but applying it. And we have already talked about how some of the staff are reluctant to take on board certain things coming from research because their world view is different.«

»Après, c'est très difficile de faire bouger la maison.«[14]

Das Problem des Widerstands gegen Veränderungen, das hier am Beispiel der Publikumsforschung offenbar wird, ist bereits recht ausführlich in Zusammenhang mit Prozessen des Organisationslernens und Organisationswandels betrachtet worden. Publikumsforschung kann in ihrer Funktion der publikumsbezogenen Informationsgewinnung durchaus in die Riege der Instrumente des Organisationslernens aufgenommen werden. Typische Barrieren für das Organisationslernen sind das Vermeiden kritischer Rückmeldungen, die die bisherige Praxis in Frage stellen; eingeübte Verhaltensgewohnheiten und Verfahrensweisen werden aufrecht erhalten, anstatt nach neuen Lösungen zu suchen. Abwehrhaltungen sind auch dann zu finden, wenn bestehende Einflussmöglichkeiten, Entscheidungs- und Handlungsspielräume durch Veränderungen eingeschränkt werden (vgl. Schreyögg 2003: 501). Dies kann z.B. der Fall sein, wenn der Teamansatz in der Ausstellungsentwicklung eingeführt wird, bei dem Verantwortung, Kompetenz und Autorität gleichmäßiger verteilt sind, oder wenn die Aufwertung der Publikumsperspektive zum Erfolgskriterium der Museumsarbeit als Abwertung der bislang kaum in Zweifel gezogenen Fachkompetenzen von Museumsmitarbeitern aufgefasst wird (siehe auch Abschnitt 6.2.2.2, S. 263 und 6.2.4.2, S. 278).

Wie kann angesichts dieser Problemlage die Veränderungsbereitschaft gefördert werden? Für die Reflexionsbereitschaft spielen Führung und Organisationskultur eine wichtige Rolle. Mit Hilfe der Unterstützung durch die Führungskräfte (siehe auch Abschnitt 6.2.3) kann sich ein Klima entwickeln, in dem das Hinterfragen des Überkommenen und der Wille zur Verbesserung

14 | »Letztlich ist es sehr schwierig, etwas in diesem Haus zu bewegen.«

begrüßt und gefördert werden, unterstreicht eine Gesprächspartnerin am *Natural History Museum*:

»So I think commitment of the organisation and a wider understanding of the importance of evaluation and the importance of making sure that you apply it as well as do it. And really that has to come from the top, that has to come from the director. So a questioning attitude in the organisation, are we doing things right, how can we improve, how can we find out? So I think that probably one of the most fundamental things is support by the very top for evaluation and a commitment and understanding to its importance.«

Im Rahmen der Museumsarbeit sollte daher auch Platz für ihre Reflexion sein. Die eigene Arbeit mit etwas Abstand zu betrachten, unterstützt die Identifizierung von Problemen und Verbesserungsbedarf und damit die Suche nach Informationen zur Problemlösung und die Bereitschaft zum Wandel. Die Publikumsforschung kann hier nicht allein als unterstützendes Informationsmittel zur Lösung erkannter Probleme dienen. Sie kann auch die Problemfindung an sich unterstützen, indem sie Diskrepanzen zwischen erwarteten und tatsächlichen Wirkungen von Maßnahmen aufzeigt. Die Wahrnehmung solcher Diskrepanzen zeigte sich als wichtiger Motor für Lernprozesse (vgl. Argyris & Schön 1999: 31). Kann die Publikumsforschung ihre Nützlichkeit demonstrieren, indem sie einerseits Probleme aufzeigt und andererseits gezielt und handlungsorientiert Antworten liefert, die der Problemlösung dienen, erleichtert dies ihre Etablierung als wichtiges Reflexions- und Verbesserungsinstrument.

Darüber hinaus trägt die enge Einbeziehung von Museumsmitarbeitern im Verlauf von Publikumsstudien (siehe Abschnitt 6.2.11) dazu bei, die Bereitschaft zur Durchführung von Studien und die Akzeptanz ihrer Ergebnisse zu erhöhen, wie die Erfahrungen eines Gesprächspartners aus dem *Natural History Museum* und einer externen Expertin zeigen:

»So that is why staff needs to be involved, they need to be able to be focused on what is happening. [...] You build up trust. So people are not afraid to participate in evaluation or surveys. So that when we are doing those sorts of things they welcome it because surveys will not always give you positive feedback, they will give you negative feedback as well. And people should not be afraid of that and use that as a tool.«

»And the other point I have got here is involvement. Research is very effective when there is ownership and involvement, involvement in the whole process. Thinking a little bit more about exhibition teams, if they are are involved in commissioning research, and

they talk to the researcher, and they come along to the focus groups and so on, then they are more likely to take it on board.«

Des Weiteren empfiehlt sich hier die Diskussion der Ergebnisse und die gemeinsame Erarbeitung ihrer Implikationen, wie auch bei den Erfolgsfaktoren Kommunikation (siehe Abschnitt 6.2.7, S. 317) und Mitwirkung (siehe Abschnitt 6.2.11, S. 352) betont wird. Um die Umsetzung der Ergebnisse von Studien zu forcieren, haben das *Victoria & Albert Museum* und *Te Papa* gute Erfahrungen damit gemacht, konkrete Maßnahmen zu vereinbaren und verbindlich festzuhalten. So sind beispielsweise am Ende der Berichte zur Formativen Evaluation der British Galleries des *Victoria & Albert Museum* konkrete Aktionen benannt, die als Konsequenz aus den Ergebnissen umgesetzt werden sollen:

»But unless there is actually the will in the institution to implement those, then it will not be effective. And one of the things that we realised about a certain way through the British Galleries project was that we needed to actually formally agree what the actions were going to be from these studies.«

Bei *Te Papa* ist der gesamte Prozess der Ausstellungsentwicklung stark formalisiert. Unter den erforderlichen Schritten findet sich auch die Vorgabe, auf die Ergebnisse und Empfehlungen der Publikumsforschung schriftlich zu reagieren:

»With the recommendations from evaluation studies for exhibitions that had one, they had to write a response to each recommendation. So that was great. It was good for the research team to get feedback as well, see what people are doing about the findings that you had, rather than delivering findings and then never hearing anything about it again. [...] That was prescribed in the process. So the approvals people would get a huge document to look through and one page of it would be the evaluation recommendations and the response to them and that would be something that the advocates for evaluation would be checking for approval, along with a lot of other stuff. I think that gave us more feat because they knew at some stage they had to front up with the recommendations even if they did not like them. Someone else was going to check and it was not just a report that would go onto a shelf and just gather dust. That was kind of ›keep it alive‹. It was a great thing, actually. Because it is one of the big challenges, you do research, but how do you get people to utilise it. So I mean having that in that forced way initially, over time I think quite a few people sort of came around.«

Dieses Vorgehen macht es erforderlich, sich auch wirklich mit den Ergebnissen auseinander zu setzen, und es erhöht zugleich die Verpflichtung zur Umsetzung und die Verbindlichkeit der beschlossenen Maßnahmen.

Die Veränderungsbereitschaft ist eine wichtige Voraussetzung, um von der Durchführung von Publikumsstudien zur Wahrnehmung und Umsetzung ihrer Erkenntnisse zu gelangen. Dieses Ergebnis stimmt mit Erkenntnissen aus der Organisationsforschung überein, die zeigen, dass die Schaffung von Veränderungsbereitschaft für den erfolgreichen Organisationswandel generell eine wichtige Rolle spielt. Damit wird die Lernfähigkeit der Organisation gesichert (vgl. Schreyögg 2003: 516, 563). Mit Blick auf die Publikumsforschung beinhaltet der Erfolgsfaktor Veränderungsbereitschaft drei Elemente: erstens, die Bereitschaft zum Reflektieren über die eigene Arbeit und sich dabei auch externer Beurteilung zu stellen; zweitens, die Ergebnisse zu akzeptieren und sich mit ihnen auseinanderzusetzen, auch wenn sie nicht den Erwartungen entsprechen und ein Umdenken erforderlich machen; und drittens schließlich, die Bereitschaft, die Maßnahmen, die auf Basis der Ergebnisse erarbeitet wurden, in die Praxis umzusetzen. Zuträglich für die Veränderungsbereitschaft sind die Unterstützung der Führungskräfte, eine Organisationskultur, die Reflexion und den Willen zur Verbesserung gutheißt, eine umfangreiche Mitwirkung der betreffenden Mitarbeiter bei Publikumsstudien sowie die gemeinsame Erarbeitung und verbindliche Vereinbarung geeigneter Umsetzungsmaßnahmen.

6.2.11 Mitwirkung

Beim Erfolgsfaktor Mitwirkung geht es im Kern darum, dass diejenigen Museumsmitarbeiter, für deren Arbeit die durch Publikumsforschung gewonnenen Informationen relevant sind, in die Entwicklung und Durchführung der jeweiligen Studie involviert sind und so ihre Anliegen und Perspektiven einbringen können. Dies entspricht der Maxime ›Betroffene zu Beteiligten machen‹. Es bedeutet, diejenigen, die die Ergebnisse später nutzen und umsetzen sollen, von Beginn an in den Prozess zu einzubeziehen und eng mit ihnen zusammenzuarbeiten. Die Partizipation ist damit die andere Seite der prozessualen und personalen Integration von Publikumsforschung. Während die Frage der Integration auf die Einbeziehung der Publikumsforschung und des Publikumsforschers in die musealen Aufgaben und Prozesse zielt, geht es bei der Mitwirkung in umgekehrter Blickrichtung um die Einbeziehung der Museumsmitarbeiter in die Aufgaben und Prozesse, die mit der Publikumsforschung verbunden sind.

Der positive Zusammenhang zwischen Mitwirkung und Wirksamkeit wird veranschaulicht in Abbildung 6.13. Die Mitwirkung ist insgesamt gesehen ›mittel‹ bis ›hoch‹ ausgeprägt, jedoch selten ›sehr hoch‹. Wie bei den bisher betrachteten Erfolgsfaktoren können bei höheren Graden der Einbeziehung höhere Werte für die Wirksamkeit beobachtet werden, während bei geringer Beteiligung niedrige Wirksamkeitswerte dominieren. Allerdings ist der direkte positive Effekt der Mitwirkung mit einem τ-Wert von .218 im Vergleich zu den übrigen Erfolgsfaktoren recht gering.

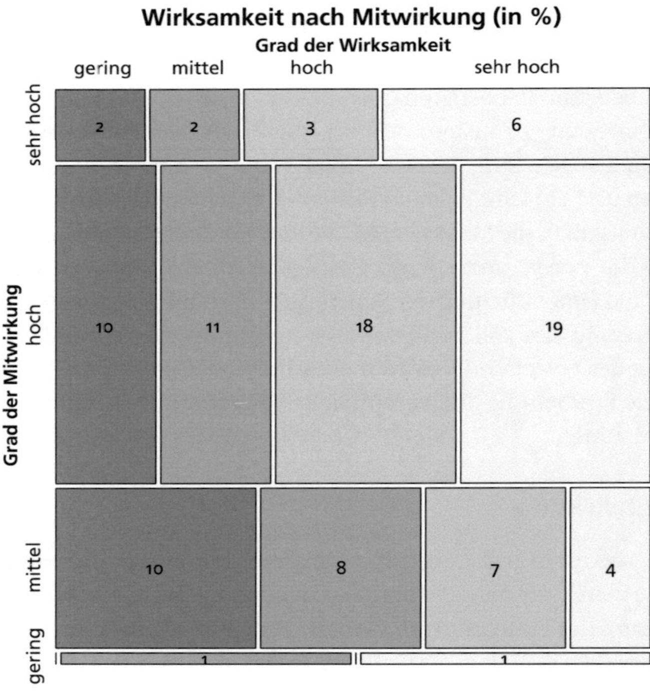

Abb. 6.13: Wirksamkeit nach Mitwirkung

Bei der Frage nach der Mitwirkung muss allerdings weiter differenziert werden: Museumsmitarbeiter können in sämtliche Phasen einer Untersuchung involviert sein, beginnend mit der Festlegung der zentralen Fragen und Ziele der Untersuchung über die Erarbeitung der Forschungsinstrumente und die Datenerhebung bis hin zur Diskussion der Untersuchungsergebnisse mit dem verantwortlichen Forscher. Abbildung 6.14 zeigt, in welchem Maß die Mitwirkung von Museumsmitarbeitern in den jeweiligen Phasen einer Publikumsstudie über alle Fallstudien hinweg üblich ist.

Hieraus geht hervor, dass die Partizipation von Museumsmitarbeitern vor allem bei der Festlegung der Forschungsfragen sowie bei der Besprechung der Ergebnisse hoch ist. Eine Beteiligung an der Datenerhebung ist dage-

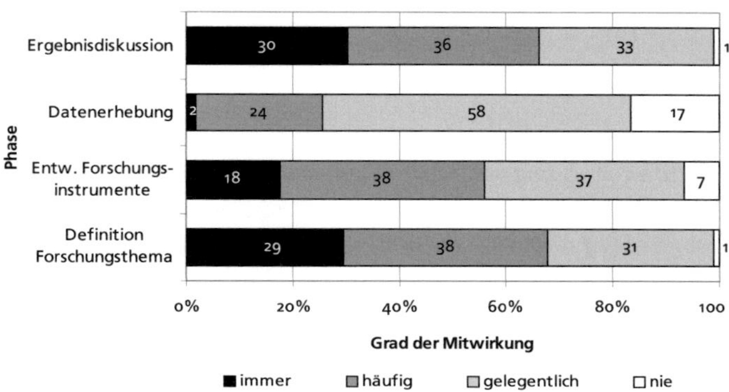

Abb. 6.14: Mitwirkung bei Publikumsstudien nach Phasen

gen weniger üblich. Museumsmitarbeiter sind also vor allem zu Beginn und beim Abschluss von Studien involviert, jedoch seltener im zwischenzeitlichen Verlauf der Untersuchung. Mit Hilfe der Rangkorrelationsanalyse lässt sich die Frage beantworten, in welcher Untersuchungsphase eine Mitwirkung der Museumsmitarbeiter besonders förderlich für die Wirksamkeit der Publikumsforschung ist. Tabelle 6.3 listet die Werte für *Kendall's* τ je nach Untersuchungsphase auf.

Untersuchungsphase	**Kendall's** τ
Definition Forschungsthema	.223
Entw. Forschungsinstrumente	.152
Datenerhebung	.158
Ergebnisdiskussion	.059
Mitwirkung gesamt	.218

Tab. 6.3: *Kendall's* τ für Mitwirkung nach Untersuchungsphasen

Unter den vier Arten der Partizipation zeigt sich danach bei der Beteiligung von Mitarbeitern an der Definition der Forschungsthemen und -fragen der engste Zusammenhang mit der Wirksamkeit von Publikumsforschung. Dies unterstreicht, dass zu Beginn des Forschungsprozesses wichtige Weichen für eine wirksame Publikumsstudie gestellt werden.

6.2.11.1 Mitwirkung in der Konzeptionsphase

Die folgenden Zitate illustrieren die Bedeutung einer frühen Beteiligung der betreffenden Museumsmitarbeiter am Beispiel des *Australian War Memorial* und des *Australian Museum*:

»I think you have to work closely with who ever you are doing evaluation for. [...] For example we did an education program evaluation last year. To start it off I ran a session with the education team, and got them to identify the terms of reference and the scope, didn't use those sort of words, but got them to identify what would help their job. And then that became the basis of the evaluation. [...] So I think a lot of it comes down to, effectiveness comes down to setting up productive working relationships so that the people that you are doing the evaluations for have a real vested interest in the results.«

»It's all a matter of involvement. I think if you involve people and get them interested and engaged then they will support it a bit more than if you just don't have anything to do with them or don't get their input. That's really important.«

Diese Aussagen machen deutlich, dass die frühzeitige Mitwirkung zum einen zur Nützlichkeit der Studien beiträgt, indem sie auf die Informationsbedürfnisse der Beteiligten ausgerichtet werden. Zum anderen stärkt dieses Vorgehen das Interesse und die Aufmerksamkeit für die später vorliegenden Ergebnisse und damit die Akzeptanz der Publikumsforschung.

6.2.11.2 Mitwirkung in der Erhebungsphase

Auch die Mitwirkung in der Erhebungsphase hat diverse Vorteile. Wie sich an den Zusammenhangswerten in Tabelle 6.3 ablesen lässt, ist diese Phase die zweitwichtigste nach der anfänglichen Festlegung der Forschungsfragen. Daher sollte der Mitwirkung bei der Datenerhebung mehr Aufmerksamkeit zukommen, als dies bislang gängige Praxis ist. Die Auftraggeber und Adressaten einer Studie an der Datenerhebung zu beteiligen, hat zunächst den praktischen Nutzen, dass vor allem bei Budgetknappheit intern vorhandenes Personal zur Datensammlung genutzt werden kann. So stärkt die Mitwirkung den Erfolgsfaktor Ressouren. Die aktive oder passive Teilnahme in der Phase der Datensammlung bietet den Museumskollegen vor allem aber die Gelegenheit, sich grundlegend mit den Prinzipien und Methoden der Publikumsforschung vertraut zu machen (siehe Abschnitt 6.2.8), wozu Museumsmitarbeiter beispielsweise am *Natural History Museum* und bei der Neuentwicklung der British Galleries des *Victoria & Albert Museum* ermutigt wurden:

»For example when we have done focus groups, we have usually tried to involve the whole project team, certainly in helping to prepare the prompts and stimulus materials, get us a lot of communication messages, so that everyone who was involved in the project knows that the research is taking place and to get everyone's agreement to the approach we were taking and also getting people to sit in on focus groups as well. [...] So I suppose it is really just involving people a lot and communicating with them so that they have been involved from the outset rather than just suddenly being given these results, this is what the visitor thinks so this is what you have got to do. If you get people on board at an earlier stage then that tends to help.«

»The involvement of project team members and the wider Museum staff in the evaluation process was a key factor in developing understanding and acceptance of the process. [...] By the final phase of prototyping, with some training in interviewing and observation techniques from the consultant, Paulette McManus, team members were able to carry out all aspects of the evaluation: data collection, analysis and reporting.« (Hinton 2004: 2)

So trägt die Mitwirkung nicht nur zum Aufbau interner Kompetenzen in der Publikumsforschung bei, sondern unterstützt auch die Erfolgsfaktoren Verständnis und Akzeptanz. Zudem ist der Effekt nicht zu unterschätzen, den die unmittelbare Begegnung mit Besuchern während der Datenerhebung auf die Einstellung zum Publikum und die Akzeptanz der Forschungsergebnisse hat, wie bereits in Zusammenhang mit dem Erfolgsfaktor Publikumsorientierung empfohlen (siehe Abschnitt 6.2.4):

»What we used to do, just get people in the exhibition team to be involved in the research. Let possibly do some interviews or observe interviews or listen in or observe focus groups and things like that. So that they heard it from the audience's mouth as it were and they could not really disagree with the recommendations when they came back. I think often people who have been really resistant, they sat in on a couple of focus groups and they were just changed people, really changed their mind.«

Die Erfahrung bei *Te Papa* zeigt, dass die Ergebnisse von Publikumsstudien besser angenommen werden, wenn Museumsmitarbeiter durch die Beteiligung an der Datensammlung die Reaktionen und Perspektiven des Publikums aus erster Hand erfahren.

6.2.11.3 Mitwirkung in der Abschlussphase

Nicht zuletzt empfiehlt sich auch die Beteiligung der Mitarbeiter an der Diskussion der Ergebnisse und der Festlegung der praktischen Implikationen, die sich aus den Resultaten ergeben – schließlich sind sie diejenigen, die die Ergebnisse in praktische Maßnahmen übersetzen müssen. So wird es beispielsweise beim *Canadian Museum of Civilization* und der *Cité des Sciences* gehandhabt:

»And then, when the results come in we also help articulate what might go in the final report. And then, of course, we take that information and we use that information in our planning that we do internally in the division. I would say it is very much a collaborative effort.«

»Quand l'étude est terminée il faut que le commanditaire revoit les gens de l'étude et réfléchisse à l'utilisation déjà, de ce qu'il peut en faire.«[15]

Eine ausführliche Besprechung der Ergebnisse und die gemeinsame Erarbeitung und Diskussion ihrer praktischen Implikationen hilft mit, dass die Resultate richtig verstanden, angemessen interpretiert und in sinnvolle museumspraktische Maßnahmen übersetzt werden. Diese Vorgehensweise ist vor allem dann von Vorteil, wenn die Publikumsstudie von einem externen Forscher durchgeführt wird, der das betreffende Museum naturgemäß nicht so gut kennt wie die internen Mitarbeiter.

Insgesamt gesehen trägt eine kontinuierliche Mitwirkung in den verschiedenen Phasen einer Publikumsstudie nach der Erfahrung einer externen Expertin zu einer erhöhten Umsetzungsbereitschaft bei:

»Exhibition teams, if they are are involved in commissioning research, and they talk to the researcher, and they come along to the focus groups and so on, then they are more likely to take it on board.«

Stellt man die Frage, welche Bedingungen eine enge Beteiligung von Museumsmitarbeitern an der Publikumsforschung begünstigen, so zeigt sich, dass mit dem Grad der internen Zuständigkeit für Publikumsforschung auch die Mitwirkung der Museumsmitarbeiter bei Publikumsstudien zunimmt. Durch die kontinuierliche Präsenz des Forschers vor Ort sind häufigere und unkompliziertere Rückkopplungen möglich als bei der externen Vergabe einer Studie. So werden Partizipation und Kommunikation vereinfacht.

Abschließend ist festzuhalten, dass eine frühzeitige und kontinuierliche Einbeziehung der durch eine Studie adressierten Museumsmitarbeiter zum

15 | »Wenn die Studie beendet ist, ist es notwendig, dass der Auftraggeber die Forscher wiedersieht und bereits über die Verwertung nachdenkt, darüber, was er davon ausgehend machen kann.«

Erfolg von Studien beiträgt. Dies entspricht Erkenntnissen aus der Organisationsforschung: Für einen erfolgreichen Organisationswandel spielt die aktive Einbindung der betroffenen Organisationsmitglieder in den Veränderungsprozess eine wichtige Rolle (vgl. Schreyögg 2003: 515). Das Wirkungspotential der Partizipation liegt vor allem in der frühen Phase der Eingrenzung und Festlegung der Forschungsfragen als Grundlage für die Erarbeitung der Forschungsinstrumente, doch auch die Phase der Datenerhebung verdient Aufmerksamkeit, damit sich Museumsmitarbeiter Studien stärker zu eigen machen.

6.2.12 Ressourcen

In jeder Fallstudie wurde die Bedeutung der Ressourcen, insbesondere finanzieller Mittel, hervorgehoben. Diese stellen in der Wahrnehmung der Museumsmitarbeiter eine der größten Schwierigkeiten bei der Realisierung von Publikumsstudien dar. Gesprächspartner des *Natural History Museums*, des *Victoria & Albert Museums* und des *Hauses der Geschichte* beschreiben die damit verbundenen Herausforderungen – eine Ausgangssituation, in der *per se* keine Mittel für die Publikumsforschung vorgesehen sind; die Gefahr von Budgetstreichungen; und die Erfordernis ausreichender Mittel zur Vergabe von Studien an qualifizierte externe Agenturen, wenn keine ausreichenden internen Kompetenzen vorhanden sind:

»And our exhibition department really doesn't have a budget for doing exhibition evaluations at all any more. So, largely, we have to fight for the money to do research. There isn't a central budget for us at all.«

»Resourcing, making sure that project money is allocated to the audience side of it. Money is always quite tight in museums, there is never an abundance of money floating around. It could be one of those areas that could be seen as easy to cut.«

»Vor allen Dingen, wenn man wissenschaftlich fundierte Besucherforschung machen will, dann braucht man Institute, die das auswerten, und das kostet eine Menge.«

Die Ausführungen zur Ressourcensituation der untersuchten Museen in Abschnitt 5.1.2 demonstrieren zweierlei: zum einen die großen Unterschiede in der Höhe der verfügbaren Mittel, zum anderen die Vielfalt an Mittelquellen. Hier stellt sich die Frage: Wie spiegelt sich die Ressourcensituation in der Wirksamkeit von Publikumsstudien wider? Abbildung 6.15 enthält einen Überblick über die Beurteilung der für Publikumsstudien vorhandenen Mittel durch die Befragten und veranschaulicht die Relation zwischen Ressourcen und Wirksamkeit. Daraus wird ersichtlich, dass die Befragten aus den Fällen mit der höchsten Wirksamkeit die Mittelsituation leicht positiver einschätzen.

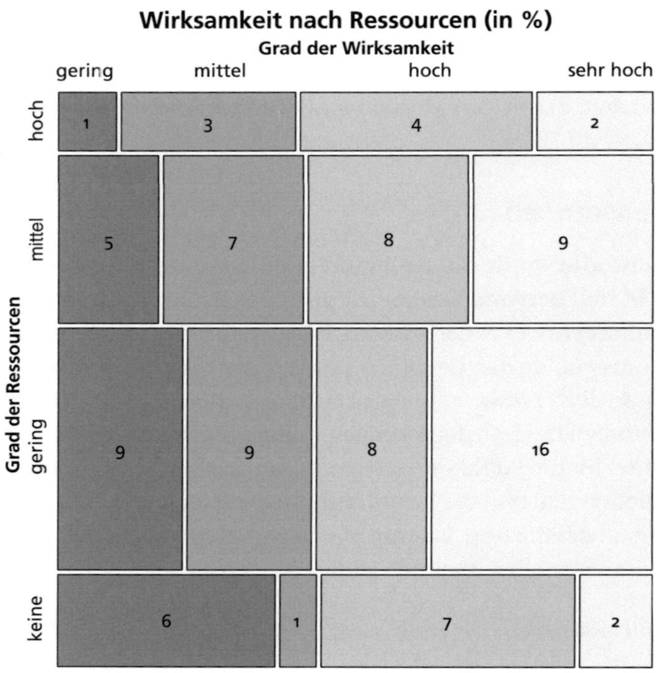

Abb. 6.15: Wirksamkeit nach Ressourcen

Dass der Effekt im Diagramm kaum zu erkennen ist, entspricht dem Ergebnis der Zusammenhangsanalyse: im Vergleich zu den übrigen Erfolgsfaktoren ist die Rangkorrelation am geringsten (τ: .111). Dies mag daran liegen, dass die Museen über eine Vielzahl von Strategien verfügen, um den Ressourcenmangel auszugleichen, damit sie trotz begrenzter Mittel Publikumsstudien durchführen können. Diese Strategien werden am Ende des Abschnitts näher betrachtet. Abbildung 6.15 zeigt, dass die Mehrheit der befragten Museumsmitarbeiter die Mittelsituation für Publikumsforschung in ihrem Museum als defizitär betrachtet. Dies ist mit Blick auf die bereits geschilderten Unterschiede in der Höhe der verfügbaren Mittel nicht verwunderlich. Es gibt jedoch insofern zu denken, als diese Untersuchung auf Museen fokussiert ist, die sich besonders stark in der Publikumsforschung engagieren und von denen man die Bereitstellung entsprechender Ressourcen erwarten würde. Tendenziell sind es Museen mit niedrigem Grad an interner Zuständigkeit für Publikumsforschung, die einen Mangel an Mitteln besonders stark beklagen – beides Ausdruck eines vergleichsweise schwachen ›Bekenntnisses‹ zur Publikumsforschung.

Die Ressourcen erhalten auf zweifache Weise Bedeutung für die Wirksamkeit von Publikumsstudien: erstens als wichtige Basis für die Durchführung von Studien, und zweitens als Voraussetzung für die Verwertung der Ergebnisse und die Veranlassung von Veränderungsmaßnahmen.

6.2.12.1 Ressourcen zur Durchführung von Publikumsstudien

Soll die Publikumsforschung in der Museumsarbeit eine Rolle spielen, muss sie wie die übrigen musealen Aufgaben mit adäquaten Ressourcen versehen werden, unterstreicht ein Gesprächspartner des *Deutschen Museums*:

»Einerseits besteht die Herausforderung eher darin, die Besucherforschung adäquat zu institutionalisieren, auch mit Mitteln auszustatten, mit Ressourcen auszustatten, so dass sie ihre von uns erkannte Wirksamkeit auch entsprechend wahrnehmen kann. Also die Herausforderung liegt dann eher so auf der Ebene der Institution, dass sie ihre Besucherforschung entsprechend aufbaut.«

Doch selbst bei Museen mit einer vergleichsweise guten Ausstattung besteht ein Wunsch nach zusätzlichen und vor allem verlässlichen Ressourcen. Entscheidend ist nicht allein die Höhe der verfügbaren Mittel. Schwierig ist auch die oft fehlende dauerhafte Verlässlichkeit der Mittel, die sich aus der oben beschriebenen Ressourcensituation ergibt. Der Etat für Publikums- und Evaluationsstudien, selbst wenn er explizit budgetiert wurde, wird nicht selten gekürzt oder gar ganz gestrichen, weil man ihn wegen Mittelknappheit für andere, höher priorisierte Maßnahmen verwenden möchte.

Gelder für Publikumsstudien werden häufig rein projektbezogen vergeben und müssen immer wieder neu beantragt und verhandelt werden. Beim *Franklin Institute Science Museum* war die Publikumsforschung inklusive der Stelle der Besucherforscherin lange Zeit ausschließlich drittmittelfinanziert und damit vollkommen abhängig von der erfolgreichen Einreichung von Anträgen:

»She had to go out and get projects, she had to write proposals and get them awarded to her or she would not have been working there for three years. So there was no commitment. They said, you can stay here if you write proposals to get money, and then they

would let her do whatever the proposal said. But they were not supporting her. That changed recently.«

Dazu kommt, dass es sich vielfach um eine Mischfinanzierung mit Mitteln aus verschiedenen Quellen handelt. All diese aus verschiedenen Ursachen herrührenden Unsicherheiten machen die Ausgangslage für eine kontinuierliche, integrierte Publikumsforschung schwierig.

Bei der Ressourcenfrage geht es zudem nicht allein um finanzielle Mittel, sondern auch um Ressourcen in Form von Personal und damit Arbeitszeit. Die Frage einer internen Zuständigkeit für Publikumsforschung stellt sich hier erneut, allerdings aus der finanziellen Warte: ob es möglich ist, die Publikumsforschung in das Aufgabenspektrum des vorhandenen Personals zu integrieren oder gar eine interne Stelle für Publikumsforschung einzurichten, und ob man bereit ist, die damit verbundenen dauerhaften finanziellen Verpflichtungen einzugehen, die man beim Einsatz externer Berater nicht hätte. Allein mit externen Beratern ist jedoch die geforderte Kontinuität und Integration der Publikumsforschung nur schwerlich zu leisten. Ein Gesprächspartner des *Jüdischen Museums Berlin* befürwortet die Investition in eine interne Stelle:

»Sie müssen das auf ihre finanzielle Prioritätenliste setzen, damit ist es das wichtigste, dass bei den ja doch immer spärlichen Mitteln für ein Kollegium in einem Museum eine Stelle oder anderthalb, aber zumindest eine Stelle geschaffen wird, d.h. das ist schon mal ein Etat sagen wir mal von um die 60.000 Euro im Jahr, den man bereitstellen muss, daran wird es sicher fehlen oder das werden viele Museen nicht einsehen, dass sie ausgerechnet dafür so hohe Mittel zur Verfügung stellen sollen, so wie es bis zur Mitte der achtziger Jahre auch nicht üblich war, Museumspädagogen einzustellen, das sich auch erst in mühseligen zehn, fünfzehn Jahren durchgesetzt hat, und dass ohne Vermittlung auch ein Argument für die öffentliche Förderung kaum noch zu begründen ist.«

Wie sich in diesem Zitat schon andeutet, wird das Szenario interner Stellen für Publikumsforschung nach Einschätzung zweier externer Experten wohl vorerst ein seltenes bleiben:

»Ich glaube, ganz ehrlich gesagt, nicht, dass mehr als ein bis zwei Dutzend große Einrichtungen das sich letztendlich dann leisten könnten, einen internen Evaluator.«

»It is unlikely that very many institutions are going to be able to afford to hire full-time in-house evaluators. So I would like there to be more and better training for in-house staff.«

Selbst wenn der Beitrag der Publikumsforschung als positiv wahrgenommen wird und der Wunsch besteht, diese Tätigkeit intern zu verstetigen, bleibt die Schwierigkeit, dass Museumsbudgets ohnehin meist knapp bemessen sind, sie selten wachsen und die Publikumsforschung als zusätzliche Aktivität aus dem gegebenen Etat und Personalbestand zu bestreiten wäre. Eine interne Stelle für Publikumsforschung zu ermöglichen, setzt in diesen Fällen die Bereitschaft zu Kürzungen an den Budgets für andere Museumsaufgaben oder die Umwidmung bestehender Stellen voraus. Dies erfordert eine intensive Überzeugungsarbeit, die die Wirksamkeit von Publikumsforschung demonstriert. Ähnliches gilt für die Einrichtung *zusätzlicher* Stellen für Publikumsforschung. Nutzt eine Einrichtung die Publikumsforschung besonders intensiv, ergibt sich eine Arbeitsbelastung, die von den intern für Publikumsforschung Verantwortlichen allein kaum noch zu bewältigen ist, wie zwei von ihnen erläutern:

»I think I am at the point where I need additional staff and the funding for that staff is not available. So there is a manpower shortage, now that it is so accepted.«

»Funding for another position or support position is another thing. It is hard because I know that museums have a whole lot of competing interests, but I am just feeling tired at the moment. I want some help, but I know it is really hard to find additional funding within the current environment.«

Eine Ressourcenknappheit finanzieller wie personeller Art wirkt sich in verschiedener Hinsicht auf Anwendung und Wirksamkeit von Publikumsforschung aus. In einem Gespräch am *Metropolitan Museum of Art* beispielsweise wurde deutlich, dass die verfügbaren Ressourcen Anzahl und Umfang der möglichen Studien begrenzen:

»Because our researcher is only part-time he cannot do every study that people would like. But he does several studies a year, usually one large study per year, on a major exhibition with very high attendance. And so we try to work particularly with that one and build questions into it.«

Dies wird auch bei der Betrachtung der Situation der *Cité des Sciences* aus der Perspektive des *Muséum national d'histoire naturelle* deutlich:

»Il y a une énorme différence qui est celle des moyens. Ils sont cinq ou six, [...] et du coup ils ont à la fois une capacité en quantitatif et en qualitatif, c'est-à-dire qu'ils peuvent faire quinze fois plus d'études que je pourrais en faire.«[16]

---

16 | »Es gibt einen großen Unterschied, der in den Mitteln liegt. Sie sind zu fünft oder zu

Die Notwendigkeit der Beschränkung auf wenige Studien impliziert, dass bei der Auswahl der zu untersuchenden Aspekte klare Prioritäten zu setzen sind. Damit sind zugleich auch den Erkenntnismöglichkeiten Grenzen gesetzt. Denn es besteht die Gefahr, dass die Studien allein auf kurzfristig relevante, leicht zu erfassende und damit wenig komplexe Themen fokussiert werden und langfristig angelegte oder mit mehr Aufwand verbundene Erkenntnisinteressen hintan gestellt werden. Oder aber die wenigen Studien werden mit Fragen überfrachtet, so dass den Befragten viel abverlangt wird.

Auch die Forschungsqualität kann aufgrund knapper Ressourcen leiden. Dies ist beispielsweise dann der Fall, wenn nicht ausreichend Mittel vorhanden sind, um eine repräsentative Stichprobe zu erreichen oder um professionelle Interviewer einzusetzen. Eine Vertreterin des *Franklin Institute Science Museums* und ein externer Experte weisen auf die Schwierigkeit hin, hinreichend verlässliche Daten zu gewinnen:

»And I think the difficulties are always making sure that you have got the right sample. [...] So it is the expense that you are willing to apply to get something that would allow you to feel more comfortable in terms of that you had gotten a survey that reflected the reality of the entire population. So what you spend, and the fewer people you interview then you can run the risk of getting the wrong information.«

»Natürlich gibt es für bestimmte Arten von Erhebungen auch finanzielle Grenzen. Es gibt Formen von Untersuchungen, die sehr kompliziert, sehr teuer sind. Wenn ich mich entscheide, alle drei Monate eine Untersuchung zu machen, das wird es wahrscheinlich sehr teuer. Oder wenn ich Wert lege auf eine ganz bestimmte Repräsentativität, dann wird es auch teuer.«

Zudem darf die Ressource Arbeitszeit in dieser Betrachtung nicht vernachlässigt werden. Wie bereits angesprochen, ist die Arbeitsbelastung einiger Verantwortlicher für Publikumsforschung sehr hoch. Dies ist einerseits ein gutes Zeichen, zeugt es doch von der intensiven Nutzung der Publikumsforschung in diesen Einrichtungen. Doch eine zu hohe Arbeitsbelastung schränkt die Wirksamkeit von Publikumsforschung ein. Das ›Office for Policy and Analysis‹ der *Smithsonian Institution* besteht aus neun Mitarbeitern, die jedoch für insgesamt fast zwanzig Museen zuständig sind. Dies bedeutet für das *National Museum of American History* eine stark eingeschränkte Verfügbarkeit der institutionsinternen Spezialisten:

---

sechst [...], und daher haben sie mehr Kapazitäten, sowohl quantitativ als auch qualitativ, das heißt, sie können fünfzehn Mal mehr Studien durchführen, als ich es könnte.«

»Some of it is just that they are overworked and they just do not have time in their schedule. Us doing it in-house versus outside is usually when we do not have a budget we will do it in-house, but if we do have a budget, because they are so strapped for time, we will send it outside.«

Um solide Besucherstudien realisieren zu können, sind daher finanzielle Ressourcen für die Betrauung externer Berater mit den Untersuchungen vonnöten. Sind diese nicht vorhanden, werden die Studien von nicht spezialisierten Mitarbeitern des *National Museum of American History* erstellt, was wiederum ein Risiko hinsichtlich der Forschungsqualität darstellt.

6.2.12.2 Ressourcen zur Verwertung der Ergebnisse

Bisher wurde die Ressourcenfrage primär mit Blick auf die *Durchführung* von Publikumsstudien betrachtet. Doch die mangelnde zeitliche Verfügbarkeit der Publikumsforscher wirkt sich nicht nur auf die Möglichkeit der Realisierung von Studien aus, sondern hat auch Konsequenzen für die weitere *Verwertung* der Ergebnisse, auf die Art der Rückmeldung und die Möglichkeiten einer langfristigen Dokumentation und Verstetigung der Erkenntnisse. Dies macht eine über das einzelne Projekt hinausgehende, langfristige Nützlichkeit der Ergebnisse unwahrscheinlich. Eine Verantwortliche für Publikumsforschung schildert diese für sie frustrierende Situation:

»But for evaluation to be useful it has to be delivered on time and then there are so many things that keep coming up. What that means to me is that I end up delivering verbal reports and dot points to people. And I never get the time to finish something and have a final report that somebody in two years time can come and say 'oh wow what did we find out about that again, or how can we use that again'. I have got these unfinished projects where we have passed on the learning but we have only passed it on to the immediate team and we are not able to pass it on long term. So I have got unfinished projects hanging over my head.«

Von der Kommunikation der Ergebnisse können wir noch einen Schritt weiter gehen, denn entscheidend für die Wirksamkeit von Publikumsstudien ist auch die Bereitstellung von Mitteln für Verbesserungsmaßnahmen auf Basis der gewonnenen Erkenntnisse. Ein Mangel an Ressourcen kann ganze Studien im Nachhinein nutzlos machen, wenn keine Möglichkeit besteht, die mittels Publikumsforschung identifizierten Probleme auch zu beheben, wie ein Gesprächspartner des *Natural History Museums* und eine Führungskraft des *National Museums of American History* unterstreichen:

»It's one thing to find out the information, but then sometimes to have the budget to change and make the amendments you want to do. I mean for example, if we do do a piece of research on an exhibition and the research tells us that twenty percent of what we do we're not getting our messages across or people aren't understanding exhibits or they don't know how to work the interactive, then it's useful to know those things but we don't always then have the budget to go back to the exhibition and change things. Because there is always pressure on budgets. And government funding is getting scarcer.«

»We do not generally have budgets to go back in reaction to that at exhibitions, for example, if we find there is a problem. When we find an easily addressed problem that does not cost much money we will go ahead and do that, but if it is really expensive, we will less find an occasion to do it.«

In den untersuchten Museen werden diverse Strategien verfolgt, um die Ressourcensituation der Publikumsforschung zu verbessern. Einerseits ist die Zielrichtung dabei, mehr Mittel für Publikumsstudien zu generieren, sei es aus internen oder externen Quellen. Um ihre Position bei der internen Budgetzuweisung zu stärken, ist es wichtig, der Publikumsforschung die Unterstützung der Führungskräfte zu sichern, die eine wichtige Rolle bei der Mittelvergabe spielen, wie bereits in Abschnitt 6.2.3 ausgeführt. Eine weitere, aber mit viel Aufwand verbundene Möglichkeit ist die Beantragung externer Mittel bei Drittmittelgebern.

Alternativ zur Beschaffung zusätzlicher Gelder versuchen die Museen, das beste aus der bestehenden Ressourcensituation zu machen und bei den Ausgaben zu sparen. Bei der Publikumsforschung ist vor allem der Personalaufwand hoch. Im Hinblick auf die Frage einer internen Zuständigkeit für Publikumsforschung, das ging aus Abschnitt 6.2.9 hervor, sollte zumindest eine Verantwortlichkeit für die zentrale Koordination und Kommunikation aufgebaut werden, die als Teil der Aufgaben einer oder mehrerer bestehender Stellen definiert wird und damit den bestehenden Stellenbestand nutzt. Um trotz mangelnder interner Kompetenzen die Forschungsqualität zu sichern, empfiehlt sich ein Vorgehen, wie es sich am *National Museum of American History* herauskristallisiert hat – dass die spezialisierten Besucherforscher zumindest als Berater für die Entwicklung von Studien genutzt werden:

»They will come in and spend twenty minutes with me and figure out how to conduct it, and then we can have our own people do the study.«

Eine ähnliche Strategie schlägt ein externer Experte vor, um selbst bei geringen verfügbaren Ressourcen Möglichkeiten für fruchtbare, wenn auch kleine, Studien zu schaffen:

»Wenn Sie sagen, wir haben aber nur 8000 Euro, dann kann man sagen, man kann auch für 8000 Euro etwas machen, aber dann müssen wir es stärker konzentrieren. [...] Und dann gibt es die, die so gut wie gar keine Mittel haben, denen kann ich nur anbieten, dass ich sage, wir machen dann eine Schulung bei Ihnen, wie könnt Ihr Euch Eure eigene Erhebung im Hause selber stricken.«

Die Museen greifen außerdem gerne auf Studenten zurück, die Studien für ihre Abschlussarbeiten durchführen, welche sowohl den Studierenden als auch dem Museum zugute kommen:

»The evaluation was an extensive piece of work, but was affordable for the museum because it was largely conducted by a final year MA student of museum studies, under the close guidance of the museum's staff.« (Nolan 2001: 11)

Eine enge Betreuung ist dabei jedoch unerlässlich, sowohl aufgrund der Unerfahrenheit der Studenten in Bezug auf empirische Studien und die Museumsarbeit als auch hinsichtlich einer optimierten Nützlichkeit und Verwertbarkeit der Studie im Museumskontext. Außerdem sind in der Regel weitere personelle Ressourcen für die Datenerhebung erforderlich. Ist kein Budget für den Einsatz professioneller Interviewer oder Beobachter vorhanden, behelfen sich die Museen meist mit Studenten, Praktikanten, ehrenamtlichen Mitarbeitern und Museumsmitarbeitern aus anderen Tätigkeitsbereichen. Hinsichtlich des Einsatzes von Studenten im Rahmen der Datenerhebung hat die Verantwortliche für Publikumsforschung am *Australian War Memorial* eine Kooperationsvereinbarung mit der University of Canberra:

»We have an arrangement with UCAN in which students gain evaluation experience by participating in a Memorial evaluation study (doing half a day of interviews/observation each). In return, they receive a lecture on exhibition evaluation by a ›practitioner‹ (me). This arrangement has been in place since 1998.«

Neun der untersuchten Museen machen von der Möglichkeit Gebrauch, die Datenerhebung mit Hilfe ehrenamtlicher Mitarbeiter durchzuführen. Die Nutzung von Ehrenamtlichen für diese Aufgabe ist vor allem in den USA und Australien stark verbreitet. Dies hängt auch damit zusammen, dass der Einsatz von Ehrenamtlichen in diesen Ländern sehr professionell organisiert ist. So hat beispielsweise *Museum Victoria* einen Mitarbeiter, der speziell und ausschließlich für die Betreuung und Koordination der Ehrenamtlichen zuständig ist. Der Einbezug von Mitarbeitern aus anderen Bereichen der Museumsarbeit in die Sammlung von Daten dient zugleich auch dem Ziel, bei diesen Kollegen ein stärkeres Bewusstsein für die Perspektive und Bedürfnisse von Besuchern zu entwickeln, was bereits im vorangegangenen Abschnitt 6.2.11 zum Erfolgsfaktor ›Mitwirkung‹ angesprochen wurde.

Bei all diesen Lösungen erhält die Schulung der eingesetzten Kräfte eine große Bedeutung für die Sicherung der Forschungsqualität. Das bedeutet, dass trotz aller Ressourcenknappheit in die Vermittlung von Kenntnissen und Erfahrungen in der Publikumsforschung investiert werden muss. So werden beispielsweise die Ehrenamtlichen am *Denver Museum of Nature & Science* gezielt in der Durchführung von Interviews oder von Beobachtungen geschult und dieser Aufgabe kontinuierlich zugeordnet.

Insgesamt gesehen erweisen sich die Ressourcen – in Form von Geldern, Personal und dessen Arbeitszeit – also als wichtiger, wenn auch am wenigsten entscheidender Erfolgsfaktor. Bei den untersuchten Museen sind diesbezüglich sehr unterschiedliche Ausgangssituationen anzutreffen, die von der Mehrheit der Befragten als unbefriedigend beschrieben werden. Neben der Höhe des verfügbaren Budgets ist auch die Verlässlichkeit der Mittel für eine integrierte Publikumsforschung wichtig. Außerdem ist zu bedenken, dass Ressourcen in Form von Budget und Zeit nicht nur für die Durchführung von Studien erforderlich sind, sondern ebenso für die Vermittlung der Ergebnisse und vor allem für die Umsetzung daraus sich ergebender Verbesserungsmaßnahmen. Die Suche nach zusätzlichen Finanzquellen, eine hartnäckige Überzeugungsarbeit gegenüber den Führungskräften, die Übertragung einer gewissen internen Verantwortung für Publikumsforschung auf bestehende Stellen sowie die Mitwirkung von Studenten, Ehrenamtlichen sowie Kollegen aus anderen Arbeitsbereichen tragen zur Verbesserung der Ressourcensituation bei.

7 Schlussfolgerungen und Ausblick

Ausgangspunkt der vorliegenden Studie war der Wandel im Selbstverständnis von Museen hin zum Paradigma der Publikumsorientierung. Im Zuge dieser Entwicklung hat die Publikumsforschung als Informationsgrundlage publikumsorientierter Museumsarbeit erheblich an Bedeutung gewonnen. Dabei sehen sich Museen, die Publikumsforschung einsetzen, vor die Herausforderung gestellt, die gewonnenen Einsichten für die Museumsarbeit fruchtbar zu machen. Die Bedingungen eines wirksamen Einsatzes von Publikumsforschung für Museen standen im Zentrum dieser Studie. Ziel der explorativen Untersuchung war es, Erfolgsfaktoren für die wirksame Nutzung von Publikumsforschung zu identifizieren, die über das einzelne Museum hinaus gültig sind. Durch die Priorisierung der Erfolgsfaktoren nach ihrer relativen Bedeutung sollten besonders entscheidende von weniger kritischen Faktoren unterschieden werden. In diesem Zusammenhang wurde auch den Veränderungen nachgegangen, die der Einsatz von Publikumsforschung in Museen bewirkt hat.

Zur Beantwortung der zentralen Forschungsfragen wurden vergleichende Mehrfach-Fallstudien von 21 Museen weltweit durchgeführt, die besonders aktiv und erfolgreich Gebrauch von Publikumsforschung machen. Zunächst wurde eine Bestandsaufnahme vorgenommen, auf welche Weise, wozu und unter welchen Rahmenbedingungen die Publikumsforschung gegenwärtig in den ausgewählten Museen eingesetzt wird und die gewonnenen Erkenntnisse in die Museumsarbeit einfließen. Die Bestimmung wesentlicher Auswirkungen dieses Einsatzes lieferte Kriterien zur Bestimmung von Merkmalen einer effektiven Nutzung von Publikumsforschung. Auf dieser Grundlage erfolgte die Identifizierung von Erfolgsfaktoren wirksamer Publikumsforschung, die über den Einzelfall hinaus Relevanz haben. Durch den Vergleich der Fälle nach dem Grad der Wirksamkeit von Publikumsforschung konnten die Erfolgsfaktoren schließlich nach ihrer relativen Bedeutung geordnet wurden. Im Folgenden werden die zentralen Ergebnisse, die sich aus dieser Untersuchung ergeben, zusammenfassend dargestellt und übergreifende Schlussfolgerungen gezogen. Diese liefern sowohl Implikationen für die Praxis von Publikumsforschung und publikumsorientierter Museumsarbeit als auch Anknüpfungspunkte für weitergehende Forschung.

7.1 Zusammenfassung der Ergebnisse

Im Folgenden werden die zentralen Erkenntnisse, welche die empirische Untersuchung erbracht hat, in Form von Thesen formuliert und kurz erläutert. Dabei stehen zunächst Durchführung, Nutzung und Wirksamkeit der Publikumsforschung im Vordergrund, bevor die zentralen Erfolgsfaktoren effektiver Publikumsforschung betrachtet werden.

Publikumsforschung kann unter sehr unterschiedlichen Rahmenbedingungen aktiv und erfolgreich betrieben werden.

Neun der 21 untersuchten Museen haben inzwischen eine beachtliche Tradition in der Publikumsforschung aufzuweisen, da sie bereits in den 1970er Jahren mit ersten Studien begannen. Die nächste Welle begann etwa Mitte der 1980er Jahre im Kontext des Paradigmenwechsels zur Publikumsorientierung. Bei den Museen, die noch nicht lange Publikumsforschung betreiben, wurde diese Aufgabe vielfach im Rahmen einer Neu- oder Rekonzeptualisierung des Museums eingeführt. Pro Jahr führen die untersuchten Museen durchschnittlich etwa 8 Studien durch, mit einer Spannweite von einer bis hin zu 32 Untersuchungen jährlich. Hier zeigt sich, wie aktiv die ausgewählten Museen in der Publikumsforschung in der Tat sind. Dies geschieht jedoch unter recht unterschiedlichen strukturellen Rahmenbedingungen. So variiert die personelle Ausstattung von einer marginalen Verantwortlichkeit und eher aus persönlichem Interesse betriebenen Publikumsstudien über die Definition von Publikumsforschung als partielles Aufgabengebiet einer Person bis hin zu ausschließlich der Publikumsforschung gewidmeten Stellen und nicht zuletzt sieben Museen mit einer eigenen Abteilung für Publikumsforschung mit einem Umfang zwischen 1,5 und 5,6 Stellen (in Vollzeitäquivalenten). Die finanzielle Ausstattung stellt eine Herausforderung dar, da das Budget für Publikumsforschung in vielen Fällen entweder recht begrenzt oder aber nicht verlässlich verfügbar ist, da es aus Drittmittelquellen stammt, die immer wieder neu projektbezogen beantragt werden müssen oder die Gefahr besteht, dass zugesagte Mittel kurzfristig storniert werden.

Die Publikumsforschung dient sowohl gesellschaftsorientierten als auch nachfrageorientierten Zielsetzungen.

Die Publikumsforschung kommt bei den untersuchten Museen im gesamten Spektrum publikumsbezogener Aufgaben zum Einsatz. War sie ursprünglich allein auf die Ausstellungs- und Vermittlungstätigkeit konzentriert, betrachtet sie heute auch Zusatzaufgaben wie Besucherservice, Shop und Restaurant ebenso wie die Website und das Marketing. So halten auch nachfrageorientierte Aspekte Einzug in das Themenspektrum der Publikumsforschung. Die These, dass die Publikumsforschung Ausdruck einer primär auf Nachfrageorientierung gerichteten, mcdonaldisierten Museumsarbeit sei, kann jedoch nicht aufrechterhalten werden. Sie verfolgt sowohl mandatsbezogene, gesellschaftsorientierte Fragen nach Bildungswirkung des Museumsbesuchs und Erreichung eines Querschnitts der Bevölkerung als auch nachfragebezogene Themenstellungen wie Publikumsgewinnung, Besucherzufriedenheit und vielversprechende Werbemöglichkeiten. Damit berücksichtigt ihr Einsatz die im Kontext aktueller gesellschaftlicher Entwicklungen erweiterte Aufgaben- und Angebotspalette des zeitgenössischen Museums, das gefordert ist, eine Balance zwischen dem sozial-kulturellen Mandat einerseits und Anforderungen von Wirtschaftlichkeit und *accountability* andererseits zu finden. So erfüllt die Publikumsforschung eine Querschnittsfunktion über die Grenzen der diversen publikumsbezogenen Aufgabenbereiche hinweg. Daher darf sie nicht als Angelegenheit und Verantwortlichkeit allein einer bestimmten Abteilung wie Marketing oder Museumspädagogik betrachtet werden, sondern sollte in ihrer Relevanz für sämtliche Schnittstellen mit dem Publikum gewürdigt werden.

Der zentrale Beitrag der Publikumsforschung liegt in der Optimierung der publikumsbezogenen Kernaufgaben von Museen.

Wie die Untersuchung zeigt, trägt die Publikumsforschung in erster Linie zu einer besseren Erfüllung der publikumsbezogenen Kernaufgaben *Ausstellen* und *Vermitteln* sowie einem zufriedenstellenderen Besuchserlebnis insgesamt bei. Die Publikumsforschung bietet somit das von ihr erwartete Potential für die Realisierung einer publikumsorientierteren Museumsarbeit. Allerdings liegt der Schwerpunkt der Nutzung und Wirkung von Publikumsforschung auf der Verbesserung der musealen Angebote *vor Ort*, wogegen die Erweiterung des Publikumsspektrums einen vergleichsweise nachgeordneten Rang einnimmt. Im Gebiet der Publikumsentwicklung besteht also noch Nachholbedarf beim Einsatz der Publikumsforschung, um Inklusion und Partizipation stärker zu fördern.

Die Publikumsforschung ist ein Management-Instrument.

Die Publikumsforschung wird jedoch nicht allein als Instrument zur Verbesserung der publikumsbezogenen Kernaufgaben eingesetzt: Ihre Nutzung für generelle Managementaufgaben steht innerhalb der Anwendungsgebiete von Publikumsstudien an zweiter Stelle. Darunter fallen insbesondere die Berichterstattung gegenüber Trägern und Aufsichtsgremien, mittel- und langfristige Planung sowie eine kontinuierliche Erfolgsüberwachung. Somit hat sich die Publikumsforschung zu einem Management-Werkzeug entwickelt. Mit der Unterstützung von Leistungsbewertung und finanziellen Zuwendungen hilft die Publikumsforschung den Museen, sich der Wirtschaftlichkeits- und Legitimationsherausforderung zu stellen. Die in jüngerer Zeit aufkommenden zusätzlichen Anforderungen an Museen im Sinne von *accountability* führen demnach zu einem gewandelten, breiteren Verständnis der Publikumsforschung als generisches Instrumentarium für die Gewinnung von Informationen und Feedback. Hier wird deutlich, dass die Publikumsforschung zu zahlreichen Veränderungen in der Museumsarbeit beiträgt, die über die unmittelbare Erfüllung der Aufgaben an der Schnittstelle zum Publikum hinaus gehen.

Die Publikumsforschung ist mehr als ein projektbezogenes Instrument.

Die Publikumsforschung wird primär anlass- und projektbezogen eingesetzt. Dennoch gehen die durch Publikumsforschung veranlassten Veränderungen über den instrumentellen, kurzfristigen Nutzen der Publikumsstudien für die jeweiligen Projekte, in deren Rahmen sie durchgeführt wurden, hinaus. Dies gilt erstens in zeitlicher Hinsicht. Übertragbare Studienergebnisse bieten Einsichten, die auf Folgeprojekte angewendet werden können. Insbesondere mit der Stärkung von Publikumsorientierung, verbesserter Finanzsituation, größerem Erfolg des Museums insgesamt und nicht zuletzt der Organisationsentwicklung zeigen Publikumsstudien eine nachhaltige, tiefgreifende Wirkung auf die Museumsarbeit. Zweitens geht die Publikumsforschung in der Reichweite der gewonnenen Einsichten und Konsequenzen über das von einer Studie unmittelbar betroffene Projektteam hinaus: Sie wirkt auf die Organisation als Ganzes sowie durch Publikationen und Vorträge, Workshops für Externe und den Austausch mit Fachkollegen in gewissem Grad auch über die Grenzen des einzelnen Museums hinaus. Dass diese Form des Praxistransfers noch viel stärker der Fall sein möge, der Austausch zwischen Museen über Ergebnisse von Publikumsstudien ausgeweitet werden und die Einsichten dem Museumssektor als Ganzes zugute kommen sollten, gehört aus Sicht der befragten Museumsmitarbeiter zu den Desideraten eines effektiven Einsatzes von Publikumsforschung. Drittens zeigt das ermittelte Repertoire an Wirkungen der Publikumsforschung: Sie dient nicht nur den für die jeweilige Studie definierten Zwecken, sondern beeinflusst darüber hinaus in grundsätzlicherer Weise auch Denkhaltungen und Organisationskultur. Sie stärkt die Bereitschaft von Museumsmitarbeitern, mehr über Publika zu erfahren und weiterhin Publikumsforschung zu betreiben. Somit wird auch das institutionelle Bekenntnis zu Publikumsorientierung gefestigt. Der Einsatz von Publikumsforschung kann sich zudem auf interne Arbeitsweisen sowie die Personal- und Organisationsstruktur auswirken. Schließlich dient sie auch der Organisationsentwicklung und dem Organisationslernen, wenn auch in bislang begrenztem Ausmaß. Was als Ausstellungsevaluation und Besucherforschung begann, ist mit der Durchführung von Untersuchungen zur Erfolgsdemonstration, internen Studien zu Mitarbeiterzufriedenheit oder Organisationsabläufen sowie auf den Museumssektor insgesamt bezogenen Untersuchungen zu einem auf empirischen Methoden basierenden Werkzeug zur systematischen Reflexion und Weiterentwicklung der Museumsarbeit insgesamt geworden. Dieses projektübergreifende Potential von Publikumsforschung wird allerdings insgesamt noch zu wenig gesehen, geschätzt und genutzt.

Die zentralen Erfolgsfaktoren wirksamer Publikumsforschung sind Integration, Akzeptanz, Unterstützung durch die Führungskräfte, Publikumsorientierung und Nützlichkeit.

Das Spektrum relevanter Einflussgrößen wirksamer Publikumsforschung reicht von der Gestaltung und Qualität der einzelnen Studien über Voraussetzungen in Organisationsstruktur und die Gestaltung von Organisationsprozessen bis hin zu den Kenntnissen und Einstellungen von Museumsleitung und Mitarbeitern. Bedeutendster Erfolgsfaktor für eine wirksame Nutzung von Publikumsforschung ist die grundsätzliche und frühzeitige Integration der Publikumsforschung in museale Planungen und Prozesse. Die Publikumsforschung sollte eingesetzt werden als ein kontinuierlicher, fester Bestandteil der Museumsarbeit und gleich zu Beginn eines Projektes in die Planung und Konzeption einbezogen werden. Weitere wesentliche Erfolgsgrundlagen sind die Akzeptanz von Publikumsforschung unter den Museumsmitarbeitern sowie ihre Unterstützung durch die Museums- und Abteilungsleitungen. Es folgen eine durchgängige Publikumsorientierung in der Einrichtung insgesamt sowie eine problemorientierte, zweckgerichtete Anlage von Publikumsstudien. Die praktische Brauchbarkeit ist für eine wirksame Nutzung von Publikumsforschung entscheidender als die Forschungsqualität, auch wenn letztere als verlässliche Grundlage für Entscheidungen notwendig ist. Es sind die genannten fünf Erfolgsfaktoren, welche die Museen mit der wirksamsten Publikumsforschung vom Rest des Feldes deutlich abheben.

Die Wirksamkeit von Publikumsforschung wird unterstützt durch Forschungsqualität, effektive Kommunikation, Verständnis der Publikumsforschung, interne Verantwortlichkeit, Veränderungsbereitschaft und Partizipation.

Über die fünf zentralen Erfolgsfaktoren hinaus erweisen sich die Forschungsqualität, interne Kommunikation über Publikumsforschung und ihre Ergebnisse sowie ein grundlegendes Verständnis der Rolle, Prinzipien und Methoden von Publikumsforschung unter den Museumsmitarbeitern als förderlich für die Wirksamkeit von Publikumsforschung. Eine interne Zuständigkeit für Publikumsforschung trägt ebenfalls zu erhöhter Effektivität bei. Allerdings ist weniger der Stellenumfang entscheidend als die Position dieser Stelle in der Organisationshierarchie sowie der Grad, in dem die jeweils zuständige Person ihre Verantwortlichkeit wahrnimmt und Präsenz in möglichst vielfältigen Bereichen der Museumsarbeit zeigt. Darüber hinaus bedarf es einer grundlegenden Veränderungsbereitschaft der Museumsmitarbeiter im Sinne einer Offenheit, über die eigene Arbeit zu reflektieren, sich externer Kritik zu stellen und die Ergebnisse zu akzeptieren. Die enge Einbeziehung und Mitwirkung der betreffenden Museumsmitarbeiter ist ebenfalls förderlich für die Akzeptanz und spätere Nutzung der Ergebnisse von Publikumsforschung. Ein überraschendes Ergebnis ist, dass die verfügbaren Ressourcen zwar einen Erfolgsfaktor darstellen, jedoch im Vergleich zu anderen Voraussetzungen am wenigsten erfolgsentscheidend sind. Den in der Nutzung von Publikumsforschung erfolgreichsten Museen gelingt dies trotz begrenzter Mittel durch die Präsenz der genannten wichtigeren Erfolgsfaktoren.

Die Rolle des Publikumsforschers geht über die Durchführung von Studien hinaus.

Die nähere Betrachtung der Erfolgsfaktoren von Publikumsstudien legt ein spannungsreiches Rollenverständnis desjenigen nahe, der Publikumsstudien durchführt: als empirischer Forscher, Museumsberater, interner Dienstleister und Anwalt des Publikums. Diese Rollen stellen den Publikumsforscher vor die Herausforderung, gegenläufige Anforderungen zu vereinen: einerseits wissenschaftliche Kriterien für Forschungsqualität zu erfüllen, unparteiisch Distanz und Objektivität zu wahren und als Experte die Museumsarbeit kritisch-beratend zu begleiten, andererseits sich in den Dienst der Museumsmitarbeiter zu stellen und sich eng an ihren Informationsbedürfnissen und den Erfordernissen der Museumspraxis zu orientieren; und nicht zuletzt, sich bei allem Respekt für die Arbeit der Museumskollegen parteiisch für die

Belange des Publikums einzusetzen. Diese diversen Rollen miteinander zu vereinbaren, ist keine leichte Aufgabe.

Die Wirksamkeit von Publikumsforschung hängt nicht allein vom Publikumsforscher ab, sondern bedarf der Einbeziehung und Unterstützung von Führungskräften und Museumsmitarbeitern.

Die Ergebnisse machen deutlich, dass die Wirksamkeit von Publikumsforschung nicht allein in der Verantwortung des jeweiligen Forschers liegt, sondern es ebenso des Engagements von Museumsmitarbeitern und Führungskräften bedarf. Direktion und Abteilungsleiter nehmen Schlüsselpositionen ein hinsichtlich des Zugangs zu Ressourcen und haben eine Vorbildfunktion in Bezug auf die Publikumsorientierung und die Wertschätzung der Publikumsforschung. Darüber hinaus erfordert eine nützliche Publikumsforschung die enge Abstimmung mit Auftraggebern und Adressaten. Von den Museumsmitarbeitern fordert eine wirksame Publikumsforschung viel: ihre Mitwirkung bei Publikumsstudien, ihre Beteiligung an Kommunikationsprozessen, ein Verständnis der Prinzipien und Methoden der Publikumsforschung, ihre Unterstützung, ihre Offenheit und Veränderungsbereitschaft und gegebenenfalls sogar eine Revision ihres eigenen professionellen Selbstverständnisses mit Blick auf die Publikumsorientierung. Die Umsetzung der Ergebnisse in der Museumsarbeit liegt in den Händen der Museumsmitarbeiter, nicht in der Verantwortlichkeit des Publikumsforschers. Dieser kann in der Umsetzungsphase nur noch eine unterstützende Funktion ausüben. Hier gilt es, das Bewusstsein zu schärfen, dass eine Untersuchung mit der Einreichung des Ergebnisberichts noch längst nicht abgeschlossen ist. Die für die Wirksamkeit der Publikumsforschung letztlich entscheidende Arbeit, Veränderungen in der Museumsarbeit herbeizuführen, beginnt dann erst.

Die Optimierung der Erfolgsfaktoren bringt diverse Herausforderungen für die Museen mit sich.

Die Optimierung der entscheidenden Erfolgsfaktoren impliziert verschiedene Herausforderungen für Museen. Die *Integration* von Publikumsforschung bedeutet einen umfassenden und tiefgreifenden Eingriff in die Arbeits- und Ablauforganisation der Museumsarbeit und erfordert eine enge Zusammenarbeit zwischen Vertretern heterogener Professionen. Die einstellungsbezogenen, ›weichen‹ Erfolgsvoraussetzungen wiederum sind weniger direkt zu beeinflussen als die praktischen und prozeduralen Bedingungen wirksamer Publikumsstudien. Ein problematischer Punkt ist auch, dass nicht alle Erfolgsfaktoren *zusammen* optimiert werden können. Während die Mehrzahl der Erfolgsfaktoren sich gegenseitig stärkt, können manche Erfolgsfaktoren die Wirkung anderer Einflussgrößen einschränken. So besteht eine Spannung zwischen den verfügbaren Ressourcen und der realisierbaren Forschungsqualität sowie den Erkenntnismöglichkeiten, zwischen personaler Integration und der Forderung nach Unabhängigkeit und Objektivität des Publikumsforschers, zwischen Forschungsqualität und Nützlichkeit sowie zwischen kurzfristiger und langfristiger Nützlichkeit von Studien, die gegenseitig ausbalanciert werden müssen. Eine weitere Schwierigkeit kommt hinzu: Die wenigsten Erfolgsfaktoren lassen sich *kurzfristig* verbessern. Vielmehr erfordert es Kontinuität und langen Atem, die Publikumsforschung Schritt für Schritt zu etablieren. Anstatt vereinzelte Untersuchungen *ad hoc* durchzuführen, empfiehlt sich eine kontinuierliche und integrierte Praxis der Publikumsforschung mit einem übergreifenden Programm an Studien, die auf die mittel- und langfristigen Gesamtplanungen und Ziele des Museums abgestimmt sind. Damit ist letztlich ein nachhaltiger, strategischer Einsatz von Publikumsforschung gefordert. Dass sich alle Beteiligten ihrer Verantwortung für eine wirksame Publikumsforschung bewusst werden und sich entsprechend in Publikumsstudien einbringen, ist wohl die größte Herausforderung.

7.2 Schlussfolgerungen

Ausgehend von den Ergebnissen dieser Untersuchung werden im Folgenden einige Schlussfolgerungen gezogen. Dabei wird über den Stand und die Rolle der Publikumsforschung reflektiert und die Entwicklung von Publikumsorientierung und Museumswesen betrachtet. Die zentralen Thesen werden hier ebenfalls dem jeweiligen erläuternden Abschnitt vorangestellt.

Es zeichnet sich eine Erweiterung der Publikumsforschung *zur* Organisations- *und* Stakeholderforschung *ab.*

Das Spektrum der Forschungsthemen von Besucherstudien über Evaluation bis hin zur Erfolgsmessung zeigt, dass die Verwendung des Begriffs der *Publikumsforschung* im Gegensatz zur enger gefassten *Besucherforschung* in dieser Studie durchaus angebracht war. Dennoch scheint er zukünftig, im Licht der Ergebnisse dieser Untersuchung betrachtet, nicht mehr ausreichend adäquat, um die Vielfalt der durch Studien adressierten Gruppen abzubilden. Durch die beginnende Anwendung der Publikumsforschung auf nicht mehr im engen Sinne publikumsbezogene Themen wie Organisationsanalyse, interne Arbeitsweisen, den Prozess der Ausstellungsentwicklung,

Ehrenamtlichenprogramme oder Mitarbeiterzufriedenheit zeichnet sich eine Erweiterung der Publikumsforschung zu einem generischen Instrument empirisch-systematischer Reflexion der Museumsarbeit ab. Für diese Form analytischer Praxis wären die Bezeichnungen *Organisationsanalyse* sowie *Interessen- und Anspruchsgruppenforschung* oder *Stakeholderforschung* treffender.

Die Praxis der Publikumsforschung muss im Kontext des Organisationsumfelds betrachtet werden.

Die im Rahmen dieser Studie explorativ ermittelten Erfolgsfaktoren wirksamer Publikumsforschung decken sich zu einem großen Teil mit den in der relevanten Literatur identifizierten Einflussgrößen, die meist auf Schilderungen persönlicher Erfahrungen zurückgehen. Diese Faktoren werden durch die empirische Untersuchung nicht nur bestätigt, sondern auch erweitert und präzisiert. Dies bezieht sich insbesondere auf den Erfolgsfaktor *Veränderungsbereitschaft,* der in den gesichteten Publikationen nicht explizit als relevante Größe genannt wurde, sich aber im Verlauf der Untersuchung als wichtige Einflussgröße erwies. Darüber hinaus muss der Erfolgsfaktor *Zuständigkeit* präziser als *Verantwortlichkeit* gefasst werden, denn es zeigte sich, dass weniger die formale Zuständigkeit für Publikumsforschung entscheidend ist, sondern in welchem Grad die zuständige Person ihre Verantwortlichkeit für Publikumsforschung innerhalb der Organisation spürbar wahrnimmt. Bei der Sichtung bestehender Literatur zur Frage der Erfolgsfaktoren für Publikumsforschung dominierten die Aspekte *Forschungsqualität* und *Ressourcen.* Auch in der Wahrnehmung der befragten Museumsmitarbeiter gehörten diese beiden Faktoren an den Anfang der Rangliste von Erfolgsfaktoren. Doch bereits DiMaggio et al. (1978) hatten gezeigt, dass die Forschungsqualität nicht entscheidend sein muss. Über die Frage, ob die Bedeutung dieser beiden Voraussetzungen in der Tat so zentral ist wie mehrheitlich angenommen, gibt die in dieser Studie vorgenommene Priorisierung der Erfolgsfaktoren nach ihrer relativen Wichtigkeit eine überraschende Auskunft: Sie gehören zwar zu den Erfolgsfaktoren, sind jedoch längst nicht so entscheidend wie andere Bedingungen. Damit bestätigt sich die während der Literatursichtung getroffene Entscheidung, die Aufmerksamkeit der Untersuchung nicht nur unmittelbar auf die Qualität und Durchführung von Publikumsstudien zu richten. Die Praxis der Publikumsforschung muss unter Berücksichtigung von Kontextfaktoren im Organisationsumfeld betrachtet werden.

Australien und Neuseeland sind führend in der museumsbezogenen Publikumsforschung.

Im Vergleich der Praxis und Wirksamkeit von Publikumsforschung in den verschiedenen Weltregionen zeichnet sich ab, dass die australisch-neuseeländischen Museen eine führende Stellung einnehmen. Die beiden Spitzenreiter nach Wirksamkeit sowie die drei nach Anzahl der durchgeführten Studien aktivsten Museen stammen aus diesem Raum. Hier findet sich zudem ein bezogen auf die Anzahl der Museen besonders hoher Grad an internen Stellen für Publikumsforschung. Bemerkenswert ist die führende Stellung der australisch-neuseeländischen Museen vor den europäischen und nordamerikanischen Fällen bei sämtlichen Erfolgsfaktoren. Zwischen den beiden übrigen Weltregionen sind die Unterschiede vergleichsweise gering. Die europäischen Fälle zeigen Schwächen bei den langfristig wirkenden, weniger direkt zu beeinflussenden Erfolgsfaktoren, während die nordamerikanisch-kanadischen Museen Verbesserungsbedarf hinsichtlich Infrastruktur und Durchführung von Publikumsstudien aufweisen. Die untersuchten Museen Australiens und Neuseelands zeichnen sich insbesondere dadurch aus, dass sie offen sind, aktuelle Konzepte in Management und Marketing aufzugreifen und das Instrumentarium der Publikumsforschung über die klassischen Anwendungsgebiete hinaus für Managementfragen, Organisationsentwicklung und strategische Planung zu nutzen. Außerdem lassen sie in stärkerem Maß einen Einfluss des Publikums auf inhaltliche Fragen wie die Auswahl künftiger Ausstellungsthemen zu, die insbesondere in Kontinentaleuropa als alleinige Verantwortlichkeit der Kuratoren gesehen werden. Gleichzeitig hat das Kriterium der Bildungswirkung einen hohen Stellenwert bei der Erfolgsmessung.

Die europäischen Museen geben der Besucherforschung stärkeres Gewicht gegenüber der Evaluation. Damit liegt der Schwerpunkt mehr auf Informationsgewinnung denn auf Entwicklung und Verbesserung der Museumsarbeit im Vergleich zu den Museen der anderen Weltregionen. Bei der Evaluation stehen vor allem die Kernaufgaben *Ausstellen* und *Vermitteln* im Zentrum, während Zusatzaufgaben wie Besucherservice geringeres Gewicht erhalten. Weitergehende interne Themen oder auf den Museumssektor bezogene Fragen werden in den untersuchten europäischen Museen kaum betrachtet. In den nordamerikanischen Museen erhält der Bereich der Erfolgsmessung und -demonstration deutlich mehr Gewicht als in den anderen Weltregionen. Dabei ist das Gewicht des Kriteriums *Bildungswirkung* erstaunlich gering, bedenkt man die lange Tradition der Propagierung und Erforschung des Lernens im Museum in den USA. Umso wichtiger ist das Kriterium des *economic impact*, welches bei den europäischen Museen dagegen überhaupt nicht thematisiert wird. In Australien und Neuseeland ist das Verhältnis dieser unterschiedlichen Erfolgsdimensionen deutlich ausgeglichener.

Dieser Überblick zeigt, dass die europäischen Museen insgesamt am stärksten eine Organisationszentrierung aufweisen und die traditionellste Auffassung von Museumsarbeit vertreten. In den USA und Kanada spielen *accountability* und Nachfrageorientierung eine starke Rolle. Dagegen vereinigen die australisch-neuseeländischen Museen diese mandats- und nachfrageorientierten Aspekte in einem balancierten gesellschaftsorientierten Konzept von Publikumsforschung als Arbeitsbereiche übergreifendes Instrumentarium zur Erfüllung des sozial-kulturellen Mandats ebenso wie der Berücksichtigung der Publikumsperspektive und nicht zuletzt zur grundlegenden Reflexion und Weiterentwicklung der Museumsarbeit. Und dies, obwohl – oder gerade weil – die meisten der in dieser Weltregion untersuchten Museen sich erst ab Ende der 1980er/Beginn der 1990er Jahre mit Publikumsstudien befassten. So wurde die Publikumsforschung mit dem Aufschwung der Publikumsorientierung eingeführt, als sich die Publikumsforschung insgesamt als Aufgabenbereich von Museen zu profilieren und professionalisieren begann. Die Museen in Australien und Neuseeland setzen damit auf einer guten Fundierung der Publikumsforschung auf und vermögen es zugleich, mit einem nicht durch etablierte Traditionen eingeengten, frischen Blick auf das Potential der Publikumsforschung zu schauen und dieses für vielfältige Zwecke zu nutzen.

Es ist eine zunehmende Professionalisierung der Publikumsforschung festzustellen.

Nimmt man die Praxis der untersuchten Museen als Indikator für den gegenwärtigen Entwicklungsstand von Publikumsforschung, so lässt sich ein vergleichsweise hoher Grad an Professionalisierung feststellen. Die Mehrzahl der betrachteten Museen hat die Publikumsforschung als eigenständige Aufgabe in ihrer Organisationsstruktur verankert, ihr ein Budget zugewiesen und ein kontinuierliches Programm an Studien etabliert, welches die Publikumsforschung durch die Breite und Häufigkeit ihrer Anwendung zu einer integrierten Museumsaufgabe macht. Viele der hauptberuflich in der Publikumsforschung Tätigen haben inzwischen eine zehn- bis dreißigjährige Erfahrung, und die Jüngeren profitieren von einem umfangreichen Korpus an Fachliteratur mit einigen Standardwerken, kritisch-reflexiven Beiträgen und einem gefestigten Vokabular, aber auch von etablierten professionellen Netzwerken, Konferenzen und Workshops. Insgesamt besteht insbesondere ein Bedarf an einer weiteren professionellen Entwicklung der Publikumsforscher und Auftraggeber von Studien sowie an einem Auf- und Ausbau geteilter Instrumenten- und Ergebnisdatenbanken. Hier fehlt es jedoch derzeit vor allem noch an spezialisierten Aus- und Weiterbildungsmöglichkeiten. In Kontinentaleuropa besteht in diesen Punkten allerdings noch stärkerer Entwicklungsbedarf als im gesamten englischsprachigen Raum. Insbesondere in Deutschland ist die Publikumsforschung sowohl inhaltlich als auch personell noch viel zu wenig in die Museumsarbeit integriert. Hinsichtlich der Entfaltung von Publikumsforschung als Profession lässt der Blick auf die Fallstudien demnach zwar eine positive Entwicklung erkennen, doch noch ist ein Stück Weg zu gehen, bis eine durchgängige Professionalisierung und Qualifizierung einerseits und eine feste Etablierung und Anerkennung der Publikumsforschung als museale Aufgabe andererseits erreicht sein werden.

Die Publikumsforschung sollte zu einem festen Bestandteil der Museologie werden.

Angesichts des Bedeutungsgewinns der Publikumsorientierung für Museen ist das Publikum als ein Erkenntnisgegenstand der Museologie bislang nicht ausreichend anerkannt. Ansätze in diese Richtung sind beispielsweise in der Neuen Museologie zu erkennen, welche die Grundlagen der Zuschreibung von Wert und Bedeutung des gezeigten Materials auf den Prüfstand stellt und eine Berücksichtigung der Publikumsperspektive fordert. Doch handelt es sich hier weniger um einen theoretischen Ansatz als um eine museumspolitische Grundsatzerklärung. So, wie Museumsarbeit und Publikumsforschung mit der Anerkennung von Konstruktivismus und soziokulturellen Voraussetzungen eine stärkere Berücksichtigung der Publikumsperspektive und -voraussetzungen vornehmen, so sollte auch die Museologie dem Publikum einen umfangreicheren Platz als analytische Kategorie einräumen. Damit könnte die Publikumsforschung ihre derzeit hauptsächlich über den Anwendungsbezug definierte Rolle erweitern hin zu einer grundlegenden empirischen Wissenschaft der für das Museum konstitutiven Beziehungen zum Publikum. Wie die vorliegende Untersuchung zeigte, reicht das Spektrum an in der Publikumsforschung reflektierten wissenschaftlichen Perspektiven über die Fachdisziplin der Soziologie im engeren Sinne hinaus, hin zur Einbeziehung von Kommunikationswissenschaft, Psychologie und Pädagogik. Die damit verbundene Vielfalt an theoretischen und methodischen Zugängen und ihre Vereinigung zu einer im weiteren Sinne sozialwissenschaftlichen Museumsanalyse ist meines Erachtens eine fruchtbare Ergänzung der bislang primär geisteswissenschaftlich geprägten Auseinandersetzung mit dem

Museum aus beispielsweise geschichtswissenschaftlicher oder semiotischer Perspektive. Die Publikumsforschung würde sich somit als Teil einer umfassenderen Museumsanalyse mit komplementären Ansätzen eignen.

Die Publikumsorientierung ist nicht durchgängig in den Museen verankert.

Das Maß an Publikumsorientierung ist in den untersuchten Museen insgesamt sehr hoch gemäß der fokussierten Auswahl besonders stark auf das Publikum ausgerichteter Museen. Dennoch sind die Einstellungen der Museumsmitarbeiter zum Publikum in einem Teil der Fälle doch recht heterogen und spiegeln die Ambivalenz einer Publikumsorientierung, die gesellschafts- und nachfrageorientierte Aspekte zu balancieren sucht. Eine *durchgängige* Publikumsorientierung ist nur bei den Spitzenreitern in der Rangfolge der Fälle nach Wirksamkeit von Publikumsforschung gegeben. Bedenkt man, dass diese Studie bereits auf besonders publikumsorientierte Einrichtungen fokussierte, so scheint die Museumswelt längst nicht in dem umfassenden Maß von Publikumsorientierung durchdrungen zu sein, das man nach den langjährigen engagierten Diskussionen zu diesem Thema erwarten würde. Publikumsorientierung und Publikumsforschung werden noch von zu vielen Museumsmitarbeitern als peripher für die eigene Arbeit angesehen. Es besteht also noch Entwicklungsbedarf hinsichtlich einer wirklichen Öffnung von Museen für ihre Publika und einer festen Verankerung der Publikumsorientierung als übergreifende Denkhaltung. Dabei wird auch eine differenzierte Betrachtung der Publikumsorientierung hinsichtlich ihrer gesellschafts- und nachfrageorientierten Aspekte von Bedeutung sein.

Der Einsatz von Publikumsforschung ist Ausdruck einer Professionalisierung der Museumsarbeit.

Die Publikumsforschung ist Ausdruck einer Professionalisierung der Museumsarbeit und einer zunehmenden Reflexion und Überprüfung der Grundlagen und Maßstäbe des musealen Handelns. Mit den identifizierten Erfolgsfaktoren für wirksame Publikumsforschung sind generelle Anforderungen an die Professionalisierung der Museumsarbeit angesprochen, denn es geht um Projektmanagement, Formen der Zusammenarbeit, zielorientierte versus inhalts- und sammlungsorientierte Ausstellungsplanung, Qualifikation und Weiterbildung des Museumspersonals, Führung, Unternehmenskommunikation, aber auch Organisationskultur und -wandel sowie die Positionierung von Museen hinsichtlich Angebots-, Gesellschafts- und Nachfrageorientierung. Entsprechend zeigt sich eine große Nähe der Erfolgsfaktoren effektiver

Publikumsforschung zu Bedingungen für effektives Museumsmanagement generell, wie sie Griffin & Abraham (2000) empirisch bestimmt haben: ein Führungsstil, der geteilte Werte und Ziele sowie Zusammenhalt und Partizipation stärkt, Qualitätsorientierung, effektive Kommunikation, Weiterbildung, Publikumsorientierung sowie ein strategischer Einsatz von Ressourcen. Nur unter Berücksichtigung dieser größeren Zusammenhänge kann die Bedeutung von Publikumsforschung für die Museumsarbeit nachhaltig etabliert und gestärkt werden.

In der Publikumsforschung spiegelt sich die gegenwärtige Museumsentwicklung.

Die in dieser Studie vorgenommene Bestandsaufnahme der gegenwärtigen Praxis von Publikumsforschung in ausgewählten Museen zeichnet ein Bild der gegenwärtigen Entwicklung des Museumswesens. In der Publikumsforschung spiegeln sich die vielfältigen, teils ambivalenten Anforderungen an Museen, die ihre sozial-kulturellen Ziele mit Erfordernissen von *accountability* und Wirtschaftlichkeit in einem zunehmend ökonomisierten und globalisierten Umfeld und angesichts gesellschaftlicher Tendenzen wie der postmodernen Erlebnisorientierung ausbalancieren müssen. Die zunehmende Konjunktur der Publikumsforschung, insbesondere der Evaluation, kann in diesem Zusammenhang durchaus als Indikator für die McDonaldisierung von Museen gedeutet werden, denn sie spiegelt Kriterien der Effizienz, Berechenbarkeit, Vorhersagbarkeit und Kontrolle und erkundet die Bedürfnisse und Charakteristika eines postmodernen Publikums. Mag diese Entwicklung zum Aufschwung der Publikumsforschung beigetragen haben, so ist die Publikumsforschung mit der schwindenden Relevanz der Erlebnisorientierung nicht obsolet: Die aktuelle Entwicklung hin zu einer *Sinngesellschaft* birgt das Potential, die gesellschaftsorientierten Aspekte der Museumsarbeit stärker mit den Anliegen des Publikums zusammenzubringen. Indem die Publikumsforschung diesbezügliche Reflexionsprozesse und Planungen mit Informationen begleitet und anreichert, unterstützt sie eine weitere Öffnung der Museen für ihre Publika.

Die Publikumsforschung genügt nicht als Mittel der Öffnung von Museen für ihre Publika.

Dennoch ist grundsätzlich zu fragen, ob die Publikumsforschung als Mittel ausreicht, um eine weitere Öffnung von Museen für das Publikum herbeizuführen. Letztlich ist mit dem Einsatz der Publikumsforschung eine weitgehend reaktive statt gestaltende Grundhaltung verbunden, die sich auf die artikulierten Positionen des Publikums stützt, welche jedoch meist in akkumulierter, abstrahierter Form in die Museumsarbeit einfließen. Damit entspricht die Teilnahme an Publikumsstudien einer indirekten Beteiligung des Publikums an der Museumsarbeit. Um in einen engen Dialog mit dem Publikum zu kommen, sind zusätzlich direktere Formen der Partizipation gefragt, welche die strenge Dichotomie zwischen musealer Expertise und ›naiven‹ Publikumspositionen verschwimmen lassen zugunsten einer gemeinsamen Praxis der Auseinandersetzung mit Objekten und Inhalten.

7.3 Praktische Implikationen und Ausblick

In diesem Abschnitt richtet sich der Blick auf die praktische Verwertbarkeit und wissenschaftliche Weiterführung der vorliegenden Studie. Der erste Teil widmet sich der Frage, welche Implikationen die Ergebnisse für die Praxis der Publikumsforschung und die Museumsarbeit haben können. Im zweiten Teil werden schließlich Möglichkeiten für zukünftige, weiterführende Analysen vorgestellt, welche sich sinnvoll an diese Untersuchung anschließen können.

7.3.1 Praktische Verwertbarkeit der Ergebnisse

Die vorliegende Untersuchung kann in mehrfacher Weise für die Praxis der Publikumsforschung und Museumsarbeit fruchtbar gemacht werden. Zum einen zeigte die Bestandsaufnahme der Nutzung von Publikumsforschung in den untersuchten Museen das Potential und mögliche Einsatzspektrum von Publikumsstudien auf. Daraus ergeben sich für Museen Anregungen für möglicherweise bislang noch nicht bedachte Nutzungsgebiete der Publikumsforschung, um Antworten auf aktuelle Fragen und Probleme zu finden. Des weiteren liefert das identifizierte Repertoire an Erfolgsfaktoren wirksamer Publikumsforschung Ansatzpunkte für die Verbesserung von Rahmenbedingungen für die Durchführung von Publikumsstudien. Zwar kann die hier erfolgte Priorisierung der Erfolgsfaktoren nicht vorbehaltlos über die untersuchten, sehr aktiven Museen hinweg generalisiert werden, doch machen die Ergebnisse bewusst, welche vielfältigen und grundlegenden Faktoren über Forschungsqualität und Ressourcen hinaus eine Rolle für wirksame Publikumsforschung spielen. Sie zeigen darüber hinaus auf, wie die damit verbundenen Herausforderungen angegangen werden können und die Publikumsforschung effizient und wirksam in die Museumsarbeit eingebunden werden kann. Die damit erstellte Liste von Kriterien und Faktoren effektiver Publikumsforschung kann schließlich als Analyseinstrument dienen für die

Reflexion und Beurteilung der Ausgangsbedingungen und Erfolge der Nutzung von Publikumsforschung in der eigenen Einrichtung. Mit den Ergebnissen steht Museen und Publikumsforschern ein Leitfaden zur Verfügung, um die eigene Praxis der Publikumsforschung kritisch zu reflektieren, gezielt Defizite anzugehen und die Durchführung und Wirksamkeit der Publikumsforschung zu verbessern. Es besteht damit die Hoffnung, dass die Untersuchung einen Beitrag zur ›Qualitätssicherung‹ und zur weiteren Professionalisierung des Feldes der Publikumsforschung leisten kann.

7.3.2 Weiterführende Forschung

Ansätze für Studien, die an diese Untersuchung anschließen können, ergeben sich zum einen aus den Grenzen dieser Studie und zum anderen aus den durch die Untersuchung aufgeworfenen Fragen. Diese Studie verfolgte einen explorativen Ansatz und untersuchte die Fragestellung anhand einer fokussierten Auswahl von im Einsatz der Publikumsforschung führenden Museen, weil diese am ehesten Einsichten in die behandelte Thematik bieten konnten. Der Geltungbereich der Ergebnisse erstreckt sich damit auf diese Gruppe von Institutionen. Dabei handelt es sich jedoch vorwiegend um große Museen mit mindestens 100 Mitarbeitern, die eine kontinuierliche Praxis der Publikumsforschung etabliert haben und eine starke Professionalisierung der Museumsarbeit aufweisen. Es bleibt zu fragen, inwiefern die Ergebnisse Gültigkeit auch für kleinere, weniger professionalisierte respektive *in der Publikumsforschung deutlich weniger aktive Museen* haben können. Hier bietet es sich an, an den in der Einführung genannten Herausforderungen anzusetzen, die in der vorliegenden Untersuchung nicht untersucht wurden. Dabei stellt sich zum einen die Frage nach den Hintergründen einer Einführung oder Ablehnung von Publikumsforschung als Instrument der Museumsarbeit, d.h. es geht um den Willen zur Publikumsforschung. Zum anderen wären die Bedingungen zu erkunden, die es Museen ermöglichen, Publikumsstudien durchzuführen, d.h. es geht um Barrieren der Publikumsforschung über Fragen der Museumsphilosophie und Einstellungen gegenüber dem Publikum hinaus. Aufbauend auf dem hier vorgelegten Instrumentarium könnte eine Befragung eines größeren Kreises von Museen unterschiedlicher Größe zu ihrer Nutzung oder Nicht-Nutzung von Publikumsforschung entsprechende Erkenntnisse liefern. Eine Studie von Museen, die Publikumsforschung nur gelegentlich nutzen, könnte aufschlussreich sein hinsichtlich einer Differenzierung zwischen notwendigen und hinreichenden Faktoren für den erfolgreichen Einsatz von Publikumsstudien. Dies würde insbesondere möglich durch die Analyse *gescheiterter,* nicht verwerteter Publikumsstudien oder

der Untersuchung von Museen, die Publikumsforschung nicht mehr weiter verfolgen. In diesem Fall wäre allerdings wohl eine geringere Bereitschaft von Museen zur Beteiligung an der Untersuchung zu erwarten.

Zum anderen liefern die Ergebnisse der Untersuchung Indizien dafür, dass Museen verschiedene *Reifestadien* der Nutzung von Publikumsforschung durchlaufen: von einem ersten Interesse und gelegentlicher Durchführung von Publikumsstudien über die Berücksichtigung der gewonnenen Informationen in Entscheidungen und Planung bis hin zur Zuweisung adäquater Ressourcen und kontinuierlicher Durchführung von Publikumsforschung und schließlich der Einstellung von spezialisiertem Personal. Dieser Prozess der zunehmenden Etablierung und Verankerung von Publikumsforschung innerhalb einer Institution im Laufe der Zeit, der auch Phasen rückläufiger Aktivität enthalten kann, könnte im Rahmen von Längsschnittstudien empirisch begleitet respektive rekonstruiert werden. Auf diese Weise können Faktoren identifiziert werden, die für eine zunehmende Integration von Publikumsforschung in die Prozesse und Strukturen von Museen förderlich sind. Insbesondere die Analyse ›kritischer Momente‹ des Übergangs zu einer neuen Reifestufe könnte Aufschluss geben über entscheidende Einflussgrößen in verschiedenen Phasen der Aneignung von Publikumsforschung als Instrument publikumsorientierter Museumsarbeit.

Die zunehmende institutionelle Etablierung von Publikumsforschung steht somit beispielhaft für die *Einführung von Neuerungen* in Museen und die *Bewältigung von Veränderungen.* Vergleichende Querschnittsstudien wie in dieser Untersuchung verfolgt oder Längsschnittstudien wie im vorigen Abschnitt beschrieben würden die Identifizierung von Faktoren für einen erfolgreichen Umgang von Museen mit gesellschaftlichem und organisationalem Wandel ermöglichen. Die *Entwicklung der Publikumsorientierung* ist dabei ein Aspekt, den es sich weiter zu verfolgen lohnt. Wie bereits festgestellt, ist die Publikumsorientierung noch nicht durchgängig als Denkhaltung in den Museen verankert. Es zeichnet sich ab, dass ihre Bedeutung in Zukunft weiter steigen wird. Ein Faktor dabei ist auch die zunehmend umfangreichere Nutzung *digitaler Technologien* im Museumskontext. Die neuen Technologien eröffnen erweiterte Möglichkeiten des Zugangs zu Sammlungen, andere Kanäle der Publikumsansprache sowie neue Ebenen der Interaktion. Dies verändert auch das Verhältnis zwischen Museum und Publikum. Nach einer stark auf Präsentation und Informationsvermittlung ausgerichteten Phase der Technologienutzung sowohl im *World Wide Web* als auch als Ausstellungsmedien gewinnen partizipative Ansätze an Gewicht, und ›Interaktivität‹ wird neu definiert. Zahlreiche Publika können ihre diversen Stimmen einbringen, und mit der Ermunterung zu einer das Museumsangebot ergänzenden, anreichernden, kommentierenden *Produktion* von Inhalten verlassen sie den Status als reine Rezipienten eines vordefinierten, massenmedialen Angebots. Diese Tendenzen geben Anlass, die Einführung, Aneignung und Integration neuer Technologien in der Museumsarbeit zum Gegenstand von vertiefenden Analysen zu machen.

Die in dieser Untersuchung entwickelte komparative Methodik zur Bestimmung von Erfolgsfaktoren entspricht dem Grundprinzip des *Benchmarking*, durch systematische Erfassung und den Vergleich bestimmter Praktiken mit den Leistungen herausragender Organisationen Möglichkeiten zur Verbesserung dieser Praktiken zu identifizieren. Damit handelt es sich hier um eine generische Vorgehensweise, die über das Museumswesen und die Frage der Publikumsforschung hinaus auch in anderen Domänen eingesetzt werden kann. In der vorliegenden Form eignet sie sich insbesondere dann, wenn die relevanten Dimensionen nicht vollständig bekannt sind und daher ein explorativer Ansatz erforderlich ist.

7.4 Kritische Schlussbetrachtung

Zum Schluss möchte ich einzelne Annahmen und Begriffe, die Ausgangspunkt der Untersuchung waren, herausgreifen und vor dem Hintergrund der Untersuchungsergebnisse kritisch diskutieren.

Erstens betrifft dies den Begriff der *Publikumsorientierung*. Ich bin davon ausgegangen, dass diese Bezeichnung im Vergleich zum engeren Begriff der Besucherorientierung besser geeignet ist, die zunehmende Aufmerksamkeit von Museen für die Belange der Öffentlichkeit abzubilden. Aber ist dieser Begriff letztlich nicht ebenfalls zu eng gefasst? So legt die zunehmende gesellschaftliche Ausdifferenzierung nahe, dass es kein homogenes und stabiles Publikum mehr gibt. Individualisierung und Optionsvielfalt bringen eine Pluralisierung von Lebensweisen mit sich, so dass man eher von *Publika*-Orientierung sprechen müsste. Des Weiteren wird als Alternative der Begriff *Nutzerorientierung* vorgeschlagen. Der Vorteil dieser Begriffswahl besteht darin, dem Passivität suggerierenden Publikumskonzept eine Bezeichnung entgegenzustellen, welche die aktive Rolle der Adressaten in den Vordergrund rückt. Dies steht nicht nur in Einklang mit der Konzeptionalisierung des Museumsbesuchs als Inanspruchnahme einer Dienstleistung, d.h. als Produkt, das erst in Interaktion mit dem Nutzer entsteht, sondern auch mit konstruktivistischen Modellen der Bedeutungsgenerierung. Zudem schließt dieser Begriff auch die virtuellen Museumsbesuche – auf der Internetpräsenz der Einrichtungen – mit ein. Es besteht jedoch die Gefahr, mit diesem Begriff allein faktische und potentielle Besucher zu assoziieren. Man muss sich bewusst machen, dass sich der Kreis der Adressaten von Museen auch auf diverse Interessengruppen (›Stakeholder‹) erstreckt, die in ihrer Rolle als Gestalter der Rahmenbedingungen und Multiplikatoren eine zusätzliche Kategorie bilden: Kulturpolitiker, die Medien, Fachwissenschaftler oder der Freundeskreis eines Museums beispielsweise. Die vorliegende Untersuchung demonstriert, dass Museen zunehmend auch diesen Adressaten in systematischer Weise – durch empirische Studien – Aufmerksamkeit widmen.

Meiner Ansicht nach ist der Begriff der Publikumsorientierung aus zwei Gründen weiterhin adäquat: Zum einen, da der erweiterte Publikumsbegriff sämtliche Adressaten einer Einrichtung einschließt. Zum anderen machen es der *de facto* beschränkte, in heterogene Teilöffentlichkeiten fragmentierte und instabile Interessentenkreis sowie die Wettbewerbslage bei Ressourcenknappheit erforderlich, dass sich Museen differenziert und strategisch auf bestimmte klar definierte Zielgruppen und damit auf ein distinktes Publikum fokussieren, anstatt diffus ›die Allgemeinheit‹ zu adressieren.

Zweitens wurde bei der internationalen Anlage der Untersuchung die Vergleichbarkeit der Fälle postuliert. Zwar erstreckt sich die Studie ausschließlich auf Museen der westlichen Welt; dennoch unterscheiden sich diese deutlich in ihren jeweiligen gesellschaftlichen Randbedingungen, insbesondere in der nationalen Kulturpolitik und Kulturfinanzierung. In den USA und Kanada, aber auch in Australien und Neuseeland beruht die Museumsfinanzierung deutlich weniger auf dem Modell der institutionellen Grundförderung als in Europa, so dass Mittel aus diversen dritten Quellen und die Erwirtschaftung von Einnahmen eine wesentlich größere Rolle spielen. Zugleich ist aber – zumindest in Nordamerika – privates Engagement für den ›dritten Sektor‹ weitaus üblicher. Damit ist die Erfordernis von *accountability* größer. Dies impliziert eine stärker ausgeprägte Nachfrageorientierung im Gegensatz zu den stärker organisationszentrierten europäischen Museen. Innerhalb Europas trifft dies stärker auf Großbritannien als auf Deutschland und Frankreich zu, doch zugleich sind hier Themen wie *social inclusion* sehr viel präsenter in der nationalen Kulturpolitik als in Festlandeuropa. Aufgrund dieser doch sehr unterschiedlichen Rahmenbedingungen stellt sich die Frage, ob die identifizierten Erfolgsfaktoren tatsächlich über die Grenzen hinweg verallgemeinert werden können und stattdessen nicht vielmehr auf nationaler Ebene differenziert werden müssten.

Die länderübergreifende Gültigkeit der Erfolgsfaktoren ist meiner Meinung nach nicht zu bezweifeln, denn es wurden nur diejenigen Faktoren näher untersucht, die in mindestens zwei Dritteln der untersuchten Fälle genannt wurden. Es ist jedoch möglich, dass auf nationaler Ebene weitere Erfolgsfaktoren relevant sind, die aufgrund des breiten internationalen Blicks der

Studie nicht genauer betrachtet wurden. Insbesondere die relative Bedeutung der Erfolgsfaktoren mag national unterschiedlich sein. Die Datenlage der Untersuchung erlaubt es nicht, hier eine zuverlässige länderspezifische Zusammenhangsanalyse vorzunehmen. Betrachtet man jedoch die jeweilige Ausprägung der Erfolgsfaktoren, so unterscheiden sich die Weltregionen hinsichtlich der größten Desiderate. In den europäischen Museen ist der Bedarf an Integration der Publikumsforschung in die Museumsarbeit besonders hoch, ebenso wie die Notwendigkeit einer Verbesserung von Veränderungsbereitschaft, Akzeptanz der Publikumsforschung und Kommunikation. In den USA und Kanada dagegen ist vor allem die Forschungsqualität ein Manko, und Ressourcen gelten als großes Desiderat. Inwiefern dies mit den jeweiligen Kulturpolitik- und Kulturfinanzierungsmodellen zusammenhängt, wäre in einer weiteren, genuin kulturvergleichenden Untersuchung zu klären, die die Bedeutung der Erfolgsfaktoren geographisch und museumspolitisch differenziert analysiert. Zudem war die Auswahl der hier untersuchten Fälle nicht von der Frage geleitet, inwiefern sie typisch oder repräsentativ für ihre jeweilige Weltregion sind, sondern inwiefern sie ein in der Publikumsforschung besonders aktives Museum darstellen. Unabhängig von den jeweiligen kulturellen Rahmenbedingungen formierte sich dabei eine Gruppe großer Museen mit hoher internationaler Sichtbarkeit und einem professionellen Museumsmanagement.

Ein dritter Punkt ist die Frage, inwiefern das Element der Umsetzung von Ergebnissen, das als zentrales Kriterium der Wirksamkeit dient, bereits immanent im Konzept der Evaluation enthalten ist. Als anwendungsorientierte Sozialforschung ist die Evaluation ebenso wie beispielsweise das Benchmarking oder die Balanced Scorecard eng mit dem Zweck des Managements von Maßnahmen und Prozessen verknüpft. Die Feststellung, dass Publikumsforschung und Evaluation zunehmend für Managementaufgaben genutzt werden, stellt unter dieser Perspektive keine neue Einsicht dar. Die Entdeckung der Publikumsforschung als Managementinstrument ist jedoch meines Erachtens durchaus ein berichtenswertes Ergebnis. Dies liegt darin begründet, dass in der museumsbezogenen Publikumsforschung ein arbeitsteiliger Evaluationsbegriff vorherrscht, der zwar eng auf das Ziel der Anwendung und Steuerung bezogen ist, diese Elemente aber selbst nicht enthält, sondern nur durch Informationsbereitstellung vorbereitet. Wie zu Beginn der Untersuchung dargestellt, ist eine Umsetzung der gewonnen Einsichten jedoch keineswegs eine Selbstverständlichkeit. Darüber hinausgehend beziehen sich Evaluationsstudien in der Regel auf eine klar abgegrenzte Maßnahme oder einen spezifischen Aufgabenbereich innerhalb der Museumsarbeit, typischerweise eine einzelne Ausstellung oder ein Besucherprogramm. Darüber hinaus wird die Publikumsforschung jedoch zunehmend an zentraler Stelle zur Basis übergreifender Managementaufgaben im Sinne von Controlling. In der Entwicklungsgeschichte der Publikumsforschung stellt dies durchaus eine Neuerung dar, welche die Publikumsforschung aus der Peripherie ins Zentrum der Museumsarbeit rückt. Eine prinzipielle Gleichsetzung von Evaluation und Management kann letztlich nur dann erfolgen, wenn eine enge prozessuale Integration von Evaluation in die Museumsarbeit gewährleistet ist.

Diese Untersuchung zeigte das besondere Potential auf, das die Publikumsforschung für die informierte Gestaltung umfangreicher Aspekte der Museumsarbeit besitzt. Wie in dieser Untersuchung vielfältig deutlich wurde, kann die Publikumsforschung als Motor und Wegweiser für Veränderungen in Selbstverständnis und Praxis von Museen dienen. Das zentrale Ziel dieser Untersuchung war die Identifizierung wesentlicher Erfolgsfaktoren für einen wirksamen Einsatz von Publikumsforschung in Museen, um den größtmöglichen Nutzen aus der Publikumsforschung zu ziehen und letztlich die publikumsbezogene Museumsarbeit erfolgreicher zu gestalten. Indem die Praxis der Publikumsforschung in dieser Untersuchung selbst zum Gegenstand empirischer Forschung gemacht und damit quasi selbst evaluiert wird, leistet die vorliegende Studie einen Beitrag zum tieferen Verständnis dieser Tätigkeit in Museen. Die Untersuchung der entscheidenden Grundlagen einer erfolgreichen Nutzung von Publikumsforschung für Museen im aktuellen Museumskontext und in internationaler Perspektive schließt eine Forschungslücke und stellt bislang nur als anekdotische Evidenz verfügbare Einsichten auf eine breite empirische Basis. In methodischer Hinsicht hat sich die komplementäre Verbindung von qualitativ und quantitativ orientiertem Vorgehen, von Exploration und Vergleich bewährt und lieferte vielfältige, differenzierte Einsichten.

Mit den identifizierten Erfolgsfaktoren gibt die Untersuchung Museen und Publikumsforschern Kriterien an die Hand, um die eigene Praxis der Publikumsforschung zu beurteilen und zu verändern. Sie zeigen, wie Museen die Herausforderungen angehen können, die mit der Anwendung solcher Studien verbunden sind. Insbesondere die Priorisierung von Erfolgsfaktoren nach dem Grad ihrer Bedeutung für eine erfolgreiche Nutzung von Publikumsforschung erlaubt es, geeignete Wege zu identifizieren, wie Einsatz und Wirksamkeit von Publikumsstudien in Museen gezielt verbessert werden können. Wenn günstige Voraussetzungen für den wirksamen Einsatz von Publikumsforschung in Museen geschaffen werden, zeigt sich ihr Wert für die Verwirklichung einer publikumsorientierten Museumsarbeit.

Literaturverzeichnis

Abbey, David S. & Cameron, Duncan F. (1959): *The Museum Visitor: I – Survey Design* (Forschungsbericht). Toronto: Royal Ontario Museum. Reports from Information Services, Bd. 1.

Abbey, David S. & Cameron, Duncan F. (1961): *The Museum Visitor: III – Supplementary Studies* (Forschungsbericht). Toronto: Royal Ontario Museum. Reports from Information Services, Bd. 3.

Adams, G. Donald (1983): *Museum Public Relations.* Nashville, Tenn: American Association for State and Local History.

Adams, Marianna, Luke, Jessica & Moussouri, Theano (2004): »Interactivity: Moving Beyond Terminology«. *Curator,* 47(2), 155–170.

Alexander, Edward P. (1979): *Museums in Motion: An Introduction to the History and Functions of Museums.* Nashville: American Association for State and Local History.

Allen, Sue (2004): »Designs for Learning: Studying Science Museum Exhibits That Do MoreThan Entertain«. *Science Education,* 88(S1), S17–S33.

Allen, Sue & Gutwill, Joshua P. (2004): »Designing with multiple interactives: Five common pitfalls«. *Curator,* 47(2), 199–212.

Almasan, Anneliese, Borzyskowski, Ellen von, Schambach, Sigrid & Klein, Hans-Joachim (1993): *Neue Methoden der Ausstellungsplanung in Museen.* Karlsruhe. Ein Projekt der Robert-Bosch-Stiftung. Abschlussbericht.

Alt, Michael B. (1980): »Four years of visitor surveys at the British Museum (Natural History), 1976–79«. *Museums Journal,* 80, 10–19.

Alt, Michael B. & Shaw, K. M. (1984): »Characteristics of ideal museum exhibits«. *British Journal of Psychology,* 75, 25–36.

Ambrose, Timothy & Runyard, Sue (1991): *Forward Planning: A Handbook of Business, Corporate and Development Planning for Museums and Galleries.* London: Routledge.

American Association of Museums (1969): *America's Museums: The Belmont Report.* Washington, D.C.: American Association of Museums.

American Association of Museums (1992): *Excellence and Equity. Education and the Public Dimension of Museums.* Washington, D.C.: American Association of Museums.

Ames, Michael, Harrison, Julia & Nicks, Trudy (1988): »Proposed Museum Policies for Ethnological Collections and the Peoples They Represent«. *Muse*, Autumn, 47–52.

Ames, Peter J. (1990): »Breaking New Ground: Measuring Museums' Merits«. *International Journal of Museum Management and Curatorship*, 9(2), 137–147.

Anderson, David (1999): *A Common Wealth: Museums in the Learning Age.* London: Department for Culture, Media and Sport.

Anderson, David (2003): »Visitors' Long-term Memories of World Expositions«. *Curator*, 46(4), 401–420.

Andreasen, Alan R. & Kotler, Philip (2003): *Strategic Marketing for Nonprofit Organizations.* 6. Aufl. Upper Saddle River, NJ: Prentice Hall.

Anonym (1930): »Pennsylvania Museum Classifies Its Visitors«. *Museum News*, 7(15), 7–8.

Aplin, Beth, Cooper, Kieran & Denner Brown, Sarah (2003): *The Thirst for Knowledge – Audience Data in the Arts.* http://www.catalystarts.com/data_scoping_main_report.pdf (11.02.2004).

Arbeiter-Wohlfahrtseinrichtungen, Centralstelle für (Hrsg.) (1904): *Die Museen als Volksbildungsstätten.* Berlin.

Argyris, Chris & Schön, Donald (1999): *Die lernende Organisation: Grundlagen, Methode, Praxis.* Stuttgart.

Ash, Doris (2003): »Dialogic Inquiry in Life Science Conversations of Family Groups in a Museum«. *Journal of Research in Science Teaching*, 40(2), 138–162.

Atkinson, Paul & Hammersley, Martin (1994): »Ethnography and Participant Observation«. In: Norman K. Denzin & Yvonna S. Lincoln (Hrsg.): *Handbook of Qualitative Research.* Thousand Oaks: Sage. 248–261.

Auer, Herrmann, Böhner, Kurt, Osten, Gert von der, Schäfer, Wilhelm, Treinen, Heiner & Waetzoldt, Stephan (1974): *Denkschrift Museen: Zur Lange der Museen in der Bundesrepublik Deutschland und Berlin (West).* Bonn: Deutsche Forschungsgemeinschaft.

Aufenanger, Stefan (1991): »Qualitative Analyse semi-struktureller Interviews – ein Werkstattbericht«. In: Detlef Garz & Klaus Kraimer (Hrsg.): *Qualitativ-empirische Sozialforschung: Konzepte, Methoden, Analysen.* Opladen. 35–59.

Barker, Roger G. (1968): *Ecological Psychology: Concepts and Methods for Studying the Environment of Human Behavior.* Stanford, CA: Stanford University Press.

Barron, Stephanie (1992): *›Entartete Kunst‹: Das Schicksal der Avantgarde im Nazi-Deutschland.* München: Hirmer.

Beck, Ulrich (1983): »Jenseits von Stand und Klasse? Soziale Ungleichheiten, gesellschaftliche Individualisierungsprozesse und die Entstehung neuer sozialer Formationen und Identitäten«. In: Reinhard Kreckel (Hrsg.): *Soziale Ungleichheiten.* Göttingen: Schwartz. 35–74.

Beck, Ulrich (1986): *Risikogesellschaft: Auf dem Weg in eine andere Moderne.* Frankfurt a. M.: Suhrkamp.

Belland, John C. & Searles, Harry (1986): »Concept Learning in the Museum«. *Curator,* 29, 85–91.

Benhamou, Francoise & Moureau, Nathalie (2006): »From Ivory Towers to Museums Open to the Community: Changes and Developments in France's Cultural Policy«. *Museum International,* 58(4), 21–28.

Benkert, Wolfgang (1995): »Einführung«. In: Wolfgang Benkert, Britta Lenders & Peter Vermeulen (Hrsg.): *KulturMarketing: Den Dialog zwischen Kultur und Öffentlichkeit gestalten.* Stuttgart: Raabe. 11–15.

Benkert, Wolfgang, Lenders, Britta & Vermeulen, Peter (Hrsg.) (1995): *KulturMarketing: Den Dialog zwischen Kultur und Öffentlichkeit gestalten.* Stuttgart: Raabe.

Bennett, Tony (1994): *The Reluctant Museum Visitor: A Study of Non-Goers to History Museums and Art Galleries.* Redfern: Australia Council for the Arts.

Bennett, Tony (1995): *The Birth of the Museum: History, Theory, Politics.* London: Routledge.

Bennett, Tony & Frow, John (1991): *Art Galleries: Who Goes?* Redfern: Australia Council for the Arts.

Benninghaus, Hans (2005): *Deskriptive Statistik.* 10. Aufl. Wiesbaden: VS Verlag für Sozialwissenschaften.

Berekoven, Ludwig, Eckert, Werner & Ellenrieder, Peter (2004): *Marktforschung: Methodische Grundlagen und praktische Anwendung.* 10. Aufl. Wiesbaden: Gabler.

Bicknell, Sandra & Farmelo, Graham (1993): *Museum Visitor Studies in the 90s.* London: Science Museum.

Bitgood, Stephen (1986): »Variables Influencing Visitor Behavior: Physical Qualities of the Exhibit Object/Species«. *Visitor Behavior,* 1(1), 5.

Bitgood, Stephen (1987): *Knowing When Exhibit Labels Work: A Standardized Guide for Evaluation and Improving Labels.* Jacksonville, AL: Center for Social Design.

Bitgood, Stephen (1996a): »Nachbesserungsevaluation und der Prozeß der Ausstellungsevaluation«. In: Haus der Geschichte der Bundesrepublik Deutschland (Hrsg.): *Museen und ihre Besucher – Herausforderungen in der Zukunft.* Berlin: Argon. 49–59.

Bitgood, Stephen (1996b): »Institutional Acceptance of Evaluation: Review and Overview«. *Visitor Behavior,* XI(2), 4f.

Bitgood, Stephen & Gregg, Gary (1986): »A Brief Review of the Research on Signs and Labels: Where Are the Data?«. *Visitor Behavior,* 1(3), 4.

Black, Graham (2005): *The Engaging Museum: Developing Museums for Visitor Involvement.* London: Routledge.

Blahut, Martina & Klein, Hans Joachim (2003): »Im Banne eines großen Museums: Publikumsstrukturen am Deutschen Museum in München«. In: Annette Noschka-Roos (Hrsg.): *Besucherforschung in Museen: Instrumentarien zur Verbesserung der Ausstellungskommunikation.* München: Deutsches Museum. 16–44.

Bodenheimer-Biram, Else (1919): *Die Industriestadt als Boden neuer Kunstentwicklung.* Jena: Eugen Diedrichs-Verlag.

Boekaerts, Monique & Minnaert, Alexander (1999): »Self-regulation With Respect to Informal Learning«. *International journal of educational research,* 31(6), 533–544.

Bonfadelli, Heinz (2001): »Medienwirkungsforschung«. In: Otfried Jarren & Heinz Bonfadelli (Hrsg.): *Einführung in die Publizistikwissenschaft.* Bern: Haupt. 337–379.

Bonfadelli, Heinz (2007): »Die Wissenskluft-Perspektive«. In: Michael Schenk (Hrsg.): *Medienwirkungsforschung.* Tübingen: Mohr Siebeck. 3. Aufl, 614–647.

Borhegyi, Stephan F. de & Hanson, Irene A. (1968): »Chronological Bibliography of Museum Visitor Studies«. In: Eric Larrabee (Hrsg.): *Museums and Education.* Washington, D.C.: Smithsonian Institution Press.

Bortz, Jürgen & Döring, Nicola (2002): *Forschungsmethoden und Evaluation für Human- und Sozialwissenschaftler.* 3. Aufl. Berlin: Springer.

Borun, Minda (1977): *Measuring the immeasurable. A pilot study of museum effectiveness.* Washington D.C.: Association of Science-Technology Centers.

Borun, Minda & Miller, Maryanne (1980): *What's In a Name? A Study of the Effectiveness of Explanatory Labels in a Science Museum.* Philadelphia, PA: Franklin Institute.

Borun, Minda, Chambers, M. B. & Cleghorn, A. (1996): »Families Are Learning in Science Museums«. *Curator,* 39(2), 124–138.

Borun, Minda, Chambers, M. B., Dritsas, J. & Johnson, J. I. (1997): »Enhancing Family Learning Through Exhibits«. *Curator,* 40(4), 279–295.

Bourdieu, Pierre (1979): *Entwurf einer Theorie der Praxis auf der ethnologischen Grundlage der kabylischen Gesellschaft.* Bd. Suhrkamp-Taschenbuch Wissenschaft, Bd. 291. Frankfurt am Main: Suhrkamp.

Bourdieu, Pierre (1982): *Die feinen Unterschiede: Kritik der gesellschaftlichen Urteilskraft.* Frankfurt a. M.: Suhrkamp.

Bourdieu, Pierre, Darbel, Alain, Schnapper, Dominique & Egger, Stephan (2006): *Die Liebe zur Kunst: Europäische Kunstmuseen und ihre Besucher.* Bd. Edition discours, Bd. 40. Konstanz: UVK-Verl.-Ges.

Boylan, Patrick (2002): *Defining Museums and Galleries, http://www.city.ac.uk/ictop/mus-def.html (26.05.2002).*

Boylan, Patrick J. (1987): »Museum training: a central concern of ICOM for forty years«. *Museum,* 39(4:156), 225–230.

Bröckers, Hannah (2007): *Der Museumsbesuch als Event. Museen in der Erlebnisgesellschaft.* Bd. Mitteilungen und Berichte aus dem Institut für Museumsforschung, Bd. 37. Berlin: Institut für Museumsforschung.

Brinkman, Manus (1996): »Mehr qualitative und kompatible Daten!«. In: Haus der Geschichte der Bundesrepublik Deutschland (Hrsg.): *Museen und ihre Besucher – Herausforderungen in der Zukunft.* Berlin: Argon. 247–256.

Brüggerhoff, Stefan & Tschäpe, Ruth (Hrsg.) (2001): *Qualitätsmanagement im Museum?! Qualitätssicherung im Spannungsfeld zwischen Regelwerk und Kreativität – Europäische Entwicklungen.* Bielefeld: transcript.

Burkart, Roland (1995): *Kommunikationswissenschaft: Grundlagen und Problemfelder.* Wien: Böhlau.

Butts, David (2002): »Mäori and Museums: The Politics of Indigenous Recognition«. In: Richard Sandell (Hrsg.): *Museums, Society, Inequality.* London: Routledge. 225–243.

Caldwell, Niall (2002): »(Rethinking) the Measurement of Service Quality in Museums and Galleries«. *International Journal of Nonprofit and Voluntary Sector Marketing,* 7(2), 161–171.

Calver, Homer N., Derryberry, Mayhew & Mensh, Ivan N. (1943): »Use of Ratings in the Evaluation of Exhibits«. *American Journal of Public Health,* 33(6), 709–714.

Cameron, Duncan F. & Abbey, David S. (1960): *The Museum Visitor: II – Survey Results.* (Forschungsbericht). Toronto: Royal Ontario Museum. Reports from Information Services, Bd. 2.

Cameron, Duncan F. & Abbey, David S. (1961): »Museum Audience Research«. *Museum News,* 40(2), 34–48.

Cavusgil, S. Tamer & Das, Ajay (1997): »Methodological Issues in Empirical Cross-cultural Research: A Survey of the Management Literature and a Framework«. *Management International Review,* 37(1), 71–96.

Cerci, Meral (2008): *Kulturelle Vielfalt in Dortmund: Pilotstudie zu kulturellen Interessen und Gewohnheiten von Menschen mit Zuwanderungsgeschichte in Dortmund* (Forschungsbericht). Oberhausen: Landesamt für Datenverarbeitung und Statistik Nordrhein-Westfalen.

Chase, Richard A. (1978): »The Social Ecology of the Museum Learning Environment: Implications for Environmental Design and Management«. In: Aristide Esser & Barrie B. H.Greenbie (Hrsg.): *Design for Communality and Privacy.* New York: Plenum. 278–309.

Cohen, Marilyn S. (1977): »Orientation in a Museum: An Experimental Visitor Study«. *Curator,* 20, 85–97.

Colbert, François (1999): *Kultur- und Kunstmarketing.* Wien: Springer.

Commandeur, Beatrix & Dennert, Dorothee (Hrsg.) (2004): *Event zieht – Inhalt bindet: Besucherorientierung von Museen auf neuen Wegen.* Bielefeld: transcript.

Commission on Museums for a New Century (1984): *Museums for a New Century.* Washington, D.C.: American Association of Museums.

Cordier, Jean-Pierre & Serre, Sylvie (2000): »Interactions familiales au musée: approches sociologiques et psychocognitives«. In: Jacqueline Eidelman & Michel Van Praët (Hrsg.): *La muséologie des sciences et ses publics: Regards croisés sur la Grande Galerie de l'évolution du Muséum national d'histoire naturelle.* Paris: Presses Universitaires de France. 259–279.

Craik, Fergus I.M. (2002): »Levels of processing: Past, present ... and future?«. *Memory,* 10(5), 305–318.

Csikszentmihályi, Mihály & Hermanson, Kim (1995): »Intrinsic Motivation in Museums: What Makes Visitors Want to Learn?«. *Museum News,* 34–37.

Dahrendorf, Ralf (1968): *Bildung ist Bürgerrecht: Plädoyer für eine aktive Bildungspolitik.* Hamburg: Wegner.

Dauschek, Anja (1998): »Mission, Vision, and Values – Zielsysteme amerikanischer Museen«. In: Gisela Wiese & Rolf Wiese (Hrsg.): *Ziele des Museums.* Ehestorf. 55–76.

Dauschek, Anja (2001): *Museumsmanagement. Amerikanische Strategien in der deutschen Diskussion.* Bd. Schriften des Freilichtmuseums am Kiekeberg, Bd. 38. Ehestorf: Freilichtmuseum am Kiekeberg.

Davallon, Jean (1992): »Introduction: Le public au centre de l'évolution du musée«. *Publics et Musées,* 2, 10–16.

Davies, Stuart (1994): *By Popular Demand. A Strategic Analysis of the Market Potential for Museums and Art Galleries in the UK.* London: Museums and Galleries Commission.

Della Croce, Marianne (2002): »Studying the Process of School Tour Evaluations«. In: AAM Committe on Audience Research and Evaluation (Hrsg.): *Current Trends in Audience Research and Evaluation.* Dallas: American Association of Museums. Bd. 15, 84–90.

Denis, Jean-Louis, Langley, Ann & Lozeau, Daniel (1993): »The Paradoxes of Strategic Planning in the Public Sector«. *Optimum. The Journal of Public Sector Management,* 24(1), 31–41.

Dennert, Dorothee & Wersebe, Helena von (1996): »Museumspädagogik und Besucherdienst in einem besucherorientierten Museum«. In: Haus der Geschichte der Bundesrepublik Deutschland (Hrsg.): *Museen und ihre Besucher – Herausforderungen in der Zukunft.* Berlin: Argon. 194–208.

Department for Culture, Media and Sport (2000): *Centres for Social Change: Museums, Galleries and Archives for All. Policy Guidance on Social Inclusion for DCMS funded and local authority museums, galleries and archives in England.* London: Department for Culture, Media and Sport.

Deutsche Forschungsgemeinschaft (DFG) (1971): *Die Notlage der Museen in der Bundesrepublik Deutschland: Appell zur Soforthilfe.* Bonn-Bad Godesberg: Deutsche Forschungsgemeinschaft.

Deutscher Städtetag (1994): *Methodik von Befragungen im Kulturbereich.* Köln.

Dewey, John (1938/1998): *Experience and education: The 60th anniversary edition.* West Lafayette, Ind: Kappa Delta Pi.

Diamond, Judy (1986): »The Behavior of Family Groups in Science Museums«. *Curator,* 29, 139–154.

Diekmann, Andreas (1995): *Empirische Sozialforschung: Grundlagen, Methoden, Anwendungen.* 4. Aufl. Reinbek bei Hamburg: Rowohlt.

DiMaggio, Paul & Useem, Michael (1979): »Decentralised Applied Research: Factors Affecting the Use auf Audience Research by Arts Organizations«. *The Journal of Applied Behavioral Science,* 15(1), 79–94.

DiMaggio, Paul, Useem, Michael & Brown, Paula (1978): *Audience Studies of the Performing Arts and Museums: A Critical Review.* Washington, D.C.

Din, Herminia & Hecht, Phyllis (Hrsg.) (2007): *The Digital Museum. A Think Guide.* Washington, D.C.: American Association of Museums.

Dittmar, Norbert. (2004): *Transkription: ein Leitfaden mit Aufgaben für Studenten, Forscher und Laien.* 2. Aufl. Wiesbaden: VS Verlag für Sozialwissenschaften.

Dobbs, Stephen M. & Eisner, Elliot W. (1987): »The Uncertain Profession: Educators in American Art Museums«. *Journal of Aesthetic Education,* 21(4), 77–86.

Dodd, Jocelyn & Sandell, Richard (1998): *Building Bridges: Guidance for Museums and Galleries on Developing New Audiences.* London: MGC.

Dodd, Jocelyn & Sandell, Richard (2001): *Including Museums: Perspectives on Museums, Galleries and Social Inclusion.* Leicester: RCMG.

Doering, Zahava D. (1999): »Strangers, Guests, or Clients? Visitor Experiences in Museums«. *Curator,* 42(2), 74–87.

Dreyer, Matthias & Wiese, Rolf (Hrsg.) (2004): *Zielgruppen von Museen: Mit Erfolg erkennen, ansprechen und binden.* Bd. Schriften des Freilichtmuseums am Kiekeberg, Bd. 47. Ehestorf: Freilichtmuseum am Kiekeberg.

Dufresne-Tassé, Colette (Hrsg.) (2000): *Diversité culturelle, distance et apprentissage.* Québec: AGMV Marquis.

Dufresne-Tassé, Colette (2007): »Préoccupation du milieu muséal pour l'appréciation de ses productions et recherche d'évaluations sommatives plus fécondes«. In: Emma Nardi (Hrsg.): *Thinking, Evaluating, Re-Thinking: Cultural Mediation in Museums.* Milano: FrancoAngeli. 27–38.

Durant, John (Hrsg.) (2001): *Museums and the Public Understanding of Science.* London: Science Museum.

Eason, L. & Linn, M. (1976): »Evaluation of the Effectiveness of Participatory Exhibits«. *Curator*, 19(1), 45–62.

Eidelman, Jacqueline & Roustan, Mélanie (2007): »Les études de publics: recherche fondamentale, choix de politiques et enjeux operationnels«. In: Jacqueline Eidelman, Mélanie Roustan & Bernadette Goldstein (Hrsg.): *La place des publics: De l'usage des études et recherches par les musées.* Paris: La Documentation Française. 15–37.

Eidelman, Jacqueline & Van Praët, Michel (Hrsg.) (2000): *La muséologie des sciences et ses publics: Regards croisés sur la Grande Galerie de l'évolution du Muséum national d'histoire naturelle.* Paris: Presses Universitaires de France.

Eisenbeis, Manfred (1980): »Museum und Publikum: Über einige Bedingungen des Museumsbesuchs - ein Bericht über eine soziologische Erhebung in der Bundesrepublik Deutschland«. *Museumskunde*, 45, 16–26.

Eisenberger, Robert (1999): »The Museum Goer's Motives: The Social and the Sublime«. *Visitor Studies Today!*, 2(3), 1–5.

Elam, M. & Bertilsson, M. (2003): »Consuming, Engaging and Confronting Science: The Emerging Dimensions of Scientific Citizenship«. *European Journal of Social Theory*, 6(2), 233–251.

Ellenbogen, Kirsten (2003): *From Dioramas to the Dinner Table: An Ethnographic Case Study of The Role of Science Museums in Family Life.* Dissertation, Graduate School, Vanderbilt University, Nashville, TN.

Ellenbogen, Kirsten M. (2003): »Editorial: Sociocultural Perspectives on Museums«. *Journal of Museum Education*, 28, 1–2.

Erwin, David G. (1970): »The Belfast Public and the Ulster Museum: A Statistical Survey«. *Museums Journal*, 70, 175–179.

Ewigleben, Cornelia (2006): »Das Museum von morgen. Gedanken zur Zukunft der kulturhistorischen Museen«. *Museumskunde*, 71(2), 63–86.

Falk, H. John, Dierking, Lynn & Foutz, Susan (Hrsg.) (2007): *In Principle, In Practice: Museums as Learning Institutions.* Lanham: AltaMira Press.

Falk, John H. (1985): »Predicting Visitor Behavior«. *Curator*, 28, 249–257.

Falk, John Howard & Dierking, Lynn D. (1992): *The Museum Experience.* Washington, D.C.: Whalesback.

Falk, John H. & Dierking, Lynn D. (2000): *Learning from Museums. Visitor Experiences and the Making of Meaning.* Walnut Creek: AltaMira.

Falk, John H., Moussouri, Theano & Coulson, D. (1998): »The Effect of Visitors' Agendas on Museum Learning«. *Curator*, 41(2), 107–120.

Fechner, Gustav Theodor (1872): *Bericht über das auf der Dresdner Holbein-Ausstellung ausgelegte Album.* Leipzig: Breitkopf & Härtel.

Feher, Elsa & Rice, Karen (1985): »Development of Scientific Concepts Through the Use of Interactive Exhibits in a Museum«. *Curator*, 28, 35–46.

Fisch, Martin & Gscheidle, Christoph (2008): »Mitmachnetz Web 2.0: Rege Beteiligung nur in Communitys – Ergebnisse der ARD/ZDF-Onlinestudie 2008«. *Media Perspektiven*, 7, 356–364.

Fischer, Daryl K. (1997): »Connecting with Visitor Panels«. *Museum News*, May/June, 33–37.

Fischer, F., Waibel, M. & Wecker, C. (2005): »Nutzenorientierte Forschung im Bildungsbereich: Argumente einer internationalen Diskussion«. *Zeitschrift für Erziehungswissenschaft*, 8(3), 427–442.

Fisher, Susie (2002): »Objects are not enough«. *Museums Journal*, 32–35.

Fiske, John (1990): *Introduction to Communication Studies*. 2. Aufl. London: Routledge.

Flick, Uwe (1995): *Qualitative Forschung. Theorie, Methoden, Anwendung in Psychologie und Sozialwissenschaften*. Reinbek b. Hamburg: Rowohlt.

Flick, Uwe, Kardorff, Ernst von, Keupp, Heiner & al. et (Hrsg.) (1995): *Handbuch Qualitative Sozialforschung*. 2. Aufl. Weinheim: Beltz.

Föhl, S. Patrick, Erdrich, Stefanie, John, Hartmut & Maaß, Karin (Hrsg.) (2007): *Das barrierefreie Museum: Theorie und Praxis einer besseren Zugänglichkeit*. Bielefeld: transcript.

Franck, Georg (1998): *Ökonomie der Aufmerksamkeit: Ein Entwurf*. München: Hanser.

Friedman, Alan J. (1996): »Why Museums Don't Evaluate«. *Visitor Behavior*, XI(2), 6–8.

Fuller, Nancy J. (1992): »The Museum as a Vehicle for Community Empowerment: The Ak-Chin Indian Community Ecomuseum Project«. In: Ivan Karp, Christine Mullen Kreamer & Steven D. Lavine (Hrsg.): *Museums and Communities: The Politics of Public Culture*. Washington, D.C.: Smithsonian Institution. 327–365.

Gagné, Mills Robert & Briggs, John Leslie (1974): *Principles of instructional design*. New York: Holt Rinehart and Winston.

Gagné, Robert M. (1965): *The Conditions of Learning*. New York: Holt, Rinehart and Winston.

Gainer, Brenda & Padanyi, Paulette (2002): »Applying the Marketing Concept to Cultural Organisations: An Empirical Study of the Relationship Between Market Orientation and Performance«. *International Journal of Nonprofit and Voluntary Sector Marketing*, 7(2), 182–193.

Gammon, Ben & Bridgman, Eleanor (2000): *Into the Future – Evaluating the Wellcome Wing Project at the Science Museum, London* (Forschungsbericht). London: Science Museum.

Gammon, Ben & Graham, Jo (1997): »Putting the Value Back Into Evaluation«. *Visitor Studies Today!*, 1(1), 6–8.

Gebhardt, Winfried (2000): »Feste, Feiern und Events. Zur Soziologie des Außergewöhnlichen«. In: Winfried Gebhardt, Ronald Hitzler & Michaela Pfadenhauer (Hrsg.): *Events. Soziologie des Außergewöhnlichen.* Opladen: Leske + Budrich. 17–33.

Geimer, Peter (2005): »Über Reste«. In: te Anke Heesen & Petra Lutz (Hrsg.): *Dingwelten: Das Museum als Erkenntnisort.* Köln: Böhlau. Bd. Schriften des Deutschen Hygiene-Museums Dresden, Bd. 4, 109–118.

Gemmeke, Claudia, John, Hartmut & Krämer, Harald (Hrsg.) (2001): *Euphorie digital? Aspekte der Wissensvermittlung in Kunst, Kultur und Technologie.* Bielefeld: transcript.

Gendreau, Andrée (2000): »Éléments pour une politique de la recherche: Bilan et perspectives 1988–1999«. In: Colette Dufresne-Tassé (Hrsg.): *Diversité culturelle, distance et apprentissage.* Québec: AGMV Marquis. 190–201.

Gerhards, Maria & Mende, Annette (2008): »Ein Drittel der Deutschen bleibt weiter offline – Ergebnisse der ARD/ZDF-Onlinestudie 2008«. *Media Perspektiven,* 7, 365–374.

Germer, Ernst (1966): »Besuchertest im Museum für Völkerkunde zu Leipzig«. *Neue Museumskunde,* 1, Beilage zu Jg. 9.

Gerritson, Stephen L. (1987): »Utilizing Visitor Surveys to Improve Marketing«. *Visitor Behavior,* 2(3), 4.

Getty Center for Education in the Arts (1991): *Insights – Museum, Visitors, Attitudes, Expectations: A Focus Group Report.* Los Angeles: J. Paul Getty Trust.

Gilbert, Ronald G. & Parhizgari, Ali M. (2000): »Organizational Effectiveness Indicators to Support Service Quality«. *Managing Service Quality,* 10(1), 46ff.

Gilman, Benjamin Ives (1916): »Museum Fatigue«. *Scientific Monthly,* 12, 177–189.

Girault, Yves & Guichard, Françoise (1995): »Problématique et enjeux du partenariat école–musée à la Grande Galerie de l'Évolution«. *Publics et Musées,* 7, 69–93.

Glaser, Barney G. & Strauss, Anselm (1967): *The Discovery of Grounded Theory: Strategies for Qualitative Research.* Chicago, IL: Aldine Publishing.

Glaser, Hermann (1996): »Zur Demokratisierung der Museen«. In: Annette Zimmer (Hrsg.): *Das Museum als Nonprofit-Organisation: Management und Marketing.* Frankfurt: Campus. 39–52.

Glotz, Peter (2001): *Von Analog nach Digital: Unsere Gesellschaft auf dem Weg zur digitalen Kultur.* Frauenfeld: Huber.

Gläser, Jochen & Laudel, Grit (2004): *Experteninterviews und qualitative Inhaltsanalyse als Instrumente rekonstruierender Untersuchungen.* Wiesbaden: VS Verlag für Sozialwissenschaften.

Gluchowski, Peter (1987): »Lebensstile und Wandel der Wählerschaft in der Bundesrepublik Deutschland«. *Aus Politik und Zeitgeschichte,* 37(12), 18–32.

Gluchowski, Peter (1988): *Freizeit und Lebensstile: Plädoyer für eine integrierte Analyse von Freizeitverhalten.* Erkrath: DGFF.

Günter, Bernd (2000): »Was behindet und was eröffnet Wege zu Besucherbindung und Besucherintegration?«. In: Bernd Günter & Hartmut John (Hrsg.): *Besucher zu Stammgästen machen! Neue und kreative Wege zur Besucherbindung.* Bielefeld: transcript. 67–77.

Günter, Bernd (2004): »Benchmarking in und für Museen«. *Museumskunde,* 69(1), 14–21.

Günter, Bernd & John, Hartmut (Hrsg.) (2000): *Besucher zu Stammgästen machen! Neue und kreative Wege zur Besucherbindung.* Bielefeld: transcript.

Golding, Viv (2006): »Recollection and the UK Museum: Object, Image and Word«. *Conference Connections, Communities And Collections.*

Gorgus, Nina (2002): »Scenographische Ausstellungen in Frankreich«. *Museumskunde,* 67(2), 135–142.

Gottmann, Günther (1977): »Bericht über ein Besucherprofil des Deutschen Museums«. *Museumskunde,* 42(1), 29–35.

Graf, Bernhard (1997): »Umsetzung von Evaluationsergebnissen in der Museumspraxis: Wunsch oder Wirklichkeit?«. In: Hartmut John (Hrsg.): *Das besucherorientierte Museum.* Köln: Rheinland Verlag. 110–124.

Graf, Bernhard (2003): »Ausstellungen als Instrument der Wissensvermittlung? Grundlagen und Bedingungen«. *Museumskunde,* 68(1), 73–81.

Graf, Bernhard & Treinen, Heiner (1983): *Besucher im Technischen Museum. Zum Besucherverhalten im Deutschen Museum München.* Berlin: Mann.

Graham, Jo (2001): *Visitor Views on Architecture and Potential Architecture Exhibitions at the V&* (Forschungsbericht). London: Victoria & Albert Museum.

Grassin, Anne-Sophie (2007): »Observation des objets et lecture des cartels. Faut-il ›jongler‹ pour comprendre?«. In: Emma Nardi (Hrsg.): *Thinking, Evaluating, Re-Thinking: Cultural Mediation in Museums.* Milano: FrancoAngeli. 231–236.

Greene, Jennifer C. (2002): »Mixed-Method Evaluation: A Way of Democratically Engaging With Difference«. *Evaluation Journal of Australasia,* 2(2), 23–29.

Griffin, Des (1996): »Previous Possessions, New Obligations: A Commitment by Australian Museums«. *Curator,* 39(1), 45–62.

Griffin, Des & Abraham, Morrie (2000): »The Effective Management of Museums: Cohesive Leadership and Visitor-Focused Public Programming«. *International Journal of Museum Management and Curatorship,* 18(4), 335–368.

Griffin, Des, Abraham, Morrie & Crawford, J. (1999): »Effective Management of Museums in the 1990s«. *Curator,* 42(1), 37–53.

Griggs, Steven A. (1981): »Formative Evaluation of Exhibits at the British Museum (Natural History)«. *Curator,* 24, 189–201.

Grüner, Almut (2004): »Konzepte zur Integration: Zielgruppenorientiertes Management an englischen Museen«. In: Matthias Dreyer & Rolf Wiese (Hrsg.): *Zielgruppen von Museen: Mit Erfolg erkennen, ansprechen und binden.* Ehestorf: Stiftung Freilichtmuseum am Kiekeberg. 63–83.

Gross, Peter (1994): *Die Multioptionsgesellschaft.* Frankfurt a. M.: Suhrkamp.

Groves, Ilze (2005): *Assessing the Economic Impact of Science Centers on Their Local Communities* (Forschungsbericht). Kingston: Questacon – The National Science and Technology Centre. Phase 2 of an international study of the impact of science centers, funded by the Association of Science-Technology Centers (ASTC) and thirteen individual science centers.

Guba, Egon G. & Lincoln, Yvonna S. (1981): *Effective Evaluation: Improving the Usefulness of Evaluation Results Through Responsive and Naturalistic Approaches.* San Francisco, CA: Jossey-Bass.

Günter, Bernd (1997): »Museum und Publikum: Wieviel und welche Form der Besucherorientierung benötigen Museen heute?«. In: Landschaftsverband Rheinland (Hrsg.): *Das besucherorientierte Museum.* Köln: Rheinland. 11–18.

Günter, Bernd (1998): »Besucherorientierung: eine Herausforderung für Museen und Ausstellungen«. In: Marita Anna Scher (Hrsg.): *(Umwelt-)Ausstellungen und ihre Wirkung.* Oldenburg: Isensee. 51–55.

Habermas, Jürgen (1984): *Stukturwandel der Öffentlichkeit.* 15. Aufl. Luchterhand.

Hagedorn-Saupe, Monika & Noschka-Roos, Annette (1999): »Museumspädagogik – Stand und Perspektiven«. In: Forschungsstelle für Schulgeschichte an der Pädagogischen Hochschule Weingarten (Hrsg.): *Achtes Internationales Symposium für Schulmuseen und schulgeschichtliche Sammlungen: Dokumentation.* Friedrichshafen: Forschungsstelle für Schulgeschichte. 15–29.

Hager, Mark & Boris, Elizabeth (2001): »On Being a Responsible Consumer of Research«. *The NonProfitTimes,* Dec 15.

Harkness, Janet A., Vijver, Fons J.R. Van de & Mohler, Peter Ph. (Hrsg.) (2003): *Cross-Cultural Survey Methods.* Hoboken, NJ: Wiley.

Harris, Neil (1990): »Polling for Opinions«. *Museum News,* Sept./Okt., 46–53.

Haus der Geschichte der Bundesrepublik Deutschland (Hrsg.) (1996): *Museen und ihre Besucher – Herausforderungen in der Zukunft.* Berlin: Argon.

Hauser, Walter (2005): »Auf dem Weg zu einem ›Public Understanding of Research‹: das Zentrum Neue Technologien des Deutschen Museums«. In: Annette Noschka-Roos, Walter Hauser & Elisabeth Schepers (Hrsg.): *Mit neuen Medien im Dialog mit den Besuchern?: Grundlagen und Praxis am Beispiel des Zentrums Neue Technologien im Deutschen Museum.* Berlin: G + H Verlag. Bd. Berliner Schriften zur Museumskunde, Bd. 21, 9–20.

Hausmann, Andrea (2001): *Besucherorientierung unter Einsatz des Benchmarking.* Bielefeld: transcript.

Hayward, D. Geoffrey & Larkin, John W. (1983): »Evaluating Visitor Experiences and Exhibit Effectiveness at Old Sturbridge Village«. *The Museum Studies Journal*, 1(2), 42–51.

Hayward, Jeff (1991): »Four Common Misconceptions about Visitor Research and Evaluation«. *Visitor Behavior*, VI(1), 3.

Heady, I. (1984): *Visiting Museums. A Report of a Survey of Visitors to the V&A, Science and National Railway Museums for the Office of Arts & Libraries.* London: HMSO.

Heath, Christian & Lehn, Dirk vom (2002): »Misconstruing Interactivity«. Conference Proceedings *Interactive Learning in Museums of Art.* http://www.vam.ac.uk/files/file_upload/christian_heath.pdf (15.08.2005)

Heath, Christian & Vom Lehn, Dirk (2008): »Configuring ›Interactivity‹: Enhancing Engagement in Science Centres and Museums«. *Social studies of science*, 38(1), 65–92.

Heath, Christian, Osborne, Jonathan & Vom Lehn, Dirk (2005): »Interaction and Interactives: Collaboration and Participation With Computer-based Exhibits«. *Public understanding of science*, 14(1), 91–102.

Heesen, Anke te & Lutz, Petra (Hrsg.) (2005): *Dingwelten: Das Museum als Erkenntnisort.* Bd. Schriften des Deutschen Hygiene-Museums Dresden, Bd. 4. Köln: Böhlau.

Hein, George E. (1998): *Learning in the Museum.* London: Routledge.

Hein, George E. (2004): »John Dewey and Museum Education«. *Curator*, 47(4), 413–427.

Hein, Hilde S. (2000): *The Museum in Transition: A Philosophical Perspective.* Washington: Smithsonian Institution.

Helfrich, Hede (2003): »Methodologie kulturvergleichender psychologischer Forschung«. In: Alexander Thomas (Hrsg.): *Kulturvergleichende Psychologie.* Göttingen: Hogrefe. 111–138.

Helm, Sabrina & Klar, Susanne (1997): *Besucherforschung und Museumspraxis.* Bd. 57. München: Müller-Straten.

Herman, Robert D. & Renz, David O. (1999): »Theses on Nonprofit Organizational Effectiveness«. *Nonprofit and Voluntary Sector Quarterly*, 28(2), 107–126.

Higgins, Henry Hugh (1884): »Museums of Natural History«. In: H. H. Higgins (Hrsg.): *Transactions of the Literary and Philosophical Society of Liverpool.* Liverpool: Literary and Philosophical Society. 183–221.

Hilke, D. D. (1993): »Quest for the Perfect Methodology: a Tragi-Comedy in Four Acts«. In: Sandra Bicknell & Graham Farmelo (Hrsg.): *Museum Visitor Studies in the 90s.* London: Science Museum. 67–74.

Hilke, D. D., Hennings, Elizabeth & Springuel, Myriam (1988): »The Impact of Interactive Computer Software on visitors' Experiences: A Case Study«. *ILVS Review*, 1(1), 34–49.

Hinton, Morna (1998): »The Victoria and Albert Museum Silver Galleries II: Learning Style and Interpretation Preference in the Discovery Area«. *International Journal of Museum Management and Curatorship*, 17(3), 253–294.

Hinton, Morna (2004): »Evaluation – Before and After Opening«. In: Christopher Wilk & Nick Humphrey (Hrsg.): *Creating the British Galleries at the V&A: A Study in Museology*. London: V&A Publications. Manuskript.

Hjorth, Jan (1993): »What Happens When the Evaluation is Over?«. In: Sandra Bicknell & Graham Farmelo (Hrsg.): *Museum Visitor Studies in the 90s*. London: Science Museum. 51–53.

Hoffmann, Hilmar (1979): *Kultur für alle: Perspektiven und Modelle*. Frankfurt a. M.: Fischer.

Hoffmann, Hilmar (1999): *Das Guggenheim-Prinzip*. 1. Aufl. Köln: DuMont.

Hohendahl, Peter Uwe (Hrsg.) (2000): *Öffentlichkeit: Geschichte eines kritischen Begriffs*. Stuttgart: Metzler.

Holch, Julian (1995): »Dienstleistungsorientiertes Kulturmarketing«. In: Wolfgang Benkert, Britta Lenders & Peter Vermeulen (Hrsg.): *KulturMarketing: Den Dialog zwischen Kultur und Öffentlichkeit gestalten*. Stuttgart: Raabe. 27–54.

Hood, Marilyn G. (1983): »Staying Away: Why People Choose to Not Visit Museums«. *Museum News*, 61(4), 50–57.

Hood, Marilyn G. (1992): »Significant Issues in Museum Audience Research«. *ILVS Review: A Journal of Visitor Behavior*, 2(2), 281–286.

Hooper-Greenhill, Eilean (1991): *Museum and Gallery Education*. Leicester, London, New York: Leicester University.

Hooper-Greenhill, Eilean (1992): *Museums and the Shaping of Knowledge*. London: Routledge.

Hooper-Greenhill, Eilean (1994): *Museums and Their Visitors*. London: Routledge.

Hooper-Greenhill, Eilean, Dodd, Jocelyn, Moussouri, Theano, Jones, Ceri, Pickford, Chris, Herman, Catherine, Morrison, Marlene, Vincent, John & Toon, Richard (2003): *Measuring the Outcomes and Impact of Learning in Museums, archives and Libraries: The Learning Impact Research Project End of Project Paper* (Forschungsbericht). Research Centre for Museums and Galleries (RCMG), Department of Museums Studies, University of Leicester.

Hütter, Hans Walter & Dennert, Dorothee (2002): »Von A wie Evaluation bis Z wie Grafik – Texterarbeitung im Haus der Geschichte der Bundesrepublik Deutschland«. In: Evelyn David & Robert Schlesinger (Hrsg.): *Texte in Museen und Ausstellungen: Ein Praxisleitfaden*. Bielefeld: transcript. 153–163.

Hudson, Kenneth (1975): *A Social History of Museums: What the Visitors Thought.* London: Macmillan.

Hudson, Kenneth (1998): »The Museum Refuses to Stand Still«. *Museum International,* 50(1), 43–50.

Hughes, Catherine (2005): »Exploring Museum Theatre«. *Visitor Studies Today!,* 8(2), 20.

Humphrey, Thomas & Gutwill, P Joshua (2005): *Fostering Active Prolonged Engagement: The Art of Creating APE Exhibits.* San Francisco, CA: Exploratorium.

Hünnekens, Annette (2002): *Expanded museum: Kulturelle Erinnerung und virtuelle Realitäten.* Bielefeld: transcript.

Imhof, Kurt (2006): »Mediengesellschaft und Medialisierung«. *Medien & Kommunikationswissenschaft,* 54(2), 191–215.

Inernational Council of Museums (Hrsg.) (1991): *Museums Without Barriers: A New Deal for Disabled People.* London: Routledge.

Inglehart, Ronald (1977): *The Silent Revolution. Changing Values and Political Styles Among Westem Publics.* Princeton: Princeton University Press.

Inglehart, Ronald (1998): *Modernisierung und Postmodernisierung: Kultureller, wirtschaftlicher und politischer Wandel in 43 Gesellschaften.* Frankfurt/Main: Campus-Verl.

Institut für Museumsforschung (2006): *Statistische Gesamterhebung an den Museen der Bundesrepublik Deutschland für das Jahr 2005.* Bd. Materialien aus dem Institut für Museumsforschung, Bd. 60. Berlin: Institut für Museumsforschung.

Institut für Museumsforschung (2007): *Statistische Gesamterhebung an den Museen der Bundesrepublik Deutschland für das Jahr 2006.* Bd. Materialien aus dem Institut für Museumsforschung, Bd. 61. Berlin: Institut für Museumsforschung.

Institut für Museumskunde (1996): *Statistische Gesamterhebung an den Museen der Bundesrepublik Deutschland für das Jahr 1995.* Bd. Materialien aus dem Institut für Museumskunde, Bd. 45. Berlin: Institut für Museumskunde.

International Council of Museums (2003): *ICOM Statuten.* http://www.icom-deutschland.de/statuten.pdf (15.10.2004).

International Council of Museums (2005): »Development of the Museum Definition According to ICOM Statutes (1946-2001)«. In: *Development of the Museum Definition According to ICOM Statutes (1946-2001).* http://icom.museum/hist_def_eng.html (15.08.2005)

Irwin, Alan (2001): »Constructing the scientific citizen: Science and democracy in the biosciences«. *Public Understanding of Science,* 10(1), 1–18.

Jarren, Otfried & Bonfadelli, Heinz (Hrsg.) (2001): *Einführung in die Publizistikwissenschaft.* Bern: Haupt.

Jelen, Patricia & Hayward, Jeff (1997): »Strategic Planning in the Woods: Applying the Results of Audience Research«. In: Marcella Wells & Ross Loomis (Hrsg.): *Visitor Studies: Theory, Research and Practice.* Selected Papers From the 1996 Visitor Studies Conference. Jacksonville, Alabama: Visitor Studies Association. Bd. 9, 70–78.

Jensen, James (1997): »Integrating Marketing Research into Museum Management – The NMSTC Experience«. In: Marcella Wells & Ross Loomis (Hrsg.): *Visitor Studies: Theory, Research and Practice.* Selected Papers From the 1996 Visitor Studies Conference. Jacksonville, Alabama: Visitor Studies Association. Bd. 9, 176–184.

John, Hartmut (Hrsg.) (1997): *Das besucherorientierte Museum.* Köln: Rheinland Verlag.

John, Hartmut (Hrsg.) (2003): *'Vergleichen lohnt sich!' Benchmarking als effektives Instrument des Museumsmanagements.* Bielefeld: transcript.

John, Hartmut (2008): »'Top oder Flop'? Die Branding-Welle erreicht die Museumswelt. Eine Einführung«. In: Hartmut John & Bernd Günter (Hrsg.): *Das Museum als Marke: Branding als strategisches Managementinstrument für Museen.* Bielefeld: transcript. Bd. Publikation der Abteilung Museumsberatung Nr. 22, 9–28.

John, Hartmut & Thinesse-Demel, Jutta (Hrsg.) (2004): *Lernort Museum - neu verortet!: Ressourcen für soziale Integration und individuelle Entwicklung.* Bielefeld: transcript.

Johnson, David A. (1969): »Museum Attendance in the New York Metropolitan Region«. *Curator,* 12, 201–230.

Johnson, Laurence F., Levine, Alan & Smith, Rachel S. (2008): *Horizon Report.* Austin, TX: The New Media Consortium.

Johnson, Neal B. (2000): »Tracking the Virtual Visitor: A Report From the National Gallery of Art«. *Museum News,* April/March, 42–71.

Jones, Jane Peirson (1992): »The Colonial Legacy and the Community: The Gallery 33 Project«. In: Ivan Karp, Christine Mullen Kreamer & Steven D. Lavine (Hrsg.): *Museums and Communities: The Politics of Public Culture.* Washington, D.C.: Smithsonian Institution. 221–241.

Jones, Lois Swan & Ott, Robert W. (1983): »Self-study Guides for School-age Students«. *The Museum Studies Journal,* 1(1), 36–42.

Kamien, Janet A. (2001): »An Advocate for Everything: Exploring Exhibit Development Models«. *Curator,* 44(1), 114–128.

Kanel, V. & Tamir, P. (1991): »Different Labels – Different Learnings«. *Curator,* 34(1), 18–30.

Karp, Ivan (1992): »Introduction«. In: Ivan Karp, Christine Mullen Kreamer & Steven D. Lavine (Hrsg.): *Museums and Communities: The Politics of Public Culture.* Washington, D.C.: Smithsonian Institution. 1–17.

Karp, Ivan, Kreamer, Christine Mullen & Lavine, Steven D. (Hrsg.) (1992): *Museums and Communities: The Politics of Public Culture.* Washington, D.C.: Smithsonian Institution.

Keehley, Patricia, Medlin, Steven, MacBride, Sue & Longmire, Laura (1997): *Benchmarking for Best Practices in the Public Sector.* San Francisco: Jossey-Bass.

Kelly, Lynda (1997): »Indigenous Issues in Evaluation and Visitor Research«. *Visitor Behavior,* XII(3&4), 24f.

Kelly, Lynda (1998): »What Does Biodiversity Mean to Me?«. *ICOM Conference ›Marketing and Public Relations‹.*

Kelly, Lynda (1999): »Finding Evidence of Visitor Learning«. *Musing on Learning Seminar, Australian Museum, 20 April 1999.*

Kelly, Lynda & Gordon, Phil (2002): »Developing a Community of Practice: Museums and Reconciliation in Australia«. In: Richard Sandell (Hrsg.): *Museums, Society, Inequality.* London: Routledge. 153–174.

Kelly, Lynda & Russo, Angelina (2008): »Ladders of Participation, Social Media and Museum Audiences«. In: David Trant, Jennifer; Bearman (Hrsg.): *Museums and the Web 2008.* Montreal, QC: Archives & Museum Informatics.

Kelly, Lynda & Sas, Jan (1998): »Separate or Inseparable? Marketing and Visitor Studies«. ICOM Conference *Marketing and Public Relations.*

Kelly, Lynda & Sullivan, Tim (1996): »Front-end Evaluation – Beyond the Field of Dreams«. *Museums Australia Conference Power and Empowerment, Sydney.*

Kelly, Lynda & Sullivan, Tim (1999): »Museums and Organisational Learning: The Role of Visitor Studies«. *Conference of the Visitor Studies Association.*

Kerr, Sara (1986): »Effective Interaction in a Natural Science Exhibit«. *Curator,* 29, 265–277.

Kerschensteiner, Georg (1925): »Die Bildungsaufgabe des Deutschen Museums«. In: Conrad Matschoss (Hrsg.): *Das Deutsche Museum: Geschichte, Aufgaben, Ziele.* Berlin. 39–50.

Keuchel, Susanne (2005): »Das Kulturpublikum zwischen Kontinuität und Wandel – Empirische Perspektiven«. In: Bernd Wagner (Hrsg.): *Jahrbuch für Kulturpolitik 2005 – Thema: Kulturpolitik.* Essen: Klartext Verlag. 111–125.

Kirchberg, Volker (1996a): »Besucher und Nichtbesucher von Museen in Deutschland«. *Museumskunde,* 61(2), 151–162.

Kirchberg, Volker (1996b): »Sozialforschung und Museumsmarketing«. In: Haus der Geschichte der Bundesrepublik Deutschland (Hrsg.): *Museen und ihre Besucher – Herausforderungen in der Zukunft.* Berlin: Argon. 176–193.

Kirchberg, Volker (1998): »Entrance Fees as a Subjective Barrier to Visiting Museums«. *Journal of Cultural Economics,* 22(1), 1–13.

Kirchberg, Volker (2000): »Mystery Visitors in Museums: An Underused and Underestimated Tool for Testing Visitor Services«. *International Journal of Arts Management*, 3(1), 32–38.

Kirchberg, Volker (2003): »›Verdeckte Ermittler‹ im Museum. Ein unterschätztes Instrument zur Evaluation des Besucherservices«. In: Hartmut John (Hrsg.): *'Vergleichen lohnt sich!' Benchmarking als effektives Instrument des Museumsmanagements.* Bielefeld: transcript. 93–105.

Kirchberg, Volker (2005): *Gesellschaftliche Funktionen von Museen: Makro-, Meso- und Mikrosoziologische Perspektiven.* Wiesbaden: VS Verlag für Sozialwissenschaften.

Kirchberg, Volker (2007): »Thinking About ›Scenes‹: a New View of Visitors' Influence on Museums«. *Curator*, 50(2), 239–254.

Klausewitz, Wolfgang (1976): »Bildungsfaktoren im Naturhistorischen Museum dargestellt am Frankfurter Senckenberg-Museum«. In: Ellen Spickernagel & Brigitte Walbe (Hrsg.): *Das Museum: Lernort contra Musentempel.* Gießen: Anabas-Verlag. 2. Aufl, 36–42.

Klein, Armin (2003): *Besucherbindung im Kulturbetrieb.* Wiesbaden: Westdeutscher Verlag.

Klein, Armin (Hrsg.) (2007): *Starke Marken im Kulturbetrieb.* Baden-Baden: Nomos.

Klein, Hans-Joachim (1984): *Analyse der Besucherstrukturen an ausgewählten Museen in der Bundesrepublik Deutschland und in Berlin (West).* Bd. Materialien aus dem Institut für Museumskunde , Bd. 9. Berlin: Institut für Museumskunde.

Klein, Hans-Joachim (1985): »Museumsbesuch und Erlebnisinteresse – Besucherforschung zwischen Kultursoziologie und Marketing«. *Museumskunde*, 50, 143–156.

Klein, Hans-Joachim (1990): *Der gläserne Besucher: Publikumsstrukturen einer Museumslandschaft.* Berlin: Mann.

Klein, Hans-Joachim (1991): *Evaluation als Instrument der Ausstellungsplanung.* Bd. Karlsruher Schriften zur Besucherforschung, Heft 1. Karlsruhe: Universität Karlsruhe.

Klein, Hans-Joachim (1993): *Front-End-Evaluation: ein nichtssagender Name für eine vielsagende Methode.* Bd. Karlsruher Schriften zur Besucherforschung, Heft 4. Karlsruhe: Universität Karlsruhe.

Klein, Hans Joachim (Hrsg.) (1995): *Mediendämmerung. Die unaufhaltsame Computerisierung der Museen.* Bd. Karlsruher Schriften zur Besucherforschung, Heft 6. Karlsruhe: Institut für Soziologie und Interfakultatives Institutfür angewandte Kulturwissenschaft.

Klein, Hans-Joachim (1996a): »Besucher und ihr Verhalten im Museum: Methoden und Ergebnisse der Besucherforschung«. *Handbuch Kulturmanagement*, 1–19. D 2.5

Klein, Hans-Joachim (1996b): »Besucherforschung als Antwort auf neue Herausforderungen«. In: Haus der Geschichte der Bundesrepublik Deutschland (Hrsg.): *Museen und ihre Besucher – Herausforderungen in der Zukunft*. Berlin: Argon. 72–84.

Klein, Hans-Joachim (1997): »Nichtbesucher und museumsferne Milieus: ›lohnende‹ Zielgruppen des Museumsmarketings?«. In: Landschaftsverband Rheinland (Hrsg.): *Das besucherorientierte Museum*. Köln: Rheinland. 28–43.

Klein, Hans-Joachim (2001): »Let's do it! Ein Plädoyer für Besucherorientierung, Besucheranalyse und Evaluation«. *Museum Aktuell*, 65, 2639–2643.

Klein, Hans-Joachim & Bachmayer, Monika (1981): *Museum und Öffentlichkeit: Daten und Fakten – Motive und Barrieren*. Berlin: Mann.

Klein, Hans-Joachim & Wüsthoff-Schäfer, Barbara (1990): *Inszenierung an Museen und ihre Wirkung auf Besucher*. Bd. Materialien aus dem Institut für Museumskunde, Bd. 32. Berlin: Institut für Museumskunde.

Klinkhammer, Daniel & Reiterer, Harald (2008): »Blended Museum – Perspektiven für eine vielfältige Besuchererfahrung«. *iCOM – Zeitschrift für interaktive und kooperative Medien*, 7(2), 4–10.

Knott, Tara D. & Noble, Douglas R. (1989): »Evaluation in Museums: Jumping the Hurdles«. In: Stephen Bitgood, James T. Roper jr. & Arlene Benefield (Hrsg.): *Visitor Studies – 1988. Theory, Research, and Practice. Proceedings of the First Annual Visitor Studies Conference*. Jacksonville, Alabama: Visitor Studies Association. 22–31.

Kohl, Manuela (2006): *Kunstmuseen und ihre Besucher: Eine lebensstilvergleichende Studie*. Wiesbaden: Deutscher Universitäts-Verlag | GWV Fachverlage GmbH Wiesbaden.

Kommunale Gemeinschaftsstelle für Verwaltungsvereinfachung (Hrsg.) (1989): *Die Museen: Besucherorientierung und Wirtschaftlichkeit*. Köln. KGSt Gutachten

Konrad, Elmar D. (2000): *Kultur-Unternehmer: Kompetenzen – Leistungsbeiträge – Erfolgswirkungen*. Wiesbaden: DUV.

Koran, John J., Koran, Mary Lou & Longino, Sarah J. (1986): »The Relationship of Age, Sex, Attention, and Holding Power with Two Types of Science Exhibits«. *Curator*, 29, 227–235.

Korff, Gottfried (1988): »Die Musealisierung des Popularen und die Popularisierung des Musealen«. In: Gottfried Fliedl (Hrsg.): *Museum als soziales Gedächtnis? Kritische Beiträge zu Museumswissenschaft und Museumspädagogik*. Klagenfurt: Kärnter Druck- und Verlagsgesellschaft. 9–23.

Korff, Gottfried (1990): »Aporien der Musealisierung: Notizen zu einem Trend, der die Institution, nach der er benannt ist, hinter sich gelassen hat«. In: Wolfgang Zacharias (Hrsg.): *Zeitphänomen Musealisierung: Das Verschwinden der Gegenwart und die Konstruktion der Erinnerung*. Essen: Klartext-Verlag. 57–71.

Korff, Gottfried (2005): *Museumsdinge: Deponieren – exponieren.* Bd. Hrsg. von Martina Eberspächer, 2. Aufl. Köln: Böhlau.

Kotler, Neil & Kotler, Philip (1998): *Museum Strategy and Marketing. Designing Missions, Building Audiences, Generating Revenue and Resources.* San Francisco: Jossey-Bass.

Kotler, Neil & Kotler, Philip (2000): »Can Museums be All Things to All People? Missions, Goals, and Marketing's Role«. *International Journal of Museum Management and Curatorship,* 18(3), 271–287.

Kotler, Philip & Levy, Sidney J. (1969): »Broadening the Concept of Marketing«. *Journal of Marketing,* 33, 10–15.

Kotler, Philip, Keller, L. Kevin & Bliemel, Friedhelm (2007): *Marketing-Management: Strategien für wertschaffendes Handeln.* 12., akt. Aufl. München: Addison Wesley in Pearson Education Deutschland.

Krämer, Harald (2001): »Einleitung«. In: Claudia Gemmeke, Hartmut John & Harald Krämer (Hrsg.): *Euphorie digital? Aspekte der Wissensvermittlung in Kunst, Kultur und Technologie.* Bielefeld: transcript. 11–17.

Kraus, Wolfgang (1995): »Qualitative Evaluationforschung«. In: Uwe Flick, Ernst von Kardorff, Heiner Keupp & et al. (Hrsg.): *Handbuch Qualitative Sozialforschung.* Weinheim: Beltz. 2. Aufl, 412–415.

Kromrey, Helmut (1998): *Empirische Sozialforschung.* 8. Aufl. Opladen: Leske & Budrich.

Kräutler, Hadwig (2002): »Managing Museum Work in Austria«. In: *INTERCOM Conference Leadership in Museums: Are our Core Values Shifting?* Dublin, Ireland.

Kuckartz, Udo (2007): *Einführung in die computergestützte Analyse qualitativer Daten.* 2. Aufl. Wiesbaden: VS Verlag für Sozialwissenschaften.

Kulturausschuss der Kultusministerkonferenz (1996): »Handreichung des Kulturausschusses der Kultusministerkonferenz zu den Aufgaben der Museen«. *Museumskunde,* 2(61), 104–106.

Kulturpolitische Gesellschaft (Hrsg.) (2006): *publikum.macht.kultur: Kulturpolitik zwischen Angebots- und Nachfrageorientierung.* Essen: Klartext.

Kultusministerkonferenz (1996): »Empfehlung der Kultusministerkonferenz zur Verbesserung der Wirtschaftlichkeit der Museen«. *Museumskunde,* 2(61), 106f.

Landay, Janet & Bridge, R. Gary (1982): »Video vs Wall-Panel Display: An Experiment in Museum Learning«. *Curator,* 25(1), 41–56.

Landschaftsverband Rheinland (1996): *Vom Elfenbeinturm zur Fußgängerzone: Drei Jahrzehnte deutsche Museumsentwicklung. Versuch einer Bilanz und Standortbestimmung.* Opladen: Westdeutscher Verlag.

Landschaftsverband Rheinland (Hrsg.) (1997): *Das besucherorientierte Museum.* Köln: Rheinland.

Lang, Caroline, Reeve, John & Woollard, Vicky (Hrsg.) (2006): *The Responsive Museum: Working with Audiences in the Twenty-First Century.* Aldershot: Ashgate.

Larson, Jan (1994): »The Museum is Open«. *American Demographics,* 16(11), 32–37.

Lavine, Steven D. & Karp, Ivan (1991): »Introduction: Museums and Multiculturalism«. In: Ivan Karp & Steven D. Lavine (Hrsg.): *Exhibiting Cultures: The Poetics and Politics of Museum Display.* Washington, D.C.: Smithsonian Institution. 1–9.

Lübbe, Hermann (1992): *Im Zug der Zeit: Verkürzter Aufenthalt in der Gegenwart.* Berlin: Springer.

Le Marec, Joëlle (1997): »Évaluation, marketing et muséologie«. *Publics et Musées,* 11–12, 165–185.

Leinhardt, Gaea & Knutson, Karen (Hrsg.) (2004): *Listening in on Museum Conversations.* Lanham, MD: AltaMira Press.

Leinhardt, Gaea, Crowley, Kevin & Knutson, Karen (Hrsg.) (2002): *Learning Conversations in Museums.* Mahwah, NJ: Lawrence Erlbaum Associates.

Lenders, Britta (1995): »Auf dem Weg von Marketing zum Kulturmarketing«. In: Wolfgang Benkert, Britta Lenders & Peter Vermeulen (Hrsg.): *KulturMarketing: Den Dialog zwischen Kultur und Öffentlichkeit gestalten.* Stuttgart: Raabe. 17–25.

Lepenies, Annette (2003): *Wissen vermitteln im Museum.* Bd. Schriften des deutschen Hygiene-Museums Dresden, Bd. 1. Köln: Böhlau.

Lewalter, Doris & Geyer, Claudia (2005): »Evaluation von Schulklassenbesuchen im Museum unter besonderer Berücksichtigung von Schulklassenbesuchen«. *Zeitschrift für Pädagogik,* 51(6), 774–785.

Liao, Mei-Na, Foreman, Susan & Sargeant, Adrian (2001): »Market Versus Societal Orientation in the Nonprofit Context«. *International Journal of Nonprofit and Voluntary Sector Marketing,* 6(3), 254–268.

Lichtwark, Alfred (1904): »Museen als Bildungsstätten«. In: Centralstelle für Arbeiter-Wohlfahrtseinrichtungen (Hrsg.): *Die Museen als Volksbildungsstätten.* Berlin. 6–12.

Loomis, Ross J. (1987): *Museum Visitor Evaluation: New Tool for Management.* Nashville, Tennessee.

Loomis, Ross J. (1993): »Planning for the Visitor: the Challenge of Visitor Studies«. In: Sandra Bicknell & Graham Farmelo (Hrsg.): *Museum Visitor Studies in the 90s.* London: Science Museum. 13–23.

Loomis, Ross J. (1996): »Museen und Besucherforschung«. In: Haus der Geschichte der Bundesrepublik Deutschland (Hrsg.): *Museen und ihre Besucher – Herausforderungen in der Zukunft.* Berlin: Argon. 26–37.

Lord, Barry & Lord, Gail Dexter (1988): »Attendance Recording as a Marketing Tool«. *Museums Journal*, 88, 122–124.

Low, Theodore L. (1942): *The Museum as a Social Instrument.* New York: Metropolitan Museum ot Art.

Lübbe, Hermann (1990): »Zeit-Verhältnisse: Über die veränderte Gegenwart von Zukunft und Vergangenheit«. In: Wolfgang Zacharias (Hrsg.): *Zeitphänomen Musealisierung: Das Verschwinden der Gegenwart und die Konstruktion der Erinnerung.* Essen: Klartext-Verlag. 40–49.

Lynch, Rob, Burton, Christine, Scott, Carol, Wilson, Peter & Smith, Philip (2000): *Leisure and Change. Implications for Museums in the 21st Century.* Sydney: University of Technology Sydney & Powerhouse Museum.

MacArthur, Matthew (2007): »Can Museums Allow Online Users to Become Participants?«. In: Herminia Din & Phyllis Hecht (Hrsg.): *The Digital Museum. A Think Guide.* Washington, D.C.: American Association of Museums. 57–66.

Majce, Gerhard (1988): »Großausstellungen. Ihre kulturpolitische Funktion – ihr Publikum«. In: Gottfried Fliedl (Hrsg.): *Museum als soziales Gedächtnis? Kritische Beiträge zu Museumswissenschaft und Museumspädagogik.* Klagenfurt: Kärnter Druck- und Verlagsgesellschaft. 63–79.

Malcolm, Janice, Hodkinson, Phil & Colley, Helen (2003): »The Interrelationships Between Informal and Formal Learning«. *The journal of workplace learning,* 15(7-8), 313–318.

Maletzke, Gerhard (1998): *Kommunikationswissenschaft im Überblick: Grundlagen, Probleme, Perspektiven.* Opladen: Westdeutscher Verlag.

Martin, Andy (2003): *The Impact of Free Entry to Museums* (Forschungsbericht). London: MORI.

Mauch, Martina (2008): »Digital Divide und Wissenskluft-Hypothese«. In: Nicole Krämer, Stephan Schwan & Dagmar Unz & Monika Suckfüll (Hrsg.): *Medienpsychologie: Schlüsselbegriffe und Konzepte.* Stuttgart: Kohlhammer Verlag. 188–192.

Mayring, Philipp (2000): *Qualitative Inhaltsanalyse. Grundlagen und Techniken.* 7. Aufl. Weinheim: Beltz.

Mayring, Philipp (2002): *Einführung in die qualitative Sozialforschung: eine Anleitung zu qualitativem Denken.* 5. Aufl. Weinheim: Beltz.

Mazzoni, Ira Diana (1998): »Von Disney lernen? Zukunftsperspektiven für das Museum: Themenpark? Multimedia-Salon? Kulturzentrum?«. *Museumskunde,* 63(2), 14–16.

McLean, Fiona (1994): »Services Marketing: The Case of Museums«. *Service Industries Journal,* 14(2), 190–199.

McLean, Fiona (1997): *Marketing the Museum.* London: Routledge.

McManus, Paulette (1987): »It's the Company You Keep...: The Social Determination of Learning-Related Behavior in a Science Museum«. *International Journal of Museum Management and Curatorship*, 6, 263–270.

McManus, Paulette (2000): »Investigation of Exhibition Team Behaviours and the Influences on Them: Towards ensuring that Planned Interpretations Come to Fruition«. In: Colette Dufresne-Tassé (Hrsg.): *Diversité culturelle, distance et apprentissage.* Québec: AGMV Marquis. 182–189.

Meehan, Carolyn (2002): »Measuring Satisfaction Meaningfully«. *Insite*, April–May 2002, 6f.

Meffert, Heribert (1998): *Grundlagen marktorientierter Unternehmensführung: Konzepte - Instrumente - Praxisbeispiele.* Wiesbaden: Gabler.

Melton, Arthur W. (1933): »Studies of Installation at the Pennsylvania Museum of Art«. *Museum News*, 10(14), 5–8.

Melton, Arthur W. (1935): *Problems of Installation in Museums of Art.* Washington, DC: American Association of Museums.

Melton, Arthur W. (1936): »Distribution of Attention in Galleries in a Museum of Science and Industry«. *Museum News*, 14(3), 6–8.

Melton, Arthur W., Feldman, N. G. & Mason, C. W. (1936): *Experimental Studies of the Education of Children in a Museum of Science.* Washington, DC: American Association of Museums.

Merten, Klaus (1977): *Kommunikation. Eine Begriffs- und Prozeßanalyse.* Opladen: Westdeutscher Verlag.

Merten, Klaus (1983): *Inhaltsanalyse: Einführung in Theorie, Methode und Praxis.* Opladen: Westdeutscher Verlag.

Merten, Klaus (1999): *Einführung in die Kommunikationswissenschaft.* Münster: LIT Verlag.

Merz, G. H. (2005): »Lost in Decoration«. In: te Anke Heesen & Petra Lutz (Hrsg.): *Dingwelten: Das Museum als Erkenntnisort.* Köln: Böhlau. Bd. Schriften des Deutschen Hygiene-Museums Dresden, Bd. 4, 37–43.

Miles, Matthew B. & Huberman, Michael (1994): *Qualitative Data Analysis. An Expanded Sourcebook.* Thousand Oaks: Sage.

Miles, Roger (1994): »Exhibitions: Management, for a Change«. In: Kevin Moore (Hrsg.): *Museum Management.* London: Routledge. 256–261.

Miles, Roger (1996): »Besucherforschung im europäischen Überblick«. In: Haus der Geschichte der Bundesrepublik Deutschland (Hrsg.): *Museen und ihre Besucher – Herausforderungen in der Zukunft.* Berlin: Argon. 38–48.

Miles, Roger S. (1986): »Museum Audiences«. *The International Journal of Museum Management and Curatorship*, 5, 73–80.

Miles, Roger S. & Alt, Michael B. (1979): »British Museum (Natural History): A New Approach to the Visiting Public«. *Museums Journal*, 78(4), 158–162.

Miles, Roger S. & Alt, M B (Hrsg.) (1982): *The Design of Educational Exhibits.* London: Allen & Unwin.

Milla, Johannes (2001): »Museen contra Markenwelten: Gedanken zwischen Interaktion und Broadcastin«. *Museumskunde*, 66, 89–92.

Mitchell, Arnold (1983): *The Nine American Lifestyles: Who We Are and Where We're Going.* New York: Macmillan.

Mnyusiwalla, A., Daar, A.S. & Singer, P.A. (2003): »›Mind the gap‹: Science and ethics in nanotechnology«. *Nanotechnology*, 14(3), R9–R13.

Mochon, M. J. (1968): »Visitor Testing in the Museum«. In: Eric Larrabee (Hrsg.): *Museums and Education.* Washington, D.C.: Smithsonian Institution Press.

Moore, Kevin (1997): *Museums and Popular Culture.* London: Leicester University Press.

Moussouri, Theano (1997): *Family Agendas and Family Learning in Hands-On Museums.* Dissertation, University of Leicester.

Munro, Leslie, Rubenstein, Rosalyn & Black, Karen (1993): »Strategies for Audience Development«. In: Don Thompson, Arlene Benefield, Stephen Bitgood, Harris Shettel & Ridgeley Williams (Hrsg.): *Visitor Studies: Theory, Research, and Practice.* Jacksonville, AL: Visitor Studies Association. Bd. 5, 143–152.

Murray, C. Hay (1932): »How to Estimate a Museum's Value«. *Museums Journal*, 31, 527–531.

Museums Australia (2000): *Previous Possession, New Obligations.* Bd. A Plain English Summary for Museums in Australia and Aboriginal and Torres Strait Islander Peoples. North Fitzroy: Museums Australia.

Naqvy, A. A., Venugopal, B., Falk, J. H. & Dierking, L. D. (1991): »The New Delhi National Museum of Natural History«. *Curator*, 34(1), 51–57.

Nardi, Emma (Hrsg.) (2007): *Thinking, Evaluating, Re-Thinking: Cultural Mediation in Museums.* Milano: FrancoAngeli.

Neickelius, Friedrich Kaspar (1727): *Museographia oder Anleitung zum rechten Begriff und nützlicher Anlegung der Museorum oder Raritäten-Kammern.* Leipzig: Hubert.

Neubauer, Walter (2003): *Organisationskultur.* Stuttgart: Kohlhammer.

Neubauer, Walter & Rosemann, Bernhard (2006): *Führung, Macht und Vertrauen in Organisationen.* Stuttgart: Kohlhammer.

Neurath, Otto (1925): »Gesellschafts- und Wirtschaftsmuseum in Wien«. *Österreichische Gemeinde-Zeitung*, 16.

Nolan, Gail. (2001):. *Evaluation at the Natural History Museum (London).* Internes Papier.

Noschka-Roos, Annette (1994): *Besucherforschung und Didaktik: Ein museumspädagogisches Plädoyer.* Bd. Berliner Schriften zur Museumskunde, Bd. 11. Opladen: Leske + Budrich.

Noschka-Roos, Annette (1997): »Die neue Rolle der Museumspädagogik in der Vermittlungsarbeit der Museen«. In: Landschaftsverband Rheinland (Hrsg.): *Das besucherorientierte Museum.* Köln: Rheinland. 83–90.

Noschka-Roos, Annette (Hrsg.) (2003): *Besucherforschung in Museen: Instrumentarien zur Verbesserung der Ausstellungskommunikation.* München: Deutsches Museum.

Nuissl, Ekkehard (1987): *Bildung im Museum: zur Realisierung des Bildungsauftrages in Museen und Kunstvereinen.* 2. Aufl. Heidelberg.

Nuissl, Ekkehard, Paatsch, Ulrich & Schulze, Christa (Hrsg.) (1987): *Wege zum lebendigen Museum: Museen und Kunstvereine als Orte kultureller Bildung.* 2. Aufl. Heidelberg.

Nuissl vom Rhein, Ekkehard (2004): »Erwachsenenbildung im Museum«. In: Hartmut John & Jutta Thinesse-Demel (Hrsg.): *Lernort Museum - neu verortet!: Ressourcen für soziale Integration und individuelle Entwicklung.* Bielefeld: transcript. 44–52.

Office of Policy and Analysis (2002): *The Making of Exhibitions: Purpose, Structure, Roles and Process.* http://www.si.edu/opanda/Reports/WPModels.pdf.

Office of Policy and Analysis (2004): *The Evaluation of Museum Educational Programs: A National Perspective.* http://www.si.edu/opanda/Reports/EducationPrograms.pdf.

Ogbonna, Emmanuel & Harris, Lloyd C. (1998): »Organizational Culture: It's Not What You Think ....«. *Journal of General Management,* 23(3), 35–48.

O'Neill, Christine (1997): »Membership and Audience Development at the Art Institute of Chicago«. In: Barry Lord & Gail Dexter Lord (Hrsg.): *The Manual of Museum Management.* Walnut Creek, CA: AltaMira Press. 169–170.

Opaschowski, W. Horst (2000): *Kathedralen des 21. Jahrhunderts: Erlebniswelten im Zeitalter der Eventkultur.* Hamburg: Germa Press.

Opaschowski, W. Horst (2006a): *Einführung in die Freizeitwissenschaft.* 4., überarb. und aktualisierte . Aufl. Wiesbaden: VS Verlag für Sozialwissenschaften.

Opaschowski, W. Horst (2006b): »Wachstumsgrenzen des Erlebnismarktes: Folgen für die Kulturpolitik«. In: Kulturpolitische Gesellschaft (Hrsg.): *publikum.macht.kultur: Kulturpolitik zwischen Angebots- und Nachfrageorientierung.* Essen: Klartext. 256–268.

Parasuraman, A., Zeithaml, Valarie A. & Berry, Leonard L. (1988): »SERVQUAL: A Multiple-Item Scale for Measuring Consumer Perceptions of Service Quality«. *Journal of Retailing,* 64(1), 12–39.

Paris, G. Scott & Mercer, Melissa J. (2002): »Finding Self in Objects: Identity Exploration in Museums«. In: Gaea Leinhardt, Kevin Crowley & Karen Knutson (Hrsg.): *Learning Conversations in Museums.* Mahwah, NJ: Lawrence Erlbaum Associates. 401–424.

Paris, Scott G. (2002): *Perspectives on object-centered leaming in museums.* Mahwah, NJ: Lawrence Erlbaurn Associates.

Parsons, Chris & Muhs, Kit (1995): »Field Trips and Parent Chaperones: A Study of Self-Guided School Groups at the Monterey Bay Aquarium«. In: Stephen C. Bitgood (Hrsg.): Visitor Studies Association. Bd. 7, 57–61.

Parsons, Margaret & Loomis, Ross (1973): *Visitor Traffic Patterns: Then and Now: A report on some initial visitor research in the Hall of Pharmacy, National Museum of History and Technology.* Washington, DC: Office of Museum Programs – Smithsonian Institution.

Passebois, Juliette (2002): »Processus d'établissement des relations consommateur / institution culturelle: Le cas des musées d'art contemporain«. In: *2ème Congrès International des Tendances du Marketing.* Paris.

Patton, Michael Quinn (1978): *Utilization-Focused Evaluation.* Beverly Hills: Sage.

Patton, Michael Quinn (1997): *Utilization-Focused Evaluation: The New Century Text.* 3. Aufl. Thousand Oaks: Sage.

Patton, Michael Quinn (2002): *Qualitative Research and Evaluation Methods.* 3. Aufl. Thousand Oaks: Sage.

Peignoux, Jacqueline, Lafon, Frédérique & Vareille, Emmanuelle (2000): »L'expérience de visite«. In: Jacqueline Eidelman & Michel Van Praët (Hrsg.): *La muséologie des sciences et ses publics: Regards croisés sur la Grande Galerie de l'évolution du Muséum national d'histoire naturelle.* Paris: Presses Universitaires de France. 159–179.

Pekarik, Andrew J., Doering, Zahava d. & Karns, David A. (1999): »Exploring Satisfying Experiences in Museums«. *Curator,* 42(2), 152–173.

Peters, Thomas J. & Waterman Jun., Robert H. (1991): *Auf der Suche nach Spitzenleistungen: Was man von den bestgeführten US-Unternehmen lernen kann.* 13. Aufl. Landsberg/Lech: Verlag Moderne Industrie.

Petr, Christine (2002): »Tourist Apprehension of Heritage: A Semiotic Approach to Behaviour Patterns«. *International Journal of Arts Management,* 4(2), 25–38.

Phelps, Angela (1997): »Heritage Centres – Measuring Success«. *International Journal of Museum Management and Curatorship,* 16(4), 424–426.

Pine, Joseph & Gilmore, James H. (1998): »Welcome to the Experience Economy«. *Harvard Business Review,* July-August, 97–105.

Plaza, Beatriz (2000): »Guggenheim Museum's Effectiveness to Attract Tourism«. *Annals of Tourism Research,* 27(4), 1055–1058.

Pomian, Krzysztof (1988): *Der Ursprung des Museums: Vom Sammeln.* Berlin: Wagenbach.

Pomian, Krzysztof (2007): »Was macht ein Museum erfolgreich?«. *Museumskunde,* 72(2), 16–25.

Porter, Mildred C. B. (1938): *Behavior of the Average Visitor in the Peabody Museum of Natural History, Yale University.* Washington, D.C.: American Association of Museums. Thesis submitted to Yale University

Powell, Louis (1938): »A Study of Seasonal Attendance at a Midwestern Museum of Science«. *Museum News,* 16(3), 7–8.

Prenzel, Manfred (2001): »Untersuchungen zur naturwissenschaftlichen Grundbildung im OECD Programme for International Student Assessment (PISA)«. In: Marc-Denis Weitze (Hrsg.): *Public Understanding of Science im deutschsprachigen Raum: Rolle der Museen.* München: Deutsches Museum. 49–61.

Pröhl, Marga (Hrsg.) (1996): *Wirkungsvolle Strukturen im Kulturbereich: Zwischenbericht zum Städtevergleich der Kunstmuseen.* Gütersloh: Bertelsmann Stiftung.

Prince, David R. (1992): »Approaches to Summative Evaluation«. In: John Thompson (Hrsg.): *Manual of Curatorship: a Guide to Museum Practice.* London. 2. Aufl, 690–701.

Przybylsky, Ramona (2005): *Organisation des bleibenden Eindrucks. Events in der sozialen Arbeit.* Münster: Waxmann.

Puhan-Schulz, Franziska (2005): *Museen und Stadtimagebildung: Amsterdam - Frankfurt/Main - Prag ; ein Vergleich.* Bielefeld: transcript.

Rammapudi, Thatayamodimo Sparks (2006): »The Impact of Museum Outreach Education Programs in Botswana«. *Visitor Studies Today!,* 9(2), 20–28.

Rand, Judy (1997): »The 227-Mile Museum, or, Why We Need a Visitors' Bill of Rights«. In: Marcella Wells & Ross Loomis (Hrsg.): *Visitor Studies: Theory, Research and Practice.* Selected Papers From the 1996 Visitor Studies Conference. Jacksonville, Alabama: Visitor Studies Association. Bd. 9, 8–26.

Rasse, Paul (1999): *Les musées à la lumière de l'espace public: Histoire, évolution, enjeux.* Paris: L'Harmattan.

Redshaw, Bernard (2001): »Evaluating Organisational Effectiveness«. *Measuring Business Excellence,* 5(1), 16ff.

Reekie, Gordon (1958): »Toward Well-Being For Museum Visitors«. *Curator,* 1(1), 91–94.

Rentschler, Ruth (1998): »Museum and Performing Arts Marketing: A Climate of Change«. *Journal of Arts Management, Law and Society,* 28(1), 83–96.

Rentschler, Ruth & Hede, Anne-Marie (Hrsg.) (2007): *Museum Marketing. Competing in the Global Marketplace.* Amsterdam: Elsevier.

Rentschler, Ruth, Radbourne, Jennifer, Carr, Rodney & Rickard, John (2002): »Relationship Marketing, Audience Retention and Performing Arts Organisation Viability«. *International Journal of Nonprofit and Voluntary Sector Marketing,* 7(2), 118–130.

Reussner, Eva M. (2003a): *Audience Research in the Australian Cultural Heritage Sector* (Forschungsbericht). A study commissioned by the MUSEUMS AUSTRALIA Evaluation and Visitor Research Special Interest Group (EVRSIG). Final Report. May 2003.

Reussner, Eva M. (2003b): »Strategic Management for Visitor-Oriented Museums. A Change of Focus«. *International Journal of Cultural Policy,* 5(1), 95–108.

Rheinberger, Hans-Jörg (2005): »Epistemologica: Präparate«. In: te Anke Heesen & Petra Lutz (Hrsg.): *Dingwelten: Das Museum als Erkenntnisort.* Köln: Böhlau. Bd. Schriften des Deutschen Hygiene-Museums Dresden, Bd. 4, 65–75.

Richardson, Katherine & Bitgood, Stephen (1986): »Circulation and Orientation«. *Visitor Behavior,* 1(1), 4.

Riebe, Heike (2007): *Benchmarking im Museum: Ein Managementinstrument zur Qualitätssicherung.* Bd. Berliner Schriften zur Museumsforschung, Bd. 23. Berlin: G + H Verl.

Ritzer, George (1997): *Die McDonaldisierung der Gesellschaft.* Frankfurt a. M.: Fischer.

Ritzer, George (1998): *The McDonaldization Thesis: Explorations and Extensions.* London: Sage.

Roberts, Laura B. (2001): »Outcomes and Experience: New Priorities for Museums«. *Curator,* 44(1), 21–26.

Roberts, Lisa C. (1997): *From Knowledge to Narrative: Educators and the Changing Museum.* Washington: Smithsonian Institution.

Robertson, Hamish & Migliorino, Pino (1996): *Open Up! Guidelines for Cultural Diversity Visitor Studies.* Redfern, NSW: Australia Council and Powerhouse Museum.

Robinson, Edward (1930): »Psychological Problems of the Science Museum«. *Museum News,* 8(5), 9–11.

Robinson, Edward (1931): »Exit the Typical Visitor«. *Journal of Adult Education,* 3(4), 418–423.

Robinson, Edward Stevens (1928): *The Behavior of the Museum Visitor.* 5. Aufl. Washington, D.C.: American Association of Museums.

Romeiß-Stracke, Felicitas (2006): »Was kommt nach der Spaßgesellschaft?: Egebnisse der Trendforschung«. In: Kulturpolitische Gesellschaft (Hrsg.): *publikum.macht.kultur: Kulturpolitik zwischen Angebots- und Nachfrageorientierung.* Essen: Klartext. 269–274.

Roth, Martin (2001): »Scenographie. Zur Entstehung von neuen Bildwelten im Themenpark der EXPO 2000«. *Museumskunde*, 66(1), 25–32.

Rounds, Jay (2004): »Strategies for the curiosity-driven museum visitor«. *Curator*, 47(4), 389–412.

Rounds, Jay (2006): »Doing Identity Work in Museums«. *Curator*, 49(2), 133–150.

Rowe, Gene & Frewer, Lynn J. (2005): »A Typology of Public Engagement Mechanisms«. *Science Technology Human Values*, 30(2), 251–290.

Rubenstein, Rosalyn (1989): »Bridging the Applicability Gap Between Research and Planning«. In: Stephen Bitgood, James T. Roper jr. & Arlene Benefield (Hrsg.): *Visitor Studies: Theory, Research, and Practice*. Proceedings of the Visitor Studies Conference. Jacksonville, Alabama: Visitor Studies Association. Bd. 2, 46–55.

Rubenstein, Rosalyn (1993): »Professional Issues in Museum Evaluation«. In: Sandra Bicknell & Graham Farmelo (Hrsg.): *Museum Visitor Studies in the 90s*. London: Science Museum. 153–156.

Rump, Oliver (2001): *Controlling für Museen: Ziele, Verfahren und Kontrollmöglichkeiten im Museumsmanagement*. Bd. Schriften des Freilichtmuseums am Kiekeberg, Bd. 37. Ehestorf: Freilichtmuseum am Kiekeberg.

Rüsen, Jörn (2006): »Strukturwandel der kulturellen Öffentlichkeit: Folgen für die Kulturpolitik«. In: Kulturpolitische Gesellschaft (Hrsg.): *publikum.macht.kultur: Kulturpolitik zwischen Angebots- und Nachfrageorientierung*. Essen: Klartext. 34–44.

Samson, Denis (2000): »Le parcours de lecture des visiteurs: théories et méthodes appliquées à l'évaluation formative des panneaux de l'exposition de préfiguration«. In: Jacqueline Eidelman & Michel Van Praët (Hrsg.): *La muséologie des sciences et ses publics: Regards croisés sur la Grande Galerie de l'évolution du Muséum national d'histoire naturelle*. Paris: Presses Universitaires de France. 145–158.

Sandell, Richard (1998): »Museums as Agents of Social Inclusion«. *International Journal of Museum Management and Curatorship*, 17(4), 401–418.

Sandell, Richard (Hrsg.) (2002): *Museums, Society, Inequality*. London: Routledge.

Sandell, Richard (2003): »Social Inclusion, the Museum and the Dynamics of Sectoral Change«. *museum and society*, 1(1), 45–62.

Sarraf, Suzanne (1999): »A Survey of Museums on the Web: Who Uses Museum Websites?«. *Curator*, 42(3), 231–243.

Schade, Edzard (2004): »Indikatoren für die Medialisierungsforschung: Konzepte von Wirklichkeitskonstruktion als Bausteine der Mediengesellschaft«. In: Kurt Imhof, Roger Blum, Heinz Bonfadelli & Otfried Jarren (Hrsg.): *Mediengesellschaft: Strukturen, Merkmale, Entwicklungsdynamiken*. Wiesbaden: VS Verlag. 114–138.

Schäfer, Herrmann (1995): »Zwischen Disneyland und Musentempel: Zeitgeschichte im Museum«. *Museumskunde*, 60(3), 27–32.

Schäfer, Hermann (1996): »Besucherforschung im Haus der Geschichte«. In: Haus der Geschichte der Bundesrepublik Deutschland (Hrsg.): *Museen und ihre Besucher – Herausforderungen in der Zukunft.* Berlin: Argon. 143–155.

Schäfer, Hermann (1997a): »Non-Visitor Research: An Important Addition to the Unknown«. In: Marcella Wells & Ross Loomis (Hrsg.): *Visitor Studies: Theory, Research and Practice.* Selected Papers From the 1996 Visitor Studies Conference. Jacksonville, Alabama: Visitor Studies Association. Bd. 9, 195–205.

Schäfer, Hermann (1997b): »Wie besucherorientiert darf/muß ein Museum sein? Das Beispiel des Hauses der Geschichte der Bundesrepublik Deutschland als Museum für Zeitgeschichte«. In: Landschaftsverband Rheinland (Hrsg.): *Das besucherorientierte Museum.* Köln: Rheinland. 91–97.

Schäfer, Hermann (2003): »Anlocken – fesseln – vermitteln. Was Besucherforschung uns lehrt(e): ein Plädoyer für die Grundrechte der Besucher«. In: Annette Noschka-Roos (Hrsg.): *Besucherforschung in Museen: Instrumentarien zur Verbesserung der Ausstellungskommunikation.* München: Deutsches Museum. 83–109.

Schäfer, Hermann (2004): »Besucherforschung als Basis für neue Wege der Besucherorientierung«. In: Beatrix Commandeur & Dorothee Dennert (Hrsg.): *Event zieht – Inhalt bindet: Besucherorientierung von Museen auf neuen Wegen.* Bielefeld: transcript. 103–119.

Schaller, David, Borun, Minda, Allison-Bunnell, Steven & Chambers, Margaret (2007): »One Size Does Not Fit All: Learning Style, Play, and Online Interactives«. In: Jennifer Trant & David Bearman (Hrsg.): *Museums and the Web 2007.* Toronto: Archives & Museum Informatics.

Schauble, L., Leinhardt, G. & Martin, L. (1997): »A framework for organizing a cumulative research agenda in informal learning contexts«. *Journal of Museum Education*, 22(2), 3–8.

Schenk, Michael (Hrsg.) (2007): *Medienwirkungsforschung.* 3. Aufl. Tübingen: Mohr Siebeck.

Schäfer, Hermann (1997): »Museum als Erlebnisraum«. In: Werner Heinrichs (Hrsg.): *Macht Kultur Gewinn? Kulturbetrieb zwischen Nutzen und Profit.* Baden-Baden: Nomos. 82–93.

Schmidt, Christiane (1997): »Am Material: Auswertungstechniken für Leitfadeninterviews«. In: Barbara Friebertshäuser & Annedore Prengel (Hrsg.): *Handbuch Qualitative Forschungsmethoden in der Erziehungswissenschaft.* Weinheim; München: Juventa. 544–568.

Schnell, Rainer, Hill, Paul B. & Esser, Elke (1995): *Methoden der empirischen Sozialforschung.* 5. Aufl. München: Oldenbourg.

Schober, Anna (1994): *Montierte Geschichten: Programmatisch inszenierte historische Ausstellungen.* Bd. Veröffentlichungen des Ludwig-Boltzmann-Institutes für Geschichte der Gesellschaftswissenschaften, Bd. 24. Wien: J & V.

Schreyögg, Georg (2003): *Organisation: Grundlagen moderner Organisationsgestaltung.* 4. Aufl. Wiesbaden: Gabler.

Schuck-Wersig, Petra & Wersig, Gernot (1986): *Die Lust am Schauen oder Müssen Museen langweilig sein?* Berlin: Mann.

Schuck-Wersig, Petra & Wersig, Gernot (1994): »Museumsmarketing – Grundfragen und Thesen«. In: Gisela Wiese & Rolf Wiese (Hrsg.): *Museumsmanagement. Eine Antwort auf schwindende Finanzmittel?* Ehestorf: Freilichtmuseum am Kiekeberg. 143–149.

Schuck-Wersig, Petra & Wersig, Gernot (1995): »Information und Kommunikation in Museumsausstellungen«. *Museumskunde,* 60, 121–125.

Schuck-Wersig, Petra & Wersig, Gernot (1999): *Museumsmarketing in den USA: Neue Tendenzen und Erscheinungsformen.* Opladen: Leske + Budrich.

Schuck-Wersig, Petra, Schneider, Martina & Wersig, Gernot (1988): *Wirksamkeit öffentlichkeitsbezogener Massnahmen fürMuseen und kulturelle Ausstellungen.* Bd. Materialien aus dem Institut für Museumskunde, Bd. 21. Berlin: Institut für Museumskunde.

Schuler, Heinz (Hrsg.) (2004): *Organisationspsychologie.* 3. Aufl. Bern: Verlag Hans Huber.

Schulze, Gerhard (1992): *Die Erlebnisgesellschaft: Kultursoziologie der Gegenwart.* 2. Aufl. Frankfurt a. M.: Campus.

Schulze, Gerhard (1999): *Kulissen des Glücks: Streifzüge durch die Eventkultur.* Frankfurt a. M.: Campus.

Schuster, Peter-Klaus (1998): *Nationalsozialismus und ›Entartete Kunst‹: Die ›Kunststadt‹ München 1937.* 5., vollst. überarb. und erg. Aufl. Darmstadt: Wissenschaftliche Buchgesellschaft.

Schwan, Stephan, Trischler, Helmuth & Prenzel, Manfred (Hrsg.) (2006): *Lernen im Museum: Die Rolle von Medien.* Bd. Mitteilungen und Berichte aus dem Institut für Museumsforschung, Bd. 38. Berlin: Institut für Museumsforschung.

Schwan, Stephan, Zahn, Carmen, Wessel, Daniel, Huff, Markus, Herrmann, Nadine & Reussner, Eva (2008): »Lernen in Museen und Ausstellungen – die Rolle digitaler Medien«. *Unterrichtswissenschaft,* 36(2), 117–135.

Scott, Carol (2000): »Branding: Positioning Museums in the 21st Century«. *International Journal of Arts Management,* 2(3), 35–39.

Scott, Carol (2004): »The Olympics in Australia: Museums Meet Mega and Hallmark Events«. *International Journal of Arts Management,* 7(1), 34–44.

Screven, Chandler (1990): »Uses of Evaluation Before, During and After Exhibit Design«. *ILVS Review: A Journal of Visitor Behavior*, 1(2), 36–66.

Screven, Chandler G. (1969): »The Museum as a Responsive Learning Environment«. *Museum News*, 47(10), 7–10.

Screven, Chandler G. (1974): *The Measurement and Facilitation of Learning in the Museum Environment: An Experimental Analysis.* Washington, D.C.: Smithsonian Institution Press.

Screven, Chandler G. (1976): »Exhibit Evaluation – A Goal-Referenced Approach«. *Curator*, 19(4), 271–290.

Screven, Chandler G. (1993): »United States: a Science in the Making«. *Museum International*, XLV(2), 6–12.

Seagram, Belinda Crawford, Patten, Leslie H. & Lockett, Christine W. (1993): »Audience Research and Exhibit Development: A framework«. *International Journal of Museum Management and Curatorship*, 12, 29–41.

Searles, Harry (1987): »Interpreting and Evaluating With Micro-Computers«. *Visitor Behavior*, 2(3), 5–6.

Serrell, Beverly (1980): »Looking at Zoo and Aquarium Visitors«. *Museum News*, 59(3), 36–41.

Serrell, Beverly (1996): *Exhibit Labels. An Interpretive Approach.* Walnut Creek: Altamira.

Serrell, Beverly (1997): »Paying Attention: The Duration and Allocation of Visitors' Time in Museum Exhibitions«. *Curator*, 40(2), 108–125.

Shah, Fahmida (1999): »V&A Surveys Young People«. *Museum Practice*, 12(4), 9.

Shettel, Harris (1993): »Professionalism in Visitor Studies: Too Soon or Too Late?«. In: Sandra Bicknell & Graham Farmelo (Hrsg.): *Museum Visitor Studies in the 90s.* London: Science Museum. 161–168.

Shettel, Harris (1996a): »Aktueller Stand der Besucherforschung«. In: Haus der Geschichte der Bundesrepublik Deutschland (Hrsg.): *Museen und ihre Besucher – Herausforderungen in der Zukunft.* Berlin: Argon. 11–25.

Shettel, Harris (1996b): »Some Thoughts on the Politics of Evaluation«. *Visitor Behavior*, XI(2), 3.

Shettel, Harris H. (1968): »An Evaluation of Existing Criteria for Judging the Quality of Science Exhibits«. *Curator*, 11, 137–153.

Shettel, Harris H. (1973): »Exhibits: Art Form or Educational Medium?«. *Museum News*, 52, 32–41.

Shettel, Harris H. (1978): »A Critical Look at a Critical Look: A Response to Alt's Critique of Shettel's Work«. *Curator*, 21, 329–345.

Sievers, Norbert (2005): »Publikum im Fokus: Begründungen einer nachfrageorientierten Kulturpolitik«. In: Bernd Wagner (Hrsg.): *Jahrbuch für Kulturpolitik 2005: Thema: Kulturpublikum.* Essen: Klartext. 45–58.

Sievers, Norbert & Wagner, Bernd (1994): »Zwischen Reformorientierung, Pragmatismus und Sparzwang : Skizze der kulturpolitischen Entwicklung«. In: Norbert Sievers & Bernd Wagner (Hrsg.): *Blick zurück nach vorn: 20 Jahre Neue Kulturpolitik.* Essen: Klartext. 119–144.

Silverman, Lois H. (1995): »Visitor Meaning-Making in Museums for a New Age«. *Curator,* 38(3), 161–170.

Simmons, David M. (1995): »Researching The Contemporary Population Of A 19th Century Museum Village: Visitor Services At Old Sturbridge Village«. *Visitor Studies,* 7(1), 12–18.

Sloterdijk, Peter (1989): »Museum. Schule des Befremdens«. *FAZ-Magazin,* 17.03.1989, 12–18.

Smith, Gareth & Saker, Jim (1992): »Developing Marketing Strategy in the Not-for-Profit Sector«. *Library Management,* 13(4), 6–21.

Smith, Jeffrey K. & Wolf, Lisa F. (1996): »Museum Visitor Preferences and Intentions in Constructing Aesthetic Experience«. *Poetics,* 24, 219–238.

Socolofsky, Kathleen (1996): »Institutional Acceptance of Visitor Evaluation«. *Visitor Behavior,* XI(2), 14.

Soren, Barbara J. (2000): »The Learning Cultural Organization of the Millennium: Performance Measures and Audience Response«. *International Journal of Arts Management,* 2, 40–49.

Spickernagel, Ellen & Walbe, Brigitte (Hrsg.) (1976): *Das Museum: Lernort contra Musentempel.* 2. Aufl. Gießen: Anabas-Verlag.

Spock, Michael (1996): »Evaluation Climates and Conversations«. *Visitor Behavior,* XI(2), 8–10.

Süss, Daniel & Bonfadelli, Heinz (2001): »Mediennutzungsforschung«. In: Otfried Jarren & Heinz Bonfadelli (Hrsg.): *Einführung in die Publizistikwissenschaft.* Bern: Haupt. 311–336.

Stake, Robert E. (1994): »Case Studies«. In: Norman K. Denzin & Yvonna S. Lincoln (Hrsg.): *Handbook of Qualitative Research.* Thousand Oaks; London; New Delhi: Sage. 236–247.

Stake, Robert E. (1995): *The Art Of Case Study Research.* Thousand Oaks: Sage.

Stam, Deirdre C. (1993): »The Informed Muse: The Implications of 'The New Museology' for Museum Practice«. *International Journal of Museum Management and Curatorship,* 12, 267–283.

Statistics New Zealand (2002): *Census snapshot: Mäori.* http://www.stats.govt.nz/products-and-services/Articles/census-snpsht-maori-Apr02.htm (05.08.2005).

Stiehler, Hans-Jörg & Lindner, Bernd (1991): »Besucherstrukturen in Kunstausstellungen«. In: Hans Joachim Klein (Hrsg.): *Rückblende: Museumsbesucher und Besucherforschung in der DDR.* Karlsruhe: Universität Karlsruhe. Bd. Karlsruher Schriften zur Besucherforschung, Heft 2, 7–23.

Stier, Winfried (1999): *Empirische Forschungsmethoden.* Berlin; Heidelberg; New York.

Stifterverband für die deutsche Wissenschaft (Hrsg.) (2000): *Public Understanding of Science and Humanities.* Bonn: Stifterverband für die deutsche Wissenschaft.

Stockmann, Reinhard (2006): *Evaluationsforschung: Grundlagen und ausgewählte Forschungsfelder.* Bd. Sozialwissenschaftliche Evaluationsforschung, Bd. 1, 3. Aufl. Münster: Waxmann.

Stöger, Gabriele & Stannett, Annette (Hrsg.) (2001): *Museums, Keyworkers and Lifelong Learning: Shared Practice in Five Countries.* Wien: Büro für Kulturvermittlung.

Sturgis, Patrick & Allum, Nick (2004): »Science in Society: Re-Evaluating the Deficit Model of Public Attitudes«. *Public Understanding of Science,* 13(1), 55–74.

Sturm, Eva (1991): *Konservierte Welt – Museum und Musealisierung.* Berlin: Reimer.

Sturm, E. Lotte (1992): *Erlebnis Museum: Handbuch für Besucher mit Behinderungen.* Bd. Kulturhandbücher NRW, Bd. 2, 1. Aufl. Essen: Klartext-Verlag.

Swiader, Lawrence (2007): »Promoting Social Change through Technology«. In: Herminia Din & Phyllis Hecht (Hrsg.): *The Digital Museum. A Think Guide.* Washington, D.C.: American Association of Museums. 157–166.

Szekeres, Viv (2002): »Representing Diversity and Challenging Racism: the Migration Museum«. In: Richard Sandell (Hrsg.): *Museums, Society, Inequality.* London: Routledge. 142–152.

Taylor, Samuel (Hrsg.) (1991): *Try It! Improving Exhibits through Formative Evaluation.* Washington, D.C.: Association of Science-Technology Centers (ASTC) & New York Hall of Science.

Thinesse-Demel, Jutta (Hrsg.) (1999): *Erwachsenenbildung und Museum: Ein Projektbericht.* Frankfurt/M.: DIE.

Thomas, Gary & James, David (2006): »Reinventing Grounded Theory: Some Questions about Theory, Ground and Discovery«. *British Educational Research Journal,* 32(6), 767–795.

Thomas, Selma (2007): »Media in the Museum: A Personal History«. *Curator,* 50(1), 159–165.

Thyne, Maree (2001): »The Importance of Values Research for Nonprofit Organisations: The Motivation-based Values of Museum Visitors«. *International Journal of Nonprofit and Voluntary Sector Marketing,* 6(2), 116–130.

Todd, Sarah & Lawson, Rob (2001): »Lifestyle Segmentation and Museum/Gallery Visiting Behaviour«. *International Journal of Nonprofit and Voluntary Sector Marketing,* 6(3), 269–277.

Toepler, Stefan (1996): »Marketing-Management für Museen«. In: Annette Zimmer (Hrsg.): *Das Museum als Nonprofit-Organisation: Management und Marketing.* Frankfurt: Campus. 155–175.

Toepler, Stefan & Kirchberg, Volker (o.J.): *Museums, Merchandising, and Nonprofit Commercialization.* Online-Publikation. http://www.nationalcne.org/index.cfm?fuseaction=feature.display&feature_id=144 (12.10.2008).

Toepler, Stefan & Zimmer, Annette (1997): »The State and the Non-Profit Sector in the Provision of Arts and Culture: The Cases of Germany and the United States«. *European Journal of Cultural Policy,* 3(2), 289–304.

Töpfer, Armin (Hrsg.) (1997): *Benchmarking – Der Weg zu Best Practice.* Heidelberg: Springer.

Treff, Hans-Albert (1998): *Museen unter Rentabilitätsdruck: Engpässe – Sackgassen – Auswege: Bericht über ein internationales Symposium vom 29. Mai bis 31. Mai 1997 am Bodensee.* Altötting: Geiselberger.

Treinen, Heiner (1973): »Ansätze zu einer Soziologie des Museumswesens«. In: Günther Albrecht, Hansjürgen Daheim & Fritz Sack (Hrsg.): *Soziologie. Sprache, Bezug zur Praxis, Verhältnis zu anderen Wissenschaften.* Opladen: Leske + Budrich. 336–353.

Treinen, Heiner (1974): »Museum und Öffentlichkeit«. In: *Denkschrift Museen: Zur Lange der Museen in der Bundesrepublik Deutschland und Berlin (West).* Bonn: Deutsche Forschungsgemeinschaft. 21–38.

Treinen, Heiner (1988): »Was sucht der Besucher im Museum?«. In: Gottfried Fliedl (Hrsg.): *Museum als soziales Gedächtnis? Kritische Beiträge zu Museumswissenschaft und Museumspädagogik.* Klagenfurt: Kärnter Druck- und Verlagsgesellschaft. 24–41.

Treinen, Heiner (1996a): »Das Museum als kultureller Vermittlungsort in der Erlebnisgesellschaft«. In: W. Alfons Biermann (Hrsg.): *Vom Elfenbeinturm zur Fußgängerzone: Drei Jahrzehnte deutsche Museumsentwicklung - Versuch einer Bilanz und Standortbestimmung. [eine Veröff. des Landschaftsverbandes Rheinland, Rheinisches Museumsamt/Bildungsstätte für Museumspersonal ; Tagungsband zum gleichnamigen Kolloquium der Bildungsstätte für Museumspersonal, Abtei Brauweiler, vom 20. - 23. November 1994 in Essen-Heisingen].* Opladen: Leske + Budrich. Bd. Schriften des Rheinischen Museumsamtes, Bd. 61, 111–121.

Treinen, Heiner (1996b): »Ausstellungen und Kommunikationstheorie«. In: Haus der Geschichte der Bundesrepublik Deutschland (Hrsg.): *Museen und ihre Besucher – Herausforderungen in der Zukunft.* Berlin: Argon. 60–71.

Treinen, Heiner (1997): »Museumsbesuch und Museumsbesucher als Forschungsgegenstand: Ergebnisse und Konsequenzen für die Besucherorientierung«. In: Landschaftsverband Rheinland (Hrsg.): *Das besucherorientierte Museum.* Köln: Rheinland. 44–53.

Useem, Michael & DiMaggio, Paul (1978): »An Example of Evaluation Research as a Cottage Industry : The Technical Quality and Impact of Arts Audience Studies«. *Sociological Methods and Research,* 7(1), 55–84.

Vaessen, Jan A.M.F. (1994): »Das Niederländische Modell. Verselbständigung des Museums als willkommener Impuls für die Erneuerung der Museumsarbeit«. In: Gisela Wiese & Rolf Wiese (Hrsg.): *Museumsmanagement. Eine Antwort auf schwindende Finanzmittel?* Ehestorf: Freilichtmuseum am Kiekeberg. 99–118.

Vareille, Emmanuelle & Fromont-Colin, Cécile (2000): »Les mémoires de la visite«. In: Jacqueline Eidelman & Michel Van Praët (Hrsg.): *La muséologie des sciences et ses publics: Regards croisés sur la Grande Galerie de l'évolution du Muséum national d'histoire naturelle.* Paris: Presses Universitaires de France. 199–215.

Vergo, Peter (Hrsg.) (1989): *The New Museology.* London: Reaktion Books.

Verlag, Brockhaus (Hrsg.) (2003): *Brockhaus Universal-Lexikon.* Leipzig: F. A. Brockhaus.

Vieregg, Katharina Hildegard (Hrsg.) (2006): *Museumswissenschaften: Eine Einführung.* Paderborn: Fink.

Vijver, Fons van de & Leung, Kwok (1997): *Methods and Data Analysis for Cross-Cultural Research.* Thousand Oaks: Sage.

Vogel, Klaus (2006): »Die inszenierte Ausstellung – einziger Weg in die Zukunft?«. *Museumskunde,* 71(2), 69–75.

Vygotsky, Lev S. (1978): *Mind in Society.* Cambridge, MA: Harvard University Press.

Wagner, Kathleen F. (1996): »Acceptance or Excuses? The Institutionalization of Evaluation«. *Visitor Behavior,* XI(2), 11–13.

Waidacher, Friedrich (2005): *Museologie – knapp gefasst.* Wien: Böhlau.

Walker, Kevin (2007): »Visitor-constructed Personalized Learning Trails«. *Museums and the Web 2007.*

Washburn, Wilcomb E. (1985): »Professionalizing the Muses«. *Museum News,* 64(2), 18–25, 70–71.

Washburne, Randel F. & Wagar, J. Alan (1972): »Evaluating Visitor Response to Exhibit Content«. *Curator,* 15, 248–254.

Weil, Stephen E. (2002): *Making Museums Matter.* Washington, DC: Smithsonian Institution Press.

Weil, Stephen S. (1994): »Creampuffs and Hardball: Are You Really Worth What You Cost?«. *Museum News,* 73(5), 42–62.

Weiss, Christina (2006): »Erlebnisfaktor, Konsumangebot oder Bildungsgut? Qualität öffentlich geförderter Kultur«. In: Kulturpolitische Gesellschaft (Hrsg.): *publikum.macht.kultur: Kulturpolitik zwischen Angebots- und Nachfrageorientierung.* Essen: Klartext. 18–23.

Weitze, Marc-Denis (Hrsg.) (2001): *Public Understanding of Science im deutschsprachigen Raum: Die Rolle der Museen.* Bd. Public Understanding of Science: Theorie und Praxis, Bd. 1. München: Deutsches Museum.

Wells, C. H. (1970): *Smithsonian Visitor.* Washington, D.C.: Smithsonian Institution.

Wells, Marcella & Loomis, Ross (Hrsg.) (1997): *Visitor Studies: Theory, Research, and Practice.* Selected Papers From the 1996 Visitor Studies Conference. Bd. 9. Jacksonville, Alabama: Visitor Studies Association.

Wersig, Gernot (1997): »Museums for Far Away Publics: Frameworks for a New Situation«. In: Petra Schuck-Wersig (Hrsg.): *Museumsbesuch im Multimedia-Zeitalter: Wie werden die neuen Medien die Optionen der Museen verändern?* Berlin: Institut für Museumskunde.

Wersig, Gernot & Graf, Bernhard (2000): *Virtuelle Museumsbesucher - empirische Studien zur technischen Außenrepräsentanz von Museen.* Berlin: Freie Universität Berlin, Institut für Publizistik- und Kommunikationswissenschaft.

Weschenfelder, Klaus & Zacharias, Wolfgang (1992): *Handbuch Museumspädagogik: Orientierung und Methoden für die Praxis.* 3. Aufl. Düsseldorf: Schwann-Bagel.

Wiese, Gisela & Wiese, Rolf (Hrsg.) (1994): *Museumsmanagement. Eine Antwort auf schwindende Finanzmittel?* Ehestorf: Freilichtmuseum am Kiekeberg.

Williams, Patterson B. (2000): »Visitor Evaluation and Museum Education«. *National Arts Stabilization Journal*, 5, 12–15.

Witcomb, Andrea (2003): *Re-Imagining the Museum: Beyond the Mausoleum.* London: Routledge.

Wittlin, Alma S. (1949): *The Museum: Its History and Its Tasks in Education.* London: Routledge & K. Paul.

Witzel, A. (1982): *Verfahren der qualitativen Sozialforschung. Überblick und Alternativen.* Frankfurt a. M.: Campus.

Wolcott, Harry F. (2001): *Writing Up Qualitative Research.* Thousand Oaks; London; New Delhi: Sage.

Wolf, Robert (1980): »A Naturalistic View of Evaluation«. *Museum News*, 58(1), 39–45.

Yin, Robert K. (1981): »The Case Study Crisis: Some Answers«. *Administrative Science Quarterly*, 26, 58–65.

Yin, Robert K. (1994): *Case Study Research: Design and Methods.* 2. Aufl. Thousand Oaks: Sage.

Yu, Jui-Chen (2005): »Museum Field Trips in Taiwan: Teachers' Perceptions of Large Group Visits to a Science Museum«. *Visitor Studies Today!*, 8(3), 11–16.

Yucelt, Ugur (2000): »Marketing Museums: An Empirical Investigation Among Museum Visitors«. *Journal of Nonprofit & Public Sector Marketing*, 8(3), 3–13.

Zacharias, Wolfgang (1990): *Zeitphänomen Musealisierung: Das Verschwinden der Gegenwart und die Konstruktion der Erinnerung.* Essen: Klartext-Verlag.

Zimmer, Annette (Hrsg.) (1996): *Das Museum als Nonprofit-Organisation: Management und Marketing.* Frankfurt: Campus.

Zorzi, Rochelle, McGuire, Martha & Perrin, Burt (2002): *Canadian Evaluation Society Project in Support of Advocacy and Professional Development: Evaluation Benefits, Outputs, and Knowledge Elements.* http://consultation.-evaluationcanada.ca/pdf/ZorziCESReport.pdf (14.03.2003).

Zubrzycki, Jerzy (1991): »Ethnic Heritage in a Multicultural Australia«. In: Donald F. McMichael (Hrsg.): *Australian Museums – Collecting and Presenting Australia.* Melbourne: Council of Australian Museum Associations. 35f.

Danksagung

Während der Entstehung dieser Studie habe ich Unterstützung von vielen Seiten erhalten, für die ich mich herzlich bedanken möchte. Mein ganz besonderer Dank gilt meinem Doktorvater, Herrn Prof. Dr. Bernhard Graf, der sich sehr offen auf dieses Thema eingelassen und die Entwicklung der Arbeit stets wohlwollend und konstruktiv begleitet hat. Des Weiteren möchte ich Herrn Prof. Dr. Hermann Haarmann herzlich dafür danken, dass er die Erstellung des Zweitgutachtens übernommen hat, nachdem der ursprünglich vorgesehene Zweitgutachter, Prof. Dr. Gernot Wersig, leider verstorben ist. Herrn Prof. Dr. Wersig verdanke ich wichtige Weichenstellungen zu Beginn der Arbeit. Die Realisierung der Studie wurde unterstützt durch ein Stipendium der Studienstiftung des Deutschen Volkes.

Den Mitarbeitern der untersuchten Museen sowie den externen Experten gebührt Anerkennung und Dank für die Zeit und Materialien, die sie zur Verfügung gestellt haben; ohne die Kooperationsbereitschaft der Studienteilnehmer hätte diese Untersuchung nicht realisiert werden können. Des Weiteren möchte ich der *Evaluation and Visitor Research Special Interest Group* von Museums Australia dafür danken, dass ich die Daten der Studie »Audience Research in the Australian Cultural Heritage Sector«, die ich in ihrem Auftrag durchführte, für meine Arbeit verwenden konnte. Besonderer Dank gilt hier insbesondere Carolyn Meehan, Dr. Lynda Kelly, Carol Scott und Gillian Savage, die mir als ›Steering Committee‹ bei der Konzeption und Durchführung der Studie in Australien und Neuseeland mit Rat und Tat zur Seite standen und großzügig Ressourcen für die Durchführung und Transkription von Interviews zur Verfügung stellten. Prof. Dr. Ross Loomis war ein wertvoller Anwalt meines Anliegens in Nordamerika.

Darüber hinaus danke ich Freunden und Kollegen, insbesondere Daniel Wessel, für die kritischen Anmerkungen und Anregungen bezüglich der Studie und darauf bezogener Publikationen. Tiefer Dank gebührt auch meinen Eltern, die mich meinen eigenen Weg haben gehen lassen und mich dabei immer unterstützt haben. Dieses Buch widme ich meinem Mann Ralf Reussner, der mir in dieser arbeitsintensiven Zeit den Rücken freigehalten und meine Untersuchung mit konstruktiv-kritischem Blick und viel Geduld begleitet hat. Seine Ermutigung, Unterstützung und Nähe waren zentraler Rückhalt in der Entstehung dieser Studie.

Eva M. Reussner

Karlsbad, 15. Juni 2009

Schriften zum Kultur- und Museumsmanagement

PATRICK S. FÖHL, IKEN NEISENER (HG.)
Regionale Kooperationen im Kulturbereich
Theoretische Grundlagen und Praxisbeispiele

Dezember 2009, 398 Seiten, kart., 29,80 €,
ISBN 978-3-8376-1050-5

HARTMUT JOHN, HANS-HELMUT SCHILD, KATRIN HIEKE (HG.)
Museen und Tourismus
Wie man Tourismusmarketing wirkungsvoll in die Museumsarbeit integriert. Ein Handbuch

Februar 2010, ca. 238 Seiten, kart., zahlr. z.T. farb. Abb., ca. 24,80 €,
ISBN 978-3-8376-1126-7

PETER LEIMGRUBER, HARTMUT JOHN (HG.)
Museumsshop-Management
Einnahmen, Marketing und kulturelle Vermittlung wirkungsvoll steuern. Ein Praxis-Guide

April 2010, ca. 196 Seiten, kart., inkl. Begleit-CD-ROM, ca. 23,80 €,
ISBN 978-3-8376-1296-7

Leseproben, weitere Informationen und Bestellmöglichkeiten finden Sie unter www.transcript-verlag.de